中国工程科技知识中心渔业专业知识服务系统建设项目
中国水产科学研究院渔业知识获取与决策分析技术创新团队项目

渔业叙词表

欧阳海鹰　赵明军　主编

科学出版社
北　京

内 容 简 介

《渔业叙词表》是随着渔业科学与信息技术的快速发展，为适应 IT 信息处理技术发展的需要、增强手工标引与 IT 信息处理的兼容性而编制的。本词表共收录词条 6172 条，其中叙词 4326 条，非叙词 1846 条，组代关系词条 81 条。词族 391 个，平均每个词族含有 7.67 个概念，词族层级最大为 4 级。为了增强跨语言应用，每个词条配备英文或拉丁文（生物名称）译名。

本书适用于渔业科技文献和普通渔业信息的文献标引、检索及相关的信息处理，也是构建知识本体、知识图谱等信息处理技术的基础。使用对象包括渔业高校专业老师和学生、渔业科研人员以及相关渔业专业的信息系统开发人员和图书馆专业馆员。

图书在版编目（CIP）数据

渔业叙词表 / 欧阳海鹰，赵明军主编. —北京：科学出版社，2022.3
ISBN 978-7-03-065681-0

Ⅰ. ①渔⋯ Ⅱ.①欧⋯ ②赵⋯ Ⅲ. ①渔业–叙词表 Ⅳ. ①G254.243

中国版本图书馆 CIP 数据核字(2020)第 126320 号

责任编辑：朱 瑾 刘新新 / 责任校对：郑金红
责任印制：肖 兴 / 封面设计：刘新新

科 学 出 版 社 出版
北京东黄城根北街 16 号
邮政编码：100717
http://www.sciencep.com

中国科学院印刷厂 印刷

科学出版社发行 各地新华书店经销

*

2022 年 3 月第 一 版 开本：889×1194 1/16
2022 年 3 月第一次印刷 印张：26 1/4
字数：850 000
定价：298.00 元

(如有印装质量问题，我社负责调换)

《渔业叙词表》
编制人员及编制单位名单

主 编
欧阳海鹰　赵明军

副 主 编
孙英泽　程锦祥

编制人员
（按姓氏笔画排序）

马璀艳　王　祎　艾　红　巩沐歌　刘　慧　闫　雪　孙英泽
杨贤庆　吴燕燕　汪登强　张红林　张建华　林　群　欧阳海鹰
单秀娟　赵明军　郝淑贤　胡　婧　徐厚国　高亚平　曹　淼
常　青　葛常水　程锦祥　曾晓明

编制单位及人员
中国水产科学研究院：欧阳海鹰　赵明军　程锦祥　葛常水　孙英泽　胡　婧
　　　　　　　　　　闫　雪　王　祎
中国水产科学研究院黄海水产研究所：曾晓明　刘　慧　常　青　单秀娟
　　　　　　　　　　　　　　　　　马璀艳　高亚平　徐厚国　林　群
中国水产科学研究院南海水产研究所：艾　红　杨贤庆　吴燕燕　郝淑贤
中国水产科学研究院长江水产研究所：张红林　汪登强　曹　淼
中国水产科学研究院渔业机械仪器研究所：巩沐歌　张建华

审核人员
（按姓氏笔画排序）

艾　红　巩沐歌　张红林　欧阳海鹰　赵明军　程锦祥　曾晓明

软件设计人员
赵明军　孙英泽　程锦祥　王　祎

前　　言

　　《渔业叙词表》是继《水产科学叙词表》（1991 年）之后，由中国水产科学研究院组织编制，由中国水产科学研究院信息技术研究中心以及院属黄海水产研究所、南海水产研究所、长江水产研究所和渔业机械仪器研究所共 20 余位专家共同参与完成。

　　本书是中国工程科技知识中心建设项目子项目"渔业专业知识服务系统"自 2017—2021 年支持的一项研究成果，是以《水产科学叙词表》（1991 年）为基底，通过对 2000—2018 年的 10 万篇中文水产文献进行专业切词，补充收录了大量新的词条，经过网络查询与词频比较，并与《水科学和渔业叙词表（英汉索引·汉英索引）》、《科学技术名词·工程技术卷 水产名词》、《中华人民共和国国家标准 GB/T 8588—2001　渔业资源基本术语》、《中华人民共和国国家标准 GB/T 22213—2008 水产养殖术语》等 11 余项渔业名词术语标准进行了对比分析，符合《中华人民共和国国家标准 GB/T 13190.1—2015 信息与文献　叙词表及与其他词表的互操作第 1 部分：用于信息检索的叙词表》的专业领域叙词表。

　　在网络搜索引擎和网络信息检索快速发展的时代，叙词表突显了其在知识体系和概念要素规范化方面的重要性，是强化知识系统建设、深化数据处理和挖掘、消除数据冗余、推进知识组织与服务的基础工具。网络环境下的《渔业叙词表》通过嵌入信息系统，可用于机器标注和语义关联，应用于主题标引、智能检索、自动聚类、知识链接、术语服务、热点跟综、科研关系网络构建等多个方面，是既可以用于渔业专业信息资源组织与知识关联，又可用于支撑知识展示与服务的一个重要工具。

　　为促进《渔业叙词表》的应用与发展，我们开发了《渔业叙词表》网络管理服务系统，借助于系统平台来展示和管理各类概念关系，同时提供基于《渔业叙词表》的辅助标引服务。

　　在此，对于本书编制过程中给予多方帮助的专家和同仁以及为该书出版付出贡献的同道表示诚挚的感谢！

欧阳海鹰

2022 年 2 月 22 日

目　录

编 制 说 明

一、目的与功能

《渔业叙词表》根据《中华人民共和国国家标准 GB/T13190.1—2015 信息与文献 叙词表及与其他词表的互操作 第 1 部分：用于信息检索的叙词表》编制，是中国工程科技知识中心建设项目子项目"渔业专业知识服务系统"的配套工具。

为适应渔业和信息技术快速发展的需要，本表编制过程注重渔业技术、叙词法理论和信息处理技术的结合，从以下四个方面增强词表整体技术性能，一是在体系结构上兼容中国水产科学研究院1991 年编制出版的《水产科学叙词表》，大幅增加了非叙词的比例，增强了手工标引与 IT 信息处理的兼容性，以适应 IT 信息处理技术发展的需要；二是为适应渔业科学与信息技术的快速发展，增加了叙词的深度和广度，并增加和调整了一些新的专业学科；三是为保证对交叉复合概念标引的准确性，增加了组代关系，对某些特定的复合概念进行了先组处理；四是为保证词表编制质量，设计了网络版计算机词表编制与管理系统，对常见叙词逻辑错误进行监控和排查，保证了叙词逻辑关系的正确性。

本表适用于渔业科技文献和普通渔业信息的文献标引、检索及相关的信息处理，也是构建知识本体、知识图谱等信息处理技术的基础。

二、专业范围、词条来源和技术性能

专业范围。本表词条涵盖渔业领域所有信息和知识概念，包括通用名词、渔业基础科学、渔业生物、渔业资源、水产养殖、水产生物病害及防治、饲料和肥料、渔业捕捞、水产品保鲜加工和质量安全、渔业机械仪器、渔船和渔港、渔业生态环境保护、渔业信息与经济管理以及渔业地理区划等专业范畴的词条。

词条来源。本表编制以《水产科学叙词表》（1991 年）为基底，通过对 2000—2018 年的 10 万篇中文水产文献进行切词分析，收录了大量新的词条，经过网络查询与词频比较，并与《水科学和渔业叙词表（英汉索引·汉英索引）》《科学技术名词·工程技术卷 水产名词》《中华人民共和国国家标准 GB/T 8588—2001 渔业资源基本术语》《中华人民共和国国家标准 GB/T 22213—2008 水产养殖术语》等 11 项渔业名词术语标准进行了对比分析，最终保留词条 6172 条。选词过程充分考虑了词条的渔业科学性和叙词逻辑准确性。

技术性能。本词表共收录词条 6172 条，其中叙词 4326 条，非叙词 1846 条。经过与《水产科学叙词表》（1991 年）相比，技术指标有很大的改善，关联度为 99.05%，参照比为 221.04%，清晰度为 69.28%，无关联比为 0.95%（无关联词数/总叙词数），组代关系词条 81 条。词族 391 个，平均每个词族含有 7.67 个概念，词族层级最大为 4 级。为了增强跨语言应用，每个词条配备英文或拉丁文（生物名称）译名。

三、词表体系结构

《渔业叙词表》主要由字顺表、范畴索引表和英（拉）汉对照索引等三个主要部分构成。

1. 字顺表。由叙词和非叙词款目词构成，按款目词汉语拼音并结合词首字同形集中的原则进行顺序排列。每页书眉处提示该页款目词首汉字及其汉语拼音，外文字母构成的叙词分别排在拼音字顺的前面。

1）叙词款目结构：款目叙词［范畴号］

款目叙词英（拉）文

款目叙词词间关系项

对于叙词，词间关系分别用 D（代）、D+（组代）、S（属）、F（分）、C（参）等五种指引符号，指向该叙词的以下相关关系词。

代关系。"D"项表示叙词与非叙词之间的等同关系。词表中对于完全同义词、准同义语或近义词、部分反义词、相关词或专指词、泛指词等词形不同而含义相同或接近的词，从中选出一个作为叙词，其他作为非叙词，叙词用"D"指明它所替代的非叙词。而在对应的非叙词项下，以"Y"符号指向该非叙词对应的叙词。

组代关系。"D+"项指向该项叙词与另项叙词组配代替的非叙词。此种情况主要用于那些以 IT 自动标引无法识别的具有交叉概念属性的特定复合词组形成的非叙词。与上述代关系相同，在该非叙词项下，以"Y"符号指向用于替代该非叙的叙词组配关系叙词。

种属关系。S（属）、F（分）项表示叙词间的上下级种属关系，为文献标引和信息检索提供族性检索途径，本词表不设词族索引，对种属采取全显示的方式，下位词按不同级别，用 F1、F2、F3 表示，F1 是该叙词的一级下位词，F2 是 F1 的下位词，以此类推；上位词则用 S1、S2、S3 表示，S1 是该叙词的一级上位词，S2 是 S1 的上位词，以此类推；为确保词表的实用和易用性，减少了无检索和标引意义的上下位词，所有叙词的上下位隶属关系不超过三级。

参照关系。C（参）项，对不具有属分和用代关系，但彼此间又有密切联系的叙词，建立参照关系，有助于使用者理解词义，正确选择标引词和检索词。

叙词实例：

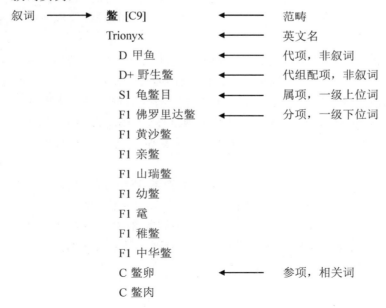

叙词 ⟶	**鳖** [C9]	⟵	范畴
	Trionyx	⟵	英文名
	D 甲鱼	⟵	代项，非叙词
	D+ 野生鳖	⟵	代组配项，非叙词
	S1 龟鳖目	⟵	属项，一级上位词
	F1 佛罗里达鳖	⟵	分项，一级下位词
	F1 黄沙鳖		
	F1 亲鳖		
	F1 山瑞鳖		
	F1 幼鳖		
	F1 鼋		
	F1 稚鳖		
	F1 中华鳖		
	C 鳖卵	⟵	参项，相关词
	C 鳖肉		

2）非叙词款目结构：款目词［范畴号］

款目词英（拉）文

用项款目叙词或组配叙词

款目词指引符 Y（用）、Y+（用组配），表示该词应使用的叙词或组配叙词。

非叙词实例：

2. 范畴表。按词条所在学科编排的一种索引，起分类作用，为从学科角度查找叙词提供方便，指引用户了解词族归属，确定标引、检索对应的学科范畴。

词表收词按照学科范畴将其进行归类，包括通用名词、渔业基础科学、渔业生物、渔业资源、水产养殖等 14 个一级范畴和 53 个二级范畴，所有叙词和非叙词按范畴进行集中和归类，以汉语拼音字顺编排而成。

3. 英拉汉对照索引。叙词和非叙词均有一一对应的英文名，生物名称同时包含拉丁名，英拉汉对照索引均以英文单词顺序排序，并附以汉语叙词及非叙词编排而成，若词条为非叙词，则利用"Y"指引符指向对应的叙词。

四、标引选词与组配规则

叙词法的本质是以具有实际概念内容的名词术语作为分类符号，对文献信息进行分类标识。为保证这种分类符号对实际概念表达的准确性和聚集性，在本表编制过程中，在充分考虑所有渔业学科范畴内概念表达途径和方式的基础上，优先形成了本表的叙词、非叙词及相关的叙词逻辑关系。在这些关系中，隐含着一些重要的规则，需要在标引和文献检索过程中遵守。用户需要通过阅读了解词表结构和叙词逻辑关系，去把握这些规则。

1. 基本标引规则。为保证文献信息标引的准确性、一致性，需要遵守如下规则。

1）形式规则。必须选择本词表中的叙词对文献信息进行标引，并且书写形式要与表中的词条一致，非叙词不能作为标引词使用。

2）专一规则。应对文献信息主题概念进行准确分析，并在词表中选择最能表达主题概念的专指叙词进行标引，不宜随意使用上位或下位词进行替代标引。

3）组配规则。尽量选择单个专指叙词表达文献主题概念，如果没有合适的单个专指叙词，则可选用叙词进行组配标引（参见组配规则）。

4）借用规则。当找不到最专指的叙词，而又无法进行组配标引时，允许按下列方式标引：

主题概念可选用直接上位概念或相近概念的叙词标引；

主题概念是具有检索价值的新出现名词，可暂时作为自由词标引；

未被编入本词表中的水产生物名称可选择表中同种属叙词或上位词标引；

未被编入本词表中的中国地理名称，可用自由词与所属省市名同时标引；

未被编入的外国地理名称与所属国名，作为自由词同时标引。

2．组配规则。组配是指利用若干个叙词组合表达一个文献主题或复合概念的技术。本表编制过程中，已用组代关系词对一些特定的复合概念及"XX 养殖"、"XXX 疾病"等复合词组的表达方式和逻辑关系进行了系统性的安排，理解这些系统性的安排，并通过遵守以下组配规则，有助于进行正确的主题标引。

1）优选组代关系代表的固定组配方式。本词表中对常见复合词组设立了组代关系，用"Y+"符号标识，标引时应选择使用这些组代关系代表的固定组配方式。

2）次选概念交叉组配方式。如果标引主题为词表中未收录的复合概念，并且没有可使用的组代关系时，应考虑采用概念交叉组配。例如，"水库网箱养鱼"这个复合词组明显属于具有交叉概念的词组，应优选"水库养鱼"和"网箱养鱼"组配，而不用"水库""网箱养殖"等与"网箱养鱼"和"水库养鱼"去组配。

3）再次选概念方面组配方式。当复合词组不能采用概念交叉组配时，可采用方面组配。常见的方面组配包括：事物及其性质、性能；事物及其状态、过程与现象；事物及其工艺、手段与测试方法；事物及其材料；事物及其设备或零部件；事物及其理论、设计；事物及其国家、地域、年代；事物及其文献体裁等。

字 顺 表

A

α-淀粉 [G1]

α-amylum; α-starch

    C　淀粉酶

    C　饲料黏合剂

ADP [C4]

Adenosine diphosphate

    D　核苷二磷酸

    S1　核苷酸

    C ATP

AFLP [C2]

Amplified fragment length polymorphism

    D　扩增片段多态性

    S1　分子标记

AMP [C4]

Adenosine monophosphate

    D　核苷一磷酸

    S1　核苷酸

ATP [C4]

Adenosine triphosphate

    D　核苷三磷酸

    S1　核苷酸

    C ADP

阿根廷滑柔鱼 [C8]

Argentine shortfin squid

Illex argentinus

    Y　滑柔鱼

阿拉斯加狭鳕 [C9]

Walleye pollock; Alaska pollock

Gadus chalcogrammus

    S1　鳕形目

埃及胡子鲶 [C9]

Egyptian catfish

Clarias lazera

    Y　革胡子鲶

艾美虫病 [F1]

Eimeriosis

    D　球虫病

    S1　孢子虫病

    S2　原虫病△

爱德华氏菌 [C7]

Edwardsiella

    S1　致病菌

    F1　迟钝爱德华氏菌

    C　爱德华氏菌病

爱德华氏菌病 [F1]

Edwardsiella disease

    S1　细菌性疾病

    C　爱德华氏菌

安徽 [P]

Anhui province

    C　巢湖

安南龟 [C9]

Turtle

Annamemys　annamensis

    S1　龟科

    S2　龟鳖目

    C　黄喉拟水龟

安全浓度 [M3]

Safe concentration

    D　容许浓度

    S1　浓度

安全设备 [L3]

Safety device

    C　航海

    C　事故

安全生产 [N2]

Safe production

    C　事故

    C　渔业安全

安装 [K1]

Installation

    C　调试

氨 [B3]

Ammonia

    C　氨氮

    C　铵盐

    C　氮

    C　液氨

氨氮 [B3]

Ammonia nitrogen

    D　氨态氮

    S1　氮

    S2　化学元素

    C　氨

    C　铵态氮

    C　吸附

    C　硝化菌

    C　亚硝态氮

氨基酸 [C4]

Amino acid

    F1　必需氨基酸

    F2　蛋氨酸

    F2　精氨酸

    F2　赖氨酸

    F2　色氨酸

    F2　异亮氨酸

    F1　非必需氨基酸

    F2　脯氨酸

    F1　限制性氨基酸

    F1　游离氨基酸

    C　氨基酸平衡

    C　蛋白质

    C　牛磺酸

    C　营养成分

氨基酸平衡 [G1]

Amino acid balance

    C　氨基酸

    C　精氨酸

    C　脯氨酸

    C　饲料蛋白质

氨态氮 [B3]

Ammoniacal nitrogen

    Y　氨氮

鞍带石斑鱼 [C9]

Giant grouper; Brindle bass;

Queensland grouper
Epinephelus lanceolatus
　　D 龙胆石斑鱼
　　S1 石斑鱼
　　S2 鲈形目

鮟鱇 [C9]
Angler; Monkfish
Lophius
　　D 琵琶鱼
　　S1 辐鳍亚纲

铵态氮 [B3]
Ammonium nitrogen
　　S1 氮
　　　S2 化学元素
　　C 氨氮
　　C 硝化菌
　　C 亚硝态氮

铵盐 [B3]
Ammonium salt
　　S1 无机盐
　　C 氨

凹甲陆龟 [C9]
Impressed tortoise
Manouria impressa
　　S1 龟鳖目

凹目白鲑 [C9]
Pollan; Arctic cisco; Autum whitefish
Coregonus autumnalis
　　Y 白鲑

螯虾 [C8]
Crayfish; Crawfish
Cambarus
　　F1 淡水螯虾
　　F1 克氏原螯虾
　　F1 四脊滑螯虾
　　C 特种水产养殖
　　C 虾类

奥尼罗非鱼 [C9]
Hybrid tilapia
Oreochromis niloticus ♀ × O. aureus ♂
　　D 奥尼鱼
　　S1 罗非鱼
　　　S2 丽鱼科△

奥尼鱼 [C9]
Hybrid tilapia
Oreochromis niloticus
　　Y 奥尼罗非鱼

澳洲龙虾 [C8]
Australian redclaw crayfish

Cherax quadricarinatus
　　Y 四脊滑螯虾

澳洲鳗鲡 [C9]
Shortfinned eel
Anguilla australis
　　S1 鳗鲡

澳洲鲭 [C9]
Blue mackerel; Mackerel; Slimy mackerel
Scomber australasicus
　　D 澳洲鲐
　　S1 鲭科
　　　S2 鲈形目

澳洲鲐 [C9]
Spotted mackerel
Scomber australasicus
　　Y 澳洲鲭

澳洲岩龙虾 [C8]
Australian redclaw crayfish
Cherax quadricarinatus
　　Y 四脊滑螯虾

澳洲银鲈 [C9]
Silver perch
Bidyanus bidyanus
　　Y 银锯眶鯻

B

BOD [M1]
Biochemical oxygen demand
    D 生化需氧量
    D 生物耗氧量
    D 生物需氧量
    S1 需氧量
    C 环境监测
    C 水污染

八爪鱼 [C8]
Octopus
    Y 章鱼

巴西龟 [C9]
Brazilian slider
Trachemys scripta elegan
    D 九彩龟
    S1 龟科
    S2 龟鳖目

坝 [L5]
Dam
    S1 水工建筑物
    S2 水利工程
    C 鱼道

鲅科 [C9]
Cybiidae
    S1 鲈形目
    F1 马鲛

鲅鱼 [C9]
Spanish mackerel
Scomberomorus niphonius
    Y 马鲛

白斑杆状病毒 [F1]
White spot bacilliform virus
    Y 白斑综合征病毒

白斑红点鲑 [C9]
Siberian char; White-spotted char
Salvelinus leucomaenis
    Y 红点鲑

白斑症病毒 [F1]

White spot syndrome virus
    Y 白斑综合征病毒

白斑综合征 [F1]
White spot syndrome virusdisease
    D 白斑综合症

白斑综合征病毒 [F1]
White spot syndrome virus
    D 白斑杆状病毒
    D 白斑症病毒
    D 白斑综合症病毒
    D WSSV
    S1 病毒

白斑综合症 [F1]
White spot syndrome virusdisease
    Y 白斑综合征

白斑综合症病毒 [F1]
White spot syndrome virus
    Y 白斑综合征病毒

白鲳 [C9]
Orbfish; Spadefish; Round
spadefish
Ephippus orbis
    S1 鲈形目

白点病 [F1]
Ichthyophthiriasis; White spot
disease
    Y 小瓜虫病

白蝶贝 [C8]
Gold-lip pearl oyster; Golden
lip pear shell
Pinctada maxima
    Y 大珠母贝

白姑鱼 [C9]
Roncadore; Silver jewfish; Silver
pinnah croaker; White Chinese
croaker; White croaker
Argyrosomus argentatus
    S1 石首鱼科

    S2 鲈形目

白鲑 [C9]
Pollan
Coregonus
    D 凹目白鲑
    D 湖白鲑
    S1 鲑形目

白海豚 [C9]
White dolphin
Sousa chinensis
    Y 中华白海豚

白暨豚 [C9]
Chinese river dolphin
Lipotes vexillifer
    Y 白鳍豚

白鲢 [C9]
Silver carp
Hypophthalmichthys molitrix
    Y 鲢

白内障病 [F1]
Cataract
    Y 复口吸虫病

白皮病 [F1]
White skin disease; White dermal
    S1 细菌性疾病

白鳍豚 [C9]
Chinese river dolphin
Lipotes vexillifer
    D 白暨豚
    S1 鲸类
    S2 哺乳动物

白色霞水母 [C8]
Jellyfish
Cyanea nozakii
    Y 霞水母

白鳝 [C9]
Japanese eel

Anguilla japonica
　　Y　鳗鲡

白氏文昌鱼　[C9]
Amphioxus; Japanese lancelet;
Japanese slugfish
Branchiostoma belcheri
　　S1　文昌鱼
　　C　头索动物

白头白嘴病　[F1]
White head-mouth disease
　　S1　细菌性疾病
　　C　吻部

白蟹　[C8]
Swimming crab
Portunus trituberculatus
　　Y　三疣梭子蟹

白鲟　[C9]
Spoonbill; Chinese paddlefish
Psephurus gladius
　　S1　鲟鱼

白鱼　[C9]
White fish
Culter
　　Y　鲌

白鱼粉　[G1]
White fish meal
　　S1　鱼粉
　　S2　蛋白源
　　C　红鱼粉
　　C　进口鱼粉

白玉蜗牛　[C8]
White jade snail
Achatina fulica
　　S1　蜗牛
　　S2　腹足类

斑点叉尾鲴　[C9]
Channel catfish
Ictalurus punctatus
　　D　沟鮎
　　D　沟鲶
　　S1　鲶
　　S2　鲶形目
　　C　斑点叉尾鲴病毒

斑点叉尾鲴病毒　[F1]
Channel Catfish Virus, CCV
　　C　斑点叉尾鲴

斑鱯　[C9]
Spotted longbarbel catfish
Mystus guttatus
　　S1　鲶形目

斑节对虾　[C8]
Giant tiger prawn
Penaeus monodon
　　D　草虾
　　S1　对虾
　　C　对虾杆状病毒

斑节对虾杆状病毒　[F1]
Penaeus monodon-type
baculovirus，MBV
　　Y　对虾杆状病毒

半必需氨基酸　[C4]
Semi-essential amino acid
　　Y　必需氨基酸

半滑舌鳎　[C9]
Half-smooth tongue-sole
Cynoglossus semilaevis
　　S1　舌鳎
　　S2　鲽形目

半数致死量　[M1]
Median lethal dose
　　Y　致死浓度

半咸水　[B5]
Brackish water; Mixohaline water
　　D　咸淡水
　　S1　水质类别
　　C　河口
　　C　咸水湖

半咸水养殖　[E1]
Brackish water aquaculture;
Brackish culture
　　D　咸淡水养殖
　　S1　水产养殖
　　F1　港养
　　C　梭鱼
　　C　咸水湖

半咸水鱼类　[C1]
Brackish water fish
　　D　河口鱼类
　　D　咸淡水鱼类
　　S1　鱼类

半致死浓度　[M1]
Median lethal concentration;
Medial lethal dose
　　Y　致死浓度

瓣鳃纲　[C8]
Lamellibranch
　　Y　双壳类

瓣体虫病　[F1]
Petalosomasis
　　S1　纤毛虫病
　　S2　原虫病△

蚌　[C8]
Freshwater mussel;
Fresh-waterclams
Unionidea
　　D　蚌科
　　D　蚌类
　　D　淡水蚌
　　S1　双壳类
　　F1　河蚌
　　F1　绢丝丽蚌
　　F1　三角帆蚌
　　F1　褶纹冠蚌

蚌科　[C8]
Fresh-waterclams; Fresh-water
mussel
Unionidae
　　Y　蚌

蚌壳粉　[G1]
Clamshell powder
　　Y　贝壳粉

蚌类　[C8]
Mussels
　　Y　蚌

蚌肉　[J4]
Mussel meat
　　Y　贝肉

包冰衣 [J3]
Ice glazing; Glaze
　　Y 镀冰衣

包装 [J6]
Package; Packing packaging
　　F1 冷冻包装
　　F1 气调包装
　　F1 软包装
　　F1 真空包装
　　C 包装材料
　　C 包装设备

包装材料 [J6]
Packaging material
　　S1 材料
　　C 包装
　　C 包装设备
　　C 真空包装

包装设备 [K5]
Packaging plant
　　S1 加工机械
　　S2 渔业机械
　　C 包装
　　C 包装材料

孢子 [C7]
Spore
　　F1 果孢子
　　F1 壳孢子
　　F1 游动孢子
　　C 孢子发生
　　C 萌发
　　C 无性生殖

孢子虫病 [F1]
Sporidiosis
　　S1 原虫病
　　S2 寄生虫疾病
　　F1 艾美虫病
　　F1 单孢子虫病
　　F1 肤孢子虫病
　　F1 黏孢子虫病
　　F1 微孢子虫病

孢子发生 [C7]
Sporogenesis
　　S1 形态发生
　　C 孢子
　　C 萌发

孢子放散 [E4]
Spore release; Spore discharge
　　C 采苗
　　C 萌发
　　C 壳孢子

孢子附着 [E4]
Spore adhering
　　C 采苗
　　C 采苗器
　　C 附着密度
　　C 附着期
　　C 壳孢子

孢子体 [C7]
Sporophyte; Sporogonium
　　D 幼孢子体
　　C 萌发
　　C 配子体
　　C 壳孢子
　　C 世代交替

胞外多糖 [C4]
Exopoly Saccharides
　　S1 多糖
　　C 乳酸菌

宝石斑 [C9]
Jade perch; Barcoo grunter
Scortum barcoo
　　Y 高体革鯻

宝石鲈 [C9]
Jade perch; Barcoo grunter
Scortum barcoo
　　Y 高体革鯻

宝石鱼 [C9]
Jade perch; Barcoo grunter
Scortum barcoo
　　Y 高体革鯻

宝应湖 [P]
Lake Baoying
　　S1 湖泊
　　C 江苏

饱和脂肪酸 [C4]
Saturated fatty acid
　　S1 脂肪酸
　　C 营养成分

饱食 [G1]
Satiation
　　Y 摄食

保藏 [J6]
Preservation; Conserve; Storage
　　Y 贮藏

保护动物 [D3]
Protected animals
　　C 濒危物种
　　C 捕鲸
　　C 稀有种
　　C 珍稀动物
　　C 珍稀鱼类
　　C 资源保护

保水性 [J2]
Waterholding capacity,WHC;
Liquid-binding power; Moisture
retention
　　D 保水性能

保水性能 [J2]
Water retention capacity
　　Y 保水性

保鲜 [J3]
Fresh keeping
　　D 保鲜技术
　　D 防腐保鲜
　　D 水产品保鲜
　　F1 低温保鲜
　　F1 冻藏
　　F1 辐射保鲜
　　F1 冷藏
　　F2 冰温保鲜
　　F2 冷却海水保鲜
　　F2 微冻保鲜
　　F1 气调保鲜
　　F1 渔船保鲜
　　F1 冰鲜
　　C 保鲜剂
　　C 超低温冷冻
　　C 低温冷冻
　　C 僵硬期
　　C K 值
　　C TBA 值
　　C TVB-N
　　C 鲜度
　　C 异味

C 吲哚
C 贮藏

保鲜技术 [J3]
Fresh-keeping techique
Y 保鲜

保鲜剂 [J3]
Preservative
D 生物保鲜剂
C 保鲜
C 防腐剂
C 干冰
C 亚硫酸氢钠

保鲜期 [J6]
Shelf life
Y 保质期

保险 [N1]
Insurance
Y 渔业保险

保质期 [J6]
Shelf life
D 保鲜期
D 货架期
C 贮藏

报告 [A]
Report
S1 资料
C 论文
C 图书
C 学术交流

报警装置 [K2]
Alarm device
C 故障
C 事故
C 水温控制

抱卵 [C5]
Brooding eggs; Egg bearing;
Egg-holding; Egg carrying
S1 繁殖行为
C 繁殖季节

豹纹鳃棘鲈 [C9]
Blue-dotted coral-trout; Blue
spotted grouper; Chinese

footballer; Coral cod; Coral trout;
Leopard coral trout
Plectropomus leopardus
S1 鲈形目

鲍 [C8]
Abalone; Ormer
Haliotis
D 鲍鱼
D 杂交鲍
S1 腹足类
F1 红鲍
F1 九孔鲍
F1 盘鲍
F1 盘大鲍
F1 皱纹盘鲍
F1 杂色鲍
C 海珍品

鲍鱼 [C8]
Abalone; Ormer
Haliotis
Y 鲍

暴发病 [F1]
Outbreak diseases
D+ 暴发性鱼病
S1 疾病
C 病害测报
C 无害化处理

暴发性出血病 [F1]
Fulminant hemorrhagic disease
Y 出血病

暴发性鱼病 [F1]
Outbreak fish disease
Y 暴发病+鱼病

剥皮鱼 [C9]
Leatherjacket
Thamnaconus modestus
Y 绿鳍马面鲀

杯体虫病 [F1]
Apiosomasis
S1 纤毛虫病
S2 原虫病△

北部湾 [P]
Beibu Gulf; Beibu Bay

S1 南海
S2 海域
C 北部湾渔场
C 广西

北部湾渔场 [P]
Beibuwan Fishing Ground
S1 渔场
C 北部湾
C 南沙群岛渔场

北大西洋 [P]
North Atlantic
S1 大西洋
S2 世界大洋
C 西南大西洋

北方地区 [B4]
North China areas
C 寒冷地区

北极红点鲑 [C9]
Arctic charr; Arctic trout
Salvelinus alpinus alpinus
Y 红点鲑

北京 [P]
Beijing
C 密云水库

北美洲 [P]
North America
S1 世界
C 南美洲

北太平洋 [P]
North Pacific
S1 太平洋
S2 世界大洋
F1 东北太平洋
F1 西北太平洋
C 南太平洋

贝毒 [J2]
Shellfish toxicity
Y 贝类毒素

贝加尔雅罗鱼 [C9]
Siberian dace
Leuciscus baicalensis
Y 雅罗鱼

贝壳 [C6]
Conch
  F1 牡蛎壳
  F1 扇贝壳
  C 甲壳素
  C 外骨骼
  C 左壳

贝壳粉 [G1]
Shell powder
  D 蚌壳粉
  C 食用贝类
  C 碳源

贝壳类 [C1]
Shellfish
  Y 贝类

贝壳丝状体 [C7]
Shell conchocelis
  Y 丝状体

贝类 [C1]
Shellfish
  D 贝壳类
  F1 贝苗
  F1 淡水贝类
  F1 底栖贝类
  F1 海水贝类
  F1 经济贝类
  F1 亲贝
  F1 食用贝类
  F1 滩涂贝类
  F1 幼贝
  F1 稚贝
  C 贝类病害
  C 贝类育苗
  C 软体动物
  C 双壳类

贝类病害 [F1]
Shellfish diseases
  C 贝类
  C 病害测报
  C 急性病毒性坏死病毒
  C 疾病
  C 疾病防治
  C 水产养殖病害

贝类采捕 [E3]
Shellfish collection

  C 贝类采捕机
  C 吐沙

贝类采捕机 [K4]
Shellfish harvester
  S1 采集设备
  S2 养殖机械△
  C 贝类采捕
  C 贝类养殖
  C 延绳养殖

贝类产品 [J4]
Shellfish products
  Y 贝类制品

贝类毒素 [J2]
Shellfish poisons
  D 贝毒
  S1 毒素
  F1 腹泻性贝类毒素
  F1 麻痹性贝类毒素
  F1 神经性贝类毒素

贝类净化 [J4]
Shellfish purification; Shellfish depuration
  C 食用贝类
  C 吐沙
  C 自净

贝类开壳机 [K5]
Shellfish shucker
  Y 脱壳机

贝类养殖 [E3]
Shellfish culture; Mollusc culture
  F1 牡蛎养殖
  F1 扇贝养殖
  F1 贻贝养殖
  F1 珍珠养殖
  C 贝类采捕机
  C 贝类育苗
  C 贝苗
  C 贝藻间养
  C 筏式养殖
  C 海水养殖
  C 海珍品养殖
  C 苗绳
  C 碳汇渔业
  C 延绳养殖
  C 养殖水产品

贝类育苗 [E3]
Shellfish hatchery; shellfish breeding
  S1 苗种培育
  C 贝类
  C 贝类养殖
  C 稚贝

贝类制品 [J4]
Shellfish products
  D 贝类产品
  C 食用贝类

贝苗 [E3]
Spat
  S1 贝类
  S1 苗种
  C 贝类养殖
  C 稚贝

贝肉 [J4]
Shellfish meat
  D 蚌肉
  D 牡蛎肉
  D 贻贝肉
  S1 肌肉
  C 干贝
  C 食用贝类

贝藻间养 [E1]
Shellfish-algae interculture
  S1 养殖技术
  C 贝类养殖
  C 藻类生长
  C 藻类养殖

背甲 [C6]
Carapace
  S1 外骨骼
  S2 骨骼
  C 腹甲
  C 头胸甲

背鳍 [C6]
Dorsal fin
  S1 鳍
  S2 动物附肢
  C 尾鳍
  C 胸鳍
  C 脂鳍

钡 [B3]
Barium
　S1 化学元素

被捕食者 [C5]
Prey
　Y 捕食者

被子植物 [C7]
Angiosperma
　F1 大藻
　F1 大叶藻
　F1 浮萍
　F1 狐尾藻
　F1 黄丝草
　F1 金鱼藻
　F1 空心莲子草
　F1 水鳖科
　　F2 黑藻
　　F2 伊乐藻
　F1 水葫芦
　F1 菹草
　C 漂浮植物
　C 植物

本底污染 [M1]
Background pollution
　C 生物富集
　C 水污染

本尼登虫病 [F1]
Benedeniasis
　S1 寄生虫疾病

泵 [K1]
Pump
　F1 泥浆泵
　F1 鱼泵
　C 排水设备

鲾 [C9]
Ponyfish
Leiognathus
　S1 鲈形目

比目鱼 [C9]
Flatfishes; Flounder
Pleuronectiformes
　Y 鲽形目

比色 [B3]

Colorimetry; Colorimetric
technique
　C 化学分析

比重 [B2]
Specific gravity
　S1 物理性质
　S2 理化性质
　C 密度

必需氨基酸 [C4]
Essential amino acid
　D 半必需氨基酸
　S1 氨基酸
　F1 蛋氨酸
　F1 精氨酸
　F1 赖氨酸
　F1 色氨酸
　F1 异亮氨酸
　C 饲料蛋白质

必需脂肪酸 [C4]
Essential fatty acid
　S1 脂肪酸

闭壳龟 [C9]
Box turtle
Cuora
　S1 龟科
　S2 龟鳖目
　F1 黄缘闭壳龟
　F1 金头闭壳龟
　F1 三线闭壳龟
　F1 周氏闭壳龟
　C 黄额盒龟

闭壳肌 [C6]
Adductor muscle; Adducent
muscle; Musculus adductor;
Mmuscle adductor
　S1 肌肉

闭口病 [F1]
Closed mouth disease
　Y 侧殖吸虫病

避风港 [L5]
Refuge harbour
　S1 港口
　S2 渔港工程△

秘鲁鳀 [C9]
Anchoveta; Peruvian anchovy
Engraulis ringens
　S1 鳀
　S2 鲱形目

秘鲁鱿鱼 [C8]
Peruvian squid
Dosidicus gigas
　Y 茎柔鱼

鳊 [C9]
Hirauwo; Pingue; White Amur
bream; White bream
Parabramis pekinensis
　D 鳊鱼
　S1 鲤科

鳊鱼 [C9]
Bream
Parabramis pekinensis
　Y 鳊

鞭毛 [C7]
Flagella
　C 鞭毛虫病
　C 鞭毛藻类

鞭毛虫 [F1]
Flagellate
　Y 鞭毛虫病

鞭毛虫病 [F1]
Flagellosis
　D 鞭毛虫
　S1 原虫病
　S2 寄生虫疾病
　F1 隐鞭虫病
　　F2 鳃隐鞭虫
　F1 鱼波豆虫病
　F1 锥体虫病
　C 鞭毛

鞭毛藻类 [C7]
Flagellate group; Flagellatae
　C 鞭毛
　C 黄藻
　C 甲藻
　C 金藻
　C 裸藻
　C 隐藻

扁舵鲣 [C9]
Bullet mackerel; Frigate mackerel;
Frigate tuna; Leadenall; Mexican
skipjack; Plain bonito
Auxis thazard
　　S1　金枪鱼
　　S2　鲈形目

扁鲨 [C9]
Angel shark
Squatina
　　S1　软骨鱼类

扁形动物 [C8]
Platyhelminthes
　　C　绦虫病
　　C　无脊椎动物
　　C　吸虫病

扁藻 [C7]
Platymonas
　　S1　绿藻

变量 [B1]
Variable
　　C　函数

变水层拖网 [H3]
Controllable trawl
　　Y　中层拖网

变态 [C6]
Metamorphosis
　　C　变态率
　　C　蜕皮
　　C　形态发育
　　C　幼体发育

变态率 [E1]
Metamosphsis rate
　　C　变态
　　C　成活率
　　C　孵化率

变形虫病 [F1]
Amoebiasis
　　S1　原虫病
　　S2　寄生虫疾病

变形杆菌 [C7]
Bacillus proteus
　　S1　致病菌

变性 [J2]
Denaturation
　　F1　蛋白质变性
　　F1　冻结变性
　　C　赤变
　　C　色变

变异 [C2]
Variation
　　F1　形态变异
　　F1　遗传变异
　　C　变异品种
　　C　进化
　　C　突变
　　C　遗传

变异品种 [C2]
Variation species
　　S1　品种
　　C　变异

变异系数 [B1]
Coefficient of variation;
Coefficient of variability
　　C　标准差
　　C　方差分析
　　C　回归分析
　　C　相关分析

变质饲料 [G1]
Deteriorated feed
　　D　霉变饲料
　　C　色变

标本制作 [C1]
Specimen making
　　C　生物标本

标志 [D3]
Marker; Sign; Mark Symbol;
Emblem; Landmark; Marking;
Tagging; Mark
　　C　标志放流

标志放流 [D3]
Tagging
　　C　标志
　　C　回捕率
　　C　洄游

　　C　人工放流
　　C　资源增殖

标准 [A]
Standard; Criterion
　　F1　产品标准
　　F1　地方标准
　　F1　国家标准
　　F1　行业标准
　　F1　水质标准
　　F1　质量标准
　　C　标准化
　　C　规范

标准差 [B1]
Standard deviation
　　C　变异系数
　　C　方差分析

标准化 [A]
Standardization
　　C　标准
　　C　规范

表层沉积物 [M1]
Surface sediment
　　Y　沉积物

表层水 [M1]
Surface water
　　D　上层水
　　S1　水团
　　C　海洋

表达分析 [C2]
Expression analysis
　　C　基因表达

表达载体 [C2]
Expression vector
　　C　重组表达
　　C　基因表达

表观消化率 [G1]
Apparent digestibility
　　S1　消化率
　　C　消化酶

表面活性剂 [J2]
Surfactant
　　C　絮凝作用

鳔 [C6]

Air bladder; Swim bladder; Gas bladder

 D 鱼鳔
 C 呼吸器官
 C 胶原蛋白

鳖 [C9]

Soft-shelled turtle

Trionyx

 D 甲鱼
 D+ 野生鳖
 S1 龟鳖目
 F1 佛罗里达鳖
 F1 黄沙鳖
 F1 山瑞鳖
 F1 鼋
 F1 中华鳖
 C 鳖卵
 C 鳖肉
 C 亲鳖
 C 裙边
 C 野生品种
 C 幼鳖
 C 稚鳖

鳖卵 [E5]

Turtle's egg

 C 鳖
 C 受精卵

鳖肉 [J4]

Turtle meat

 D 甲鱼肉
 C 鳖

鳖养殖 [E5]

Turtle culture

 Y 龟鳖养殖

濒临灭绝 [D2]

On the edge of extinction

 C 资源保护
 C 资源衰退

濒危动物 [D3]

Endangered animals

 Y 濒危物种

濒危物种 [D3]

Endangered species

 D 濒危动物
 D 珍稀濒危物种
 S1 物种
 C 保护动物
 C 黄唇鱼
 C 物种保护
 C 物种灭绝
 C 珍稀动物
 C 中华鲟

冰 [J3]

Ice

 F1 海冰
 F1 人造冰
 C 冰温保鲜
 C 制冰机械

冰晶 [J3]

Ice crystal

 C 冻结
 C 冻结速度
 C 速冻
 C 微冻保鲜

冰库 [K5]

Ice storage room; Ice bank; Iced storage

 C 制冰机械
 C 冰鲜

冰温保鲜 [J3]

Iced preservation

 D 冰温贮藏
 S1 冷藏
 S2 保鲜
 C 冰
 C 微冻保鲜
 C 亚硫酸氢钠
 C 渔船保鲜
 C 制冰机械

冰温贮藏 [J3]

Ice-temperature storage

 Y 冰温保鲜

冰下穿索器 [K4]

Ice jigger

 S1 捕捞辅助设备
 S2 捕捞机械△

冰鲜 [J3]

Iced preservation

 D 水冰保鲜
 S1 保鲜
 C 冰库
 C 冷却海水保鲜

冰鲜鱼 [J3]

Iced fish; Ice cooled fish

 D 冰鲜杂鱼
 D 冰鱼
 C 饲料鱼
 C TBA 值
 C TVB-N
 C 鲜活饵料
 C 鲜销
 C 鲜鱼
 C 亚硫酸氢钠

冰鲜杂鱼 [J3]

Frozen miscellaneous fish

 Y 冰鲜鱼

冰鱼 [J3]

Crocodile ice fishes

 Y 冰鲜鱼

柄粗叶卷病 [F1]

Stem swelling and leaf curling disease

 S1 海带病害
 S2 藻类病害

饼粕 [G1]

Plant meal

 S1 蛋白源
 F1 菜饼
 F1 菜粕
 F1 菜籽饼
 F1 菜籽粕
 F1 茶籽饼
 F1 豆粕
 F2 发酵豆粕
 F1 棉粕
 F1 杂粕
 C 脱毒

并发症 [F1]

Complication

 S1 疾病

并塘 [E1]

Concentration of fish into less pond
　　S1　养殖技术
　　C　分塘

病毒　[C7]
Virus
　　F1　白斑综合征病毒
　　F1　传染性胰腺坏死病毒
　　F1　传染性造血器官坏死病毒
　　F1　弹状病毒
　　F1　杆状病毒
　　F1　虹彩病毒
　　　F2　传染性脾肾坏死病毒
　　　F2　淋巴囊肿病毒
　　F1　呼肠孤病毒
　　F1　急性病毒性坏死病毒
　　F1　鲤春病毒血症病毒
　　F1　神经坏死病毒
　　C　病毒检测
　　C　病毒粒子
　　C　病毒性疾病
　　C　病原
　　C　病原体
　　C　噬菌体
　　C　微生物

病毒病　[F1]
Viral disease; Virosis
　　Y　病毒性疾病

病毒检测　[F2]
Virus-testing; Virus detection
　　S1　检测
　　C　病毒

病毒颗粒　[C7]
Virion
　　Y　病毒粒子

病毒粒子　[C7]
Virion; Nucleocapsid
　　D　病毒颗粒
　　C　病毒
　　C　立克次氏体
　　C　细胞培养

病毒性病害　[F1]
Viral diseases
　　Y　病毒性疾病

病毒性传染病　[F1]

Viral infectious diseases
　　Y　病毒性疾病

病毒性疾病　[F1]
Viral disease
　　D　病毒病
　　D　病毒性病害
　　D　病毒性传染病
　　D+　病毒性鱼病
　　F1　出血病
　　F1　传染性胰脏坏死病
　　F1　传染性造血器官坏死病
　　F1　痘疮病
　　F1　对虾杆状病毒病
　　F1　虹彩病毒病
　　F1　鲤鳔炎病
　　F1　鲤春病毒病
　　F1　鲤痘疮病
　　F1　鲤疱疹病毒病
　　C　病毒
　　C　疾病
　　C　细菌性疾病
　　C　虾病
　　C　鱼病

病毒性鱼病　[F1]
Fish virus disease
　　Y　鱼病+病毒性疾病

病害　[F1]
Disease; Pest
　　Y　疾病

病害测报　[F2]
Disease forecast
　　C　暴发病
　　C　贝类病害
　　C　病原
　　C　疾病防治
　　C　水产养殖病害
　　C　鱼病

病害防治　[F2]
Disease control; Pest control
　　Y　疾病防治

病害控制　[F2]
Disease control
　　Y　疾病防治

病害预防　[F2]

Disease prevention
　　Y　疾病防治

病害综合防治　[F2]
Integrated disease control
　　Y　疾病防治

病理　[F2]
Pathology
　　D　病理学
　　C　病因
　　C　机能障碍
　　C　组织病理学

病理解剖　[F2]
Pathological anatomy
　　C　组织病理学

病理学　[F2]
Pathology
　　Y　病理

病虾　[F1]
Diseased shrimps; Sick shrimp
　　Y　虾病

病因　[F2]
Pathogenic factor
　　D　致病因子
　　C　病理
　　C　病原
　　C　病原鉴定
　　C　病原体
　　C　疾病防治
　　C　应激性疾病

病原　[F1]
Pathogeny
　　C　病毒
　　C　病害测报
　　C　病因
　　C　病原区系
　　C　病原体

病原鉴定　[F2]
Pathogen identification
　　S1　诊断
　　C　病因
　　C　病原区系
　　C　鉴定

病原菌 [F1]
Pathogenic bacteria; Pathogen;
Pathogenic organism
　　Y 致病菌

病原区系 [F1]
Pathogen fauna
　　S1 生物区系
　　C 病原
　　C 病原鉴定
　　C 病原体
　　C 寄生虫
　　C 细菌性疾病

病原生物 [F1]
Pathogenic organism
　　Y 病原体

病原体 [F1]
Pathogen; Pathogen organism;
Etiological agent; Disease agent;
Causative agent
　　D 病原生物
　　D 病原微生物
　　D 病原细菌
　　D 病源体
　　D 病源微生物
　　C 病毒
　　C 病因
　　C 病原
　　C 病原区系
　　C 细菌

病原微生物 [F1]
Pathogenic microorganism
　　Y 病原体

病原细菌 [F1]
Pathogenic bacteria
　　Y 病原体

病原性弧菌 [F1]
Pathogenic vibrio

病源体 [F1]
pathogen
　　Y 病原体

病源微生物 [F1]
Pathogenic microbes
　　Y 病原体

病症 [F2]
Symptom; Disease
　　Y 症状

波浪 [B5]
Wave; Surge
　　D 海浪

波纹唇鱼 [C9]
Blue-tooth grouper;
Double-headed parrotfish;
Hump-headed wrasse
Cheilinus undulatus
　　S1 鲈形目

玻璃钢 [K1]
Fibre reinforced plastic; Plastic
fiber glass
　　C 玻璃钢渔船
　　C 材料

玻璃钢船 [L1]
Fiberglass reinforced plastic ship;
FRP ship
　　Y 玻璃钢渔船

玻璃钢渔船 [L1]
Fiberglass fishing boat;
Fiberglass reinforced plastic
fishing vessel
　　D 玻璃钢船
　　S1 渔船
　　C 玻璃钢

玻璃红鲤 [C9]
Red carp
Cyprinus carpio wananensis
　　Y 鲤

钵水母 [C8]
Scyphozoa
　　S1 水母
　　F1 根口水母
　　F1 海蜇
　　F1 沙海蜇
　　F1 霞水母

渤海 [P]
Bohai Sea
　　D+ 黄渤海
　　S1 海域

　　F1 莱州湾
　　C 河北
　　C 辽宁
　　C 山东
　　C 天津
　　C 中国海

鲌 [C9]
Culter
　　D 鲌鱼
　　D 白鱼
　　S1 鲤科
　　F1 蒙古鲌
　　F1 翘嘴红鲌

鲌鱼 [C9]
Culter fish
Culter
　　Y 鲌

箔筌 [H3]
Fence and weir fishing; Bamboo
screen pound
　　S1 定置渔具
　　S2 渔具

补偿生长 [D3]
Compensatory growth; Growth
compensation
　　C 种群机能

补充量 [D3]
Recruitment
　　S1 种群机能

补充群体 [D3]
Recruitment stock
　　S1 群体
　　C 基础群体
　　C 种群机能

哺乳动物 [C9]
Mammalia
　　D+ 海洋哺乳动物
　　D+ 水生哺乳动物
　　F1 海豹
　　F1 海狗
　　F1 鲸类
　　F2 白鳍豚
　　F2 长江江豚
　　F2 海豚*

F3 宽吻海豚
F2 江豚
F2 鲸豚
F2 鼠海豚
F2 小鳁鲸
F2 中华白海豚
F1 水貂
F1 水獭
F1 水豚
C 脊椎动物

捕获率 [H1]
Catch rate
Y 捕捞效率

捕鲸 [H1]
Whaling
C 保护动物
C 捕捞过度
C 鲸类
C 资源保护

捕捞 [H1]
Fishing
D 捕捞生产
D 捕鱼
D 冬捕
D 天然捕捞
D 网捕
D 渔捞
F1 淡水捕捞
F2 湖泊捕捞
F2 水库捕捞
F1 非法捕捞
F1 海洋捕捞
F2 近海捕捞
F2 外海捕捞
F2 远洋捕捞
F1 合理捕捞
F1 苗种捕捞
C 捕捞对象
C 捕捞限额制度
C 捕捞学
C 捕捞作业
C 水产捕捞业
C 鱼筛
C 渔法
C 渔具

捕捞产量 [H1]
Fishing yield

D 捕捞量
S1 水产品总产量
S2 产量
C 捕捞能力
C 捕捞努力量
C 捕捞效率
C 淡水捕捞
C 海洋捕捞
C 水产捕捞业
C 渔获量

捕捞对象 [H1]
Fishing target
D 捕捞资源
C 捕捞
C 捕捞群体
C 渔获量

捕捞方法 [H3]
Fishing method; Harvesting method
Y 渔法

捕捞辅助设备 [K4]
Fishing auxiliary equipment
S1 捕捞机械
S2 渔业机械
F1 冰下穿索器
F1 理网机
F1 理线机
F1 起线机
F1 振网机
F1 钻冰机
C 网渔具

捕捞过度 [D3]
Overfishing
D 过度捕捞
D 滥捕
C 捕鲸
C 捕捞死亡率
C 合理捕捞
C 可持续发展
C 资源管理
C 资源评估

捕捞机械 [K4]
Fishing machinery
D 捕捞设备
S1 渔业机械
F1 捕捞辅助设备

F2 冰下穿索器
F2 理网机
F2 理线机
F2 起线机
F2 振网机
F2 钻冰机
F1 钓捕机械
F2 延绳钓捕机械
F2 鱿鱼钓机
F1 绞机
F2 电动绞机
F2 分离式绞机
F1 起网机
F2 刺网起网机
F2 卷网机
F2 围网起网机
C 网渔具
C 助渔仪器

捕捞技术 [H3]
Fishing technique
Y 渔法

捕捞季节 [H1]
Fishing season; Catching season
Y 渔期

捕捞力量 [H1]
Catching power
Y 捕捞努力量

捕捞量 [H1]
Fishing yield
Y 捕捞产量

捕捞能力 [H1]
Fishing capacity
C 捕捞产量
C 捕捞努力量
C 捕捞强度
C 机动渔船
C 生产能力

捕捞努力量 [H1]
Fishing effort
D 捕捞力量
C 捕捞产量
C 捕捞能力
C 捕捞效率
C 捕捞作业
C 作业

捕捞强度 [H1]
Fishing intensity
  C 捕捞能力
  C 捕捞效率
  C 强度

捕捞权 [N2]
Fishing right
  Y 捕鱼权

捕捞群体 [H1]
Captured population
  S1 群体
  C 捕捞对象

捕捞日志 [H1]
Fishing log
  C 渔获量

捕捞设备 [K4]
Fishing equipment
  Y 捕捞机械

捕捞生产 [H1]
Fishing production
  Y 捕捞

捕捞死亡率 [D2]
Fishing mortality; Fishing
morality rate
  D 捕捞死亡系数
  D 渔捞死亡率
  S1 死亡率
  C 捕捞过度

捕捞死亡系数 [D2]
Fishing mortality coefficient
  Y 捕捞死亡率

捕捞限额 [N2]
Fishing quota
  Y 捕捞限额制度

捕捞限额制度 [N2]
Fishing quota system; Limited
quota fishing system
  D 捕捞限额
  S1 渔业制度
  C 捕捞
  C 捕捞许可证
  C 入渔权

捕捞效率 [H1]
Fishing efficiency; Catching
efficiency
  D 捕获率
  C 捕捞产量
  C 捕捞努力量
  C 捕捞强度
  C 网具性能
  C 效率

捕捞许可证 [N2]
Fishing licence
  D+ 捕捞许可证制度
  D+ 捕捞许可制度
  S1 渔业许可证
  C 捕捞限额制度
  C 船舶证书
  C 配额
  C 入渔权

捕捞许可证制度 [N2]
Fishing licensing system
  Y 捕捞许可证+许可证制度

捕捞许可制度 [N2]
Fishing licensing system
  Y 捕捞许可证+许可证制度

捕捞学 [H1]
Piscatology
  S1 水产科学
  C 捕捞
  C 渔场
  C 渔法
  C 渔具

捕捞业 [N2]
Fishing industry
  Y 水产捕捞业

捕捞资源 [H1]
Fishable resources; Fished stock
  Y 捕捞对象

捕捞作业 [H1]
Fishing operation
  C 捕捞
  C 捕捞努力量
  C 作业

捕食 [C5]

Predation
  D 捕食行为
  D 掠食
  S1 行为
  C 捕食性
  C 捕食者
  C 摄食

捕食行为 [C5]
Predatory behavior
  Y 捕食

捕食性 [C5]
Predacity; Predatism
  S1 食性
  C 捕食
  C 捕食者

捕食者 [C5]
Predator
  D 被捕食者
  C 捕食
  C 捕食性
  C 生物链

捕鱼 [H1]
Fishing; Angle
  Y 捕捞

捕鱼技术 [H3]
Fishing technique
  Y 渔法

捕鱼权 [N2]
Fishing right; Right of fishery
  D 捕捞权
  S1 渔业权
  C 专属渔区

不饱和脂肪酸 [C4]
Unsaturated fatty acid
  S1 脂肪酸
  F1 二十二碳六烯酸
  F1 二十碳五烯酸

布氏石斑鱼 [C9]
Bleeker's grouper; Duskytail
grouper; Orangespottes grouper
Epinephelus bleekeri
  Y 橙点石斑鱼

C

cDNA 克隆 [C2]
Cdna cloning
 S1 克隆
  S2 生物工程
 C cDNA 文库
 C RACE
 C 线粒体 DNA

cDNA 末端快速扩增 [C2]
Rapid amplification of cDNA ends
 Y RACE

cDNA 文库 [C2]
Complementary DNA library
 C cDNA 克隆
 C RACE

COD [M1]
Chemical oxygen demand
 D 化学耗氧量
 D 化学需氧量
 S1 需氧量
 C 环境监测

CO Ⅰ 基因 [C2]
CO Ⅰ gene
 S1 线粒体 DNA
  S2 DNA$^{△}$

材料 [A]
Material
 F1 包装材料
 C 玻璃钢
 C 塑料

采捕 [H1]
Fish and catch
 Y 采集

采购 [N1]
Purchase
 Y 收购

采集 [H1]
Collection
 D 采捕

 C 采集设备

采集设备 [K2]
Collecting device
 S1 养殖机械
  S2 渔业机械
 F1 贝类采捕机
 C 采集

采卵 [E1]
Egg-collecting
 C 成熟度
 C 人工授精
 C 受精卵

采苗 [E1]
Seed collecting; Collecting seed
 D 人工采苗
 D 采苗技术
 D 生态采苗
 C 孢子放散
 C 孢子附着
 C 采苗器
 C 附苗
 C 阴干刺激

采苗技术 [E1]
Seedling collection technology
 Y 采苗

采苗器 [E3]
Seed collector
 C 孢子附着
 C 采苗
 C 附苗
 C 附着基

采肉 [J4]
Meat separation
 C 脱腥
 C 鱼糜
 C 鱼肉采取机

采肉机 [K5]
Meat separator; Mincer
 Y 鱼肉采取机

采样 [A]
Sampling; Sample
 C 生物调查
 C 水样
 C 水质调查

彩虹鲷 [C9]
Tilapia
Oreochromis
 Y 罗非鱼

彩虹鱼 [C9]
Rainbow fish; Guppy
Poecilia reticulata
 Y 孔雀鱼

菜饼 [G1]
Repeseed cake
 S1 饼粕
  S2 蛋白源
 C 脱毒

菜粕 [G1]
Rapeseed meal
 S1 饼粕
  S2 蛋白源

菜籽饼 [G1]
Rapeseed meal
 D+ 茶饼
 D+ 茶子饼
 S1 饼粕
  S2 蛋白源
 C 脱毒

菜籽饼粕 [G1]
Rapeseed cake and meal
 Y 菜籽粕

菜籽粕 [G1]
Rapeseed meal
 D 菜籽饼粕
 S1 饼粕
  S2 蛋白源

参数 [A]

Parameter
    F1 技术参数
    F1 遗传参数

残存率 [D2]
Survival rate
    C 成活率
    C 死亡率

残毒 [M2]
Residual hazard; Residual toxicity
    C 药物残留
    C 中毒
    C 中毒性疾病

残饵 [G1]
Residual feed
    D 残料
    D 饲料残渣
    S1 养殖废弃物
    S2 养殖污染△
    C 水污染
    C 悬浮物

残料 [G1]
Remnant
    Y 残饵

残留 [J5]
Residue
    Y 药物残留

残留限量 [J5]
Residue limit
    C 呋喃类药物
    C 环丙沙星
    C 林丹
    C 六六六
    C 氯霉素
    C 农药污染
    C 硝基呋喃
    C 休药期
    C 有机磷农药
    C 质量安全
    C 质量指标

残食 [C5]
Cannibalism
    Y 同类相残

蚕蛹粉 [G1]
Silkworm chrysalis meal
    S1 蛋白源
    C 蝇蛆

灿烂弧菌 [F1]
Vibrio splendidus
    S1 弧菌
    S2 致病菌

操作规程 [A]
Operating rule
    C 技术

糙海参 [C8]
Sandfish; Sea cucumber
Holothuria scabra
    S1 海参
    C 干海参

草食性 [C3]
Herbivorous; Phytophagous
    S1 食性
    C 草食性鱼类

草食性鱼类 [C1]
Herbivirous fish
    S1 鱼类
    C 草食性

草虾 [C8]
Grass shrimp
Penaeus monodon
    Y 斑节对虾

草鱼 [C9]
Grass carp
Ctenopharyngodon idellus
    D 鲩
    S1 鲤科

草鱼出血病 [F1]
Hemorrhagic disease of grass carp
    Y 出血病

侧纲 [H2]
Side rope
    S1 索具

侧线 [C6]

Lateral line
    S1 感觉器官
    C 侧线鳞

侧线鳞 [C6]
Lateral line scale; Scale in lateral line
    S1 鳞片
    S2 外骨骼△
    C 侧线
    C 圆鳞

侧殖吸虫病 [F1]
Asymphylodorasis
    D 闭口病
    S1 吸虫病
    S2 寄生虫疾病

测定 [A]
Determination; Mounting; Measure; Identification
    C 测量
    C 鉴定

测量 [A]
Measurement; Survey; Measure
    C 测定
    C 精度
    C 误差

层析法 [B3]
Chromatography
    Y 色谱法

插核 [E3]
Nuclear insertion; Nuclei implanting; Nucleus insertion
    D 植核
    C 外套膜
    C 小片
    C 珍珠核
    C 珍珠养殖

茶饼 [G1]
Teaseed meal
    Y 菜籽饼+茶籽饼

茶多酚 [F3]
Tea polyphenol
    S1 清塘药物
    C 茶籽饼

茶籽饼 [G1]
Teaseed cake
　　D+ 茶饼
　　D+ 茶子饼
　　S1 饼粕
　　　S2 蛋白源
　　C 茶多酚
　　C 脱毒

茶子饼 [G1]
Teaseed cake
　　Y 菜籽饼+茶籽饼

柴油 [K1]
Diesel oil; Diesel fuel; Diesel
　　C 柴油机
　　C 耗油率
　　C 渔需物资

柴油机 [K1]
Diesel engine
　　F1 船用柴油机
　　C 柴油
　　C 耗油率
　　C 余热利用

产地检疫 [J5]
Home quarantine
　　S1 检疫

产地认证 [J5]
Certification of origin
　　S1 认证
　　C 产品认证
　　C 地理标志
　　C 有机认证
　　C 质量认证

产量 [N1]
Yield; Output; Crop; Production
volume
　　D 增产
　　F1 单位面积产量
　　F1 群体产量
　　F1 水产品总产量
　　　F2 捕捞产量
　　　F2 养殖产量
　　C 上市量
　　C 生产性能
　　C 渔获量

产卵 [C3]
Spawning; Oviposit
　　D 排卵
　　D 自然产卵
　　S1 繁殖行为
　　C 产卵率
　　C 繁殖
　　C 受精卵

产卵场 [D1]
Spawning ground; Spawning area;
Spawning enclosure
　　C 产卵洄游
　　C 繁殖季节
　　C 渔场

产卵池 [K3]
Spawning pond; Spawning
location
　　S1 池塘
　　　S2 养殖设施△
　　C 催产
　　C 亲鱼
　　C 人工繁殖

产卵高峰期 [E1]
Spawning peak
　　Y 产卵时间

产卵洄游 [D1]
Spawning migration
　　D 生殖洄游
　　S1 洄游
　　C 产卵场
　　C 繁殖季节
　　C 繁殖群体
　　C 繁殖习性
　　C 生殖

产卵季节 [E1]
Spawning season; Breeding
season
　　Y 繁殖季节

产卵类型 [C1]
Spawning type
　　C 浮性卵

产卵量 [D1]
Fecundity; Egg production
　　Y 繁殖力

产卵率 [E1]
Spawning rate; Induced spawning
rate; Rate of spawning
　　D 催产率
　　C 产卵
　　C 促黄体素释放激素类似物

产卵期 [E1]
Spawning period; Period of
spawning
　　Y 产卵时间

产卵群体 [D1]
Spawning group; Spawning stock;
Spawning population; Spawning
fish school; Spawners
　　S1 群体

产卵时间 [E1]
Spawning time
　　D 产卵高峰期
　　D 产卵期

产品标准 [J5]
Product standards; Product
standard
　　S1 标准
　　C 产品质量

产品认证 [J5]
Product certification
　　D+ 产品质量认证
　　S1 认证
　　C 产地认证
　　C 产品质量
　　C 可追溯体系
　　C 绿色食品
　　C 认证体系
　　C 无公害认证
　　C 有机认证

产品质量 [J5]
Product quality
　　D 水产品质量
　　S1 质量
　　C 产品标准
　　C 产品认证
　　C 抽检
　　C 分析
　　C 肌肉品质
　　C 检测机构

C 商品规格
C 质量认证

产品质量认证 [J5]
Product quality certification
　　Y 产品认证+质量认证

产区 [N1]
Production area
　　C 沿海地区
　　C 渔业区划
　　C 增养殖区

产业 [N1]
Industry
　　F1 对虾产业
　　F1 海洋产业
　　F1 河蟹产业
　　F1 苗种产业
　　F1 饲料工业
　　F1 养殖产业
　　F1 珍珠产业
　　C 产业化
　　C 产值
　　C 技术体系
　　C 渔业

产业化 [N1]
Industrialization
　　C 产业
　　C 三产融合
　　C 生产基地

产业结构 [N1]
Industrial structure; Industry structure
　　S1 结构
　　C 产业体系
　　C 价值链
　　C 结构调整
　　C 三产融合
　　C 渔业结构
　　C 渔业转型

产业链 [N1]
Industry chain
　　C 价值链
　　C 经营体系
　　C 三产融合

产业体系 [N2]

Industrial system
　　C 产业结构
　　C 技术体系
　　C 价值链
　　C 经营体系
　　C 养殖产业

产业园区 [N1]
Industrial park
　　D 养殖园区
　　S1 生产基地
　　C 基础设施
　　C 冷冻厂
　　C 土地资源
　　C 现代养殖
　　C 渔港经济区
　　C 渔业基地

产值 [N1]
Output value
　　C 产业
　　C 渔业产值

颤抖病 [F1]
Trembling disease
　　D 抖抖病
　　D 河蟹颤抖病
　　S1 蟹病

颤藻 [C7]
Oscillatoria
　　S1 蓝藻
　　S2 赤潮藻△
　　C 蓝藻毒素
　　C 水华

鲳科 [C9]
Pomfrets
Stromateidae
　　S1 鲈形目
　　F1 灰鲳
　　F1 翎鲳
　　F1 银鲳

鲳鱼 [C9]
Pomfret
Pampus argenteus
　　Y 银鲳

长臂虾科 [C8]
Palaemonidae

　　F1 脊尾白虾
　　F1 秀丽白虾
　　F1 沼虾
　　　F2 罗氏沼虾
　　　F2 日本沼虾
　　C 虾类

长额刺糠虾 [C8]
Mysid
Acanthomysis longirostris
　　S1 糠虾

长江 [P]
Yangtze River
　　S1 河流
　　F1 长江口
　　F1 长江流域
　　C 湖北
　　C 江西

长江华溪蟹 [C8]
Freshwater crab
Sinopotamon yangtsekiense
　　S1 溪蟹

长江江豚 [C9]
Yangtze finless porpoise
Neophocaena asiaeorientalis
　　S1 鲸类
　　S2 哺乳动物

长江口 [P]
Yangtze River Estuary;
Changjiang estuary
　　S1 长江
　　S2 河流
　　C 江苏
　　C 上海

长江流域 [P]
Yangtze River basin
　　D 长江水系
　　S1 长江
　　S2 河流
　　C 流域

长江鲥鱼 [C9]
Yangtze River shad; Hilsa herring; Reeves shad
Tenualosa reevesii; Macrura reevesii

Y 鲋

长江水系 [P]
Yangtze River System
　　Y 长江流域

长江鲟 [C9]
Yangtze sturgeon
Acipenser dabryanus
　　Y 达氏鲟

长毛对虾 [C8]
Redtail prown
Penaeus penicillatus
　　S1 对虾

长牡蛎 [C8]
Pacific oyster; Common oyster
Ostrea gigas
　　D 太平洋牡蛎
　　S1 牡蛎
　　S2 双壳类

长鳍金枪鱼 [C9]
Albacore tuna; Albacore; Germon;
Longfinned albacore; Longfinned
tuna
Thunnus alalunga
　　S1 金枪鱼
　　S2 鲈形目

长鳍吻鮈 [C9]
Longfin snoutgudgeon
Rhinogobio ventralis
　　S1 鲤科

长丝鲈 [C9]
Giant gourami
Osphronemus goramy
　　Y 丝足鲈

长尾大眼鲷 [C9]
Bigeye snapper; Purplespotted
bigeye; Spotfin bigeye; Threadfin
bigeye
Priacanthus tayenus
　　Y 大眼鲷

长吻鮠 [C9]
Longisnouted bagrid catfish
Leiocassis longirostris

　　D 鮰鱼
　　D 江团
　　D 鮠鱼
　　S1 鲇形目

长蛸 [C8]
Common octopus
Octopus variabilis
　　S1 章鱼
　　S2 头足类

肠 [C6]
Intestine
　　D 肠道
　　S1 消化器官

肠壁充血 [F1]
Intestinal wall congestion
　　D 肠道充血

肠道 [C6]
Intestinal tract
　　Y 肠

肠道病 [F1]
Intestinal diseases
　　Y 肠炎病

肠道充血 [F1]
Intestinal hyperemia
　　Y 肠壁充血

肠道菌群 [F1]
Intestinal flora
　　C 肠炎病
　　C 出血性肠炎
　　C 大肠菌群
　　C 细菌
　　C 细菌群落
　　C 消化酶

肠炎病 [F1]
Enteritis
　　D 肠道病
　　D 细菌性肠炎
　　S1 疾病
　　F1 出血性肠炎
　　C 肠道菌群
　　C 肠炎灵

肠炎灵 [F3]

Enteritis treatment
　　S1 抗菌药物
　　C 肠炎病
　　C 出血性肠炎

常见种 [C1]
common species
　　S1 种

常数 [B1]
Constant
　　C 函数
　　C 技术参数

抄网 [H3]
Dip net; Doddle net
　　S1 网渔具
　　S2 渔具

超低温保存 [C2]
Cryopreservation
　　C 精液冷冻保存

超低温冷冻 [J3]
Cryopreservation
　　S1 冻结
　　C 保鲜
　　C 低温冷冻

超滤 [J4]
Ultrafiltration
　　S1 过滤

超声波 [B2]
Ultrasonic wave; Supersonic
wave
　　S1 声波
　　C 驱鱼装置
　　C 声学
　　C 声学仪器
　　C 探鱼仪

超声波解冻 [J3]
Ultrasonic thawing
　　S1 解冻
　　C 高频解冻
　　C 微波解冻

超微结构 [C2]
Ultrastructure
　　D 亚显微结构

S1 显微结构

超雄鱼 [C2]
Super-male fish; Super male fish;
Supermale
　Y 雄鱼

超氧化物歧化酶 [C4]
Superoxide dismutase;
Hepatocuprein; Superoxide
dismutase
　S1 酶

巢湖 [P]
Chaohu Lake
　S1 湖泊
　C 安徽

潮间带 [B6]
Shore; Strand; Tidal flat
　D 滩涂
　D 中潮带
　D 中潮区
　S1 海岸带
　F1 低潮区
　F1 高潮区
　C 高潮线
　C 浅滩

潮流 [B5]
Tidal current; Tidal stream;
Power flow; Load flow
　S1 海流
　C 潮汐

潮上带 [B6]
Supralittoral zone; Supratidal
zone
　S1 海岸带

潮位 [B5]
Tidal level; Stage of tide
　C 潮汐
　C 海岸带
　C 海平面

潮汐 [B5]
Tide
　S1 海流
　C 潮流
　C 潮位

　C 海岸带
　C 海平面
　C 月相

潮下带 [B6]
Subtidal zone
　S1 海岸带

车轮虫 [F1]
Parasitic ciliate
Trichodina
　Y 车轮虫病

车轮虫病 [F1]
Trichodinasis
　D 车轮虫
　D 杜氏车轮虫
　S1 纤毛虫病
　S2 原虫病△

车虾 [C8]
Kuruma shrimp
Penaeus japonicus
　Y 日本对虾

砗磲 [C8]
Giant clam
Tridacna
　S1 双壳类

沉淀 [B3]
Precipitation; Sediment
　C 沉淀池
　C 沉积作用
　C 化学处理
　C 絮凝沉淀

沉淀池 [M3]
Settling pond; Sedimentation
basin
　C 沉淀
　C 废水处理
　C 絮凝沉淀

沉积物 [B6]
Sediment; Deposited matter
　D 表层沉积物
　C 沉积作用
　C 底质

沉积作用 [B6]

Deposition
　C 沉淀
　C 沉积物

沉降力 [H2]
Sinking force
　C 沉降速度
　C 沉子
　C 浮力
　C 渔具材料
　C 重力

沉降速度 [H2]
Sinking speed; Settling velocity
　C 沉降力
　C 沉子
　C 速度

沉水植物 [C7]
Submerged plant
　Y 水草

沉性颗粒饲料 [G1]
Sinking pellet feed; Sinking pellet
diet
　Y 沉性饲料+颗粒饲料

沉性饲料 [G1]
Sinking feed
　D+ 沉性颗粒饲料
　S1 水产饲料

沉子 [H2]
Sinker
　S1 属具
　C 沉降力
　C 沉降速度
　C 沉子纲
　C 浮子

沉子纲 [H2]
Ground rope; Ground warp; Foot line
　S1 索具
　C 沉子
　C 浮子纲
　C 绳索
　C 下纲

成贝 [E3]
Adult mollusk; Commercial
mollusk

S1　成体
C　亲贝

成分分析 [J5]
Component analysis
S1　化学分析
S2　分析
C　含量

成果 [A]
Achievement
Y　科技成果

成活率 [E1]
Survival rate
D　存活率
C　变态率
C　残存率
C　出苗率
C　存活
C　水花
C　死亡率
C　致死效应

成品率 [J1]
Finished product rate; Yield
C　得率

成参 [E5]
Adult sea cucumber
S1　成体
C　干海参
C　幼参

成熟度 [E1]
Maturity; Readiness
C　采卵
C　成熟卵
C　副性征
C　卵巢发育
C　生殖器官
C　性成熟
C　性成熟期
C　性腺发育
C　性早熟

成熟分裂 [C2]
Meiosis; reduction division;
Meiotic division; Maturation
division
Y　减数分裂

成熟卵 [C2]
Matured egg
S1　卵子
S2　生殖细胞
C　成熟度
C　卵巢
C　受精卵
C　性腺发育

成体 [C6]
Adult
F1　成贝
F1　成参
F1　成虾
F1　成蟹
C　商品鱼
C　性成熟

成虾 [E5]
Adult shrimp
S1　成体
C　亲虾
C　商品虾
C　养殖对虾

成蟹 [E5]
Adult crab
S1　成体
C　河蟹产业
C　亲蟹
C　蟹类养殖
C　幼蟹

成蟹养殖 [E5]
Raising ripe crabs
Y　蟹类养殖

成型 [J4]
Shaping
C　成型机
C　鱼糜
C　鱼糜制品

成型机 [K5]
Forming apparatus
S1　鱼糜加工机械
S2　加工机械△
C　成型

成鱼 [N1]
Marketable fish; Ongrown fish

Y　商品鱼

成鱼池 [K3]
Adult fish pond
D　养成池
S1　池塘
S2　养殖设施△
C　食用鱼类

成鱼饲养 [E2]
Adult fish culture
Y　成鱼养殖

成鱼养殖 [E2]
Adult fish culture
D　成鱼饲养
S1　鱼类养殖
C　商品鱼
C　食用鱼类
C　养殖水产品

呈味成分 [J2]
Flavour component
D　滋味成分
C　食品成分

承包 [N1]
Contract
C　经营管理
C　渔业经营

橙点石斑鱼 [C9]
Orange-spotted grouper
Epinephelus bleekeri
D　布氏石斑鱼
S1　石斑鱼
S2　鲈形目

吃食性鱼类 [C1]
Feeding fish
S1　鱼类

池底淤泥 [M2]
Bottom silt
Y　底泥

池塘 [K3]
Pond
D　坑塘
D　饲养池
D　养殖池

S1 养殖设施
 S2 渔业设施
F1 产卵池
F1 成鱼池
F1 淡水池塘
F1 高位池
F1 海水池塘
F1 精养池塘
F1 苗种池
F1 培育池
F1 亲鱼池
F1 桑基鱼塘
F1 水泥池
F1 土池
F1 虾塘
F1 鱼塘
F1 越冬池
F1 暂养池
C 池塘养鱼
C 池塘养殖

池塘底泥 [M2]
Pond sediment
 Y 底泥

池塘改造 [E1]
Pond reconstruction
 C 池塘清整
 C 底泥
 C 改造
 C 挖塘机

池塘环境 [E1]
pond environment
 S1 渔业环境
 C 底泥
 C 晒池

池塘清整 [K3]
Pond cleaning
 C 池塘改造
 C 底泥
 C 泥浆泵
 C 清塘药物
 C 清淤
 C 清淤设备
 C 晒池
 C 挖塘机

池塘养鱼 [E2]
Pond fish culture

S1 鱼类养殖
C 池塘
C 池塘养殖

池塘养殖 [E1]
Pond culture
 D 围塘养殖
 S1 水产养殖
 C 池塘
 C 池塘养鱼
 C 清塘药物
 C 桑基鱼塘
 C 晒池
 C 死水
 C 土池
 C 野杂鱼

池沼公鱼 [C9]
Pond smelt
Hypomesus olidus
 S1 胡瓜鱼

迟钝爱德华氏菌 [C7]
Edwardsiella tarda
 D 迟缓爱德华菌
 D 迟缓爱德华氏菌
 S1 爱德华氏菌
 S2 致病菌

迟缓爱德华菌 [C7]
Edwardsiella tarda
 Y 迟钝爱德华氏菌

迟缓爱德华氏菌 [C7]
Edwardsiella tarda
 Y 迟钝爱德华氏菌

持续发展 [N1]
Sustainable development
 Y 可持续发展

赤变 [J2]
Reddening
 S1 色变
 C 变性
 C 褐变
 C 黑变

赤潮 [M1]
Red tide
 S1 有害藻华

S2 渔业污染△
C 赤潮毒素
C 赤潮生物
C 赤潮预报
C 赤潮灾害
C 赤潮治理

赤潮毒素 [M2]
Biotoxin
 S1 毒素
 F1 蓝藻毒素
 F1 微囊藻毒素
 C 赤潮
 C 赤潮灾害
 C 中毒性疾病

赤潮监测 [M3]
Red tide monitoring
 S1 监测
 C 赤潮生物
 C 赤潮预报
 C 赤潮治理
 C 遥感监测

赤潮生物 [M2]
Red-tide organisms
 F1 赤潮藻
 F2 硅藻*
 F3 底栖硅藻
 F3 骨条藻
 F3 角毛藻
 F4 牟氏角毛藻
 F4 纤细角毛藻
 F3 新月菱形藻
 F3 舟形藻
 F2 甲藻*
 F3 虫黄藻
 F3 多甲藻
 F3 裸甲藻
 F4 米氏凯伦藻
 F3 亚历山大藻
 F3 夜光藻
 F3 原甲藻
 F3 锥状斯氏藻
 F2 金藻*
 F3 等鞭金藻
 F3 三毛金藻
 F3 棕囊藻
 F2 蓝藻*
 F3 颤藻
 F3 发菜

F3　聚球藻
F3　螺旋藻
F3　念珠藻
F3　微囊藻
　F4　铜绿微囊藻
F3　鱼腥藻
F2　隐藻
F2　原生动物*
　F3　裸藻
C　赤潮
C　赤潮监测
C　赤潮预报

赤潮微藻　[M2]
Red tide microalgae
　Y　赤潮藻

赤潮预报　[M1]
Red tide forecast
　C　赤潮
　C　赤潮监测
　C　赤潮生物
　C　赤潮灾害
　C　赤潮治理

赤潮灾害　[M1]
Red tide disaster
　S1　灾害
　C　赤潮
　C　赤潮毒素
　C　赤潮预报

赤潮藻　[M2]
Red-tide algae
　D　赤潮微藻
　S1　赤潮生物
　F1　硅藻
　　F2　底栖硅藻
　　F2　骨条藻
　　F2　角毛藻*
　　　F3　牟氏角毛藻
　　　F3　纤细角毛藻
　　F2　新月菱形藻
　　F2　舟形藻
　F1　甲藻
　　F2　虫黄藻
　　F2　多甲藻
　　F2　裸甲藻*
　　　F3　米氏凯伦藻
　　F2　亚历山大藻
　　F2　夜光藻

F2　原甲藻
F2　锥状斯氏藻
F1　金藻
　F2　等鞭金藻
　F2　三毛金藻
　F2　棕囊藻
F1　蓝藻
　F2　颤藻
　F2　发菜
　F2　聚球藻
　F2　螺旋藻
　F2　念珠藻
　F2　微囊藻*
　　F3　铜绿微囊藻
　F2　鱼腥藻
F1　隐藻
F1　原生动物
　F2　裸藻
C　海洋微藻

赤潮治理　[M3]
Harnessing of red tide
　C　赤潮
　C　赤潮监测
　C　赤潮预报
　C　生物防治

赤腐病　[F1]
Red rot
　S1　紫菜病害
　S2　藻类病害

赤鳞鱼　[C9]
Red scale fish
Onychostoma macrolepis
　Y　多鳞白甲鱼

赤皮病　[F1]
Red-skin disease
　D　赤鳍病
　S1　细菌性疾病

赤鳍病　[F1]
Red fin disease
　Y　赤皮病

赤子爱胜蚓　[C8]
Earthworm
Eisenia foetida
　Y　蚯蚓

充气式增氧机　[K3]
Inflatable aerator
　S1　增氧机
　S2　养殖机械△

充氧　[E1]
Aeration
　Y　增氧

虫黄藻　[C7]
Zooxanthellae
Zooxanthella
　S1　甲藻
　S2　赤潮藻△

重捕率　[D1]
Recapture rate; Rate of recapture
　Y　回捕率

重唇鱼　[C9]
Heavy lip fish
Hemibarbus labeo
　S1　鲤科

重组表达　[C2]
Recombinant expression
　C　表达载体
　C　基因表达

抽检　[J5]
Spot test; Sampling inspection
　C　产品质量
　C　水产品检验
　C　鲜度检验
　C　质量检测

抽取物　[J4]
Extract
　Y　组织提取物

臭氧　[M3]
Ozone
　C　废水处理
　C　消毒
　C　氧气

出口　[N1]
Export
　D　外销
　S1　销售
　C　关税

C 国际贸易
C 国际市场
C 进口
C WTO

出苗量 [E1]
Output of seedling
C 出苗率
C 存活
C 孵化率

出苗率 [E1]
Seedling survival rate
C 成活率
C 出苗量
C 孵化率

出肉率 [J1]
Fillet yield
D 含肉率

出血病 [F1]
Hemorrhagic disease
D 暴发性出血病
D 草鱼出血病
D 出血症
S1 病毒性疾病

出血性败血症 [F1]
Haemorrhagic septicaemia
Y 细菌性败血症

出血性肠炎 [F1]
Hemorrhagic enteritis
S1 肠炎病
S2 疾病
C 肠道菌群
C 肠炎灵

出血症 [F1]
Hemorrhagic disease
Y 出血病

初孵仔鱼 [E2]
Newly hatched larvae
Y 稚鱼

初级生产力 [D2]
Primary productivity
D 净初级生产力
S1 生物生产力

C 光合作用

除草剂 [M2]
Herbicide
S1 农药
C 有机磷农药

除臭 [J4]
Deodorization
Y 脱臭

除臭设备 [K5]
Deodorizing equipment
C 加工机械
C 脱臭
C 腥臭味

除磷 [M3]
Phosphorus removal
Y 脱磷

除腥 [J4]
Deodorization
Y 脱腥

除野 [E1]
Eliminating harmful stocks; Fish eradication
Y 清野

触角 [C6]
Antenna
D 触须
D 鱼须
C 感觉器官

触觉 [C3]
Tactile sensation
C 感觉器官

触手 [C6]
Tentacle
C 感觉器官

触须 [C6]
Cirrus
Y 触角

川陕哲罗鲑 [C9]
Sichuan taimen
Hucho bleekeri

S1 鲑形目

穿孔病 [F1]
Perforation Disease
S1 细菌性疾病

传动装置 [K1]
Driven systems; Gear
S1 船舶设备
C 船用柴油机
C 推进装置

传感器 [N3]
Sensing device; Sensing unit
F1 生物传感器
C 曳纲张力仪

传染病 [F1]
Infectious disease
D 流行性传染病
D+ 细菌性传染病
S1 疾病
C 流行病

传染性脾肾坏死病毒 [F1]
Infectionous spleen and kidney necrosis virus，ISKNV
S1 虹彩病毒
S2 病毒
C 虹彩病毒病

传染性胰腺坏死病毒 [F1]
Infectious pancreatic necrosis virus, IPNV
S1 病毒
C 传染性胰脏坏死病

传染性胰脏坏死病 [F1]
Infectious pancreatic necrosis(IPN)
S1 病毒性疾病
C 传染性胰腺坏死病毒

传染性造血器官坏死病 [F1]
Infectious hematopoictic necrosis(IHN)
S1 病毒性疾病
C 传染性造血器官坏死病毒
C 坏死

传染性造血器官坏死病毒 [F1]

Infectious hematopoictic necrosis
virus, IHNV
  S1 病毒
  C 传染性造血器官坏死病

传统养殖 [E1]
Traditional culture
  S1 水产养殖

传统渔业 [N2]
Traditional fishery
  S1 渔业

船舶辅机 [L3]
Ship auxiliary; Marine auxiliary
machinery
  F1 甲板机械
  C 功率

船舶航线 [L4]
Ship route
  Y 航海

船舶航行 [L2]
Ship navigation
  Y 航海

船舶检验 [L2]
Ship survey
  Y 渔船检验

船舶检验证书 [L1]
Ship inspection certificate;
Ship certificates of inspection
  C 船舶证书
  C 船龄
  C 验船师
  C 渔船检验

船舶龙骨 [L2]
Ship keel
  D 龙骨

船舶碰撞 [L2]
Ship collision
  S1 事故
  C 船舶溢油
  C 海损
  C 能见度

船舶设备 [L3]

Ship equipment
  D 舾装设备
  F1 传动装置
  C 船舶主机
  C 发电机

船舶所有人 [L2]
Shipowner
  C 船舶证书

船舶推进 [L2]
Ship propulsion
  C 推进装置

船舶稳性 [L2]
Ship stability
  C 稳定性

船舶修理 [L2]
Ship repair
  Y 渔船维修

船舶溢油 [M2]
Ship oil spill
  S1 污染事故
  S2 事故
  C 船舶碰撞
  C 油污染

船舶运输 [L2]
Shipping
  S1 运输
  C 运输船
  C 运输机械

船舶载重量 [L2]
Ship capacity
  C 排水量

船舶振动 [L2]
Ship vibration
  D 船体振动
  C 防振

船舶证书 [L2]
Ship certificate
  C 捕捞许可证
  C 船舶检验证书
  C 船舶所有人
  C 船籍港
  C 船名

  C 渔船登记
  C 渔船检验
  C 主机功率

船舶轴系 [L3]
Ship shafting; Marine shafting
  S1 推进装置
  C 密封装置

船舶主机 [L3]
Marine engine
  D 渔船动力装置
  C 船舶设备
  C 船用柴油机
  C 功率
  C 排气系统
  C 推进装置
  C 主机功率

船籍港 [L2]
Port of registry
  C 船舶证书

船检 [L2]
Ship inspection
  Y 渔船检验

船龄 [L2]
Vessel age
  C 船舶检验证书
  C 渔船
  C 渔船检验

船名 [L2]
Ship name
  C 船舶证书
  C 渔船

船模 [L2]
Ship model
  C 渔船

船蛆 [C8]
Shipworm
Teredo
  S1 双壳类
  C 污损生物

船体 [L2]
Hull
  C 船体结构

C 船体线型
C 甲板
C 渔船

船体尺度 [L2]
Hull dimension
D 主尺度
C 船体结构
C 甲板
C 排水量

船体构件 [L2]
Hull structural component
Y 船体结构

船体结构 [L2]
Hull structure
D 船体构件
C 船体
C 船体尺度
C 甲板
C 结构设计

船体线型 [L2]
Hull form
D 船型
C 船体
C 甲板

船体振动 [L2]
Ship vibration; Hull vibration
Y 船舶振动

船位 [L4]
Ship position
C 海图
C 卫星定位

船型 [L2]
Hull form; Ship form
Y 船体线型

船艺 [L4]
Seamanship
D 航海技术
C 航海

船用柴油机 [L3]
Marine diesel engine
D 船用发动机
S1 柴油机

C 传动装置
C 船舶主机
C 耗油率
C 排气系统
C 增压器
C 主机功率

船用发动机 [L3]
Marine engine
Y 船用柴油机

船员 [L2]
Crew
F1 船员培训
F1 船员素质
F1 船员证书
F1 职务船员
C 船员管理
C 渔船

船员管理 [L2]
Crew management
S1 渔船管理
S2 管理
C 船员
C 船员培训
C 船员证书

船员培训 [L2]
Crew training
S1 船员
C 船员管理
C 船员素质
C 船员证书

船员素质 [L2]
Crew quality
S1 船员
C 船员培训

船员证书 [L2]
Certificate of seafarer
S1 船员
C 船员管理
C 船员培训

船闸 [L5]
Navigation lock
S1 水工建筑物
S2 水利工程

创伤弧菌 [C7]
Vibrio vulnificus
S1 弧菌
S2 致病菌

垂钓 [H1]
Angling
D 钓鱼
C 垂钓者
C 上钩率
C 手钓
C 休闲垂钓
C 休闲渔业

垂钓者 [H1]
Angler
C 垂钓
C 手钓
C 休闲垂钓

垂体 [C6]
Pituitary; Hypophysis;
Pituitarium
Y 脑垂体

垂直变化 [D1]
Vertical variation
C 季节变化
C 周期变化
C 昼夜变化
C 昼夜垂直迁移

垂直分布 [C5,D1]
Vertical distribution
S1 分布
C 昼夜垂直迁移

春季 [B4]
Spring
S1 季节

春汛 [H1]
Spring fishing season
S1 渔期
C 冬汛
C 秋汛

纯度 [J1]
Purity
C 提纯

纯化　[J4]
Purification
　　S1　提取
　　C　分离
　　C　提纯

纯系培育　[C2]
Pure line breeding
　　S1　育种
　　C　繁育体系
　　C　中间培育

唇鱼　[C9]
Wrasse
Cheilinus
　　S1　鲈形目

词典　[A]
Dictionary
　　S1　文献
　　C　资料

慈鲷　[C9]
Cichlids
　　S1　鲈形目

雌核发育　[C2]
Gynogenesis
　　D　雌核生殖
　　D　异精雌核发育
　　S1　单性生殖
　　S2　生殖
　　S1　发育

雌核生殖　[C2]
Gynogenesis
　　Y　雌核发育

雌配子体　[C7]
Female gametophyte
　　S1　配子体

雌性个体　[E1]
Female individual
　　F1　雌鱼
　　C　雌雄比例
　　C　雌雄同体
　　C　雄性个体

雌性激素　[C4]
Estrogen

　　S1　性激素
　　S2　激素
　　F1　己烯雌酚
　　C　雄性激素

雌雄比例　[E1]
Female-male ratio
　　D　雌雄性比
　　C　雌性个体
　　C　雄性个体

雌雄鉴别　[C2]
Sex identification
　　C　雌雄同体

雌雄同体　[C2]
Hermaphroditism
　　C　雌性个体
　　C　雌雄鉴别
　　C　雄性个体
　　C　自体受精

雌雄性比　[E1]
Sex ratio
　　Y　雌雄比例

雌鱼　[E2]
Female fish
　　S1　雌性个体

次黄嘌呤　[J2]
Hypoxanthine
　　C　鲜度检验
　　C　鲜度指标

次级生产力　[D2]
Secondary productivity
　　S1　生物生产力

次氯酸钠　[F3]
Sodium hypochlorite
　　S1　消毒剂
　　C　钠
　　C　漂白
　　C　漂白粉

刺激　[C3]
Stimulation
　　F1　低温刺激
　　F1　流水刺激
　　F1　阴干刺激

　　C　应激反应

刺激隐核虫　[C8]
Ciliate protozoan parasite
Cryptocaryon irritans
　　S1　小瓜虫病
　　S2　纤毛虫病△

刺参　[C8]
Sea cucumber
Stichopus japonicus
　　S1　海参

刺鲀　[C9]
Globe fish
Diodon nicthemerus
　　S1　鲀形目

刺网　[H3]
Gill net
　　S1　网渔具
　　S2　渔具
　　F1　流刺网
　　F1　三重刺网
　　F1　围刺网
　　C　刺网捕捞

刺网捕捞　[H3]
Gillnet fishing
　　S1　渔法
　　C　刺网

刺网起网机　[K4]
Gillnet hauler
　　D　流刺网起网机
　　S1　起网机
　　S2　捕捞机械△

刺网渔船　[L1]
Gillnetter; Gill fisher
　　D　流网渔船
　　S1　渔船

刺尾鱼　[C9]
Surgeonfishs
Acanthuridae
　　S1　鲈形目

刺鱼　[C9]
Gasterosteidae
　　S1　辐鳍亚纲

粗蛋白 [C4]
Crude protein
　S1　蛋白质
　C　饲料成分
　C　饲料蛋白质

粗度 [H2]
Thickness
　D　细度
　C　钓线
　C　绳索
　C　网线
　C　纤维材料

粗灰分 [J2]
Crude ash
　Y　灰分

粗饲料 [G1]
Fodder; Roughage
　S1　植物性饲料
　S2　水产饲料

粗养 [E1]
Extensive culture
　S1　养殖技术
　C　大水面
　C　水库养殖

促黄体素释放激素类似物 [C4]
Luteinizing hormone releasing
hormone analog;
HLRH-A
　D　LRH-A
　S1　性激素
　S2　激素
　C　产卵率
　C　促熟
　C　催产剂

促黄体素释放素 [C4]

Luteinizing Hormone-releasing
hormone
　S1　性激素
　S2　激素

促生长剂 [E1]
Growth stimulant
　C　喹乙醇
　C　生长因子
　C　植物激素

促熟 [E1]
Accelerated ripening
　C　促黄体素释放激素类似物
　C　催产

促性腺激素 [E2]
Gonadotropin; Gonadotropin
hormone
　S1　激素
　C　催产剂

催产 [E1]
Spawning induction
　D　催情
　D　人工产卵
　D　人工催熟
　D　诱导产卵
　S1　人工繁殖
　S2　繁殖
　C　产卵池
　C　促熟
　C　催产剂
　C　低温刺激
　C　人工诱导

催产剂 [E1]
Pitocin
　D　催产素
　F1　HCG
　C　促黄体素释放激素类似物

　C　促性腺激素
　C　催产
　C　人工繁殖
　C　人工诱导
　C　效价
　C　效应时间

催产率 [E1]
Induced spawning rate
　Y　产卵率

催产素 [E1]
Pitocin
　Y　催产剂

催情 [E1]
Estrualization; Induced mature
　Y　催产

萃取 [J4]
Extraction
　S1　提取
　F1　固相萃取
　C　分离
　C　化学处理
　C　组织提取物

翠绿色 [E1]
Emerald green
　S1　水色
　S2　水质

存活 [E1]
Survival
　C　成活率
　C　出苗量

存活率 [E1]
Survival rate; Fraction surviving
　Y　成活率

D

DHA [C4]
Docosahexaenoic acid
  Y 二十二碳六烯酸

DNA [C2]
Deoxyribonucleic acid
  D 脱氧核糖核酸
  S1 核酸
  F1 线粒体 DNA
   F2 CO I 基因
  C 电泳
  C 基因工程
  C 遗传图谱

搭配比例 [E1]
Coordinate ratio
  Y 放养比例

达氏鲟 [C9]
Dabry's sturgeon
Acipenser dabryanus
  D 长江鲟
  S1 鲟鱼

打粉病 [F1]
Oodiniosis
  Y 卵甲藻病

打印病 [F1]
Stigmatosis; Putrid-skin disease
  Y 腐皮病

大肠杆菌 [C7]
Escherichia coli
  S1 致病菌

大肠菌群 [C7]
Coliform bacteria
  C 肠道菌群
  C 细菌

大豆粉 [G1]
Soybean Meal
  Y 豆粕

大豆粕 [G1]

Soybean Meal
  Y 豆粕

大规格鱼种 [E2]
Large size fish species
  D 二龄鱼种
  S1 鱼种
  S2 苗种
  C 鱼种放养
  C 稚鱼

大黄鱼 [C9]
Large yellow croaker
Pseudosciaena crocea
  S1 黄鱼
  S2 石首鱼科△
  C 舟山渔场

大口黑鲈 [C9]
Largemouth bass; Largemouth black bass
Micropterus salmoides
  D 加州鲈
  S1 鲈形目

大口鲶 [C9]
Catfish
Silurus meridionalis
  Y 南方大口鲶

大拉网 [H3]
Shore landing seine; Beach seine
  S1 网渔具
  S2 渔具

大连湾牡蛎 [C8]
Oyster
Ostrea talienwhanensis
  S1 牡蛎
  S2 双壳类

大菱鲆 [C9]
Turbot
Scophthalmus maximus
  D 多宝鱼
  S1 鲆

  S2 鲽形目

大陆架 [B6]
Continental shelf

大麻哈鱼 [C9]
Chum salmon
Oncorhynchus
  D 大马哈鱼
  S1 鲑形目
  F1 红大麻哈鱼
  F1 马苏大麻哈鱼
  F1 细鳞大麻哈鱼
  C 溯河性鱼
  C 鱼子酱

大马哈鱼 [C9]
Chum salmon
Oncorhynchus
  Y 大麻哈鱼

大鲵 [C9]
Giant salamander
Andrias davidianus
  D 娃娃鱼
  D 中国大鲵
  S1 两栖类

大藻 [C7]
Pistia stratiotes
  D 水浮莲
  S1 被子植物

大瓶螺 [C8]
Golden apple snail
Pomacea canaliculata
  Y 福寿螺

大气 [B4]
Atmosphere
  D 空气
  C 气候因子
  C 气温
  C 氧气

大青鲨 [C9]

Blue shark
Prionace glauca
　　D　蓝鲨
　　S1　真鲨
　　S2　软骨鱼类

大沙渔场 [P]
Dasha fishing ground
　　S1　渔场

大数据 [N3]
Big data
　　S1　数据
　　C　互联网
　　C　神经网络
　　C　统计数据
　　C　物联网

大水面 [E1]
Open water
　　C　粗养
　　C　大型湖泊
　　C　大型水库
　　C　河流
　　C　湖泊渔业

大弹涂鱼 [C9]
Mudskipper; Bluespotted;
Mudhopper
Boleophthalmus pectinirostris
　　S1　鲈形目

大头狗母鱼 [C9]
Bluntnose lizardfish; Ground
spearing; Lizardfish
Trachinocephalus myops
　　S1　灯笼鱼目
　　S2　辐鳍亚纲

大头龟 [C9]
Big-headed turtle
Chinemys megalocephala
　　S1　龟科
　　S2　龟鳖目

大头鳕 [C9]
Pacific cod
Gadus macrocephalus
　　Y　鳕

大头鱼 [C9]

Bighead
Aristichthys nobilis
　　Y　鳙

大围缯 [H3]
Daweizeng net
　　S1　围网
　　S2　网渔具△

大西洋 [P]
Atlantic Ocean
　　S1　世界大洋
　　F1　北大西洋
　　F1　大西洋沿岸
　　F1　西南大西洋
　　C　南大洋

大西洋鲱 [C9]
Atlantic herring
Clupea harengus harengus
　　S1　鲱形目

大西洋鲑 [C9]
Atlantic salmon
Salmo salar
　　S1　鲑形目

大西洋沿岸 [P]
Atlantic coast
　　S1　大西洋
　　S2　世界大洋
　　C　西南大西洋
　　C　沿岸国家
　　C　沿岸流
　　C　沿海地区

大型底栖动物 [C1]
Macrobenthos
　　Y　大型生物+底栖动物

大型底栖无脊椎动物 [C8]
Benthic macroinvertebrate
　　Y　大型生物+底栖动物+无脊椎动物

大型浮游动物 [C1]
Macrozooplankton
　　Y　大型生物+浮游动物

大型海藻 [C7]
Macroscopic marine algae

　　Y　大型藻类+海藻

大型湖泊 [B5]
Large lakes
　　S1　湖泊
　　C　大水面
　　C　大型水库

大型溞 [C8]
Daphnia magna
　　S1　溞科
　　S2　枝角类

大型生物 [C1]
Macroorganism
　　D+　大型底栖动物
　　D+　大型底栖无脊椎动物
　　D+　大型浮游动物
　　D+　大型水生植物
　　D+　大型无脊椎动物

大型水库 [B5]
Large reservoirs
　　D+　大中型水库
　　S1　水库
　　C　大水面
　　C　大型湖泊

大型水生植物 [C7]
Aquatic macrophyte
　　Y　大型生物+水生植物

大型无脊椎动物 [C8]
Macroinvertebrates
　　Y　大型生物+无脊椎动物

大型渔船 [L1]
Large fishing vessel
　　S1　渔船
　　C　深水港

大型藻类 [C7]
Macroalgae
　　D+　大型海藻
　　S1　藻类
　　C　昆布

大眼鲷 [C9]
Bigeye snapper
Priacanthus
　　D　长尾大眼鲷

S1 鲈形目

大眼蟹 [C8]
Mud crab
Macrophtalmus
　D 日本大眼蟹
　D 石蟹
　C 蟹类

大眼幼体 [C6]
Megalopa
　S1 幼体
　C 蟹苗

大洋性鱼类 [C1]
Pelagic fishes
　Y 海洋鱼类

大洋洲 [P]
Oceania
　S1 世界

大叶藻 [C7]
Zostera marina
　S1 被子植物

大银鱼 [C9]
Large icefish
Protosalanx hyalocranius
　S1 银鱼
　S2 鲑形目

大闸蟹 [C8]
Chinese mitten crab
Eriocheir sinensis
　Y 中华绒螯蟹

大中型水库 [B5]
Large and medium-sized
reservoirs
　Y 大型水库+中型水库

大珠母贝 [C8]
Gold-lip pearl oyster; Golden lip
pear shell
Pinctada maxima
　D 白蝶贝
　S1 珍珠贝
　S2 双壳类

大宗产品 [N1]

Bulk products
　Y 大宗农产品

大宗淡水鱼 [N1]
Bulk freshwater fish
　S1 淡水鱼类
　S2 鱼类
　C 大宗农产品
　C 经济鱼类

大宗农产品 [N1]
Primary agricultural products
　D 大宗产品
　C 大宗淡水鱼

代谢 [C4]
Metablism
　Y 新陈代谢

代谢失调 [F1]
Metabolic disorder
　C 分解代谢
　C 机能障碍
　C 新陈代谢

代谢物 [C4]
Metabolite
　C 胆固醇
　C 新陈代谢

带鱼 [C9]
Cutlassfish; Hairtail
Trichiurus haumela
　S1 鲈形目
　C 舟山渔场

玳瑁 [C9]
Hawksbill turtle
Eretmochelys imbricata
　S1 海龟科
　S2 龟鳖目

贷款 [N1]
Loan
　C 投资
　C 资金

单孢子虫病 [F1]
haplosporidiasis
　S1 孢子虫病
　S2 原虫病△

单胞藻 [C7]
Unicellular algae
　Y 单胞藻类

单胞藻类 [C7]
Single cell algae
　D 单胞藻
　D 单细胞藻类
　S1 藻类
　C 多甲藻
　C 绿藻

单倍体 [C2]
Haploid
　C 单倍体育种
　C 染色体

单倍体育种 [E1]
Haploid breeding
　S1 育种
　C 单倍体
　C 育种值

单边带电台 [K2]
Single side band radio
　S1 通信设备

单核苷酸多态性 [C2]
Single-nucleotide polymorphism
　C 多态性

单克隆抗体 [C4]
Monoclonal antibody
　S1 抗体
　C 多克隆抗体

单拖网渔船 [L1]
Otter trawler; Single trawler
　S1 拖网渔船
　S2 渔船

单位面积产量 [N1]
Yield per unit area
　S1 产量

单位努力量渔获量 [H1]
Catch per unit effort
　Y 渔获量

单位网次渔获量 [H1]
Catch per haul

S1　渔获量
C　平均渔获量
C　渔获率

单位作业量渔获量 [H1]
Catch per unit effort
Y　渔获量

单胃动物 [C1]
Monogastric animal
C　胃

单细胞绿藻 [C7]
Unicellular green algae
S1　绿藻
C　小球藻

单细胞藻类 [C7]
Unicellular algae
Y　单胞藻类

单性生殖 [C2]
Parthenogenesis; Monogenesis
D　孤雌生殖
S1　生殖
F1　雌核发育
F1　雄核发育

单性养殖 [E1]
Monosex culture; Monosex
cultivation
S1　养殖技术
C　性别控制

单养 [E1]
Monoculture; Monospecific culture
S1　养殖技术

单殖吸虫病 [F1]
Monogeniasis; Monogenean
disease
S1　吸虫病
S2　寄生虫疾病
F1　海盘虫病
F1　盘钩虫病
F1　三代虫病
F1　指环虫病
F2　拟指环虫
F2　小鞘指环虫

担轮幼虫 [C6]

Trochophora
S1　幼体

胆固醇 [C4]
Cholesterol
C　代谢物
C　高胆固醇饲料

胆碱 [C4]
Choline
D　氯化胆碱
C　饲料添加剂

弹状病毒 [C7]
Rhabdoviruses
S1　病毒

淡干品 [J4]
Dried fishery products without
salting
Y　干制品

淡水 [B5]
Freshwater
S1　水质类别
C　河流
C　湖泊
C　水库

淡水螯虾 [C8]
Crayfish; Crawfish
D　淡水龙虾
S1　螯虾

淡水白鲳 [C9]
Pirapitinga
Colossoma brachypomum
D　淡水鲳
D　短盖巨脂鲤
S1　脂鲤目
S2　辐鳍亚纲

淡水蚌 [C8]
Freshwater mussel
Y　蚌

淡水贝类 [C1]
Freshwater shellfish
S1　贝类

淡水捕捞 [H1]

Freshwater fishing
D　内陆水域捕捞
S1　捕捞
F1　湖泊捕捞
F1　水库捕捞
C　捕捞产量
C　淡水渔业
C　水产捕捞业

淡水产品 [J1]
Freshwater product
S1　水产品
C　海产品

淡水鲳 [C9]
Pirapitinga
Colossoma brachypomum
Y　淡水白鲳

淡水池塘 [K3]
Freshwater pond
S1　池塘
S2　养殖设施△
C　淡水养殖
C　淡水鱼类
C　淡水渔业

淡水黑鲷 [C9]
Sooty grunter
Hiphaestus fuliginosus
S1　鲷科
S2　鲈形目

淡水湖泊 [B5]
Freshwater lakes
S1　湖泊
C　淡水养殖

淡水经济鱼类 [N1]
Economic freshwater fish
Y　淡水鱼类+经济鱼类

淡水龙虾 [C8]
Crayfish
Y　淡水螯虾

淡水螺 [C8]
Freshwater snail
Y　腹足类

淡水生物 [C1]

Freshwater organism
　S1　水生生物
　C　淡水鱼类
　C　水产生物

淡水石斑鱼 [C9]
Jaguar cichlid
Parachromis managuensis
　S1　丽体鱼
　　S2　丽鱼科△

淡水水域 [B5]
Freshwater area
　S1　水域

淡水小龙虾 [C8]
Freshwater crayfish
　Y　克氏原螯虾

淡水蟹 [C8]
Freshwater crab
　S1　蟹类

淡水养殖 [E1]
Freshwater aquaculture
　D+　淡水养殖业
　S1　水产养殖
　F1　稻田养殖
　F1　湖泊养殖
　F1　水库养殖
　C　淡水池塘
　C　淡水湖泊
　C　淡水渔业
　C　龟鳖养殖

淡水养殖业 [N1]
Freshwater aquaculture
　Y　淡水养殖+水产养殖业

淡水鱼 [C1]
Freshwater fish
　Y　淡水鱼类

淡水鱼加工 [J1]
Freshwater fish processing
　Y　水产品加工业

淡水鱼类 [C1]
Freshwater fishes
　D　淡水鱼
　D+　淡水经济鱼类

　S1　鱼类
　F1　大宗淡水鱼
　C　淡水池塘
　C　淡水生物

淡水渔业 [N2]
Fresh water fisheries
　D　内陆渔业
　S1　渔业
　F1　湖泊渔业
　F1　水库渔业
　C　淡水捕捞
　C　淡水池塘
　C　淡水养殖

淡水藻类 [C7]
Freshwater algae
　S1　藻类

淡水珍珠 [C6]
Freshwater pearl
　S1　珍珠

蛋氨酸 [C4]
Methionine; Met(缩写)
　S1　必需氨基酸
　　S2　氨基酸
　C　限制性氨基酸

蛋白酶 [C4]
Protease
　S1　酶
　F1　胰蛋白酶
　C　蛋白质

蛋白饲料 [G1]
Protein feed
　D　蛋白质饲料
　D　高蛋白饲料
　S1　水产饲料
　C　蛋白源
　C　能量蛋白比
　C　能量饲料

蛋白原料 [G1]
Protein source
　Y　蛋白源

蛋白源 [G1]
Protein source
　D　蛋白原料

　D　蛋白质源
　D　蛋白质资源
　D　饲料蛋白源
　F1　饼粕
　　F2　菜饼
　　F2　菜粕
　　F2　菜籽饼
　　F2　菜籽粕
　　F2　茶籽饼
　　F2　豆粕*
　　　F3　发酵豆粕
　　F2　棉粕
　　F2　杂粕
　F1　蚕蛹粉
　F1　卵黄蛋白原
　F1　蚯蚓粉
　F1　肉骨粉
　F1　鲨鱼软骨粉
　F1　血粉
　F1　蝇蛆
　F1　鱼蛋白
　　F2　浓缩鱼蛋白
　　F2　液体鱼蛋白
　F1　鱼粉
　　F2　白鱼粉
　　F2　干法鱼粉
　　F2　国产鱼粉
　　F2　红鱼粉
　　F2　进口鱼粉
　　F2　湿法鱼粉
　　F2　鱼骨粉
　F1　羽毛粉
　F1　糟渣
　F1　藻粉
　C　蛋白饲料
　C　动物性蛋白
　C　裙边
　C　饲料原料
　C　饲料源

蛋白质 [C4]
Protein
　F1　粗蛋白
　F1　动物性蛋白
　F1　肌肉蛋白
　　F2　肌动蛋白
　　F2　肌球蛋白
　　F2　肌原纤维蛋白
　F1　胶原蛋白
　F1　抗冻蛋白
　F1　抗菌蛋白

F1 囊膜蛋白
F1 球蛋白
F1 糖蛋白
F1 外膜蛋白
F1 鱼精蛋白
F1 植物性蛋白
F1 组蛋白
C 氨基酸
C 蛋白酶
C 蛋白质变性
C 蛋白质组学
C 血红蛋白
C 血蓝蛋白
C 营养成分
C 鱼蛋白

蛋白质变性 [J2]
Protein denaturation
S1 变性
C 蛋白质
C 色变

蛋白质饲料 [G1]
Protein feed; Protein diet
Y 蛋白饲料

蛋白质源 [G1]
Protein source
Y 蛋白源

蛋白质资源 [G1]
Protein resource
Y 蛋白源

蛋白质组学 [C4]
Proteomics
C 蛋白质
C 核酸
C 基因组学

氮 [B3]
Nitrogen
S1 化学元素
F1 氨氮
F1 铵态氮
F1 硝态氮
F1 亚硝态氮
F1 液氮
C 氨
C 氮肥
C 氮循环

C 水质指标
C 脱氮
C 有机氮

氮肥 [G2]
Nitrogen fertilizer; Nitrogenous fertilizer
D 氮素
S1 无机肥
S2 肥料
C 氮
C 硝态氮

氮磷比 [M2]
Nitrogen-phosphorus ratio
C 富营养化
C 磷肥
C 水色

氮素 [B3]
Nitrogen
Y 氮肥

氮循环 [C4]
Nitrogen cycle
S1 物质循环
C 氮
C 硝化菌
C 硝态氮
C 亚硝态氮
C 有机氮

档案 [A]
Archive
S1 文献
C 资料

刀额新对虾 [C8]
Greasy-back shrimp
Metapenaeus ensis
D 基围虾
S1 新对虾
S2 对虾

刀鲚 [C9]
Esturarine tapertail anchovy
Coilia ectenes
D 刀鱼
S1 鲚
S2 鳀△

刀鱼 [C9]
Esturarine tapertail anchovy
Coilia ectenes
Y 刀鲚

导航 [L4]
Navigation
C 定位
C GPS
C 航海
C 雷达
C 卫星定位
C 助航设备

导航设备 [L4]
Navigation aids
Y 助航设备

岛屿 [B6]
Island
D 海岛
F1 獐子岛

倒刺鲃 [C9]
Spinibarbus
S1 鲤科
F1 光倒刺鲃

稻田养虾 [E5]
Raising shrimps in paddy
D 稻虾共作
D 虾稻共作
C 稻田养殖
C 生态养殖
C 套养
C 养殖系统

稻田养蟹 [E5]
Ricefield crab culture
D 稻蟹共作
C 稻田养鱼
C 稻田养殖
C 生态养殖
C 套养
C 蟹病
C 蟹类养殖
C 养殖系统

稻田养鱼 [E2]
Paddy field fish culture; Fish Culture in paddy field

D 稻鱼共生
D 稻鱼共生系统
S1 鱼类养殖
C 稻田养蟹
C 稻田养殖
C 生态养鱼
C 套养
C 养殖系统
C 鱼菜共生
C 综合养殖

稻田养殖 [E1]
Paddy field aquaculture
S1 淡水养殖
S2 水产养殖
C 稻田养虾
C 稻田养蟹
C 稻田养鱼
C 防逃
C 粮食安全
C 套养
C 养殖系统
C 综合养殖

稻虾共作 [E5]
Rice shrimp co cropping
Y 稻田养虾

稻蟹共作 [E5]
Rice-crab production
Y 稻田养蟹

稻鱼共生 [E2]
Rice fish symbiosis
Y 稻田养鱼

稻鱼共生系统 [E2]
Rice fish symbiotic system
Y 稻田养鱼

得率 [J1]
Yield
C 成品率

德国镜鲤 [C9]
German mirror carp
Cyprinus carpio
Y 镜鲤

灯光诱鱼 [H3]
Lamp attracting

S1 渔法
C 集鱼灯

灯笼鱼 [C9]
Myctophiformes
Y 灯笼鱼目

灯笼鱼目 [C9]
Myctophiformes
D 灯笼鱼
S1 辐鳍亚纲
F1 大头狗母鱼
F1 龙头鱼
F1 蛇鲻

等鞭金藻 [C7]
Isochrysis
D 球等鞭金藻
S1 金藻
S2 赤潮藻△

等位基因 [C2]
Allele; Allelomorph
S1 基因

等温线 [B5]
Isotherm; Isothermal line
C 温带
C 温度
C 温跃层

低潮区 [B6]
Low tidal region
S1 潮间带
S2 海岸带

低碳渔业 [N2]
Low-carbon fishery
Y 碳汇渔业

低洼田 [B6]
Lowland areas
C 盐碱地

低洼盐碱地 [B6]
Low-lying saline alkali land
Y 盐碱地

低温 [B4]
Low temperature; Microtherm;
Hypothermia

S1 温度
C 应激性疾病

低温保藏 [J3]
Low temperature storage;
Cryopreservation
Y 冷藏

低温保鲜 [J3]
Low termperature preservation
S1 保鲜
C 防腐剂

低温刺激 [E1]
Low temperature stimulation
S1 刺激
C 催产
C 低温适应
C 孵化
C 控温养殖
C 水温控制

低温冻害 [E1]
Low temperature damage

低温干燥 [J4]
Low-termperature drying
S1 干燥
C 冷冻干燥

低温冷冻 [J3]
Low temperature freezing
C 保鲜
C 超低温冷冻
C 冷冻水产品

低温麻醉 [E1]
Low temperature narcotization
C 低温适应
C 麻醉
C 亲鱼运输

低温适应 [E1]
Low temperature adaptation
D 低温诱导
S1 适应
C 低温刺激
C 低温麻醉
C 适温性
C 自然选择

低温诱导 [E1]
Low temperature induction
　Y　低温适应

低压 [B4]
Depression
　Y　气旋

低脂鱼 [J1]
Lean fish
　S1　鱼类
　C　多脂鱼

低值水产品 [J1]
Low value aquatic products
　S1　水产品
　F1　低值鱼

低值鱼 [J1]
Trash fish; Offal fish; Low-priced fish
　S1　低值水产品
　S2　水产品
　C　副产物

滴滴涕 [M2]
Dichlorodiphenyl Trichloroethane
　S1　杀虫剂
　S2　农药
　C　药物残留
　C　有机氯农药

敌百虫 [F3]
Dipterex; Trichlorfon
　S1　有机磷农药
　S2　农药
　C　灭虫精

敌敌畏 [M2]
Dichlorphos
　S1　有机磷农药
　S2　农药
　C　药物残留

敌害控制 [F2]
Enemy organism control
　C　敌害生物
　C　清野

敌害生物 [F2]
Enemy organism

F1　鱼类敌害
　C　敌害控制
　C　清野
　C　水禽
　C　野杂鱼
　C　种群控制

敌菌灵 [F3]
Anilazine
　S1　抗菌药物
　C　抗生素

笛鲷 [C9]
Snapper
Lutianus
　S1　鲈形目
　F1　红鳍笛鲷
　F1　勒氏笛鲷

底播养殖 [E1]
Bottom sowing culture
　S1　海水养殖
　S2　水产养殖
　C　海参养殖

底层水 [B5]
Bottom water
　S1　水团

底层拖网 [H3]
Bottom trawl
　D　底拖网
　S1　拖网
　S2　网渔具△
　C　底拖网渔船
　C　浮拖网

底层鱼 [C1]
Bottom fish; Demersal fish
　Y　底层鱼类

底层鱼类 [C1]
Demersal fishes; Demersal fishes; Ground fishes
　D　底层鱼
　D　底栖鱼类
　S1　鱼类
　C　底栖动物
　C　底栖生活

底泥 [E1]

Deposit
　D　池底淤泥
　D　池塘底泥
　D　淤泥
　D　淤泥层
　C　池塘改造
　C　池塘环境
　C　池塘清整
　C　泥浆泵
　C　清淤
　C　挖塘机
　C　无害化处理

底栖贝类 [C1]
Benthic mussels
　S1　贝类

底栖动物 [C1]
Zoobenthos; Bottom fauna
　D+　大型底栖动物
　D+　大型底栖无脊椎动物
　D+　小型底栖动物
　S1　底栖生物
　C　底层鱼类
　C　底栖生活
　C　水生动物

底栖硅藻 [C7]
Benthic diatoms
　S1　硅藻
　S2　赤潮藻△
　C　底栖藻类

底栖海藻 [C7]
Benthic Seaweed
　Y　底栖藻类

底栖生活 [C5]
Benthic life
　C　底层鱼类
　C　底栖动物

底栖生物 [C1]
Benthic
　F1　底栖动物
　C　底栖藻类
　C　海底生物

底栖微藻 [C7]
Benthic microalgae
　Y　微藻

底栖鱼类 [C1]
Benthic fish; Bbenthic fishes
　Y 底层鱼类

底栖藻类 [C7]
Benthic algae
　D 底栖海藻
　S1 藻类
　C 底栖硅藻
　C 底栖生物

底拖网 [H3]
Bottom trawl; Demersal trawl;
Bottom drag net
　Y 底层拖网

底拖网渔船 [L1]
Bottom trawler; Demersal trawler
　S1 拖网渔船
　S2 渔船
　C 底层拖网

底质 [B6]
Substratum
　C 沉积物
　C 泥沙质
　C 需氧量

底质改良剂 [F3]
Sediment conditioner
　Y 水质改良剂

底质污染 [M1]
Sediment pollution
　S1 水污染
　S2 环境污染
　C 水质改良剂
　C 硫化氢

地方标准 [A]
Local standard; Local standards
　S1 标准

地方种群 [D1]
local population; Endemic
population; Native fish
population; Local population
　Y 地理种群

地龟 [C9]
Ground turtle

Geoemyda spengleri
　D 灵芝龟
　S1 龟科
　S2 龟鳖目

地理标志 [A]
Geographical indication
　C 产地认证
　C 航标

地理分布 [D1]
Geographical distribution
　S1 分布
　C 洄游
　C 渔业资源
　C 资源变动

地理信息系统 [N3]
Geographic information system
　D GIS
　S1 信息系统
　C 管理信息系统
　C 渔情预报

地理种群 [D1]
Geographic population
　D 地方种群
　S1 种群
　C 系统发育
　C 鱼类区系

地热水 [B5]
Geothermal water
　D 温泉水
　C 温流水
　C 余热利用

地图鱼 [C9]
Oscar; Ocellatus cichlid; Maplike
cichlid
Astronotus ocellatus
　S1 鲈形目

地下井水 [B5]
Underground well water
　Y 地下水

地下水 [B5]
Ground water; Underground
water
　D 地下井水

D 泉水
　S1 水资源

地衣芽孢杆菌 [C7]
Bacillus licheniformis
　S1 芽孢杆菌

地震 [B6]
Earthquake
　C 灾害

地中海 [P]
Mediterranean sea
　C 世界大洋

滇池高背鲫 [C9]
Dianchi high backed crucian carp
Carassius auratus
　Y 鲫

点篮子鱼 [C9]
Order basket fish
Siganus guttatus
　Y 星篮子鱼

碘 [B3]
Iodine
　S1 化学元素
　C 海藻产品
　C 海藻工业

碘泡虫病 [F1]
Myxoboliosis
　Y 黏孢子虫病

碘值 [J5]
Iodine value; Iodine number
　C 过氧化值
　C 氧化反应
　C 油脂酸败
　C 鱼肝油
　C 鱼油

电捕鱼 [H3]
Electrical fishing; Electrofishing
　D 电鱼
　S1 电渔法
　S2 渔法
　C 非法捕捞
　C 禁用渔具

电场 [B2]
Electric field
  C 应激反应

电动绞机 [K4]
Electric winch; Power operated winch
  S1 绞机
  S2 捕捞机械△

电解法 [J4]
Electrolytic process
  C 分离

电镜 [B3]
Electron microscope
  Y 电子显微镜

电脉冲 [K1]
Electric pulse
  C 拦鱼栅
  C 驱鱼装置

电气设备 [L3]
Electric equipment
  F1 发电机

电渗析 [J4]
Electrodialysis
  C 海水淡化
  C 海藻工业
  C 海藻加工

电鳐 [C9]
Electric ray
Torpedinidae
  S1 软骨鱼类

电泳 [C4]
Electrophoresis
  C DNA
  C 化学分析
  C 生物化学

电鱼 [H3]
Electric fish
  Y 电捕鱼

电渔法 [H3]
Electric fishing
  S1 渔法

  F1 电捕鱼

电子显微镜 [B3]
Electron microscope
  D 电镜
  S1 显微镜

淀粉酶 [C4]
Amylase; Amylolytic enzyme
  D α-淀粉酶
  S1 酶
  C α-淀粉
  C 胰腺

鲷科 [C9]
Sparidae
  S1 鲈形目
  F1 淡水黑鲷
  F1 黑鲷
  F1 黄鲷
  F1 黄鳍鲷
  F1 金头鲷
  F1 真鲷

吊笼 [K3]
Cage
  C 筏式养殖
  C 海参养殖
  C 网箱养殖

吊养 [E3]
Hanging culture
  Y 筏式养殖

钓捕 [H3]
Line fishing
  Y 钓鱼法

钓捕机械 [K4]
Angling machinery
  D 钓机
  S1 捕捞机械
  S2 渔业机械
  F1 延绳钓捕机械
  F1 鱿鱼钓机
  C 钓具

钓船 [L1]
Line fishing boat;
Angling boat
  Y 钓鱼船

钓饵 [H1]
Bait; Fish bait
  C 拟饵
  C 上钩率
  C 手钓

钓竿 [H3]
Fishing rod; Fish rod; Rod; Angle rod
  D 钓鱼竿
  S1 钓具
  S2 渔具
  C 手钓

钓机 [K4]
Angling machine
  Y 钓捕机械

钓具 [H3]
Fishing tackle
  D 钓渔具
  S1 渔具
  F1 钓竿
  F1 钓线
  F1 滚钩
  F1 鱼竿
  F1 鱼钩
  F1 鱼线
  C 钓捕机械
  C 钓鱼船
  C 钓鱼法
  C 上钩率
  C 手钓
  C 延绳钓渔船

钓线 [H3]
Fishing line; Fish twine
  D 钓鱼线
  S1 钓具
  S2 渔具
  C 粗度
  C 手钓

钓鱼 [H1]
Angling
  Y 垂钓

钓鱼船 [L1]
Angling boat
  D 钓船
  S1 渔船

F1　延绳钓渔船
F1　鱿钓渔船
C　钓鱼法
C　钓具
C　钓渔业
C　手钓

钓鱼法 [H3]
Fishing methods;
Halieutics
D　钓捕
S1　渔法
F1　竿钓
F1　钩钓
F1　手钓
F1　延绳钓
F1　曳绳钓
C　钓鱼船
C　钓具

钓鱼竿 [H3]
Fishing rod
Y　钓竿

钓鱼线 [H3]
Fishing line
Y　钓线

钓渔具 [H3]
Angling gear
Y　钓具

钓渔业 [N2]
Angling fishery
D　鱿钓渔业
S1　水产捕捞业
S2　渔业
C　钓鱼船
C　延绳钓
C　延绳钓渔船
C　曳绳钓

调查 [A]
Survey; Investigation
F1　海洋调查
F1　生物调查
F1　水质调查
F1　渔业调查
F1　种群调查
F1　资源调查
C　数据采集

调查船 [L1]
Research vessel
Y　渔业调查船

鲽 [C9]
Plaice
Pleuronectidae
S1　鲽形目
F1　拟鲽
F1　星斑川鲽
F1　庸鲽

鲽形目 [C9]
Pleuronectiformes; Flounders
D　比目鱼
D　鲆鲽类
F1　鲽
F2　拟鲽
F2　星斑川鲽
F2　庸鲽
F1　鲆
F2　大菱鲆
F2　牙鲆
F1　舌鳎
F2　半滑舌鳎
F2　塞内加尔鳎
F1　鳎
C　硬骨鱼类

丁桂鱼 [C9]
Tench
Tinca tinca
Y　丁鱥

丁鱥 [C9]
Tench
Tinca tinca
D　丁桂鱼
S1　鲤科

丁香酚 [F3]
Eugenol
S1　麻醉剂

丁香鱼 [C9]
Cape anchovy; Silver anchovy
Engraulis japonicus
Y　鳀

钉螺 [C8]
Snail

Oncomelania hupensis
S1　腹足类

定居性鱼类 [C1]
Settled fishes; Sedentary fishes
S1　鱼类

定量分析 [B3]
Quantitative analysis
S1　化学分析
S2　分析
C　定性分析

定位 [L4]
Orientation; Location; Position
fixing
F1　卫星定位
C　导航
C　GPS
C　雷达

定向行为 [C5]
Orientation behaviour

定性分析 [B3]
Qualitive analysis
S1　化学分析
S2　分析
C　定量分析

定置刺网 [H3]
Set gillnet
S1　定置网
S2　定置渔具△

定置网 [H3]
Stationary fishing net
S1　定置渔具
S2　渔具
F1　定置刺网
F1　张网
C　非法捕捞

定置渔具 [H3]
Fixed fishing gear; Stationary
fishing gear; Set fishing gear
S1　渔具
F1　箔筌
F1　定置网
F2　定置刺网
F2　张网

F1 鱼笼
F1 鱼篓

东北大口鲶 [C9]
Large-mouthed catfish
Silurus soldatovi
　Y 怀头鲶

东北林蛙 [C9]
Dybowski's frog
Rana dybowskii
　S1 蛙
　S2 两栖类
　C 中国林蛙

东北太平洋 [P]
Northeast Pacific
　S1 北太平洋
　S2 太平洋△

东方对虾 [C8]
Chinese prawn
Penaeus orientalis
　Y 中国明对虾

东方鲀 [C9]
Puffer
Fugu
　S1 鲀形目

东风螺 [C8]
Ivory shell
Babylonia
　S1 腹足类

东海 [P]
East China sea
　S1 海域
　C 中国海

东江鱼 [E2]
Dongjiang fish
　C 湖南
　C 清江鱼

东南亚 [P]
Southeast Asia
　S1 亚洲
　S2 世界
　C 沿岸国家

东南沿海 [P]
Southeast coast

东太平洋 [P]
Easten Pacific
　S1 太平洋
　S2 世界大洋
　C 南太平洋
　C 西北太平洋

冬捕 [H1]
Winter fishing
　Y 捕捞

冬季 [B4]
Winter
　S1 季节

冬眠 [C5]
Hibernation; Dormancy;
Hibernating; Winter sleep
　S1 休眠

冬片鱼种 [E2]
Winter sliced fish
　S1 鱼种
　S2 苗种
　C 鱼种放养
　C 稚鱼

冬汛 [H1]
Winter fishing season
　S1 渔期
　C 春汛

动态监测 [M1]
Dynamic monitoring
　Y 自动监测

动物蛋白 [C4]
Animal protein
　Y 动物性蛋白

动物附肢 [C6]
Animal appendage
　D 附肢
　D 腹肢
　D 运动器官
　F1 鳍
　F2 背鳍
　F2 腹鳍

F2 尾鳍
F2 胸鳍
F2 脂鳍
F1 蟹脚
C 腹节

动物生理学 [C3]
Animal physiology
　Y 生理学

动物性蛋白 [C4]
Animal protein
　D 动物蛋白
　S1 蛋白质
　C 蛋白源

动物性饵料 [G1]
Animal bait
　Y 动物性饲料

动物性饲料 [G1]
Animal fodder; Animal feed;
Animal feedstuff
　D 动物性饵料
　S1 水产饲料

动物学 [C1]
Zoology
　F1 鱼类学
　C 生物学
　C 水产养殖学

动物营养 [C3]
Animal nutrition
　D 水产动物营养
　S1 营养
　F1 食物选择
　F1 食物转化
　F1 食物组成
　F1 消化
　C 营养评价
　C 营养性疾病

冻藏 [J3]
Frozen storage
　D 冷冻保藏
　D 冷冻保存
　D 冷冻保鲜
　D 冷冻贮藏
　S1 保鲜
　C 冻结

C 干耗
C 高频解冻
C 冷冻包装

冻粉 [J4]
Agar; Gelose
Y 琼胶

冻海鱼 [J3]
Frozen marine fish
Y 冻结鱼品

冻结 [J3]
Freezing; Congelation
D 冷冻
D 冷冻加工
F1 超低温冷冻
F1 复冻
F1 喷淋式冻结
F1 速冻
F1 液氮冻结
C 冰晶
C 冻藏
C 冻结能力
C 冻结速度
C 冻结鱼品
C 冻结装置
C 高频解冻
C 平板冻结机

冻结变性 [J2]
Freezing denaturation
S1 变性

冻结能力 [J3]
Freezing capacity
C 冻结
C 冻结速度
C 冻结装置

冻结速度 [J3]
Freezing rate
C 冰晶
C 冻结
C 冻结能力
C 冻结装置
C 速度

冻结鱼品 [J3]
Frozen fish product
D 冻海鱼

D 冻全鱼
D 冻鱼
S1 冷冻水产品
C 冻结
C 水产食品

冻结装置 [K5]
Freezing plant
S1 制冷设备
S2 加工机械△
F1 平板冻结机
C 冻结
C 冻结能力
C 冻结速度

冻精 [C2]
Frozen semen
Y 冷冻精液

冻全鱼 [J3]
Frozen whole fish
Y 冻结鱼品

冻烧 [J3]
Freezer burn
C 干耗
C 油脂酸败

冻虾仁 [J3]
Frozen shelled shrimps;
Frozen skinless shrimp
D 冷冻虾仁
S1 冷冻水产品
C 虾仁

冻鱼 [J3]
Frozen fish
Y 冻结鱼品

冻鱼片 [J1]
Frozen fish fillets;
Freezed fillet
S1 冷冻水产品
S1 鱼片
C 切鱼片机
C 鱼段

洞庭湖 [P]
Dongtinghu Lake
S1 湖泊
C 湖南

洞穴鱼类 [C1]
Cave fish
S1 鱼类

抖抖病 [F1]
Trembling disease
Y 颤抖病

豆饼 [G1]
Soybean cake
Y 豆粕

豆饼粉 [G1]
Bean cake powder
Y 豆粕

豆粕 [G1]
Soybean meal
D 大豆粉
D 大豆粕
D 豆饼
D 豆饼粉
D 豆粕粉
S1 饼粕
S2 蛋白源
F1 发酵豆粕
C 杂粕

豆粕粉 [G1]
Soybean meal
Y 豆粕

痘疮病 [F1]
Fish pox
S1 病毒性疾病

都市渔业 [N2]
Urban fishery
S1 渔业
C 休闲渔业

毒害物质 [M2]
Toxic substance
Y 毒物

毒理学 [M1]
Toxicology
C 毒性

毒力 [F1]
Virulence; Toxicity

Y 毒性

毒素 [M2]
Toxin
　D 生物毒素
　F1 贝类毒素
　　F2 腹泻性贝类毒素
　　F2 麻痹性贝类毒素
　　F2 神经性贝类毒素
　F1 赤潮毒素
　　F2 蓝藻毒素
　　F2 微囊藻毒素
　F1 霉菌毒素
　　F2 黄曲霉毒素
　F1 细胞毒素
　F1 鱼毒
　　F2 河鲀毒素
　C 毒物
　C 毒性
　C 急性毒性
　C 解毒

毒物 [M2]
Toxicant
　D 毒害物质
　D 有毒物质
　C 毒素
　C 毒性
　C 氰化物
　C 中毒
　C 中毒性疾病
　C 重金属

毒性 [M1]
Toxicity; Virulence
　D 毒力
　F1 急性毒性
　F1 联合毒性
　F1 慢性毒性
　F1 生态毒性
　F1 生物毒性
　F1 遗传毒性
　C 毒理学
　C 毒素
　C 毒物
　C 生物入侵
　C 重金属

毒性试验 [M1]
Toxicity test; Toxicity testing
　S1 试验

　F1 急性毒性试验

毒鱼 [H3]
Poison fishing
　S1 渔法
　C 非法捕捞
　C 禁用渔具

杜父鱼 [C9]
Sculpins
Cottus
　S1 鲉形目
　F1 松江鲈

杜氏车轮虫 [C8]
Trichodina domerguei domerguei
　Y 车轮虫病

杜氏鰤 [C9]
Dumeril's amberjack
Seriola dumerili
　S1 鰤
　S2 鲹科△

杜氏盐藻 [C7]
Dunaliella salina
　Y 杜氏藻

杜氏藻 [C7]
Dunaliella salina
　D 杜氏盐藻
　D 盐藻
　S1 绿藻

镀冰 [J3]
Glazing
　Y 镀冰衣

镀冰衣 [J3]
Glazing; Ice glazing
　D 包冰衣
　D 镀冰
　C 喷淋式冻结

端足类 [C8]
Amphipoda
　D 端足目
　F1 钩虾

端足目 [C8]
Amphipoda

　Y 端足类

短鲷 [C9]
Apistogramma
　Y 丽鱼科

短盖巨脂鲤 [C9]
Freshwater orbfish
Colossoma brachypomum
　Y 淡水白鲳

短鳍鲳鲹 [C9]
Pompano
Trachinotus ovatus
　Y 卵形鲳鲹

短尾真鲨 [C9]
Copper shark; Bronze whaler sharks
Carcharhinus brachyurus
　D 黑鲨
　S1 真鲨
　S2 软骨鱼类

短吻鳄 [C9]
Alligator
Osteolaemus tetraspis
　S1 鳄鱼

短蛸 [C8]
Ocellated octopus
Octopus ochellatus
　S1 章鱼
　S2 头足类

堆肥 [G2]
Compost
　S1 有机肥
　S2 肥料

对比 [A]
Comparasion; Contrast; Contrasts
　Y 对比分析

对比分析 [A]
Comparative analysis
　D 对比
　D+ 序列比对分析
　S1 分析

对外贸易 [N1]

Foreign trade
　Y 国际贸易

对网 [H3]
Pair net
　S1 围网
　S2 网渔具△

对虾 [C8]
Prawn; Penaeid shrimp
Penaeus
　F1 斑节对虾
　F1 长毛对虾
　F1 凡纳滨对虾
　F1 墨吉明对虾
　F1 日本对虾
　F1 细角对虾
　F1 新对虾
　　F2 刀额新对虾
　F1 鹰爪虾
　F1 中国明对虾
　C 虾类

对虾产业 [N1]
Shrimp industry
　D 对虾养殖业
　D+ 虾蟹产业
　S1 产业
　C 对虾育苗
　C 虾类养殖
　C 中国明对虾

对虾杆状病毒 [F1]
Baculovirus Penaei, BP
　D 斑节对虾杆状病毒
　C 斑节对虾
　C 对虾杆状病毒病

对虾杆状病毒病 [F1]
Baculovirus penaei disease
　S1 病毒性疾病
　C 对虾杆状病毒
　C 杆状病毒

对虾养殖 [E5]
Prawn culture
　S1 虾类养殖
　C 对虾育苗
　C 蜕壳
　C 虾病
　C 虾苗

对虾养殖业 [N1]
Shrimp aquaculture
　Y 对虾产业

对虾育苗 [E5]
Prawn seedling rearing; Shrimp seedling
　D 虾苗培育
　S1 苗种培育
　C 对虾产业
　C 对虾养殖
　C 虾苗
　C 蚤状幼体
　C 仔虾

对硝基酚 [M2]
Paranitrophenol
　C 硝基苯

多宝鱼 [C9]
Turbot
Scophthalmus maximus
　Y 大菱鲆

多倍体 [C2]
Polyploid
　F1 三倍体
　F1 四倍体
　C 多倍体诱导
　C 多倍体育种
　C 染色体

多倍体诱导 [E1]
Polyploidy induction
　C 多倍体
　C 多倍体育种
　C 人工诱导

多倍体育种 [E1]
Polyploid breeding
　S1 育种
　C 多倍体
　C 多倍体诱导
　C 育种值

多重 PCR [C2]
Multiplex PCR
　S1 PCR

多刺裸腹溞 [C8]
Water flea

Moina macrocopa
　S1 枝角类

多级轮养 [E1]
Multi-level rotation aquaculture; Progressive culture
　Y 轮养

多棘海盘车 [C8]
Starfish
Asterias amurensis
　S1 海星

多甲藻 [C7]
Peridinium perardiforme
　S1 甲藻
　S2 赤潮藻△
　C 单胞藻类

多聚磷酸盐 [J2]
Polyphosphate
　S1 磷酸盐
　S2 无机盐
　C 食品添加剂

多克隆抗体 [C4]
Polyclonal antibody
　S1 抗体
　C 单克隆抗体

多鳞白甲鱼 [C9]
Largescale shoveljaw fish
Onychostoma macrolepis
　D 赤鳞鱼
　S1 鲤科

多鳞铲颌鱼 [C9]
Largescale shoveljaw fish
Scaphesthes rnacrolepis
　D 泰山赤鳞鱼
　S1 鲤科

多氯联苯 [M2]
Polychlorinated biphenyl; Pcb; Polychlorinated biphenyls; Pcbs
　Y PCB

多毛类 [C8]
Polychaeta; Polychaete
　F1 沙蚕
　C 环节动物

多态性 [C1]
Polymorphism
    C 单核苷酸多态性
    C 多样性

多糖 [C4]
polysaccharide; Glycan
    F1 胞外多糖
    F1 海参多糖
    F1 海藻多糖
    F1 海藻糖
    F1 褐藻多糖
    F1 黄芪多糖
    F1 螺旋藻多糖

    F1 免疫多糖
    F1 岩藻多糖
    C 海藻产品
    C 糖蛋白

多样性 [C5]
Diversity
    F1 群落多样性
    F1 生态多样性
    F1 物种多样性
    F1 遗传多样性
    F1 鱼类多样性
    F1 生物多样性
    C 多态性

多脂鱼 [J1]
Fatty fish; Oily fish
    S1 鱼类
    C 低脂鱼

多子小瓜虫 [C8]
Lchthyophthinus multifiiis
    S1 小瓜虫病
    S2 纤毛虫病△

舵 [L3]
Rudder
    C 推进装置

E

EPA [C4]
Eicosapntemacnioc acid
　　Y　二十碳五烯酸

俄罗斯鲟 [C9]
Russian sturgeon
Acipenser gueldenstaedti
　　S1　鲟鱼

鳄龟 [C9]
Snapping turtle
Chelydra serpentina
　　D　鳄鱼龟
　　D　拟鳄龟
　　D　蛇鳄龟
　　S1　龟鳖目

鳄科 [C9]
crocodile
Crocodylidae
　　Y　鳄鱼

鳄鱼 [C9]
Crocodile
Crocodylus siamensis
　　D　鳄科
　　F1　短吻鳄
　　F1　尼罗鳄
　　F1　扬子鳄
　　C　鳄鱼皮
　　C　爬行动物
　　C　特种水产品

鳄鱼龟 [C9]
Snapping turtle
Chelydra serpentina
　　Y　鳄龟

鳄鱼皮 [J4]
Crocodile skin
　　C　鳄鱼
　　C　鱼皮

恩诺沙星 [F3]
Enrofloxacin
　　S1　喹诺酮类药物

　　S2　抗菌药物
　　C　环丙沙星
　　C　诺氟沙星
　　C　氧氟沙星

耳石 [C6]
Otolith
　　S1　感觉器官
　　C　年龄鉴定
　　C　年轮

饵料 [G1]
Feed; Feedstuff;
Bait feed
　　Y　水产饲料

饵料配方 [G1]
Feed formula
　　Y　饲料配方

饵料配制 [G1]
Feed formulation
　　Y　饲料配制

饵料生物 [C1]
Live prey organism;
Forage organism;
Feed organism
　　D+　饵料微藻
　　C　饵料生物培养
　　C　基础饵料
　　C　轮虫
　　C　水蚤

饵料生物培养 [G1]
Feed organism culture
　　S1　培养
　　C　饵料生物
　　C　饲料源

饵料台 [K3]
Feed plate
　　Y　饲料台

饵料添加剂 [G1]
Feed additive

　　Y　饲料添加剂

饵料微藻 [G1]
Feed microalgae
　　Y　饵料生物+微藻

饵料系数 [G1]
Feed conversion rate
　　Y　饲料系数

饵料效果 [G1]
Feed effect
　　Y　饲料系数

饵料鱼 [G1]
Forage fish; Prey fish
　　Y　饲料鱼

饵料转化率 [G1]
Feed conversion ratio;
Feed conversion rate
　　Y　饲料系数

饵料组成 [G1]
Feed ingredient
　　Y　饲料成分

二倍体 [C2]
Diploid
　　C　染色体

二龄鱼种 [E2]
Two year old fingerling;
Young fish of two years;
Fingerlings of two years
　　Y　大规格鱼种

二十二碳六烯酸 [C4]
Docosahexaenoic acid
　　D　DHA
　　D　脑黄金
　　D　廿二碳六烯酸
　　S1　不饱和脂肪酸
　　S2　脂肪酸
　　C　二十碳五烯酸
　　C　角鲨烯

C 鱼油

二十碳五烯酸 [C4]
Eicosapentaenoic acid
　D EPA
　D 廿碳五烯酸
　S1 不饱和脂肪酸
　　S2 脂肪酸
　C 二十二碳六烯酸
　C 角鲨烯

C 鱼油

二溴海因 [F3]
Dibromohydantoin
　S1 消毒剂
　C 溴氯海因

二氧化氯 [F3]
Chlorine dioxide
　S1 消毒剂

C 氯制剂
C 水质净化

二氧化碳 [B3]
Carbon dioxide
　C 气调包装
　C 气调保鲜
　C 碳
　C 碳汇渔业
　C 碳源

F

FAO [A]
Food and Agriculture
Organization of the United
Nations
    D 联合国粮农组织
    S1 国际组织

发病率 [F2]
Morbidity; Incidence rate
    C 疾病防治
    C 流行病
    C 鱼病诊断

发菜 [C7]
Nostoc flaglliforme
    S1 蓝藻
    S2 赤潮藻△

发达国家 [A]
Developed country
    C 发展中国家

发电机 [K1]
Electric generator; Generator
    S1 电气设备
    C 船舶设备
    C 排气系统
    C 主机功率

发光 [C4]
Luminescence
    F1 荧光
    C 夜光藻

发酵 [J4]
Fermentation
    C 发酵制品
    C 糟渣

发酵豆粕 [G1]
Fermentated soybean; Fermented
soybean meal
    S1 豆粕
    S2 饼粕△

发酵饲料 [G1]

Fermented feed; Yeast feed
    D 液化饲料
    S1 水产饲料
    C 生物饲料
    C 糟渣

发酵制品 [J4]
Fermented product
    F1 海鲜酱
    F2 虾酱
    F1 蚝油
    F1 虾酱
    F1 虾油
    F1 鱼露
    C 发酵
    C 水产食品

发塘 [E2]
Fry rearing
    Y 鱼苗培育

发眼卵 [E1]
Eyed eggs
    S1 卵子
    S2 生殖细胞
    C 孵化
    C 孵化率
    C 孵化期
    C 受精卵

发育 [C2]
Development
    F1 雌核发育
    F1 个体发育
    F2 胚后发育
    F2 胚胎发育
    F2 形态发育
    F2 幼体发育
    F2 早期发育
    F2 仔鱼发育
    F1 系统发育
    F1 性腺发育
    F2 精巢发育
    F2 卵巢发育
    F1 雄核发育
    C 性别分化

    C 性早熟

发展中国家 [A]
Developing country
    C 发达国家

筏式养殖 [E3]
Raft culture
    D 吊养
    D 浮筏养殖
    D 笼养
    S1 海水养殖
    S2 水产养殖
    C 贝类养殖
    C 吊笼
    C 养殖筏
    C 藻类养殖

法规 [N2]
Legislation; Code
    F1 国际法
    F1 海洋法
    F1 环境法
    F1 渔业法
    C 渔业协定

法人 [N1]
Juridical person
    C 公司
    C 企业

翻塘 [E1]
Fish mass mortality
    Y 浮头

凡纳滨对虾 [C8]
Whiteleg shrimp
Litopenaeus vannamei
    D 凡纳对虾
    D 南美白对虾
    D 南美白虾
    S1 对虾

凡纳对虾 [C8]
Whiteleg shrimp
Litopenaeus vannamei

Y 凡纳滨对虾

繁育场 [K3]
Hatchery
　D 繁育中心
　D 繁殖基地
　S1 养殖场
　C 生产基地
　C 种苗基地

繁育技术 [E1]
Breeding technology
　Y 苗种培育

繁育试验 [E1]
Breeding test
　S1 试验
　C 繁育体系

繁育体系 [E1]
Breeding system
　C 纯系培育
　C 繁育试验
　C 良种培育
　C 良种选育
　C 群体选育
　C 人工选育
　C 鱼类繁殖

繁育中心 [K3]
Breeding Center
　Y 繁育场

繁殖 [C2]
Propagation
　D 繁殖方式
　D 自然繁殖
　D 自然孵化
　F1 过度繁殖
　F1 人工繁殖
　　F2 催产
　　F2 孵化
　　F2 人工授精
　F1 鱼类繁殖
　F1 藻类繁殖
　C 产卵
　C 繁殖地
　C 繁殖生理

繁殖保护 [D1]
Propagation protection

　C 繁殖地
　C 繁殖群体
　C 繁殖生态

繁殖地 [C5]
Breeding site
　C 繁殖
　C 繁殖保护
　C 资源保护

繁殖方法 [E1]
Breeding methods
　Y 人工繁殖

繁殖方式 [C2]
Reproductive mode
　Y 繁殖

繁殖过程 [E1]
Breeding process
　Y 人工繁殖

繁殖基地 [K3]
Breeding base
　Y 繁育场

繁殖技术 [E1]
Reproduction technology
　Y 人工繁殖

繁殖季节 [E1]
Spawning season; Breeding season
　D 产卵季节
　D 繁殖期
　S1 季节
　C 抱卵
　C 产卵场
　C 产卵洄游
　C 繁殖习性
　C 人工繁殖

繁殖力 [D1]
Fecundity
　D 产卵量
　D 繁殖能力
　D 繁殖性能
　D 生殖力
　S1 生物学特性
　C 繁殖生物学
　C 怀卵量

　C 精子活力
　C 鱼类繁殖

繁殖能力 [D1]
Fecundity；Proliferative capacity
　Y 繁殖力

繁殖培育 [E1]
Rearing and breeding
　Y 人工繁殖

繁殖期 [E1]
Reproduction period; Propagative period; Breeding period
　Y 繁殖季节

繁殖群体 [D1]
Propagation population
　D 繁殖种群
　D 生殖群体
　S1 群体
　C 产卵洄游
　C 繁殖保护

繁殖生理 [C3]
Reproductive physiology
　C 繁殖
　C 繁殖习性
　C 繁殖周期
　C 生理学

繁殖生态 [C5]
Reproductive ecology
　S1 渔业生态
　S2 生态
　C 繁殖保护
　C 繁殖习性
　C 生态养鱼
　C 养殖生态

繁殖生物学 [C1]
Reproductive biology
　S1 生物学
　C 繁殖力
　C 繁殖习性
　C 繁殖行为
　C 繁殖周期
　C 有性生殖

繁殖试验 [E1]
Breeding test; Reproduction test

Y 人工繁殖

繁殖特性 [D1]
Reproductive characteristics
   Y 繁殖习性

繁殖习性 [D1]
Reproductive habit; Breeding habits
   D 繁殖特性
   S1 习性
   C 产卵洄游
   C 繁殖季节
   C 繁殖生理
   C 繁殖生态
   C 繁殖生物学
   C 繁殖周期
   C 鱼类繁殖

繁殖行为 [C5]
Reproductive behavior
   F1 抱卵
   F1 产卵
   F1 交配
   F1 排精
   C 繁殖生物学
   C 鱼类繁殖

繁殖性能 [D1]
Reproductive performance
   Y 繁殖力

繁殖育苗 [E1]
Seedling production
   Y 人工繁殖

繁殖种群 [D1]
Reproducing population; Breeding population
   Y 繁殖群体

繁殖周期 [D1]
Reproductive cycle
   D 生殖周期
   C 繁殖生理
   C 繁殖生物学
   C 繁殖习性
   C 生命周期
   C 蜕皮周期
   C 养殖周期
   C 鱼类繁殖

   C 周期变化

反气旋 [B4]
Anticyclone

反硝化菌 [C7]
Denitrifying bacteria
   Y 硝化菌

反硝化细菌 [C7]
Denitrifying bacteria
   Y 硝化菌

反演 [M1]
Inversion
   C 遥感监测

泛池 [E1]
Suffocation
   Y 浮头

泛塘 [E1]
Asphyxia
   Y 浮头

方便食品 [J1]
Instant food; Convenience food
   Y 即食水产品

方差分析 [B1]
Variance analysis
   S1 统计分析
   S2 分析
   C 变异系数
   C 标准差
   C 误差
   C 最小二乘法

方程 [B1]
Equation
   C 数学模型

方法 [A]
Method; Approach; Measure

方格星虫 [C8]
Peanut worm
Sipunculus nudus
   D 光裸星虫
   D 沙虫
   S1 星虫

方头鱼 [C9]
Tilefish
Branchiostegus
   S1 鲈形目

防病措施 [F2]
Disease control measures
   Y 疾病防治

防波堤 [L5]
Breakwater
   S1 渔港工程
   S2 水利工程
   C 海洋工程
   C 筑堤

防腐 [J2]
Antisepsis
   C 防腐剂
   C 腐蚀
   C 栅栏技术

防腐保鲜 [J3]
Antiseptic preservation
   Y 保鲜

防腐剂 [J2]
Antiseptics
   C 保鲜剂
   C 低温保鲜
   C 防腐
   C 防霉剂
   C 腐败
   C 气调保鲜
   C 食品添加剂
   C 微冻保鲜
   C 亚硫酸氢钠
   C 抑菌剂

防霉剂 [J2]
Antimould agent; Mildew inhibitor; Mould-proof agent; Antimold chemical; Antimold agent
   C 防腐剂
   C 霉菌感染
   C 食品添加剂
   C 饲料安全

防渗 [E1]
Seepage prevention

C 泥沙质

防逃 [E1]
Prevent action of fish from
escaping
  C 稻田养殖
  C 河蟹养殖
  C 湖泊养殖
  C 拦鱼设施

防逃墙 [K3]
Anti-escape wall
  Y 拦鱼坝

防逃设施 [K3]
Escaping guarder
  Y 拦鱼设施

防逃网 [K3]
Anti-escape net
  Y 拦网

防振 [K1]
Antivibration
  D 减振
  C 船舶振动

防治方法 [F2]
Control method; Prevention
method
  Y 疾病防治

鲂 [C9]
Black bream
Megalobrama skolkovii
  S1 鲤科

仿生态 [C4]
Imitation ecology
  S1 生态
  C 生态学
  C 微生态

放流 [D3]
Releasing
  Y 人工放流

放射性污染 [M2]
Radioactive pollution
  D 核污染
  S1 环境污染

C 污染源

放养 [E1]
Stocking
  D 放种
  F1 放养比例
  F1 放养规格
  F1 放养量
  F1 放养模式
  F1 放养品种
  F1 放养时间
  F1 放养水面
  F1 苗种放养
  F1 鱼种放养
  C 养殖周期

放养比例 [E1]
Stocking ratio
  D 搭配比例
  S1 放养
  C 放养模式
  C 混养

放养规格 [E1]
Stocking Size
  D 投放规格
  S1 放养
  C 尾重
  C 鱼种规格

放养量 [E1]
Stocking amount
  S1 放养
  C 养殖量

放养密度 [E1]
Stocking density
  Y 养殖密度

放养模式 [E1]
Stocking mode
  S1 放养
  C 放养比例
  C 养殖模式

放养品种 [E1]
Stocking varieties
  S1 放养
  S1 品种

放养时间 [E1]

Stocking time
  S1 放养

放养水面 [E1]
Stocking water surface
  S1 放养

放种 [E1]
Replant
  Y 放养

飞鱼 [C9]
Flying fish
Exocoetidae
  S1 辐鳍亚纲

非必需氨基酸 [C4]
Non-essential amino acid; Neaa;
Nonessential amino acid
  S1 氨基酸
  F1 脯氨酸

非点源污染 [M2]
Non-point source pollution
  Y 面源污染

非法捕捞 [N2]
Illegal fishing
  D 违法捕捞
  D 无证捕捞
  S1 捕捞
  C 电捕鱼
  C 定置网
  C 毒鱼
  C 禁渔区

非机动渔船 [L1]
Non-power driven fishing vessel
  D 机帆渔船
  S1 渔船

非鲫 [C9]
Tilapia
Oreochromis
  Y 罗非鱼

非特异性免疫 [F2]
Non-specific immunity;
Nonspecific immunity;
Nonspecific immune;
Nonspecific immunity

　　Y　免疫力

非特异性免疫力 [F2]
Nonspecific immunity;
Nonspecific immunity
　　Y　免疫力

非洲 [P]
Africa
　　S1　世界

非洲鲫鱼 [C9]
Tilapia
Oreochromis
　　Y　罗非鱼

菲律宾蛤仔 [C8]
Manila clam
Ruditapes philippinarum
　　D　花蛤
　　D　杂色蛤
　　S1　帘蛤科
　　S2　双壳类

鲱形目 [C9]
Clupeiformes
　　F1　大西洋鲱
　　F1　鲕
　　F1　美洲西鲱
　　F1　青鳞鱼
　　F1　沙丁鱼
　　F1　鲥
　　F1　太平洋鲱
　　F1　鳀
　　F2　秘鲁鳀
　　F2　黄鲫
　　F2　鲚*
　　F3　刀鲚
　　F3　凤鲚
　　F1　远东拟沙丁鱼
　　C　硬骨鱼类

鲱鱼 [C9]
Herring
Clupea pallas
　　Y　太平洋鲱

肥大 [F2]
Hypertrophy
　　C　增生

肥度 [E1]
Fertility
　　C　育肥

肥料 [G2]
Fertilizer
　　D　鱼肥
　　F1　无机肥
　　F2　氮肥
　　F2　磷肥
　　F1　有机肥
　　F2　堆肥
　　F2　粪肥
　　F2　绿肥
　　F2　沼气肥
　　C　肥效
　　C　基肥
　　C　施肥

肥满度 [E1]
Coefficient of condition;
Condition factor
　　Y　丰满度

肥效 [G2]
Fertilizer efficiency
　　C　肥料
　　C　施肥

翡翠贻贝 [C8]
Green mussel
Mytilus (Chloromya) viridis
　　S1　贻贝
　　S2　双壳类

废热利用 [K1]
Waste heat utilization

废水 [M2]
Waste water
　　D　污水
　　F1　工业废水
　　F1　农业污水
　　F1　生活污水
　　C　废水处理
　　C　废水利用
　　C　活性污泥
　　C　面源污染
　　C　排放标准
　　C　漂洗水

废水处理 [M3]
Waste water disposal
　　D　水产养殖水处理
　　D　污水处理
　　C　沉淀池
　　C　臭氧
　　C　废水
　　C　化学处理
　　C　农业污水
　　C　排放标准
　　C　曝气系统
　　C　生物滤池
　　C　生物膜
　　C　生物转盘
　　C　脱磷
　　C　絮凝沉淀
　　C　絮凝剂
　　C　氧化塘
　　C　指示生物

废水利用 [M3]
Waste Water utilization
　　C　废水
　　C　余热利用

废物污染 [M2]
Waste pollution
　　S1　环境污染
　　C　污染源

沸石 [G1]
Zeolite
　　D　改性沸石
　　S1　水质改良剂
　　C　饲料配方
　　C　饲料原料
　　C　添加剂
　　C　吸附

肺 [C6]
Lung
　　S1　呼吸器官
　　C　呼吸

分布 [A]
Distribution
　　F1　垂直分布
　　F1　地理分布
　　F1　空间分布
　　F1　生态分布
　　F1　时间分布

F1 数量分布
F1 水平分布
F1 污染分布
F1 渔场分布
F1 正态分布

分光光度法 [B3]
Spectrophotometry
D 荧光分光光度法
D 原子吸收法
D 原子吸收分光光度法
D 原子荧光光度法
D 紫外分光光度法
C 光谱法
C 色谱法
C 荧光
C 质谱法

分级机 [K5]
Grader
D 鱼类分级机
S1 鱼类处理机械
S2 加工机械△
C 分选

分解代谢 [C4]
Catabolism
S1 新陈代谢
C 代谢失调

分类 [A]
Classification
F1 生物分类
F2 形态分类
F1 系统分类
C 分类学

分类学 [C1]
Taxonomy
D 生物分类学
D 鱼类分类学
C 分类
C 检索表
C 生物鉴定
C 生物学
C 形态分类
C 形态学

分离 [J4]
Segregation; Separation;
Dissection; Isolation; Dysjunction;
Partitioning; Dissociation;
Separating
C 纯化
C 萃取
C 电解法
C 提纯
C 提取

分离式绞机 [K4]
Split winch
S1 绞机
S2 捕捞机械△

分泌 [C3]
Secretion
C 分泌器官
C 脑垂体
C 内分泌

分泌器官 [C6]
Secretory organ
F1 内分泌腺
F2 脑垂体
F2 胸腺
C 分泌
C 肝
C 肝胰脏
C 鱼胆
C 组织学

分苗 [E4]
Separating seedling
C 海带养殖
C 筛选
C 育肥

分配 [N1]
Distribution; Partitioning;
Allocation; Partition; Assignment
C 经营管理
C 收入

分塘 [E1]
Deconcentrition of fish into more
ponds
S1 养殖技术
C 并塘
C 损伤

分析 [A]
Analysis

F1 对比分析
F1 核型分析
F1 化学分析
F2 成分分析
F2 定量分析
F2 定性分析
F2 光谱分析
F2 水质分析
F1 经济分析
F1 统计分析
F2 方差分析
F2 回归分析
F2 聚类分析
F2 相关分析
F1 系统分析
F1 序列分析
C 产品质量
C 水产品检验
C 预测
C 质量检测

分选 [J4]
Sorting
C 分级机

分子标记 [C2]
Molecular markers
F1 AFLP
F1 ISSR
F1 RAPD
F1 微卫星
F1 微卫星位点
C 分子生物学
C 群体遗传
C 同位素
C 遗传标记

分子克隆 [C2]
Molecular Cloning
Y 基因克隆

分子量 [B3]
Molecular weight
C 化学性质

分子生物学 [C1]
Molecular biology
S1 生物学
C 分子标记
C 基因工程

酚 [B3]
Phenol
    S1 有机物
    S2 化合物

酚氧化酶 [C4]
Phenol oxidase
    S1 酶

粉碎机 [K5]
Grinder
    Y 饲料粉碎机

粉碎加工 [J4]
Pulverization processing
    S1 加工技术
    C 湿法鱼粉
    C 饲料加工机械
    C 鱼粉加工

粉状产品 [J4]
Powdered product
    D 螺旋藻粉
    D 虾粉
    C 鱼粉

粉状饲料 [G1]
Mash feed; Powder diet
    D 干粉料
    S1 水产饲料

粪便 [C3]
Faeces
    Y 排泄物

粪肥 [G2]
Muck; Manure
    D 厩肥
    D 猪粪
    S1 有机肥
    S2 肥料
    C 有机质

鲼 [C9]
Myliobatidae
    S1 软骨鱼类

丰产鲫 [C9]
Fertility crucian
Carassius auratus
    Y 鲫

丰度 [D2]
Abundance
    D 栖息密度
    D 相对资源量
    D 资源量指数
    C 生物量
    C 种群特征

丰满度 [E1]
Condition factor; Fullness
    D 肥满度
    C 体长
    C 体形

丰年虫 [C8]
Brine shrimp
Artemia
    Y 卤虫

丰年虫科 [C8]
Chirocephalidae
    F1 卤虫
    C 甲壳动物

丰年虾 [C8]
Brine shrimp
    Y 卤虫

风能 [B2]
Wind energy
    S1 能源

风味 [J2]
Flavour
    F1 口味
    C 气味
    C 异味

风险评估 [J5]
Risk assessment
    S1 评估
    C 质量安全
    C 质量评定
    C 质量指标

封闭循环水养殖 [E1]
Closed recirculating aquaculture
    Y 循环水养殖

疯狂病 [F1]
Myxoboliosis

    Y 黏孢子虫病

锋 [B4]
Front
    C 天气

凤鲚 [C9]
Longtailed anchovy; Estuary tapertail anzhovy
Coilia mystus
    S1 鲚
    S2 鳀△

凤尾虾 [J4]
Peeled and tail-on shrimp or prawn
    C 蝴蝶虾
    C 虾仁

凤眼莲 [C7]
Eichhornia crassipes
    Y 水葫芦

佛罗里达鳖 [C9]
Florida Soft-shelled turtle
Apalone ferox
    D 珍珠鳖
    S1 鳖
    S2 龟鳖目

呋喃丹 [F3]
Carbofuran
    S1 呋喃类药物
    S2 禁用药物
    C 硝基呋喃

呋喃类药物 [F3]
Furan drug
    S1 禁用药物
    F1 呋喃丹
    F1 呋喃西林
    F1 呋喃唑酮
    F1 硝基呋喃
    C 残留限量
    C 药物残留

呋喃西林 [F3]
Furacilin
    S1 呋喃类药物
    S2 禁用药物

呋喃唑酮 [F3]
Furazolidone
　　S1 呋喃类药物
　　S2 禁用药物
　　C 硝基呋喃

肤孢子虫病 [F1]
Dermocystidiasis
　　S1 孢子虫病
　　S2 原虫病△

肤霉病 [F1]
Dermatomycosis
　　Y 水霉病

孵化 [E1]
Hatching
　　D 孵育
　　D 人工孵化
　　S1 人工繁殖
　　S2 繁殖
　　C 低温刺激
　　C 发眼卵
　　C 孵化率
　　C 孵化期
　　C 孵化设施
　　C 卵子孵化
　　C 受精卵
　　C 水花
　　C 脱黏
　　C 鱼巢

孵化槽 [K3]
Incubation tank
　　Y 孵化环道

孵化池 [K3]
Hatching pond
　　S1 孵化设施
　　S2 渔业设施
　　C 孵化环道

孵化缸 [K3]
Hatching tank
　　Y 孵化桶

孵化环道 [K3]
Hatching ring; Circular hatching channal
　　D 孵化槽
　　S1 孵化设施

　　S2 渔业设施
　　C 孵化池

孵化率 [E1]
Hatching rate
　　C 变态率
　　C 出苗量
　　C 出苗率
　　C 发眼卵
　　C 孵化
　　C 卵子孵化
　　C 受精卵
　　C 水花

孵化盘 [K3]
Hatching tray
　　S1 孵化设施
　　S2 渔业设施
　　C 孵化桶

孵化期 [D1]
Hatching period
　　C 发眼卵
　　C 孵化
　　C 胚胎期

孵化设备 [K3]
Incubation equipment
　　Y 孵化设施

孵化设施 [K3]
Hatchery equipment
　　D 孵化设备
　　S1 渔业设施
　　F1 孵化池
　　F1 孵化环道
　　F1 孵化盘
　　F1 孵化桶
　　C 孵化
　　C 卵子孵化

孵化桶 [K3]
Hatching barrel
　　D 孵化缸
　　D 孵化筒
　　D 孵化箱
　　S1 孵化设施
　　S2 渔业设施
　　C 孵化盘

孵化筒 [K3]

Hatching tank
　　Y 孵化桶

孵化温度 [E1]
Incubation temperature
　　S1 温度
　　C 水温控制

孵化箱 [K3]
Incubation box
　　Y 孵化桶

孵育 [E1]
Incubation
　　Y 孵化

敷网 [H3]
Lift net
　　S1 网渔具
　　S2 渔具

伏季休渔 [D3]
Summer fishing moratorium
　　Y 休渔期

芙蓉鲤 [C9]
Red crucian carp
　　S1 鲤科

氟 [B3]
Fluorine
　　S1 化学元素

氟苯尼考 [F3]
Florfenicol
　　S1 抗生素
　　S2 抗菌药物

浮标 [L4]
Buoy
　　Y 航标

浮筏养殖 [E3]
Raft culture
　　Y 筏式养殖

浮缩 [H2]
Floating rope
　　C 绳索

浮力 [B1]

Floating force
C 沉降力
C 浮子
C 重力

浮萍 [C7]
Lemna minor
D 紫背浮萍
S1 被子植物

浮式网箱 [K3]
Floating net cage
S1 网箱
S2 养殖设施△

浮水植物 [C7]
Floating plant
Y 浮叶植物

浮筒 [K3]
Pontoon
S1 养殖设施
S2 渔业设施

浮头 [E2]
Gasping for air
D 翻塘
D 泛池
D 泛塘
C 缺氧
C 溶解氧
C 氧债
C 增氧

浮拖网 [H3]
Floating trawl
D 浮游拖网
S1 拖网
S2 网渔具△
C 底层拖网

浮性颗粒饲料 [G1]
Floating pellet feed
Y 浮性饲料+颗粒饲料

浮性卵 [C2]
Pelagic egg
C 产卵类型
C 受精卵

浮性膨化饲料 [G1]

Floating puffing feed
Y 浮性饲料+膨化饲料

浮性饲料 [G1]
Floating feed
D+ 浮性颗粒饲料
D+ 浮性膨化饲料
S1 水产饲料

浮叶植物 [C7]
Floating plants
D 浮水植物
S1 水生植物
S2 植物
C 漂浮植物

浮游动物 [C1]
Zooplankton
D+ 大型浮游动物
D+ 浮游动植物
S1 浮游生物
C 水生动物

浮游动植物 [C5]
Plankton
Y 浮游动物+浮游植物

浮游生物 [C5]
Plankton
D+ 海洋浮游生物
F1 浮游动物
F1 浮游植物
C 浮游生物网
C 生物调查
C 微型生物
C 微藻

浮游生物网 [C1]
Plankton net
C 浮游生物
C 水生生物学

浮游拖网 [H1]
Planktonic tow
Y 浮拖网

浮游细菌 [C7]
Planktonic bacteria
C 细菌

浮游藻类 [C7]

Planktonic algae; Plankalgae
S1 藻类
C 微藻
C 微藻培养

浮游植物 [C7]
Phytoplankton
D+ 浮游动植物
S1 浮游生物
C 硅藻
C 悬浮物
C 藻类

浮子 [H2]
Float
S1 属具
C 沉子
C 浮力

浮子纲 [H2]
Float line
S1 索具
C 沉子纲
C 上纲

福尔马林 [B3]
Formalin
Y 甲醛

福建 [P]
Fujian Province
C 台湾
C 台湾海峡

福寿螺 [C8]
Apple snail
Pomacea canaliculata
D 大瓶螺
D 苹果螺
S1 腹足类
C 田螺

福寿鱼 [C9]
Hybrid tilapia
Y 罗非鱼

辐鳍亚纲 [C9]
Actinopterygii
D 辐鳍鱼类
F1 鲛鳙
F1 刺鱼

F1 灯笼鱼目
　F2 大头狗母鱼
　F2 龙头鱼
　F2 蛇鲻
F1 飞鱼
F1 海鲢
F1 海龙
F1 海马
F1 黄鳝
F1 美丽硬骨舌鱼
F1 青鳞
F1 秋刀鱼
F1 花鳉科
　F2 孔雀鱼
　F2 食蚊鱼
F1 遮目鱼
F1 脂鲤目
　F2 淡水白鲳
　F2 宽体鲮脂鲤
　F2 纳氏锯脂鲤
C 硬骨鱼类

辐鳍鱼类 [C9]
Actinopterygii
　Y 辐鳍亚纲

辐射 [B2]
Radiation
　F1 红外辐射
　F1 太阳辐射
　C 辐照杀菌
　C 同位素
　C 紫外线

辐射保鲜 [J3]
Radiation preservation
　S1 保鲜
　C 辐照杀菌

辐射杀菌 [J4]
Irradiation sterilization
　Y 辐照杀菌

辐照杀菌 [J4]
Radiation pasteurization
　D 辐射杀菌
　S1 杀菌
　C 辐射
　C 辐射保鲜

蝠鲼科 [C9]

Mantas
Mobulidae
　S1 软骨鱼类

斧足 [C6]
Foot muscle
　S1 肌肉

辅酶 [C4]
Coenzyme
　C 酶

辅助船 [L1]
Auxiliary ship
　S1 渔船
　F1 冷藏加工船
　F1 渔政船
　F1 运输船
　　F2 活鱼运输船
　　F2 冷藏运输船

腐败 [J2]
Putrefaction
　C 防腐剂
　C 腐败菌
　C 僵硬期
　C 生物胺
　C 吲哚
　C 自溶作用
　C 组胺
　C 组胺中毒

腐败菌 [C7]
Spoilage　bacteria
　S1 细菌
　C 腐败

腐壳病 [F1]
Shell　disease
　D 腐皮综合症
　S1 细菌性疾病
　C 虾壳病

腐烂病 [F1]
Rot
　S1 海带病害
　S2 藻类病害
　C 藻类养殖

腐皮病 [F1]
Putrid skin disease

D 打印病
S1 细菌性疾病
C 水霉病

腐皮综合症 [F1]
Skin ulcer syndrome
　Y 腐壳病

腐蚀 [K1]
Corrosion
　C 防腐
　C 侵蚀

负责任渔业 [N2]
Responsible fisheries
　S1 渔业
　C 循环渔业

附苗 [E1]
Spatfall
　C 采苗
　C 采苗器
　C 附着密度
　C 附着期

附生 [C5]
Epibiosis
　C 附生藻类
　C 共生
　C 足丝

附生生物 [C1]
Epibiont
　Y 污损生物

附生藻类 [C7]
Epiphytic algae
　D 附着藻类
　S1 藻类
　C 附生
　C 周丛藻类

附肢 [C6]
Appendages
　Y 动物附肢

附着基 [K3]
Substrate
　D 附着器
　C 采苗器
　C 附着密度

C 固着器
C 足丝

附着密度 [E4]
Setting density
C 孢子附着
C 附苗
C 附着基

附着期 [E1]
Setting stage
C 孢子附着
C 附苗

附着器 [K3]
Adhering apparatus;
Appendage
Y 附着基

附着生物 [C1]
Adhering organism
Y 污损生物

附着物 [C5]
Fouling organisms

附着藻类 [C7]
Attached algae
Y 附生藻类

复冻 [J3]
Refreezing; Double freezing
S1 冻结

复方中草药 [F3]
Compound chinese herbal
medicine
Y 中草药

复合菌 [C7]
Complex bacteria
Y 复合微生物

复合酶 [C4]
Compound enzyme
S1 酶
C 益生菌

复合饲料 [G1]
Formulated feed
Y 配合饲料

复合微生物 [C7]
Compound microorganism
D 复合菌
S1 微生物
C 微生物制剂
C 芽孢杆菌
C 益生菌
C 沼泽红假单胞菌

复合维生素 [C4]
Multivitamin
S1 维生素
C 饲料配方

复口吸虫 [C8]
Diplostomum
Y 复口吸虫病

复口吸虫病 [F1]
Diplostomiasis
D 白内障病
D 复口吸虫
D 双穴吸虫病
S1 复殖吸虫病
S2 吸虫病△

复殖吸虫 [C8]
Paragonimus
Y 复殖吸虫病

复殖吸虫病 [F1]
Digenetic trematodes
D 复殖吸虫
S1 吸虫病
S2 寄生虫疾病
F1 复口吸虫病
F1 血居吸虫病

副产品 [J4]
By product
Y 副产物

副产物 [J4]
By-product
D 副产品
D 下脚料
F1 甲壳素
F1 鱼肝油
F1 鱼油
F1 珍珠粉
F1 明胶

C 低值鱼
C 内脏
C 漂洗水
C 虾壳
C 液体鱼蛋白
C 鱼粉
C 综合利用

副溶血弧菌 [C7]
Vibrio parahaemolyticus
D 副溶血性弧菌
S1 弧菌
S2 致病菌

副溶血性弧菌 [C7]
Vibrio parahaemolyticus
Y 副溶血弧菌

副性征 [C6]
Secondary sexual character
S1 性征
C 成熟度

副渔获物 [H1]
By catch; Incidental catch
D 兼捕渔获物
C 渔获物
C 渔获物组成

富集 [M1]
Concentration, Concentrating;
Enrichment
Y 生物富集

富营养化 [M2]
Eutrophication
D 富营养型
C 氮磷比
C 生态浮床
C 水污染
C 有害藻华
C 有机污染物
C 藻类控制

富营养型 [M1]
Eutrophic type
Y 富营养化

腹 [C6]
Abdomen
C 腹甲

C 腹节
C 腹鳍
C 体腔

腹甲 [C6]

Plastron
　S1 外骨骼
　　S2 骨骼
　C 背甲
　C 腹
　C 甲壳动物

腹节 [C6]

Abdomere;
Abdominal segment
　C 动物附肢
　C 腹

腹鳍 [C6]

Pelvic fin
　S1 鳍
　　S2 动物附肢
　C 腹
　C 胸鳍
　C 脂鳍

腹水病 [F1]

Ascites disease
　S1 龟鳖疾病

腹泻性贝类毒素 [J2]

Diarrhetic shellfish poisoning
　S1 贝类毒素
　　S2 毒素
　C 麻痹性贝类毒素
　C 神经性贝类毒素
　C 食物中毒

腹肢 [C6]

Pleopod
　Y 动物附肢

腹足 [C6]

Prolegs; Proleg;
Abdominal leg
　S1 肌肉
　C 腹足类
　C 蟹脚

腹足类 [C8]

Gastropoda

D 淡水螺
D 海螺
D 螺类
F1 鲍
　F2 红鲍
　F2 九孔鲍
　F2 盘鲍
　F2 盘大鲍
　F2 皱纹盘鲍
　F2 杂色鲍
F1 钉螺
F1 东风螺
F1 福寿螺
F1 海兔
F1 红螺
F1 荔枝螺
F1 螺蛳
F1 泥螺
F1 田螺
　F2 环棱螺
　F2 铜锈环棱螺
F1 蜗牛
　F2 白玉蜗牛
C 腹足
C 软体动物

G

GAP [J5]
Good agriculture practice
 D　良好农业规范
 S1　质量控制
  S2　质量
 C　关键控制点
 C　质量标准
 C　质量认证

GIS [N3]
Geographic information system
 Y　地理信息系统

GPS [N3]
Global positioning system
 D　全球定位系统
 D　卫星导航系统
 S1　助航设备
 C　导航
 C　定位
 C　接收机
 C　卫星定位

嘎鱼 [C9]
Yellow catfish
Pelteobagrus fulvidraco
 Y　黄颡鱼

改性沸石 [F3]
Modified zeolite
 Y　沸石

改造 [A]
Transform
 C　池塘改造
 C　技术革新

钙 [B3]
Calcium
 S1　化学元素
 C　扇贝壳
 C　水产加工品
 C　硬度

钙化法 [J4]
Calcification
 C　海藻加工
 C　褐藻胶
 C　褐藻糖胶
 C　酸化法
 C　转化工艺

概率 [B1]
Probability
 D　几率
 C　统计分析

概念 [A]
Concept
 C　名称
 C　术语

干贝 [J4]
Dried boiled scallop adductor
 D　扇贝柱
 S1　干制品
 C　贝肉
 C　海珍品
 C　扇贝
 C　食用贝类

干冰 [J3]
Dry ice
 C　保鲜剂
 C　气调保鲜
 C　微冻保鲜

干法鱼粉 [J4]
Dried fish meal
 S1　鱼粉
  S2　蛋白源
 C　湿法鱼粉

干粉料 [G1]
Powder feed
 Y　粉状饲料

干海带 [J4]
Dried kelp
 S1　干制品
 C　海带
 C　海带食品

 C　藻类食品

干海参 [J4]
Dried sea cucumber
 S1　干制品
 C　糙海参
 C　成参
 C　海参
 C　海参养殖
 C　水发水产品

干耗 [J3]
Dehydration
 C　冻藏
 C　冻烧
 C　冷冻干燥
 C　重量损失

干露 [E4]
Desiccation
 C　阴干刺激

干扰 [K1]
Interference
 C　信号

干燥 [J4]
Drying
 D　鼓风干燥
 D　烘干
 F1　低温干燥
 F1　高温干燥
 F1　远红外干燥
 F1　冷冻干燥
 F1　流化干燥
 F1　喷雾干燥
 F1　微波干燥
 F1　真空干燥
 F1　自然干燥
 F1　机械通风干燥
 C　干燥设备
 C　干燥速度
 C　干燥条件
 C　干制品
 C　湿度
 C　水分

C 水分活度
C 脱水
C 蒸发

干燥介质 [J4]
Drying medium
C 干燥设备
C 干燥速度
C 干燥条件

干燥设备 [K5]
Drying equipment
S1 鱼粉生产设备
S2 加工机械△
C 干燥
C 干燥介质
C 加工机械
C 流化干燥
C 喷雾干燥

干燥速度 [J4]
Drying rate
C 干燥
C 干燥介质
C 喷雾干燥
C 水分
C 水分活度
C 速度

干燥条件 [J4]
Drying condition
C 干燥
C 干燥介质
C 水分
C 水分活度

干制品 [J4]
Dried product
D 淡干品
F1 干贝
F1 干海带
F1 干海参
F1 干紫菜
F1 黄鱼鲞
F1 鳗鲞
F1 虾米
F1 虾皮
F1 鱿鱼干
F1 鱼翅
F1 鱼片干
F1 鱼松

C 干燥
C 水产食品
C 水分
C 水分活度

干紫菜 [J4]
Dried lavar
S1 干制品
C 坛紫菜
C 条斑紫菜
C 藻类食品
C 紫菜

甘露醇 [J4]
Mannitol
S1 海藻产品
C 海藻工业
C 褐藻胶

甘露寡糖 [C4]
Manno-oligosaccharides
Y 海藻多糖

甘肃 [P]
Gansu Province

杆状病毒 [F1]
Baculovirus
S1 病毒
C 对虾杆状病毒病

肝 [C6]
Liver
D 肝脏
C 分泌器官
C 肝胆综合征
C 消化器官
C 鱼肝油

肝胆综合征 [F1]
Liver and gallbladder syndrome
D 肝胆综合症
S1 鱼病
C 肝

肝胆综合症 [F1]
Liver and gallbladder syndrome;
Hepatobiliary syndrome
Y 肝胆综合征

肝胰腺 [C6]

Hepatopancreas
Y 肝胰脏

肝胰脏 [C6]
Hepatopancreas
D 肝胰腺
D 中肠腺
C 分泌器官
C 脾
C 幽门盲囊

肝脏 [C6]
Liver
Y 肝

竿钓 [H3]
Pole and line
S1 钓鱼法
S2 渔法
C 上钩率
C 手钓

赶鱼机 [K2]
Driving device
Y 驱鱼装置

感官评定 [J5]
Sensory evaluation
Y 感官评价

感官评价 [J5]
Sensory evaluation
D 感官评定
S1 评价
S1 水产品检验
C 肌肉品质
C 口感
C 口味
C 目检
C 气味
C 鲜度
C 鲜度检验
C 异味
C 质量评定

感官指标 [J5]
Sensory index
S1 质量指标
S2 指标
C 肌肉品质
C 品质

C 弹性
C 鲜度指标
C 异味

感觉器官 [C6]
Sensory organ
　F1 侧线
　F1 耳石
　F1 眼睛
　C 触角
　C 触觉
　C 触手
　C 神经系统
　C 听觉
　C 味觉
　C 嗅觉
　C 组织学

感染 [F1]
Infection
　F1 继发感染
　F1 霉菌感染
　F1 人工感染
　F1 细菌感染
　C 感染率

感染率 [F1]
Infection rate
　C 感染

鳡 [C9]
Sheltostshek; Yellowcheek
varacious carp
Elopichthys bambusa
　D 鳡鱼
　D 黄颊鱼
　S1 鲤科

鳡鱼 [C9]
Yellowcheek; Sheltostshek;
Voracious carp
Elopichthys bambusa
　Y 鳡

刚毛藻 [C7]
Cladophora
　S1 绿藻

纲索 [H2]
Rope
　Y 绳索

钢丝绳 [H2]
Wire rope
　S1 绳索

钢质渔船 [L1]
Steel fishing vessel
　S1 渔船

港口 [L5]
Port；Harbor
　S1 渔港工程
　　S2 水利工程
　F1 避风港
　F1 深水港
　F1 渔港
　C 海洋工程
　C 海洋设施
　C 基础设施
　C 象山港
　C 渔港管理

港湾 [B5]
Bay
　Y 海湾

港湾养殖 [E1]
Bay culture
　Y 港养

港养 [E1]
Marine pond extensive culture
　D 港湾养殖
　S1 半咸水养殖
　　S2 水产养殖
　C 象山港

高产技术 [E1]
High yield technology
　Y 养殖技术

高产试验 [E1]
High yield experiment
　Y 养殖技术

高产养殖 [E1]
High-yield aquaculture
　Y 养殖技术

高潮区 [B6]
High tidal region
　S1 潮间带

　　S2 海岸带

高潮线 [B6]
High water line
　C 潮间带

高胆固醇饲料 [G1]
High-cholesterol feed
　S1 水产饲料
　C 胆固醇

高蛋白饲料 [G1]
High protein feed
　Y 蛋白饲料

高等水生植物 [C7]
Aquatic macrophytes
　Y 水生植物

高寒地区 [B4]
Alpine region
　Y 寒冷地区

高锰酸钾 [F3]
Potassium permanganate
　S1 消毒剂

高密度精养 [E1]
Intensive culture
　Y 高密度养殖

高密度聚乙烯 [H2]
High Density Polyethylene
　D HDPE
　C 聚乙烯纤维

高密度养殖 [E1]
High density culture
　D 高密度精养
　D 密集饲养
　D 密养
　S1 水产养殖
　C 流水养鱼
　C 密度

高能量饲料 [G1]
High-energy feed
　Y 能量饲料

高频解冻 [J3]
High frequency thawing

C 超声波解冻
C 冻藏
C 冻结

高糖饲料 [G1]
High-carbohydrate feed
S1 水产饲料

高体革鯻 [C9]
Jade perch; Barcoo perch
Scortum barcoo
D 宝石斑
D 宝石鲈
D 宝石鱼
D 玉鲈
S1 鲈形目

高位池 [K3]
High level pond
S1 池塘
S2 养殖设施△

高温干燥 [J4]
High-temperature drying
S1 干燥
C 远红外干燥
C 喷雾干燥
C 真空干燥

高温期 [B4]
High temperature period;
Hyperthermal stage
S1 天气
C 气温

高温天气 [B4]
High temperature weather
S1 天气
C 闷热天气

高效养殖 [E1]
Efficient cultivation
Y 养殖技术

高效液相色谱 [B3]
high performance liquid
chromatography
Y 液相色谱

高效渔业 [N2]
Efficient fishery

S1 渔业

高原湖泊 [B5]
Plateau lakes
S1 湖泊
C 西藏
C 咸水湖

高脂肪饲料 [G1]
High fat feed
S1 水产饲料
C 脂肪
C 脂肪代谢
C 脂肪酶

睾酮 [C4]
Testosterone
S1 雄性激素
S2 性激素△

革胡子鲇 [C9]
Clara
Clarias lazera
D 埃及胡子鲇
S1 胡鲇
S2 鲇形目

蛤蜊 [C8]
Mactridae; Clam
S1 双壳类
F1 施氏獭蛤
F1 四角蛤蜊
F1 西施舌

镉 [B3]
Cadmium
S1 化学元素

个体发育 [C2]
Ontogeny
S1 发育
F1 胚后发育
F1 胚胎发育
F1 形态发育
F1 幼体发育
F1 早期发育
F1 仔鱼发育
C 胚胎
C 胚胎期
C 樽形幼体

个体生殖力 [D1]
Individual fecundity

铬 [B3]
Chromium
S1 化学元素

给药方法 [F3]
Dosing methods
Y 投药方法

根口水母 [C8]
Jellyfish
Rhizostoma
S1 钵水母
S2 水母

工厂化水产养殖 [E1]
industrialized aquaculture
Y 工厂化养殖

工厂化养鱼 [E2]
Industrialized fish culture;
Factory fish farming
D 工业化养鱼
S1 鱼类养殖
C 精养
C 循环水养殖

工厂化养殖 [E1]
Industrial aquaculture;
Industrial culture
D 工厂化水产养殖
D 工业化养殖
S1 水产养殖
C 设施渔业

工厂化育苗 [E1]
Factory seed culture
D 工业化育苗
S1 苗种培育
C 设施渔业
C 水体交换
C 现代养殖

工程鲫 [C9]
Triploid crucian carp
Y 湘云鲫

工具 [A]
Tool

工况 [K1]
Operating status; Mode; Operation
condition; Operating condition
   C 设备

工业废水 [M2]
Industrial waste water
   S1 废水
   C 工业污染

工业化养鱼 [E2]
Industrial fish farming
   Y 工厂化养鱼

工业化养殖 [E1]
Industrial aquaculture
   Y 工厂化养殖

工业化育苗 [E1]
Industrial seed culture
   Y 工厂化育苗

工业污染 [M2]
Industrial pollution
   S1 环境污染
   C 工业废水
   C 污染源
   C 噪声

工艺 [J4]
Technology; craft
   D 工艺条件
   C 加工技术

工艺条件 [J4]
Process condition
   Y 工艺

公海 [N2]
High seas
   C 外海

公海渔业 [N2]
High seas fisheries
   Y 远洋渔业

公害 [M1]
Public disaster
   Y 环境污染

公式 [B1]

Formula(mathematics)
   C 函数
   C 数学模型

公司 [N1]
Corporation
   F1 饲料企业
   F1 养殖公司
   F1 有限公司
   F1 渔业公司
   C 法人
   C 企业

功率 [B2]
Power
   C 船舶辅机
   C 船舶主机
   C 主机功率

功能基因 [C2]
Functional gene
   S1 基因
   F1 免疫基因
   F1 耐药基因
   F1 生长基因
   C 转录组

攻毒试验 [F3]
Infection test
   Y 人工感染

供求关系 [N1]
Supply-demand relation
   C 供应
   C 水产品市场
   C 水产品消费
   C 水产品总产量

供应 [N1]
Supply
   C 供求关系
   C 水产品
   C 需求

汞 [B3]
Mercury
   S1 化学元素
   C 甲基汞
   C 慢性汞中毒

共栖 [C5]

Commensalism
   C 共生

共生 [C5]
Symbiosis
   C 附生
   C 共栖
   C 寄生

共显性遗传 [C2]
Codominant inheritance
   S1 遗传

沟鲶 [C9]
Channel catfish
Ictalurus punctatus
   Y 斑点叉尾鮰

沟鲶 [C9]
Channel catfish
Ictalurus punctatus
   Y 斑点叉尾鮰

钩钓 [H3]
Hook fishing
   S1 钓鱼法
   S2 渔法
   C 上钩率
   C 手钓

钩介幼虫 [C6]
Glochidium
   Y 钩介幼虫病

钩介幼虫病 [F1]
Glochidiumiasis
   D 钩介幼虫
   S1 寄生虫疾病

钩虾 [C8]
Gammarid
   S1 端足类

狗头鱼 [C9]
Blackspotted puffer
Arothron nigropunctatus
   Y 黑斑叉鼻鲀

狗鱼 [C9]
Pike
Esox

S1 鲑形目

孤雌生殖 [C2]
Parthenogenesis
Y 单性生殖

古生代 [B6]
Paleozoic era

谷氨酸脱氢酶 [C4]
Glutamate dehydrogenase (GLDH)
S1 酶

谷氨酰胺转氨酶 [C4]
Transglutaminase
S1 酶

谷丙转氨酶 [C4]
Glutamic pyruvic transaminase
S1 酶

谷胱甘肽硫转移酶 [C4]
Glutathione S-transferase
S1 酶

谷物饲料 [G1]
Grain feed
S1 植物性饲料
S2 水产饲料

骨板 [C6]
Bone plate
S1 内骨骼
S2 骨骼

骨骼 [C6]
Skeleton
F1 内骨骼
F2 骨板
F2 颅骨
F2 软骨
F2 鱼骨
F2 椎骨
F1 外骨骼
F2 背甲
F2 腹甲
F2 鳞片*
F3 侧线鳞
F3 圆鳞
F3 栉鳞
F2 鳃盖骨

F2 虾壳
F2 蟹壳
F2 左壳
C 鳃盖骨

骨雀鳝 [C9]
Gar
Atractosteus
Y 雀鳝

骨条藻 [C7]
Skelitonema
S1 硅藻
S2 赤潮藻△

钴 [B3]
Cobalt
S1 化学元素

鼓风干燥 [J4]
Blast drying
Y 干燥

固定化微生物 [C7]
Immobilized microorganism
S1 微生物

固定网箱 [K3]
Fixed cage
S1 网箱
S2 养殖设施△

固相萃取 [J4]
Solid phase extraction
S1 萃取
S2 提取

固相转化 [J4]
Solid phase conversion
S1 转化工艺
C 液相转化

固着类纤毛虫病 [F1]
Sessilinasis
Y 纤毛虫病

固着器 [C7]
Holdfast
C 附着基

故障 [K1]

Fault
C 报警装置
C 设备
C 事故
C 维修

寡毛类 [C8]
Oligochacta
F1 蚯蚓
F1 水蚯蚓
C 环节动物

挂篓法 [F3]
Hanging basket method
S1 投药方法

关键点控制 [J5]
Critical control point
Y 关键控制点

关键控制点 [J5]
Critical control point
D 关键点控制
C HACCP
C 控制
C GAP

关税 [N1]
Tariffs; Customs duties; Tariff;
Customs duty
C 出口
C 国际贸易
C 国际市场
C 进口

观测 [A]
Observation
C 生物调查

观赏动物 [C9]
Ornamental animal
Y 观赏鱼类

观赏鱼 [C1]
Ornamental fish
Y 观赏鱼类

观赏鱼类 [C1]
Ornamental fish
D 观赏动物
D 观赏鱼

S1 鱼类
C 观赏渔业
C 水族馆
C 水族箱

观赏渔业 [N2]
Ornamental fishery
S1 渔业
C 观赏鱼类
C 海洋公园
C 神仙鱼
C 水族馆

管冰机 [K5]
Tube ice maker
S1 制冰机械
S2 制冷设备△
C 片冰机

管理 [A]
Management
F1 经营管理
F1 科研管理
F1 市场管理
F1 养殖管理
F1 渔船管理
F2 船员管理
F2 渔船登记
F2 渔船检验
F1 渔港管理
F1 渔业管理
F1 渔政管理
F1 智能管理
F1 资源管理
C 手册
C 政策

管理信息系统 [N3]
Management information system
S1 信息系统
C 地理信息系统
C 图像处理

管水母 [C8]
Siphonophore
S1 水母

罐头 [J4]
Canned food
F1 软罐头
C 罐头加工

C 胖听
C 杀菌设备
C 无菌灌装

罐头加工 [J4]
Can processing; Processing cans
C 罐头
C 杀菌
C 杀菌设备
C 食品加工
C 无菌灌装

光 [B2]
Light
F1 激光
F1 荧光
F1 紫外线
C 光照
C 光照强度

光倒刺鲃 [C9]
Spinibarbus caldwelli
D 黑脊倒刺鲃
S1 倒刺鲃
S2 鲤科

光合色素 [C7]
Photosynthetic pigment
F1 胡萝卜素
F1 类胡萝卜素
F2 虾青素
F1 叶黄素
F1 叶绿素
F1 藻红蛋白
C 光合作用
C 色素细胞
C 叶绿体

光合细菌 [C7]
Photosynthetic bacteria
F1 红螺菌
F1 沼泽红假单胞菌
C 微生物制剂
C 细菌

光合作用 [C7]
Photosynthesis
C 初级生产力
C 光合色素
C 光照强度
C 叶绿体

C 植物营养

光裸星虫 [C8]
Peanut worm
Sipunculus
Y 方格星虫

光谱法 [B3]
Spectrometry
D 荧光光谱
D 原子吸收光谱法
D 原子荧光光谱法
C 分光光度法
C 光谱分析
C 色谱法
C 质谱法

光谱分析 [B3]
Spectral analysis
S1 化学分析
S2 分析
C 光谱法
C 质谱法

光照 [B2]
Illumination
C 光

光照度 [B2]
Luminous intensity
Y 光照强度

光照强度 [B2]
Light intensity
D 光照度
C 光
C 光合作用
C 强度

光照周期 [B2]
Photoperiod
Y 光周期

光周期 [B2]
Photoperiod
D 光照周期
C 周期变化
C 昼夜节律

广东 [P]
Guangdong Province

C 珠江
C 珠江口渔场

广温性 [C5]
Eurythermic
S1 生物学特性
C 适温性

广西 [P]
Guangxi Province
C 北部湾

广盐性 [C5]
Euryhalinity
S1 生物学特性

龟白眼病 [F1]
Turtle white eye disease
S1 龟鳖疾病
C 龟科

龟鳖疾病 [F1]
Turtle disease
F1 腹水病
F1 龟白眼病
F1 红脖子病
F1 红底板病
C 龟鳖目
C 龟鳖养殖
C 疾病防治
C 甲壳溃疡病
C 水肿病

龟鳖目 [C9]
Testudines
F1 凹甲陆龟
F1 鳖
　F2 佛罗里达鳖
　F2 黄沙鳖
　F2 山瑞鳖
　F2 鼋
　F2 中华鳖
F1 鳄龟
F1 龟科
　F2 安南龟
　F2 巴西龟
　F2 闭壳龟*
　　F3 黄缘闭壳龟
　　F3 金头闭壳龟
　　F3 三线闭壳龟
　　F3 周氏闭壳龟

　F2 大头龟
　F2 地龟
　F2 黄额盒龟
　F2 黄喉拟水龟
　F2 锦龟
　F2 绿毛龟
　F2 四眼斑水龟
　F2 乌龟
　F2 眼斑水龟
　F2 中华花龟
F1 海龟科
　F2 玳瑁
　F2 绿海龟
　F2 太平洋丽龟
F1 棱皮龟
F1 泥龟
F1 平胸龟
C 龟鳖疾病
C 龟鳖养殖
C 爬行动物

龟鳖养殖 [E5]
Turtle culture
D 鳖养殖
D 龟养殖
D 甲鱼养殖
D 庭院养鳖
D 养鳖
C 淡水养殖
C 龟鳖目
C 龟鳖疾病
C 甲鱼蛋
C 庭院养殖
C 幼鳖
C 稚龟

龟科 [C9]
Testudinidae
D 龟类
S1 龟鳖目
F1 安南龟
F1 巴西龟
F1 闭壳龟
　F2 黄缘闭壳龟
　F2 金头闭壳龟
　F2 三线闭壳龟
　F2 周氏闭壳龟
F1 大头龟
F1 地龟
F1 黄额盒龟
F1 黄喉拟水龟

F1 锦龟
F1 绿毛龟
F1 四眼斑水龟
F1 乌龟
F1 眼斑水龟
F1 中华花龟
C 龟白眼病

龟类 [C9]
Chelonian
Y 龟科

龟肉 [J2]
Turtle muscle
S1 肌肉

龟养殖 [E5]
Turtle culture
Y 龟鳖养殖

规范 [A]
Specification; Norm
C 标准
C 标准化

规划 [A]
Planning
C 计划
C 设计
C 渔业规划

规模化养殖 [E1]
Large-scale aquaculture
D 规模养殖
D 养殖规模化
S1 水产养殖
C 养殖规模

规模养殖 [E1]
large-scale farming
Y 规模化养殖

硅藻 [C7]
Diatom
Bacillariophyta
S1 赤潮藻
　S2 赤潮生物
F1 底栖硅藻
F1 骨条藻
F1 角毛藻
　F2 牟氏角毛藻

F2 纤细角毛藻
F1 新月菱形藻
F1 舟形藻
C 浮游植物
C 水色
C 污损生物
C 藻类

鲑形目 [C9]
Salmoniformes
F1 白鲑
F1 川陕哲罗鲑
F1 大麻哈鱼
F2 红大麻哈鱼
F2 马苏大麻哈鱼
F2 细鳞大麻哈鱼
F1 大西洋鲑
F1 狗鱼
F1 红点鲑
F1 虹鳟
F1 太湖新银鱼
F1 细鳞鱼
F1 香鱼
F1 银鱼
F2 大银鱼
F2 太湖新银鱼
F1 硬头鳟
F1 哲罗鱼
F1 河鳟
C 鲑鳟鱼类
C 冷水性鱼类
C 硬骨鱼类

鲑鱼 [C9]
Salmon
Y 鲑鳟鱼类

鲑鳟鱼 [C9]
Salmons
Y 鲑鳟鱼类

鲑鳟鱼类 [C9]
Salmons and Trouts
D 鲑鱼
D 鲑鳟鱼
D 三文鱼
S1 冷水性鱼类
S2 鱼类
C 鲑形目

鬼鲉 [C9]

Devil stinger; Lumpfish
Inimicus japoicus
S1 鲉形目

贵州 [P]
Guizhou Province

桂花鲈 [C9]
Northern sheatfish; Soldatov's catfish; Manchurian six-barbel-catfish
Siniperca chuatsi
Y 鳜

桂花鱼 [C9]
Northern sheatfish; Soldatov's catfish; Manchurian six-barbel-catfish
Siniperca chuatsi
Y 鳜

桂鱼 [C9]
Northern sheatfish; Soldatov's catfish; Manchurian six-barbel-catfish
Siniperca chuatsi
Y 鳜

鳜 [C9]
Northern sheatfish; Soldatov's catfish; Manchurian six-barbel-catfish
Siniperca chuatsi
D 桂花鲈
D 桂花鱼
D 桂鱼
D 鳜鱼
S1 鲈形目

鳜鱼 [C9]
Chuatsi bass; Chinese bass; Mandarin fish
Siniperca chuatsi
Y 鳜

滚钩 [H3]
Jig
S1 钓具
S2 渔具

国产鱼粉 [G1]

Domestic fish meal
S1 鱼粉
S2 蛋白源

国际法 [N2]
International law
S1 法规

国际合作 [A]
International coorperation
S1 合作
C 国际渔业

国际贸易 [N1]
International trade
D 对外贸易
S1 贸易
C 出口
C 关税
C 国际渔业
C 进口
C WTO

国际市场 [N1]
International market
S1 市场
C 出口
C 关税
C 国内市场

国际渔业 [N2]
International fishery
D 国外渔业
D 世界渔业
S1 渔业
C 国际合作
C 国际贸易
C WTO
C 中国渔业

国际组织 [A]
International organization
F1 FAO
F1 WTO

国家标准 [A]
National standards
S1 标准

国内市场 [N1]
Domestic market

S1　市场
　C　国际市场

国外渔业 [N2]
Foreign fishery
　Y　国际渔业

果孢子 [C7]
Carpospore
　S1　孢子

过背金龙 [C9]
Gold crossback arowana
Scleropages formosus
　Y　美丽硬骨舌鱼

过度捕捞 [D3]
Overfishing
　Y　捕捞过度

过度繁殖 [D1]

Over-breeding
　S1　繁殖

过滤 [J4]
Filtration
　F1　超滤
　F1　冷滤
　F1　沥干
　F1　滤水
　F1　沙滤
　F1　筛绢过滤
　C　过滤器
　C　纱绢
　C　筛绢

过滤器 [K1]
Filter
　C　过滤
　C　纱绢
　C　筛绢

过氧化氢酶 [C4]
Catalase
　S1　酶

过氧化值 [J5]
Peroxide value
　C　碘值
　C　K 值
　C　生物氧化
　C　氧化反应
　C　油脂酸败

过鱼建筑物 [K3]
Fish pass structure
　Y　过鱼设施

过鱼设施 [K3]
Fish pass facility
　D　过鱼建筑物
　S1　渔业设施
　F1　鱼道

H

HACCP [J5]
Hazard Analysis and Critical
Control Point
　S1　质量控制
　　S2　质量
　C　关键控制点
　C　认证
　C　质量认证

HCG [E2]
Human chorionic gonadotrophin,
HCG
　D　绒毛膜促性腺激素
　S1　催产剂

HDPE [H2]
High Density Polyethylene
　Y　高密度聚乙烯

哈喇 [J2]
Rancidity
　Y　油脂酸败

哈氏弧菌 [C7]
Vibrio harveyi
　Y　哈维氏弧菌

哈维弧菌 [C7]
Vibrio harveyi
　Y　哈维氏弧菌

哈维氏弧菌 [C7]
Vibrio harveyi
　D　哈氏弧菌
　D　哈维弧菌
　S1　弧菌
　　S2　致病菌

海岸带 [B6]
Coastal zone
　D　沿岸带
　F1　潮间带
　　F2　低潮区
　　F2　高潮区
　F1　潮上带
　F1　潮下带

　C　潮位
　C　潮汐
　C　沿岸流
　C　沿海地区

海豹 [C9]
Seal
Phoca
　S1　哺乳动物

海冰 [B5]
Sea ice
　S1　冰
　S1　水文要素

海蚕 [C8]
Clam worm
Nereis succinea
　Y　沙蚕

海草 [C7]
Sea grass
　Y　水草

海产贝类 [C1]
Marine shellfish
　Y　海水贝类

海产品 [J1]
Seafood
　D　海水产品
　S1　水产品
　F1　海水贝类
　F1　海水虾
　C　淡水产品
　C　脱毒

海产品加工 [J1]
Seafood processing
　Y　水产品加工业

海产养殖 [E1]
Seafood farming
　Y　海水养殖

海产鱼类 [C1]

Marine fish
　Y　海洋鱼类

海带 [C7]
Kelp
Laminaria japonica
　S1　褐藻
　C　干海带
　C　海带养殖
　C　昆布
　C　藻类食品

海带病害 [F1]
Kelp disease
　S1　藻类病害
　F1　柄粗叶卷病
　F1　腐烂病
　C　海带养殖

海带食品 [J4]
Kelp food
　D　海带丝
　C　干海带
　C　切丝
　C　食品加工
　C　藻类食品

海带丝 [J4]
Shredded kelp
　Y　海带食品

海带养殖 [E4]
Kelp culture
　S1　藻类养殖
　C　分苗
　C　海带
　C　海带病害
　C　夏苗
　C　藻类食品

海胆 [C8]
Echinoidea
　F1　马粪海胆
　F1　紫海胆
　C　棘皮动物

海岛 [B6]
Island
    Y 岛屿

海底 [B6]
Sea floor
    C 海沟

海底地貌 [B6]
Submarine geomorphy
    D 海底地形
    F1 海沟

海底地形 [B6]
Ocean floor topography
    Y 海底地貌

海底生物 [C1]
Benthos
    S1 海洋生物
    S2 水生生物
    C 底栖生物

海地瓜 [C8]
Sea cucumber
Acaudina molpadioides
    D 海茄子
    S1 海参

海沟 [B6]
Trench
    S1 海底地貌
    C 海底

海狗 [C9]
Fur seal
Callorhinus ursinus
    S1 哺乳动物

海龟科 [C9]
Chelonia
Cheloniidae
    D 巨龟
    S1 龟鳖目
    F1 玳瑁
    F1 绿海龟
    F1 太平洋丽龟

海河 [P]
Haihe river
    S1 河流

海礁渔场 [P]
Haijiao fishing ground
    S1 渔场

海况 [B5]
Sea condition
    C 海洋学

海葵 [C8]
Sea anemone
Actiniaria
    S1 珊瑚虫

海浪 [B5]
Ocean wave
    Y 波浪

海鲕 [C9]
Cobia
Rachycentron canadum
    D 军曹鱼
    S1 鲈形目

海鲢 [C9]
Bigeye herring; Chiro; Ladyfish
Elops saurus
    S1 辐鳍亚纲

海流 [B5]
Ocean current
    F1 潮流
    F1 潮汐
    F1 寒流
    F1 暖流
    F1 上升流
    F1 沿岸流

海龙 [C9]
Pipefish
Syngnathus
    S1 辐鳍亚纲

海鲈 [C9]
Sea bass; Sea perch
Lateolabrax japonicus
    Y 花鲈

海螺 [C8]
Sea snail
    Y 腹足类

海马 [C9]
Sea horse
Hippocampus
    S1 辐鳍亚纲

海鳗 [C9]
Conger pike; Pike eel
Muraenesox cinereus
    C 烤鳗
    C 星鳗

海米 [J4]
Dried shrimps
    Y 虾米

海绵 [C8]
sponge
Spongia
    Y 海绵动物

海绵动物 [C8]
Sponges
    D 海绵
    C 无脊椎动物

海南 [P]
Hainan Province

海难 [L4]
Maritime distress
    Y 海损

海鲶 [C9]
Sea catfish
Arius thalassinus
    S1 鲶形目

海盘虫病 [F1]
Haliotremasis
    S1 单殖吸虫病
    S2 吸虫病△

海平面 [B5]
Sea level
    C 潮位
    C 潮汐
    C 水位

海茄子 [C8]
Sea cucumber
Acaudina molpadioides

Y　海地瓜

海参　[C8]
Holothurioidea
　　F1　糙海参
　　F1　刺参
　　F1　梅花参
　　F1　海地瓜
　　C　干海参
　　C　海参养殖
　　C　海珍品
　　C　棘皮动物
　　C　水发水产品
　　C　夏眠
　　C　幼参

海参多糖　[J2]
Sea cucumber polysaccharide
　　S1　多糖
　　C　海参皂苷

海参养殖　[E5]
Sea cucumber culture
　　C　底播养殖
　　C　吊笼
　　C　干海参
　　C　海参
　　C　海水养殖
　　C　海珍品养殖
　　C　幼参

海参皂苷　[J2]
Holothurian glycosides
　　C　海参多糖

海水　[B5]
Sea water
　　S1　水质类别
　　F1　人工海水
　　C　海洋环境
　　C　盐度

海水贝类　[C8]
Sea water shellfish
　　D　海产贝类
　　D　海洋贝类
　　S1　贝类
　　S1　海产品
　　S2　水产品
　　C　海洋动物

海水产品　[J1]
Marine product
　　Y　海产品

海水池塘　[K3]
Seawater pond
　　S1　池塘
　　S2　养殖设施△

海水淡化　[B3]
Seawater desalting; Desalination of seawater
　　C　电渗析
　　C　氯化钠

海水网箱养殖　[E1]
Marine cage aquaculture
　　Y　海水养殖+网箱养殖

海水虾　[J1]
Marine shrimp
　　S1　海产品
　　S2　水产品

海水养殖　[E1]
Mariculture
　　D　海产养殖
　　D　海洋水产养殖
　　D+　海水网箱养殖
　　D+　海水养殖业
　　S1　水产养殖
　　F1　底播养殖
　　F1　筏式养殖
　　F1　海珍品养殖
　　F1　浅海养殖
　　F1　深海养殖
　　F1　滩涂养殖
　　F1　延绳养殖
　　C　贝类养殖
　　C　海参养殖
　　C　海洋渔业
　　C　养殖海域
　　C　藻类养殖

海水养殖业　[N1]
Mariculture industry
　　Y　海水养殖+水产养殖业

海水鱼　[C1]
Marine fish
　　Y　海洋鱼类

海水鱼类　[C1]
Marine fish
　　Y　海洋鱼类

海水珍珠　[C8]
Seawater pearl
　　S1　珍珠

海损　[L4]
Average
　　D　海难
　　C　船舶碰撞

海笋　[C8]
Piddock
Pholas
　　S1　双壳类

海图　[L4]
Marine Chart
　　C　船位
　　C　渔场图

海兔　[C8]
Sea-hare
Aplysia
　　S1　腹足类

海豚　[C9]
Dolphin
Delphinus delphis
　　S1　鲸类
　　S2　哺乳动物
　　F1　宽吻海豚

海豚链球菌　[C7]
Streptococcus iniae
　　S1　链球菌
　　S2　致病菌
　　C　链球菌病

海湾　[B5]
Gulf
　　D　港湾
　　C　海峡

海湾扇贝　[C8]
Bay scallop
Argopecten irradians
　　S1　扇贝
　　S2　双壳类

海峡 [B5]
Strait
　　C 海湾

海鲜酱 [J4]
Seafood sauce
　　S1 发酵制品
　　F1 虾酱
　　C 亚硫酸氢钠

海鲜酱油 [J4]
Seafood soy sauce
　　Y 鱼露

海星 [C8]
Asteroidea
　　F1 多棘海盘车
　　C 棘皮动物
　　C 幽门盲囊

海洋 [B5]
Ocean
　　C 表层水
　　C 海洋环境
　　C 海域
　　C 水资源

海洋贝类 [C1]
Marine shellfish
　　Y 海水贝类

海洋哺乳动物 [C1]
Marine mammal
　　Y 海洋动物+哺乳动物

海洋捕捞 [H1]
Marine fishing
　　S1 捕捞
　　F1 近海捕捞
　　F1 外海捕捞
　　F1 远洋捕捞
　　C 捕捞产量
　　C 海洋渔业
　　C 水产捕捞业

海洋产业 [N2]
Marine industry
　　S1 产业
　　C 海洋开发

海洋船舶 [L1]

Marine vessel
　　Y 渔船

海洋调查 [N2]
Oceanographic survey
　　S1 调查
　　C 海洋环境
　　C 生物调查
　　C 渔业调查
　　C 资源调查

海洋动物 [C1]
Marine animal
　　D+ 海洋哺乳动物
　　D+ 海洋无脊椎动物
　　S1 水生动物
　　C 海水贝类
　　C 海洋生物
　　C 海洋鱼类

海洋法 [N2]
Law of the sea
　　S1 法规
　　C 渔业法

海洋浮游生物 [C1]
Marine plankton
　　Y 海洋生物+浮游生物

海洋工程 [N2]
Ocean engineering
　　C 防波堤
　　C 港口
　　C 海洋开发
　　C 渔港工程
　　C 渔业工程

海洋公园 [N2]
Marine park
　　C 观赏渔业
　　C 海洋开发
　　C 海洋牧场

海洋环境 [B5]
Marine environment
　　C 海水
　　C 海洋
　　C 海洋调查
　　C 海洋生态
　　C 海洋生物
　　C 海洋资源

海洋洄游 [D1]
Oceanodromous migration
　　S1 洄游

海洋技术 [B5]
Marine technology
　　C 技术

海洋经济 [N1]
Marine economic
　　C 技术经济
　　C 经济结构

海洋开发 [B5]
Ocean exploitation
　　C 海洋产业
　　C 海洋工程
　　C 海洋公园
　　C 海洋牧场
　　C 海洋设施
　　C 海洋渔业
　　C 海洋资源
　　C 渔业开发

海洋牧场 [N2]
Marine farm; Marine ranching;
Ocean ranch; Aquafarm; Marine
ranch; Sea ranching; Sea farming
　　F1 海藻场
　　C 海洋公园
　　C 海洋开发
　　C 海洋设施
　　C 水产增殖业
　　C 增养殖工程

海洋权 [N2]
Sea right; Right of the sea;
Marine right; Marine rights
　　C 渔民权益
　　C 专属经济区

海洋设施 [L5]
Marine facility
　　C 港口
　　C 海洋开发
　　C 海洋牧场
　　C 人工鱼礁
　　C 水工建筑物
　　C 水利工程
　　C 网箱
　　C 渔业设施

海洋生态 [M1]
Marine ecology
  C 海洋环境
  C 海洋生态学
  C 海洋生物
  C 海洋污染

海洋生态系统 [C5]
Marine ecosystems
  Y 生态系统

海洋生态学 [C5]
Marine ecology
  S1 生态学
  C 海洋生态
  C 海洋学
  C 水域生态

海洋生物 [C1]
Marine organism
  D+ 海洋浮游生物
  S1 水生生物
  F1 海底生物
  F1 近海生物
  F1 深海生物
  C 海洋动物
  C 海洋环境
  C 海洋生态

海洋生物学 [C1]
Marine biology
  S1 生物学
  C 水产养殖学

海洋生物制品 [J4]
Marine biological products
  Y 海洋药物

海洋水产养殖 [E1]
Marine aquaculture
  Y 海水养殖

海洋微生物 [C7]
Marine microorganism
  S1 微生物
  F1 海洋细菌

海洋微藻 [C7]
Marine microalgae
  S1 微藻
  C 赤潮藻

海洋污染 [M1]
Marine pollution
  S1 环境污染
  C 海洋生态
  C 蓝藻污染
  C 油污染

海洋无脊椎动物 [C8]
marine invertebrates
  Y 海洋动物+无脊椎动物

海洋细菌 [C7]
Marine bacteria
  S1 海洋微生物
  S2 微生物
  C 细菌

海洋学 [B5]
Oceanography
  C 海况
  C 海洋生态学

海洋药物 [J4]
Marine drug
  D 海洋生物制品
  C 药效
  C 海藻酸丙二醇酯

海洋鱼类 [C1]
Marine fish
  D 大洋性鱼类
  D 海产鱼类
  D 海水鱼
  D 海水鱼类
  D 海鱼
  D+ 珊瑚礁鱼类
  S1 鱼类
  F1 深海鱼类
  C 海洋动物

海洋渔业 [N2]
Marine fishery
  S1 渔业
  F1 近海渔业
  F1 远洋渔业
  C 海水养殖
  C 海洋捕捞
  C 海洋开发

海洋藻类 [C7]
Marine algae
  Y 海藻

海洋植物 [C7]
Marine plants
  Y 海藻

海洋资源 [D1]
Marine resource
  C 海洋环境
  C 海洋开发
  C 生物资源
  C 渔业资源
  C 资源变动

海鱼 [C1]
Marine fish
  Y 海洋鱼类

海域 [B5]
Sea area
  F1 渤海
  F2 莱州湾
  F1 东海
  F1 黄海
  F2 海州湾
  F2 胶州湾
  F2 桑沟湾
  F1 近海
  F1 领海
  F1 南海
  F2 北部湾
  F1 内海
  F1 外海
  F1 养殖海域
  C 海洋
  C 热带水域
  C 渔区

海域使用管理 [N1]
Sea area use management;
Management on sea area use
  Y 海域使用权

海域使用权 [N1]
Sea area using right
  D 海域使用管理
  S1 渔业权
  C 养殖海域
  C 养殖权

海月 [C8]

Window shell; Windowpane oyster
Placuna placenta
　S1　双壳类

海藻 [C7]
Seaweed
　D　海洋藻类
　D　海洋植物
　D　海藻类
　D+　大型海藻
　S1　水生植物
　　S2　植物
　C　羊栖菜
　C　藻类

海藻产品 [J4]
Seaweed product
　F1　甘露醇
　F1　褐藻多酚
　F1　褐藻胶
　F1　褐藻糖胶
　F1　卡拉胶
　F1　琼胶
　F1　琼胶糖
　F1　海藻酸丙二醇酯
　C　碘
　C　多糖
　C　海藻工业
　C　海藻加工
　C　水产加工品
　C　酸化法

海藻场 [D3]
Seaweed bed
　S1　海洋牧场
　C　海藻资源
　C　藻礁
　C　藻类生物量

海藻多糖 [C4]
Sodium alginate
　D　甘露寡糖
　S1　多糖
　C　海藻纤维

海藻工业 [J1]
Seaweed industry
　C　碘
　C　电渗析
　C　甘露醇

　C　海藻产品
　C　海藻加工
　C　褐藻
　C　卡拉胶
　C　酸化法
　C　液相转化

海藻加工 [J4]
Seaweed processing
　C　电渗析
　C　钙化法
　C　海藻产品
　C　海藻工业
　C　酸化法
　C　坛紫菜
　C　脱色
　C　液相转化
　C　转化工艺

海藻胶 [J4]
Seaweed glue
　Y　褐藻胶

海藻类 [C7]
Marine algae
　Y　海藻

海藻酸 [J4]
Alginic acid
　Y　褐藻胶

海藻酸丙二醇酯 [J4]
Propylene glycol alginate
　D　褐藻酸丙二酯
　S1　海藻产品
　C　海洋药物
　C　褐藻胶

海藻酸钙 [J4]
Calcium alginate
　Y　褐藻胶

海藻酸钠 [J4]
Sodium alginate
　Y　褐藻胶

海藻酸盐 [J4]
Alginate
　Y　褐藻胶

海藻糖 [C4]

Trehalose
　S1　多糖

海藻糖酶 [J4]
Trehalase

海藻纤维 [J4]
Alginate fiber
　C　海藻多糖
　C　褐藻多糖
　C　食物纤维

海藻养殖 [E4]
Seaweed culture
　Y　藻类养殖

海藻资源 [D3]
Seaweed resource
　S1　渔业资源
　C　海藻场

海蜇 [C8]
Jellyfish
Rhopilema esculenta
　S1　钵水母
　　S2　水母
　C　水发水产品

海蜇皮 [J4]
Jellyfish skin
　D　海蜇头
　C　水发水产品
　C　水母
　C　鱼皮

海蜇头 [J4]
Jellyfish head; Salted jellyfish head
　Y　海蜇皮

海珍品 [J4]
Rare sea product
　F1　鱼翅
　F1　鱼肚
　C　鲍
　C　干贝
　C　海参
　C　海珍品养殖

海珍品养殖 [E5]
Premium seafood cultivation

S1 海水养殖
  S2 水产养殖
  C 贝类养殖
  C 海参养殖
  C 海珍品

海州湾 [P]
Haejuman
  S1 黄海
  S2 海域

蚶 [C8]
Blood clam
Scapharca
  S1 双壳类
  F1 魁蚶
  F1 毛蚶
  F1 泥蚶

含量 [J1]
Content
  C 成分分析
  C 化学分析
  C 饲料成分

含氯制剂 [F3]
Chlorine preparation
  Y 氯制剂

含肉率 [J1]
Muscle content
  Y 出肉率

含水率 [J1]
Moisture content
  Y 水分

含氧量 [M1]
Oxygen content
  Y 溶解氧

函数 [B1]
Function
  C 变量
  C 常数
  C 公式
  C 极值
  C 数学模型
  C 响应面

寒潮 [B4]

Cold wave
  C 天气

寒冷地区 [B4]
Frigid areas; Cold zone
  D 高寒地区
  C 北方地区

寒流 [B5]
Cold current
  D 亲潮
  S1 海流

航标 [L4]
Beacon
  D 浮标
  C 地理标志
  C 航道
  C 航海
  C 信号
  C 信号设备
  C 助航设备

航道 [L4]
Seaway
  C 航标
  C 航海
  C 能见度
  C 渔港水域

航海 [L4]
Navigation
  D 船舶航线
  D 船舶航行
  C 安全设备
  C 船艺
  C 导航
  C 航标
  C 航道
  C 航速
  C 续航力
  C 助航设备

航海技术 [L4]
Seamanship
  Y 船艺

航速 [L4]
Ship speed
  C 航海
  C 拖速

  C 续航力

行业标准 [A]
Industry standard
  S1 标准

蚝油 [J4]
Oyster sauce
  S1 发酵制品
  C 贻贝露

耗氧量 [C3]
Oxygen consumption
  Y 需氧量

耗氧率 [C3]
Oxygen consumption rate
  C 呼吸
  C 溶解氧
  C 需氧量
  C 窒息

耗油率 [K1]
Specific fuel consumption
  C 柴油
  C 柴油机
  C 船用柴油机

褐色 [E1]
Brown
  S1 黄褐色
  S2 水色△

禾花鲤 [C9]
Chinese ink carp
Procypris merus
  Y 乌原鲤

合成代谢 [C4]
Anabolism
  S1 新陈代谢

合成纤维 [H2]
Synthetic fibre
  Y 纤维材料

合成纤维绳 [H2]
Synthetic fibre rope
  S1 绳索
  C 纤维材料

合理捕捞 [H1]
Rational fishing
　S1 捕捞
　C 捕捞过度

合浦绒螯蟹 [C8]
Hepu mitten crab
Eriocheir hepuensis
　S1 绒螯蟹
　C 蟹类

合浦珍珠 [C1]
Hepu pearl
　S1 珍珠
　C 合浦珠母贝

合浦珠母贝 [C8]
Japanese pearl oyster
Pinctada fucata
　D 马氏珠母贝
　D 马氏珍珠贝
　S1 珍珠贝
　S2 双壳类
　C 合浦珍珠

合同 [N1]
Contract
　S1 资料
　C 合作
　C 贸易
　C 渔业协定

合作 [A]
Cooperation
　F1 国际合作
　F1 经济合作
　C 合同

合作经济 [N1]
Cooperative economy
　S1 经济体制
　C 合作社
　C 经济合作

合作社 [N1]
Cooperative
　C 合作经济
　C 渔民
　C 渔业协会

河蚌 [C8]

Chinese pond mussel
Sinanodonta woodiana
　D 椭圆背角无齿蚌
　D 无齿蚌
　S1 蚌
　S2 双壳类

河蚌育珠 [E3]
Fresh water pearl culture
　Y 珍珠养殖

河北 [P]
Hebei Province
　C 渤海

河道养鱼 [E2]
Raceway fish culture
　D 外荡养鱼
　S1 鱼类养殖

河口 [B5]
Estuary
　C 半咸水

河口生物 [D1]
Estuarine organisms
　C 梭鱼

河口鱼类 [C1]
Estuarine fish
　Y 半咸水鱼类

河流 [B5]
River
　D 江河
　F1 长江
　　F2 长江口
　　F2 长江流域
　F1 海河
　F1 淮河
　F1 黄河
　　F2 黄河口
　F1 辽河
　F1 松花江
　F1 亚马孙河
　F1 珠江
　C 大水面
　C 淡水
　C 水体
　C 水位
　C 水域

　C 水资源
　C 天然水域

河鳗 [C9]
River eel
Anguilla
　Y 鳗鲡

河南 [P]
Henan Province
　C 黄河

河南华溪蟹 [C8]
Freshwater crab
Sinopotamon honanense
　S1 溪蟹

河豚 [C9]
Puffer
Takifugu
　Y 河鲀

河豚毒素 [J4]
Tetrodotoxin
　Y 河鲀毒素

河豚中毒 [J2]
Puffer poisoning
　Y 河鲀中毒

河鲀 [C9]
Puffer
Takifugu
　D 河豚
　S1 鲀形目

河鲀毒素 [J4]
Tetrodotoxin
　D 河豚毒素
　S1 鱼毒
　S2 毒素
　C 河鲀中毒
　C 蓝环章鱼

河鲀中毒 [J2]
Puffer poisoning
　D 河豚中毒
　S1 食物中毒
　S2 中毒
　C 河鲀毒素
　C 食品安全

C 亚急性中毒

河虾 [C1]
Freshwater shrimp
S1 虾类

河蚬 [C8]
Asian clam
Corbicula fluminea
S1 蚬
S2 双壳类

河蟹 [C8]
Chinese mitten crab
Eriocheir sinensis
Y 中华绒螯蟹

河蟹产业 [N1]
Crab industry
D+ 虾蟹产业
S1 产业
C 成蟹
C 蟹类养殖

河蟹颤抖病 [F1]
Picornvirus disease
Y 颤抖病

河蟹饲料 [G1]
Crab feed
Y 蟹饲料

河蟹养殖 [E5]
Mitten crab culture;
Culture of chinese mitten crab
S1 蟹类养殖
C 防逃
C 蜕壳
C 蟹苗

河蟹育苗 [E5]
Crab seeding rearing
S1 苗种培育
C 蟹病
C 蟹类养殖
C 蟹种
C 仔蟹

河鳟 [C9]
European brown trout
Salmo trutta fario

D 亚东鲑
S1 鲑形目

核苷二磷酸 [C4]
Adenosine diphosphate
Y ADP

核苷三磷酸 [C4]
Adenosine triphosphate
Y ATP

核苷酸 [C4]
Nucleotide
F1 ADP
F1 AMP
F1 ATP
F1 肌苷酸
C 核酸
C 微卫星

核苷一磷酸 [C4]
Adensine monophosphate
Y AMP

核酸 [C4]
Nucleic acid
F1 DNA
F2 线粒体 DNA*
F3 CO I 基因
F1 RNA
C 蛋白质组学
C 核苷酸
C 酸
C 微卫星

核酸探针 [C2]
Nucleic acid probe

核污染 [M2]
Nuclear pollution
Y 放射性污染

核型 [C2]
Karyotype; Caryotype
Y 染色体组型

核型分析 [C2]
Karyotype analysis
S1 分析
C 染色体组型

核移植 [C2]
Nuclear transplantation
S1 细胞工程
S2 生物工程

荷包红鲤鱼 [C9]
Red common carp
Cyprinus carpio red vuyuanensi
Y 红鲤

褐变 [J2]
Browning
S1 色变
C 赤变
C 黑变

褐菖鲉 [C9]
Japanese stingfish; Marbled
rockfish; Scorpionfish
Sebastiscus marmoratus
S1 鲉形目

褐绿色 [E1]
Breen
S1 黄褐色
S2 水色△
C 死水

褐色肉 [J1]
Brown meat
C 红色肉

褐藻 [C7]
Brown algae
F1 海带
F1 巨藻
F1 昆布
F1 鹿角菜
F1 马尾藻
F1 裙带菜
F1 羊栖菜
C 海藻工业
C 藻类

褐藻多酚 [J4]
Phlorotannins
S1 海藻产品

褐藻多糖 [C4]
Alginate polysaccharide
S1 多糖

C 海藻纤维

褐藻胶 [J4]
Alginate
D 海藻胶
D 海藻酸
D 海藻酸钙
D 海藻酸钠
D 海藻酸盐
D 褐藻酸
D 褐藻酸钠
D 褐藻酸盐
S1 海藻产品
C 钙化法
C 甘露醇
C 褐藻酸酶
C 巨藻
C 马尾藻
C 凝固剂
C 凝胶强度
C 酸化法
C 脱色
C 液相转化
C 海藻酸丙二醇酯
C 转化工艺

褐藻酸 [J4]
Alginic acid
Y 褐藻胶

褐藻酸丙二酯 [J4]
Propylene giycol alginate
Y 海藻酸丙二醇酯

褐藻酸酶 [C4]
Alginase
S1 酶
C 褐藻胶

褐藻酸钠 [J4]
Sodium alginate
Y 褐藻胶

褐藻酸盐 [J4]
Alginate
Y 褐藻胶

褐藻糖胶 [J4]
Fucoidan
S1 海藻产品
C 钙化法

C 酸化法

黑斑侧褶蛙 [C9]
Black-spotted pond frog
Rana nigromaculata
D 青蛙
S1 蛙
S2 两栖类

黑斑叉鼻鲀 [C9]
Blackspotted blowfish;
Blackspotted puffer; Blackspotted
toadfish; Black-spotted toado
Arothron nigropunctatus
D 狗头鱼
S1 鲀形目

黑斑口虾蛄 [C8]
Oratosquilla kempi
S1 口虾蛄
S2 虾蛄△

黑变 [J2]
Blackening
S1 色变
C 赤变
C 褐变

黑潮 [B5]
Kuroshio
Y 暖流

黑鲷 [C9]
Black porgy; Black seabream
Sparus macrocephalus
S1 鲷科
S2 鲈形目

黑蝶贝 [C8]
Black-lipped pearl oyster
Pinctada margaritifera
Y 珠母贝

黑褐新糠虾 [C8]
Mysid crustacean
Neomysis awatschensis
S1 糠虾

黑鲩 [C9]
Black carp
Mylopharyngodon piceus

Y 青鱼

黑脊倒刺鲃 [C9]
Common spinibab
Spinibarbus caldwelli
Y 光倒刺鲃

黑眶蟾蜍 [C9]
Black frame toad
Bufo melanostictus
S1 两栖类

黑龙江 [P]
Heilongjiang river; Heilongjiang
province
C 松花江
C 兴凯湖

黑龙江野鲤 [C9]
Amur carp
Cyprinus carpio haematopterus
Y 鲤

黑绿色 [E1]
Blackish green
S1 水色
S2 水质

黑曲霉 [C7]
Aspergillus niger
S1 真菌
C 黄曲霉毒素
C 曲霉菌
C 饲料安全

黑鳃病 [F1]
Black gill disease
S1 鳃病
S2 细菌性疾病
S1 虾病
C 鳃

黑鲨 [C9]
Black shark
Carcharhinus brachyurus
Y 短尾真鲨

黑石斑鱼 [C9]
Black sea bass
Centropristis striata
Y 条纹锯鮨

黑鱼 [C9]
Snakehead
Channa argus
　Y 乌鳢

黑藻 [C7]
Hydrilla verticillata
　D 轮叶黑藻
　S1 水鳖科
　　S2 被子植物

桁拖网 [H3]
Beam trawl
　S1 拖网
　　S2 网渔具△

烘干 [J4]
Drying
　Y 干燥

红螯光壳螯虾 [C8]
Red claw crayfish
Cherax quadricarinatus
　Y 四脊滑螯虾

红鲍 [C8]
Red abalone
Haliotis rufescens
　S1 鲍
　　S2 腹足类

红脖子病 [F1]
Red neck disease
　S1 龟鳖疾病

红大麻哈鱼 [C9]
Sockeye salmon
Oncorhynchus nerka
　D 红大马哈鱼
　D 红鲑
　S1 大麻哈鱼
　　S2 鲑形目

红大马哈鱼 [C9]
Sockeye salmon
Oncorhynchus nerka
　Y 红大麻哈鱼

红底板病 [F1]
Red Abdominal Shell Disease
　S1 龟鳖疾病

红点鲑 [C9]
Charr
Salvelinus
　D 白斑红点鲑
　D 北极红点鲑
　D 远东红点鲑
　S1 鲑形目

红鲷鱼 [C9]
Red snapper
Pagrosomus major
　Y 真鲷

红鲑 [C9]
Sockeye salmon
Oncorhynchus nerka
　Y 红大麻哈鱼

红鲤 [C9]
Red carp
Cyprinus carpio
　D 荷包红鲤鱼
　S1 鲤科

红罗非鱼 [C9]
Red tilapia; Orange roughy
Oreochromis spp.
　D 星洲红鱼
　S1 罗非鱼
　　S2 丽鱼科△

红螺 [C8]
Bezoar rapana
Rapana
　S1 腹足类

红螺菌 [C7]
Rhodospirillaceae
Rhodospirillum
　S1 光合细菌

红霉素 [F3]
Erythromycin
　S1 抗生素
　　S2 抗菌药物

红鳍鲌 [C9]
Redfin culter
Culter erythropterus
　S1 鲤科

红鳍笛鲷 [C9]
Crimson snapper; Red snapper
Lutjanus erythopterus
　D 红鱼
　S1 笛鲷
　　S2 鲈形目

红鳍原鲌 [C9]
Redfin culter
Cultrichthys erythropterus
　S1 鲤科

红球菌 [C7]
Rhodococcus
　S1 细菌

红色肉 [J1]
Red meat
　C 褐色肉

红珊瑚 [C8]
Red coral
Corallium rubrum
　S1 珊瑚虫

红树林 [M1]
Mangrove
　S1 水生植物
　　S2 植物
　C 红树林湿地

红树林保护区 [M1]
Mangrove reserve
　Y 红树林湿地

红树林湿地 [B6]
Mangrove wetland
　D 红树林保护区
　S1 湿地
　C 红树林
　C 生态保护
　C 水生植被

红体病 [F1]
The red body disease
　S1 虾病

红腿病 [F1]
Red-leg disease
　S1 细菌性疾病
　S1 虾病

C 蛙
C 蟹脚

红外辐射 [B2]
Infrared radiation
　D 红外线
　S1 辐射
　C 远红外干燥

红外线 [B2]
Infrared rays
　Y 红外辐射

红外线干燥 [J4]
Infrared drying
　Y 远红外干燥

红尾金龙 [C9]
Arowana
Scleropages formosus
　Y 美丽硬骨舌鱼

红鱼 [C9]
Red snapper
Lutjanus erythopterus
　Y 红鳍笛鲷

红鱼粉 [G1]
Red fish meal
　S1 鱼粉
　　S2 蛋白源
　C 白鱼粉

红藻 [C7]
Red algae
Rhodophyta
　F1 江蓠
　F1 麒麟菜
　F1 石花菜
　F1 紫菜
　　F2 坛紫菜
　　F2 条斑紫菜
　C 藻类

红棕色 [E1]
Reddish-brown
　S1 水色
　　S2 水质

洪湖 [P]
Honghu Lake

S1 湖泊

洪泽湖 [P]
Hongzehu Lake
　S1 湖泊

虹彩病毒 [F1]
Iridovirus
　S1 病毒
　F1 传染性脾肾坏死病毒
　F1 淋巴囊肿病毒

虹彩病毒病 [F1]
Iridescent virus disease
　S1 病毒性疾病
　C 传染性脾肾坏死病毒
　C 淋巴囊肿病毒

虹鳟 [C9]
Rainbow trout
Oncorhynchus mykiss
　D 金鳟
　S1 鲑形目

魟 [C9]
Sting ray
Dasyatis
　S1 软骨鱼类
　C 无鳞鱼

后期仔鱼 [E2]
Post-larvae
　Y 稚鱼

厚颌鲂 [C9]
Bream
Megalobrama pellegrin
　S1 鲤科

厚壳贻贝 [C8]
Hard shelled mussel
Mytilus crassitesta
　S1 贻贝
　　S2 双壳类

鲎 [C8]
Chinese horseshoe crab
Tachypleus
　C 甲壳动物
　C 节肢动物

呼肠孤病毒 [C7]
Reovirus
　S1 病毒

呼吸 [C3]
Respiration
　F1 皮肤呼吸
　C 肺
　C 耗氧率
　C 呼吸频率
　C 呼吸器官

呼吸频率 [C3]
Respiratory rate
　C 呼吸
　C 呼吸器官

呼吸器官 [C6]
Respiratory organ
　F1 肺
　F1 鳃
　　F2 鳃瓣
　　F2 鳃盖
　　F2 鳃盖骨
　　F2 鳃弓
　　F2 鳃孔
　　F2 鳃膜
　　F2 鳃耙
　　F2 鳃丝
　　F2 鳃小片
　　F2 外鳃
　C 鳔
　C 呼吸
　C 呼吸频率
　C 组织学

弧菌 [C7]
Vibrio
　S1 致病菌
　F1 灿烂弧菌
　F1 副溶血弧菌
　F1 哈维氏弧菌
　F1 霍乱弧菌
　F1 鳗弧菌
　F1 鳗利斯顿氏菌
　F1 拟态弧菌
　F1 溶藻弧菌
　F1 噬菌蛭弧菌
　F1 希瓦氏菌
　F1 创伤弧菌
　C 弧菌病

弧菌病 [F1]
Vibriosis
　　S1 细菌性疾病
　　C 弧菌

弧鲣 [C9]
Atlantic bonito
Sarda sarda
　　S1 鲭科
　　　S2 鲈形目

狐尾藻 [C7]
Myriophyllum verticillatum
　　D 穗花狐尾藻
　　S1 被子植物
　　C 水草

胡瓜鱼 [C9]
Osmeridae
　　F1 池沼公鱼

胡萝卜素 [C4]
Carotene
　　S1 光合色素
　　C 维生素 A
　　C 虾青素

胡鲶 [C9]
Catfish
Clarias
　　D 胡子鲶
　　D 塘角鱼
　　D 塘虱
　　S1 鲶形目
　　F1 革胡子鲶
　　C 鲶

胡子鲶 [C9]
Catfish
Clarias
　　Y 胡鲶

壶菌 [C7]
chytrid
　　S1 真菌

壶状菌病 [F1]
Chytrid disease
　　S1 紫菜病害
　　　S2 藻类病害
　　C 细菌

湖白鲑 [C9]
Lake whitefish
Coregonus artedi
　　Y 白鲑

湖北 [P]
Hubei Province
　　C 长江
　　C 清江鱼

湖靛 [M3]
Blooming
　　Y 水华

湖南 [P]
Hunan Province
　　C 东江鱼
　　C 洞庭湖

湖泊 [B5]
Lake
　　F1 宝应湖
　　F1 巢湖
　　F1 大型湖泊
　　F1 淡水湖泊
　　F1 洞庭湖
　　F1 高原湖泊
　　F1 洪湖
　　F1 洪泽湖
　　F1 梁子湖
　　F1 鄱阳湖
　　F1 浅水湖泊
　　F1 青海湖
　　F1 太湖
　　F1 咸水湖
　　F1 小型湖泊
　　F1 兴凯湖
　　F1 阳澄湖
　　C 淡水
　　C 湖泊捕捞
　　C 湖泊养鱼
　　C 湖泊养殖
　　C 水体
　　C 水位
　　C 水域
　　C 水资源
　　C 天然水域
　　C 蓄水
　　C 蓄水能力
　　C 沼泽

湖泊捕捞 [H1]
Lake fishing
　　S1 淡水捕捞
　　　S2 捕捞
　　C 湖泊

湖泊养鱼 [E2]
Lake fish farming; Fish culture in lake
　　S1 鱼类养殖
　　C 湖泊

湖泊养殖 [E1]
Lake aquaculture
　　S1 淡水养殖
　　　S2 水产养殖
　　C 防逃
　　C 湖泊
　　C 湖泊渔业

湖泊渔业 [N2]
Lake fishery
　　S1 淡水渔业
　　　S2 渔业
　　C 大水面
　　C 湖泊养殖

湖鲟 [C9]
Lake sturgeon
Acipenser fulvescens
　　S1 鲟鱼

蝴蝶虾 [J4]
Butterfly shrimp
　　C 凤尾虾
　　C 虾仁

虎斑乌贼 [C8]
Cuttlefish
Sepia tigris
　　S1 乌贼
　　　S2 头足类

虎皮鱼 [C9]
Tiger barb
Puntius tetrazona
　　Y 四带无须鲃

虎鲨 [C9]
Horn sharks
Heterodontus

S1　软骨鱼类

浒苔　[C7]
Enteromorpha
　　S1　绿藻

互保协会　[N2]
Mutual insurance association
　　S1　渔业团体
　　C　互助保险

互联网　[N3]
Internet
　　C　大数据
　　C　物联网
　　C　信息化

互助保险　[N1]
mutual insurance
　　S1　渔业保险
　　C　互保协会
　　C　灾害

花白鲢　[C9]
Bighead carp and silver carp
　　Y　鳙+鲢

花斑剑尾鱼　[C9]
Southern platyfish
Xiphophorus maculatus
　　D　月光鱼

花龟　[C9]
Chinese stripe-necked turtle
Ocadia sinensis
　　Y　中华花龟

花蛤　[C8]
Color clam
Ruditapes philippinarum
　　Y　菲律宾蛤仔

花鳉科　[C9]
Livebearers; Killfishes; Top
minnows
Poeciliidae
　　S1　辐鳍亚纲
　　F1　孔雀鱼
　　F1　食蚊鱼

花鲢　[C9]

Bighead carp
Aristichthys nobilis
　　Y　鳙

花鲈　[C9]
Sea perch; Japanese seabass;
Japanese sea perch;
Common seabass;
Japanese seabass mullet;
Capemouth; sea dace
Lateolabrax japonicus
　　D　海鲈
　　D　鲈鱼
　　D　青鲈
　　S1　鲈形目

花鳗　[C9]
Marbled eel; Swamp eel
Anguilla marmorata
　　Y　花鳗鲡

花鳗鲡　[C9]
Marbled eel; Swamp eel
Anguilla marmorata
　　D　花鳗
　　S1　鳗鲡

花鳅　[C9]
Spined loach
Cobitis taenia
　　S1　鲤形目
　　C　泥鳅

花蟹　[C8]
Flower crab
Portunus pelagicus
　　Y　远海梭子蟹

华贵栉孔扇贝　[C8]
Noble scallop
Chlamys nobilis
　　S1　扇贝
　　S2　双壳类

滑轮　[K1]
Pulley
　　C　起网机
　　C　起线机

滑柔鱼　[C8]
Short finned squid

Illex illecebrosus
　　D　阿根廷滑柔鱼
　　S1　头足类

化肥　[G2]
Chemical fertilizer
　　Y　无机肥

化合物　[B3]
Compound
　　F1　无机物
　　F1　纤维素
　　F1　有机物
　　F2　酚
　　F2　甲醛
　　F2　甲烷
　　F2　三聚氰胺
　　F2　碳水化合物
　　F2　甜菜碱
　　F2　硝基苯
　　F2　乙醇
　　F2　有机氮
　　F2　有机碳
　　C　氰化物

化学　[B3]
Chemistry
　　F1　环境化学
　　F1　生物化学
　　F1　水化学
　　F1　细胞化学
　　F1　组织化学
　　C　化学反应
　　C　化学因子

化学处理　[M3]
Chemical treatment
　　F1　碱处理
　　F1　酸处理
　　C　沉淀
　　C　萃取
　　C　废水处理
　　C　水污染
　　C　污染物排放

化学反应　[B3]
Chemical reaction
　　F1　还原
　　F1　降解
　　F2　生物降解
　　F1　氧化反应

C 化学
C 化学性质
C 离子交换

化学分析 [B3]
Chemical analysis
S1 分析
F1 成分分析
F1 定量分析
F1 定性分析
F1 光谱分析
F1 水质分析
C 比色
C 电泳
C 含量
C 化学鉴别
C 化学组成

化学耗氧量 [M1]
Chemical oxygen demand
Y COD

化学鉴别 [M3]
Chemical identification
C 化学分析

化学结构 [B3]
Chemical structure
C 化学性质

化学试剂 [B3]
Chemical reagent
C 快速检测试剂

化学污染 [M2]
Chemical pollution
S1 环境污染
F1 农药污染
F1 油污染
F1 重金属污染
C 污染源

化学性质 [B3]
Chemical property
S1 理化性质
F1 碱度
F1 pH 值
F1 溶解度
F1 硬度
C 分子量
C 化学反应

C 化学结构
C 水质指标
C 物理性质
C 物理学
C 性质

化学需氧量 [M1]
Chemical oxygen demand
Y COD

化学因子 [B3]
Chemical factor
C 化学

化学元素 [B3]
Chemical element
D 元素
F1 钡
F1 氮
F2 氨氮
F2 铵态氮
F2 硝态氮
F2 亚硝态氮
F2 液氮
F1 碘
F1 氟
F1 钙
F1 镉
F1 铬
F1 汞
F1 钴
F1 钾
F1 磷
F1 硫
F1 铝
F1 锰
F1 钠
F1 硼
F1 铅
F1 砷
F1 锶
F1 碳
F1 铁
F1 铜
F1 硒
F1 锌
F1 银
C 金属
C 同位素
C 微量元素
C 重金属

化学增氧 [E1]
Chemical aeration
S1 增氧

化学组成 [J2]
Chemical composition
C 化学分析
C 组织化学

怀卵量 [D1]
Brood amount; Fecundity
C 繁殖力

怀头鲇 [C9]
Northern sheatfish; Soldatov's
catfish; Manchurian
six-barbel-catfish
Silurus soldatovi
D 东北大口鲇
S1 鲇
S2 鲇形目

淮河 [P]
Huaihe river
S1 河流

坏死 [F2]
Necrosis
C 传染性造血器官坏死病

还原 [B3]
Reduction
S1 化学反应

环丙沙星 [F3]
Ciprofloxacin
S1 喹诺酮类药物
S2 抗菌药物
C 残留限量
C 恩诺沙星
C 诺氟沙星

环沟 [K3]
Ring groove
D 围沟
D 鱼沟
S1 养殖设施
S2 渔业设施

环节动物 [C8]
Annelida

C 多毛类
C 寡毛类
C 宽体金线蛭
C 水生动物
C 无脊椎动物
C 蛭

环境保护 [M1]
Environmental protection
F1 生态保护
F2 生态补偿
F2 生态防治
F2 生态平衡
F2 生态修复
F1 资源保护
F2 水资源保护
F2 物种保护
C 环境改良
C 环境监测
C 环境污染
C 环境质量
C 水污染
C 污染防治
C 污染事故

环境恶化 [M1]
Environment deterioration
Y 环境污染

环境法 [N2]
Environmental law
S1 法规

环境改良 [M1]
Environmental improvement
C 环境保护
C 生态修复

环境化学 [M1]
Environmcntal chemistry
S1 化学

环境监测 [M1]
Environmental monitoring
S1 监测
C BOD
C COD
C 环境保护
C 环境质量
C 生物监测
C 生物指标

C 渔业环境
C 指示生物

环境容量 [M1]
Environmental capacity
D 水环境容量
C 环境污染
C 生态环境
C 水生环境
C 养殖海域
C 渔业环境

环境条件 [M1]
Environmental condition
Y 环境因素

环境污染 [M1]
Environmental pollution
D 公害
D 环境恶化
F1 放射性污染
F1 废物污染
F1 工业污染
F1 海洋污染
F1 化学污染
F2 农药污染
F2 油污染
F2 重金属污染
F1 生物污染
F2 蓝藻污染
F2 微生物污染
F1 水污染
F2 底质污染
F2 面源污染
F1 渔业污染
F2 水产品污染
F2 养殖污染*
F3 养殖废弃物
F4 残饵
F4 排泄物
F3 养殖废水
F2 有害藻华*
F3 赤潮
F3 水华
F4 蓝藻水华
F4 微囊藻水华
C 环境保护
C 环境容量
C 环境质量
C 水环境安全
C 死鱼事件

C 污染防治
C 污染分布
C 污染事故
C 污染源
C 细菌污染
C 指示生物

环境因素 [M1]
Environmental factor
D 环境条件
C 水质指标

环境质量 [M1]
Environmental quality
D 水环境质量
S1 质量
C 环境保护
C 环境监测
C 环境污染
C 渔业环境

环棱螺 [C8]
Bellamya
S1 田螺
S2 腹足类

换能器 [K2]
Energy changer
C 声学仪器
C 探鱼仪

换水 [E1]
Water exchange
Y 水体交换

换水量 [E1]
Quantity of water exchange
Y 换水率

换水率 [E1]
Water exchange rate
D 换水量
C 水体交换

鲩 [C9]
Grass carp
Ctenopharyngodon idellux
Y 草鱼

皇帝蟹 [C8]
Giant crab

Pseudocarcinus gigas
　　Y　巨大拟滨蟹

黄斑病 [F1]
Yellow stain disease
　　S1　紫菜病害
　　S2　藻类病害

黄斑蓝子鱼 [C9]
Rabbitfish; Pearl-spotted
spinefoot; Whitesspotted
spinefoot
Siganus oramin
　　Y　黄斑篮子鱼

黄斑篮子鱼 [C9]
Pearl-spotted spinefoot;
Rabbitfish
Siganus oramin
　　D　黄斑蓝子鱼
　　S1　篮子鱼
　　S2　鲈形目

黄渤海 [P]
Yellow Sea and Bohai Sea
　　Y　黄海+渤海

黄唇鱼 [C9]
Chinese bahaba
Bahaba flavolabiata
　　S1　石首鱼科
　　S2　鲈形目
　　C　濒危物种

黄鲷 [C9]
Red seabream
Taius tumifrons
　　S1　鲷科
　　S2　鲈形目

黄额盒龟 [C9]
Box tortoise
Cistoclemmys galbinifrons
　　S1　龟科
　　S2　龟鳖目
　　C　闭壳龟

黄粉虫 [C8]
Mealworm
Tenebrio molitor
　　S1　鞘翅目

黄盖鲽 [C9]
Marbled sole
Pseudopleuronectes yokohamae
　　Y　拟鲽

黄姑鱼 [C9]
Roncadore; Spotted maigre;
Yellow drum
Nibea albiflora
　　S1　石首鱼科
　　S2　鲈形目

黄海 [P]
Yellow Sea
　　D+　黄渤海
　　S1　海域
　　F1　海州湾
　　F1　胶州湾
　　F1　桑沟湾
　　C　山东
　　C　石岛渔场
　　C　中国海

黄河 [P]
Yellow River
　　S1　河流
　　F1　黄河口
　　C　河南
　　C　山东
　　C　山西
　　C　陕西

黄河口 [P]
Yellow River Estuary
　　D　黄河三角洲
　　S1　黄河
　　S2　河流
　　C　山东
　　C　盐碱地

黄河三角洲 [P]
Yellow River Delta
　　Y　黄河口

黄褐色 [E1]
Yellowish-brown; tawny
　　S1　水色
　　S2　水质
　　F1　褐绿色
　　F1　褐色

黄喉拟水龟 [C9]
Asian yellow pond turtle
Mauremys mutica
　　D　黄喉水龟
　　S1　龟科
　　S2　龟鳖目
　　C　安南龟

黄喉水龟 [C9]
Asian yellow pond turtle
Mauremys mutica
　　Y　黄喉拟水龟

黄花鱼 [C9]
Yellow croaker
Larimichthys
　　Y　黄鱼

黄鲫 [C9]
Hairfin anchovy; Scaly hairfin
anchovy
Setipinna tenuifilis
　　S1　鳀
　　S2　鲱形目

黄颊鱼 [C9]
Yellowcheek; Sheltostshek;
Voracious carp
Elopichthys bambusa
　　Y　鳡

黄金鲫 [C9]
Golden crucian carp
Cyprinus carpio × Carassius auratus
　　S1　鲤科

黄金鲈 [C9]
Yellow perch
Perca flavescens
　　Y　黄鲈

黄腊丁 [C9]
Yellow catfish
Pelteobagrus fulvidraco
　　Y　黄颡鱼

黄鲈 [C9]
Yellow perch
Perca flavescens
　　D　黄金鲈

D 美国黄金鲈
S1 鲈形目

黄绿色 [E1]
Greenyellow
S1 水色
S2 水质

黄芪多糖 [F3]
Astragalus polysaccharides
S1 多糖
C 中草药

黄鳍鲷 [C9]
Yellowfin bream
Sparus latus
S1 鲷科
S2 鲈形目

黄曲霉毒素 [J2]
Aflatoxin
S1 霉菌毒素
S2 毒素
C 黑曲霉
C 曲霉菌
C 饲料安全

黄颡 [C9]
Yellow catfish; Cut-tailed
bullhead; Yellow-headed catfish;
Yellow-bagrid catfish
Pelteobagrus fulvidraco
Y 黄颡鱼

黄颡鱼 [C9]
Yellow catfish; Yellow-headed
catfish
Pelteobagrus fulvidraco
D 嘎鱼
D 黄腊丁
D 黄颡
S1 鲶形目
C 无鳞鱼

黄沙鳖 [C9]
Turtle
Truogx sinensis
S1 鳖
S2 龟鳖目

黄鳝 [C9]

Swamp eel; White ricefield eel
Monopterus albus
D 鳝鱼
S1 辐鳍亚纲
C 特种水产养殖
C 无鳞鱼

黄丝草 [C7]
Potamogeton maackianus
S1 被子植物
C 水草

黄尾阿南鱼 [C9]
Yellowtail tamarin; Yellowtail
wrasse
Anampses meleagrides
D 珍珠龙
S1 鲈形目

黄尾鲴 [C9]
Bleeker's yellow tail
Xenocypris davidi
D 黄尾密鲴
S1 鲤科

黄尾密鲴 [C9]
Bleeker's yellow tail
Xenocypris davidi
Y 黄尾鲴

黄鱼 [C9]
Yellow croaker
Larimichthys
D 黄花鱼
S1 石首鱼科
S2 鲈形目
F1 大黄鱼
F1 小黄鱼
C 黄鱼鲞

黄鱼鲞 [J4]
Dried salted yellow croakers
S1 干制品
S1 腌制品
C 黄鱼

黄缘闭壳龟 [C9]
Yellow-marginated box turtle
Cuora flavomarginata
D 黄缘盒龟
S1 闭壳龟

S2 龟科[△]

黄缘盒龟 [C9]
Yellow-marginated box turtle
Cistoclemmys flavomarginata
Y 黄缘闭壳龟

黄藻 [C7]
Yellow algae
C 鞭毛藻类
C 微藻

湟鱼 [C9]
Naked carp
Gymnocypris przcwalskii
Y 青海湖裸鲤

磺胺 [F3]
Sulfanilamide
Y 磺胺类药物

磺胺二甲嘧啶 [F3]
Sulfadimidine
Y 磺胺类药物

磺胺类药物 [F3]
Sulphonamides
D 磺胺
D 磺胺二甲嘧啶
D 磺胺嘧啶
S1 抗菌药物

磺胺嘧啶 [F3]
Sulfadiazine
Y 磺胺类药物

鳇 [C9]
Siberian great sturgeon; Huso
sturgeon
Huso dauricus
S1 鲟鱼

灰鲳 [C9]
Grey pomfret; Swallowtail
butterfish
Pampus cinereus
S1 鲳科
S2 鲈形目

灰分 [J2]
Ash

D 粗灰分

灰眼雪蟹 [C8]
Snow crab
Chionoecetes opilio
　　D 雪蟹
　　C 蟹类

挥发性成分 [B3]
Volatile components
　　C 有机物

挥发性盐基氮 [J5]
Total volatile basic nitrogen
　　Y TVB-N

回避 [C5]
Avoidance
　　S1 行为

回捕率 [D2]
Recapture rate
　　D 重捕率
　　C 标志放流
　　C 人工放流

回归分析 [B1]
Regression analysis
　　S1 统计分析
　　S2 分析
　　C 变异系数
　　C 相关分析
　　C 最小二乘法

回声探测 [H3]
Echo sounding
　　S1 渔法
　　C 瞄准捕捞
　　C 声波
　　C 声学
　　C 声学仪器
　　C 探鱼仪
　　C 鱼群侦察

回收 [J4]
Recovery
　　C 漂洗水

洄游 [D1]
Migration
　　D 鱼类洄游

　　F1 产卵洄游
　　F1 海洋洄游
　　F1 降海洄游
　　F1 溯河洄游
　　F1 索饵洄游
　　F1 越冬洄游
　　C 标志放流
　　C 地理分布
　　C 洄游通道
　　C 洄游性鱼类
　　C 生物学特性
　　C 物候

洄游通道 [D1]
Migration route; Migratory passage
　　C 洄游
　　C 溯河洄游
　　C 渔场

洄游性鱼类 [C1]
Migratory fish
　　D 洄游鱼类
　　S1 鱼类
　　C 洄游

洄游鱼类 [C1]
Migratory fish
　　Y 洄游性鱼类

鮰鱼 [C9]
Longisnouted bagrid catfish
Leiocassis longirostris
　　Y 长吻鮠

婚姻色 [C3]
Nuptial coloration
　　C 体色

混合机 [K3]
Mixer
　　Y 饲料混合机

混合料 [G1]
Mixture
　　Y 配合饲料

混合饲料 [G1]
Mixed feed
　　Y 配合饲料

混养 [E1]
Polyculture
　　S1 养殖技术
　　F1 鱼虾混养
　　F1 鱼鸭混养
　　C 放养比例
　　C 立体养殖
　　C 生态养鱼
　　C 鱼菜共生

活饵 [G1]
live feed
　　Y 鲜活饵料

活饵料 [G1]
Live bait; Live food
　　Y 鲜活饵料

活虾运输 [J6]
Live prawn transportation
　　S1 运输

活性污泥 [M2]
Activated sludge
　　C 废水
　　C 曝气系统
　　C 生物活性
　　C 脱氮

活鱼 [J1]
Live fish
　　C 活鱼运输
　　C 鲜鱼
　　C 鱼泵

活鱼运输 [J6]
Live fish transportation
　　S1 运输
　　F1 亲鱼运输
　　F1 鱼苗运输
　　C 活鱼
　　C 活鱼运输车
　　C 活鱼运输船
　　C 麻醉
　　C 麻醉剂
　　C 鲜销
　　C 鲜鱼
　　C 鱼泵
　　C 运输机械

活鱼运输车 [K3]

Live fish vehicle
  S1 运输机械
  C 活鱼运输
  C 鲜鱼
  C 鱼泵

活鱼运输船 [K3]

Live fish boat
  S1 运输船
  S2 辅助船△
  C 活鱼运输
  C 鱼泵

货架期 [J6]

Shelf life
  Y 保质期

霍乱弧菌 [C7]
Vibrio cholerae
  S1 弧菌
  S2 致病菌

I

ISSR [C2]
Inter-simple sequence repeat
　　S1　分子标记

ISO [J5]
International Organization for
Standardization

S1　质量控制
S2　质量
C　质量标准

J

饥饿 [C3]
Starvation
   C 跑马病
   C 食物竞争
   C 食物链
   C 同类相残

机动船 [L1]
Power driven vessel
   Y 机动渔船

机动渔船 [L1]
Power fishing vessel; Mechanized boat
   D 机动船
   S1 渔船
   C 捕捞能力
   C 主机功率

机帆渔船 [L1]
Sail-powered fishing vessel ; Fishing motor sailer
   Y 非机动渔船

机能障碍 [F1]
Dysfunction
   C 病理
   C 代谢失调
   C 新陈代谢

机器人 [N3]
Robot
   C 神经网络
   C 物联网
   C 自动化

机械化 [K1]
Mechanization
   C 渔业机械
   C 自动化

机械损伤 [F2]
Mechanical damage
   Y 损伤

机械通风干燥 [J4]

Mechanical ventilation drying
   D 热泵干燥
   D 热风干燥
   S1 干燥

机械性能 [K1]
Mechanical property
   F1 强度
   F1 韧性
   F1 弹性
   C 可靠性
   C 性能

机械增氧 [E1]
Mechanical aeration; Mechanical enhancement-oxygen
   S1 增氧
   C 射流式增氧机
   C 增氧机

肌动蛋白 [C4]
Actin
   S1 肌肉蛋白
   S2 蛋白质

肌动球蛋白 [C4]
Actomyosin
   Y 肌球蛋白

肌苷酸 [C4]
Inosine acid
   S1 核苷酸

肌球蛋白 [C4]
Myosin
   D 肌动球蛋白
   S1 肌肉蛋白
   S2 蛋白质
   C 肌原纤维
   C 球蛋白

肌肉 [C6]
Muscle
   F1 贝肉
   F1 闭壳肌
   F1 斧足

   F1 腹足
   F1 龟肉
   F1 鱼肉
   C 肌肉蛋白
   C 肌肉品质
   C 组织结构

肌肉蛋白 [C4]
Muscle protein
   S1 蛋白质
   F1 肌动蛋白
   F1 肌球蛋白
   F1 肌原纤维蛋白
   C 肌肉

肌肉品质 [J3]
Quality of muscle
   C 产品质量
   C 感官评价
   C 感官指标
   C 肌肉
   C 肌原纤维
   C 口感
   C 口味
   C 质地
   C 质量标准
   C 质量评定

肌原纤维 [C4]
Myofibril
   C 肌球蛋白
   C 肌肉品质
   C 肌原纤维蛋白

肌原纤维蛋白 [C4]
Myofibrillar Protein
   S1 肌肉蛋白
   S2 蛋白质
   C 肌原纤维

积累 [N1]
Accumulation

积温 [B4]
Accumulated temperature
   S1 气温

S2　温度

基础饵料　[G1]
Basic feed
　　C　饵料生物
　　C　饲料源
　　C　苏丹草

基础群体　[D1]
Base population; Basic group
　　S1　群体
　　C　补充群体
　　C　群体产量
　　C　资源增殖

基础设施　[A]
Infrastructure
　　C　产业园区
　　C　港口
　　C　基地建设
　　C　养殖场
　　C　渔业设施

基地建设　[N2]
Base construction
　　C　基础设施
　　C　生产基地
　　C　示范基地
　　C　养殖场

基肥　[G2]
Basic manure; Base fertilizer
　　C　肥料
　　C　施肥
　　C　需肥量

基围虾　[C8]
Greasy-back shrimp
Metapenaeus ensis
　　Y　刀额新对虾

基因　[C2]
Gene
　　D　遗传基因
　　F1　等位基因
　　F1　功能基因
　　　F2　免疫基因
　　　F2　耐药基因
　　　F2　生长基因
　　F1　同源基因
　　C　基因表达

　　C　基因片段

基因表达　[C2]
Gene expression
　　F1　转录调控
　　C　表达分析
　　C　表达载体
　　C　重组表达
　　C　基因
　　C　基因序列
　　C　起始密码子
　　C　转录组
　　C　组织表达

基因重组　[C2]
Gene recombination
　　S1　基因工程
　　S2　生物工程
　　C　基因敲除
　　C　基因序列
　　C　同源重组

基因定位　[C2]
Gene mapping
　　D　基因图谱
　　S1　基因工程
　　S2　生物工程
　　C　基因序列

基因工程　[C2]
Genetic engineering
　　D　遗传工程
　　S1　生物工程
　　F1　基因重组
　　F1　基因定位
　　F1　基因敲除
　　F1　原核表达
　　C DNA
　　C　分子生物学
　　C　数量性状
　　C　遗传改良
　　C　转录组

基因克隆　[C2]
Gene clone
　　D　分子克隆
　　S1　克隆
　　S2　生物工程
　　C　基因序列
　　C　克隆技术
　　C　组织表达

基因片段　[C2]
Gene segment
　　C　基因
　　C　基因序列
　　C　转录组

基因敲除　[C2]
Gene knockout
　　S1　基因工程
　　S2　生物工程
　　C　基因重组

基因特异性　[C2]
Gene-specific
　　C　基因突变

基因突变　[C2]
Gene mutation
　　S1　突变
　　C　基因特异性

基因图谱　[C2]
Gene mapping
　　Y　基因定位

基因序列　[C2]
Gene sequence
　　C　基因表达
　　C　基因重组
　　C　基因定位
　　C　基因克隆
　　C　基因片段
　　C　基因组测序
　　C　基因组 DNA
　　C　基因组学
　　C　启动子
　　C　全基因组序列
　　C　序列分析

基因组测序　[C2]
Genome sequencing
　　C　基因序列
　　C　基因组学

基因组 DNA　[C2]
Genomic DNA
　　C　基因序列
　　C　基因组学
　　C RACE

基因组学　[C2]

Genomics
 C 蛋白质组学
 C 基因序列
 C 基因组测序
 C 基因组 DNA

基因组育种 [C2]
Genome breeding
 S1 育种
 C 转基因
 C 转基因鱼

基枝藻 [C7]
Basicladia chelonyun
 S1 绿藻
 C 绿毛龟

畸形 [C6]
Abnormality
 C 形态变异

畸形病 [F1]
Abnormality disease
 D 弯体病
 S1 疾病

激光 [B2]
Laser
 S1 光

激素 [C4]
Hormone
 F1 促性腺激素
 F1 甲状腺激素
 F1 生长素
 F1 蜕皮激素
 F1 性激素
  F2 雌性激素*
   F3 己烯雌酚
  F2 促黄体素释放激素类似物
  F2 促黄体素释放激素
  F2 类固醇激素
  F2 雄性激素*
   F3 睾酮
   F3 甲基睾酮
 F1 植物激素
 C 内分泌

吉富罗非鱼 [C9]
GIFT strain Nile tilapia
Oreochromis niloticus
 S1 罗非鱼
 S2 丽鱼科△

吉林 [P]
Jilin Province

即食水产品 [J1]
Instant fishery food
 D 方便食品
 C 食品加工
 C 水产食品

极值 [B1]
Extreme value
 C 函数
 C 统计分析

急性病毒性坏死病毒 [F1]
Acute viral necrobiotic virus,
AVNV
 S1 病毒
 C 贝类病害

急性毒性 [M2]
Acute toxicity
 S1 毒性
 C 毒素
 C 急性毒性试验
 C 渔药中毒
 C 中毒性疾病

急性毒性试验 [M1]
Acute toxicity test
 S1 毒性试验
 S2 试验
 C 急性毒性
 C 致死浓度

急性中毒 [M1]
Acute poisoning
 S1 中毒

疾病 [F1]
Disease
 D 病害
 F1 暴发病
 F1 并发症
 F1 肠炎病
  F2 出血性肠炎
 F1 传染病
 F1 畸形病

 F1 流行病
 F1 皮肤病
 F1 软壳病
 F1 水肿病
 F1 应激性疾病
 F1 营养性疾病
  F2 维生素缺乏症
 F1 中毒性疾病
 F1 肿瘤
 C 贝类病害
 C 病毒性疾病
 C 疾病防治
 C 蛙病
 C 细菌性疾病
 C 虾病
 C 鱼病
 C 真菌性疾病

疾病防控 [F2]
Disease control and prevention
 Y 疾病防治

疾病防治 [F2]
Disease control
 D 病害防治
 D 病害控制
 D 病害预防
 D 病害综合防治
 D 防病措施
 D 防治方法
 D 疾病防控
 D 预防措施
 F1 生态防治
 F1 生物防治
 F1 物理防治
 F1 药物防治
 F1 疫苗接种
 F1 鱼病防治
 F1 综合防治
 C 贝类病害
 C 病害测报
 C 病因
 C 发病率
 C 龟鳖疾病
 C 疾病
 C 虾病
 C 消毒
 C 养殖管理
 C 疫情监测
 C 预防
 C 藻类病害

C 诊断

疾病检查 [F2]
Disease examination
　　Y 诊断

棘腹蛙 [C9]
Frog
Rana boulengeri
　　S1 蛙
　　S2 两栖类

棘皮动物 [C8]
Echinoderm
　　C 海胆
　　C 海参
　　C 海星
　　C 无脊椎动物

棘头虫 [C8]
Acanthocephala
　　Y 棘头虫病

棘头虫病 [F1]
Acanthocephaliasis
　　D 棘头虫
　　S1 寄生虫疾病

集群 [D1]
Schooling; colony
　　D 集群行为
　　S1 行为
　　C 生物群

集群行为 [D1]
Group behavior; Cluster Behavior
　　Y 集群

集鱼 [H1]
Fish attracting
　　C 集鱼灯
　　C 驱鱼装置

集鱼灯 [K2]
Attracting fish lamp
　　D 集鱼器
　　D 诱鱼灯
　　S1 助渔仪器
　　C 灯光诱鱼
　　C 集鱼
　　C 鱿钓渔船

集鱼器 [K2]
Fish herding equipment
　　Y 集鱼灯

集约化养殖 [E1]
Intensive cultivation
　　Y 精养

集约养殖 [E1]
Intensive culture
　　Y 精养

集装箱 [K1]
Container
　　C 运输

几丁质 [J4]
Chitin
　　Y 甲壳素

几丁质酶 [C4]
Chitinase
　　S1 酶

几率 [B1]
Probability
　　Y 概率

己烯雌酚 [F3]
Diethylstilbestrol
　　S1 雌性激素
　　S2 性激素△

脊尾白虾 [C8]
Ridgetail white prawn
Exopalaemon carinicauda
　　S1 长臂虾科
　　C 虾类

脊椎动物 [C9]
Vertebrata
　　C 哺乳动物
　　C 两栖类
　　C 鸟类
　　C 爬行动物
　　C 软骨鱼类
　　C 圆口鱼类

计划 [A]
Plan
　　C 规划

C 经济指标
C 指标

计划经济 [N1]
Planned economy
　　S1 经济体制

计算机 [N3]
Computer
　　C 信息技术

技术 [A]
Technology
　　D 技术措施
　　D 技术水平
　　C 操作规程
　　C 海洋技术
　　C 加工技术
　　C 生产技术
　　C 信息技术
　　C 养殖技术

技术参数 [A]
Technical parameter
　　S1 参数
　　C 常数
　　C 质量控制

技术措施 [A]
Technical measure
　　Y 技术

技术服务 [A]
Technical service
　　Y 技术推广

技术改造 [A]
Technical reconstruction
　　Y 技术革新

技术革新 [A]
Technical innovation
　　D 技术改造
　　C 改造
　　C 技术引进
　　C 专利

技术经济 [N1]
Technological economy
　　C 海洋经济
　　C 经济分析

C 生态经济

技术培训 [A]
Technical training
Y 技术推广

技术人员 [A]
Technician
Y 科技人员

技术水平 [A]
Technical level
Y 技术

技术体系 [N1]
Technological system
C 产业
C 产业体系
C 经营体系
C 水产养殖业

技术推广 [A]
Technical popularization
D 技术服务
D 技术培训
C 技术引进
C 科技成果
C 试验
C 推广体系
C 养殖示范

技术引进 [A]
Technique import
C 技术革新
C 技术推广
C 试验
C 专利

剂量 [F3]
Dosage
D 药用量
D 用药量
C 投药方法
C 药物防治
C 药效

季风 [B4]
Monsoon
C 气候因子

季节 [B4]

Season
F1 春季
F1 冬季
F1 繁殖季节
F1 梅雨季节
F1 秋季
F1 生长季节
F1 夏季
C 季节变化
C 汛期

季节变化 [D1]
Seasonal variation; Seasonal change
C 垂直变化
C 季节
C 汛期
C 周期变化
C 昼夜变化

继发感染 [F1]
Secondary infection
D+ 继发细菌感染
S1 感染

继发细菌感染 [F1]
Secondary bacterial infection
Y 继发感染+细菌感染

寄居蟹 [C8]
Hermit crab
Paguridae
C 蟹类

寄生 [C5]
Parasitism
C 共生
C 寄生虫
C 寄生性
C 中间寄主

寄生虫 [C5]
Parasite
D 寄生物
C 病原区系
C 寄生
C 寄生虫卵
C 寄生性
C 寄主
C 原生动物
C 中间寄主

寄生虫病 [F1]
Parasite disease; Parasitosis
Y 寄生虫疾病

寄生虫疾病 [F1]
Parasitic disease
D 寄生虫病
D 寄生虫性疾病
D+ 鱼类寄生虫病
D+ 侵袭性鱼病
F1 本尼登虫病
F1 钩介幼虫病
F1 棘头虫病
F1 聚缩虫病
F1 鳗居线虫病
F1 鳋病
F2 锚头鳋病
F2 中华鳋病
F1 鲺病
F1 水蛭病
F1 绦虫病
F2 鲤蠢病
F2 舌状绦虫病
F2 头槽绦虫病
F1 吸虫病
F2 侧殖吸虫病
F2 单殖吸虫病*
F3 海盘虫病
F3 盘钩虫病
F3 三代虫病
F3 指环虫病
F4 拟指环虫
F4 小鞘指环虫
F2 复殖吸虫病*
F3 复口吸虫病
F3 血居吸虫病
F1 线虫病
F2 毛细线虫病
F2 嗜子宫线虫病
F1 蟹奴病
F1 原虫病
F2 孢子虫病*
F3 艾美虫病
F3 单孢子虫病
F3 肤孢子虫病
F3 黏孢子虫病
F3 微孢子虫病
F2 鞭毛虫病*
F3 隐鞭虫病
F4 鳃隐鞭虫
F3 鱼波豆虫病

　　F3　锥体虫病
　　F2　变形虫病
　　F2　纤毛虫病*
　　F3　瓣体虫病
　　F3　杯体虫病
　　F3　车轮虫病
　　F3　小瓜虫病
　　　F4　刺激隐核虫
　　　F4　多子小瓜虫
　　F3　斜管虫病
　　C　鱼类寄生虫

寄生虫卵 [C7]
Parasite eggs
　　C　寄生虫
　　C　鱼类寄生虫
　　C　中间寄主

寄生虫性疾病 [F1]
Parasitic disease
　　Y　寄生虫疾病

寄生物 [C5]
Parasite
　　Y　寄生虫

寄生性 [C5]
Parasitism
　　S1　生物学特性
　　C　寄生
　　C　寄生虫
　　C　中间寄主

寄主 [F2]
Host
　　C　寄生虫

鲚 [C9]
Anchovy
Coilia
　　S1　鳀
　　S2　鲱形目
　　F1　刀鲚
　　F1　凤鲚

鲫 [C9]
Crucian carp
Carassius auratus
　　D　滇池高背鲫
　　D　丰产鲫
　　D　萍乡红鲫

　　D　淇河鲫鱼
　　S1　鲤科
　　F1　湘云鲫
　　F1　银鲫

加工工艺 [J4]
Processing technology
　　Y　加工技术

加工机械 [K5]
Processing mechinery
　　D　加工生产线
　　S1　渔业机械
　　F1　包装设备
　　F1　杀菌设备
　　F1　脱壳机
　　F1　鱼粉生产设备
　　F2　干燥设备
　　F2　螺旋压榨机
　　F2　磨碎机
　　F1　鱼类处理机械
　　F2　分级机
　　F2　切鱼片机
　　F2　去鳞机
　　F2　去内脏机
　　F2　去皮机
　　F2　去头机
　　F2　洗鱼机
　　F2　鱼肉采取机
　　F1　鱼糜加工机械
　　F2　成型机
　　F2　擂溃机
　　F2　油炸机
　　F2　斩拌机
　　F1　制冷设备
　　F2　冻结装置*
　　F3　平板冻结机
　　F2　冷却设备*
　　F3　冷风机
　　F3　冷凝器
　　F3　蒸发器
　　F2　制冰机械*
　　F3　管冰机
　　F3　片冰机
　　F3　壳冰机
　　F3　碎冰机
　　C　除臭设备
　　C　干燥设备
　　C　加工技术
　　C　解冻装置
　　C　食品加工

　　C　水产品加工业

加工技术 [J4]
Processing technology;
Processing technique
　　D　加工工艺
　　F1　粉碎加工
　　C　工艺
　　C　技术
　　C　加工机械
　　C　浓缩
　　C　漂白
　　C　食品加工
　　C　虾仁
　　C　鱼类处理机械
　　C　鱼片
　　C　蒸煮
　　C　专利
　　C　综合利用

加工生产线 [K5]
Processing line
　　Y　加工机械

加工制品 [J4]
Processed products
　　Y　水产加工品

加拿大 [P]
Canada

加热 [J4]
Heating
　　C　温度

加州鲈 [C9]
Black bass; Largemouth bass
Micropterus salmoides
　　Y　大口黑鲈

家系 [C2]
Family; Genealogy
　　F1　全同胞家系
　　C　家系鉴定
　　C　家系选育
　　C　鱼类育种
　　C　育种

家系鉴定 [C2]
Pedigree identification
　　C　家系

C 家系选育
C 种群鉴定

家系选育 [C2]
Family selection
S1 选择育种
S2 育种
C 家系
C 家系鉴定
C 良种选育
C 品种选育
C 人工选育

家鱼 [E2]
Chinese carps
D 四大家鱼
C 鲤科

甲板 [L3]
Deck; Board
C 船体
C 船体尺度
C 船体结构
C 船体线型
C 甲板机械

甲板机械 [L3]
Deck machinery
S1 船舶辅机
C 甲板
C 渔船

甲苯咪唑 [F3]
Mebendazole
S1 杀虫剂
S2 农药
C 指环虫病

甲醇 [F3]
Methyl alcohol; Methanol
C 乙醇

甲基睾酮 [F3]
Methyltestosterone
D 甲基睾丸酮
S1 雄性激素
S2 性激素△

甲基睾丸酮 [F3]
Methyltestosterone
Y 甲基睾酮

甲基汞 [M2]
Methyl-mercury
C 汞
C 慢性汞中毒
C 污染源

甲壳动物 [C8]
Crustacean
D 甲壳纲
D 甲壳类
D 虾蟹类
D+ 小型甲壳动物
C 丰年虫科
C 腹甲
C 鲎
C 剑水蚤
C 节肢动物
C 桡足类
C 溞科
C 虾类
C 蟹类
C 眼柄
C 枝角类

甲壳纲 [C8]
Crustacea
Y 甲壳动物

甲壳净 [F3]
Jia qiao jing (Shell treatment)
S1 水质改良剂
C 虾病
C 蟹病

甲壳溃疡病 [F1]
Shell ulcer disease
S1 虾病
C 龟鳖疾病
C 虾壳病
C 蟹病

甲壳类 [C8]
Crustacea
Y 甲壳动物

甲壳素 [J4]
Chitin
D 几丁质
D 甲壳质
S1 副产物
C 贝壳

C 葡萄糖胺
C 壳寡糖
C 壳聚糖

甲壳质 [J4]
Chitin
Y 甲壳素

甲氰菊酯 [F3]
Fenpropathrin
S1 杀虫剂
S2 农药

甲醛 [B3]
Formaldehyde
D 福尔马林
S1 有机物
S2 化合物

甲烷 [B3]
Methane
D 沼气
S1 有机物
S2 化合物
C 气体

甲鱼 [C9]
Soft-shelleded turtle
Trionyx sinensis
Y 鳖

甲鱼蛋 [E5]
Turtle eggs
C 龟鳖养殖

甲鱼肉 [J4]
Turtle meat
Y 鳖肉

甲鱼养殖 [E5]
Turtle culture
Y 龟鳖养殖

甲藻 [C7]
Dinoflagellate
S1 赤潮藻
S2 赤潮生物
F1 虫黄藻
F1 多甲藻
F1 裸甲藻
F2 米氏凯伦藻

F1 亚历山大藻
F1 夜光藻
F1 原甲藻
F1 锥状斯氏藻
C 鞭毛藻类

甲状腺激素 [C4]
Thyroid hormones
　S1 激素

钾 [B3]
Potassium
　S1 化学元素

价格 [N1]
Price
　D 物价
　C 市场
　C 市场行情
　C 市场预测

价值链 [N1]
Value chain
　C 产业结构
　C 产业链
　C 产业体系

假单胞菌 [C7]
Pseudomonas
　S1 致病菌
　F1 铜绿假单胞菌
　F1 荧光假单胞菌
　C 假单胞菌病
　C 鲤鱼白云病

假单胞菌病 [F1]
Pseudomonasis; Pseudomonas
disease
　S1 细菌性疾病
　C 假单胞菌

假丝酵母 [C7]
Candida
　S1 酵母菌
　S2 真菌

尖塘鳢 [C9]
Marble goby
Oxyeleotris marmoratus
　D 笋壳鱼
　S1 鲈形目

坚强芽孢杆菌 [C7]
Bacillus firmus
　S1 芽孢杆菌

间养 [E1]
Intercultivation
　Y 套养

兼捕渔获物 [H1]
By catch; Incidental catch
　Y 副渔获物

监测 [M3]
Monitoring
　F1 赤潮监测
　F1 环境监测
　F1 生物监测
　F1 水质监测
　F1 遥感监测
　F1 疫情监测
　F1 资源监测
　F1 自动监测
　C 检测
　C 数据采集

监督 [A]
Supervision

鲣 [C9]
Skipjack
Katsuwonus pelamis
　S1 鲭科
　S2 鲈形目

减数分裂 [C2]
Meiosis; Meiotic division;
Reduction division
　D 成熟分裂
　S1 细胞分裂
　C 精母细胞

减振 [K1]
Damping
　Y 防振

检测 [A]
Detection
　D 检测方法
　F1 病毒检测
　F1 快速检测
　F1 质量检测

C 监测
C 检测机构
C 检测仪器
C 检验
C 鉴定
C 快速检测试剂

检测方法 [A]
Detection methods (Test methods)
　Y 检测

检测机构 [A]
Testing institute
　D 检验机构
　S1 渔业团体
　C 产品质量
　C 检测

检测设备 [K1]
Testing equipment
　Y 检测仪器

检测仪器 [K1]
ÿesting instrument
　D 检测设备
　C 检测

检索表 [C1]
Identification key
　C 分类学

检验 [A]
Inspection;
Quarantine inspection
　C 检测
　C 水产品检验

检验机构 [A]
Inspection organization
　Y 检测机构

检疫 [F2]
Quarantine
　F1 产地检疫
　C 引种
　C 诊断

碱 [B3]
Alkali
　C 酸

碱处理 [J4]
Alkali treatment
 S1 化学处理
 C 前处理
 C 酸处理

碱度 [B3]
Alkalinity;
Basicity
 D 酸度
 S1 化学性质
 S2 理化性质

碱性磷酸酶 [C4]
Allkaline phosphatase
 S1 酶

剑水蚤 [C8]
Cyclops
 S1 桡足类
 C 甲壳动物
 C 水蚤

剑鱼 [C9]
Swordfish
Xiphias gladius
 D 箭鱼
 S1 鲈形目
 C 旗鱼

健康食品 [J4]
Health food
 Y 疗效食品

健康养殖 [E1]
healthy farming
 D 无公害养殖
 S1 水产养殖
 C 绿色食品
 C 养殖示范

鉴定 [A]
Identification
 C 病原鉴定
 C 测定
 C 检测
 C 年龄鉴定
 C 生物鉴定
 C 物种鉴定
 C 细菌鉴定
 C 质量评定

 C 种群鉴定

箭鱼 [C9]
Swordfish
Xiphias gladius
 Y 剑鱼

江河 [B6]
Rivers
 Y 河流

江蓠 [C7]
Gracilaria verrucosa
 S1 红藻

江鲤 [C9]
Ping's Percocypris barb
Percocypris pingi
 Y 鲈鲤

江苏 [P]
Jiangsu Province
 C 宝应湖
 C 长江口
 C 太湖
 C 阳澄湖

江团 [C9]
Longisnouted bagrid catfish
Leiocassis longirostris
 Y 长吻鮠

江豚 [C9]
Porpoise
Neomeris phocaenoides
 S1 鲸类
 S2 哺乳动物
 C 鼠海豚

江西 [P]
Jiangxi Province
 C 长江
 C 鄱阳湖

江珧 [C8]
Rude pen shell
Pinna rudis
 D 江瑶
 S1 双壳类

江瑶 [C8]

Rude pen shell
Pinna rudis
 Y 江珧

僵硬期 [J2]
Rigor stage
 D 僵直
 C 保鲜
 C 腐败
 C 自溶作用

僵直 [J2]
Rigor mortis
 Y 僵硬期

降海洄游 [D1]
Catadromous migration; Seaward migration
 D 降河洄游
 S1 洄游

降河洄游 [D1]
Catadromous migration
 Y 降海洄游

降解 [B3]
Degradation; Degrading
 S1 化学反应
 F1 生物降解

降解菌 [C7]
Degrading Microorganism
 S1 细菌
 C 生物降解

降水 [B4]
Precipitation; Rainfall
 S1 水资源
 F1 雾
 C 径流
 C 湿度
 C 酸雨

交接器 [C6]
Petasma; Copulatory organ
 C 交配

交配 [C2]
Mating; Copulation
 D 交尾
 S1 繁殖行为

C 交接器
C 近亲交配
C 生殖

交尾 [C2]
Coition; Coitus
Y 交配

胶体 [B3]
Colloid
C 黏度

胶原蛋白 [C4]
Collagen protein
S1 蛋白质
C 鳔
C 鳞片
C 鱼皮
C 鱼肚
C 明胶

胶州湾 [P]
Jiaozhou Bay
S1 黄海
S2 海域

礁 [B6]
Reef
D 岩礁
F1 人工鱼礁
F1 珊瑚礁
F1 藻礁

角叉菜胶 [J4]
Carrageenin
Y 卡拉胶

角毛藻 [C7]
Chaetoceros
S1 硅藻
S2 赤潮藻△
F1 牟氏角毛藻
F1 纤细角毛藻

角鲨烯 [J4]
Triacontahexaene; Squalene
C 二十二碳六烯酸
C 二十碳五烯酸

绞机 [K4]
Winch

S1 捕捞机械
S2 渔业机械
F1 电动绞机
F1 分离式绞机

叫姑鱼 [C9]
Belenger scroaker; Belenger sjewfish; Corvina; mini-kob
Johnius grypotus
S1 石首鱼科
S2 鲈形目

酵母菌 [C7]
Yeast
D 酵素菌
S1 真菌
F1 假丝酵母

酵素菌 [C7]
Enzymatic Microorganism
Y 酵母菌

疖疮病 [F1]
Furunculosis
S1 细菌性疾病

接收机 [N3]
Receiver
C GPS

节能 [K1]
Energy saving
C 可持续发展
C 能源
C 碳汇渔业

节肢动物 [C8]
Arthropoda
C 鲎
C 甲壳动物
C 腔肠动物
C 藤壶
C 无脊椎动物
C 摇蚊幼虫

拮抗作用 [C4]
Antagonism; Antagonistic function; Antagonistic joint action
C 抗生素
C 药效
C 抑制

结构 [A]
Structure; Configuration
F1 产业结构
F1 经济结构
F1 农业结构
F1 养殖结构
F1 渔业结构
C 结构设计
C 显微结构
C 组织结构

结构设计 [K1]
Structural design
S1 设计
C 船体结构
C 结构

结构调整 [N1]
Structural adjustment
C 产业结构
C 农业结构
C 养殖结构

结节病 [F1]
Visceral sarcoidosis; Sarcoidosis; Knot disease
Y 诺卡氏菌病

解冻 [J3]
Thawing; Defrosting
F1 超声波解冻
F1 微波解冻
F1 真空解冻
C 解冻装置
C 重量损失

解冻装置 [K5]
Defrosting equipment; Thawing plant
C 加工机械
C 解冻

解毒 [J2]
Antidote; Disintoxication
C 毒素
C 食物中毒
C 中毒性疾病

解剖学 [C1]
Anatomy
C 形态学
C 组织学

金鲳 [C9]
Golden pompano
Tmchinotus ovatus
　Y 卵形鲳鲹

金鲷 [C9]
Gilthead sea bream
Sparus aurata
　Y 金头鲷

金鼓鱼 [C9]
Spotted scat
Scatophagus argus
　Y 金钱鱼

金龟 [C9]
Tortoise
Chinemys reevesii
　Y 乌龟

金黄色葡萄球菌 [C7]
Staphylococcus aureus
　S1 致病菌

金鲫 [C9]
Goldfish
Carassius auratus
　Y 金鱼

金钱鱼 [C9]
Spotted scat
Scatophagus argus
　D 金鼓鱼
　S1 鲈形目

金枪鱼 [C9]
Tuna; Tunny
Thunnidae
　D 金枪鱼类
　D 鲔鱼
　S1 鲈形目
　F1 扁舵鲣
　F1 长鳍金枪鱼
　F1 蓝鳍金枪鱼

金枪鱼类 [C9]
Tuna
　Y 金枪鱼

金融危机 [N1]
Financial crisis

　C 市场
　C 市场经济

金属 [B3]
Metal
　F1 重金属
　C 化学元素
　C 金属离子

金属离子 [B3]
Metal ion
　S1 离子
　C 金属

金头闭壳龟 [C9]
Golden-headed box turtle
Cuora aurocapitata
　S1 闭壳龟
　S2 龟科△

金头鲷 [C9]
Gilthead sea bream
Sparus aurata
　D 金鲷
　S1 鲷科
　S2 鲈形目

金线蛙 [C9]
Golden frog
Rana plancyi
　S1 蛙
　S2 两栖类

金眼狼鲈 [C9]
White bass
Morone chrysops
　S1 鲈形目

金鱼 [C9]
Goldfish
Carassius auratus
　D 金鲫
　S1 鲤科

金鱼藻 [C7]
Hornwort
Ceratophyllum demersum
　S1 被子植物

金藻 [C7]
Chrysophyta

　S1 赤潮藻
　S2 赤潮生物
　F1 等鞭金藻
　F1 三毛金藻
　F1 棕囊藻
　C 鞭毛藻类

金鳟 [C9]
Golden trout
Oncorhynchus mykiss
　Y 虹鳟

锦龟 [C9]
Painted turtle
Chrysemys picta
　S1 龟科
　S2 龟鳖目

锦鲤 [C9]
Koi carp
Cyprinus carpio
　D 日本锦鲤
　S1 鲤
　S2 鲤科

锦鲤疱疹病毒病 [F1]
Koi herpesvirus disease, KHVD
　Y 鲤疱疹病毒病

近海 [B5]
Offshore
　D 沿岸水域
　S1 海域

近海捕捞 [H1]
Offshore fishing; inshore fishing
　S1 海洋捕捞
　S2 捕捞
　C 近海渔业

近海生物 [D1]
Offshore organism; Neritic organism
　S1 海洋生物
　S2 水生生物
　C 水产生物
　C 渔业资源

近海养殖 [E1]
Offshore aquaculture
　Y 浅海养殖

近海渔船 [L1]
Offshore-fishing boat
   S1 渔船

近海渔业 [N2]
Offshore fishery
   D 沿岸渔业
   S1 海洋渔业
   S2 渔业
   C 近海捕捞

近江牡蛎 [C8]
Southern oyster
Ostrea rivularis
   S1 牡蛎
   S2 双壳类

近亲交配 [C2]
Inbreeding; Close breeding
   C 交配
   C 亲本

近缘种 [D1]
Related species; Allied species
   S1 种
   C 种间关系
   C 生物多样性

进化 [C1]
Evolution; Anagenesis
   C 变异
   C 世代交替

进口 [N1]
Import; Inlet
   C 出口
   C 关税
   C 国际贸易
   C WTO

进口鱼粉 [G1]
Imported fish meal
   S1 鱼粉
   S2 蛋白源
   C 白鱼粉

进排水系统 [K3]
Intake and drainage system
   S1 养殖设施
   S2 渔业设施
   F1 进水口

F1 排水口
F1 排水渠道
   C 排水设备

进水口 [K3]
Intake
   S1 进排水系统
   S2 养殖设施△

浸泡 [J4]
Soaking; Immersion
   C 前处理

浸洗 [F2]
Embathe
   S1 投药方法

浸浴 [F2]
Immersion bath
   S1 投药方法

禁用药物 [F3]
Banned drugs
   D 违禁药品
   D 违禁药物
   F1 呋喃类药物
   F2 呋喃丹
   F2 呋喃西林
   F2 呋喃唑酮
   F2 硝基呋喃
   F1 孔雀石绿
   F1 喹乙醇
   F1 林丹
   F1 六六六
   F1 氯霉素

禁用渔具 [H3]
Prohibited fishing gears
   S1 渔具
   C 电捕鱼
   C 毒鱼

禁渔期 [D3]
Closed fishing season
   Y 休渔期

禁渔区 [N2]
Fishing forbidden zone
   S1 渔区
   C 非法捕捞
   C 开捕期

   C 休渔期
   C 渔业保护区
   C 渔业制度

经济贝类 [E3]
Economic mollusks
   S1 贝类
   C 经济种类
   C 水产动物

经济分析 [N1]
Economic analysis
   S1 分析
   C 技术经济

经济合作 [N1]
Economic cooperation
   S1 合作
   C 合作经济

经济结构 [N1]
Economic structure
   S1 结构
   C 海洋经济
   C 渔业结构

经济体制 [N1]
Economic system
   F1 合作经济
   F1 计划经济
   F1 农村经济
   F1 市场经济

经济效益 [N1]
Economic effect; Economic profit
   S1 效益
   C 生态效益

经济性状 [D1]
Economic trait
   S1 遗传性状
   C 抗病力
   C 品种改良
   C 数量性状
   C 优良品种

经济鱼类 [N1]
Commercial fishes; Economic fishes
   D+ 淡水经济鱼类
   S1 鱼类

C 大宗淡水鱼
C 经济种类
C 水产动物

经济增长 [N1]
Economic growth
C 经济指标
C 渔业经济
C 增长率

经济政策 [A]
Economic policy
S1 政策
C 渔业经济
C 渔业政策

经济指标 [N1]
Economic index
S1 指标
C 计划
C 经济增长
C 收入
C 增长率

经济种类 [D1]
Commercial species
C 经济贝类
C 经济鱼类
C 水产动物
C 养殖品种

经验 [A]
Experience
C 养殖技术

经营管理 [N1]
Business management
D 企业管理
S1 管理
C 承包
C 分配
C 养殖成本
C 渔业经营

经营体系 [N1]
Business system
C 产业链
C 产业体系
C 技术体系
C 品牌
C 营销

C 渔业经营

茎柔鱼 [C8]
Giant squid
Dosidicus gigas
D 秘鲁鱿鱼
S1 头足类

精氨酸 [C4]
Arginine
S1 必需氨基酸
S2 氨基酸
C 氨基酸平衡
C 饲料添加剂

精巢 [C6]
Testis; Spermary
S1 生殖器官
C 精巢发育
C 精荚
C 精子发生

精巢发育 [C2]
Testis development
S1 性腺发育
S2 发育
C 精巢
C 精子活力
C 排精

精度 [K1]
Precision
C 测量
C 误差

精荚 [C6]
Spermatopbore
S1 生殖器官
C 精巢

精母细胞 [C2]
Spermatocyte; Sperm mother cell
S1 生殖细胞
C 减数分裂

精养 [E1]
Intensive culture; Intensive aquaculture
D 集约化养殖
D 集约养殖
D 养殖集约化

S1 养殖技术
C 工厂化养鱼
C 精养池塘

精养池塘 [K3]
Intensive pond
D 精养鱼池
S1 池塘
S2 养殖设施△
C 精养

精养鱼池 [K3]
Intensive fishpond
Y 精养池塘

精液冷冻保存 [E1]
Semen frozen preservation
C 超低温保存
C 人工授精
C 受精率

精子 [C2]
Sperm; Spermatozoa; Antherozoid
S1 生殖细胞
F1 异源精子
C 纳精囊
C 排精
C 生殖器官

精子发生 [C2]
Spermatogenesis
S1 配子发生
S2 形态发生
C 精巢
C 排精

精子活力 [C2]
Sperm motility; Spermatozoon motility
C 繁殖力
C 精巢发育

鲸类 [C9]
Cetacea
D 鲸鱼
S1 哺乳动物
F1 白鳍豚
F1 长江江豚
F1 海豚
F2 宽吻海豚

F1 江豚
F1 鲸豚
F1 鼠海豚
F1 小鳁鲸
F1 中华白海豚
C 捕鲸
C 鲸鲨

鲸鲨 [C9]
Whale shark
Rhincodon typus
　S1 软骨鱼类
　C 鲸类

鲸豚 [C9]
Cetaceans
　S1 鲸类
　S2 哺乳动物

鲸鱼 [C9]
Cetacea
　Y 鲸类

净初级生产力 [D2]
Net primary productivity
　Y 初级生产力

净化 [M1]
Purification
　C 水质净化设备

净化水质 [M3]
Purification wastewater
　Y 水质净化

径流 [B5]
Runoff
　C 降水
　C 流域

竞争 [C5]
Competition
　F1 食物竞争
　F1 种间竞争

镜鲤 [C9]
Mirror common carp
Cyprinus carpio
　D 德国镜鲤
　S1 鲤
　S2 鲤科

九彩龟 [C9]
Brazilian slider
Trachemys scripta elegan
　Y 巴西龟

九江头槽绦虫 [C8]
Tapeworm
Bothriocephalus gowkongensis
　Y 头槽绦虫病

九孔鲍 [C8]
Abalone
Haliotis diversicolor supertexta
　S1 鲍
　S2 腹足类
　C 杂色鲍

酒精 [B3]
Alcohol; Ethanol
　Y 乙醇

厩肥 [G2]
Farmyard manure; Barnyard manure; Animal manure; Stable manure
　Y 粪肥

巨大拟滨蟹 [C8]
Giant crab
Pseudocarcinus gigas
　D 皇帝蟹
　C 蟹类

巨龟 [C9]
Green sea turtle
Chelonia
　Y 海龟科

巨藻 [C7]
Giant kelp
Macrocystis pyrifera
　S1 褐藻
　C 褐藻胶

锯缘青蟹 [C8]
Mud crab; Mangrove crab
Scylla serrata
　S1 青蟹
　S2 梭子蟹

聚类分析 [B1]

Cluster analysis
　S1 统计分析
　S2 分析
　C 最小二乘法

聚球藻 [C7]
Synechococcus
　S1 蓝藻
　S2 赤潮藻△
　C 微藻

聚缩虫 [C8]
Zoothamnium
　Y 聚缩虫病

聚缩虫病 [F1]
Zoothamnium Disease
　D 聚缩虫
　S1 寄生虫疾病

聚维酮碘 [F3]
Povidone iodine
　S1 消毒剂

聚乙烯网 [H3]
Polyethylene net
　D 聚乙烯网片
　S1 网渔具
　S2 渔具

聚乙烯网片 [H3]
Polyethylene mesh
　Y 聚乙烯网

聚乙烯纤维 [H2]
Polyethylene fibre
　S1 渔具材料
　C 高密度聚乙烯
　C 网线

卷网机 [K4]
Net winch
　S1 起网机
　S2 捕捞机械△

绢丝丽蚌 [C8]
Clam
Lamprotula fibrosa
　S1 蚌
　S2 双壳类

军曹鱼 [C9]
Cobia
Rachycentron canadum
　Y 海鲕

菌苗 [F3]
Bacterine
　Y 疫苗

菌丝体 [C7]
mycelium
　C 真菌

K

K 值 [J5]
K value
 S1　鲜度指标
  S2　质量指标△
 C　保鲜
 C　过氧化值
 C　鲜度
 C　油脂酸败

卡拉白鱼 [C9]
Aral shemaia
Chalcalburnus chalcoides
aralensis
 S1　鲤科

卡拉胶 [J4]
Carraneenin
 D　角叉菜胶
 D　鹿角菜胶
 S1　海藻产品
 C　海藻工业
 C　凝胶强度

开捕期 [N2]
Opened fishing season
 C　禁渔区
 C　休渔期

开发利用 [A]
Development and utilization
 C　可持续利用
 C　渔业开发

开口饵料 [G1]
Starter feed; First feed
 Y　开口饲料

开口料 [G1]
Starter diet
 Y　开口饲料

开口饲料 [G1]
Larval stage feed; Starter diet
 D　开口饵料
 D　开口料
 S1　水产饲料

 C　微胶囊饲料

糠虾 [C8]
Mysis
Mysidae
 F1　长额刺糠虾
 F1　黑褐新糠虾
 F1　日本新糠虾
 C　虾类

糠虾幼体 [C6]
Mysis larva
 S1　幼体

抗病毒能力 [F2]
Virus resistance; Antiviral ability
 Y　抗病力

抗病力 [F2]
Disease resistance
 D　抗病毒能力
 D　抗病能力
 D　抗病性
 C　经济性状
 C　免疫力
 C　致病力
 C　致病性试验

抗病能力 [F2]
Disease-resistant ability; Disease
resistance
 Y　抗病力

抗病性 [F2]
Disease resistance
 Y　抗病力

抗冻蛋白 [C4]
Antifreeze protein; Antifreezing
protein
 S1　蛋白质
 C　抗冻剂
 C　耐寒性

抗冻剂 [F3]
Cryoprotectant

 C　抗冻蛋白

抗风浪深水网箱 [K3]
Anti-storm deep sea cage
 Y　深水网箱

抗风浪网箱 [K3]
Anti-storm cage
 Y　深水网箱

抗寒力 [C3]
Cold resistance
 Y　耐寒性

抗寒性 [C3]
Cold resistance
 Y　耐寒性

抗坏血酸 [C4]
Ascorbic acid
 Y　维生素 C

抗菌蛋白 [F3]
Antimicrobial protein
 S1　蛋白质
 C　抗菌肽
 C　益生菌

抗菌活性 [F3]
Antibacterial activity
 D　抗菌性
 D　抗菌作用
 D　抑菌活性
 S1　生物活性
 C　抑菌剂
 C　益生菌

抗菌剂 [F3]
Antibacterial agent
 Y　抗菌药物

抗菌素 [F3]
Antibiotic
 Y　抗生素

抗菌肽 [F3]

Antimicrobial Peptides
   C 抗菌蛋白
   C 抗菌药物
   C 免疫
   C 抑菌剂
   C 益生菌

抗菌性 [F3]
Antimicrobial properties
   Y 抗菌活性

抗菌药物 [F3]
Antibacterial drugs
   D 抗菌剂
   F1 肠炎灵
   F1 敌菌灵
   F1 磺胺类药物
   F1 抗生素
    F2 氟苯尼考
    F2 红霉素
    F2 链霉素
    F2 青霉素
    F2 四环素
    F2 土霉素
   F1 喹诺酮类药物
    F2 恩诺沙星
    F2 环丙沙星
    F2 诺氟沙星
    F2 氧氟沙星
   F1 喹烯酮
   C 抗菌肽
   C 抑菌试验
   C 细菌性疾病
   C 抑菌剂

抗菌作用 [F3]
Antibacterial action
   Y 抗菌活性

抗逆能力 [C3]
Stress resistances
   Y 抗逆性

抗逆性 [C3]
Stress Tolerance
   D 抗逆能力
   S1 生物学特性

抗生素 [F3]
Antibiotic
   D 抗菌素

   S1 抗菌药物
   F1 氟苯尼考
   F1 红霉素
   F1 链霉素
   F1 青霉素
   F1 四环素
   F1 土霉素
   C 敌菌灵
   C 拮抗作用
   C 喹诺酮类药物
   C 耐药机制
   C 耐药菌
   C 抑菌试验
   C 抑菌剂

抗体 [C4]
Antibody
   F1 单克隆抗体
   F1 多克隆抗体
   C 抗原
   C 克隆
   C 免疫
   C 免疫学
   C 血清

抗氧化活性 [C4]
Antioxidant activity
   S1 生物活性
   C 抗氧化剂
   C 生物氧化

抗氧化剂 [J2]
Antioxidant
   C 抗氧化活性
   C 抗氧化酶
   C 抗氧化能力
   C 生物氧化
   C 脱氧
   C 油脂酸败

抗氧化酶 [C4]
Antioxidant enzyme
   S1 酶
   C 抗氧化剂
   C 生物氧化

抗氧化能力 [J2]
Antioxidant capacity
   C 抗氧化剂
   C 生物氧化
   C 脱氧

抗药性 [F3]
Drug resistance
   D 耐药性
   C 喹诺酮类药物
   C 链霉素
   C 耐药机制
   C 耐药基因
   C 耐药菌
   C 青霉素
   C 药敏特性
   C 抑菌剂

抗原 [C4]
Antigen
   C 抗体
   C 免疫
   C 免疫学
   C 免疫原性

烤鳗 [J4]
Roasted eel; Roast eel; Baked eel
   S1 烤鱼
   C 海鳗
   C 星鳗

烤鱼 [J4]
Roasted fish
   D 烤鱼片
   F1 烤鳗

烤鱼片 [J4]
Grilled fillet; Roast fish fillet;
Seasoneddried fish fillet
   Y 烤鱼

科技成果 [A]
Scientific and technological
achievement
   D 成果
   C 技术推广
   C 科技进步
   C 科研管理
   C 水产科技

科技进步 [A]
Science and Technology Progress
   C 科技成果
   C 科技人员
   C 水产教育
   C 水产科技

科技人员 [A]
Scientific research personnel
   D 技术人员
   D 科研人员
   C 科技进步
   C 研究机构

科研单位 [A]
Scientific research institution
   Y 研究机构

科研管理 [A]
Science management
   S1 管理
   C 科技成果
   C 水产科技

科研人员 [A]
Scientific research personnel
   Y 科技人员

颗粒饵料 [G1]
Pellet feed; Pellet diet
   Y 颗粒饲料

颗粒料 [G1]
Pellet feed
   Y 颗粒饲料

颗粒饲料 [G1]
Pellet feed; Pellet diet; Pelletized
feed; Diet pellet
   D 颗粒饵料
   D 颗粒料
   D 饲料颗粒
   D+ 沉性颗粒饲料
   D+ 浮性颗粒饲料
   D+ 膨化颗粒饲料
   F1 软颗粒饲料
   F1 微颗粒饲料
   F1 硬颗粒饲料
   C 配合饲料
   C 造粒机

颗粒饲料机 [K5]
Pellet feed mill
   Y 造粒机

颗粒饲料压制机 [K5]
Pellet feed mill
   Y 造粒机

颗粒物 [M2]
Particulate matter
   Y 悬浮物

颗粒有机物 [M2]
Particular organic matter
   Y 悬浮物

蝌蚪 [C6]
Tadpole
   C 幼蛙

壳寡糖 [C4]
Oligochitosan
   C 甲壳素
   C 壳聚糖

壳聚糖 [C4]
Chitosan
   C 甲壳素
   C 葡萄糖胺
   C 壳寡糖
   C 虾壳

可捕规格 [D3]
Catchable size
   C 可捕量
   C 网目尺寸
   C 网目限制
   C 尾重
   C 渔获选择性
   C 资源保护

可捕量 [D2]
Allowable catch
   C 可捕规格
   C 渔获率

可持续发展 [N1]
Sustainable development
   D 持续发展
   C 捕捞过度
   C 节能
   C 可持续利用

可持续利用 [N1]
Sustainable use
   C 开发利用
   C 可持续发展
   C 综合利用

可靠性 [K1]
Reliability
   C 机械性能

可食部分 [J1]
Edible part
   C 食用水产品

可视化 [N3]
Visualization
   C 图像处理

可追溯 [J5]
Retrospective
   Y 可追溯性

可追溯体系 [J5]
Traceability system
   D 可追溯系统
   D 可追溯制度
   D 追溯体系
   D 追溯系统
   S1 渔业制度
   C 产品认证
   C 可追溯性

可追溯系统 [J5]
Traceability system
   Y 可追溯体系

可追溯性 [J5]
Traceability
   D 可追溯
   C 可追溯体系

可追溯制度 [J5]
Traceability system
   Y 可追溯体系

克雷伯氏菌 [C7]
Klebsiella
   S1 致病菌

克隆 [C2]
Clone; Cloning
   S1 生物工程
   F1 cDNA 克隆
   F1 基因克隆
   C 抗体
   C 克隆技术

克隆技术 [C2]
Cloning technique
  C 基因克隆
  C 克隆

克氏螯虾 [C8]
Red crayfish; Swamp crayfish
Procambarus clarkii
  Y 克氏原螯虾

克氏原螯虾 [C8]
Red crayfish; Swamp crayfish
Procambarus clarkii
  D 淡水小龙虾
  D 克氏螯虾
  D 小龙虾
  S1 螯虾

坑塘 [K3]
Pits and ponds
  Y 池塘

空间分布 [C5]
Spatial distribution
  D 时空分布
  S1 分布

空气 [B4]
Air
  Y 大气

空心莲子草 [C7]
Alligator weed
Alternanthera philoxeroides
  D 水花生
  S1 被子植物

孔雀石绿 [F3]
Malachite green
  S1 禁用药物
  C 药物残留

孔雀鱼 [C9]
Guppy
Poecilia reticulata
  D 彩虹鱼
  S1 花鳉科
  S2 辐鳍亚纲

控温养殖 [E1]
Temperature control aquaculture

  S1 水产养殖
  C 低温刺激
  C 生存温度
  C 适温性
  C 水温控制
  C 塑料大棚
  C 温室
  C 温室养殖

控制 [A]
Control
  C 关键控制点
  C 性别控制
  C 藻类控制
  C 质量控制
  C 种群控制
  C 自动控制

口感 [J5]
Mouth feel
  C 感官评价
  C 肌肉品质
  C 口味
  C 味觉
  C 质量评定

口裂 [C6]
Oral fissure
  C 仔鱼发育

口器 [C6]
Mouthparts
  F1 牙齿
  F2 咽齿
  C 吻部

口丝虫 [F1]
Costia
  Y 鱼波豆虫病

口丝虫病 [F1]
Costiasis
  Y 鱼波豆虫病

口味 [J2]
Taste
  S1 风味
‖ C 感官评价
  C 肌肉品质
  C 口感
  C 质量评定

口虾蛄 [C8]
Mantis shrimp
Oratosquilla oratoria
  D 皮皮虾
  S1 虾蛄
  S2 口足类
  F1 黑斑口虾蛄

口足类 [C8]
Stomatopod
  F1 虾蛄
  F2 口虾蛄*
  F3 黑斑口虾蛄

扣蟹 [E5]
Button-size crab
  Y 蟹种

枯草芽孢杆菌 [C7]
Bacillus subtilis
  S1 芽孢杆菌
  C 微生物制剂
  C 益生菌

库湾 [P]
Ku Bay
  C 水库
  C 水库养鱼

库湾养鱼 [E2]
Reservoir fish farming
  Y 水库养鱼

快速测定 [J5]
Rapid determination
  Y 快速检测

快速监测 [J5]
Rapid monitoring
  Y 快速检测

快速检测 [J5]
Rapid detection
  D 快速测定
  D 快速监测
  S1 检测

快速检测试剂 [B3]
Rapid testing reagent
  C 化学试剂
  C 检测

宽体金线蛭 [C8]
Leech
Whitmania pigra
　　C 环节动物

宽体鲮脂鲤 [C9]
Prochilodus scrofa
　　D 南美鲱鱼
　　D 小口脂鲤
　　S1 脂鲤目
　　S2 辐鳍亚纲

宽吻海豚 [C9]
Bottlenose dolphin
Tursiops truncatus
　　S1 海豚
　　S2 鲸类△

框镜鲤 [C9]
Mirror carp
Cyprinus carpio specularis
　　Y 框鳞镜鲤

框鳞镜鲤 [C9]
Mirror carp
Cyprinus carpio specularis
　　D 框镜鲤
　　S1 鲤
　　S2 鲤科

喹诺酮 [F3]
Carbostyril
　　Y 喹诺酮类药物

喹诺酮类药物 [F3]
Quinolones
　　D 喹诺酮
　　S1 抗菌药物
　　F1 恩诺沙星
　　F1 环丙沙星
　　F1 诺氟沙星
　　F1 氧氟沙星
　　C 抗生素
　　C 抗药性

喹烯酮 [F3]
Quinocetone
　　S1 抗菌药物
　　C 喹乙醇

喹乙醇 [F3]
Olaquindox
　　S1 禁用药物
　　C 促生长剂
　　C 喹烯酮
　　C 药物残留

魁蚶 [C8]
Ark shell
Arca inflata
　　S1 蚶
　　S2 双壳类

溃烂病 [F1]
Skin ulcer; Ulcer disease
　　S1 细菌性疾病

昆布 [C7]
Kelp
Ecklonia kurome
　　S1 褐藻
　　C 大型藻类
　　C 海带

扩增产物 [C2]
Amplification products
　　C PCR

扩增片段多态性 [C2]
Amplified Fragment length
Polymorphism
　　Y AFLP

扩增条件 [C2]
Amplification conditions
　　C PCR

扩增位点 [C2]
Amplification sites
　　C 扩增引物
　　C PCR

扩增引物 [C2]
Amplimer
　　C 扩增位点
　　C PCR
　　C 微卫星位点

括纲 [H2]
Purse line
　　S1 索具
　　C 绳索

L

LRH-A [E2]
Luteinizing releasing
hormone-analogue,LRH-A
   Y 促黄体素释放激素类似物

垃圾鱼 [C9]
Suckermouth catfish
Hypostomus plecostomus
   Y 吸口鲶

腊鱼 [J4]
Cured fish
   Y 腌制品

蜡样芽孢杆菌 [C7]
Bacillus cereus
   D 蜡状芽孢杆菌
   S1 芽孢杆菌

蜡状芽孢杆菌 [C7]
Bacillus cereus
   Y 蜡样芽孢杆菌

莱茵衣藻 [C7]
Chlamydomonas reinhardtii
   S1 绿藻

莱州湾 [P]
Laizhou Bay
   S1 渤海
    S2 海域

赖氨酸 [C4]
Lysine
   S1 必需氨基酸
    S2 氨基酸
   C 限制性氨基酸

兰州鲇 [C9]
Catfish
Silurus lanzhouensis
   Y 兰州鲶

兰州鲶 [C9]
Catfish
Silurus lanzhouensis

   D 兰州鲇
   S1 鲶
    S2 鲶形目

拦网 [K3]
Barrier net
   D 防逃网
   D 拦鱼网
   S1 拦鱼设施
    S2 渔业设施

拦网养鱼 [E1]
fence culture of fish
   Y 围网养殖

拦鱼坝 [K3]
Barrier dam
   D 防逃墙
   D 鱼坝
   S1 拦鱼设施
    S2 渔业设施

拦鱼电栅 [K3]
Electric fish screen;
Blocking fish with electric screen
   Y 拦鱼栅

拦鱼设备 [K3]
Barring facilities
   Y 拦鱼设施

拦鱼设施 [K3]
Barricade
   D 防逃设施
   D 拦鱼设备
   S1 渔业设施
   F1 拦网
   F1 拦鱼坝
   F1 拦鱼栅
   C 防逃

拦鱼网 [K3]
Net fish screen
   Y 拦网

拦鱼栅 [K3]

Fish screen; Fish corral
   D 拦鱼电栅
   D 鱼栅
   S1 拦鱼设施
    S2 渔业设施
   C 电脉冲

蓝点马鲛 [C9]
Spotted mackerel
Scomberomorus niphonius
   Y 马鲛

蓝环章鱼 [C8]
Octopus
Octopus maculose
   S1 章鱼
    S2 头足类
   C 河鲀毒素

蓝绿色 [E1]
Blue-green; Bluish green
   S1 水色
    S2 水质

蓝绿藻 [C7]
Cyanobacteria
   Y 蓝藻

蓝鳍金枪鱼 [C9]
Bluefin tuna
Thunnus maccoyii
   D 马苏金枪鱼
   S1 金枪鱼
    S2 鲈形目

蓝鲨 [C9]
Blue shark
Prionace glauca
   Y 大青鲨

蓝太阳鱼 [C9]
Bluegill; Green sunfish
Lepomis cyanellus
   Y 太阳鱼

蓝细菌 [C7]

Cyanobacteria
　Y 蓝藻

蓝蟹 [C8]
Blue crab
Callinectes
　S1 梭子蟹
　C 蟹类

蓝圆鲹 [C9]
Round scad
Decapterus maruadsi
　S1 鲹科
　S2 鲈形目

蓝藻 [C7]
Cyanobacteria
Cyanophyta
　D 蓝绿藻
　D 蓝细菌
　S1 赤潮藻
　S2 赤潮生物
　F1 颤藻
　F1 发菜
　F1 聚球藻
　F1 螺旋藻
　F1 念珠藻
　F1 微囊藻
　F2 铜绿微囊藻
　F1 鱼腥藻
　C 水华
　C 藻类

蓝藻毒素 [M2]
Cyanotoxins
　S1 赤潮毒素
　S2 毒素
　C 颤藻
　C 蓝藻水华
　C 蓝藻污染
　C 微囊藻
　C 微囊藻水华
　C 鱼腥藻

蓝藻水华 [M2]
Cyanobacteria bloom
　D 水华蓝藻
　S1 水华
　S2 有害藻华△
　C 蓝藻毒素

蓝藻污染 [M2]
Cyanobacteria pollution
　S1 生物污染
　S2 环境污染
　C 海洋污染
　C 蓝藻毒素
　C 水华

篮子鱼 [C9]
Rabbitfish
Siganus
　S1 鲈形目
　F1 黄斑篮子鱼
　F1 星篮子鱼

缆绳 [H2]
Cable
　Y 绳索

烂皮病 [F1]
Rotten-skin disease
　S1 细菌性疾病

烂鳃 [F1]
Rotted gill
　Y 烂鳃病

烂鳃病 [F1]
Gill rot disease
　D 烂鳃
　D 细菌性烂鳃
　S1 鳃病
　S2 细菌性疾病
　C 鳃
　C 乌头瘟
　C 柱状黄杆菌

烂尾 [F1]
Tail-rot
　Y 烂尾病

烂尾病 [F1]
Tail-rot disease; Caudal rot
　D 烂尾
　S1 细菌性疾病
　C 柱状黄杆菌

滥捕 [D3]
Heavy fishing,Overfishing
　Y 捕捞过度

劳动力 [N1]
Labour force
　C 生产力

姥鲨 [C9]
Basking shark
Cetorhinus maximus
　S1 软骨鱼类

勒氏笛鲷 [C9]
Moses perch
Lutjanus russelli
　S1 笛鲷
　S2 鲈形目

鲥 [C9]
Chinese herring
Ilisha
　S1 鲱形目

雷达 [L4]
Radar
　S1 助航设备
　C 导航
　C 定位

类固醇激素 [C4]
Steroid hormone
　S1 性激素
　S2 激素

类胡萝卜素 [C4]
Carotenoid
　S1 光合色素
　F1 虾青素

类立克次氏体 [F1]
Rickettsia-like organisms,RLO
　Y 立克次氏体

类志贺邻单胞菌 [C7]
Plesiomonas shigelloides
　S1 致病菌

擂溃 [J4]
Kneading
　C 擂溃机
　C 鱼糜
　C 鱼糜制品

擂溃机 [K5]

Mixing and kneading machine
S1 鱼糜加工机械
S2 加工机械△
C 擂溃

棱皮龟 [C9]
Leatherback
Dermochelys
S1 龟鳖目

冷藏 [J3]
Cold storage; Refrigerated storage
D 低温保藏
D 冷藏技术
S1 保鲜
F1 冰温保鲜
F1 冷却海水保鲜
F1 微冻保鲜
C 冷链
C 蓄冷袋

冷藏车 [K5]
Refrigerator Car; Refrigerated vehicle; Reefer
C 冷链
C 冷藏能力
C 蓄冷袋
C 压缩机
C 制冷设备

冷藏技术 [J3]
Refrigeration technology
Y 冷藏

冷藏加工船 [L1]
Freezer factory ship
D+ 拖网加工渔船
S1 辅助船
S2 渔船
C 冷链
C 压缩机
C 渔船保鲜

冷藏库 [K5]
Cold storage; Cold store
D 水产品冷库
C 冷链
C 冷藏能力
C 蓄冷袋
C 压缩机

C 液氨
C 制冷设备

冷藏链 [J6]
Cold chain
Y 冷链

冷藏能力 [J3]
Cold storage capacity
C 冷藏车
C 冷藏库
C 冷链

冷藏运输 [J6]
Refrigerated transport
Y 冷链

冷藏运输船 [J6]
Catch refrigerated carrier
S1 运输船
S2 辅助船△
C 冷链

冷冻 [J3]
Freezing
Y 冻结

冷冻包装 [J6]
Frozen package
S1 包装
C 冻藏
C 冷冻水产品
C 真空包装

冷冻保藏 [J3]
Freezing preservation
Y 冻藏

冷冻保存 [J3]
Cryopreservation
Y 冻藏

冷冻保鲜 [J3]
Frozen preservation
Y 冻藏

冷冻厂 [J1]
Freezing plant; Freezing factory
C 产业园区
C 冷冻水产品
C 水产品加工厂

C 压缩机
C 液氨

冷冻干燥 [J4]
Freeze drying
D+ 真空冻干
D+ 真空冷冻干燥
S1 干燥
C 低温干燥
C 干耗

冷冻加工 [J3]
Freezing processing
Y 冻结

冷冻精液 [C2]
Frozen Semen
D 冻精

冷冻品 [J3]
Frozen product
Y 冷冻水产品

冷冻水产品 [J3]
Frozen fishery products; Frozen aquatic products
D 冷冻品
F1 冻结鱼品
F1 冻虾仁
F1 冻鱼片
C 低温冷冻
C 冷冻包装
C 冷冻厂
C 水产加工品
C 水产品

冷冻虾仁 [J3]
Frozen peel shrimp
Y 冻虾仁

冷冻鱼糜 [J4]
Frozen surimi
S1 鱼糜
C 鱼糕
C 鱼糜制品

冷冻贮藏 [J3]
Frozen storage
Y 冻藏

冷风机 [K5]

Cold air machine; Air cooler
　　S1 冷却设备
　　S2 制冷设备△
　　C 压缩机
　　C 液氨

冷海水保鲜 [J3]
Chilled seawater preservation
　　Y 冷却海水保鲜

冷链 [J6]
Cold chain
　　D 冷藏运输
　　D 冷藏链
　　C 冷藏
　　C 冷藏车
　　C 冷藏加工船
　　C 冷藏库
　　C 冷藏能力
　　C 冷藏运输船
　　C 水产品流通
　　C 蓄冷袋
　　C 压缩机
　　C 运输

冷滤 [J4]
Winterization
　　S1 过滤

冷凝器 [K5]
Condenser
　　D 冷却盘管
　　S1 冷却设备
　　S2 制冷设备△
　　C 冷却
　　C 压缩机
　　C 液氨

冷却 [K1]
Cooling; Chilling
　　C 冷凝器
　　C 冷却设备
　　C 冷却水
　　C 冷却系统

冷却海水保鲜 [J3]
Chilled sea water preservation
　　D 冷海水保鲜
　　S1 冷藏
　　S2 保鲜
　　C 微冻保鲜

　　C 渔船保鲜
　　C 冰鲜

冷却盘管 [K5]
Cooling coil
　　Y 冷凝器

冷却设备 [K5]
Cooling equipment
　　S1 制冷设备
　　S2 加工机械△
　　F1 冷风机
　　F1 冷凝器
　　F1 蒸发器
　　C 冷却

冷却水 [K5]
Cooling water
　　C 冷却
　　C 温流水

冷却系统 [L3]
Cooling system
　　C 冷却
　　C 液氨

冷水团 [B5]
Cold water mass
　　S1 水团

冷水性鱼 [C1]
Cold water fish
　　Y 冷水性鱼类

冷水性鱼类 [C1]
Cold water fish
　　D 冷水性鱼
　　D 冷水鱼
　　D 冷水鱼类
　　S1 鱼类
　　F1 鲑鳟鱼类
　　C 鲑形目
　　C 耐寒性

冷水鱼 [C1]
Cold water fish
　　Y 冷水性鱼类

冷水鱼类 [C1]
Cold water fish
　　Y 冷水性鱼类

冷休克 [E1]
Cold shock

离子 [B3]
Ion
　　F1 金属离子
　　F1 氯离子
　　C 离子交换

离子交换 [B3]
Ion exchange
　　C 化学反应
　　C 离子

离子色谱法 [B3]
Ion chromatography
　　S1 色谱法

理化特性 [M1]
Physical and chemical properties
　　Y 理化性质

理化特征 [M1]
Physicochemical characteristics
　　Y 理化性质

理化性质 [M1]
Physical and chemical properties;
Physicochemical properties;
Physicochemical characteristics
　　D 理化特性
　　D 理化特征
　　D 理化因子
　　D 理化指标
　　F1 化学性质
　　F2 碱度
　　F2 pH 值
　　F2 溶解度
　　F2 硬度
　　F1 物理性质
　　F2 比重
　　F2 密度
　　F2 黏度
　　F2 速度
　　F2 重量

理化因子 [M1]
Physical and chemical factor
　　Y 理化性质

理化指标 [M1]

Physical and chemical indexes
Y 理化性质

理论 [A]
Theory

理网机 [K4]
Net shifter
S1 捕捞辅助设备
S2 捕捞机械△
C 起网机

理线机 [K4]
Line winder
S1 捕捞辅助设备
S2 捕捞机械△

鲤 [C9]
Common carp
Cyprinus carpio
D 玻璃红鲤
D 黑龙江野鲤
S1 鲤科
F1 锦鲤
F1 镜鲤
F1 框鳞镜鲤
F1 瓯江彩鲤
F1 湘江野鲤
F1 湘云鲤

鲤鳔炎病 [F1]
Carp swim bladder inflammation
S1 病毒性疾病

鲤春病毒病 [F1]
Spring viremia of carp，SVC
D 鲤春病毒血症
S1 病毒性疾病
C 鲤春病毒血症病毒

鲤春病毒血症 [F1]
Spring viraemia of carp; SVC
Y 鲤春病毒病

鲤春病毒血症病毒 [F1]
Spring viremia of carp
virus, SVCV
S1 病毒
C 鲤春病毒病

鲤蠢病 [F1]

Caryophyllaeusiasis
S1 绦虫病
S2 寄生虫疾病

鲤痘疮病 [F1]
Carp pox
S1 病毒性疾病

鲤科 [C9]
Carps
Cyprinidae
F1 鳊
F1 鲌
F2 蒙古鲌
F2 翘嘴红鲌
F1 草鱼
F1 长鳍吻鮈
F1 重唇鱼
F1 倒刺鲃
F2 光倒刺鲃
F1 丁鱥
F1 多鳞白甲鱼
F1 多鳞铲颌鱼
F1 鲂
F1 芙蓉鲤
F1 鳡
F1 红鲤
F1 红鳍鲌
F1 红鳍原鲌
F1 厚颌鲂
F1 黄金鲫
F1 黄尾鲴
F1 鲫
F2 湘云鲫
F2 银鲫
F1 金鱼
F1 卡拉白鱼
F1 鲤
F2 锦鲤
F2 镜鲤
F2 框鳞镜鲤
F2 瓯江彩鲤
F2 湘江野鲤
F2 湘云鲤
F1 鲢
F1 裂腹鱼
F1 鲮
F1 露斯塔野鲮
F1 鲈鲤
F1 裸鲤
F1 拟鲤

F1 胖头鲅
F1 青海湖裸鲤
F1 青鱼
F1 四带无须鲃
F1 铜鱼
F1 团头鲂
F1 乌原鲤
F1 细鳞斜颌鲴
F1 雅罗鱼
F1 银鲴
F1 鳙
F1 圆吻鲴
F1 中华鳑鲏
C 家鱼
C 鲤形目

鲤疱疹病毒病 [F1]
Cyprinid herpesvirus disease
D 锦鲤疱疹病毒病
S1 病毒性疾病

鲤形目 [C9]
Cypriniformes
F1 花鳅
F1 泥鳅
F1 胭脂鱼
C 鲤科
C 硬骨鱼类

鲤鱼白云病 [F1]
Carminosis; White cloud disease
of carp
S1 鱼病
C 假单胞菌

鳢 [C9]
Ophiocephalidae
F1 乌鳢
F1 月鳢
C 塘鳢

鳢鱼 [C9]
Snakehead
Ophiocephalus argus
Y 乌鳢

立克次氏体 [F1]
Rickettsia
D 类立克次体
S1 细菌
C 病毒粒子

立体养殖 [E1]
Stereoscopic aquaculture;
Three-dimensional cultural
　D 立体种养
　S1 水产养殖
　C 混养

立体种养 [E1]
Stereoscopic aquaculture and
planting
　Y 立体养殖

丽鲷 [C9]
cichlids
Cichlidae
　Y 丽鱼科

丽体鱼 [C9]
Cichlid
Cichlasoma
　D 罗汉鱼
　D 马拉丽体鱼
　S1 丽鱼科
　S2 鲈形目
　F1 淡水石斑鱼

丽鱼科 [C9]
Cichlid fish
Cichlidae
　D 短鲷
　D 丽鲷
　S1 鲈形目
　F1 罗非鱼
　F2 奥尼罗非鱼
　F2 吉富罗非鱼
　F2 莫桑比克罗非鱼
　F2 尼罗罗非鱼
　F2 红罗非鱼
　F2 帚齿罗非鱼
　F1 丽体鱼
　F2 淡水石斑鱼
　F1 神仙鱼

沥干 [J4]
Drain off
　S1 过滤

荔枝螺 [C8]
Whelk
Thais
　S1 腹足类

连锁图谱 [C2]
Linkage map
　Y 遗传图谱

帘蛤科 [C8]
Venus's shell
Veneridae
　S1 双壳类
　F1 菲律宾蛤仔
　F1 美洲帘蛤
　F1 青蛤
　F1 文蛤
　F1 杂色蛤仔

联合毒性 [M2]
Joint toxicity
　S1 毒性

联合国粮农组织 [A]
Food and Agriculture
Organization of the United
Nations
　Y FAO

联合渔法 [H3]
Combinated fishing method
　S1 渔法

鲢 [C9]
Silver carp
Hypophthalmichthys molitrix
　D 白鲢
　D+ 花白鲢
　S1 鲤科

链壶菌病 [F1]
lagenidialesosis; Lagenidium
disease
　S1 真菌性疾病
　C 细菌

链霉素 [F3]
Streptomycin
　S1 抗生素
　S2 抗菌药物
　C 抗药性

链球菌 [C7]
Streptococcus
　S1 致病菌
　F1 海豚链球菌

F1 无乳链球菌
　C 链球菌病

链球菌病 [F1]
Streptococcus disease;
Streptococcosis
　C 海豚链球菌
　C 链球菌
　C 无乳链球菌

链状亚历山大藻 [C7]
Alexandrium catenella
　Y 亚历山大藻

良好农业规范 [J5]
　Y GAP

良种 [E1]
Fine breed
　S1 种
　C 良种审定
　C 良种推广
　C 良种选育

良种补贴 [N1]
Fine breed subsidy
　S1 渔业补贴

良种繁育基地 [N2]
Fine breed cultivation base
　Y 水产良种场

良种繁殖 [E1]
Seed breeding
　Y 良种培育

良种覆盖率 [N1]
Fine breed coverage rate
　C 良种推广

良种基地 [N2]
Fine breed base
　Y 水产良种场

良种培育 [E1]
Fine breeding
　D 良种繁殖
　D 良种生产
　D 新品种培育
　S1 苗种培育
　C 繁育体系

C 亲本培育
C 水产良种场
C 育种

良种审定 [N2]
Determination of fine variety
C 良种

良种生产 [E1]
Fine breeding
Y 良种培育

良种推广 [N2]
Fine breed extension
C 良种
C 良种覆盖率
C 试验鱼
C 推广机构
C 推广体系

良种选育 [C2]
Fine variety breeding
C 繁育体系
C 家系选育
C 良种
C 人工选育
C 水产良种场

梁子湖 [P]
Liangzihu lake
S1 湖泊

粮食安全 [A]
Food security
C 稻田养殖

两栖动物 [C9]
Amphibian; Amphibious animal
Y 两栖类

两栖类 [C9]
Amphibia; Amphibians
D 两栖动物
F1 大鲵
F1 黑眶蟾蜍
F1 蛙
F2 东北林蛙
F2 黑斑侧褶蛙
F2 棘腹蛙
F2 金线蛙
F2 牛蛙

F2 泰国虎纹蛙
F2 中国林蛙
F1 中华大蟾蜍
C 脊椎动物

辽河 [P]
Liaohe river
S1 河流

辽宁 [P]
Liaoning Province
C 渤海
C 鸭绿江
C 獐子岛

疗效食品 [J4]
Dietary food
D 健康食品
C 食品加工
C 水产食品

裂腹鱼 [C9]
Schizothoracine fish
Schizothorax
D 雅鱼
S1 鲤科

林丹 [M2]
Lindane
S1 禁用药物
C 残留限量

临床症状 [F2]
Clinical symptoms
C 诊断

临界浓度 [M1]
Critical concentration
S1 浓度
F1 最小杀菌浓度
F1 最小抑菌浓度
C 药物浓度
C 致死浓度

淋巴囊肿病毒 [F1]
Lymphocystis disease virus, LCDV
S1 虹彩病毒
S2 病毒
C 虹彩病毒病

磷 [B3]

Phosphorus
S1 化学元素
C 磷肥
C 磷酸

磷肥 [G2]
Phosphate fertilizer
S1 无机肥
S2 肥料
C 氮磷比
C 磷
C 磷酸二氢钙
C 磷酸盐

磷酸 [B3]
Phosphoric acid
S1 酸
C 磷
C 磷酸盐
C 酸性磷酸酶

磷酸二氢钙 [G1]
Calcium dihydrogen phosphate
S1 磷酸盐
S2 无机盐
C 磷肥

磷酸盐 [B3]
Phosphate
S1 无机盐
F1 多聚磷酸盐
F1 磷酸二氢钙
C 磷肥
C 磷酸

磷虾 [C8]
Krill; Euphausiid
Euphausia
F1 南极磷虾
C 虾类

磷循环 [C4]
Phosphorus cycle
S1 物质循环

磷脂 [C4]
Phosphatides; Phospholipid
S1 脂肪

鳞立病 [F1]
Lepidorthosis

Y 竖鳞病

鳞片 [C6]
Scale
　　D 鱼鳞
　　S1 外骨骼
　　S2 骨骼
　　F1 侧线鳞
　　F1 圆鳞
　　F1 栉鳞
　　C 胶原蛋白
　　C 年龄鉴定
　　C 年轮
　　C 鱼皮

灵芝龟 [C9]
Ground turtle
Geoemyda spengleri
　　Y 地龟

翎鲳 [C9]
Pomfret
Pampus punctatissimus
　　S1 鲳科
　　S2 鲈形目

鲮 [C9]
Mud carp
Cirrhina molitorella
　　S1 鲤科

领海 [N2]
Territorial sea;
Maritime territory
　　S1 海域

流刺网 [H3]
Driftnet
　　S1 刺网
　　S2 网渔具△
　　C 流网作业

流刺网起网机 [K4]
Drift net hauler
　　Y 刺网起网机

流化干燥 [J4]
Fluidized drying
　　S1 干燥
　　C 干燥设备
　　C 喷雾干燥

流量 [B5]
Flow
　　C 流速
　　C 排水量
　　C 水体
　　C 水体交换

流水刺激 [E2]
Water flow stimulation; Running
water stimulation
　　S1 刺激
　　C 适应

流水养鱼 [E2]
Flowing water fish culture
　　D 温流水养鱼
　　S1 鱼类养殖
　　C 高密度养殖
　　C 微流水

流水养殖 [E1]
Flowing through systems
　　S1 水产养殖
　　F1 微流水养殖
　　F1 温流水养殖
　　C 微流水
　　C 循环水养殖

流速 [B5]
Current velocity; Flow velocity;
Flow rate; Water velocity
　　C 流量
　　C 速度
　　C 网片阻力

流体力学 [B1]
Fluid mechanics
　　S1 物理学
　　C 水力学
　　C 渔具力学

流通 [N1]
Circulation; Mobilization
　　Y 水产品流通

流网渔船 [L1]
Drift boat
　　Y 刺网渔船

流网作业 [H3]
Drift net fishing

C 流刺网

流行病 [F1]
Epidemic disease; Epidemic
　　S1 疾病
　　C 传染病
　　C 发病率
　　C 流行病学

流行病学 [F2]
Epidemiology
　　C 流行病
　　C 鸟类

流行性传染病 [F1]
Epidemic infectious diseases
　　Y 传染病

流域 [B5]
Basin; Watershed; Drainage area;
Catchment
　　C 长江流域
　　C 径流

硫 [B3]
Sulphur
　　S1 化学元素

硫代巴比妥酸值 [J5]
Thiobarbituric acid value
　　Y TBA 值

硫化氢 [B3]
Hydrogen sulfide
　　S1 气体
　　C 水质改良剂
　　C 底质污染

硫酸铜 [F3]
Copper sulfate; Copper sulphate
　　S1 硫酸盐
　　S2 无机盐

硫酸亚铁合剂 [F3]
Mixture of Ferrous Sulfate
　　Y 硫酸盐合剂

硫酸盐 [B3]
Sulphate
　　S1 无机盐
　　F1 硫酸铜

C 硫酸盐合剂

硫酸盐合剂 [F3]
Sulphate
  D 硫酸亚铁合剂
  S1 杀虫剂
   S2 农药
  C 硫酸盐
  C 苏打合剂

柳珊瑚 [C8]
Sea whip
Gorgonia
  S1 珊瑚虫

柳条鱼 [C9]
Mosquitofish
Gambusia affinis affinis
  Y 食蚊鱼

六六六 [M2]
Hexachlorocyclohexane;
Benzene hexachloride;
Gammexane
  D 六氯苯
  S1 禁用药物
  C 残留限量

六氯苯 [M2]
Hexachlorobenzene, HCB
  Y 六六六

六鳃鲨 [C9]
Sixgill shark
Hexanchus
  S1 软骨鱼类

六线鱼 [C9]
Greenling
Hexagrammos
  S1 鲉形目

龙胆石斑鱼 [C9]
Brindlebass; Queensland grouper;
King grouper
Epinephelus lanceolatus
  Y 鞍带石斑鱼

龙骨 [L2]
Keel
  Y 船舶龙骨

龙头鱼 [C9]
Bombay duck
Harpodon nehereus
  S1 灯笼鱼目
  S2 辐鳍亚纲

龙虾 [C8]
Lobster; Crayfish
Palinuridae
  F1 美洲螯龙虾
  C 虾类

龙虾养殖 [E5]
Culture of lobster; Lobster culture
  S1 虾类养殖
  C 美洲螯龙虾

龙鱼 [C9]
Malayan bonytongue
Scleropages fomosus
  Y 美丽硬骨舌鱼

笼养 [E3]
Cage culture; Cage cultivation
  Y 筏式养殖

露斯塔野鲮 [C9]
Rohu carp
Labeo rohita
  S1 鲤科

颅骨 [C6]
Skull
  S1 内骨骼
  S2 骨骼
  C 脑

鲈 [C9]
Perch
Perca fluviatilis
  S1 鲈形目

鲈鲤 [C9]
Perch-barbel
Percocypris pingi
  D 江鲤
  S1 鲤科

鲈形目 [C9]
Perciformes; Perchlike fishes
  F1 鲅科

  F2 马鲛
  F1 白鲳
  F1 豹纹鳃棘鲈
  F1 鲾
  F1 波纹唇鱼
  F1 鲳科
   F2 灰鲳
   F2 翎鲳
   F2 银鲳
  F1 唇鱼
  F1 慈鲷
  F1 刺尾鱼
  F1 大口黑鲈
  F1 大弹涂鱼
  F1 大眼鲷
  F1 带鱼
  F1 笛鲷
   F2 红鳍笛鲷
   F2 勒氏笛鲷
  F1 地图鱼
  F1 鲷科
   F2 淡水黑鲷
   F2 黑鲷
   F2 黄鲷
   F2 黄鳍鲷
   F2 金头鲷
   F2 真鲷
  F1 方头鱼
  F1 高体革鯻
  F1 鳜
  F1 海鲡
  F1 花鲈
  F1 黄鲈
  F1 黄尾阿南鱼
  F1 剑鱼
  F1 金钱鱼
  F1 金枪鱼
   F2 扁舵鲣
   F2 长鳍金枪鱼
   F2 蓝鳍金枪鱼
  F1 金眼狼鲈
  F1 篮子鱼
   F2 黄斑篮子鱼
   F2 星篮子鱼
  F1 丽鱼科
   F2 罗非鱼*
    F3 奥尼罗非鱼
    F3 吉富罗非鱼
    F3 莫桑比克罗非鱼
    F3 尼罗罗非鱼
    F3 红罗非鱼

F3 帚齿罗非鱼
F2 丽体鱼*
　F3 淡水石斑鱼
F2 神仙鱼
F1 鲈
F1 马鲅科
F1 尼罗尖吻鲈
F1 旗鱼
F1 鲭科
　F2 澳洲鲭
　F2 狐鲣
　F2 鲣
　F2 鲐
F1 雀鲷
　F2 小丑鱼
F1 沙塘鳢
　F2 鸭绿沙塘鳢
F1 舌齿鲈
F1 鲹科
　F2 蓝圆鲹
　F2 卵形鲳鲹
F2 鲕*
　F3 杜氏鲕
F2 竹䇲鱼*
　F3 智利竹䇲鱼
F1 石斑鱼
　F2 鞍带石斑鱼
　F2 橙点石斑鱼
　F2 斜带石斑鱼
F1 石首鱼科
　F2 白姑鱼
　F2 黄唇鱼
　F2 黄姑鱼
　F2 黄鱼*
　　F3 大黄鱼
　　F3 小黄鱼
　F2 叫姑鱼
　F2 梅童鱼
　F2 鮸
　F2 鮸状黄姑鱼
F1 丝足鲈
F1 弹涂鱼
F1 塘鳢
F1 条纹锯鮨
F1 乌鲳
F1 五彩博鱼
F1 虾虎鱼
　F2 矛尾复虾虎鱼
　F2 纹缟虾虎鱼
　F2 溪吻虾虎鱼
F1 鲫

F1 银锯眶鳉
F1 鹦嘴鱼
F1 中国花鲈
F1 尖塘鳢
C 硬骨鱼类

鲈鱼 [C9]
Sea perch ; Japanese seabass;
Japanese sea perch; Common
seabass; Japanese seabass mullet;
Capemouth; Sea dace
Lateolabrax japonicus
　Y 花鲈

卤虫 [C8]
Brine shrimp
Artemia salina
　D 丰年虫
　D 丰年虾
　D 盐水丰年虫
　S1 丰年虫科

卤虫卵 [C2]
Brine shrimp egg

鲁氏耶尔森氏菌 [C7]
Yersinia ruckeri
　S1 致病菌

陆封种 [C1]
Landlocked species
　S1 种

鹿角菜 [C7]
Pelvetia siliquosa
　S1 褐藻

鹿角菜胶 [J4]
Carrageenin
　Y 卡拉胶

卵巢 [C6]
Ovary
　S1 生殖器官
　C 成熟卵
　C 卵巢发育
　C 卵茧
　C 卵子
　C 卵子发生

卵巢发育 [C2]

Ovary development
　S1 性腺发育
　S2 发育
　C 成熟度
　C 卵巢
　C 卵茧
　C 卵母细胞

卵黄蛋白原 [C2]
Vitellogenin
　S1 蛋白源
　C 卵母细胞

卵黄膜 [C2]
Oolemma
　C 卵子
　C 卵子发生

卵黄囊仔鱼 [E2]
Yolk sac larvae
　Y 鱼卵仔鱼

卵甲藻病 [F1]
Oodiniosis
　D 打粉病
　S1 鱼病
　C 皮肤病

卵茧 [C2]
Cocoon
　C 卵巢
　C 卵巢发育
　C 卵子
　C 卵子发生

卵粒 [C2]
Eggs
　Y 卵子

卵母细胞 [C2]
Oocyte
　S1 生殖细胞
　C 卵巢发育
　C 卵黄蛋白原
　C 卵子发生

卵生 [C2]
Oviparity
　C 卵胎生
　C 卵子
　C 胎生

卵胎生 [C2]
Ovoviviparity
　　C 卵生
　　C 胎生

卵形鲳鲹 [C9]
Ovate pompano
Tmchinotus ovatus
　　D 短鳍鲳鲹
　　D 金鲳
　　S1 鲹科
　　S2 鲈形目

卵子 [C2]
Egg
　　D 卵粒
　　S1 生殖细胞
　　F1 成熟卵
　　F1 发眼卵
　　F1 受精卵
　　F1 休眠卵
　　C 卵巢
　　C 卵黄膜
　　C 卵茧
　　C 卵生

卵子发生 [C2]
Oogenesis
　　S1 配子发生
　　S2 形态发生
　　C 卵巢
　　C 卵黄膜
　　C 卵茧
　　C 卵母细胞

卵子孵化 [C2]
Egg hatching
　　C 孵化
　　C 孵化率
　　C 孵化设施
　　C 水花

轮捕轮放 [E1]
Fishing-stocking alternation;
Stocking and Catching
　　Y 轮养

轮虫 [C8]
Rotatoria(Rotifera); Rotifer;
Wheel animalcule
　　C 饵料生物

轮养 [E1]
Rotation; Rotational culture
　　D 多级轮养
　　D 轮捕轮放
　　D 轮作
　　S1 养殖技术

轮叶黑藻 [C7]
Hydrilla verticillata
　　Y 黑藻

轮作 [E1]
Rotation
　　Y 轮养

论文 [A]
Papers; Article
　　S1 文献
　　C 报告
　　C 学术交流

罗非鱼 [C9]
Tilapia
Oreochromis
　　D 彩虹鲷
　　D 非洲鲫鱼
　　D 福寿鱼
　　D 非鲫
　　S1 丽鱼科
　　S2 鲈形目
　　F1 奥尼罗非鱼
　　F1 吉富罗非鱼
　　F1 莫桑比克罗非鱼
　　F1 尼罗罗非鱼
　　F1 红罗非鱼
　　F1 帚齿罗非鱼

罗汉鱼 [C9]
Cichlid
Cichlasoma
　　Y 丽体鱼

罗氏沼虾 [C8]
Giant freshwater prawn
Macrobrachium rosen bergii
　　D 马来沼虾
　　S1 沼虾
　　S2 长臂虾科

螺类 [C8]
Snail

　　Y 腹足类

螺蛳 [C8]
Snail
Margarya melanioides
　　S1 腹足类
　　C 泥螺

螺旋桨 [L3]
Propeller
　　D 推进器
　　S1 推进装置

螺旋压榨机 [K5]
Screw press
　　S1 鱼粉生产设备
　　S2 加工机械△
　　C 压力

螺旋藻 [C7]
Spirulina
　　S1 蓝藻
　　S2 赤潮藻△

螺旋藻多糖 [C4]
Polysaccharides from Spirulina
platensis(PSP)
　　S1 多糖

螺旋藻粉 [J4]
Spirulina powder
　　Y 粉状产品

裸盖鱼 [C9]
Beshow; Black cod; Coalfish;
Sablefish; Skilfish
Anoplopoma fimbria
　　D 银鳕鱼
　　S1 鲉形目

裸甲藻 [C7]
Gymnodinium aerucyinosum
　　S1 甲藻
　　S2 赤潮藻△
　　F1 米氏凯伦藻

裸鲤 [C9]
Naked carp
Gymnocypris
　　S1 鲤科

裸藻 [C7]
Euglena
 D 纤细裸藻
 S1 原生动物
  S2 赤潮藻△
 C 鞭毛藻类

铝 [B3]
Aluminum
 S1 化学元素

吕泗渔场 [P]
Lusi Fishing Ground
 S1 渔场
 C 嵊山渔场
 C 舟山渔场

旅游渔业 [N2]
Tourism fishery
 Y 休闲渔业

滤食 [C3]
Filter feeding
 Y 滤食性

滤食性 [C3]
Filter feeding
 D 滤食
 S1 食性
 C 滤食性鱼类

滤食性贝类 [C1]
Filter-feeding bivalves
 Y 双壳类

滤食性鱼类 [C1]
Filter-feeding fish
 S1 鱼类
 C 滤食性

滤水 [J4]
Filtration
 S1 过滤

绿变病 [F1]
Green spot disease
 S1 紫菜病害
  S2 藻类病害

绿肥 [G2]
Green manure

 S1 有机肥
 S2 肥料

绿海龟 [C9]
Green turtle
Chelonia mydas
 S1 海龟科
  S2 龟鳖目

绿毛龟 [C9]
Green hair turtle
 S1 龟科
  S2 龟鳖目
 C 基枝藻

绿鳍马面鲀 [C9]
Drab filefish; Bluefin
leatherjacket
Thamnaconus septentrionalis
 D 剥皮鱼
 D 马面鲀
 S1 鲀形目
 C 鱼片干

绿鳃太阳鱼 [C9]
Green sunfish
Lepomis cyanellus
 Y 太阳鱼

绿色食品 [J5]
Green food
 C 产品认证
 C 健康养殖
 C 食用水产品
 C 水产品
 C 水产食品
 C 无公害水产品
 C 有机水产品

绿色水产 [N2]
Green aquaculture
 Y 绿色渔业

绿色水产品 [N2]
Green aquatic product
 Y 无公害水产品

绿色饲料 [G1]
Green feed
 Y 无公害饲料

绿色养殖 [E1]
Ecological aquaculture
 Y 生态养殖

绿色渔业 [N2]
Green fishery
 D 绿色水产
 S1 渔业
 C 太阳能
 C 无公害
 C 有机水产品

绿藻 [C7]
Green algae
 F1 扁藻
 F1 单细胞绿藻
 F1 杜氏藻
 F1 刚毛藻
 F1 浒苔
 F1 基枝藻
 F1 莱茵衣藻
 F1 青岛大扁藻
 F1 石莼
 F1 双星藻
 F1 水绵
 F1 丝状绿藻
 F1 小球藻
  F2 月牙藻
 F1 斜生栅藻
 F1 栅藻
  F2 四尾栅藻
 C 单胞藻类
 C 微藻

氯化胆碱 [G1]
Choline chloride
 Y 胆碱

氯化钠 [B3]
Sodium chloride
 D 食盐
 C 海水淡化
 C 人工海水
 C 无机盐
 C 盐度
 C 营养盐

氯离子 [B3]
Chloride ion
 S1 离子
 C 盐度

氯联苯 [M2]
Chlorobiphenyl
　　Y PCB

氯霉素 [F3]
Chloramphenicol;
Chloromycetin
　　S1 禁用药物
　　C 残留限量

氯氰菊酯 [F3]
Cypermethrin
　　S1 杀虫剂
　　S2 农药
　　C 有机氯农药
　　C 鱼虫净

氯制剂 [F3]
Chlorine preparation

　　D 含氯制剂
　　S1 消毒剂
　　C 二氧化氯

掠食 [C5]
Predation
　　Y 捕食

M

麻痹性贝类毒素 [J2]
Paralytic shellfish poson;
Saxitoxin
 D 麻痹性毒素
 S1 贝类毒素
 S2 毒素
 C 腹泻性贝类毒素
 C 神经性贝类毒素

麻痹性毒素 [J2]
Paralytic shellfish poisoning
 Y 麻痹性贝类毒素

麻醉 [E1]
Anaesthesia; Anaesthetization
 C 低温麻醉
 C 活鱼运输
 C 麻醉剂

麻醉剂 [J6]
Anesthetic; Narcotic;
Anaesthetic
 F1 丁香酚
 C 活鱼运输
 C 麻醉
 C 渔用药物

马鲅科 [C9]
Threadfins; Bastard mullets;
Tassel-fishes
Polynemidae
 S1 鲈形目
 C 无鳞鱼

马粪海胆 [C8]
Green sea urchin
Hemicentrotus pulcherrimus
 S1 海胆

马鲛 [C9]
Mackerel
Scomberomorus
 D 鲅鱼
 D 蓝点马鲛
 S1 鲅科
 S2 鲈形目

马拉丽体鱼 [C9]
Cichlid
Parachromis managuensis
 Y 丽体鱼

马来沼虾 [C8]
Malaysian prawn
Macrobrachium rosenbergii
 Y 罗氏沼虾

马面鲀 [C9]
Black scraper; Filefish
Navodon, Thamnaconus
 Y 绿鳍马面鲀

马氏珍珠贝 [C8]
Marten's pearl oyster
Pinctada martensii
 Y 合浦珠母贝

马氏珠母贝 [C8]
Marten's pearl oyster
Pinctada fucata martensii
 Y 合浦珠母贝

马苏大麻哈鱼 [C9]
Chery salmon; Masu salmon
Oncorhynchus masou
 D 山女鳟
 S1 大麻哈鱼
 S2 鲑形目

马苏金枪鱼 [C9]
Bluefin tuna
Thunnus maccoyii
 Y 蓝鳍金枪鱼

马尾藻 [C7]
Sargassum
 S1 褐藻
 C 褐藻胶

码头 [L5]
Dock; Wharf; Pier
 S1 渔港工程
 S2 水利工程

 C 渔港经济区

鳗弧菌 [C7]
Vibrio anguillarum
 S1 弧菌
 S2 致病菌

鳗居线虫病 [F1]
Anguillicolaosis
 S1 寄生虫疾病

鳗鲡 [C9]
Eel
Anguilla
 D 白鳝
 D 河鳗
 D 鳗鱼
 F1 澳洲鳗鲡
 F1 花鳗鲡
 F1 莫桑比克鳗鲡
 F1 欧洲鳗鲡
 C 七鳃鳗
 C 无鳞鱼

鳗利斯顿氏菌 [C7]
Listonella anguillarum
 S1 弧菌
 S2 致病菌

鳗鲞 [J4]
Dried salted marine eel
 S1 干制品

鳗鱼 [C9]
Eel
 Y 鳗鲡

慢性毒性 [M1]
Chronic toxicity
 S1 毒性
 C 慢性中毒

慢性汞中毒 [M1]
Chronic mercury poisoning
 D 水俣病
 S1 慢性中毒

S2 中毒
C 汞
C 甲基汞

慢性中毒 [M1]
Chronic poisoning; Chronic toxicity
S1 中毒
F1 慢性汞中毒
C 慢性毒性

盲鳗 [C9]
Hagfish
Myxine
S1 圆口鱼类
C 星鳗

毛蛤 [C8]
Ark clam
Scapharca subcrenata
Y 毛蚶

毛蚶 [C8]
Ark clam
Scapharca (Arca) subcrenata
D 毛蛤
S1 蚶
S2 双壳类

毛细线虫病 [F1]
Capillariasis
S1 线虫病
S2 寄生虫疾病

毛虾 [C8]
Hairy shrimp
Acetes
F1 中国毛虾
C 虾类

毛蟹 [C8]
Hairy crab
Eriocheir sinensis
Y 中华绒螯蟹

矛尾复虾虎鱼 [C9]
Javelin goby
Synechogobius hasta
D 沙光鱼
S1 虾虎鱼
S2 鲈形目

锚头鳋 [C8]
Lernaea
Y 锚头鳋病

锚头鳋病 [F1]
Lernaeosis
D 锚头鳋
S1 鳋病
S2 寄生虫疾病

贸易 [N1]
Trade
D 商业
F1 国际贸易
C 合同

梅花鲈 [C9]
Ruffe; Pope
Gymnocephalus cernuus
D 粘鲈

梅花参 [C8]
Prickly redfish
Thelenota
S1 海参

梅童鱼 [C9]
Spinyhead croaker
Collichthys lucidus
D 梅鱼
S1 石首鱼科
S2 鲈形目

梅鱼 [C9]
Spinyhead croaker
Collichthys lucidus
Y 梅童鱼

梅雨季节 [B4]
Rainy season
S1 季节
C 气候因子

酶 [C4]
Enzyme
F1 超氧化物歧化酶
F1 蛋白酶
F2 胰蛋白酶
F1 淀粉酶
F1 酚氧化酶
F1 复合酶

F1 谷氨酸脱氢酶
F1 谷氨酰胺转氨酶
F1 谷丙转氨酶
F1 谷胱甘肽硫转移酶
F1 过氧化氢酶
F1 褐藻酸酶
F1 几丁质酶
F1 碱性磷酸酶
F1 抗氧化酶
F1 免疫酶
F1 溶菌酶
F1 乳酸脱氢酶
F1 水解酶
F2 酸性磷酸酶
F1 同工酶
F2 一氧化氮合酶
F1 脱氢酶
F1 纤维素酶
F1 限制性内切酶
F1 消化酶
F1 异构酶
F1 脂肪酶
F1 植酸酶
F1 转氨酶
F1 转谷氨酰胺酶
F1 转移酶
C 辅酶
C 酶活性
C 酶解
C 生化指标
C 饲用酶制剂
C 自溶作用

酶活力 [C4]
Enzyme activity
Y 酶活性

酶活性 [C4]
Enzymatic activity
D 酶活力
S1 生物活性
C 酶

酶解 [J4]
Enzymolysis
C 酶
C 水解酶
C 异构酶

霉变饲料 [G1]
Degenerative feed; Feed mildew

Y 变质饲料

霉菌 [C7]
Mold; Mould
　　S1 真菌
　　F1 曲霉菌
　　F1 水霉
　　C 霉菌感染
　　C 饲料安全

霉菌毒素 [M2]
Mycotoxin; Mould toxin
　　S1 毒素
　　F1 黄曲霉毒素
　　C 饲料安全
　　C 真菌性疾病

霉菌感染 [F1]
Fungal infection
　　S1 感染
　　C 防霉剂
　　C 霉菌
　　C 水霉
　　C 真菌性疾病

美国 [P]
U.S.A.
　　C 亚马孙河
　　C 沿岸国家

美国黄金鲈 [C9]
Yellow perch
Perca flavescens
　　Y 黄鲈

美国龙虾 [C8]
American lobster
Homarus americanus
　　Y 美洲螯龙虾

美丽硬骨舌鱼 [C9]
Asian arowana; Malayan
bonytongue; Asia bonytongue
Scleropages formosus
　　D 过背金龙
　　D 红尾金龙
　　D 龙鱼
　　D 亚洲龙鱼
　　S1 辐鳍亚纲

美洲螯龙虾 [C8]

American crayfish; American
lobster
Homarus americanus
　　D 美国龙虾
　　S1 龙虾
　　C 龙虾养殖
　　C 虾类

美洲黑石斑鱼 [C9]
Black sea bass
Centropristis striata
　　Y 条纹锯鮨

美洲帘蛤 [C8]
Hard clam
Mercenaria mercenaria
　　S1 帘蛤科
　　S2 双壳类

美洲鲥 [C9]
American shad
Alosa sapidissima
　　Y 美洲西鲱

美洲西鲱 [C9]
American shad
Alosa sapidissima
　　D 美洲鲥
　　S1 鲱形目

闷热天气 [B4]
Muggy weather
　　S1 天气
　　C 高温天气

萌发 [C7]
Germination
　　C 孢子
　　C 孢子发生
　　C 孢子放散
　　C 孢子体

蒙古鲌 [C9]
Mongolian redfin
Culter mongolicus mongolicus
　　S1 鲌
　　S2 鲤科

蒙古裸腹溞 [C8]
Moina mongolica
　　S1 枝角类

锰 [B3]
Manganese
　　S1 化学元素

米曲霉 [C4]
Aspergillus oryzae
　　S1 真菌

米氏凯伦藻 [C7]
Karenia mikimotoi
Kerina mikimotoi
　　S1 裸甲藻
　　S2 甲藻△

密度 [B2]
Density
　　S1 物理性质
　　S2 理化性质
　　C 比重
　　C 高密度养殖
　　C 细胞密度
　　C 养殖密度
　　C 种群密度

密封装置 [L3]
Sealing device
　　D 水密装置
　　C 船舶轴系

密鲴 [C9]
Freshwater yellowtail
Xenocypris argentea
　　Y 银鲴

密集饲养 [E1]
Intensive culture
　　Y 高密度养殖

密眼网 [H3]
Dense-mesh network
　　S1 网渔具
　　S2 渔具

密养 [E1]
Dense stocking; Intensive
cultivation
　　Y 高密度养殖

密云水库 [P]
Miyun reservoir
　　S1 水库

C 北京
C 水库捕捞

棉粕 [G1]
Cottonseed meal
D 棉籽饼粕
D 棉籽粕
S1 饼粕
　S2 蛋白源
C 杂粕

棉籽饼粕 [G1]
Cottonseed cake and meal
Y 棉粕

棉籽粕 [G1]
Cottonseed meal
Y 棉粕

免疫 [C4]
Immunization; Immunity;
Immune
D 免疫因子
F1 特异性免疫
C 抗菌肽
C 抗体
C 抗原
C 免疫多糖
C 免疫机理
C 免疫力
C 免疫酶
C 免疫水平
C 免疫血清
C 免疫预防
C 免疫增强剂
C 灭活疫苗

免疫保护率 [C4]
Immune protection rate
C 免疫反应
C 免疫水平
C 人工感染
C 特异性免疫
C 疫苗

免疫多糖 [C4]
Immunopolysaccharide
S1 多糖
C 免疫
C 免疫增强剂

免疫反应 [F2]
Immune response
D 免疫交叉反应
D 免疫应答
C 免疫保护率
C 免疫活性细胞
C 免疫机理
C 免疫基因
C 免疫学
C 免疫指标
C 灭活疫苗
C 特异性免疫
C 疫苗接种

免疫化学 [C4]
Immunochemical
D+ 免疫组织化学
C 免疫机理
C 组织化学

免疫活性细胞 [F2]
Immunocompetent cell, ICC
S1 细胞
C 免疫反应
C 生物活性

免疫机理 [F2]
Immunomechanism; Immune
mechanism
C 免疫
C 免疫反应
C 免疫化学
C 免疫基因
C 免疫学
C 免疫血清
C 免疫原性
C 免疫指标
C 疫苗

免疫基因 [C4]
Immune gene
S1 功能基因
　S2 基因
C 免疫反应
C 免疫机理
C 特异性免疫

免疫交叉反应 [F2]
Immunologic cross-reactivity
Y 免疫反应

免疫力 [F2]
Immunity
D 非特异性免疫
D 非特异性免疫力
S1 生物学特性
C 抗病力
C 免疫
C 免疫水平
C 疫苗接种

免疫酶 [C4]
Immune enzyme
S1 酶
C 免疫

免疫水平 [F2]
Immune level
C 免疫
C 免疫保护率
C 免疫力
C 免疫学

免疫学 [C4]
Immunology
D 鱼类免疫学
C 抗体
C 抗原
C 免疫反应
C 免疫机理
C 免疫水平
C 特异性免疫

免疫血清 [C4]
Immune serum
C 免疫
C 免疫机理
C 血液指标

免疫因子 [C4]
Immune factor
Y 免疫

免疫应答 [F2]
Immune response
Y 免疫反应

免疫预防 [F2]
Immunoprophylaxis
C 免疫
C 疫苗
C 疫苗接种

C 预防

免疫原性 [C4]
Immunogenicity
　　C 抗原
　　C 免疫机理
　　C 特异性免疫

免疫增强剂 [F3]
Immunostimulants;
Immuno-potentiator
　　C 免疫
　　C 免疫多糖
　　C 饲料添加剂

免疫指标 [C4]
Immune index
　　S1 生物指标
　　S2 指标
　　C 免疫反应
　　C 免疫机理
　　C 特异性免疫

免疫组织化学 [C4]
Immunohistochemistry
　　Y 免疫化学+组织化学

鮸 [C9]
Miiuy croaker; Brown croaker;
Nibe croaker; Roncadore
Miichthys miiuy
　　S1 石首鱼科
　　S2 鲈形目

鮸状黄姑鱼 [C9]
Cunete drum
Nibea (Argyrosomus)
miichthioides
　　S1 石首鱼科
　　S2 鲈形目

面盘幼虫 [C6]
Veliger
　　S1 幼体

面源污染 [M2]
Diffuse pollution
　　D 非点源污染
　　S1 水污染
　　S2 环境污染
　　C 废水

C 污染源

苗绳 [K3]
Rope for inserting seedling
　　S1 绳索
　　C 贝类养殖
　　C 藻类养殖

苗种 [E1]
Seeding; Seed
　　F1 贝苗
　　F1 参苗
　　F1 人工苗种
　　F1 商品苗
　　F1 天然苗种
　　F1 虾苗
　　F1 夏苗
　　F1 蟹苗
　　F1 蟹种
　　F1 鱼苗
　　　F2 水花
　　　F2 乌仔
　　　F2 夏花
　　F1 鱼种
　　　F2 大规格鱼种
　　　F2 冬片鱼种
　　　F2 一龄鱼种
　　C 苗种池
　　C 苗种培育
　　C 种苗质量

苗种捕捞 [H1]
Seed catching
　　S1 捕捞
　　C 商品苗
　　C 天然苗种

苗种产业 [N2]
Seed industry
　　D 种业
　　S1 产业

苗种池 [K3]
Nursery pond
　　D 育苗池
　　S1 池塘
　　S2 养殖设施△
　　C 苗种
　　C 苗种放养

苗种繁育 [E1]

Seedling rearing
　　Y 苗种培育

苗种繁殖 [E1]
Seed rearing
　　Y 苗种培育

苗种放养 [E1]
Stocking of seedlings
　　D 苗种投放
　　S1 放养
　　C 苗种池

苗种培育 [E1]
Seeding culture; Seed rearing
　　D 繁育技术
　　D 苗种繁育
　　D 苗种繁殖
　　D 苗种生产
　　D 苗种选育
　　D 培育
　　D 全人工育苗
　　D 人工繁育
　　D 人工培育
　　D 人工育苗
　　D 生态育苗
　　D 育苗
　　D 种苗培育
　　D 种苗生产
　　F1 贝类育苗
　　F1 对虾育苗
　　F1 工厂化育苗
　　F1 河蟹育苗
　　F1 良种培育
　　F1 土池育苗
　　F1 幼体培育
　　F1 鱼苗培育
　　F1 鱼种培育
　　F1 藻类育苗
　　F1 中间培育
　　C 苗种
　　C 苗种运输
　　C 培育池
　　C 秋繁
　　C 渔业生产
　　C 育苗场
　　C 种苗基地
　　C 仔鱼

苗种生产 [E1]
Seed production

Y 苗种培育

苗种投放 [E1]
Fingerling input
    Y 苗种放养

苗种选育 [E1]
Seeding breeding
    Y 苗种培育

苗种运输 [E1]
Seeding transportation
    S1 运输
    C 苗种培育
    C 商品苗
    C 损伤

瞄准捕捞 [H3]
Aimed fishing
    S1 渔法
    C 回声探测

灭虫精 [F3]
Imidacloprid
    S1 杀虫剂
     S2 农药
    C 敌百虫

灭活菌苗 [F3]
Inactive bacterin; Inactivated vaccine
    Y 灭活疫苗

灭活疫苗 [F3]
Inactivated vaccine
    D 灭活菌苗
    S1 疫苗
    C 免疫
    C 免疫反应
    C 疫苗接种
    C 疫苗制备

闽东渔场 [P]
Mindong fishing ground
    S1 渔场

闽南-台湾浅滩渔场 [P]
Minnan-taiwan shallow shoal fishing ground
    S1 渔场
    C 台湾海峡

名称 [A]
Name
    C 概念
    C 术语
    C 同物异名

名录 [A]
Directory
    S1 资料

名优品种 [E1]
Famous and precious species
    Y 优良品种

明胶 [J4]
Gelatin
    D 鱼鳔胶
    D 鱼鳞明胶
    D 鱼皮胶
    S1 副产物
    C 胶原蛋白

明虾 [C8]
Prawn
Fenneropenaeus chinensis
    Y 中国明对虾

模拟食品 [J4]
Simulated food
    Y 模拟水产食品

模拟水产食品 [J4]
Simulated fishery food
    D 模拟食品
    C 人造蟹肉
    C 水产食品

模式 [A]
Model
    C 模型

模式生物 [C1]
Model organism

模型 [A]
Model
    F1 生长模型
    F1 数学模型
    C 模式
    C 模型试验
    C 曲线

模型试验 [A]
Model test
    S1 试验
    C 模型

磨碎机 [K5]
Grinding mill;
Rubbing machine;
Attrition mill
    S1 鱼粉生产设备
    S2 加工机械△

磨损 [K1]
Wear
    C 设备

莫桑比克罗非鱼 [C9]
Mozambique tilapia;
Tilapia mossambica
Oreochromis mossambicus
    D 吴郭鱼
    S1 罗非鱼
    S2 丽鱼科△

莫桑比克鳗鲡 [C9]
African longfin eel;
Longfin eel
Anguilla mossambic
    S1 鳗鲡

墨吉明对虾 [C8]
Banana prawn
Fenneropenaeus meiguiensis
    S1 对虾
    C 虾类

墨鱼 [C9]
Cuttlefish
    Y 乌贼

墨鱼干 [J4]
Dried squid; Dried cuttlefish
    Y 鱿鱼干

牟氏角毛藻 [C7]
Chaetoceros muelleri
    S1 角毛藻
     S2 硅藻△
    C 纤细角毛藻

牡蛎 [C8]

Oyster
Ostrea
   D 生蚝
   S1 双壳类
   F1 长牡蛎
   F1 大连湾牡蛎
   F1 近江牡蛎
   F1 香港巨牡蛎
   F1 褶牡蛎
   C 牛磺酸
   C 污损生物

牡蛎壳 [C6]
Oyster shell
   S1 贝壳
   C 扇贝壳

牡蛎肉 [J4]
Oyster meat
   Y 贝肉

牡蛎养殖 [E3]
Oyster culture
   S1 贝类养殖

木质渔船 [L1]
Wooden fishing vessel; Wooden fishing boat
   S1 渔船

目检 [J5]
Visual inspection
   S1 水产品检验

   C 感官评价

目脚 [H2]
Bar
   C 网目

目录 [A]
Catalogue
   S1 资料

苜蓿草粉 [G1]
Alfalfa meal
   S1 植物性饲料
   S2 水产饲料

N

纳精囊 [C3]
Spermathecae
C 精子
C 生殖器官

纳氏锯脂鲤 [C9]
Piranha
Pygocentrus nattereri
D 食人鲳
D 食人鱼
S1 脂鲤目
S2 辐鳍亚纲

钠 [B3]
Sodium
S1 化学元素
C 次氯酸钠
C 亚硫酸氢钠

耐寒能力 [C3]
Cold tolerance
Y 耐寒性

耐寒性 [C3]
Cold tolerance
D 抗寒力
D 抗寒性
D 耐寒能力
S1 生物学特性
C 抗冻蛋白
C 冷水性鱼类

耐热性 [C3]
Thermal resistance
S1 生物学特性

耐受力 [C3]
Tolerance
Y 耐受性

耐受能力 [C3]
Tolerance
Y 耐受性

耐受性 [C3]
Tolerance

D 耐受力
D 耐受能力
S1 生物学特性
C 盐度
C 窒息

耐盐性 [C3]
Salinity tolerance; Salt tolerance
S1 生物学特性

耐药机制 [F3]
mechanism of drug resistance
C 抗生素
C 抗药性
C 耐药基因
C 耐药菌

耐药基因 [C4]
Drug resistance gene
S1 功能基因
S2 基因
C 抗药性
C 耐药机制
C 耐药菌

耐药菌 [F2]
Drug-resistant bacteria
C 抗生素
C 抗药性
C 耐药机制
C 耐药基因

耐药性 [F3]
Drug tolerance;
Drug resistance
Y 抗药性

南大洋 [P]
Southern Ocean
S1 世界大洋
C 大西洋
C 太平洋
C 印度洋

南方大口鲶 [C9]
Southern catfish

Silurus meridionalis
D 大口鲶
D 南方鲇
S1 鲶
S2 鲶形目

南方地区 [B4]
South China areas
C 亚热带
C 沿海地区

南方鲇 [C9]
Southern catfish
Silurus meridionalis
Y 南方大口鲶

南海 [P]
South China Sea
S1 海域
F1 北部湾
C 中国海

南海鱼虱 [F1]
Caligus nanhaiensis Wu & Pan
Y 鱼虱

南极 [P]
South Pole; Antarctic
C 南极磷虾

南极冰藻 [C7]
antarctic ice microalgae

南极大磷虾 [C8]
Antarctic krill
Euphausia superba
Y 南极磷虾

南极磷虾 [C8]
Antarctic krill
Euphausia superba
D 南极大磷虾
S1 磷虾
C 南极

南美白对虾 [C8]

Pacific white shrimp;
Whiteleg shrimp
Penaeus vannamei
　　Y　凡纳滨对虾

南美白虾 [C8]
Pacific white shrimp
Penaeus vannamei
　　Y　凡纳滨对虾

南美鲱鱼 [C9]
Prochilodus scrofa
　　Y　宽体鲮脂鲤

南美洲 [P]
South America
　　S1　世界
　　C　北美洲

南沙群岛渔场 [P]
Nansha Islands Fishing Ground
　　S1　渔场
　　C　北部湾渔场
　　C　西沙群岛渔场

南太平洋 [P]
South Pacific
　　S1　太平洋
　　　S2　世界大洋
　　C　北太平洋
　　C　东太平洋
　　C　西北太平洋
　　C　西太平洋
　　C　印度

囊膜蛋白 [C4]
Envelope protein
　　S1　蛋白质
　　C　外膜蛋白

囊胚期 [C2]
Blastula stage
　　C　胚胎
　　C　胚胎发育
　　C　胚胎期

脑 [C6]
Brain
　　S1　神经系统
　　C　颅骨
　　C　脑垂体

脑垂体 [C6]
Hypophysis; Pituitary gland
　　D　垂体
　　S1　内分泌腺
　　　S2　分泌器官
　　C　分泌
　　C　脑

脑黄金 [C4]
Docosahexaenoic acid（DHA）
　　Y　二十二碳六烯酸

内分泌 [C3]
Endocrine
　　C　分泌
　　C　激素
　　C　内分泌腺

内分泌腺 [C6]
Endocrine gland
　　S1　分泌器官
　　F1　脑垂体
　　F1　胸腺
　　C　内分泌

内骨骼 [C6]
Endoskeleton
　　S1　骨骼
　　F1　骨板
　　F1　颅骨
　　F1　软骨
　　F1　鱼骨
　　F1　椎骨
　　C　咽齿

内海 [B5]
Internal sea
　　S1　海域

内河渔船 [L1]
Inland fishing boats
　　S1　渔船

内陆水域 [B5]
Inland waters
　　S1　水域
　　C　水库

内陆水域捕捞 [H1]
Inland water fishing
　　Y　淡水捕捞

内陆渔业 [N2]
Inland fishery
　　Y　淡水渔业

内蒙古 [P]
Inner Mongolia Autonomous
Region

内脏 [C6]
Viscera
　　C　副产物
　　C　内脏团
　　C　去内脏
　　C　去内脏机
　　C　体腔

内脏团 [C6]
Visceral mass
　　C　内脏
　　C　去内脏
　　C　外套膜
　　C　外套腔

能见度 [L4]
Visibility
　　C　船舶碰撞
　　C　航道
　　C　雾
　　C　渔船安全

能量 [C4]
Energy
　　C　能量转化率
　　C　新陈代谢

能量代谢 [C4]
Energy metabolism
　　Y　新陈代谢

能量蛋白比 [G1]
Energy-protein ratio
　　C　蛋白饲料
　　C　能量收支
　　C　能量转化率

能量收支 [G1]
Energy bugdet
　　C　能量蛋白比
　　C　能量饲料
　　C　食物转化
　　C　新陈代谢

能量饲料 [G1]
Energy feed
　　D 高能量饲料
　　D 饲料能量
　　S1 水产饲料
　　C 蛋白饲料
　　C 能量收支
　　C 能量转化率

能量转化率 [G1]
Energy exchange rate
　　C 能量
　　C 能量蛋白比
　　C 能量饲料
　　C 饲料系数

能源 [B2]
Energy resource
　　F1 风能
　　F1 太阳能
　　C 节能

尼龙 [H2]
Nylon fibre
　　S1 渔具材料
　　C 纤维材料

尼罗鳄 [C9]
Nile crocodile
Crocodylus niloticus
　　S1 鳄鱼

尼罗河鲈鱼 [C9]
Nile perch
Lates niloticus
　　Y 尼罗尖吻鲈

尼罗尖吻鲈 [C9]
Nile perch
Lates niloticus
　　D 尼罗河鲈鱼
　　S1 鲈形目

尼罗罗非鱼 [C9]
Nile tilapia
Oreochromis niloticus
　　S1 罗非鱼
　　S2 丽鱼科△

泥龟 [C9]
Mud turtle

Dermatemys mawi
　　S1 龟鳖目

泥蚶 [C8]
Blood cockle; Ark shell
Arca (Tegillarca) granosa
　　S1 蚶
　　S2 双壳类

泥浆泵 [K1]
Mud pump
　　S1 泵
　　C 池塘清整
　　C 底泥

泥螺 [C8]
Mud snail
Bullacta exarata
　　S1 腹足类
　　C 螺蛳

泥鳅 [C9]
Loach
Misgurnus anguillicaudatus
　　S1 鲤形目
　　C 花鳅
　　C 特种水产养殖
　　C 条鳅
　　C 无鳞鱼

泥沙质 [K3]
Argillo arenaceous
　　C 底质
　　C 防渗

拟除虫菊酯 [F3]
Synthetic pyrethroids
　　S1 杀虫剂
　　S2 农药
　　C 有机氯农药

拟鲽 [C9]
Marbled sole
Pseudopleuronectes yokohamae
　　D 黄盖鲽
　　S1 鲽
　　S2 鲽形目

拟鳄龟 [C9]
Snapping turtle
Chelydra serpentina

　　Y 鳄龟

拟饵 [H1]
Artificial lure
　　C 钓饵

拟鲤 [C9]
Roach
Rutilus
　　S1 鲤科

拟目乌贼 [C8]
Squid
Sepia lycidas
　　S1 乌贼
　　S2 头足类

拟态弧菌 [C7]
Vibrio mimicus
　　S1 弧菌
　　S2 致病菌

拟穴青蟹 [C8]
Mud crab
Scylla paramamosain
　　S1 青蟹
　　S2 梭子蟹

拟指环虫 [C8]
Pseudodactylogyrus
　　S1 指环虫病
　　S2 单殖吸虫病△

逆转录 **PCR** [C2]
Reverse transcription PCR
　　Y RT-PCR

年鉴 [A]
Yearbook
　　S1 文献
　　C 统计资料

年龄 [D1]
Age
　　C 年龄鉴定
　　C 年龄组成

年龄鉴定 [D1]
Age determination
　　C 耳石
　　C 鉴定

C 鳞片
C 年龄
C 年龄组成
C 年轮
C 物种鉴定
C 种质鉴定

年龄结构 [D1]
Age structure
  Y 年龄组成

年龄组成 [D1]
Age composition
  D 年龄结构
  S1 种群结构
   S2 种群特征
  C 年龄
  C 年龄鉴定

年轮 [D1]
Annual ring
  C 耳石
  C 鳞片
  C 年龄鉴定
  C 圆鳞

鲇 [C9]
Catfish
Silurus
  Y 鲶

鲶 [C9]
Catfish
Siluridae
  D 鲇
  D 鲶鱼
  D 土鲶
  S1 鲶形目
  F1 斑点叉尾鮰
  F1 怀头鲶
  F1 兰州鲶
  F1 南方大口鲶
  C 胡鲶
  C 无鳞鱼

鲶形目 [C9]
Siluriformes
  F1 斑鳠
  F1 长吻鮠
  F1 海鲶
  F1 胡鲶

  F2 革胡子鲶
  F1 黄颡鱼
  F1 鲶
   F2 斑点叉尾鮰
   F2 怀头鲶
   F2 兰州鲶
   F2 南方大口鲶
  F1 鮠科
  F1 乌苏拟鲿
  C 硬骨鱼类

鲶鱼 [C9]
Catfish
  Y 鲶

黏孢子虫 [C8]
Myxosporidia
  Y 黏孢子虫病

黏孢子虫病 [F1]
Myxosporidiasis;
Myxosporidiosis
  D 碘泡虫病
  D 疯狂病
  D 黏孢子虫
  D 粘孢子虫
  D 粘孢子虫病
  S1 孢子虫病
   S2 原虫病△

黏度 [B2]
Viscosity
  D 粘度
  S1 物理性质
   S2 理化性质
  C 胶体

黏性卵 [E2]
Sticky egg
  D 粘性卵
  C 受精卵
  C 脱黏

黏液细胞 [C2]
Mucous cell
  D 粘液细胞
  S1 体细胞
   S2 细胞

廿二碳六烯酸 [C4]
Docosahexaenoic acid (DHA)

  Y 二十二碳六烯酸

廿碳五烯酸 [C4]
Eicosapentaenic acid (EPA)
  Y 二十碳五烯酸

念珠藻 [C7]
Nostoc commune
  S1 蓝藻
   S2 赤潮藻△

粘孢子虫病 [F1]
Myxosporidiasis
  Y 黏孢子虫病

粘度 [B2]
Viscosity
  Y 黏度

粘性卵 [E2]
Sticky egg
  Y 黏性卵

粘液细胞 [C2]
Mucous cell
  Y 黏液细胞

鸟类 [C9]
Aves
  C 脊椎动物
  C 流行病学
  C 水禽

宁夏 [P]
Ningxia Autonomous Region

柠檬酸 [J2]
Citric acid
  S1 酸
  C 食品添加剂

凝固剂 [J2]
Solidification agent
  C 褐藻胶
  C 凝胶强度
  C 凝胶作用
  C 琼胶

凝胶强度 [J4]
Gel strength
  C 褐藻胶

C 卡拉胶
C 凝固剂
C 凝胶作用
C 强度
C 琼胶
C 鱼糜

凝胶特性 [J2]
Gel properties
　Y 凝胶作用

凝胶作用 [J2]
Gelation
　D 凝胶特性
　C 凝固剂
　C 凝胶强度
　C 鱼糜

牛磺酸 [C4]
Taurine
　C 氨基酸
　C 牡蛎

牛蛙 [C9]
Bullfrog
Rana catesbiana
　S1 蛙
　　S2 两栖类
　C 蛙类养殖

农村经济 [N1]
Rural economy
　S1 经济体制
　C 生态经济

农民增收 [N1]
Increasing farmer's income
　Y 渔民收入

农药 [M2]
Pesticide
　F1 除草剂
　F1 杀虫剂
　　F2 滴滴涕
　　F2 甲苯咪唑
　　F2 甲氰菊酯
　　F2 硫酸盐合剂
　　F2 氯氰菊酯
　　F2 灭虫精
　　F2 拟除虫菊酯
　　F2 氰戊菊酯

　　F2 苏打合剂
　　F2 鱼虫净
　F1 有机磷农药
　　F2 敌百虫
　　F2 敌敌畏
　F1 有机氯农药
　C 农药污染
　C 农药中毒
　C 生物富集
　C 药物残留

农药残留 [J5]
Pesticide residue
　Y 药物残留

农药污染 [M2]
Pesticide pollution
　S1 化学污染
　　S2 环境污染
　C 残留限量
　C 农药
　C 食品安全
　C 污染防治
　C 污染源
　C 药物残留

农药中毒 [M1]
Pesticide poisoning
　S1 中毒
　C 农药

农业 [A]
Agriculture
　F1 生态农业
　C 渔业

农业结构 [N1]
Agricultural structure
　S1 结构
　C 结构调整
　C 渔业结构

农业污水 [M2]
Agricultural wastewater
　S1 废水
　C 废水处理

农渔综合养殖 [E1]
Agropisciculture
　Y 综合养殖

浓度 [B3]
Concentration
　F1 安全浓度
　F1 临界浓度
　　F2 最小杀菌浓度
　　F2 最小抑菌浓度
　F1 药物浓度
　F1 致死浓度
　C 溶液

浓缩 [J4]
Concentrating
　C 加工技术
　C 吸附
　C 蒸发

浓缩饲料 [G1]
Condensed feed
　S1 水产饲料
　C 饲料添加剂

浓缩鱼蛋白 [J4]
Fish protein concentrate
　D 食用鱼粉
　S1 鱼蛋白
　　S2 蛋白源
　C 湿法鱼粉
　C 食用水产品
　C 饲料原料
　C 压榨液
　C 液体鱼蛋白

暖流 [B5]
Warm current
　D 黑潮
　S1 海流

暖水虾 [C8]
Warm water shrimp
　S1 虾类

暖水性 [C3]
Warm water adaptability
　S1 生物学特性
　C 暖水性鱼类

暖水性鱼类 [C1]
Warm water fish
　D 温水性鱼类
　S1 鱼类
　C 暖水性

挪威 [P]
Norway
　　C　欧洲

诺氟沙星 [F3]
Norfloxacin
　　S1　喹诺酮类药物

　　S2　抗菌药物
　　C　恩诺沙星
　　C　环丙沙星

诺卡氏菌 [C7]
Nocardia
　　S1　致病菌

　　C　诺卡氏菌病

诺卡氏菌病 [F1]
Nocardiosis
　　D　结节病
　　S1　鱼病
　　C　诺卡氏菌

O

欧鳗 [C9]
European eel
Anguilla anguilla
　Y 欧洲鳗鲡

欧洲 [P]
Europe
　S1 世界
　C 挪威

欧洲鳗鲡 [C9]
European eel
Anguilla anguilla
　D 欧鳗
　S1 鳗鲡

瓯江彩鲤 [C9]
Oujiang color common carp
Cyprinus carpio
　D 青田田鱼

　S1 鲤
　S2 鲤科

藕池 [K3]
Lotus pool
　Y 藕田

藕田 [K3]
Lotus field
　D 藕池

P

PCB [M2]
Polychlorinated biphenyl
D 多氯联苯
D 氯联苯

PCR [C2]
Polymerase Chain Reaction
F1 多重 PCR
F1 PCR-DGGE
F1 RT-PCR
F1 荧光定量 PCR
C 扩增产物
C 扩增条件
C 扩增位点
C 扩增引物
C 微卫星位点

PCR-DGGE [C2]
Polymerase Chain
Reaction-Denaturing Gradient
Gel Elect
S1 PCR

pH [B3]
PH value
Y pH 值

pH 值 [B3]
PH value
D pH
S1 化学性质
S2 理化性质
C 生石灰

爬行动物 [C9]
Reptilia
D 爬行类
C 鳄鱼
C 龟鳖目
C 脊椎动物
C 蛇

爬行类 [C8]
Reptilia
Y 爬行动物

排氨率 [G1]
Ammonia excretion rate
C 饲料系数
C 消化率

排放标准 [M3]
Discharge standard
C 废水
C 废水处理
C 水质标准
C 污染物排放

排精 [C3]
Spermiation
S1 繁殖行为
C 精巢发育
C 精子
C 精子发生
C 生殖器官

排卵 [C3]
Ovulation
Y 产卵

排气系统 [L3]
Exhaust system
C 船舶主机
C 船用柴油机
C 发电机

排水孔 [K3]
Drainage hole
Y 排水口

排水口 [K3]
Outfall
D 排水孔
S1 进排水系统
S2 养殖设施△

排水量 [L2]
Displacement
C 船舶载重量
C 船体尺度
C 流量

排水渠道 [E1]
Discharge conduit
S1 进排水系统
S2 养殖设施△

排水设备 [K3]
Pumping equipment
C 泵
C 进排水系统

排泄 [C3]
Excretion
C 排泄器官
C 排泄物
C 泄殖孔
C 新陈代谢

排泄器官 [C6]
Excretory organ
F1 肾
F2 头肾
C 排泄
C 泄殖孔
C 组织学

排泄物 [C3]
Excretion
D 粪便
S1 养殖废弃物
S2 养殖污染△
C 排泄
C 有机质

盘鲍 [C8]
Japanese abalone
Haliotis discus discus
S1 鲍
S2 腹足类

盘大鲍 [C8]
Giant abalone
Haliotis gigantea discus
S1 鲍
S2 腹足类

盘钩虫病 [F1]

Ancylodiscoidiasis
　S1　单殖吸虫病
　S2　吸虫病△

螃蟹　[C8]
Crab
　Y　蟹类

胖听　[J4]
Swelling can
　C　罐头
　C　无菌灌装

胖头鲅　[C9]
Fathead minnow
Pimephales promelas
　S1　鲤科

胖头鱼　[C9]
Bighead carp
Aristichthys nobilis
　Y　鳙

跑马病　[F1]
Circulating running disease; Herd running disease
　S1　鱼病
　C　饥饿

胚后发育　[C2]
Postembryonal development
　S1　个体发育
　S2　发育

胚胎　[C2]
Embryo
　C　个体发育
　C　囊胚期

胚胎发育　[C2]
Embryonic development
　D　受精卵发育
　S1　个体发育
　S2　发育
　C　囊胚期
　C　形态发生

胚胎期　[C2]
Embryonal stage
　C　孵化期
　C　个体发育

　C　囊胚期

培肥水质　[E1]
Fertilize water quality
　Y　水质培养

培养　[C1]
Culture; Cultivation
　F1　饵料生物培养
　F1　微生物培养
　F1　微藻培养
　F1　细胞培养
　F1　组织培养
　C　培养基

培养基　[C1]
Culture medium
　F1　琼脂培养基
　F1　液体培养基
　C　培养
　C　微生物培养

培育　[E1]
Cultivation
　Y　苗种培育

培育池　[K3]
Breeding pool; Rearing pond
　S1　池塘
　S2　养殖设施△
　C　苗种培育

培育鱼种　[E2]
Fish seedling rearing
　Y　鱼种培育

赔偿　[N1]
Compensation
　C　渔业保险

配额　[N2]
Fishing quotas
　C　捕捞许可证
　C　远洋捕捞

配合饵料　[G1]
Formulated feed
　Y　配合饲料

配合料　[G1]
Formulated feed

　Y　配合饲料

配合饲料　[G1]
Formulated feed
　D　复合饲料
　D　混合料
　D　混合饲料
　D　配合饵料
　D　配合料
　D　人工饲料
　S1　水产饲料
　F1　全价饲料
　C　颗粒饲料
　C　饲料混合
　C　饲料配方

配子发生　[C2]
Gametogenesis
　S1　形态发生
　F1　精子发生
　F1　卵子发生
　C　配子体

配子体　[C7]
Gametophyte
　F1　雌配子体
　F1　雄配子体
　C　孢子体
　C　配子发生
　C　世代交替

喷淋式冻结　[J3]
Spray freezing
　S1　冻结
　C　镀冰衣

喷水式增氧机　[K3]
Water-jet aerator
　S1　增氧机
　S2　养殖机械△

喷雾干燥　[J4]
Spray drying
　S1　干燥
　C　干燥设备
　C　干燥速度
　C　高温干燥
　C　流化干燥

硼　[B3]
Boron

S1　化学元素

膨化机 [K5]
Expanding machine
　　D　饲料膨化机
　　D+　膨化颗粒饲料机
　　S1　饲料加工机械
　　S2　养殖机械△
　　C　膨化饲料

膨化颗粒饲料 [G1]
Extruded pellet feed
　　Y　膨化饲料+颗粒饲料

膨化颗粒饲料机 [K5]
Pellet fodder expande machine
　　Y　膨化机+造粒机

膨化饲料 [G1]
Swelled feed
　　D+　浮性膨化饲料
　　D+　膨化颗粒饲料
　　S1　水产饲料
　　C　膨化机

批发 [N1]
Wholesale
　　D　水产品批发
　　S1　销售

批发市场 [N1]
Wholesale market
　　S1　市场
　　C　水产品流通

皮肤 [C6]
Skin
　　C　皮肤病
　　C　体表黏液
　　C　鱼皮

皮肤病 [F1]
Dermatosis
　　D+　细菌性皮肤病
　　S1　疾病
　　C　卵甲藻病
　　C　皮肤
　　C　细菌性疾病

皮肤呼吸 [C3]
Cutaneous respiration

S1　呼吸

皮皮虾 [C8]
Mantis shrimp
Oratosquilla oratoria
　　Y　口虾蛄

疲劳强度 [H2]
Fatigue strength
　　Y　强度

琵琶鱼 [C9]
Monkfish
Lophius
　　Y　鮟鱇

脾 [C6]
Spleen
　　C　肝胰脏
　　C　胸腺
　　C　血淋巴
　　C　血细胞
　　C　造血

匹里虫病 [F1]
Pleistophorasis
　　Y　微孢子虫病

片冰机 [K5]
Foliated ice machine
　　S1　制冰机械
　　S2　制冷设备△
　　C　管冰机
　　C　壳冰机
　　C　人造冰
　　C　碎冰机

漂白 [J4]
Bleaching
　　C　次氯酸钠
　　C　加工技术
　　C　漂洗
　　C　珍珠加工

漂白粉 [F3]
Bleaching powder
　　S1　消毒剂
　　C　次氯酸钠
　　C　清塘

漂浮植物 [C7]

Floating plant
　　S1　水生植物
　　S2　植物
　　C　被子植物
　　C　浮叶植物

漂洗 [J4]
Washing
　　C　漂白
　　C　漂洗水
　　C　鱼肉

漂洗水 [J4]
Washing water
　　C　废水
　　C　副产物
　　C　回收
　　C　漂洗

品牌 [N1]
Brand
　　C　经营体系
　　C　营销

品系 [C2]
Strain
　　F1　优良品系
　　C　品种选育
　　C　无性系
　　C　育种

品质 [A]
Quality
　　C　感官指标
　　C　质量
　　C　质量评定

品种 [C2]
Variety
　　F1　变异品种
　　F1　放养品种
　　F1　新品种
　　F1　养殖品种
　　F1　野生品种
　　F1　优良品种
　　C　品种选育
　　C　亚种群
　　C　种

品种改良 [E1]
Variety improving

C 经济性状
C 品种选育
C 遗传改良
C 优良品系
C 优良品种
C 育种

品种间杂交 [C2]
Intervarietal crossing
Y 种内杂交

品种选育 [E1]
Variety breeding
S1 选择育种
S2 育种
C 家系选育
C 品系
C 品种
C 品种改良
C 新品种
C 野生品种
C 优良品种
C 鱼种场

平板冻结机 [K5]
Plate freezer
S1 冻结装置
S2 制冷设备△
C 冻结

平均数 [B1]
Mean value
D 平均值
C 平均渔获量
C 统计分析

平均渔获量 [H1]
Average catch
S1 渔获量
C 单位网次渔获量
C 平均数
C 潜在渔获量

平均值 [B1]
Mean value
Y 平均数

平胸龟 [C9]
Big-headed turtle
Platysternon megacephalum

D 鹦鹉龟
S1 龟鳖目

平原水库 [B5]
Plain reservoir
S1 水库
C 水库捕捞

评估 [A]
Assessment
F1 风险评估
F1 资源评估
C 评价

评价 [A]
Assessment
F1 感官评价
F1 水质评价
F1 营养评价
F1 质量评定
F1 综合评价
C 评估

评价方法 [A]
Evaluation method
C 水质评价
C 指标体系
C 质量评定

评论 [A]
Comment
C 文献
C 资料

苹果螺 [C8]
Apple snail
Pomacea canaliculata
Y 福寿螺

萍乡红鲫 [C9]
Pingxiang red transparent crucian carp
Carassius auratus pingxiangnensis
Y 鲫

鲆 [C9]
Bartard halibuts; Brild; Flukes; Lefteyed flounders; Turbots
Bothidae

D 鲆鱼
S1 鲽形目
F1 大菱鲆
F1 牙鲆

鲆鲽类 [C9]
Flatfish
Y 鲽形目

鲆鱼 [C9]
Bothidae
Y 鲆

鄱阳湖 [P]
Poyanghu Lake
S1 湖泊
C 江西

脯氨酸 [C4]
Proline
S1 非必需氨基酸
S2 氨基酸
C 氨基酸平衡
C 游离氨基酸

葡萄糖胺 [J4]
Glucosamine
C 甲壳素
C 壳聚糖

普安银鲫 [C9]
Prussian carp
Carassius auratus gibelio
Y 银鲫

曝气 [E1]
Aeration
Y 增氧

曝气设备 [K3]
Aeration equipment
Y 曝气系统

曝气系统 [K3]
Aeration system
D 曝气设备
C 废水处理
C 活性污泥
C 生物滤池
C 生物絮团

Q

七彩神仙鱼 [C9]
Discus
Symphysodon haraldi
　　Y　神仙鱼

七鳃鳗 [C9]
Lamprey; Lampern
Lampetra fulviatilis
　　S1　圆口鱼类
　　C　鳗鲡

七星鱼 [C9]
Chinafish; Snakehead
Channa asiatica
　　Y　月鳢

栖息场所 [C5]
Habitat
　　Y　生境

栖息地 [C5]
Habitat
　　Y　生境

栖息地环境 [C5]
Habitat environment
　　Y　生境

栖息环境 [C5]
Habitat environment
　　Y　生境

栖息密度 [D2]
Inhabiting density
　　Y　丰度

栖息习性 [C5]
Habitation
　　S1　习性
　　C　生境

期刊 [A]
Periodical
　　S1　文献
　　C　资料

淇河鲫鱼 [C9]
Goldfish; Crucian carp
Carassius auratus
　　Y　鲫

旗鱼 [C9]
Sailfish
Istiophorus
　　S1　鲈形目
　　C　剑鱼

鳍 [C6]
Fin
　　D　鱼鳍
　　S1　动物附肢
　　F1　背鳍
　　F1　腹鳍
　　F1　尾鳍
　　F1　胸鳍
　　F1　脂鳍

鳍棘 [C6]
Fin spine
　　C　鳍条

鳍条 [C6]
Fin ray
　　C　鳍棘

麒麟菜 [C7]
Eucheuma muricatum
　　S1　红藻

企业 [N1]
Enterprise
　　C　法人
　　C　公司

企业管理 [N1]
Enterprise management
　　Y　经营管理

启动子 [C2]
Promotor
　　C　基因序列
　　C　转录调控

起始密码子 [C2]
Start codon
　　C　基因表达

起网机 [K4]
Net hauler
　　S1　捕捞机械
　　S2　渔业机械
　　F1　刺网起网机
　　F1　卷网机
　　F1　围网起网机
　　C　滑轮
　　C　理网机

起线机 [K4]
Line hauler
　　S1　捕捞辅助设备
　　S2　捕捞机械△
　　C　滑轮

气单胞菌 [C7]
Aeromonas
　　S1　致病菌
　　F1　杀鲑气单胞菌
　　F1　嗜水气单胞菌
　　F1　豚鼠气单胞菌
　　F1　维氏气单胞菌
　　F1　温和气单胞菌

气候 [B4]
Climate
　　C　气候带
　　C　气候因子
　　C　气象学

气候带 [B4]
Climatic zone
　　F1　热带
　　F1　温带
　　F1　亚热带
　　C　气候

气候因子 [B4]
Climatic factor
　　D　气象因素
　　C　大气

C 季风
C 梅雨季节
C 气候
C 热带风暴
C 生态条件
C 湿度
C 太阳辐射
C 温度

气泡病 [F1]
Bubble disease
S1 鱼病
C 氧气

气石 [K3]
Tourmaline
C 增氧
C 增氧机

气体 [B3]
Gas
F1 硫化氢
F1 氧气
C 甲烷

气体保鲜 [J3]
Atmosphere preservation
Y 气调保鲜

气调包装 [J6]
Modified atmospheric packaging
S1 包装
C 二氧化碳
C 气调保鲜
C 真空包装

气调保鲜 [J3]
Modified atmospheric
preservation
D 气体保鲜
S1 保鲜
C 二氧化碳
C 防腐剂
C 干冰
C 气调包装
C 鲜销
C 亚硫酸氢钠

气味 [J2]
Flavour
C 风味

C 感官评价
C 异味

气温 [B4]
Air temperature
S1 温度
F1 积温
C 大气
C 高温期
C 天气条件

气相色谱 [B3]
Gas chromatography
D+ 气相色谱-质谱
S1 色谱法

气相色谱-质谱 [B3]
Gas chromatography-mass
spectrometry
Y 气相色谱+质谱法

气象学 [B4]
Meteorology
C 气候
C 气象灾害

气象因素 [B4]
Meteorological factors
Y 气候因子

气象灾害 [B4]
Meteorological disaster
S1 灾害
F1 酸雨
C 气象学

气旋 [B4]
Cyclone
D 低压
F1 热带气旋
F2 热带风暴
C 气压

气压 [B4]
Atmospheric pressure
C 气旋
C 压力

铅 [B3]
Lead
S1 化学元素

前处理 [J4]
Pretreatment
D 预处理
C 碱处理
C 浸泡
C 切丝
C 去鳞机
C 去内脏
C 去内脏机
C 酸处理
C 原料处理

前期仔鱼 [E2]
Early larvae; Pre-larva
Y 仔鱼

潜在渔获量 [D1]
Potential catch
D 渔产潜力
S1 渔获量
C 平均渔获量
C 渔获量控制
C 资源管理
C 资源开发

浅海 [B5]
Shallow sea
C 浅海养殖
C 浅滩

浅海滩涂 [B6]
Shallow shoals
Y 浅滩

浅海养殖 [E1]
Culture in shallow seawaters
D 近海养殖
S1 海水养殖
S2 水产养殖
C 浅海
C 浅滩
C 滩涂贝类
C 滩涂湿地

浅水湖泊 [B5]
Shallow lakes
S1 湖泊

浅滩 [B6]
Shallow shoal
D 浅海滩涂

D 滩涂资源
C 潮间带
C 浅海
C 浅海养殖
C 滩涂湿地
C 滩涂养殖
C 围垦
C 沼泽

枪乌贼 [C8]
Squid
Loligo
　　D 中国枪乌贼
　　S1 头足类

腔肠动物 [C8]
Coelenterata
　　C 节肢动物
　　C 珊瑚虫
　　C 水母

强度 [B2]
Strength
　　D 疲劳强度
　　S1 机械性能
　　C 捕捞强度
　　C 光照强度
　　C 凝胶强度

强氯精 [F3]
Strong chlorine
　　D 三氯异氰尿酸
　　D 三氯异氰脲酸
　　S1 消毒剂

壳孢子 [C7]
Conchospore
　　S1 孢子
　　C 孢子放散
　　C 孢子附着
　　C 孢子体

壳冰机 [K5]
Shell ice maker; Shell ice
machine
　　S1 制冰机械
　　S2 制冷设备△
　　C 片冰机

翘嘴鲌 [C9]
Topmouth culter

Culter alburnus
　　Y 翘嘴红鲌

翘嘴红鲌 [C9]
Topmouth culter
Erythroculter ilishaeformis
　　D 翘嘴鲌
　　S1 鲌
　　S2 鲤科
　　C 吻部

鞘翅目 [C8]
Coleoptera
　　F1 黄粉虫
　　F1 水蜈蚣

切丝 [J4]
Shred
　　C 海带食品
　　C 前处理
　　C 裙带菜
　　C 原料处理

切鱼片机 [K5]
Filleter; Filleting machine
　　S1 鱼类处理机械
　　S2 加工机械△
　　C 冻鱼片
　　C 脱色
　　C 鱼片
　　C 鱼片干

亲贝 [E3]
Parent shellfish
　　S1 贝类
　　S1 亲本
　　C 成贝

亲本 [C2]
Parent
　　F1 亲贝
　　F1 亲鳖
　　F1 亲虾
　　F1 亲蟹
　　F1 亲鱼
　　C 近亲交配
　　C 亲本培育
　　C 亲本选择
　　C 亲缘关系

亲本来源 [E1]

Sorece of broodstock
　　Y 亲本培育

亲本培育 [E1]
Parent rearing
　　D 亲本来源
　　D 亲本组合
　　D 亲体培育
　　F1 亲虾培育
　　F1 亲鱼培育
　　C 良种培育
　　C 亲本
　　C 亲本选择
　　C 性腺发育

亲本选择 [E1]
Parent selection
　　F1 亲鱼选择
　　C 亲本
　　C 亲本培育
　　C 性腺发育
　　C 选种

亲本组合 [E1]
Broodstock combination
　　Y 亲本培育

亲鳖 [E5]
Broodstock turtle
　　S1 亲本
　　C 鳖
　　C 稚鳖

亲潮 [B5]
Oyashio current
　　Y 寒流

亲体培育 [E1]
Broodstock cultivation; Parents
culture
　　Y 亲本培育

亲虾 [E5]
Parent prawn; Brood shrimp
　　D 虾种
　　D 种虾
　　S1 亲本
　　C 成虾
　　C 亲虾培育
　　C 亲虾越冬
　　C 虾类养殖

C 虾苗

亲虾培育 [E5]
Parent Prawn rearing; Broodstock rearing
S1 亲本培育
C 亲虾
C 亲虾越冬
C 虾类养殖

亲虾越冬 [E5]
Shrimp broodstock overwintering
C 亲虾
C 亲虾培育
C 越冬

亲蟹 [E5]
Broodstock crab; Parent crab
S1 亲本
C 成蟹
C 仔蟹

亲鱼 [E2]
Parent fish; Brood fish
D 种鱼
S1 亲本
S1 鱼类
C 产卵池
C 亲鱼池
C 亲鱼运输
C 人工繁殖
C 鱼种
C 稚鱼
C 仔鱼

亲鱼采捕 [E2]
Parent fish collection
Y 亲鱼选择

亲鱼产后护理 [E2]
Postpartum treatment
Y 亲鱼培育

亲鱼池 [K3]
Parent fish pond; Broodstock pond
D 亲鱼培育池
D 鱼种池
S1 池塘
S2 养殖设施△
C 亲鱼

亲鱼培育 [E2]
Parent fish rearing; Broodstock rearing
D 亲鱼产后护理
D 亲鱼饲养
D 亲鱼驯化
S1 亲本培育
C 亲鱼饲料
C 亲鱼选择

亲鱼培育池 [K3]
Parent fish rearing pond
Y 亲鱼池

亲鱼饲料 [G1]
Broodstock feed
S1 鱼饲料
S2 饲料品种△
C 亲鱼培育

亲鱼饲养 [E2]
Broodstock fish feeding
Y 亲鱼培育

亲鱼选择 [E2]
Parent fish selection
D 亲鱼采捕
S1 亲本选择
C 亲鱼培育

亲鱼驯化 [E2]
Broodstock fish domesticated
Y 亲鱼培育

亲鱼运输 [E2]
Parent fish transportation
S1 活鱼运输
S2 运输
C 低温麻醉
C 亲鱼
C 损伤

亲缘关系 [C2]
Genetic relationship; Affinity relationship
C 亲本
C 全同胞家系
C 远缘杂交
C 种间关系

侵蚀 [B6]

Erosion
C 腐蚀

侵袭性鱼病 [F1]
Invading diseases of fish
Y 寄生虫疾病+鱼病

青岛大扁藻 [C7]
Platymonas helgolanidica
S1 绿藻

青蛤 [C8]
Clam
Cyclina sinensis
D 圆蛤
S1 帘蛤科
S2 双壳类

青海 [P]
Qinghai Province
C 青海湖

青海湖 [P]
Qinghaihu Lake
S1 湖泊
C 青海
C 青海湖裸鲤

青海湖裸鲤 [C9]
Naked carp
Gymnocypris przewalskii
D 湟鱼
S1 鲤科
C 青海湖

青花鱼 [C9]
Mackerel
Pneumatophorus japonicus
Y 鲐

青鱼完 [C9]
Black carp
Mylopharyngodon piceus
Y 青鱼

青鳉 [C9]
Medaka
Oryzias latipes
S1 辐鳍亚纲

青料 [G1]

Green fodder
Y 青饲料

青鳞鱼 [C9]
Scaled sardine
Harengula
S1 鲱形目

青鲈 [C9]
Perch
Lateolabrax japonicus
Y 花鲈

青绿饲料 [G1]
Green forage
Y 青饲料

青霉 [C7]
Penicillium
Y 青霉菌

青霉菌 [C7]
Penicillium
D 青霉
S1 真菌
C 青霉素
C 水霉

青霉素 [F3]
Penicillin
S1 抗生素
S2 抗菌药物
C 抗药性
C 青霉菌

青山水库 [P]
Qingshan Reservior
S1 水库

青饲料 [G1]
Green feed; Green fodder
D 青料
D 青绿饲料
S1 植物性饲料
S2 水产饲料

青田田鱼 [C9]
Oujiang color common carp
Cyprinus carpio color
Y 瓯江彩鲤

青蛙 [C9]
Frog
Rana nigromaculata
Y 黑斑侧褶蛙

青虾 [C8]
Oriental river prawn
Macrobrachium nipponensis
Y 日本沼虾

青蟹 [C8]
Green crab
Scylla
S1 梭子蟹
F1 锯缘青蟹
F1 拟穴青蟹
C 蟹类

青鱼 [C9]
Black carp
Mylopharyngodon piceus
D 黑鲩
D 青鲩
S1 鲤科

青贮料 [G1]
Silage
Y 青贮饲料

青贮饲料 [G1]
Silage
D 青贮料
S1 植物性饲料
S2 水产饲料

清池 [E1]
Disinfection of the pond or tank
Y 清塘

清江鱼 [C1]
Qingjiang fish
S1 鱼类
C 东江鱼
C 湖北

清塘 [E1]
Pond clearing
D 清池
C 漂白粉
C 清塘药物
C 清野

C 生石灰
C 消毒

清塘药物 [F3]
Drugs for pond cleaning
F1 茶多酚
F1 鱼藤酮
C 池塘清整
C 池塘养殖
C 水质改良剂
C 清塘
C 清野
C 消毒剂

清野 [E1]
Wild fish eliminating;
Eliminating harmful stocks
D 除野
C 敌害控制
C 敌害生物
C 清塘
C 清塘药物
C 野杂鱼

清淤 [E1]
Pond dredging
C 池塘清整
C 底泥
C 清淤设备

清淤机 [K3]
Silt remover
Y 清淤设备

清淤设备 [K3]
Dredging equipment
D 清淤机
S1 养殖机械
S2 渔业机械
C 池塘清整
C 清淤
C 挖塘机

鲭科 [C9]
Mackerels
Scombridae
S1 鲈形目
F1 澳洲鲭
F1 狐鲣
F1 鲣
F1 鲐

鲭鲨 [C9]
Mako shark
Isurus
　　S1　软骨鱼类

鲭鱼 [C9]
Mackerel
Pneumatophorus japonicus
　　Y　鲐

情报 [N3]
Information
　　Y　信息

氰化物 [M2]
Cyanide
　　C　毒物
　　C　化合物
　　C　三聚氰胺

氰戊菊酯 [F3]
Fenvalerate
　　S1　杀虫剂
　　　S2　农药
　　C　有机氯农药

琼胶 [J4]
Agar
　　D　冻粉
　　D　琼脂
　　S1　海藻产品
　　C　凝固剂
　　C　凝胶强度
　　C　琼胶糖

琼胶素 [J4]
Aqaroidin; Agarose
　　Y　琼胶糖

琼胶糖 [J4]
Agarose
　　D　琼胶素
　　S1　海藻产品
　　C　琼胶

琼脂 [J4]
Agar
　　Y　琼胶

琼脂培养基 [C1]
Agar medium

　　S1　培养基

秋刀鱼 [C9]
Saury
Cololabis saira
　　D　竹刀鱼
　　S1　辐鳍亚纲

秋繁 [E1]
Autumn reproduction
　　C　苗种培育
　　C　秋季
　　C　人工繁殖

秋季 [B4]
Autumn
　　S1　季节
　　C　秋繁

秋汛 [H1]
Autumn fishing season
　　S1　渔期
　　C　春汛

蚯蚓 [C8]
Earthworm
Pheretima
　　D　赤子爱胜蚓
　　S1　寡毛类
　　C　蚯蚓粉
　　C　水蚯蚓

蚯蚓粉 [G1]
Earthwarm meal
　　S1　蛋白源
　　C　蚯蚓
　　C　水蚯蚓

球虫病 [F1]
Coccidiosis
　　Y　艾美虫病

球蛋白 [C4]
Globulin
　　S1　蛋白质
　　C　肌球蛋白

球等鞭金藻 [C7]
Isochrysis galbana
　　Y　等鞭金藻

球形棕囊藻 [C7]
Phaeocystis globosa
　　Y　棕囊藻

曲霉菌 [C7]
Aspergillus
　　S1　霉菌
　　　S2　真菌
　　C　黑曲霉
　　C　黄曲霉毒素
　　C　水霉
　　C　饲料安全
　　C　真菌性疾病

曲线 [B1]
Curve
　　C　模型
　　C　饲料系数

驱虫净 [F3]
Tetramisole
　　Y　杀虫剂

驱虫药 [F3]
Vermifuge
　　Y　杀虫剂

驱鱼装置 [K2]
Fish herding equipment
　　D　赶鱼机
　　S1　助渔仪器
　　C　超声波
　　C　电脉冲
　　C　集鱼

趋光性 [C5]
Phototaxis
　　S1　行为

趋化性 [C5]
Chemotaxis
　　S1　行为

去壳 [J4]
Shucking
　　Y　脱壳

去鳞机 [K5]
Scaler
　　S1　鱼类处理机械
　　　S2　加工机械△

C 前处理
C 原料处理

去内脏 [J4]
Evisceration
  C 内脏
  C 内脏团
  C 前处理
  C 去内脏机
  C 原料处理

去内脏机 [K5]
Gutting machine
  S1 鱼类处理机械
    S2 加工机械[△]
  C 内脏
  C 前处理
  C 去内脏

去皮机 [K5]
Skinner
  D 鱼类去皮机
  S1 鱼类处理机械
    S2 加工机械[△]
  C 鱼皮

去头机 [K5]
Head cutter
  S1 鱼类处理机械
    S2 加工机械[△]

去鱼骨机 [K5]
Fish boning machine
  Y 鱼肉采取机

全基因组序列 [C2]
Whole Genome sequence
  C 基因序列

全价饲料 [G1]
Complete feed
  S1 配合饲料
    S2 水产饲料
  C 营养需求

全球定位系统 [N3]
Global positioning system
  Y GPS

全人工育苗 [E1]
Artificial seedling culture;

Artificial seedling rearing
  Y 苗种培育

全同胞家系 [C2]
Full sibs family
  S1 家系
  C 亲缘关系
  C 种间关系

泉水 [B5]
Spring water
  Y 地下水

缺氧 [C3]
Oxygen depletion; Hypoxia
  C 浮头
  C 溶解氧
  C 需氧量
  C 氧债
  C 增氧
  C 窒息

雀鲷 [C9]
Pomacentridae
  S1 鲈形目
  F1 小丑鱼

雀鳝 [C9]
gar
Atractosteus
  D 骨雀鳝

裙边 [C6]
Scallop skirt
  C 鳖
  C 蛋白源
  C 扇贝
  C 食用贝类

裙带菜 [C7]
Sea mustard
Undaria pinnatifida
  S1 褐藻
  C 切丝

群落 [C5]
Community
  F1 微生物群落
    F2 细菌群落
  F1 鱼类群落
  F1 藻类群落

  C 群落多样性
  C 群落结构
  C 群落生态
  C 生态系统

群落多样性 [C5]
Community diversity
  S1 多样性
  C 群落
  C 群落结构
  C 生态类群

群落结构 [D1]
Community structure
  C 群落
  C 群落多样性
  C 物种组成
  C 优势种
  C 种群结构

群落生态 [C5]
Community ecology
  S1 种群生态
    S2 生态
  C 群落

群体 [C5]
Group
  F1 补充群体
  F1 捕捞群体
  F1 产卵群体
  F1 繁殖群体
  F1 基础群体
  F1 养殖群体
  C 群体产量
  C 群体结构
  C 群体选育
  C 群体遗传
  C 生物群

群体产量 [D1]
Population yield
  S1 产量
  C 基础群体
  C 群体
  C 生物生产力

群体结构 [D1]
Population structure
  S1 种群特征
  C 群体

C 种群结构

群体选育 [C2]
Population breeding
 S1 选择育种
 S2 育种
 C 繁育体系

C 群体

群体遗传 [C2]
Population genetics
 D 种群遗传
 S1 遗传
 C 分子标记

C 群体
C 遗传多样性
C 遗传结构

群众渔业 [N2]
Small scale fishery
 S1 渔业

R

RACE [C2]
Rapid-amplification of cDNA ends
    D cDNA 末端快速扩增
    C cDNA 克隆
    C cDNA 文库
    C 基因组 DNA

RAPD [C2]
Random amplification of
Polymorphic DNA
    D 随机扩增多态 DNA
    S1 分子标记

RNA [C4]
Ribonucleic acid
    S1 核酸

RT-PCR [C2]
Reverse transcription PCR
    D 逆转录 PCR
    S1 PCR

燃油补贴 [N1]
Fuel subsidy
    S1 渔业补贴
    C 水产捕捞业

染色体 [C2]
Chromosome
    F1 性染色体
    C 单倍体
    C 多倍体
    C 二倍体
    C 染色体配对
    C 染色体组型
    C 三倍体
    C 四倍体
    C 细胞分裂
    C 着丝粒

染色体核型 [C2]
Chromosome karyotype
    Y 染色体组型

染色体配对 [C2]
Chromosome pairing

    C 染色体
    C 染色体数目
    C 染色体组
    C 染色体组型
    C 细胞分裂

染色体数目 [C2]
Chromosome number
    C 染色体配对
    C 染色体组
    C 染色体组型

染色体组 [C2]
Genome
    C 染色体配对
    C 染色体数目
    C 染色体组型
    C 性染色体

染色体组型 [C2]
Karyotype
    D 核型
    D 染色体核型
    C 核型分析
    C 染色体
    C 染色体配对
    C 染色体数目
    C 染色体组

桡足类 [C8]
Copepods
    F1 剑水蚤
    F1 小拟哲水蚤
    F1 鱼虱
    F1 中华哲水蚤
    C 甲壳动物

热泵干燥 [J4]
Heat pump drying
    Y 机械通风干燥

热处理 [K1]
Heat treatment
    C 热力学

热带 [B4]

Tropical; Torrid zone
    S1 气候带
    C 热带水域
    C 热带鱼类

热带风暴 [B4]
Tropical storm(TS); Revolving
storm
    S1 热带气旋
    S2 气旋
    C 气候因子

热带气旋 [B4]
Tropical cyclone; Revolving storm
    D 台风
    S1 气旋
    F1 热带风暴

热带水域 [M1]
Tropical waters
    S1 水域
    C 海域
    C 热带

热带鱼 [C1]
Tropical fish
    Y 热带鱼类

热带鱼类 [C1]
Tropic fish
    D 热带鱼
    S1 鱼类
    C 热带

热风干燥 [J4]
Hot-air drying; Heated-air drying
    Y 机械通风干燥

热力学 [B1]
Thermodynamics
    S1 物理学
    C 热处理

热平衡 [K1]
Heat balance

人工采苗　[E1]
Artificial collection of seeding
　　Y　采苗

人工产卵　[E1]
Artificial spawning
　　Y　催产

人工催熟　[E1]
Artificial ripening
　　Y　催产

人工饵料　[G1]
Artificial feed; Artificial diet
　　Y　配合饲料

人工繁育　[E1]
Artificial breeding
　　Y　苗种培育

人工繁殖　[E1]
Artificial propagation
　　D　繁殖方法
　　D　繁殖过程
　　D　繁殖技术
　　D　繁殖培育
　　D　繁殖试验
　　D　繁殖育苗
　　S1　繁殖
　　F1　催产
　　F1　孵化
　　F1　人工授精
　　C　产卵池
　　C　催产剂
　　C　繁殖季节
　　C　亲鱼
　　C　秋繁
　　C　人工苗种
　　C　鱼巢
　　C　人工鱼巢

人工放流　[D3]
Artificial releasing
　　D　放流
　　D　增殖放流
　　C　标志放流
　　C　回捕率
　　C　资源增殖

人工孵化　[E1]
Artificial hatching; Artificial

incubation
　　Y　孵化

人工浮岛　[M3]
Artificial floating island
　　Y　生态浮床

人工感染　[F3]
Artificial infection
　　D　攻毒试验
　　S1　感染
　　C　免疫保护率
　　C　药效
　　C　致病力

人工海水　[B3]
Artificial seawater
　　D　人造海水
　　S1　海水
　　S2　水质类别
　　C　氯化钠

人工湖　[B5]
Artificial lake
　　Y　水库

人工礁　[K3]
Artificial reef
　　Y　人工鱼礁

人工苗种　[E1]
Artificial seedling
　　S1　苗种
　　C　人工繁殖

人工培养　[E1]
Artificial cultivation

人工培育　[E1]
Artificial culture
　　Y　苗种培育

人工湿地　[M1]
Artificial wetland
　　S1　湿地

人工受精　[E1]
Artificial insemination
　　Y　人工授精

人工授精　[E1]

Artificial fertilization
　　D　人工受精
　　S1　人工繁殖
　　S2　繁殖
　　C　采卵
　　C　精液冷冻保存
　　C　受精率
　　C　异体受精

人工水藻　[K3]
Artificial algae
　　C　藻类

人工饲养　[E1]
Artificial rearing
　　Y　养殖技术

人工选育　[C2]
Artifical selection
　　S1　选择育种
　　S2　育种
　　C　繁育体系
　　C　家系选育
　　C　良种选育

人工驯化　[E1]
Artificial domestication
　　Y　驯化

人工驯养　[E1]
Artificial domestication
　　Y　驯化

人工诱导　[C2]
Artificial induction
　　C　催产
　　C　催产剂
　　C　多倍体诱导

人工鱼巢　[E2]
Artificial fish nest
　　C　人工繁殖
　　C　鱼巢

人工鱼礁　[K3]
Artificial fish reef; Artificial reef
　　D　人工礁
　　D　人工渔礁
　　S1　礁
　　C　海洋设施
　　C　水工建筑物

人工渔礁 [K3]
Artificial reef
　　Y 人工鱼礁

人工育苗 [E1]
Artificial seedling rearing;
Artificial breeding
　　Y 苗种培育

人工增养殖 [E1]
Artificial enhancement culture
　　Y 资源增殖

人工增殖 [D3]
Hatchery enhancement
　　Y 资源增殖

人造冰 [J3]
Artificial ice
　　S1 冰
　　C 片冰机
　　C 制冰机械

人造海水 [B3]
Artificial seawater
　　Y 人工海水

人造卫星 [K1]
Satellite
　　C 卫星定位
　　C 助航设备

人造蟹肉 [J4]
Artificial crab meat
　　S1 鱼糜制品
　　C 模拟水产食品

认证 [J5]
Certification
　　F1 产地认证
　　F1 产品认证
　　F1 无公害认证
　　F1 有机认证
　　F1 质量认证
　　C HACCP
　　C 认证体系
　　C 渔业许可证

认证体系 [J5]
Certification system
　　C 产品认证

C 认证
C 质量认证

韧性 [H2]
Toughness
　　S1 机械性能

日本 [P]
Japan
　　C 亚洲
　　C 沿岸国家

日本刺沙蚕 [C8]
Japanese mitten crab; Clamworm;
Nereis japonica
Neanthes japonica
　　Y 沙蚕

日本大眼蟹 [C8]
Mud crab
Macrophthalmus japonicus
　　Y 大眼蟹

日本对虾 [C8]
Kuruma shrimp; Kuruma-ebi;
Wheel shrimp
Penacus japonicus
　　D 车虾
　　D 日本囊对虾
　　D 竹节虾
　　S1 对虾

日本锦鲤 [C9]
Janpanese Koi
Cyprinus carpio
　　Y 锦鲤

日本囊对虾 [C8]
Kuruma shrimp
Marsupenaeus japonicus
　　Y 日本对虾

日本绒螯蟹 [C8]
Japanese mitten crab
Eriocheir japonica
　　S1 绒螯蟹

日本新糠虾 [C8]
Mysid shrimp
Neomysis japonica
　　S1 糠虾

日本蟳 [C8]
Japanese stone crab
Charybdis japonica
　　S1 蟳
　　S2 梭子蟹

日本沼虾 [C8]
Oriental river prawn
Macrobrachium nipponensis
　　D 青虾
　　S1 沼虾
　　S2 长臂虾科

日月贝 [C8]
Saucer
Amusium
　　S1 双壳类

绒螯蟹 [C8]
Mitten crab
Eriocheir
　　F1 合浦绒螯蟹
　　F1 日本绒螯蟹
　　F1 中华绒螯蟹

绒毛膜促性腺激素 [E2]
Chorionic gonadotropin;
Choriogonadotrophin
　　Y HCG

容许浓度 [M3]
Allowable concentration
　　Y 安全浓度

溶解度 [B3]
Solubility
　　S1 化学性质
　　S2 理化性质
　　C 溶液

溶解氧 [M1]
Dissolved oxygen
　　D 含氧量
　　D 溶氧
　　D 氧含量
　　C 浮头
　　C 耗氧率
　　C 缺氧
　　C 需氧量
　　C 氧气
　　C 增氧

溶菌酶 [C4]
Lysozyme
　　S1　酶

溶氧 [M1]
Dissolved oxygen
　　Y　溶解氧

溶液 [B3]
Solution
　　C　浓度
　　C　溶解度

溶藻弧菌 [C7]
Vibrio alginolyticus
　　S1　弧菌
　　S2　致病菌
　　C　溶藻细菌

溶藻细菌 [C7]
Algicidal bacteria
　　C　溶藻弧菌
　　C　细菌

柔鱼 [C8]
squid
Ommastrephes
　　S1　头足类

肉粉 [G1]
Meat meal
　　Y　肉骨粉

肉骨粉 [G1]
Meat and bone meal
　　D　肉粉
　　S1　蛋白源

肉食性 [C3]
Carnivorous
　　S1　食性
　　C　肉食性鱼类

肉食性鱼 [C1]
Carnivorous fish
　　Y　肉食性鱼类

肉食性鱼类 [C1]
Carnivorous fish; Predacious
fishes; Predatory fishes
　　D　肉食性鱼

　　S1　鱼类
　　C　肉食性
　　C　凶猛鱼类

乳酸菌 [C7]
Lactic acid bacteria
　　C　胞外多糖
　　C　乳酸脱氢酶
　　C　细菌

乳酸乳球菌 [C7]
lactococcus lactis

乳酸脱氢酶 [C4]
lactate dehydrogenase
　　S1　酶
　　C　乳酸菌

入侵物种 [D3]
Invasive species
　　Y　生物入侵

入渔 [N2]
Enter fishing; Access fishing
　　Y　入渔权

入渔权 [N2]
Access right
　　D　入渔
　　D　入渔条件
　　S1　渔业权
　　C　捕捞限额制度
　　C　捕捞许可证
　　C　专属渔区

入渔条件 [N2]
Access condition
　　Y　入渔权

软包装 [J6]
Soft package
　　S1　包装
　　C　软罐头
　　C　真空包装

软骨 [C6]
Cartilage
　　S1　内骨骼
　　S2　骨骼

软骨鱼 [C9]

Chondrichthyes; Cartilaginous
fishes
　　Y　软骨鱼类

软骨鱼类 [C9]
Chondrichthyes
　　D　软骨鱼
　　D　鲨鱼
　　F1　扁鲨
　　F1　电鳐
　　F1　鳐
　　F1　蝠鲼科
　　F1　魟
　　F1　虎鲨
　　F1　鲸鲨
　　F1　姥鲨
　　F1　六鳃鲨
　　F1　鲭鲨
　　F1　双髻鲨
　　F1　团扇鳐
　　F1　须鲨
　　F1　鳐
　　F1　银鲛
　　F1　真鲨
　　　F2　大青鲨
　　　F2　短尾真鲨
　　C　脊椎动物
　　C　鲨鱼皮
　　C　鲨鱼软骨粉

软罐头 [J4]
Soft can; Retort pouch
　　S1　罐头
　　C　软包装
　　C　无菌灌装

软颗粒饲料 [G1]
Soft pellet feed; Soft pellet diet
　　S1　颗粒饲料
　　C　硬颗粒饲料
　　C　造粒机

软壳 [E5]
Soft shell
　　C　软壳病
　　C　蜕壳
　　C　脱壳
　　C　外骨骼
　　C　虾壳
　　C　虾壳病
　　C　蟹壳

C 蟹壳病
C 蟹类养殖

软壳病 [F1]
Soft shell disease
  S1 疾病

C 软壳
C 蟹病

软体动物 [C8]
Mollusca
  C 贝类

C 腹足类
C 石鳖
C 双壳类
C 头足类
C 无脊椎动物

S

萨罗罗非鱼 [C9]
Black-chinned tilapia
Sarotherodon melanotheron
  Y 帚齿罗非鱼

塞内加尔鳎 [C9]
Senegalese sole
Solea senegalensis
  S1 舌鳎
    S2 鲽形目

鳃 [C6]
Gill
  D 鱼鳃
  S1 呼吸器官
  F1 鳃瓣
  F1 鳃盖
  F1 鳃盖骨
  F1 鳃弓
  F1 鳃孔
  F1 鳃膜
  F1 鳃耙
  F1 鳃丝
  F1 鳃小片
  F1 外鳃
  C 黑鳃病
  C 烂鳃病
  C 鳃病
  C 鳃霉病
  C 鳃隐鞭虫
  C 外套腔

鳃瓣 [C6]
Gill lamella
  S1 鳃
    S2 呼吸器官
  C 鳃弓
  C 鳃耙
  C 鳃丝

鳃病 [F1]
Gill disease
  S1 细菌性疾病
  F1 黑鳃病
  F1 烂鳃病
  F1 鳃霉病

  F1 鳃肾炎
  C 鳃
  C 鳃隐鞭虫

鳃盖 [C6]
Gill cover
  S1 鳃
    S2 呼吸器官

鳃盖骨 [C6]
Operculum
  S1 鳃
    S2 呼吸器官
  S1 外骨骼
    S2 骨骼
  C 骨骼

鳃弓 [C6]
Gill arch
  S1 鳃
    S2 呼吸器官
  C 鳃瓣
  C 鳃丝

鳃孔 [C6]
Branchial aperture
  S1 鳃
    S2 呼吸器官

鳃霉病 [F1]
Branchiomycosis
  S1 鳃病
    S2 细菌性疾病
  S1 真菌性疾病
  C 鳃

鳃膜 [C6]
Branchial membrane
  S1 鳃
    S2 呼吸器官

鳃耙 [C6]
Gill raker
  S1 鳃
    S2 呼吸器官
  C 鳃瓣

  C 外鳃

鳃肾炎 [F1]
Branchia nephritis
  S1 鳃病
    S2 细菌性疾病

鳃丝 [C6]
Gill filament; Branchial filament
  S1 鳃
    S2 呼吸器官
  C 鳃瓣
  C 鳃弓
  C 鳃小片

鳃小片 [C6]
Gill lamellae
  S1 鳃
    S2 呼吸器官
  C 鳃丝

鳃隐鞭虫 [C8]
Cryptobia branchialis
  S1 隐鞭虫病
    S2 鞭毛虫病△
  C 鳃
  C 鳃病

三倍体 [C2]
Triploid
  S1 多倍体
  C 染色体

三产融合 [N1]
Integration of three industries
  C 产业化
  C 产业结构
  C 产业链
  C 渔家乐

三重刺网 [H3]
Trammel net
  S1 刺网
    S2 网渔具△

三代虫 [C8]

Gyrodactylus
　　Y　三代虫病

三代虫病　[F1]
Gyrodactyliasis
　　D　三代虫
　　S1　单殖吸虫病
　　S2　吸虫病△

三甲胺　[J2]
Trimethytamine
　　C　鲜度检验
　　C　鲜度指标
　　C　氧化三甲胺

三角帆蚌　[C8]
Triangle sail mussel
Hyriopsis cumingii
　　S1　蚌
　　S2　双壳类

三聚氰胺　[B3]
Melamine
　　S1　有机物
　　S2　化合物
　　C　氰化物
　　C　饲料安全
　　C　饲料蛋白质

三氯异氰尿酸　[F3]
Trichloroisocyanuric acid;
Acidum trichloroisocyanuras
　　Y　强氯精

三氯异氰脲酸　[F3]
Trichloroisocyanuric Acid
　　Y　强氯精

三毛金藻　[C7]
Primnesium saltans
　　S1　金藻
　　S2　赤潮藻△

三文鱼　[C9]
Salmon
　　Y　鲑鳟鱼类

三峡库区　[P]
Sanxia Reservoir area
　　S1　水库
　　C　水库捕捞

　　C　四川

三线闭壳龟　[C9]
Three-striped box turtle
Cuora trifasciata
　　S1　闭壳龟
　　S2　龟科△

三疣梭子蟹　[C8]
Swimming crab
Portunus trituberculatus
　　D　白蟹
　　S1　梭子蟹

三元杂交　[C2]
Three-way cross
　　S1　杂交

桑沟湾　[P]
Sungo Bay
　　S1　黄海
　　S2　海域

桑基鱼塘　[E2]
Mulberry fish pond
　　S1　池塘
　　S2　养殖设施△
　　C　池塘养殖

溞科　[C8]
Daphniidae
　　S1　枝角类
　　F1　大型溞
　　F1　水蚤
　　F1　蚤状溞
　　C　甲壳动物

溞状幼体　[C6]
Sagittal larvae
　　Y　蚤状幼体

鳋病　[F1]
Ergasiliasis
　　S1　寄生虫疾病
　　F1　锚头鳋病
　　F1　中华鳋病

扫描电镜　[B3]
Scanning electron microscope
　　D　扫描电子显微镜
　　S1　显微镜

扫描电子显微镜　[B3]
scanning electron microscope
　　Y　扫描电镜

色氨酸　[C4]
Tryptophan; Tryptophone
　　S1　必需氨基酸
　　S2　氨基酸
　　C　限制性氨基酸

色变　[J2]
Discoloration
　　F1　赤变
　　F1　褐变
　　F1　黑变
　　C　变性
　　C　变质饲料
　　C　蛋白质变性
　　C　鱼肉

色谱法　[B3]
Chromatography
　　D　层析法
　　F1　离子色谱法
　　F1　气相色谱
　　F1　液相色谱
　　C　分光光度法
　　C　光谱法
　　C　质谱法

色素细胞　[C2]
Chromatophore;
Pigment cell;
Chromocyte
　　S1　细胞
　　C　光合色素
　　C　细胞色素
　　C　虾青素

杀虫剂　[F3]
Pesticide; Insecticide
　　D　驱虫净
　　D　驱虫药
　　S1　农药
　　F1　滴滴涕
　　F1　甲苯咪唑
　　F1　甲氰菊酯
　　F1　硫酸盐合剂
　　F1　氯氰菊酯
　　F1　灭虫精
　　F1　拟除虫菊酯

F1 氰戊菊酯
F1 苏打合剂
F1 鱼虫净
C 外用药
C 药物防治
C 渔用药物

杀鲑气单胞菌 [C7]
Aeromonas salmonicida
S1 气单胞菌
S2 致病菌

杀菌 [J4]
Sterilizing
F1 辐照杀菌
C 罐头加工
C 杀菌设备
C 消毒剂
C 最小杀菌浓度

杀菌剂 [F3]
Bactericidc; Disinfectant;
Bactericidal agent;
Sterilizing agent;
Bactericidal
Y 消毒剂

杀菌设备 [K5]
Sterilizer
S1 加工机械
S2 渔业机械
C 罐头
C 罐头加工
C 杀菌
C 真空包装

杀菌消毒剂 [F3]
Germicide and disinfectant
Y 消毒剂

沙蚕 [C8]
Palolo worm; Clamworm
Nereis
D 海蚕
D 日本刺沙蚕
D 双齿围沙蚕
S1 多毛类

沙虫 [C8]
Sandworm
Sipunculus nudus

Y 方格星虫

沙丁鱼 [C9]
Pilchard sardine; Sardine
Sardina pilchardus
S1 鲱形目

沙光鱼 [C9]
Javelin goby
Synechogobius hasta
Y 矛尾复虾虎鱼

沙蛤 [C8]
Clam
Coelomactra antiquata
Y 西施舌

沙海蜇 [C8]
Giant jellyfish
Nemopilema nomurai
S1 钵水母
S2 水母

沙滤 [K3]
Sand filter
S1 过滤
C 水质净化
C 水质净化设备

沙塘鳢 [C9]
Dark sleeper
Odontobutis obscurus
D 沙乌鳢
D 塘鲤鱼
S1 鲈形目
F1 鸭绿沙塘鳢

沙乌鳢 [C9]
Dark sleeper
Odontobutis obscurus
Y 沙塘鳢

纱绢 [K3]
Tulle
C 过滤
C 过滤器
C 筛绢
C 筛绢过滤

鲨鱼 [C9]
Shark

Y 软骨鱼类

鲨鱼肝油 [J4]
Shark liver oil
Y 鱼肝油

鲨鱼皮 [J4]
Shark skin
S1 鱼皮
C 软骨鱼类

鲨鱼软骨粉 [G1]
Shark cartilage meal
S1 蛋白源
C 软骨鱼类

陕西 [P]
Shanxi Province
C 黄河

筛绢 [K3]
Bolting-silk
C 过滤
C 过滤器
C 纱绢
C 筛绢过滤
C 筛绢网

筛绢过滤 [F2]
Screen filtration
S1 过滤
C 纱绢
C 筛绢

筛绢网 [K3]
Silk screen
C 筛绢

筛选 [C1]
Screen
C 分苗
C 遗传

晒池 [E1]
Pond drying
C 池塘环境
C 池塘清整
C 池塘养殖

山东 [P]
Shandong Province

C 渤海
C 黄海
C 黄河
C 黄河口
C 石岛渔场

山梨酸盐 [J2]
Sorbate
C 食品添加剂

山女鳟 [C9]
Masu salmon
Oncorhynchus masou masou
Y 马苏大麻哈鱼

山区 [A]
Mountain areas
C 山塘水库

山瑞鳖 [C9]
Wattle-necked softshell turtle
Palea steindachneri
S1 鳖
S2 龟鳖目

山塘水库 [B5]
Reservoir
S1 水库
C 山区

山西 [P]
Shanxi Province
C 黄河

珊瑚 [C8]
Coral
Y 珊瑚虫

珊瑚虫 [C8]
Anthozoa; Coral insect
D 珊瑚
F1 海葵
F1 红珊瑚
F1 柳珊瑚
F1 造礁珊瑚
C 腔肠动物
C 珊瑚礁

珊瑚礁 [B6]
Coral reef
D+ 珊瑚礁鱼类

S1 礁
C 珊瑚虫
C 鹦嘴鱼

珊瑚礁鱼类 [C1]
coral fish
Y 珊瑚礁+海洋鱼类

扇贝 [C8]
Scallop
Pectinidae
S1 双壳类
F1 海湾扇贝
F1 华贵栉孔扇贝
F1 栉孔扇贝
C 干贝
C 扇贝壳
C 裙边
C 扇贝养殖
C 养殖筏

扇贝壳 [C6]
Scallop shell
S1 贝壳
C 钙
C 牡蛎壳
C 扇贝

扇贝养殖 [E3]
Scallop culture
S1 贝类养殖
C 扇贝
C 养殖筏

扇贝柱 [J4]
Scallop adductor
Y 干贝

膳食纤维 [J4]
Dietary fiber
Y 食物纤维

鳝鱼 [C9]
Swamp eel; Ricefield eel; White
ricefield eel
Monopterus albus
Y 黄鳝

商品 [N1]
Merchandise; Commodity
C 商品鱼

C 水产品

商品规格 [N1]
Commercial size
D 上市规格
C 产品质量
C 水产品
C 尾重

商品苗 [E1]
Commodity seedlings
S1 苗种
C 苗种捕捞
C 苗种运输

商品饲料 [G1]
Commercial feed
D 饲料产品
S1 水产饲料
C 饲料标准
C 饲料品种
C 饲料生产

商品虾 [N1]
Commercial shrimp
C 成虾
C 虾类养殖

商品鱼 [N1]
Marketable fish
D 成鱼
C 成体
C 成鱼养殖
C 商品
C 食用鱼类

商业 [N1]
Commerce
Y 贸易

上岸量 [H1]
Landing amount
Y 渔获量

上层水 [M1]
Upper waters
Y 表层水

上层鱼类 [C1]
Pelagic fish; Epipelagic fishes
S1 鱼类

上纲 [H2]
Headrope
　　S1　索具
　　C　浮子纲

上钩率 [H1]
Hook rate
　　C　垂钓
　　C　钓饵
　　C　钓具
　　C　竿钓
　　C　钩钓
　　C　手钓
　　C　延绳钓
　　C　曳绳钓

上海 [P]
Shanghai
　　C　长江口

上升流 [B5]
Upwelling; Ascending current
　　S1　海流

上市规格 [N1]
Market size; Marketable size
　　Y　商品规格

上市量 [N1]
Marketing amount
　　C　产量
　　C　水产品

舌齿鲈 [C9]
Toothed-tongue seabass
Dicentrarchus labrax
　　S1　鲈形目

舌鳎 [C9]
Tongue fish
Cynoglossus
　　S1　鲽形目
　　F1　半滑舌鳎
　　F1　塞内加尔鳎

舌状绦虫 [C8]
Ligula intestinalis
　　Y　舌状绦虫病

舌状绦虫病 [F1]
ligulaosis

　　D　舌状绦虫
　　S1　绦虫病
　　　S2　寄生虫疾病

蛇 [C9]
Serpentes; Snake
　　C　爬行动物

蛇鳄龟 [C9]
Snapping turtle
Chelydra serpentina
　　Y　鳄龟

蛇鲻 [C9]
Lizardfish
Saurida
　　S1　灯笼鱼目
　　　S2　辐鳍亚纲

设备 [K1]
Equipment
　　D　装置
　　F1　水质净化设备
　　C　工况
　　C　故障
　　C　磨损

设计 [A]
Design
　　F1　结构设计
　　F1　优化设计
　　F1　渔船设计
　　C　规划
　　C　渔港工程

设施渔业 [N2]
facility fishery
　　S1　渔业
　　C　工厂化养殖
　　C　工厂化育苗
　　C　渔业工程
　　C　渔业设施

射流式增氧机 [K3]
Jet aerator
　　S1　增氧机
　　　S2　养殖机械△
　　C　机械增氧

摄取量 [G1]
Feed uptake

　　Y　摄食量

摄食 [C3]
Ingestion
　　D　饱食
　　D　摄食活动
　　D　摄食行为
　　D　索饵
　　S1　行为
　　C　捕食
　　C　摄食量
　　C　摄食强度
　　C　索饵场

摄食活动 [C5]
Feeding activity
　　Y　摄食

摄食量 [G1]
Feeding amount;
Food ration
　　D　摄取量
　　D　摄食率
　　D　摄食水平
　　C　摄食

摄食率 [G1]
Feeding rate
　　Y　摄食量

摄食强度 [E1]
Feeding intensity
　　C　摄食
　　C　投饲量

摄食水平 [G1]
Feeding level
　　Y　摄食量

摄食习性 [C3]
Feeding habit; Eating habit
　　Y　食性

摄食行为 [C5]
Feeding behavior
　　Y　摄食

参苗 [E5]
Sea cucumber seed
　　S1　苗种
　　C　幼参

砷 [B3]
Arsenic
    D 无机砷
    S1 化学元素

深度 [B5]
Depth
    Y 水深

深海 [B5]
Deep sea; Abyssal sea
    C 深海养殖
    C 深水
    C 深水网箱
    C 外海

深海捕捞 [H1]
Deep sea fishing
    Y 远洋捕捞

深海捕鱼 [H1]
Deep sea fishing
    Y 远洋捕捞

深海生物 [C1]
Deep-sea organism; Bathypelagic
organism
    S1 海洋生物
    S2 水生生物
    C 深海鱼类

深海养殖 [E1]
Deep sea aquaculture
    D 深水养殖
    S1 海水养殖
    S2 水产养殖
    C 深海

深海鱼 [C1]
Deep-sea fish
    Y 深海鱼类

深海鱼类 [C1]
Deep sea fishes
    D 深海鱼
    S1 海洋鱼类
    S2 鱼类
    C 深海生物
    C 深水
    C 外海捕捞
    C 远洋捕捞

深海鱼油 [J4]
Deep sea fish oil
    Y 鱼油

深海渔业 [N2]
Deep sea fishery
    Y 远洋渔业

深水 [B5]
Deep water
    C 深海
    C 深海鱼类
    C 水深

深水港 [L5]
Deep water harbor; Deep harbour
    S1 港口
    S2 渔港工程△
    C 大型渔船

深水网箱 [K3]
Offshore cage; Deepwater cage
    D 抗风浪深水网箱
    D 抗风浪网箱
    S1 网箱
    S2 养殖设施△
    C 深海
    C 网箱养殖

深水养殖 [E1]
Deep water aquaculture; Deep
water culture
    Y 深海养殖

鲹科 [C9]
Jacks; Cavellas; Crevallas;
Hardtails; Kingfishes; Pilot-fishes;
Pompanos; Ranners; Scads;
Trevallies
Carangidae
    S1 鲈形目
    F1 蓝圆鲹
    F1 卵形鲳鲹
    F1 鲕
    F2 杜氏鲕
    F1 竹笶鱼
    F2 智利竹笶鱼

神经 [C6]
Neural; Nerve
    S1 神经系统

神经坏死病毒 [F1]
Neural necrosis virus, NNV
    S1 病毒

神经网络 [N3]
Neural net; Neural network;
Neutral network; Neuronetwork;
Neutral networks
    C 大数据
    C 机器人
    C 数学模型
    C 智能管理

神经系统 [C6]
Nervous system
    F1 脑
    F1 神经
    C 感觉器官

神经性贝毒 [J2]
Neurotoxic shellfish poisoning
    Y 神经性贝类毒素

神经性贝类毒素 [J2]
Neurotoxic shellfish poinsoning
    D 神经性贝毒
    S1 贝类毒素
    S2 毒素
    C 腹泻性贝类毒素
    C 麻痹性贝类毒素

神仙鱼 [C9]
Angelfish
Symphysodon
    D 七彩神仙鱼
    D 天使鱼
    S1 丽鱼科
    S2 鲈形目
    C 观赏渔业

肾 [C6]
Kidney
    S1 排泄器官
    F1 头肾

渗透调节 [C4]
Osmoregulation
    D 渗透压调节
    C 渗透压

渗透压 [C4]

Osmotic pressure
   C 渗透调节

渗透压调节 [C4]
Osmotic pressure adjustment;
Osmoregulation
   Y 渗透调节

生产工艺 [J4]
Manufacturing technique;
Production technology
   Y 生产技术

生产基地 [N1]
Production base
   F1 产业园区
   F1 示范基地
   F1 渔业基地
   F1 种苗基地
   C 产业化
   C 繁育场
   C 基地建设
   C 养殖场
   C 育苗场

生产技术 [N1]
Production technology
   D 生产工艺
   C 技术

生产力 [N1]
Productivity
   C 劳动力
   C 生物生产力

生产能力 [K1]
Production capacity
   C 捕捞能力
   C 生产潜力

生产潜力 [N1]
Productive potential
   C 生产能力
   C 生产性能

生产性能 [E1]
Production performance
   C 产量
   C 生产潜力
   C 性能

生产许可证 [N2]
Production license; Production
certificate
   Y 渔业许可证

生产周期 [E1]
Production cycle
   Y 养殖周期

生存环境 [C5]
Living environment
   Y 生态环境

生存温度 [C5]
Survival temperature
   S1 温度
   C 控温养殖
   C 适温性
   C 温度适应

生蚝 [C8]
Raw oyster
   Y 牡蛎

生化特性 [C4]
Biochemical characteristics
   C 生化组成
   C 生理特性
   C 生物指标

生化需氧量 [M1]
Biochemical oxygen demand
   Y BOD

生化指标 [C3]
Biochemical index
   S1 生物指标
   S2 指标
   C 酶
   C 生化组成
   C 生理指标

生化组成 [C4]
Biochemical composition
   C 生化特性
   C 生化指标

生活史 [C1]
Life history
   C 生活习性
   C 生命周期

生活特性 [C1]
Living habit
   Y 生活习性

生活污水 [M2]
Domestic sewage
   S1 废水

生活习性 [C1]
Living habit
   D 生活特性
   S1 习性
   C 生活史

生境 [C5]
Habitat; Ecological habitat
   D 栖息场所
   D 栖息地
   D 栖息地环境
   D 栖息环境
   C 栖息习性
   C 生境选择
   C 生态环境
   C 生态位

生境选择 [C5]
Habitat selection
   C 生境
   C 自然选择

生境因子 [C5]
Habitat factor
   Y 生态因子

生理机能 [C3]
Physiological function
   C 生理特性
   C 生理学
   C 生理指标
   C 新陈代谢

生理特性 [C3]
Physiological property
   C 生化特性
   C 生理机能
   C 生理学

生理学 [C3]
Physiology
   D 动物生理学
   F1 鱼类生理学

C 繁殖生理
C 生理机能
C 生理特性
C 生理指标
C 消化生理

生理指标 [C3]
Physiological index
S1 生物指标
S2 指标
C 生化指标
C 生理机能
C 生理学

生命周期 [C1]
Life cycle
C 繁殖周期
C 生活史
C 蜕皮周期
C 性成熟
C 周期变化

生石灰 [F3]
Quicklime
S1 水质改良剂
C pH 值
C 清塘
C 水质净化

生态 [C5]
Ecology
F1 仿生态
F1 水域生态
F1 微生态
F1 渔业生态
F2 繁殖生态
F2 养殖生态
F1 种群生态
F2 群落生态
C 生态经济

生态保护 [M1]
Ecological protection; Ecological conservation
S1 环境保护
F1 生态补偿
F1 生态防治
F1 生态平衡
F1 生态修复
C 红树林湿地
C 生态容量

C 生态危害
C 生态系统
C 水资源保护
C 种群控制
C 资源保护

生态补偿 [M1]
Ecological compensation
D 生态环境补偿
S1 生态保护
S2 环境保护
C 生态容量
C 生态效益

生态采苗 [E1]
Ecological spat-collection
Y 采苗

生态毒性 [M1]
Ecological toxicity
S1 毒性
C 生态危害
C 遗传毒性

生态多样性 [C5]
Ecological diversity
S1 多样性
C 生态平衡
C 生态学
C 外来物种

生态防治 [F2]
Ecological control
S1 疾病防治
S1 生态保护
S2 环境保护
C 微生物制剂
C 有益微生物

生态分布 [C5]
Ecological distribution
S1 分布
C 鱼类生态学

生态浮床 [M3]
Ecological floating bed
D 人工浮岛
D 生物浮床
C 富营养化
C 生态修复
C 水生植物

C 水体修复
C 水质净化
C 脱氮

生态环境 [C5]
Ecological environment
D 生存环境
D 水生态环境
D 水域生态环境
C 环境容量
C 生境
C 生态监控区
C 生态条件
C 生态因子
C 水生环境
C 渔业环境
C 渔业生态

生态环境补偿 [M1]
Ecological environment compensation
Y 生态补偿

生态环境修复 [M1]
Ecological environment restoration
Y 生态修复

生态监控区 [M1]
Ecological monitoring area
C 生态环境
C 生态危害
C 生态系统
C 水质监测

生态经济 [N1]
Ecological economy
C 技术经济
C 农村经济
C 生态

生态类群 [C5]
Ecological groups
C 群落多样性
C 生态特征
C 生态位
C 生态学
C 种群
C 种群生态

生态农业 [N2]

Ecological agriculture
S1 农业
C 生态养殖
C 生态渔业
C 鱼菜共生

生态平衡 [C5]
Ecological balance
S1 生态保护
S2 环境保护
C 生态多样性
C 生态容量
C 生态系统
C 生态学
C 生态循环
C 生物链

生态容量 [M1]
Ecological carrying capacity;
Ecological capacity
D 养殖容量
C 生态保护
C 生态补偿
C 生态平衡
C 生态特征
C 生态修复
C 养殖密度

生态塘 [M3]
Ecological pond
C 水质净化
C 脱氮

生态特征 [C5]
Ecological characteristics;
Ecological character
C 生态类群
C 生态容量
C 生态因子

生态条件 [C5]
Ecological condition
C 气候因子
C 生态环境
C 生态因子
C 自然条件

生态危害 [M1]
Ecological risk; Ecological
hazard
D 生态危机

C 生态保护
C 生态毒性
C 生态监控区
C 生物安全
C 生物毒性
C 外来物种

生态危机 [M1]
Ecological crisis
Y 生态危害

生态位 [C5]
Ecological niche
C 生境
C 生态类群
C 生态系统
C 生态学
C 生态循环
C 物种组成

生态习性 [C5]
Ecological habits
S1 习性
C 鱼类生态学

生态系 [C5]
Ecosystem
Y 生态系统

生态系统 [C5]
Ecosystem
D 海洋生态系统
D 生态系
D 水生生态系统
C 群落
C 生态保护
C 生态监控区
C 生态平衡
C 生态位
C 生态修复
C 食物链
C 水生环境
C 养殖系统
C 营养级
C 种群生态

生态效益 [N1]
Ecological profit; Ecological
benefit
S1 效益
C 经济效益

C 生态补偿

生态修复 [M1]
Ecological remediation
D 生态环境修复
D 生物修复
S1 生态保护
S2 环境保护
C 环境改良
C 生态浮床
C 生态容量
C 生态系统
C 水体修复
C 修复技术

生态学 [C5]
Ecology
D 微生态学
F1 海洋生态学
F1 鱼类生态学
C 仿生态
C 生态多样性
C 生态类群
C 生态平衡
C 生态位
C 生态循环
C 生物学

生态循环 [C5]
Ecological cycle
C 生态平衡
C 生态位
C 生态学
C 微生态
C 循环渔业
C 物质循环

生态养鱼 [E2]
ecological fish culture
S1 鱼类养殖
C 稻田养鱼
C 繁殖生态
C 混养
C 生态养殖

生态养殖 [E1]
ecological aquaculture
D 绿色养殖
S1 水产养殖
C 稻田养虾
C 稻田养蟹

C 生态农业
C 生态养鱼
C 生态渔业
C 养殖生态
C 氧化塘
C 鱼菜共生
C 鱼虾混养
C 鱼鸭混养

生态因子 [C5]
ecological factor
D 生境因子
C 生态环境
C 生态特征
C 生态条件

生态渔业 [N2]
Ecological fishery
S1 渔业
C 生态农业
C 生态养殖

生态育苗 [E1]
Ecological seed rearing
Y 苗种培育

生物安全 [C1]
Biosecurity
C 生态危害
C 生物入侵
C 食品安全
C 危害
C 物种保护
C 疫苗制备
C 引进种
C 引种
C 渔业安全

生物胺 [C4]
Biogenic amine
C 腐败

生物保鲜剂 [J3]
Biological antistaling agent
Y 保鲜剂

生物标本 [C1]
Biological specimen
C 标本制作

生物传感器 [N3]

Biosensor
S1 传感器

生物调查 [C1]
Biological survey
S1 调查
C 采样
C 浮游生物
C 观测
C 海洋调查
C 生物统计

生物毒素 [M2]
Biotoxin
Y 毒素

生物毒性 [M1]
Biotoxicity
S1 毒性
C 生态危害
C 致死浓度

生物多样性 [C5]
Biodiversity
D 种类多样性
S1 多样性
C 近缘种
C 物种多样性

生物饵料 [G1]
Live feed
Y 生物饲料

生物防治 [F2]
Biotic control; Biocontrol;
Biological control
S1 疾病防治
C 赤潮治理

生物分类 [C1]
Biological classification
S1 分类
F1 形态分类
C 生物鉴定
C 系统分类

生物分类学 [C1]
Biological taxonomy
Y 分类学

生物浮床 [M3]

Ecological floating bed
Y 生态浮床

生物富集 [C3]
Biological concentration;
Bioenrichment
D 富集
C 本底污染
C 农药
C 食物链
C 药物残留
C 重金属
C 重金属污染

生物工程 [C1]
Bioengineering
D 生物技术
F1 基因工程
F2 基因重组
F2 基因定位
F2 基因敲除
F2 原核表达
F1 克隆
F2 cDNA 克隆
F2 基因克隆
F1 细胞工程
F2 核移植
C 育种

生物耗氧量 [M1]
Biological oxygen demand;
Biological oxygen demand
Y BOD

生物化学 [C1]
Biochemistry
S1 化学
C 电泳

生物活性 [C4]
Bioactivity
F1 抗菌活性
F1 抗氧化活性
F1 酶活性
F1 细胞活性
C 活性污泥
C 免疫活性细胞

生物技术 [C1]
Biotechnology
Y 生物工程

生物监测 [M3]
Biological monitoring;
Biomonitoring
  S1 监测
  C 环境监测
  C 污染源

生物鉴定 [C1]
Bioassay
  C 分类学
  C 鉴定
  C 生物分类
  C 物种鉴定
  C 种群鉴定
  C 种质鉴定

生物降解 [M1]
Biodegradation
  S1 降解
  S2 化学反应
  C 降解菌

生物净化 [M3]
Biological purification;
Biological cleaning
  Y 自净

生物科学 [C1]
Bioscience
  Y 生物学

生物链 [C5]
Biological chain
  C 捕食者
  C 生态平衡
  C 食物竞争
  C 食物链
  C 食物选择

生物量 [D2]
Biomass
  D 生物总量
  D 现存量
  D 资源量
  F1 藻类生物量
  C 丰度

生物滤池 [K3]
Biofilter; Bbiological filter
  D 生物滤器
  C 废水处理

  C 曝气系统
  C 生物膜
  C 生物氧化
  C 循环水养殖系统

生物滤器 [K3]
Biofilter; Biological filter
  Y 生物滤池

生物膜 [K3]
Biomembrane; Biofilm;
Biological membrane
  C 废水处理
  C 生物滤池
  C 生物转盘
  C 水质净化

生物区系 [C5]
Biota
  F1 病原区系
  F1 鱼类区系
  C 渔业保护区

生物群 [C5]
Biota
  C 集群
  C 群体
  C 种群

生物入侵 [D3]
biological invasion
  D 入侵物种
  D 外来物种入侵
  D 物种入侵
  S1 物种
  C 毒性
  C 生物安全
  C 食物竞争
  C 外来物种
  C 外来鱼类
  C 引进种
  C 种群生态

生物生产力 [D2]
Biological productivity
  F1 初级生产力
  F1 次级生产力
  F1 鱼产力
  C 群体产量
  C 生产力
  C 资源评估

生物饲料 [G1]
Live feed
  D 生物饵料
  S1 水产饲料
  C 发酵饲料
  C 饲料系数
  C 饲料原料
  C 添加剂

生物统计 [C1]
Biometrics
  C 生物调查

生物污染 [M1]
Biological pollution
  S1 环境污染
  F1 蓝藻污染
  F1 微生物污染
  C 污染源
  C 致病菌

生物物种 [D1]
Biological species
  Y 物种

生物信息学 [N3]
Bioinformatics
  C 信息

生物修复 [C5]
Bio-remediation
  Y 生态修复

生物需氧量 [M1]
Biological oxygen demand
  Y BOD

生物絮凝 [M3]
Biological flocculation
  Y 生物絮团

生物絮团 [M3]
Biofloc
  D 生物絮凝
  C 曝气系统
  C 水质净化
  C 絮凝沉淀
  C 絮凝机理
  C 絮凝剂
  C 有机絮凝剂

生物学 [C1]
Biology
　　D 生物科学
　　F1 繁殖生物学
　　F1 分子生物学
　　F1 海洋生物学
　　F1 水生生物学
　　　F2 鱼类生物学
　　F1 渔业生物学
　　F1 种群生物学
　　C 动物学
　　C 分类学
　　C 生态学
　　C 形态学

生物学特性 [C1]
Biological property; Biological characteristic
　　D 生物学特征
　　D 生物学习性
　　F1 繁殖力
　　F1 广温性
　　F1 广盐性
　　F1 寄生性
　　F1 抗逆性
　　F1 免疫力
　　F1 耐寒性
　　F1 耐热性
　　F1 耐受性
　　F1 耐盐性
　　F1 暖水性
　　F1 适温性
　　F1 狭盐性
　　C 洄游
　　C 生物指标
　　C 物候
　　C 遗传特性

生物学特征 [C1]
Biological property
　　Y 生物学特性

生物学习性 [C1]
Biological learning
　　Y 生物学特性

生物氧化 [C4]
Biological oxidation
　　C 过氧化值
　　C 抗氧化活性
　　C 抗氧化剂

　　C 抗氧化酶
　　C 抗氧化能力
　　C 生物滤池
　　C 氧化反应
　　C 氧化三甲胺
　　C 异味

生物源 [D1]
Biological source;
Biogenic
　　Y 物种

生物增氧 [E1]
Biological aeration;
Biological enhancementoxygen
　　S1 增氧
　　C 生物转盘
　　C 厌氧菌
　　C 氧债

生物指标 [C1]
Biomarkers
　　S1 指标
　　F1 免疫指标
　　F1 生化指标
　　F1 生理指标
　　F1 血液指标
　　C 环境监测
　　C 生化特性
　　C 生物学特性

生物制剂 [F3]
Biological agents;
Biological preparation
　　Y 微生物制剂

生物钟 [C3]
Biological clock
　　C 昼夜节律

生物种 [D1]
Biological species
　　Y 物种

生物转盘 [M3]
Rotating biological;
Rotating bio-disc
　　C 废水处理
　　C 生物膜
　　C 生物增氧
　　C 水质净化

生物资源 [D1]
Biological resources; Living resources; Biotic resource
　　D 水生生物资源
　　C 海洋资源
　　C 渔业资源
　　C 种质资源
　　C 资源变动
　　C 资源调查
　　C 资源监测
　　C 资源衰退
　　C 资源增殖

生物总量 [D1]
Total biomass
　　Y 生物量

生鱼片 [J1]
Sasimi; Slices of raw fish
　　Y 鱼片

生长 [D1]
Growth
　　S1 种群机能
　　C 生长季节
　　C 生长模型
　　C 生长特性
　　C 生长因子
　　C 生长优势

生长方程 [D1]
Growth equation
　　Y 生长模型

生长基因 [C2]
Growth gene
　　S1 功能基因
　　S2 基因
　　C 生长因子

生长季节 [D1]
Growing season
　　S1 季节
　　C 生长

生长率 [D2]
Growth rate
　　D 特定生长率
　　F1 相对生长率
　　C 生长模型
　　C 生长速度

C 生长因子
C 增重率

生长模型 [D1]
Growth model
D 生长方程
D 生长曲线
S1 模型
C 生长
C 生长率
C 体重
C 增重量
C 增重率

生长曲线 [D1]
Growth curve
Y 生长模型

生长素 [C4]
Auxin
S1 激素
C 生长因子
C 植物激素

生长速度 [D2]
Growth rate
D 生长速率
C 生长率
C 生长特性
C 增重率
C 种群机能

生长速率 [D2]
Growth rate
Y 生长速度

生长特性 [D1]
Growth characteristics
D 生长习性
D 生长性能
D 生长性状
C 生长
C 生长速度
C 生长因子
C 生长优势

生长习性 [D1]
Growth habit
Y 生长特性

生长性能 [D1]

Growth performance; Growth
properties
Y 生长特性

生长性状 [D1]
Growth traits
Y 生长特性

生长因子 [C1]
Growth factor
C 促生长剂
C 生长
C 生长基因
C 生长率
C 生长素
C 生长特性

生长优势 [D1]
Preferential growth,Growth
advantage
C 生长
C 生长特性
C 资源优势

生殖 [C2]
Reproduction
D 生殖方式
D 生殖行为
F1 单性生殖
F2 雌核发育
F2 雄核发育
F1 无性生殖
F1 有性生殖
C 产卵洄游
C 交配
C 生殖器官
C 外套膜
C 行为
C 性激素

生殖方式 [C2]
Reproductive mode; Method of
reproduction
Y 生殖

生殖洄游 [D1]
Reproduction migration;
Spawning migration; Breeding
migration
Y 产卵洄游

生殖激素 [C4]
Reproductive hormones
Y 性激素

生殖孔 [C6]
Genital pore; Genital aperture
S1 生殖器官
C 外套腔

生殖力 [D1]
Fecundity; Fertility
Y 繁殖力

生殖器官 [C6]
Reproductive organ
D 生殖系统
D 生殖腺
D 性腺
F1 精巢
F1 精荚
F1 卵巢
F1 生殖孔
C 成熟度
C 精子
C 纳精囊
C 排精
C 生殖
C 泄殖孔
C 性成熟
C 性征
C 组织学

生殖群体 [D1]
Reproductive group; Spawning
stock
Y 繁殖群体

生殖系统 [C6]
Reproductive system
Y 生殖器官

生殖细胞 [C2]
Germ cell
F1 精母细胞
F1 精子
F2 异源精子
F1 卵母细胞
F1 卵子
F2 成熟卵
F2 发眼卵
F2 受精卵

F2 休眠卵
C 细胞

生殖腺 [C6]
Gonad
Y 生殖器官

生殖行为 [C2]
Reproductive behaviour
Y 生殖

生殖周期 [D1]
Reproductive cycle
Y 繁殖周期

声波 [B2]
Sound wave
F1 超声波
C 回声探测
C 噪声

声呐 [N3]
Acoustic susceptance; Sonar
C 声学
C 探鱼仪

声学 [B2]
Acoustics
S1 物理学
F1 水声学
C 超声波
C 回声探测
C 声呐
C 声学仪器
C 噪声

声学仪器 [K2]
Acoustic equipment
C 超声波
C 换能器
C 回声探测
C 声学
C 水声学
C 渔用仪器
C 噪声
C 资源评估

绳索 [H2]
Rope
D 纲索
D 缆绳

F1 钢丝绳
F1 合成纤维绳
F1 苗绳
C 沉子纲
C 粗度
C 浮绠
C 括纲

嵊山渔场 [P]
Shengshan Fishing Ground
S1 渔场
C 吕泗渔场

虱目鱼 [C9]
Milkfish
Chanos chanos
Y 遮目鱼

施肥 [G2]
Fertilizing; Apply fertilizer
C 肥料
C 肥效
C 基肥
C 需肥量

施工 [L5]
Construction
C 渔港工程

施氏獭蛤 [C8]
Lutraria sieboldii
S1 蛤蜊
S2 双壳类

施氏鲟 [C9]
Amur sturgeon
Acipenser schrenckii
D 史氏鲟
S1 鲟鱼

施药技术 [F3]
Medication technology
Y 投药方法

狮子鱼 [C9]
Snailfish
Liparis
S1 鲉形目

湿地 [B6]
Wetland

F1 红树林湿地
F1 人工湿地
F1 滩涂湿地
F1 沼泽
C 水资源
C 盐碱地

湿度 [B4]
Humidity
C 干燥
C 降水
C 气候因子
C 水分
C 水分活度
C 脱水
C 蒸发

湿法鱼粉 [J4]
Wet fish meal
S1 鱼粉
S2 蛋白源
C 粉碎加工
C 干法鱼粉
C 浓缩鱼蛋白
C 液体鱼蛋白
C 鱼粉加工
C 蒸煮

鲺病 [F1]
Arguliosis
D 鱼虱病
D 鱼鲺病
S1 寄生虫疾病

鰤 [C9]
Amberjack
Seriola
D 鰤鱼
S1 鲹科
S2 鲈形目
F1 杜氏鰤

鰤鱼 [C9]
Amberjack
Seriola
Y 鰤

石斑鱼 [C9]
Grouper
Epinephelus
S1 鲈形目

F1 鞍带石斑鱼
F1 橙点石斑鱼
F1 斜带石斑鱼

石鳖 [C8]
Polyplacophora
C 软体动物

石莼 [C7]
Ulva lactuca
Ulva lactuca
S1 绿藻

石岛渔场 [P]
Shidao Fishing Ground
S1 渔场
C 黄海
C 山东

石花菜 [C7]
Gelidium amansii
Gelidium amansii
S1 红藻

石首鱼 [C9]
Croakers; Drums
Sciaenidae
Y 石首鱼科

石首鱼科 [C9]
Croakers; Drums
Sciaenidae
D 石首鱼
S1 鲈形目
F1 白姑鱼
F1 黄唇鱼
F1 黄姑鱼
F1 黄鱼
F2 大黄鱼
F2 小黄鱼
F1 叫姑鱼
F1 梅童鱼
F1 鮸
F1 鮸状黄姑鱼

石蟹 [C8]
Fossil crab
Macrophtalmus
Y 大眼蟹

石油污染 [M2]

Petroleum pollution
Y 油污染

时间分布 [C5]
Temporal distribution
S1 分布
C 昼夜变化

时空分布 [C5]
Temporal and spatial distribution
Y 空间分布

实时监控 [M1]
Real time monitoring
Y 自动监测

实验室 [A]
Laboratory
C 试验
C 研究

食品安全 [J2]
Food safety
D 食品安全性
C 河鲀中毒
C 农药污染
C 生物安全
C 食品加工
C 食品卫生
C 食物中毒
C 污染事故
C 药物残留
C 栅栏技术
C 质量安全
C 重金属污染

食品安全性 [J2]
Food safety
Y 食品安全

食品成分 [J2]
Food composition
C 呈味成分
C 食品加工
C 食物中毒

食品工业 [J1]
Food industry
C 食品加工
C 水产品加工业

食品加工 [J1]
Food processing
C 罐头加工
C 海带食品
C 加工机械
C 加工技术
C 疗效食品
C 食品安全
C 食品成分
C 食品工业
C 食品卫生
C 水产加工品
C 水产品加工厂
C 水产食品
C 调味食品
C 熏鱼
C 熏制
C 盐渍
C 鱼类处理机械
C 藻类食品
C 即食水产品
C 熟制水产品

食品添加剂 [J2]
Food additive
S1 添加剂
F1 食用色素
F1 调味剂
C 多聚磷酸盐
C 防腐剂
C 防霉剂
C 柠檬酸
C 山梨酸盐
C 调味食品
C 虾味香精

食品卫生 [J2]
Food hygiene
C 食品安全
C 食品加工
C 食物中毒
C 水产品检验
C 水产品污染
C 微生物指标
C 质量指标

食人鲳 [C9]
Piranha
Serrasalmus nattereri
Y 纳氏锯脂鲤

食人鱼 [C9]
Piranha
Pygocentrus nattereri
(Serrasalmus nattereri)
  Y 纳氏锯脂鲤

食蚊鱼 [C9]
Mosquitofish
Gambusia affinis affinis
  D 柳条鱼
  S1 花鳉科
   S2 辐鳍亚纲

食物竞争 [C5]
Food competition
  S1 竞争
  C 饥饿
  C 生物链
  C 生物入侵
  C 食物链
  C 食物选择
  C 食性
  C 同类相残
  C 种间竞争

食物链 [D1]
Food chain
  D 食物网
  C 饥饿
  C 生态系统
  C 生物富集
  C 生物链
  C 食物竞争
  C 食物选择
  C 食物转化
  C 食物组成
  C 食性
  C 营养级

食物网 [D1]
Food web
  Y 食物链

食物纤维 [C4]
Food fiber
  D 膳食纤维
  C 海藻纤维

食物选择 [C3]
Food preference
  S1 动物营养

  S2 营养
  C 生物链
  C 食物竞争
  C 食物链
  C 食物组成
  C 食性

食物中毒 [J2]
Food poisoning
  S1 中毒
  F1 河鲀中毒
  F1 组胺中毒
  C 腹泻性贝类毒素
  C 解毒
  C 食品安全
  C 食品成分
  C 食品卫生
  C 水产食品
  C 鲀形目
  C 亚急性中毒
  C 油脂酸败

食物转化 [C3]
Food conversion
  S1 动物营养
   S2 营养
  C 能量收支
  C 食物链
  C 饲料成分
  C 饲料系数

食物组成 [C3]
Food composition
  S1 动物营养
   S2 营养
  C 食物链
  C 食物选择
  C 胃含物
  C 营养级

食性 [C3]
Feeding habit
  D 摄食习性
  F1 捕食性
  F1 草食性
  F1 滤食性
  F1 肉食性
  F1 杂食性
  C 食物竞争
  C 食物链
  C 食物选择

食盐 [B3]
Table salt
  Y 氯化钠

食用贝类 [C1]
Edible shellfishes
  S1 贝类
  C 贝壳粉
  C 贝类净化
  C 贝类制品
  C 贝肉
  C 干贝
  C 裙边
  C 食用水产品
  C 吐沙
  C 脱壳

食用色素 [J2]
Colorant
  S1 食品添加剂
   S2 添加剂

食用水产品 [J1]
Edible aquatic products
  S1 水产品
  C 可食部分
  C 绿色食品
  C 浓缩鱼蛋白
  C 食用贝类
  C 食用鱼类
  C 水产加工品
  C 水产品消费
  C 水产食品
  C 消费者

食用鱼粉 [J4]
Edible fish meal; Fish flour
  Y 浓缩鱼蛋白

食用鱼类 [E1]
Food fishes
  S1 鱼类
  C 成鱼池
  C 成鱼养殖
  C 商品鱼
  C 食用水产品

食欲减退 [F1]
Anorexia
  C 诊断

鲥 [C9]
Reeves shad
Macrura reevesii
　D 长江鲥鱼
　S1 鲱形目

史氏鲟 [C9]
Amur sturgeon
Acipenser schrenckii
　Y 施氏鲟

世代交替 [C1]
Alternation of generations
　C 孢子体
　C 进化
　C 配子体

世界 [P]
World
　F1 北美洲
　F1 大洋洲
　F1 非洲
　F1 南美洲
　F1 欧洲
　F1 亚洲
　　F2 东南亚

世界大洋 [P]
World ocean
　F1 大西洋
　　F2 北大西洋
　　F2 大西洋沿岸
　　F2 西南大西洋
　F1 南大洋
　F1 太平洋
　　F2 北太平洋*
　　　F3 东北太平洋
　　　F3 西北太平洋
　　F2 东太平洋
　　F2 南太平洋
　　F2 西太平洋
　F1 印度洋
　C 地中海

世界贸易组织 [A]
World Trade Organization
　Y WTO

世界渔业 [N2]
World fisheries
　Y 国际渔业

市场 [N1]
Market
　F1 国际市场
　F1 国内市场
　F1 批发市场
　F1 水产品市场
　C 价格
　C 金融危机
　C 需求
　C 营销

市场管理 [N1]
Market management
　S1 管理
　C 水产品市场

市场行情 [N1]
Market quotation
　C 价格
　C 市场预测

市场经济 [N1]
Market economy
　S1 经济体制
　C 金融危机

市场潜力 [N1]
Market potential
　C 市场预测
　C 水产品市场
　C 需求

市场信息 [N1]
Market information
　S1 信息
　C 水产品市场

市场预测 [N1]
Market forecast
　S1 预测
　C 价格
　C 市场行情
　C 市场潜力
　C 水产品市场
　C 需求

示范场 [K3]
Demonstration farm
　Y 示范基地

示范基地 [K3]

Demonstration base
　D 示范场
　D 养殖示范区
　S1 生产基地
　C 基地建设

示踪 [C4]
Tracing
　C 同位素

事故 [K1]
Accident
　F1 船舶碰撞
　F1 污染事故
　　F2 船舶溢油
　　F2 死鱼事件
　C 安全设备
　C 安全生产
　C 报警装置
　C 故障
　C 渔船安全
　C 渔船维修
　C 渔业安全

视觉 [C3]
Vision
　C 眼柄
　C 眼睛

试捕 [H1]
Fishing trial
　D 探捕
　C 资源监测

试验 [A]
Experiment
　F1 毒性试验
　　F2 急性毒性试验
　F1 繁育试验
　F1 模型试验
　F1 水槽试验
　F1 抑菌试验
　F1 药敏试验
　F1 正交试验
　F1 致病性试验
　C 技术推广
　C 技术引进
　C 实验室
　C 试验鱼
　C 调试
　C 研究

试验鱼 [E2]
Test fish
　　C 良种推广
　　C 试验
　　C 研究

适口性 [G1]
Palatability
　　C 水产饲料
　　C 诱食
　　C 诱食剂

适温性 [C3]
Thermophily
　　S1 生物学特性
　　C 低温适应
　　C 广温性
　　C 控温养殖
　　C 生存温度
　　C 温度适应

适应 [C5]
Adaptation
　　D 适应性
　　F1 低温适应
　　F1 温度适应
　　C 流水刺激
　　C 驯化

适应性 [C5]
Adaptability
　　Y 适应

嗜水气单胞菌 [C7]
Aeromonas hydrophila
　　S1 气单胞菌
　　S2 致病菌

嗜子宫线虫 [C8]
Philometroides cyprini
　　Y 嗜子宫线虫病

嗜子宫线虫病 [F1]
Philometriosis
　　D 嗜子宫线虫
　　S1 线虫病
　　S2 寄生虫疾病

噬菌体 [C7]
Bacteriophage
　　C 病毒

C 噬菌蛭弧菌
C 吞噬作用
C 柱状嗜纤维菌

噬菌蛭弧菌 [C7]
Bdellovibrio bacteriovorus
　　D 蛭弧菌
　　S1 弧菌
　　S2 致病菌
　　C 噬菌体
　　C 吞噬作用

收购 [N1]
Buying; Acquisition
　　D 采购
　　C 水产品收购

收获机械 [K3]
Harvesting machine
　　C 鱼类养殖

收入 [N1]
Net income
　　F1 渔民收入
　　C 分配
　　C 经济指标
　　C 渔村经济

收缩率 [H2]
Shrinkage
　　C 渔具材料

手册 [A]
Manual
　　S1 资料
　　C 管理

手钓 [H3]
Handline
　　S1 钓鱼法
　　S2 渔法
　　C 垂钓
　　C 垂钓者
　　C 钓饵
　　C 钓竿
　　C 钓线
　　C 钓鱼船
　　C 钓具
　　C 竿钓
　　C 钩钓
　　C 上钩率

C 休闲垂钓
C 延绳钓
C 鱼线

受精 [C2]
Fertilization
　　F1 体外受精
　　F1 异体受精
　　F1 自体受精
　　C 有性生殖

受精卵 [E1]
Fertilized eggs
　　S1 卵子
　　S2 生殖细胞
　　C 鳖卵
　　C 采卵
　　C 产卵
　　C 成熟卵
　　C 发眼卵
　　C 孵化
　　C 孵化率
　　C 浮性卵
　　C 受精率
　　C 黏性卵

受精卵发育 [C2]
Development fertilized eggs
　　Y 胚胎发育

受精率 [E1]
Fertilization rate
　　C 精液冷冻保存
　　C 人工授精
　　C 受精卵
　　C 自体受精

熟食品 [J4]
Cooked food
　　Y 熟制水产品

熟制水产品 [J4]
Cooked fishery food
　　D 熟食品
　　C 食品加工
　　C 水产加工品
　　C 水产食品

鼠海豚 [C9]
Harbor porpoise
Phocoena phocoena

S1 鲸类
 S2 哺乳动物
C 江豚

术语 [A]
Terminology
C 概念
C 名称

竖鳞病 [F1]
Lepidorthosis
D 鳞立病
S1 细菌性疾病

数据 [N3]
Data
F1 大数据
F1 统计数据
C 数据采集
C 数据库
C 信息资源

数据采集 [N3]
Data collection
C 调查
C 监测
C 数据

数据处理 [N3]
Data processing
D 数据分析
C 数据挖掘
C 图像处理

数据分析 [N3]
Data analysis
Y 数据处理

数据库 [N3]
Data base
C 数据
C 索引

数据挖掘 [N3]
Data mining
C 数据处理

数量分布 [D1]
Quantitative distribution
S1 分布
C 种群密度

C 种群数量
C 昼夜变化

数量性状 [C2]
Quantitative characters
S1 遗传性状
C 基因工程
C 经济性状

数学模型 [B1]
Mathematical mode
D 数值模拟
S1 模型
C 方程
C 公式
C 函数
C 神经网络
C 响应面法

数值模拟 [B1]
Numerical simulation
Y 数学模型

属间杂交 [C2]
Intergeneric cross; Inter-generic crossing; Intergeneric hybridization; Bigeneric cross
Y 远缘杂交

属具 [H2]
Accessory
F1 沉子
F1 浮子
F1 网板
C 索具

属性 [A]
Attribute
C 性质

双齿围沙蚕 [C8]
Palolo worm
Perinereis aibuhitensis
Y 沙蚕

双髻鲨 [C9]
Hammerhead shark
Sphyrna
S1 软骨鱼类

双壳贝类 [C8]

Bivalve molluscs
Y 双壳类

双壳类 [C8]
Bivalves
D 瓣鳃纲
D 滤食性贝类
D 双壳贝类
F1 蚌
 F2 河蚌
 F2 绢丝丽蚌
 F2 三角帆蚌
 F2 褶纹冠蚌
F1 砗磲
F1 船蛆
F1 蛤蜊
 F2 施氏獭蛤
 F2 四角蛤蜊
 F2 西施舌
F1 海笋
F1 海月
F1 蚶
 F2 魁蚶
 F2 毛蚶
 F2 泥蚶
F1 江珧
F1 帘蛤科
 F2 菲律宾蛤仔
 F2 美洲帘蛤
 F2 青蛤
 F2 文蛤
 F2 杂色蛤仔
F1 牡蛎
 F2 长牡蛎
 F2 大连湾牡蛎
 F2 近江牡蛎
 F2 香港巨牡蛎
 F2 褶牡蛎
F1 日月贝
F1 扇贝
 F2 海湾扇贝
 F2 华贵栉孔扇贝
 F2 栉孔扇贝
F1 太平洋潜泥蛤
F1 蚬
 F2 河蚬
F1 贻贝
 F2 翡翠贻贝
 F2 厚壳贻贝
 F2 紫贻贝
F1 樱蛤

F1 珍珠蚌
F1 珍珠贝
　F2 大珠母贝
　F2 合浦珠母贝
　F2 珠母贝
F1 竹蛏科
　F2 缢蛏
C 贝类
C 软体动物

双拖网渔船 [L1]
Pair trawlers
　S1 拖网渔船
　　S2 渔船

双星藻 [C7]
Zygnema
　S1 绿藻

双穴吸虫病 [F1]
Diplostomiasis
　Y 复口吸虫病

水鳖科 [C7]
Hydrocharitaceae
　S1 被子植物
　F1 黑藻
　F1 伊乐藻

水冰保鲜 [J3]
Ice-water freshening
　Y 冰鲜

水不溶物 [J5]
Insoluble solid in water
　C 絮状物
　C 悬浮物
　C 杂质

水槽 [K3]
Water trough; Water channel;
Gutter
　S1 养殖设施
　　S2 渔业设施

水槽试验 [H2]
Tank test
　S1 试验

水草 [C7]
Aquatic weed

D 沉水植物
D 海草
S1 水生植物
　S2 植物
C 狐尾藻
C 黄丝草
C 菹草

水产捕捞业 [N2]
Fishing industry
　D 捕捞业
　S1 渔业
　F1 钓渔业
　C 捕捞
　C 捕捞产量
　C 淡水捕捞
　C 海洋捕捞
　C 燃油补贴

水产动物 [C1]
Aquatic animal
　C 经济贝类
　C 经济鱼类
　C 经济种类
　C 水产生物
　C 水生动物
　C 养殖动物

水产动物病 [F1]
Aquatic animal disease
　Y 水产养殖病害

水产动物疾病 [F1]
Aquatic animal diseases
　Y 水产养殖病害

水产动物饲料 [G1]
Aquatic animal feed
　Y 水产饲料

水产动物营养 [G1]
Aquatic animal nutrition
　Y 动物营养

水产公司 [N1]
Fishery company
　Y 渔业公司

水产加工 [J1]
Fishery products processing
　Y 水产品加工业

水产加工品 [J4]
Processed fishery products
　D 加工制品
　D 水产制品
　C 钙
　C 海藻产品
　C 冷冻水产品
　C 食品加工
　C 食用水产品
　C 水产品加工厂
　C 水产品加工业
　C 水产食品
　C 虾仁
　C 鱼粉
　C 鱼肝油
　C 鱼类处理机械
　C 熟制水产品

水产加工业 [J1]
Fishery product processing industry
　Y 水产品加工业

水产教育 [N2]
Fishery education
　C 科技进步

水产科技 [N2]
Fishery science and technology
　D 水产科研
　D 渔业科技
　C 科技成果
　C 科技进步
　C 科研管理

水产科学 [N2]
Fishery science
　D 水产学
　D 渔业科学
　F1 捕捞学
　F1 水产养殖学

水产科研 [N2]
Fishery scientific research
　Y 水产科技

水产良种场 [N2]
Aquatic breeding farm
　D 良种繁育基地
　D 良种基地
　S1 养殖场
　C 良种培育

C 良种选育
C 鱼种场
C 种苗基地

水产品 [N1]
Aquatic product; Fish; Fishery products
　　D 鱼产品
　　D 渔产品
　　D 渔业产品
　　F1 淡水产品
　　F1 低值水产品
　　　F2 低值鱼
　　F1 海产品
　　　F2 海水贝类
　　　F2 海水虾
　　F1 食用水产品
　　F1 特种水产品
　　F1 无公害水产品
　　F1 养殖水产品
　　　F2 养殖对虾
　　　F2 养殖鱼类
　　F1 有机水产品
　　C 供应
　　C 冷冻水产品
　　C 绿色食品
　　C 商品
　　C 商品规格
　　C 上市量
　　C 无公害农产品

水产品保鲜 [J3]
Preservation of aquatic products
　　Y 保鲜

水产品加工 [J1]
Fish processing
　　Y 水产品加工业

水产品加工厂 [J1]
Fishery product processing plant
　　C 冷冻厂
　　C 食品加工
　　C 水产加工品
　　C 水产品加工业
　　C 鱼粉加工
　　C 鱼类处理机械
　　C 鱼片
　　C 综合利用

水产品加工业 [J1]

Fishery product processing industry
　　D 淡水鱼加工
　　D 海产品加工
　　D 水产加工
　　D 水产加工业
　　D 水产品加工
　　D 鱼类加工
　　S1 渔业
　　C 加工机械
　　C 食品工业
　　C 水产加工品
　　C 水产品加工厂
　　C 水产食品
　　C 水产专业
　　C 鱼类处理机械
　　C 鱼片
　　C 综合利用

水产品检验 [J5]
Aquatic product examination
　　F1 感官评价
　　F1 目检
　　F1 细菌检验
　　F1 鲜度检验
　　C 抽检
　　C 分析
　　C 检验
　　C 食品卫生
　　C 鲜度
　　C 质量检测
　　C 质量评定
　　C 质量指标
　　C 组织提取物

水产品冷库 [J3]
Aquatic products cold storage
　　Y 冷藏库

水产品流通 [N1]
Aquatic products circulation
　　D 流通
　　D 水产品物流
　　C 冷链
　　C 批发市场
　　C 销售

水产品批发 [N1]
Aquatic products wholesale
　　Y 批发

水产品市场 [N1]

Aquatic product market
　　D 水产市场
　　D 鱼市场
　　S1 市场
　　C 供求关系
　　C 市场管理
　　C 市场潜力
　　C 市场信息
　　C 市场预测

水产品收购 [N1]
Aquatic products purchase
　　C 收购

水产品污染 [J2]
Fishery product contamination
　　S1 渔业污染
　　　S2 环境污染
　　C 食品卫生
　　C 重金属中毒

水产品物流 [N1]
Aquatic products logistics
　　Y 水产品流通

水产品消费 [N1]
Aquatic product consumption
　　D 水产品消费量
　　D 消费
　　C 供求关系
　　C 食用水产品
　　C 水产品总产量
　　C 消费者
　　C 需求

水产品消费量 [N1]
Aquatic products consumption
　　Y 水产品消费

水产品养殖 [E1]
Aquaculture
　　Y 水产养殖

水产品质量 [J5]
Aquatic products quality
　　Y 产品质量

水产品总产量 [N1]
Total output of aquatic products
　　D 水产品总量
　　D 渔业产量

D 渔业总产量
S1 产量
F1 捕捞产量
F1 养殖产量
C 供求关系
C 水产品消费
C 渔业统计

水产品总量 [N1]
Total aquatic products
　Y 水产品总产量

水产企业 [N1]
Fishery enterprise
　Y 渔业公司

水产生物 [C1]
Aquatic Organism
　S1 水生生物
　C 淡水生物
　C 近海生物
　C 水产动物

水产食品 [J4]
Fishery food
　D 鱼制品
　C 冻结鱼品
　C 发酵制品
　C 干制品
　C 疗效食品
　C 绿色食品
　C 食品加工
　C 食物中毒
　C 食用水产品
　C 水产加工品
　C 水产品加工业
　C 调味食品
　C 鱼糜制品
　C 鱼松
　C 即食水产品
　C 模拟水产食品
　C 熟制水产品

水产市场 [N1]
Fish Market
　Y 水产品市场

水产饲料 [G1]
Aquatic feed
　D 饵料
　D 水产动物饲料

D 饲料
D 渔用饲料
F1 沉性饲料
F1 蛋白饲料
F1 动物性饲料
F1 发酵饲料
F1 粉状饲料
F1 浮性饲料
F1 高胆固醇饲料
F1 高糖饲料
F1 高脂肪饲料
F1 开口饲料
F1 能量饲料
F1 浓缩饲料
F1 配合饲料
　F2 全价饲料
F1 膨化饲料
F1 商品饲料
F1 生物饲料
F1 饲料品种
　F2 虾饲料
　F2 蟹饲料
　F2 鱼饲料*
　　F3 亲鱼饲料
F1 微胶囊饲料
F1 无公害饲料
F1 植物性饲料
　F2 粗饲料
　F2 谷物饲料
　F2 苜蓿草粉
　F2 青饲料
　F2 青贮饲料
C 适口性
C 饲料企业
C 饲料质量

水产学 [N2]
Fishery science
　Y 水产科学

水产学会 [N2]
Society of fisheries
　S1 渔业团体

水产养殖 [E1]
Aquaculture
　D 水产品养殖
　D 养殖
　F1 半咸水养殖
　　F2 港养
　F1 池塘养殖

F1 传统养殖
F1 淡水养殖
　F2 稻田养殖
　F2 湖泊养殖
　F2 水库养殖
F1 高密度养殖
F1 工厂化养殖
F1 规模化养殖
F1 海水养殖
　F2 底播养殖
　F2 筏式养殖
　F2 海珍品养殖
　F2 浅海养殖
　F2 深海养殖
　F2 滩涂养殖
　F2 延绳养殖
F1 健康养殖
F1 控温养殖
F1 立体养殖
F1 流水养殖
　F2 微流水养殖
　F2 温流水养殖
F1 生态养殖
F1 特种水产养殖
F1 庭院养殖
F1 网箱养殖
F1 围拦养殖
F1 围网养殖
F1 温室养殖
F1 现代养殖
F1 循环水养殖
F1 综合养殖
C 虾类养殖
C 蟹类养殖
C 养殖技术
C 鱼类养殖
C 藻类养殖

水产养殖保险 [N2]
Aquaculture insurance
　S1 渔业保险
　C 养殖风险
　C 渔业灾害

水产养殖病害 [F1]
Aquaculture diseases
　D 水产动物病
　D 水产动物疾病
　D 水生动物疫病
　D 水生生物病害
　D 养殖病害

D 重大动物疫病
C 贝类病害
C 病害测报
C 藻类病害

水产养殖场 [K3]
Aquaculture farms; Aquafarm
Y 养殖场

水产养殖水处理 [M3]
Aquaculture wastewater treatment
Y 废水处理

水产养殖学 [E1]
Aquaculture science
S1 水产科学
C 动物学
C 海洋生物学
C 鱼病学

水产养殖业 [N2]
Aquaculture industry
D 养殖行业
D 养殖业
D 养殖渔业
D+ 淡水养殖业
D+ 海水养殖业
S1 渔业
C 技术体系
C 养殖产量

水产药物 [F3]
Aquatic drug
Y 渔用药物

水产业 [N2]
Aquatic product industry
Y 渔业

水产增养殖 [N2]
Aquaculture by enhancement
Y 水产增殖业

水产增殖业 [N2]
Fishery enhancement industry
D 水产增养殖
D 栽培渔业
D 增殖渔业
S1 渔业
C 海洋牧场

C 资源增殖

水产站 [N2]
Fishery station
S1 渔业团体

水产制品 [J4]
Aquatic processing products
Y 水产加工品

水产专业 [N2]
Aquiculture specialty
C 水产品加工业
C 研究机构

水产资源 [D1]
Fishery resources
Y 渔业资源

水车式增氧机 [K3]
Water wheel aerator
S1 增氧机
S2 养殖机械△

水貂 [C9]
Mink
Mustela vison
S1 哺乳动物

水发海参 [J4]
Water risen sea cucumber
Y 水发水产品

水发水产品 [J4]
Steeping reconstitution aquatic products
D 水发海参
C 干海参
C 海参
C 海蜇
C 海蜇皮

水分 [J2]
Water content
D 含水率
C 干燥
C 干燥速度
C 干燥条件
C 干制品
C 湿度
C 水分活度

C 脱水

水分活度 [J2]
Water activity
C 干燥
C 干燥速度
C 干燥条件
C 干制品
C 湿度
C 水分
C 脱水

水浮莲 [C7]
Water lettuce
Pistia stratiotes
Y 大藻

水工建筑物 [L5]
Hydraulic structure
S1 水利工程
F1 坝
F1 船闸
C 海洋设施
C 人工鱼礁
C 渔港工程

水葫芦 [C7]
Eichhornia crassipes
D 凤眼莲
S1 被子植物
C 水生植物

水花 [E2]
Fry
S1 鱼苗
S2 苗种
C 成活率
C 孵化
C 孵化率
C 卵子孵化
C 乌仔
C 鱼卵仔鱼
C 鱼苗运输
C 鱼种培育

水花生 [C7]
Alligator weed
Alternanthera philoxeroides
Y 空心莲子草

水华 [M2]

Algal bloom
　　D　湖靛
　　D　藻华
　　D　藻类水华
　　S1　有害藻华
　　　S2　渔业污染△
　　F1　蓝藻水华
　　F1　微囊藻水华
　　C　颤藻
　　C　蓝藻
　　C　蓝藻污染
　　C　水色
　　C　水污染
　　C　微囊藻
　　C　鱼腥藻

水华蓝藻 [M2]
Cyanobacteria bloom
　　Y　蓝藻水华

水化学 [B3]
Hydrochemistry
　　S1　化学
　　C　水质分析
　　C　水质评价

水环境 [M1]
water environment
　　Y　水生环境

水环境安全 [M1]
Water environment safety
　　C　环境污染
　　C　水生环境
　　C　污染事故
　　C　渔业安全

水环境容量 [E1]
Aquatic environment carrying
capacity
　　Y　环境容量

水环境质量 [M1]
Water environment quality
　　Y　环境质量

水解酶 [C4]
Hydrolase
　　S1　酶
　　F1　酸性磷酸酶
　　C　酶解

水库 [B5]
Reservoir
　　D　人工湖
　　F1　大型水库
　　F1　密云水库
　　F1　平原水库
　　F1　青山水库
　　F1　三峡库区
　　F1　山塘水库
　　F1　小型水库
　　F1　新安江水库
　　F1　中型水库
　　C　淡水
　　C　库湾
　　C　内陆水域
　　C　水库养鱼
　　C　水库养殖
　　C　水利工程
　　C　水体
　　C　水位
　　C　水资源
　　C　蓄水

水库捕捞 [H1]
Reservoir fishing
　　S1　淡水捕捞
　　　S2　捕捞
　　C　密云水库
　　C　平原水库
　　C　三峡库区
　　C　水库渔业
　　C　新安江水库

水库施肥养鱼 [E2]
Reservoir fertilization fish culture
　　Y　水库养鱼

水库网箱养殖 [E1]
Reservoir cage culture
　　Y　水库养殖+网箱养殖

水库养鱼 [E2]
Reservoir fish culture
　　D　库湾养鱼
　　D　水库施肥养鱼
　　S1　鱼类养殖
　　C　库湾
　　C　水库
　　C　水库渔业

水库养殖 [E1]

Reservoir culture
　　D+　水库网箱养殖
　　S1　淡水养殖
　　　S2　水产养殖
　　C　粗养
　　C　水库
　　C　水库渔业

水库渔业 [N2]
Reservoir fishery
　　S1　淡水渔业
　　　S2　渔业
　　C　水库捕捞
　　C　水库养鱼
　　C　水库养殖

水力学 [B1]
Hydraulics
　　S1　物理学
　　C　流体力学
　　C　水利工程
　　C　重力

水利工程 [K1]
Hydraulic engineering
　　F1　水工建筑物
　　F2　坝
　　F2　船闸
　　F1　渔港工程
　　F2　防波堤
　　F2　港口*
　　　F3　避风港
　　　F3　深水港
　　　F3　渔港
　　F2　码头
　　C　海洋设施
　　C　水库
　　C　水力学
　　C　渔业工程

水霉 [C7]
Saprolegnia
　　D　水霉菌
　　S1　霉菌
　　　S2　真菌
　　C　霉菌感染
　　C　青霉菌
　　C　曲霉菌
　　C　水霉病

水霉病 [F1]

Saprolegniasis
　　D 肤霉病
　　S1 真菌性疾病
　　C 腐皮病
　　C 水霉

水霉菌 [C7]
Saprolegnia
　　Y 水霉

水密装置 [L3]
Sealing device
　　Y 密封装置

水绵 [C7]
Spirogyra
　　S1 绿藻

水母 [C8]
Jellyfish
　　F1 钵水母
　　　F2 根口水母
　　　F2 海蜇
　　　F2 沙海蜇
　　　F2 霞水母
　　F1 管水母
　　F1 栉水母
　　C 海蜇皮
　　C 腔肠动物

水泥池 [K3]
Cement pool
　　S1 池塘
　　　S2 养殖设施△
　　C 温室养殖
　　C 循环水养殖系统

水平分布 [D1]
Horizontal distribution
　　S1 分布

水禽 [C1]
Aquatic bird
　　C 敌害生物
　　C 鸟类

水蚯蚓 [C8]
Water angleworm
Tubificidae
　　S1 寡毛类
　　C 蚯蚓

　　C 蚯蚓粉

水色 [E1]
Water color
　　S1 水质
　　F1 翠绿色
　　F1 黄褐色
　　　F2 褐绿色
　　　F2 褐色
　　F1 黑绿色
　　F1 红棕色
　　F1 黄绿色
　　F1 蓝绿色
　　F1 铜绿色
　　C 氮磷比
　　C 硅藻
　　C 水华
　　C 水质指标
　　C 透明度
　　C 叶绿素
　　C 有害藻华
　　C 藻相

水深 [B5]
Bathymetfic depth
　　D 深度
　　S1 水文要素
　　C 深水

水生哺乳动物 [C1]
Aquatic mammal
　　Y 水生动物+哺乳动物

水生动物 [C1]
Aquatic animal
　　D+ 水生哺乳动物
　　D+ 水生野生动物
　　F1 海洋动物
　　F1 水生昆虫
　　F1 游泳动物
　　C 底栖动物
　　C 浮游动物
　　C 环节动物
　　C 水产动物
　　C 养殖动物
　　C 珍稀动物

水生动物疫病 [F1]
Aquatic animal disease
　　Y 水产养殖病害

水生环境 [M1]
Aquatic environment
　　D 水环境
　　D 水体环境
　　D 水域环境
　　C 环境容量
　　C 生态环境
　　C 生态系统
　　C 水环境安全
　　C 水域生态
　　C 渔场环境
　　C 自然条件

水生昆虫 [C8]
Aquatic insect
　　S1 水生动物
　　C 水蜈蚣
　　C 游泳动物

水生生态系统 [C5]
Aquatic ecosystem
　　Y 生态系统

水生生物 [C1]
Aquatic organism
　　F1 淡水生物
　　F1 海洋生物
　　　F2 海底生物
　　　F2 近海生物
　　　F2 深海生物
　　F1 水产生物
　　C 水生植物

水生生物病害 [F1]
Aquatic organism diseases
　　Y 水产养殖病害

水生生物学 [C1]
Hydrobiology
　　S1 生物学
　　F1 鱼类生物学
　　C 浮游生物网
　　C 鱼类学

水生生物资源 [D1]
Aquatic living resources; Aquatic biological resources
　　Y 生物资源

水生态环境 [C5]
Water eco-environment

　　Y 生态环境

水生维管束植物 [C7]
Aquatic vascular bundle plant
　　Y 维管植物

水生野生动物 [C1]
Aquatic wild animal
　　Y 水生动物+野生动物

水生植被 [M1]
Aquatic vegetation
　　S1 植被
　　C 红树林湿地
　　C 水生植物
　　C 水体修复

水生植物 [C7]
Aquatic plant; Hydrophyte;
Aquatic plant
　　D 高等水生植物
　　D+ 大型水生植物
　　S1 植物
　　F1 浮叶植物
　　F1 海藻
　　F1 红树林
　　F1 漂浮植物
　　F1 水草
　　F1 挺水植物
　　C 生态浮床
　　C 水葫芦
　　C 水生生物
　　C 水生植被
　　C 维管植物

水声学 [B2]
Underwater acoustics
　　S1 声学
　　S2 物理学
　　C 声学仪器

水獭 [C9]
Otter
Lutra lutra
　　S1 哺乳动物

水体 [B5]
Water bodies
　　C 河流
　　C 湖泊
　　C 流量

　　C 水库
　　C 水域
　　C 养殖水域
　　C 育苗水体

水体环境 [M1]
Water environment
　　Y 水生环境

水体交换 [E1]
Water exchange
　　D 换水
　　C 工厂化育苗
　　C 换水率
　　C 流量
　　C 养殖水体

水体温度 [B5]
Water-body temperature
　　Y 水温

水体污染 [M1]
Water body pollution
　　Y 水污染

水体消毒 [F2]
Water disinfection
　　Y 消毒

水体修复 [M1]
Water-body restoration
　　C 生态浮床
　　C 生态修复
　　C 水生植被
　　C 修复技术

水团 [B5]
Water mass
　　F1 表层水
　　F1 底层水
　　F1 冷水团

水豚 [C9]
Capybara
Hydrochoerus hydrochaeris
　　S1 哺乳动物

水位 [B5]
Water level
　　S1 水文要素
　　C 海平面

　　C 河流
　　C 湖泊
　　C 水库

水温 [B5]
Water temperature
　　D 水体温度
　　D 自然水温
　　S1 温度
　　C 水质指标
　　C 温跃层

水温控制 [E1]
Water temperature control
　　C 报警装置
　　C 低温刺激
　　C 孵化温度
　　C 控温养殖
　　C 塑料大棚
　　C 温流水
　　C 温流水养殖
　　C 温室

水文条件 [B5]
Hydrological condition
　　Y 水文要素

水文要素 [B5]
Hydrological element
　　D 水文条件
　　F1 海冰
　　F1 水深
　　F1 水位
　　F1 透明度
　　F1 盐度
　　C 水质指标

水污染 [M1]
Water pollution
　　D 水体污染
　　D 水域污染
　　D 水质污染
　　S1 环境污染
　　F1 底质污染
　　F1 面源污染
　　C BOD
　　C 本底污染
　　C 残饵
　　C 富营养化
　　C 化学处理
　　C 环境保护

C 水华
C 水域
C 水质
C 水质调控
C 总氮

水蜈蚣 [C8]
Begonia palmata
S1 鞘翅目
C 水生昆虫

水循环系统 [E1]
Water recirculating system
Y 循环水养殖系统

水样 [M1]
Water sample
C 采样
C 水质分析
C 水质管理

水俣病 [M1]
Minamata disease
Y 慢性汞中毒

水域 [B5]
Waters
F1 淡水水域
F1 内陆水域
F1 热带水域
F1 天然水域
F1 养殖水域
F1 渔港水域
F1 渔业水域
F1 自然海区
C 河流
C 湖泊
C 水体
C 水污染

水域环境 [M1]
Water environment
Y 水生环境

水域生态 [C5]
Aquatic ecology
S1 生态
C 海洋生态学
C 水生环境
C 渔业生态

水域生态环境 [C5]
Aquatic ecosystem
Y 生态环境

水域污染 [M1]
Water pollution
Y 水污染

水域资源 [D3]
Aquatic resources
Y 水资源

水源 [M1]
Water source
Y 水资源

水蚤 [C8]
Daphnia
S1 潘科
S2 枝角类
C 饵料生物
C 剑水蚤
C 小拟哲水蚤

水质 [M1]
Water quality
F1 水色
F2 翠绿色
F2 黄褐色*
F3 褐绿色
F3 褐色
F2 黑绿色
F2 红棕色
F2 黄绿色
F2 蓝绿色
F2 铜绿色
C 水污染
C 水质调查
C 水质分析
C 水质改良
C 水质类别
C 水质培养

水质标准 [M3]
Water quality standard
D 水质基准
D 渔业用水标准
S1 标准
C 排放标准
C 水质分析
C 水质管理

C 水质监控
C 水质评价
C 水质调控
C 水质指标

水质参数 [M3]
Water quality parameter
Y 水质指标

水质调查 [M1]
Water quality investigation
S1 调查
C 采样
C 水质
C 水质分析
C 水质评价
C 鱼病诊断

水质分析 [M3]
Water quality analysis
D 水质检测
S1 化学分析
S2 分析
C 水化学
C 水样
C 水质
C 水质标准
C 水质调查
C 水质监控
C 水质评价

水质改良 [M3]
Water improvement
D 水质改善
S1 水质管理
C 水质改良剂
C 水质

水质改良剂 [F3]
Water conditioner
D 底质改良剂
F1 沸石
F1 甲壳净
F1 生石灰
C 底质污染
C 硫化氢
C 清塘药物
C 水质改良
C 水质管理
C 水质净化
C 微生物絮凝剂

C 渔用药物

水质改善 [M3]
Water quality improvement
   Y 水质改良

水质管理 [M3]
Water quality control
   F1 水质改良
   F1 水质监控
   F1 水质净化
   F1 水质培养
   F1 水质调控
   C 水质改良剂
   C 水样
   C 水质标准
   C 养殖管理
   C 育苗水体
   C 藻类控制
   C 藻相

水质基准 [M3]
Water quality criteria
   Y 水质标准

水质监测 [M3]
Water quality monitoring
   D 水质自动监测
   S1 监测
   C 生态监控区
   C 水质评价

水质监控 [M3]
Water quality monitor and control
   S1 水质管理
   C 水质标准
   C 水质分析

水质检测 [M3]
Water quality detection
   Y 水质分析

水质净化 [M3]
Water purification
   D 净化水质
   S1 水质管理
   C 水质改良剂
   C 二氧化氯
   C 沙滤
   C 生石灰
   C 生态浮床

   C 生态塘
   C 生物膜
   C 生物絮团
   C 生物转盘
   C 水质净化设备
   C 消毒剂
   C 氧化塘

水质净化设备 [K3]
Water purification equipment
   S1 设备
   S1 养殖机械
    S2 渔业机械
   C 净化
   C 沙滤
   C 水质净化
   C 氧化塘

水质控制 [M3]
Water quality control
   Y 水质调控

水质类别 [M1]
Water quality classification
   D 水质类型
   F1 半咸水
   F1 淡水
   F1 海水
    F2 人工海水
   C 水质

水质类型 [M1]
Water quality type
   Y 水质类别

水质培养 [E1]
Water cultivation
   D 培肥水质
   D 养水
   S1 水质管理
   C 水质

水质评价 [M3]
Water quality assessment
   S1 评价
   C 评价方法
   C 水化学
   C 水质标准
   C 水质调查
   C 水质分析
   C 水质监测

   C 水质指标
   C 指示生物

水质调节 [M3]
Water quality regulation
   Y 水质调控

水质调控 [M3]
Water quality modulation
   D 水质控制
   D 水质调节
   D 调控水质
   S1 水质管理
   C 水污染
   C 水质标准

水质污染 [M1]
Water pollution
   Y 水污染

水质因子 [M3]
Water quality factor
   Y 水质指标

水质指标 [M3]
Water quality index
   D 水质参数
   D 水质因子
   S1 指标
   C 氮
   C 化学性质
   C 环境因素
   C 水色
   C 水温
   C 水文要素
   C 水质标准
   C 水质评价
   C 透明度
   C 微生物
   C 细菌
   C 需氧量
   C 悬浮物
   C 有机污染物
   C 藻类
   C 重金属

水质自动监测 [M3]
Water quality automatic
monitoring
   Y 水质监测

水蛭 [C8]
leech
　　Y 水蛭病

水蛭病 [F1]
leech disease
　　D 水蛭
　　S1 寄生虫疾病

水肿病 [F1]
Edema disease
　　S1 疾病
　　C 龟鳖疾病

水资源 [M1]
Water resource
　　D 水域资源
　　D 水源
　　F1 地下水
　　F1 降水
　　F2 雾
　　C 海洋
　　C 河流
　　C 湖泊
　　C 湿地
　　C 水库
　　C 水资源保护
　　C 土地资源

水资源保护 [M1]
Water protection
　　S1 资源保护
　　S2 环境保护
　　C 生态保护
　　C 水资源

水族馆 [N2]
Aquaria
　　C 观赏鱼类
　　C 观赏渔业

水族箱 [K3]
Aquarium
　　C 观赏鱼类

丝状菌 [C7]
Filamentous bacteria
　　D 丝状细菌
　　C 丝状细菌病
　　C 细菌

丝状绿藻 [C7]
Filamentous green algae
　　S1 绿藻

丝状体 [C7]
Filament
　　D 贝壳丝状体
　　F1 自由丝状体
　　C 藻体

丝状体培育 [E4]
Filamentous culture
　　C 藻类养殖

丝状细菌 [C7]
Filamentous bacteria
　　Y 丝状菌

丝状细菌病 [F1]
Filamentous bacterial disease
　　S1 虾病
　　C 丝状菌

丝状藻 [C7]
Filamentous algae
　　S1 藻类

丝足鲈 [C9]
Giant gourami
Osphronemus goramy
　　D 长丝鲈
　　S1 鲈形目

锶 [B3]
Strontium
　　S1 化学元素

死水 [M1]
Dead water
　　C 池塘养殖
　　C 褐绿色

死亡量 [E1]
Death toll
　　D 死亡数量

死亡率 [E1]
Mortality; Death rate
　　D 鱼类死亡率
　　F1 捕捞死亡率
　　F1 自然死亡率

　　C 残存率
　　C 成活率
　　C 鱼苗运输

死亡数量 [E1]
Number of deaths
　　Y 死亡量

死鱼事件 [M2]
Dead fish incident
　　S1 污染事故
　　S2 事故
　　C 环境污染
　　C 渔药中毒
　　C 致死效应

四倍体 [C2]
Tetraploid
　　D 异源四倍体
　　S1 多倍体
　　C 染色体

四川 [P]
Sichuan Province
　　C 三峡库区

四大家鱼 [E2]
Four Chinese carps
　　Y 家鱼

四带无须鲃 [C9]
Tiger barb
Puntius tetrazona
　　D 虎皮鱼
　　S1 鲤科

四环素 [F3]
Tetracycline
　　S1 抗生素
　　S2 抗菌药物

四脊滑螯虾 [C8]
Red claw crayfish
Cherax quadricarinatus
　　D 澳洲龙虾
　　D 澳洲岩龙虾
　　D 红螯光壳螯虾
　　S1 螯虾

四角蛤蜊 [C8]
Clam

Mactra veneriformis
　D 四角蛤
　S1 蛤蜊
　　S2 双壳类

四角蛤 [C8]
Clam
Mactra veneriformis
　Y 四角蛤蜊

四尾栅藻 [C7]
Scenedesmus quadricauda
　S1 栅藻
　　S2 绿藻

四眼斑龟 [C9]
Four eye-spotted turtle
Sacalia quadriocellata
　Y 四眼斑水龟

四眼斑水龟 [C9]
Four eye-spotted turtle
Sacalia quadriocellata
　D 四眼斑龟
　S1 龟科
　　S2 龟鳖目

饲料 [G1]
Feed
　Y 水产饲料

饲料安全 [J5]
Feed safety
　C 防霉剂
　C 黑曲霉
　C 黄曲霉毒素
　C 霉菌
　C 霉菌毒素
　C 曲霉菌
　C 三聚氰胺
　C 饲料添加剂
　C 饲料质量
　C 质量安全

饲料标准 [G1]
Feed standard
　D 饲料卫生标准
　C 商品饲料
　C 饲料工业
　C 饲料混合
　C 饲料生产

　C 饲料质量
　C 质量标准

饲料残渣 [G1]
Feed residue
　Y 残饵

饲料产量 [G1]
Feed production
　Y 饲料生产

饲料产品 [G1]
Feed product
　Y 商品饲料

饲料产业 [G1]
Feed industry
　Y 饲料工业

饲料成分 [G1]
Feed composition
　D 饵料组成
　D 饲料组成
　D+ 饲料营养
　C 粗蛋白
　C 含量
　C 食物转化
　C 饲料蛋白质
　C 饲料混合
　C 饲料配制
　C 饲料生产
　C 饲料添加剂
　C 饲料原料
　C 饲料质量
　C 维生素
　C 营养成分

饲料搭配 [G1]
Feed combination
　Y 饲料配方

饲料蛋白 [G1]
Dietary protein
　Y 饲料蛋白质

饲料蛋白源 [G1]
Feed protein source
　Y 蛋白源

饲料蛋白质 [G1]
Feed protein

　D 饲料蛋白
　C 氨基酸平衡
　C 必需氨基酸
　C 粗蛋白
　C 三聚氰胺
　C 饲料成分
　C 饲料原料
　C 营养需求

饲料费用 [N1]
Feed cost
　C 养殖成本

饲料粉碎机 [K5]
Feed mill
　D 粉碎机
　S1 饲料加工机械
　　S2 养殖机械△

饲料工业 [G1]
Feed industry
　D 饲料产业
　D 饲料业
　S1 产业
　C 饲料标准
　C 饲料生产

饲料公司 [N1]
Feed company
　Y 饲料企业

饲料混合 [G1]
Feed mixing
　C 配合饲料
　C 饲料标准
　C 饲料成分
　C 饲料配制
　C 饲料质量
　C 预混料

饲料混合机 [K3]
Feed mixer
　D 混合机
　S1 饲料加工机械
　　S2 养殖机械△

饲料机械 [K5]
Feed machinery
　Y 饲料加工机械

饲料加工 [G1]

Feed processing
    Y 饲料生产

饲料加工厂 [G1]
Feed processing factory

饲料加工工艺 [G1]
Feed processing technology
    Y 饲料生产

饲料加工机械 [K5]
Feed processing machinery
    D 饲料机械
    D 饲料加工设备
    S1 养殖机械
     S2 渔业机械
    F1 膨化机
    F1 饲料粉碎机
    F1 饲料混合机
    F1 造粒机
    C 粉碎加工
    C 饲料生产
    C 渔业机械

饲料加工设备 [K5]
Feed processing equipment
    Y 饲料加工机械

饲料颗粒 [G1]
Feed pellets
    Y 颗粒饲料

饲料利用率 [G1]
Feed utilization efficiency
    Y 饲料系数

饲料利用效率 [G1]
Feed efficiency
    Y 饲料系数

饲料能量 [G1]
Feed energy
    Y 能量饲料

饲料黏合剂 [G1]
Feed binder
    D 饲料粘合剂
    C α-淀粉
    C 饲料配方
    C 饲料添加剂

饲料粘合剂 [G1]
Feed binder
    Y 饲料黏合剂

饲料配比 [G1]
Feed combination
    Y 饲料配制

饲料配方 [G1]
Feed formula
    D 饵料配方
    D 饲料搭配
    D 原料配方
    C 沸石
    C 复合维生素
    C 配合饲料
    C 饲料黏合剂
    C 饲料生产
    C 饲料添加剂
    C 无机盐
    C 羽毛粉

饲料配合 [G1]
Feed formulation
    Y 饲料配制

饲料配制 [G1]
Feed formulation
    D 饵料配制
    D 饲料配比
    D 饲料配合
    D 饲料调制
    C 饲料成分
    C 饲料混合

饲料膨化机 [K5]
Feed extruder
    Y 膨化机

饲料品质 [G1]
Feed quality
    Y 饲料质量

饲料品种 [G1]
Feed varieties
    S1 水产饲料
    F1 虾饲料
    F1 蟹饲料
    F1 鱼饲料
     F2 亲鱼饲料
    C 商品饲料

饲料企业 [N1]
Feed enterprise
    D 饲料公司
    S1 公司
    C 水产饲料

饲料生产 [G1]
Forage production
    D 饲料产量
    D 饲料加工
    D 饲料加工工艺
    C 商品饲料
    C 饲料标准
    C 饲料成分
    C 饲料工业
    C 饲料加工机械
    C 饲料配方
    C 饲料原料
    C 饲料质量
    C 脱臭
    C 渔业生产

饲料台 [E1]
Feeding table
    D 饵料台
    D 投饵台
    C 投饵场
    C 投饲机
    C 投饲设备

饲料添加剂 [G1]
Feed additive
    D 饵料添加剂
    S1 添加剂
    F1 饲用酶制剂
    F1 氧化三甲胺
    F1 诱食剂
    C 胆碱
    C 精氨酸
    C 免疫增强剂
    C 浓缩饲料
    C 饲料安全
    C 饲料成分
    C 饲料黏合剂
    C 饲料配方
    C 饲料原料
    C 甜菜碱
    C 维生素
    C 虾青素
    C 植酸酶

饲料调制 [G1]
Feed manipulation
　　Y 饲料配制

饲料投喂 [E1]
Feeding
　　Y 投饲

饲料卫生标准 [G1]
Feed sanitation standard
　　Y 饲料标准

饲料系数 [G1]
Feed coefficient
　　D 饵料系数
　　D 饵料效果
　　D 饵料转化率
　　D 饲料利用率
　　D 饲料利用效率
　　D 饲料消耗量
　　D 饲料消化率
　　D 饲料效率
　　D 饲料用量
　　D 饲料转化率
　　D 饲料转化效率
　　C 能量转化率
　　C 排氨率
　　C 曲线
　　C 生物饲料
　　C 食物转化
　　C 投饲量
　　C 消化率

饲料消耗量 [G1]
Feed consumpton
　　Y 饲料系数

饲料消化率 [G1]
Feed digestibility
　　Y 饲料系数

饲料效率 [G1]
Feed efficiency
　　Y 饲料系数

饲料业 [G1]
Feed industry
　　Y 饲料工业

饲料营养 [G1]
Feed nutrient; Feed nutrition

　　Y 饲料成分+营养成分

饲料用量 [G1]
Feed uptake
　　Y 饲料系数

饲料鱼 [G1]
Forage fish
　　D 饵料鱼
　　C 冰鲜鱼
　　C 鲜活饵料
　　C 野杂鱼

饲料原料 [G1]
Feed source
　　C 蛋白源
　　C 沸石
　　C 浓缩鱼蛋白
　　C 生物饲料
　　C 饲料成分
　　C 饲料蛋白质
　　C 饲料生产
　　C 饲料添加剂
　　C 饲料源
　　C 苏丹草
　　C 脱毒
　　C 液体鱼蛋白
　　C 原料
　　C 植物性蛋白

饲料源 [G1]
Feed resource
　　C 蛋白源
　　C 饵料生物培养
　　C 基础饵料
　　C 饵料原料
　　C 苏丹草
　　C 鲜活饵料

饲料质量 [G1]
Feed quality
　　D 饲料品质
　　S1 质量
　　C 水产饲料
　　C 饲料安全
　　C 饲料标准
　　C 饲料成分
　　C 饲料混合
　　C 饲料生产
　　C 重金属中毒

饲料转化率 [G1]
Feed conversion ratio
　　Y 饲料系数

饲料转化效率 [G1]
Feed conversion ratio
　　Y 饲料系数

饲料组成 [G1]
Feed composition
　　Y 饲料成分

饲喂量 [G1]
Feeding rate
　　Y 投饲量

饲养成本 [N1]
Feeding cost
　　Y 养殖成本

饲养池 [K3]
Rearing pond
　　Y 池塘

饲养管理 [E1]
Raising
　　Y 养殖管理

饲养密度 [E1]
Stocking density
　　Y 养殖密度

饲养周期 [E1]
Rearing cycle
　　Y 养殖周期

饲用酶制剂 [G1]
Feed enzyme preparation
　　D 微生物添加剂
　　S1 饲料添加剂
　　S2 添加剂
　　C 酶

松花江 [P]
Songhuajiang River
　　S1 河流
　　C 黑龙江
　　C 鸭绿江

松江鲈 [C9]
Roughskin sculpin

Trachidermus fasciatus
S1 杜父鱼
S2 鲉形目

苏打合剂 [F3]
Soda mixture
S1 杀虫剂
S2 农药
C 硫酸盐合剂

苏丹草 [G1]
Sudan Grass; Sudanese grass;
Sorghum sudanense
C 基础饵料
C 饲料原料
C 饲料源
C 植物性饲料

速冻 [J3]
Quick freezing
S1 冻结
C 冰晶
C 液氮
C 液氮冻结

速度 [B2]
Speed
S1 物理性质
S2 理化性质
C 沉降速度
C 冻结速度
C 干燥速度
C 流速
C 调速
C 调速装置
C 拖速
C 转速

速度控制 [K1]
Speed control
Y 调速

塑料 [K1]
Plastic
C 材料
C 塑料薄膜

塑料薄膜 [E1]
Plastic sheet
C 塑料
C 塑料大棚

塑料大棚 [K3]
Plastic greenhouse
D 塑料棚
S1 养殖设施
S2 渔业设施
C 控温养殖
C 水温控制
C 塑料薄膜
C 温室养殖
C 越冬

塑料棚 [K3]
Plastic shed
Y 塑料大棚

溯河洄游 [D1]
Anadromous migration
S1 洄游
C 洄游通道
C 溯河性鱼

溯河性鱼 [C1]
Anadromous fish
S1 鱼类
C 大麻哈鱼
C 溯河洄游

酸 [B3]
Acid
F1 磷酸
F1 柠檬酸
F1 有机酸
C 核酸
C 碱
C 酸处理
C 酸价

酸处理 [J4]
Acid treatment
S1 化学处理
C 碱处理
C 前处理
C 酸
C 酸解

酸度 [B3]
Acidity
Y 碱度

酸化法 [J4]
Acidification

C 钙化法
C 海藻产品
C 海藻工业
C 海藻加工
C 褐藻胶
C 褐藻糖胶
C 转化工艺

酸价 [J2]
Acid value
D 酸值
C 酸
C 油脂酸败

酸解 [J4]
Acid hydrolysis
C 酸处理

酸性磷酸酶 [C4]
Acid phosphatase (ACP)
S1 水解酶
S2 酶
C 磷酸

酸雨 [M2]
Acid rain
S1 气象灾害
S2 灾害
C 降水

酸值 [J2]
Acid number
Y 酸价

随机扩增多态 DNA [C2]
Random amplified polymorphic
DNA,RAPD
Y RAPD

碎冰机 [K5]
Ice crusher
S1 制冰机械
S2 制冷设备△
C 片冰机

穗花狐尾藻 [C7]
Myriophyllum spicatum
Y 狐尾藻

损伤 [F2]
Injury

D 机械损伤
C 分塘
C 苗种运输
C 亲鱼运输
C 鱼苗运输

笋壳鱼 [C9]
Marble goby
Oxyeleotris marmoratus
Y 尖塘鳢

梭鱼 [C9]
Mullet
Chelon haematocheilus
S1 鲻形目
C 半咸水养殖
C 河口生物

梭子蟹 [C8]
Swimming crab
Portunidae
F1 蓝蟹
F1 青蟹

F2 锯缘青蟹
F2 拟穴青蟹
F1 三疣梭子蟹
F1 鲟
F2 日本鲟
F2 锈斑鲟
F1 远海梭子蟹
C 蟹类

蓑鲉 [C9]
Lionfish
Pterois
S1 鲉形目

索饵 [C5]
Forage
Y 摄食

索饵场 [D1]
Feeding ground
C 摄食
C 索饵洄游
C 渔场

索饵洄游 [D1]
Feeding migration
S1 洄游
C 索饵场

索具 [H2]
Rigging
F1 侧纲
F1 沉子纲
F1 浮子纲
F1 括纲
F1 上纲
F1 下纲
F1 曳纲
F1 缘纲
C 属具
C 渔具

索引 [A]
Index
S1 资料
C 数据库

T

TBA 值 [J5]
TBA value
    D 硫代巴比妥酸值
    S1 鲜度指标
     S2 质量指标△
    C 保鲜
    C 冰鲜鱼
    C 鲜度
    C 鲜度检验
    C 鲜鱼

TVB-N [J5]
Total volatile base nitrogen
    D 挥发性盐基氮
    S1 鲜度指标
     S2 质量指标△
    C 保鲜
    C 冰鲜鱼
    C 鲜度
    C 鲜度检验
    C 鲜鱼

鳎 [C9]
Common sole; Sole
Soleidae
    S1 鲽形目

胎生 [C2]
Viviparity
    C 卵生
    C 卵胎生

台风 [B4]
Typhoon(TY)
    Y 热带气旋

台湾 [P]
Taiwan Province
    C 福建
    C 台湾海峡

台湾海峡 [P]
Taiwan Strait
    C 福建
    C 闽南-台湾浅滩渔场
    C 台湾

抬网 [H3]
Lift net
    Y 诱捕网

鲐 [C9]
Mackerel
Pneumatophorus japonicus
    D 青花鱼
    D 鲭鱼
    S1 鲭科
     S2 鲈形目
    C 无鳞鱼

太湖 [P]
Taihu Lake
    S1 湖泊
    C 江苏
    C 太湖新银鱼

太湖白虾 [C8]
Taihu white shrimp
Palaemon modestus
    Y 秀丽白虾

太湖新银鱼 [C9]
Taihu whitebait
Neosalanx taihuensis
    D 太湖银鱼
    D 小银鱼
    S1 鲑形目
    S1 银鱼
     S2 鲑形目
    C 太湖

太湖银鱼 [C9]
Taihu whitebait
Neosalanx taihuensis
    Y 太湖新银鱼

太平洋 [P]
The Pacific Ocean
    S1 世界大洋
    F1 北太平洋
     F2 东北太平洋
     F2 西北太平洋
    F1 东太平洋

    F1 南太平洋
    F1 西太平洋
    C 南大洋
    C 太平洋鲱
    C 太平洋丽龟

太平洋鲱 [C9]
Pacific herring
Clupea pallasi
    D 鲱鱼
    S1 鲱形目
    C 太平洋

太平洋丽龟 [C9]
Olive Ridley
Lepidochelys olivacea
    S1 海龟科
     S2 龟鳖目
    C 太平洋

太平洋牡蛎 [C8]
Pacific oyster
Crassostrea gigas
    Y 长牡蛎

太平洋潜泥蛤 [C8]
Geoduck clam
Panopea abrupta
    D 象拔蚌
    S1 双壳类

太平洋鳕 [C9]
Pacific cod
Gadus macrocephalus
    Y 鳕

太阳辐射 [B4]
Solar radiation
    S1 辐射
    C 气候因子
    C 太阳能
    C 蒸发

太阳能 [B2]
Solar energy
    S1 能源

C 绿色渔业
C 太阳辐射

太阳鱼 [C9]
Sun fish
Lepomis
　D 蓝太阳鱼
　D 绿鳃太阳鱼

泰国 [P]
Thailand
　C 亚洲
　C 沿岸国家

泰国斗鱼 [C9]
Siamese fighting fish
Betta splendens
　Y 五彩博鱼

泰国虎纹蛙 [C9]
Tiger frog
Rana tigrina cantor
　S1 蛙
　S2 两栖类

泰山赤鳞鱼 [C9]
Mount Tai red scale fish
Scaphesthes rnacrolepis
　Y 多鳞铲颌鱼

弹涂鱼 [C9]
Dusky mud hopper; Mudhopper;
Mudskipper
Periophthalmus
　S1 鲈形目

弹性 [B2]
Elasticity
　S1 机械性能
　C 感官指标

滩头鱼 [C9]
Dace
Tribolodon (Leuciscus) brandtii
　Y 雅罗鱼

滩涂 [B6]
Mudflat
　Y 潮间带

滩涂贝类 [C1]

Interdial shellfish
　S1 贝类
　C 浅海养殖
　C 围垦
　C 贻贝养殖

滩涂湿地 [B6]
Mudflat wetland
　S1 湿地
　C 浅海养殖
　C 浅滩
　C 滩涂养殖
　C 围垦
　C 围拦养殖
　C 养殖海域
　C 贻贝养殖

滩涂养殖 [E3]
Mudflat aquaculture
　S1 海水养殖
　S2 水产养殖
　C 浅滩
　C 滩涂湿地
　C 贻贝养殖

滩涂资源 [B6]
Mudflat resource
　Y 浅滩

坛紫菜 [C7]
Porphyra haitanensis
　S1 紫菜
　S2 红藻
　C 干紫菜
　C 海藻加工
　C 条斑紫菜
　C 紫菜养殖

探捕 [H1]
Exploratory fishing
　Y 试捕

探鱼仪 [K2]
Fish finder
　S1 助渔仪器
　C 超声波
　C 换能器
　C 回声探测
　C 声呐
　C 鱼群侦察

碳 [B3]
Carbon
　S1 化学元素
　C 二氧化碳
　C 碳酸盐
　C 碳源
　C 有机碳

碳汇渔业 [N2]
Carbon sink fishery
　D 低碳渔业
　S1 渔业
　C 贝类养殖
　C 二氧化碳
　C 节能
　C 碳循环

碳水化合物 [C4]
Carbohydrate
　D 糖类
　S1 有机物
　S2 化合物
　C 碳源
　C 营养成分
　C 有机碳

碳酸盐 [B3]
Carbonate
　S1 无机盐
　C 碳
　C 碳源
　C 硬度

碳循环 [C4]
Carbon cycle
　S1 物质循环
　C 碳汇渔业
　C 碳源
　C 有机碳

碳源 [B3]
Carbon source
　C 贝壳粉
　C 二氧化碳
　C 碳
　C 碳水化合物
　C 碳酸盐
　C 碳循环
　C 有机碳

塘角鱼 [C9]

Catfish
Clarias fuscus
　Y 胡鲶

塘鲤鱼 [C9]
Dark sleeper
Odontobutis obscurus
　Y 沙塘鳢

塘鳢 [C9]
Dark sleeper
Eleotris
　S1 鲈形目
　C 鳢

塘虱 [C9]
Catfish
Clarias fuscus
　Y 胡鲶

糖蛋白 [C4]
Glycoprotein
　S1 蛋白质
　C 多糖

糖类 [C4]
Sugar
　Y 碳水化合物

绦虫 [C8]
Cestoidea; Tapeworm
　Y 绦虫病

绦虫病 [F1]
Taeniasis
　D 绦虫
　S1 寄生虫疾病
　F1 鲤蠢病
　F1 舌状绦虫病
　F1 头槽绦虫病
　C 扁形动物

套放 [E1]
Co-culture stocking
　Y 套养

套养 [E1]
Intercropping
　D 间养
　D 套放
　S1 养殖技术

　C 稻田养虾
　C 稻田养蟹
　C 稻田养鱼
　C 稻田养殖
　C 鱼虾混养
　C 综合养殖

特定生长率 [D2]
Specific growth rate
　Y 生长率

特色养殖 [E1]
Special culturing
　Y 特种水产养殖

特性 [A]
Property
　Y 性能

特异性免疫 [F2]
Specific immunological
function
　S1 免疫
　C 免疫保护率
　C 免疫反应
　C 免疫基因
　C 免疫学
　C 免疫原性
　C 免疫指标
　C 疫苗
　C 疫苗接种

特种水产品 [N1]
Special fishery product
　S1 水产品
　C 鳄鱼
　C 特种水产养殖
　C 蛙
　C 无鳞鱼
　C 蟹类

特种水产养殖 [E1]
Special aquaculture
　D 特色养殖
　D 特种养殖
　S1 水产养殖
　C 鳌虾
　C 黄鳝
　C 泥鳅
　C 特种水产品
　C 蛙类养殖

　C 无鳞鱼

特种养殖 [E1]
Culture of special species
　Y 特种水产养殖

藤壶 [C8]
Barnacle; Sea acorn
Balanus
　C 节肢动物
　C 污损生物

提纯 [J4]
Fining
　C 纯度
　C 纯化
　C 分离
　C 提取

提纯复壮 [C2]
Purification-rejuvenation
　C 退化
　C 育种

提取 [J4]
Extraction
　F1 纯化
　F1 萃取
　　F2 固相萃取
　C 分离
　C 提纯
　C 组织提取物

鳀 [C9]
Anchovies
Engraulis; Engrautidae
　D 丁香鱼
　S1 鲱形目
　F1 秘鲁鳀
　F1 黄鲫
　F1 鲚
　　F2 刀鲚
　　F2 凤鲚

体表黏液 [C3]
Surface mucous
　D 体表粘液
　C 皮肤

体表粘液 [C3]
Surface mucous

Y 体表黏液

体长 [C6]
Body length
C 丰满度
C 体长分布
C 体形
C 体重

体长分布 [D1]
Size distribution
D 体长组成
S1 种群结构
S2 种群特征
C 体长

体长组成 [D1]
Size composition
Y 体长分布

体腔 [C6]
Body cavity
C 腹
C 内脏

体色 [C6]
Body color
C 婚姻色
C 虾青素

体外受精 [C2]
In vitro fertilization，IVF
S1 受精

体温调节 [C5]
Thermoregulation
Y 温度适应

体细胞 [C2]
Somatic cell
S1 细胞
F1 黏液细胞

体形 [C6]
Conformation
C 丰满度
C 体长
C 体重
C 形态发育
C 形态分类
C 形态特征

C 形态学

体液 [C6]
Body fluid
F1 血淋巴
F1 血清
F1 血液
C 胃
C 血液循环

体重 [C6]
Body weight
C 生长模型
C 体长
C 体形
C 尾重
C 增重量
C 增重率
C 重量

天津 [P]
Tianjin
C 渤海

天气 [B4]
Weather
F1 高温期
F1 高温天气
F1 闷热天气
C 锋
C 寒潮

天气条件 [B4]
Weather condition
C 气温
C 自然条件

天然捕捞 [H1]
Natural fishing
Y 捕捞

天然饵料 [G1]
Natural feed
Y 鲜活饵料

天然苗 [E1]
Natural seedling
Y 天然苗种

天然苗种 [E1]
Natural seed

D 天然苗
D 野生苗
D 自然纳苗
S1 苗种
C 苗种捕捞

天然水域 [B5]
Natural waters
D 自然水域
S1 水域
C 河流
C 湖泊

天然饲料 [G1]
Natrual feed
Y 鲜活饵料

天使鱼 [C9]
Angelfish
Pterophyllum scalare
Y 神仙鱼

添加剂 [J2]
Additive
F1 食品添加剂
F2 食用色素
F2 调味剂
F1 饲料添加剂
F2 饲用酶制剂
F2 氧化三甲胺
F2 诱食剂
C 沸石
C 生物饲料

田螺 [C8]
River-snail
Viviparus
S1 腹足类
F1 环棱螺
F1 铜锈环棱螺
C 福寿螺
C 田螺肉

田螺肉 [J4]
River-snail meat
C 田螺

甜菜碱 [B3]
Betaine
S1 有机物
S2 化合物

C 饲料添加剂
C 诱食剂

调控水质 [M3]
Controlling water quality
Y 水质调控

调试 [K1]
Debugging
C 安装
C 试验

调速 [K1]
Governing
D 速度控制
C 速度
C 调速装置
C 拖速

调速系统 [K1]
Speed control system
Y 调速装置

调速装置 [K1]
Governing unit
D 调速系统
C 速度
C 调速

调味剂 [J2]
Flavoring agent
D 调味料
D 调味液
S1 食品添加剂
S2 添加剂
C 调味食品

调味料 [J2]
Seasoning
Y 调味剂

调味食品 [J1]
Seasoned food
C 食品加工
C 食品添加剂
C 水产食品
C 调味剂
C 虾片

调味液 [J2]
Seasoning

Y 调味剂

条斑紫菜 [C7]
Porphyra yezoensis
S1 紫菜
S2 红藻
C 干紫菜
C 坛紫菜
C 紫菜养殖

条鳅 [C9]
Noemacheilinae
C 泥鳅

条纹锯鮨 [C9]
Black sea bass
Centropristis striata
D 黑石斑鱼
D 美洲黑石斑鱼
S1 鲈形目

条约 [N2]
Treaty
D 协定
F1 渔业协定

铁 [B3]
Iron
S1 化学元素

听觉 [C3]
Audition
C 感觉器官

庭院养鳖 [E5]
Garden turtle culture
Y 龟鳖养殖

庭院养殖 [E1]
Backyard culture
S1 水产养殖
C 龟鳖养殖

停药期 [F3]
Withdrawal time
Y 休药期

挺水植物 [C7]
Emerging plant; Emergent
aquatic plant
S1 水生植物

S2 植物

通信设备 [L4]
Communication device
F1 单边带电台
C 信号

同地种群 [D1]
Sympatric population
S1 种群

同工酶 [C4]
Isoenzyme
S1 酶
F1 一氧化氮合酶
C 同工酶谱

同工酶谱 [C4]
Isozyme pattern
C 同工酶

同类相残 [C5]
Cannibalism
D 残食
C 饥饿
C 食物竞争

同位素 [B3]
Isotope
C 分子标记
C 辐射
C 化学元素
C 示踪
C 遗传标记

同物异名 [D1]
Synonyms
D 同种异名
C 名称

同源重组 [C2]
Homologous recombination
C 基因重组
C 同源基因

同源基因 [C2]
Homologous gene
S1 基因
C 同源重组
C 同源性比对

同源性比对 [C2]
Homology comparison
C 同源基因

同种异名 [D1]
Homonyms
Y 同物异名

铜 [B3]
Copper
S1 化学元素

铜绿假单胞菌 [C7]
Pseudomonas aeruginosa
S1 假单胞菌
S2 致病菌

铜绿色 [E1]
Aerugo; Copper green
S1 水色
S2 水质

铜绿微囊藻 [C7]
Microcystis aeruginosa
S1 微囊藻
S2 蓝藻△

铜锈环棱螺 [C8]
Snail
Bellamya aeruginosa
S1 田螺
S2 腹足类

铜鱼 [C9]
Bronze gudgeon
Coreius heterodon
S1 鲤科

统计分析 [B1]
Statistical analysis
S1 分析
F1 方差分析
F1 回归分析
F1 聚类分析
F1 相关分析
C 概率
C 极值
C 平均数
C 渔业调查

统计数据 [A]

Statistical data
S1 数据
C 大数据
C 渔业统计

统计资料 [N1]
Statistical data
C 年鉴
C 渔业统计

头槽绦虫病 [F1]
Bothriocephaliasis
D 九江头槽绦虫
S1 绦虫病
S2 寄生虫疾病

头肾 [C6]
Head kidney
S1 肾
S2 排泄器官

头索动物 [C9]
Cephalochordate
C 白氏文昌鱼
C 文昌鱼

头胸甲 [C6]
Carapace
C 背甲

头足类 [C8]
Cephalopoda
F1 滑柔鱼
F1 茎柔鱼
F1 枪乌贼
F1 柔鱼
F1 乌贼
F2 虎斑乌贼
F2 拟目乌贼
F2 无针乌贼
F2 针乌贼
F1 章鱼
F2 长蛸
F2 短蛸
F2 蓝环章鱼
C 软体动物

投饵 [E1]
Feeding
Y 投饲

投饵场 [K3]
Feeding ground
C 饲料台

投饵机 [K3]
Feeding machine
Y 投饲机

投饵技术 [E1]
Feeding technology
Y 投饲

投饵量 [G1]
Feeding dose
Y 投饲量

投饵率 [G1]
Feeding rate
Y 投饲率

投饵频率 [E1]
Frequency of feeding
Y 投饲频率

投饵台 [K3]
Feed plate
Y 饲料台

投放规格 [E1]
Stocking size
Y 放养规格

投料量 [G1]
Feeding rate
Y 投饲量

投饲 [E1]
Feeding
D 饲料投喂
D 投饵
D 投饵技术
D 投喂
D 投喂模式
D 喂养方式
D 自动投饵
S1 养殖技术
C 投饲量
C 投饲率
C 投饲频率
C 投喂时间

投饲机 [K3]
Feeding machine
D 投饵机
D 自动投饲机
S1 投饲设备
S2 养殖机械△
C 饲料台
C 投喂时间
C 自动控制

投饲量 [G1]
Feeding dose
D 饲喂量
D 投饵量
D 投料量
D 投喂量
C 摄食强度
C 饲料系数
C 投饲
C 投饲率
C 投饲频率
C 投喂时间

投饲率 [E1]
Rate of feeding
D 投饵率
D 投喂率
C 投饲
C 投饲量
C 投饲频率
C 投喂时间

投饲频率 [E1]
Frequency of feeding
D 投饵频率
D 投喂频率
C 投饲
C 投饲量
C 投饲率
C 投喂时间

投饲设备 [K3]
Dispenser
S1 养殖机械
S2 渔业机械
F1 投饲机
C 饲料台

投喂 [E1]
Feeding
Y 投饲

投喂量 [G1]
Feeding amount
Y 投饲量

投喂率 [G1]
Feeding ratio; Feeding rate
Y 投饲率

投喂模式 [E1]
Feeding mode
Y 投饲

投喂频率 [E1]
Feeding frequency
Y 投饲频率

投喂时间 [G1]
Feeding time
C 投饲
C 投饲机
C 投饲量
C 投饲率
C 投饲频率

投药方法 [F3]
Medicine feeding method
D 给药方法
D 施药技术
F1 挂篓法
F1 浸洗
F1 浸浴
C 剂量
C 休药期
C 渔用药物

投资 [N1]
Investment
C 贷款
C 资金

透明度 [M1]
Transparency
S1 水文要素
C 水色
C 水质指标

突变 [C2]
Mutation
F1 基因突变
C 变异
C 遗传

图书 [A]
Book
S1 文献
C 报告

图像处理 [N3]
Image processing
C 管理信息系统
C 可视化
C 数据处理
C 信息技术

土池 [K3]
Natural pond
S1 池塘
S2 养殖设施△
C 池塘养殖

土池育苗 [E1]
Seedling rearing in earth ponds
S1 苗种培育

土地资源 [A]
Land resource
C 产业园区
C 水资源
C 遥感监测
C 租赁

土霉素 [F3]
Oxytetracycline
D 盐酸土霉素
S1 抗生素
S2 抗菌药物

土鲶 [C9]
Catfish
Silurus asotus
Y 鲶

土著鱼类 [D2]
Native fishes
S1 鱼类
C 外来鱼类
C 野生动物
C 野生品种
C 野生种群

吐沙 [J4]
Conditioning（Purification）
C 贝类采捕

C 贝类净化
C 食用贝类
C 自净

团扇鳐 [C9]
Fanray
Platyrhina
　　S1 软骨鱼类

团头鲂 [C9]
Bluntnose black bream
Megalobrama amblyccphala
　　D 武昌鱼
　　S1 鲤科

推广机构 [A]
Extension agency
　　S1 渔业团体
　　C 良种推广
　　C 推广体系
　　C 渔业主管部门

推广体系 [A]
Extension organization system
　　C 技术推广
　　C 良种推广
　　C 推广机构

推进器 [L3]
Propulsion
　　Y 螺旋桨

推进装置 [L3]
Propulsion device
　　F1 船舶轴系
　　F1 螺旋桨
　　C 传动装置
　　C 船舶推进
　　C 船舶主机
　　C 舵

退化 [C2]
Deterioration
　　C 提纯复壮
　　C 育种
　　C 种质鉴定
　　C 种质资源

蜕壳 [E5]
Each molt
　　C 对虾养殖

C 河蟹养殖
C 软壳
C 蜕皮
C 蜕皮激素
C 蜕皮周期
C 虾壳
C 虾壳病

蜕皮 [C6]
Moult
　　C 变态
　　C 蜕壳
　　C 蜕皮激素
　　C 蜕皮周期

蜕皮激素 [C4]
Ecdysterone
　　S1 激素
　　C 蜕壳
　　C 蜕皮

蜕皮周期 [C3]
Moulting cycle
　　C 繁殖周期
　　C 生命周期
　　C 蜕壳
　　C 蜕皮
　　C 周期变化

吞噬作用 [C2]
Phagocytosis
　　C 噬菌体
　　C 噬菌蛭弧菌

豚鼠气单胞菌 [C7]
Aeromonas caviae
　　S1 气单胞菌
　　S2 致病菌

鲀形目 [C9]
Tetraodontiformes
　　F1 刺鲀
　　F1 东方鲀
　　F1 河鲀
　　F1 黑斑叉鼻鲀
　　F1 绿鳍马面鲀
　　C 食物中毒
　　C 硬骨鱼类

拖速 [H1]
Towing speed

C 航速
C 速度
C 调速

拖网 [H3]
Trawl net
　　S1 网渔具
　　S2 渔具
　　F1 底层拖网
　　F1 浮拖网
　　F1 桁拖网
　　F1 虾拖网
　　F1 中层拖网
　　C 拖网捕捞
　　C 拖网渔船
　　C 网盖

拖网捕捞 [H3]
Trawling
　　D 拖网捕鱼
　　D 拖网生产
　　D 拖网渔业
　　D 拖网作业
　　S1 渔法
　　C 拖网
　　C 拖网渔船

拖网捕鱼 [H3]
Trawling
　　Y 拖网捕捞

拖网船 [L1]
Trawler
　　Y 拖网渔船

拖网加工渔船 [L1]
Factory trawler
　　Y 拖网渔船+冷藏加工船

拖网生产 [H3]
Trawling
　　Y 拖网捕捞

拖网渔船 [L1]
Trawler
　　D 拖网船
　　D+ 拖网加工渔船
　　S1 渔船
　　F1 单拖网渔船
　　F1 底拖网渔船
　　F1 双拖网渔船

F1 艉拖网渔船
F1 舷拖网渔船
C 拖网
C 拖网捕捞

拖网渔业 [H3]
Trawl fishery
Y 拖网捕捞

拖网作业 [H3]
Trawl operations
Y 拖网捕捞

脱臭 [J4]
Deodorization
D 除臭
C 除臭设备
C 饲料生产
C 腥臭味
C 鱼粉加工
C 鱼粉生产设备

脱氮 [M3]
Nitrogen removal
C 氮
C 活性污泥
C 生态浮床
C 生态塘
C 脱磷
C 鱼菜共生

脱毒 [G1]
Detoxification
C 饼粕
C 菜饼
C 菜籽饼
C 茶籽饼
C 海产品
C 饲料原料

脱磷 [M3]
Phosphorus removal
D 除磷
C 废水处理
C 脱氮
C 养殖废水

脱黏 [E1]
Demucoid
D 脱粘
C 孵化
C 黏性卵

脱壳 [J4]
Shucking
D 去壳
C 软壳
C 食用贝类
C 脱壳机
C 虾壳

脱壳机 [K5]
Shucker
D 贝类开壳机
S1 加工机械
S2 渔业机械
C 脱壳

脱氢酶 [C4]
Dehydrogenases
S1 酶

脱色 [J4]
Decolorization
C 海藻加工
C 褐藻胶
C 切鱼片机
C 鱼片
C 鱼片干
C 鱼肉

脱水 [J4]
Debydration
C 干燥
C 湿度
C 水分
C 水分活度

脱腥 [J4]
Deodorization
D 除腥
C 采肉

脱氧 [J2]
Deoxidation
D 脱氧剂
C 抗氧化剂
C 抗氧化能力

脱氧核糖核酸 [C2]
Deoxyribonucleic acid
Y DNA

脱氧剂 [J2]
Deoxidizing agent
Y 脱氧

脱粘 [E1]
Demucoid
Y 脱黏

驼背大麻哈鱼 [C9]
Humpback salmon
Oncorhynchus gorbuscha
Y 细鳞大麻哈鱼

椭圆背角无齿蚌 [C8]
Chinese pond mussel
Anadonta woodiana elliptica
Y 河蚌

W

WSSV [F1]
White spot syndrome virus
  Y 白斑综合征病毒

WTO [A]
World Trade Organization
  D 世界贸易组织
  S1 国际组织
  C 出口
  C 国际贸易
  C 国际渔业
  C 进口

娃娃鱼 [C9]
Giant salamander
Andrias davidianus
  Y 大鲵

挖塘机 [K3]
Pond digger
  S1 养殖机械
   S2 渔业机械
  C 池塘改造
  C 池塘清整
  C 底泥
  C 清淤设备

蛙 [C9]
Frog
Ranidae
  S1 两栖类
  F1 东北林蛙
  F1 黑斑侧褶蛙
  F1 棘腹蛙
  F1 金线蛙
  F1 牛蛙
  F1 泰国虎纹蛙
  F1 中国林蛙
  C 红腿病
  C 特种水产品
  C 蛙病

蛙病 [F1]
Frog disease
  C 疾病
  C 蛙

  C 蛙类养殖
  C 幼蛙
  C 中国林蛙

蛙类养殖 [E5]
Frog culture
  C 牛蛙
  C 特种水产养殖
  C 蛙病
  C 幼蛙
  C 中国林蛙

外荡养鱼 [E2]
Rivers fish culture
  Y 河道养鱼

外骨骼 [C6]
Exoskeleton
  S1 骨骼
  F1 背甲
  F1 腹甲
  F1 鳞片
   F2 侧线鳞
   F2 圆鳞
   F2 栉鳞
  F1 鳃盖骨
  F1 虾壳
  F1 蟹壳
  F1 左壳
  C 贝壳
  C 软壳
  C 鱼骨

外海 [B5]
Mid sea
  S1 海域
  C 公海
  C 深海
  C 远洋渔业

外海捕捞 [H1]
Offshore fishing
  S1 海洋捕捞
   S2 捕捞
  C 深海鱼类
  C 远洋捕捞

  C 远洋船队
  C 远洋渔船
  C 远洋渔业

外海渔业 [N2]
Pelagic fishery
  Y 远洋渔业

外来生物 [D3]
Alien organism
  Y 外来物种

外来物种 [D3]
Alien species
  D 外来生物
  D 外来种
  S1 物种
  F1 外来鱼类
  C 生态多样性
  C 生态危害
  C 生物入侵
  C 鱼类敌害

外来物种入侵 [D3]
Alien species invasion
  Y 生物入侵

外来鱼类 [M1]
Exotic fish
  S1 外来物种
   S2 物种
  C 生物入侵
  C 土著鱼类
  C 鱼类
  C 鱼类敌害

外来种 [D3]
Alien species
  Y 外来物种

外膜蛋白 [C4]
Outer membrane protein
  S1 蛋白质
  C 囊膜蛋白
  C 细胞膜

外鳃 [C6]
External gill
S1 鳃
S2 呼吸器官
C 鳃耙

外套膜 [C6]
Mantle
C 插核
C 内脏团
C 生殖
C 外套腔
C 小片
C 珍珠核
C 珍珠囊

外套腔 [C6]
Mantle cavity
C 内脏团
C 鳃
C 生殖孔
C 外套膜

外销 [N1]
Export sale
Y 出口

外用药 [F3]
Drugs for External Use
C 杀虫剂
C 消毒剂
C 渔用药物

外源性营养 [G1]
Exogenous nutrition
S1 营养
C 需要量

弯体病 [F1]
Bend-body disease
Y 畸形病

网板 [H2]
Otter board
S1 属具
C 网盖
C 网片

网捕 [H3]
Net catch
Y 捕捞

网盖 [H3]
Square net
C 拖网
C 网板

网具性能 [H2]
Fishing gear performance
C 捕捞效率
C 网片性能
C 网渔具
C 性能
C 渔具性能
C 增目

网孔 [H2]
Mesh
Y 网目

网帘 [E4]
Curtain net
C 紫菜养殖

网目 [H2]
Mesh
D 网孔
C 目脚
C 网目尺寸
C 增目

网目尺寸 [H2]
Mesh Size
C 可捕规格
C 网目
C 网目限制
C 网目选择性
C 渔获选择性
C 渔具

网目限制 [D3]
Mesh regulation
C 可捕规格
C 网目尺寸
C 网目选择性
C 资源保护

网目选择性 [D3]
Mesh selectivity
C 网目尺寸
C 网目限制
C 渔获选择性

网囊 [H2]
Net bag
C 网衣

网片 [H2]
Netting
C 网板
C 网衣

网片编织 [H2]
Braiding
D 织网

网片强力 [H2]
Netting strength
C 网片性能

网片性能 [H2]
Netting property
C 网具性能
C 网片强力
C 网片阻力
C 性能

网片阻力 [H2]
Netting resistance
C 流速
C 网片性能

网围养殖 [E1]
Net enclosure farming
Y 围网养殖

网线 [H2]
Netting twine
C 粗度
C 聚乙烯纤维

网箱 [K3]
Net cage
S1 养殖设施
S2 渔业设施
F1 浮式网箱
F1 固定网箱
F1 深水网箱
C 海洋设施
C 网箱结构
C 网箱清洗
C 网箱养鱼
C 网箱养殖

网箱结构 [K3]
Cage structure
　C 网箱

网箱清洗 [E1]
Cage cleaning
　C 网箱

网箱养鱼 [E2]
Cage fish culture
　S1 鱼类养殖
　C 网箱
　C 网箱养殖

网箱养殖 [E1]
Cage culture
　D+ 海水网箱养殖
　D+ 水库网箱养殖
　S1 水产养殖
　C 吊笼
　C 深水网箱
　C 网箱
　C 网箱养鱼

网养 [E1]
Net cage culture
　Y 围网养殖

网衣 [H2]
Netting
　C 网囊
　C 网片

网渔具 [H3]
Fishing net
　S1 渔具
　F1 抄网
　F1 刺网
　　F2 流刺网
　　F2 三重刺网
　　F2 围刺网
　F1 大拉网
　F1 敷网
　F1 聚乙烯网
　F1 密眼网
　F1 拖网
　　F2 底层拖网
　　F2 浮拖网
　　F2 桁拖网
　　F2 虾拖网
　　F2 中层拖网

　F1 围网
　　F2 大围缯
　　F2 对网
　F1 诱捕网
　C 捕捞辅助设备
　C 捕捞机械
　C 网具性能

危害 [A]
Hazard
　C 生物安全
　C 灾害

微孢子虫病 [F1]
Microsporidiosis
　D 匹里虫病
　S1 孢子虫病
　S2 原虫病△

微波干燥 [J4]
Microwave drying
　S1 干燥

微波解冻 [J3]
Microwave thawing
　S1 解冻
　C 超声波解冻
　C 真空解冻

微冻保鲜 [J3]
Partial freezing preservation
　S1 冷藏
　S2 保鲜
　C 冰温保鲜
　C 冰晶
　C 防腐剂
　C 干冰
　C 冷却海水保鲜
　C 渔船保鲜

微胶囊饲料 [G1]
Microcapsule feed;
Microencapsulated feed
　S1 水产饲料
　C 开口饲料
　C 微颗粒饲料

微颗粒饲料 [G1]
Micropellet feed
　D 微粒饲料
　D 微型饲料

　S1 颗粒饲料
　C 微胶囊饲料

微孔管 [K3]
Microporous tube
　C 增氧

微粒饲料 [G1]
Micropellet feed
　Y 微颗粒饲料

微量元素 [B3]
Trace element
　C 化学元素

微流水 [E1]
Slow flowing water
　C 流水养鱼
　C 流水养殖
　C 微流水养殖
　C 温流水

微流水养殖 [E1]
Micro flowthrough aquaculture
　S1 流水养殖
　S2 水产养殖
　C 微流水

微囊藻 [C7]
Microcystis
　S1 蓝藻
　S2 赤潮藻△
　F1 铜绿微囊藻
　C 蓝藻毒素
　C 水华

微囊藻毒素 [M2]
Microcystin
　S1 赤潮毒素
　S2 毒素
　C 微囊藻水华

微囊藻水华 [M2]
Microcystis bloom
　S1 水华
　S2 有害藻华△
　C 蓝藻毒素
　C 微囊藻毒素

微拟球藻 [C7]
Nannochloropsis

S1 微藻

微生态 [C5]
Microecology
　S1 生态
　C 仿生态
　C 生态循环

微生态学 [C5]
Microecology
　Y 生态学

微生态制剂 [F3]
Probiotic
　Y 微生物制剂

微生物 [C7]
Microorganism
　F1 复合微生物
　F1 固定化微生物
　F1 海洋微生物
　　F2 海洋细菌
　F1 有益微生物
　C 病毒
　C 水质指标
　C 细菌

微生物菌剂 [F3]
Microbial inoculum
　Y 微生物制剂

微生物培养 [C7]
Microbial cultivation
　S1 培养
　C 培养基
　C 细菌分离
　C 细菌鉴定
　C 细菌总数
　C 鱼病诊断

微生物群落 [C7]
Microbial community
　S1 群落
　F1 细菌群落

微生物添加剂 [G1]
Probiotic; Microbial additives
　Y 饲用酶制剂

微生物污染 [M2]
Microbiological pollution

S1 生物污染
　S2 环境污染
　C 细菌感染

微生物絮凝剂 [F3]
Microbial flocculant
　S1 絮凝剂
　C 水质改良剂
　C 微生物制剂

微生物指标 [M1]
Microbial index
　S1 质量指标
　S2 指标
　C 食品卫生
　C 细菌分离
　C 细菌感染
　C 细菌检验
　C 细菌鉴定
　C 细菌群落
　C 细菌总数

微生物制剂 [F3]
Microbial agent
　D 生物制剂
　D 微生态制剂
　D 微生物菌剂
　C 复合微生物
　C 光合细菌
　C 枯草芽孢杆菌
　C 生态防治
　C 微生物絮凝剂
　C 硝化菌
　C 芽孢杆菌
　C 益生菌
　C 有益微生物
　C 沼泽红假单胞菌

微卫星 [C2]
Microsatellite
　D 微卫星标记
　D 微卫星 DNA
　D 微卫星 DNA 标记
　D 微卫星分子标记
　S1 分子标记
　C 核苷酸
　C 核酸
　C 微卫星位点

微卫星标记 [C2]
Microsatellite markers

Y 微卫星

微卫星 DNA [C2]
Microsatellite DNA
　Y 微卫星

微卫星 DNA 标记 [C2]
Microsatellite DNA marker
　Y 微卫星

微卫星分子标记 [C2]
Microsatellite marker
　Y 微卫星

微卫星位点 [C2]
Microsatellite loci
　S1 分子标记
　C 扩增引物
　C PCR
　C 微卫星

微小亚历山大藻 [C7]
Alexandrium minutum
　Y 亚历山大藻

微小原甲藻 [C7]
Prorocentrum minimum
　Y 原甲藻

微型生物 [C7]
Microbiota
　C 浮游生物
　C 微藻

微型饲料 [G1]
Micropellet feed
　Y 微颗粒饲料

微型藻类 [C7]
Microalgae; Microscopic alga
　Y 微藻

微藻 [C7]
microalgae; Microscopic alga
　D 底栖微藻
　D 微型藻类
　D+ 饵料微藻
　F1 海洋微藻
　F1 微拟球藻
　C 浮游生物
　C 浮游藻类

C 黄藻
C 聚球藻
C 绿藻
C 微型生物
C 微藻培养
C 隐藻
C 藻相

微藻培养 [E4]
Microalgae culture
 S1 培养
 C 浮游藻类
 C 微藻
 C 藻相

围刺网 [H3]
Surrounding gillnet
 S1 刺网
 S2 网渔具△

围沟 [K3]
Ditch
 Y 环沟

围垦 [A]
Inning
 C 浅滩
 C 滩涂贝类
 C 滩涂湿地

围拦养殖 [E1]
Enclosure culture
 D 围栏养殖
 S1 水产养殖
 C 滩涂湿地

围栏养殖 [E1]
Enclosure culture
 Y 围拦养殖

围塘养殖 [E1]
Pond culture
 Y 池塘养殖

围网 [H3]
Purse seine
 S1 网渔具
 S2 渔具
 F1 大围缯
 F1 对网
 C 围网捕捞

C 围网渔船

围网捕捞 [H3]
Purse seine fishing
 D 围网作业
 S1 渔法
 C 围网
 C 围网起网机
 C 围网渔船

围网船 [L1]
Seine boat
 Y 围网渔船

围网起网机 [K4]
Purse seine winch
 S1 起网机
 S2 捕捞机械△
 C 围网捕捞
 C 围网渔船

围网养殖 [E1]
Net enclosure culture
 D 拦网养鱼
 D 网围养殖
 D 网养
 S1 水产养殖
 C 鱼类养殖

围网渔船 [L1]
Purse seiner
 D 围网船
 S1 渔船
 C 围网
 C 围网捕捞
 C 围网起网机

围网作业 [H3]
Purse seine fishing
 Y 围网捕捞

违法捕捞 [N2]
Illegal fishing
 Y 非法捕捞

违禁药品 [F3]
Illegal drugs
 Y 禁用药物

违禁药物 [F3]
Forbidden drug

 Y 禁用药物

维管植物 [C7]
Vascular plant
 D 水生维管束植物
 S1 植物
 C 水生植物

维生素 [C4]
Vitamin
 F1 复合维生素
 F1 维生素 A
 F1 维生素 B
 F1 维生素 C
 F1 维生素 D
 F1 维生素 E
 C 饲料成分
 C 饲料添加剂
 C 营养成分

维生素 A [C4]
Vitamin A
 S1 维生素
 C 胡萝卜素

维生素 B [C4]
Vitamin B
 S1 维生素

维生素 C [C4]
Vitamin C
 D 抗坏血酸
 S1 维生素

维生素 D [C4]
Vitamin D
 S1 维生素

维生素 E [C4]
Vitamin E
 S1 维生素

维生素缺乏 [F1]
Hypovitaminosis
 Y 维生素缺乏症

维生素缺乏症 [F1]
Avitaminosis
 D 维生素缺乏
 S1 营养性疾病
 S2 疾病

维氏气单胞菌 [C7]
Aeromonas veronii
　　S1 气单胞菌
　　S2 致病菌

维修 [K1]
Maintenance
　　D 修理
　　C 故障
　　C 渔船维修

鲿科 [C9]
Bagrid catfishes
Bagridae
　　S1 鲇形目

鲿鱼 [C9]
Longisnouted bagrid catfish
Leiocassis longirostris
　　Y 长吻鮠

尾柄 [C6]
Caudal peduncle
　　C 尾鳍

尾鳍 [C6]
Caudal fin
　　S1 鳍
　　S2 动物附肢
　　C 背鳍
　　C 尾柄
　　C 胸鳍
　　C 脂鳍

尾重 [E1]
Individual weight
　　C 放养规格
　　C 可捕规格
　　C 商品规格
　　C 体重
　　C 鱼类养殖
　　C 增重量
　　C 增重率

萎瘪病 [F1]
Anemia
　　C 营养性疾病

艉滑道 [L2]
Stern chute

艉滑道拖网渔船 [L1]
Stern chute trawler
　　Y 艉拖网渔船

艉拖网渔船 [L1]
Stern trawler
　　D 艉滑道拖网渔船
　　S1 拖网渔船
　　S2 渔船

鲔鱼 [C9]
Tuna
Euthynnus
　　Y 金枪鱼

卫星导航系统 [N3]
Satellite navigation system
　　Y GPS

卫星定位 [K1]
Satellite positioning
　　S1 定位
　　C 船位
　　C 导航
　　C GPS
　　C 人造卫星
　　C 助航设备

味觉 [C3]
Taste sensation
　　C 感觉器官
　　C 口感

胃 [C6]
Stomach
　　S1 消化器官
　　C 单胃动物
　　C 体液
　　C 胃含物
　　C 幽门盲囊

胃含物 [C3]
Stomach content
　　C 食物组成
　　C 胃

喂养方式 [E1]
Feeding method
　　Y 投饲

温带 [B4]

Temperate zone
　　S1 气候带
　　C 等温线
　　C 温度

温度 [B4]
Temperature
　　F1 低温
　　F1 孵化温度
　　F1 气温
　　F2 积温
　　F1 生存温度
　　F1 水温
　　C 等温线
　　C 加热
　　C 气候因子
　　C 温带
　　C 温室养殖
　　C 温跃层

温度适应 [C5]
Temperature adaptation
　　D 体温调节
　　S1 适应
　　C 生存温度
　　C 适温性
　　C 休眠
　　C 应激反应
　　C 越冬洄游

温和气单胞菌 [C7]
Aeromonas sobria
　　S1 气单胞菌
　　S2 致病菌

温流水 [E1]
Thermal flowing water
　　D 温排水
　　C 地热水
　　C 冷却水
　　C 水温控制
　　C 微流水

温流水养鱼 [E2]
Thermal flowing water fish culture
　　Y 流水养鱼

温流水养殖 [E1]
Warm water flowthough aquaculture

S1 流水养殖
S2 水产养殖
C 水温控制

温排水 [E1]
Thermal effluent
Y 温流水

温棚养殖 [E1]
Greenhouse farming
Y 温室养殖

温泉水 [B5]
Thermal spring water
Y 地热水

温室 [E1]
Green house
C 控温养殖
C 水温控制
C 越冬
C 越冬池

温室养殖 [E1]
Greenhouse farming
D 温棚养殖
D 温室越冬
S1 水产养殖
C 控温养殖
C 水泥池
C 塑料大棚
C 温度
C 越冬池

温室越冬 [E1]
Greenhouses overwintering
Y 温室养殖

温水性鱼类 [C1]
Temperate water fish
Y 暖水性鱼类

温跃层 [B5]
Thermocline
C 等温线
C 水温
C 温度

文昌鱼 [C9]
Lancelet
Branchiostoma

F1 白氏文昌鱼
C 头索动物

文蛤 [C8]
Hard clam
Meretrix meretrix
S1 帘蛤科
S2 双壳类

文献 [A]
Document
F1 词典
F1 档案
F1 论文
F1 年鉴
F1 期刊
F1 图书
F1 专利
F1 综述
C 评论
C 信息资源
C 资料

纹缟虾虎鱼 [C9]
Chameleon goby; Striped
tripletooth goby; Trident goby
Tridentiger trigonocephalus
S1 虾虎鱼
S2 鲈形目

吻部 [C6]
Rhynchodaenm
D 吻端
C 白头白嘴病
C 口器
C 翘嘴红鲌

吻端 [C6]
Rostral side
Y 吻部

稳定性 [A]
Stability
C 船舶稳性

问题 [A]
Problem
C 战略
C 政策

蜗牛 [C8]

Snail
Fruticicolidae
S1 腹足类
F1 白玉蜗牛

乌鲳 [C9]
Black pomfret
Formio
S1 鲈形目

乌龟 [C9]
Tortoise
Chinemys reevesii
D 金龟
S1 龟科
S2 龟鳖目

乌鳢 [C9]
Snakehead
Ophiocephalus argus
D 黑鱼
D 鳢鱼
S1 鳢

乌苏里拟鲿 [C9]
Ussuri catfish
Pseudobagrus ussuriensis
Y 乌苏拟鲿

乌苏拟鲿 [C9]
Ussuri catfish
Pseudobagrus ussuriensis
D 乌苏里拟鲿
S1 鲇形目

乌头瘟 [F1]
Bacterial gill rot disease
S1 鱼病
C 烂鳃病

乌原鲤 [C9]
Chinese ink carp
Procypris merus
D 禾花鲤
S1 鲤科

乌仔 [E2]
Fishe larva
S1 鱼苗
S2 苗种
C 水花

C 鱼种培育

乌贼 [C8]
Cuttlefish; Squids
Sepiidae
D 墨鱼
D 鱿鱼
S1 头足类
F1 虎斑乌贼
F1 拟目乌贼
F1 无针乌贼
F1 针乌贼
C 鱿鱼干

污染防治 [M3]
Pollution control
D 污染控制
D 污染预防
C 环境保护
C 环境污染
C 农药污染
C 渔业污染
C 综合防治

污染分布 [M1]
Pollution distribution
S1 分布
C 环境污染
C 污染物排放

污染控制 [M3]
Pollution control countermeasure
Y 污染防治

污染事故 [M1]
Pollution accident
S1 事故
F1 船舶溢油
F1 死鱼事件
C 环境保护
C 环境污染
C 食品安全
C 水环境安全
C 无害化处理

污染物 [M2]
Pollutant
Y 污染源

污染物排放 [M2]
Pollutants emission

C 化学处理
C 排放标准
C 污染分布
C 污染源
C 无害化处理
C 养殖废弃物
C 养殖废水
C 有机污染物
C 渔业污染

污染预防 [M3]
Pollution prevention
Y 污染防治

污染源 [M2]
Pollution source
D 污染物
C 放射性污染
C 废物污染
C 工业污染
C 化学污染
C 环境污染
C 甲基汞
C 面源污染
C 农药污染
C 生物监测
C 生物污染
C 污染物排放
C 细菌污染
C 硝基苯
C 养殖污染
C 重金属污染

污水 [M2]
Sewage
Y 废水

污水处理 [M3]
Sewage treatment
Y 废水处理

污损生物 [M1]
Fouling organism
D 附生生物
D 附着生物
C 船蛆
C 硅藻
C 牡蛎
C 藤壶
C 贻贝

无齿蚌 [C8]
Swan-mussel
Anodonta woodiana
Y 河蚌

无公害 [J5]
Pollution-free
C 绿色渔业
C 无公害农产品
C 无公害认证
C 无公害饲料
C 有机水产品

无公害农产品 [J5]
Pollution-free agricultural product
C 水产品
C 无公害
C 无公害认证
C 无公害饲料

无公害认证 [J5]
Pollution-free certification
S1 认证
C 产品认证
C 无公害
C 无公害农产品
C 无公害饲料
C 有机认证
C 质量认证

无公害水产品 [N1]
Pollution free aquatic products;
Non-polluted aqua-products
D 绿色水产品
S1 水产品
C 绿色食品

无公害饲料 [G1]
Green feed
D 绿色饲料
S1 水产饲料
C 无公害
C 无公害农产品
C 无公害认证

无公害养殖 [E1]
Pollution-free aquaculture
Y 健康养殖

无害化处理 [M1]

Pollution-free treatment
　D　无害化处置
　C　暴发病
　C　底泥
　C　污染事故
　C　污染物排放
　C　养殖废弃物
　C　养殖污染
　C　疫情监测
　C　沼气肥

无害化处置 [M1]
Innocuous dispose
　Y　无害化处理

无机肥 [G2]
Inorganic fertilizer
　D　化肥
　S1　肥料
　F1　氮肥
　F1　磷肥
　C　无机物

无机砷 [F3]
Inorganic arsenic
　Y　砷

无机物 [B3]
Inorganic compound
　S1　化合物
　C　无机肥
　C　有机物

无机盐 [B3]
Inorganic salt
　F1　铵盐
　F1　磷酸盐
　　F2　多聚磷酸盐
　　F2　磷酸二氢钙
　F1　硫酸盐
　　F2　硫酸铜
　F1　碳酸盐
　F1　硝酸盐
　C　氯化钠
　C　饲料配方
　C　盐度
　C　营养盐

无脊椎动物 [C8]
Invertebrate
　D+　大型底栖无脊椎动物

　D+　大型无脊椎动物
　D+　海洋无脊椎动物
　C　扁形动物
　C　海绵动物
　C　环节动物
　C　棘皮动物
　C　节肢动物
　C　软体动物
　C　原生动物

无节幼体 [C6]
Nauplius
　S1　幼体

无菌灌装 [J4]
Aseptic filling
　C　罐头
　C　罐头加工
　C　胖听
　C　软罐头

无鳞鱼 [C9]
Scaleless fish
　S1　鱼类
　C　魟
　C　黄颡鱼
　C　黄鳝
　C　马鲅科
　C　鳗鲡
　C　泥鳅
　C　鲶
　C　鲐
　C　特种水产品
　C　特种水产养殖

无乳链球菌 [C7]
Streptococcus agalactiae
　S1　链球菌
　S2　致病菌
　C　链球菌病

无性繁殖 [C2]
Asexual propagation
　Y　无性生殖

无性生殖 [C2]
Asexual reproduction
　D　无性繁殖
　S1　生殖
　C　孢子

无性系 [C2]
Clone
　C　品系

无针乌贼 [C8]
Cuttlefish
Sepiella maindroni
　S1　乌贼
　S2　头足类

无证捕捞 [N2]
Unlicensed fishing
　Y　非法捕捞

吴郭鱼 [C9]
Tilapia
Oreochromis mossambicus
　Y　莫桑比克罗非鱼

五彩博鱼 [C9]
Siamese fightingfish batta
Betta splendens
　D　泰国斗鱼
　D　暹罗斗鱼
　S1　鲈形目

武昌鱼 [C9]
Wuchang bream
Megalobrama amblycephala
　Y　团头鲂

物候 [C5]
Phenology
　C　洄游
　C　生物学特性
　C　汛期
　C　渔期

物价 [N1]
Price
　Y　价格

物理防治 [F2]
Physical control
　S1　疾病防治

物理性质 [B2]
Physical property
　S1　理化性质
　F1　比重
　F1　密度

F1 黏度
F1 速度
F1 重量
C 化学性质
C 物理学
C 性质

物理学 [B2]
Physics
F1 流体力学
F1 热力学
F1 声学
F2 水声学
F1 水力学
C 化学性质
C 物理性质

物联网 [N3]
Internet of things
C 大数据
C 互联网
C 机器人
C 信息系统

物质代谢 [C4]
Material metabolism
Y 新陈代谢

物质循环 [C1]
Nutrient cycling
D 营养物循环
F1 氮循环
F1 磷循环
F1 碳循环
C 生态循环

物种 [D1]

Biological species
D 生物物种
D 生物源
D 生物种
F1 濒危物种
F1 生物入侵
F1 外来物种
F2 外来鱼类
F1 珍稀物种
C 物种鉴定

物种保护 [D3]
Species conservation
S1 资源保护
S2 环境保护
C 濒危物种
C 生物安全
C 物种灭绝
C 野生动物
C 珍稀动物

物种多样性 [C5]
Species diversity
D 种类组成
D 种群多样性
S1 多样性
C 物种组成
C 优势种
C 种群分化
C 生物多样性

物种鉴定 [D1]
Species identification
D 种类鉴定
C 鉴定
C 年龄鉴定
C 生物鉴定

C 物种
C 物种组成
C 亚种
C 种群鉴定
C 种质鉴定

物种灭绝 [D3]
Species extinction
C 濒危物种
C 物种保护
C 珍稀动物

物种入侵 [D3]
biological species invasion
Y 生物入侵

物种组成 [C5]
Species composition
C 群落结构
C 生态位
C 物种多样性
C 物种鉴定
C 优势种
C 种群结构

误差 [B1]
Error
C 测量
C 方差分析
C 精度

雾 [B4]
Fog
S1 降水
S2 水资源
C 能见度

X

西北太平洋 [P]
Northwest pacific
S1 北太平洋
S2 太平洋△
C 东太平洋
C 南太平洋
C 西太平洋

西伯利亚鲟 [C9]
Siberian sturgeon
Acipenser baeri
S1 鲟鱼

西南大西洋 [P]
Southwest atlantic ocean
S1 大西洋
S2 世界大洋
C 北大西洋
C 大西洋沿岸

西沙群岛渔场 [P]
Xisha Islands Fishing Ground
S1 渔场
C 南沙群岛渔场

西施舌 [C8]
Clam
Mactra antiquata
D 沙蛤
S1 蛤蜊
S2 双壳类

西太平洋 [P]
West Pacific
S1 太平洋
S2 世界大洋
C 南太平洋
C 西北太平洋

西藏 [P]
Tibet Autonomous Region
C 高原湖泊

吸虫 [C8]
Trematoda
Y 吸虫病

吸虫病 [F1]
Trematodiasis
D 吸虫
S1 寄生虫疾病
F1 侧殖吸虫病
F1 单殖吸虫病
F2 海盘虫病
F2 盘钩虫病
F2 三代虫病
F2 指环虫病*
F3 拟指环虫
F3 小鞘指环虫
F1 复殖吸虫病
F2 复口吸虫病
F2 血居吸虫病
C 扁形动物

吸附 [B2]
Absorption
C 氨氮
C 沸石
C 浓缩
C 絮凝作用

吸口鲶 [C9]
Suckermouth catfish
Plecostomus plecostomus
D 垃圾鱼

吸盘鱼 [C9]
Sharksucker
Echeneis naucrates
Y 䲟

希瓦氏菌 [C7]
Shewanella
S1 弧菌
S2 致病菌

硒 [B3]
Seleninm
S1 化学元素

稀有种 [C1]
Rare species
S1 种

C 保护动物
C 珍稀动物
C 珍稀物种
C 珍稀鱼类
C 资源保护

舾装设备 [L3]
Outfitting equipment
Y 船舶设备

溪吻虾虎鱼 [C9]
Goby
Rhinogobius duospilus
S1 虾虎鱼
S2 鲈形目

溪蟹 [C8]
Potamidae
F1 长江华溪蟹
F1 河南华溪蟹
C 蟹类

习性 [C1]
Habits
F1 繁殖习性
F1 栖息习性
F1 生活习性
F1 生态习性

洗鱼机 [K5]
Fish washer
S1 鱼类处理机械
S2 加工机械△
C 鱼肉

系统发育 [C2]
Phylogeny
D 系统进化
S1 发育
C 地理种群
C 系统分类

系统分类 [C1]
System classification
S1 分类
C 生物分类

C 系统发育

系统分析 [A]
System analysis
　S1 分析
　C 系统工程

系统工程 [A]
System engineering
　C 系统分析
　C 系统集成
　C 信息系统

系统集成 [A]
System integration
　C 系统工程
　C 优化配置

系统进化 [C2]
Phyletic evolution
　Y 系统发育

细胞 [C2]
Cell
　F1 免疫活性细胞
　F1 色素细胞
　F1 体细胞
　F2 黏液细胞
　F1 血细胞
　F1 藻类细胞
　C 生殖细胞
　C 细胞壁
　C 细胞器
　C 细胞学
　C 原生质

细胞壁 [C2]
Cell wall
　C 细胞

细胞毒素 [M2]
Cytotoxin
　S1 毒素
　C 有害藻华
　C 有害藻类

细胞分裂 [C2]
Cell division
　F1 减数分裂
　F1 有丝分裂
　C 染色体

C 染色体配对
C 细胞核
C 细胞器
C 着丝粒

细胞工程 [C2]
Cell engineering
　D 细胞融合
　D 细胞杂交
　S1 生物工程
　F1 核移植
　C 细胞系
　C 细胞株
　C 原生质
　C 原生质体

细胞核 [C2]
Nucleus
　S1 原生质
　C 细胞分裂

细胞化学 [C4]
Cytochemistry
　S1 化学

细胞活性 [C2]
Cytoactive
　S1 生物活性

细胞密度 [C2]
Cell density
　C 密度
　C 细胞培养
　C 细胞株

细胞膜 [C2]
Cell membrane
　S1 原生质
　C 外膜蛋白

细胞培养 [C2]
Cell culture
　S1 培养
　C 病毒粒子
　C 细胞密度

细胞器 [C2]
Organella
　F1 线粒体
　F1 叶绿体
　C 细胞

C 细胞分裂
C 原生质
C 原生质体

细胞融合 [C2]
Cellular fusion
　Y 细胞工程

细胞色素 [C2]
Cytochrome
　C 色素细胞
　C 线粒体 DNA

细胞生物学 [C2]
Cell biology
　Y 细胞学

细胞系 [C2]
Cell line
　C 细胞工程
　C 细胞学
　C 细胞株

细胞学 [C2]
Cytology
　D 细胞生物学
　C 细胞
　C 细胞系
　C 原生质

细胞杂交 [C2]
Cell hybridization
　Y 细胞工程

细胞质 [C2]
Cytoplasm
　S1 原生质

细胞株 [C2]
Cell strain
　C 细胞工程
　C 细胞密度
　C 细胞系

细度 [H2]
Fineness
　Y 粗度

细角对虾 [C8]
Blue shrimp
Penaeus stylirostris

S1 对虾

细菌 [C7]
Bacteria
　　F1 腐败菌
　　F1 红球菌
　　F1 降解菌
　　F1 立克次氏体
　　F1 异养菌
　　F1 益生菌
　　C 病原体
　　C 肠道菌群
　　C 大肠菌群
　　C 浮游细菌
　　C 光合细菌
　　C 海洋细菌
　　C 壶状菌病
　　C 链壶菌病
　　C 溶藻细菌
　　C 乳酸菌
　　C 水质指标
　　C 丝状菌
　　C 微生物
　　C 硝化菌
　　C 需氧菌
　　C 芽孢杆菌
　　C 厌氧菌
　　C 抑菌剂
　　C 致病菌

细菌病 [F1]
Bacterial disease
　　Y 细菌性疾病

细菌分离 [C7]
Bacterial isolation
　　C 微生物培养
　　C 微生物指标
　　C 细菌鉴定
　　C 细菌总数

细菌感染 [F1]
Bacterial infection
　　D+ 继发细菌感染
　　S1 感染
　　C 微生物污染
　　C 微生物指标
　　C 细菌性疾病

细菌疾病 [F1]
bacteriosis

　　Y 细菌性疾病

细菌检验 [J5]
Bacteriologic test
　　S1 水产品检验
　　C 微生物指标
　　C 鲜度
　　C 鲜度检验
　　C 疫苗制备
　　C 质量标准
　　C 质量评定
　　C 组织提取物

细菌鉴定 [C7]
Bacteria identification
　　C 鉴定
　　C 微生物培养
　　C 微生物指标
　　C 细菌分离

细菌群落 [C7]
Bacterial community
　　S1 微生物群落
　　S2 群落
　　C 肠道菌群
　　C 微生物指标

细菌污染 [M2]
Bacterial contamination
　　C 环境污染
　　C 污染源

细菌性败血症 [F1]
Bacterial septicemia
　　D 出血性败血症

细菌性病害 [F1]
Bacterial diseases
　　Y 细菌性疾病

细菌性肠炎 [F1]
Bacterial enteritis
　　Y 肠炎病

细菌性传染病 [F1]
bacterial infectious diseases
　　Y 细菌性疾病+传染病

细菌性疾病 [F1]
Bacteriosis
　　D 细菌病

　　D 细菌疾病
　　D 细菌性病害
　　D+ 细菌性传染病
　　D+ 细菌性皮肤病
　　D+ 细菌性鱼病
　　F1 爱德华氏菌病
　　F1 白皮病
　　F1 白头白嘴病
　　F1 赤皮病
　　F1 穿孔病
　　F1 腐壳病
　　F1 腐皮病
　　F1 红腿病
　　F1 弧菌病
　　F1 假单胞菌病
　　F1 疖疮病
　　F1 溃烂病
　　F1 烂皮病
　　F1 烂尾病
　　F1 鳃病
　　　F2 黑鳃病
　　　F2 烂鳃病
　　　F2 鳃霉病
　　　F2 鳃肾炎
　　F1 竖鳞病
　　C 病毒性疾病
　　C 病原区系
　　C 疾病
　　C 抗菌药物
　　C 皮肤病
　　C 细菌感染
　　C 虾病
　　C 蟹病
　　C 鱼病
　　C 真菌性疾病
　　C 致病菌

细菌性烂鳃 [F1]
Bacterial gill rot disease
　　Y 烂鳃病

细菌性皮肤病 [F1]
Bacterial infected skin diseases
　　Y 细菌性疾病+皮肤病

细菌性鱼病 [F1]
Bacterial fish disease
　　Y 细菌性疾病+鱼病

细菌总数 [M2]
Total bacterial count

C 微生物培养
C 微生物指标
C 细菌分离

细鳞大麻哈鱼 [C9]
Pink salmon
Oncorhynchus gorbuscha
D 驼背大麻哈鱼
S1 大麻哈鱼
S2 鲑形目
C 细鳞鱼

细鳞鲴 [C9]
smallscale yellowfin
Xenocypris microlepis
Y 细鳞斜颌鲴

细鳞斜颌鲴 [C9]
smallscale yellowfin
Xenocypris microlepis
D 细鳞鲴
S1 鲤科

细鳞鱼 [C9]
Lenok; Siberian salmond fish
Brachymystax lenok
S1 鲑形目
C 细鳞大麻哈鱼

虾病 [F1]
Shrimp disease
D 病虾
F1 黑鳃病
F1 红体病
F1 红腿病
F1 甲壳溃疡病
F1 丝状细菌病
F1 虾壳病
C 病毒性疾病
C 对虾养殖
C 疾病
C 疾病防治
C 甲壳净
C 细菌性疾病

虾池 [K3]
shrimp pool
Y 虾塘

虾稻共作 [E5]
Shrimp-rice culture

Y 稻田养虾

虾粉 [J4]
Shrimp meal
Y 粉状产品

虾蛄 [C8]
Squilla
Squillidae
S1 口足类
F1 口虾蛄
F2 黑斑口虾蛄

虾虎鱼 [C9]
Gobiidae
D 鰕虎鱼
S1 鲈形目
F1 矛尾复虾虎鱼
F1 纹缟虾虎鱼
F1 溪吻虾虎鱼

虾酱 [J4]
Shrimp paste
S1 发酵制品
S1 海鲜酱
S2 发酵制品
C 虾油

虾壳 [C6]
Shrimp shell
S1 外骨骼
S2 骨骼
C 副产物
C 壳聚糖
C 软壳
C 蜕壳
C 脱壳

虾壳病 [F1]
Shrimp shell disease
S1 虾病
C 腐壳病
C 甲壳溃疡病
C 软壳
C 蜕壳

虾类 [C1]
Shrimp
F1 河虾
F1 暖水虾
C 螯虾

C 长臂虾科
C 对虾
C 脊尾白虾
C 甲壳动物
C 糠虾
C 磷虾
C 龙虾
C 毛虾
C 美洲螯龙虾
C 墨吉明对虾
C 虾体
C 秀丽白虾
C 沼虾
C 中华锯齿米虾

虾类饲料 [G1]
Shrimp feed
Y 虾饲料

虾类养殖 [E5]
Shrimp Culture
D 虾养殖
D 养虾
F1 对虾养殖
F1 龙虾养殖
C 对虾产业
C 亲虾
C 亲虾培育
C 商品虾
C 水产养殖
C 虾饲料
C 虾塘
C 鱼虾混养
C 仔虾

虾料 [G1]
Shrimp feed
Y 虾饲料

虾米 [J4]
Dried peeled shrimp
D 海米
S1 干制品
C 虾皮

虾苗 [E5]
Juvenile shrimp
S1 苗种
C 对虾养殖
C 对虾育苗
C 亲虾

C 仔虾

虾苗培育 [E5]
Shrimp seedling rearing
　　Y 对虾育苗

虾皮 [J4]
Dried small shrimp
　　S1 干制品
　　C 虾米
　　C 鱼皮

虾片 [J4]
Prawn cracker
　　S1 鱼糜制品
　　C 调味食品

虾青素 [G1]
Astaxanthin
　　S1 类胡萝卜素
　　S2 光合色素
　　C 胡萝卜素
　　C 色素细胞
　　C 饲料添加剂
　　C 体色

虾仁 [J4]
Peeled shrimp
　　D 虾肉
　　C 冻虾仁
　　C 凤尾虾
　　C 蝴蝶虾
　　C 加工技术
　　C 水产加工品

虾肉 [J4]
Shrimp meat
　　Y 虾仁

虾饲料 [G1]
Shrimp feed
　　D 虾类饲料
　　D 虾料
　　S1 饲料品种
　　S2 水产饲料
　　C 虾类养殖

虾塘 [K3]
Shrimp pond
　　D 虾池
　　D 养虾池

　　S1 池塘
　　S2 养殖设施△
　　C 虾类养殖

虾体 [C6]
Shrimp body
　　C 虾类

虾拖网 [H3]
Shrimp trawl
　　S1 拖网
　　S2 网渔具△

虾味香精 [J4]
Shrimp flover
　　C 食品添加剂

虾蟹产业 [N1]
Shrimp and crab industry
　　Y 对虾产业+河蟹产业

虾蟹类 [C1]
Crustacean
　　Y 甲壳动物

虾养殖 [E5]
Shrimp Culture
　　Y 虾类养殖

虾油 [J4]
Shrimp sauce
　　S1 发酵制品
　　C 虾酱

虾种 [E5]
Shrimp seedling
　　Y 亲虾

鰕虎鱼 [C9]
Gobies
Gobiidae
　　Y 虾虎鱼

狭鳕 [C9]
Alaska pollack
Theragra chalcogramma
　　S1 鳕形目

狭盐性 [C3]
Stenohaline
　　S1 生物学特性

霞水母 [C8]
Jellyfish
Cyanea
　　D 白色霞水母
　　S1 钵水母
　　S2 水母

下纲 [H2]
Foot line
　　S1 索具
　　C 沉子纲

下脚料 [J4]
Waste
　　Y 副产物

夏花 [E2]
Summer fingerling
　　S1 鱼苗
　　S2 苗种
　　C 鱼种放养
　　C 鱼种规格
　　C 鱼种培育

夏季 [B4]
Summer
　　S1 季节

夏眠 [C5]
Aestivation
　　S1 休眠
　　C 海参

夏苗 [E4]
Summer seedling
　　S1 苗种
　　C 海带养殖

纤毛 [C6]
Cilium

纤毛虫 [C8]
Ciliate
　　Y 纤毛虫病

纤毛虫病 [F1]
Ciliata disease
　　D 固着类纤毛虫病
　　D 纤毛虫
　　S1 原虫病
　　S2 寄生虫疾病

F1 瓣体虫病
F1 杯体虫病
F1 车轮虫病
F1 小瓜虫病
  F2 刺激隐核虫
  F2 多子小瓜虫
F1 斜管虫病

纤维材料 [H2]
Fibre material
D 合成纤维
S1 渔具材料
C 粗度
C 合成纤维绳
C 尼龙

纤维素 [C4]
Cellulose
S1 化合物
C 纤维素酶

纤维素酶 [C4]
Cellulase
S1 酶
C 纤维素

纤细角毛藻 [C7]
Chaetoceros gracilis
S1 角毛藻
  S2 硅藻△
C 牟氏角毛藻

纤细裸藻 [C7]
Euglena gracilis
Y 裸藻

鲜度 [J3]
Freshness
C 保鲜
C 感官评价
C K 值
C 水产品检验
C TBA 值
C TVB-N
C 细菌检验
C 鲜度检验
C 鲜度指标
C 鲜鱼
C 异味
C 吲哚
C 质量指标

C 自溶作用
C 组胺
C 组胺中毒

鲜度测定 [J5]
Freshness determination
Y 鲜度检验

鲜度检验 [J5]
Freshness test
D 鲜度测定
S1 水产品检验
C 抽检
C 次黄嘌呤
C 感官评价
C 三甲胺
C TBA 值
C TVB-N
C 细菌检验
C 鲜度
C 亚硫酸氢钠
C 吲哚
C 质量评定
C 自溶作用
C 组织提取物

鲜度指标 [J5]
Freshness index
S1 质量指标
  S2 指标
F1 K 值
F1 TBA 值
F1 TVB-N
C 次黄嘌呤
C 感官指标
C 三甲胺
C 鲜度
C 鲜鱼
C 亚硫酸氢钠
C 吲哚
C 自溶作用
C 组胺

鲜活饵料 [G1]
Live feed; Fresh bait
D 活饵
D 活饵料
D 天然饵料
D 天然饲料
C 冰鲜鱼
C 饲料鱼

C 饲料源
C 摇蚊幼虫

鲜销 [N1]
Fresh aquatic products sales
C 冰鲜鱼
C 活鱼运输
C 气调保鲜
C 鲜鱼

鲜鱼 [J1]
Fresh fish
C 冰鲜鱼
C 活鱼
C 活鱼运输
C 活鱼运输车
C TBA 值
C TVB-N
C 鲜度
C 鲜度指标
C 鲜销
C 异味
C 吲哚

暹罗斗鱼 [C9]
Siamese fighting fish
Betta splendens
Y 五彩博鱼

咸淡水 [B5]
Brackish water
Y 半咸水

咸淡水养殖 [E1]
Brackish culture
Y 半咸水养殖

咸淡水鱼类 [C1]
Brackishwater fish
Y 半咸水鱼类

咸水湖 [B5]
Saline water lake
S1 湖泊
C 半咸水
C 半咸水养殖
C 高原湖泊

显微结构 [C2]
Microstructure
F1 超微结构

C 结构
C 显微镜

显微镜 [B2]
Microscope
   F1 电子显微镜
   F1 扫描电镜
   F1 荧光显微镜
   C 显微结构

蚬 [C8]
Clam
Corbicula
   S1 双壳类
   F1 河蚬

现存量 [D2]
Standing stook
   Y 生物量

现代化 [A]
Modernization
   C 自动化

现代养殖 [E1]
Modern aquaculture
   S1 水产养殖
   C 产业园区
   C 工厂化育苗

现代渔业 [N2]
Modern fishery
   S1 渔业
   C 循环渔业

线虫 [C8]
Nematoda
   Y 线虫病

线虫病 [F1]
Nematodiasis
   D 线虫
   S1 寄生虫疾病
   F1 毛细线虫病
   F1 嗜子宫线虫病

线粒体 [C2]
Mitochondria
   S1 细胞器
   C 线粒体 DNA

线粒体 DNA [C2]
Mitochondrial DNA
   S1 DNA
   S2 核酸
   F1 CO I 基因
   C cDNA 克隆
   C 细胞色素
   C 线粒体

限制性氨基酸 [C4]
Limiting amino acid
   S1 氨基酸
   C 蛋氨酸
   C 赖氨酸
   C 色氨酸

限制性内切酶 [C4]
Restriction endonuclease
   S1 酶

相对生长率 [E1]
Relative growth rate
   S1 生长率

相对资源量 [D2]
Relative abundance
   Y 丰度

相关分析 [B1]
Correlation analysis
   S1 统计分析
   S2 分析
   C 变异系数
   C 回归分析
   C 相关性
   C 相关因子
   C 最小二乘法

相关性 [A]
Correlation
   C 相关分析
   C 相关因子

相关因子 [B1]
Correlation Factor
   C 相关分析
   C 相关性

相手蟹 [C8]
Sesarma
   C 蟹类

香港巨牡蛎 [C8]
Hongkong oyster
Crassostrea hongkongensis
   S1 牡蛎
   S2 双壳类

香鱼 [C9]
Ayu
Plecoglossus altivelis
   S1 鲑形目

湘江野鲤 [C9]
Xiangjiang wild carp
Cyprinus carpio xiangjiangnensi
   S1 鲤
   S2 鲤科

湘云鲫 [C9]
Triploid crucian carp
Carassius auratus auratus
   D 工程鲫
   S1 鲫
   S2 鲤科

湘云鲤 [C9]
Triploid common carp
Cyprinus carpio xiangyunnensi
   S1 鲤
   S2 鲤科

响应面 [B1]
Response surface
   C 函数
   C 响应面法

响应面法 [B1]
Response surface method
   C 数学模型
   C 响应面

象拔蚌 [C8]
Geoduck
Panopea abrupta
   Y 太平洋潜泥蛤

象山港 [P]
Xiangshan Harbour
   C 港口
   C 港养
   C 渔港工程
   C 渔港管理

C 渔港水域

消毒 [F2]
Disinfection
　　D 水体消毒
　　C 臭氧
　　C 疾病防治
　　C 清塘
　　C 消毒剂

消毒剂 [F3]
Disinfectant
　　D 杀菌剂
　　D 杀菌消毒剂
　　D 消毒药物
　　F1 次氯酸钠
　　F1 二溴海因
　　F1 二氧化氯
　　F1 高锰酸钾
　　F1 氯制剂
　　F1 漂白粉
　　F1 强氯精
　　F1 溴氯海因
　　F1 聚维酮碘
　　C 清塘药物
　　C 杀菌
　　C 水质净化
　　C 外用药
　　C 消毒
　　C 渔用药物

消毒药物 [F3]
Sterilizing Drug
　　Y 消毒剂

消费 [N1]
Consumption
　　Y 水产品消费

消费者 [N1]
Consumer
　　C 食用水产品
　　C 水产品消费

消化 [C3]
Digestion
　　D 消化吸收
　　S1 动物营养
　　S2 营养
　　C 消化率
　　C 消化酶

C 消化器官
C 消化腺

消化道 [C6]
Alimentary canal
　　C 消化器官
　　C 消化腺

消化率 [C3]
Digestibility
　　D 消化吸收率
　　F1 表观消化率
　　C 排氨率
　　C 饲料系数
　　C 消化
　　C 增重率

消化酶 [C4]
Digestive enzyme
　　S1 酶
　　C 表观消化率
　　C 肠道菌群
　　C 消化
　　C 消化生理
　　C 消化腺
　　C 幽门盲囊

消化器官 [C6]
Alimentary organ
　　D 消化系统
　　F1 肠
　　F1 胃
　　F1 幽门盲囊
　　C 肝
　　C 消化
　　C 消化道
　　C 消化生理
　　C 组织学

消化生理 [C3]
Digestive physiology
　　C 生理学
　　C 消化酶
　　C 消化器官

消化吸收 [C3]
Digestible absorption
　　Y 消化

消化吸收率 [C3]
Digestibility

Y 消化率

消化系统 [C6]
Digestive system
　　Y 消化器官

消化腺 [C6]
Digestive gland
　　F1 胰腺
　　C 消化
　　C 消化道
　　C 消化酶
　　C 鱼胆

硝氮 [B3]
Nitrate
　　Y 硝态氮

硝化菌 [C7]
Nitrobacteria; Nitrifier
　　D 反硝化菌
　　D 反硝化细菌
　　D 硝化细菌
　　D 异养硝化菌
　　C 氨氮
　　C 铵态氮
　　C 氮循环
　　C 微生物制剂
　　C 细菌
　　C 亚硝态氮

硝化细菌 [C7]
Nitrifying bacteria; Nitrobacteria
　　Y 硝化菌

硝基苯 [B3]
Nitrobenzene
　　S1 有机物
　　　S2 化合物
　　C 对硝基酚
　　C 污染源

硝基呋喃 [F3]
Nitrofuran
　　S1 呋喃类药物
　　　S2 禁用药物
　　C 残留限量
　　C 呋喃丹
　　C 呋喃唑酮

硝酸盐 [B3]

Nitrate
    S1 无机盐
    C 硝态氮
    C 亚硝态氮

硝态氮 [B3]
Nitrate nitrogen
    D 硝氮
    S1 氮
      S2 化学元素
    C 氮肥
    C 氮循环
    C 硝酸盐
    C 亚硝态氮

销售 [N1]
Marketing
    F1 出口
    F1 批发
    C 水产品流通
    C 营销

小丑鱼 [C9]
Clownfish
Amphiprioninae
    S1 雀鲷
      S2 鲈形目

小瓜虫 [C8]
Ichthyophthirius
    Y 小瓜虫病

小瓜虫病 [F1]
Iehthyoph thiriasis
    D 白点病
    D 小瓜虫
    S1 纤毛虫病
      S2 原虫病△
    F1 刺激隐核虫
    F1 多子小瓜虫

小黄鱼 [C9]
Little yellow croaker
Pseudosciaena polyactis
    S1 黄鱼
      S2 石首鱼科△
    C 舟山渔场

小口脂鲤 [C9]
Carp
Prochilodus scyofa

    Y 宽体鲮脂鲤

小龙虾 [C8]
Red crayfish
Procambarus clarkii
    Y 克氏原螯虾

小拟哲水蚤 [C8]
Small copepod
Paracalanus parvus
    S1 桡足类
    C 水蚤

小片 [E3]
Mantle piece
    C 插核
    C 外套膜
    C 有核珍珠
    C 珍珠核
    C 珍珠囊
    C 珍珠养殖

小球藻 [C7]
Chlorella
    S1 绿藻
    F1 月牙藻
    C 单细胞绿藻

小鞘指环虫 [C8]
Dactylogyrus vaginulatus
    S1 指环虫病
      S2 单殖吸虫病△

小鳁鲸 [C9]
Minke whale; Lesser rorqual
Balaenoptera acutorostrata
    D 小须鲸
    S1 鲸类
      S2 哺乳动物

小型底栖动物 [C1]
Meiofauna
    Y 小型生物+底栖动物

小型湖泊 [B5]
Small lakes
    S1 湖泊
    C 小型水库

小型甲壳动物 [C8]
Microcrustacean

    Y 甲壳动物+小型生物

小型生物 [C1]
Microfauna
    D+ 小型底栖动物
    D+ 小型甲壳动物

小型水库 [B5]
Small reservoir
    D+ 中小型水库
    S1 水库
    C 小型湖泊

小型鱼 [C1]
Small-sized fish
    Y 小型鱼类

小型鱼类 [C1]
Small-sized fish
    D 小型鱼
    S1 鱼类
    C 野杂鱼

小型渔船 [L1]
Small fishing vessel
    S1 渔船

小须鲸 [C9]
Minke whale; Lesser rorqual
Balaenoptera acutorostrata
    Y 小鳁鲸

小银鱼 [C9]
Whitebait; Taihu lake icefish;
Taihu-lake noodlefish
Neosalanx taihuensis
    Y 太湖新银鱼

小杂鱼 [D1]
Raw fish
    Y 野杂鱼

效果 [A]
Effect
    C 效率

效价 [F3]
Potency
    C 催产剂

效率 [A]

Efficiency
C 捕捞效率
C 效果
C 效益

效益 [N1]
Benefit
F1 经济效益
F1 生态效益
C 效率

效应时间 [E1]
Response time
C 催产剂
C 药代动力学
C 药效

协定 [N2]
Agreement
Y 条约

斜带石斑鱼 [C9]
Estuary cod
Epinephelus coioides
S1 石斑鱼
S2 鲈形目

斜管虫病 [F1]
Chilodonelliosis; Chilodonelliasis
S1 纤毛虫病
S2 原虫病△

斜生栅藻 [C7]
Scenedesmus obliquus
S1 绿藻

泄殖孔 [C6]
Cloacal aperture
C 排泄
C 排泄器官
C 生殖器官

蟹 [C8]
Crab
Y 蟹类

蟹病 [F1]
Crab disease
F1 颤抖病
F1 蟹壳病
C 稻田养蟹

C 河蟹育苗
C 甲壳净
C 甲壳溃疡病
C 软壳病
C 细菌性疾病
C 蟹类养殖

蟹脚 [C6]
Crab legs
S1 动物附肢
C 腹足
C 红腿病
C 蟹体

蟹壳 [C6]
Crab shell
S1 外骨骼
S2 骨骼
C 软壳

蟹壳病 [F1]
Crab shell disease
S1 蟹病
C 软壳

蟹类 [C1]
Crab
D 螃蟹
D 蟹
F1 淡水蟹
C 大眼蟹
C 合浦绒螯蟹
C 灰眼雪蟹
C 寄居蟹
C 甲壳动物
C 巨大拟滨蟹
C 蓝蟹
C 青蟹
C 梭子蟹
C 特种水产品
C 溪蟹
C 相手蟹
C 招潮蟹
C 珍宝蟹
C 组胺
C 组胺中毒

蟹类养殖 [E5]
Crab culture
D 成蟹养殖
D 蟹养殖

D 养蟹
F1 河蟹养殖
C 成蟹
C 稻田养蟹
C 河蟹产业
C 河蟹育苗
C 软壳
C 水产养殖
C 蟹病
C 蟹体
C 养殖水产品
C 幼蟹

蟹苗 [E5]
Juvenile crab
S1 苗种
C 大眼幼体
C 河蟹养殖

蟹奴病 [F1]
Sacculinasis
S1 寄生虫疾病

蟹饲料 [G1]
Crab feed
D 河蟹饲料
S1 饲料品种
S2 水产饲料

蟹体 [C6]
Crab body
C 蟹脚
C 蟹类养殖

蟹养殖 [E5]
Crab culture
Y 蟹类养殖

蟹种 [E5]
Crab seedling
D 扣蟹
S1 苗种
C 河蟹育苗
C 幼蟹

心脏 [C6]
Heart
S1 循环系统
C 血管

锌 [B3]

Zinc
　　S1　化学元素

新安江水库　[P]
Xinanjiang Reservoir
　　S1　水库
　　C　水库捕捞

新陈代谢　[C4]
Metabolism
　　D　代谢
　　D　能量代谢
　　D　物质代谢
　　F1　分解代谢
　　F1　合成代谢
　　F1　脂肪代谢
　　C　代谢失调
　　C　代谢物
　　C　机能障碍
　　C　能量
　　C　能量收支
　　C　排泄
　　C　生理机能

新对虾　[C8]
Shrimp
Metapenaeus
　　S1　对虾
　　F1　刀额新对虾

新记录　[C1]
New record
　　D　新纪录
　　C　新属
　　C　新种

新纪录　[C1]
New record
　　Y　新记录

新疆　[P]
Xinjiang Autonomous Region

新品种　[C1]
New variety
　　S1　品种
　　C　品种选育
　　C　优良品系

新品种培育　[E1]
New variety cultivation

　　Y　良种培育

新属　[C1]
New genus
　　C　新记录
　　C　新种

新月菱形藻　[C7]
Nitzschia closterium
　　S1　硅藻
　　S2　赤潮藻[△]

新种　[C1]
New species
　　S1　种
　　C　新记录
　　C　新属

信号　[L4]
Signal
　　C　干扰
　　C　航标
　　C　通信设备
　　C　信号设备

信号设备　[L4]
Signal facility
　　C　航标
　　C　信号

信息　[N3]
Information
　　D　情报
　　F1　市场信息
　　F1　渔业信息
　　C　生物信息学

信息采集　[N3]
Information collection
　　C　信息资源
　　C　渔业信息

信息化　[N3]
Informatization
　　C　互联网
　　C　信息系统
　　C　渔业信息
　　C　自动化

信息技术　[N3]
Information technology

　　C　计算机
　　C　技术
　　C　图像处理

信息系统　[N3]
Information system
　　F1　地理信息系统
　　F1　管理信息系统
　　F1　专家系统
　　C　物联网
　　C　系统工程
　　C　信息化

信息资源　[N3]
Information resource
　　C　数据
　　C　文献
　　C　信息采集
　　C　渔业信息

兴奋　[C3]
Excitment
　　C　抑制
　　C　应激反应

兴凯湖　[P]
Xingkaihu Lake
　　S1　湖泊
　　C　黑龙江

星斑川鲽　[C9]
Starry flounder
Platichthys stellatus
　　D　星突江鲽
　　S1　鲽
　　S2　鲽形目

星虫　[C8]
Peanut worm
Sipunculida
　　F1　方格星虫

星篮子鱼　[C9]
Rabbitfish
Siganus guttatus
　　D　点篮子鱼
　　S1　篮子鱼
　　S2　鲈形目

星鳗　[C9]
Conger eel

Astroconger myriaster
　C 海鳗
　C 烤鳗
　C 盲鳗

星突江鲽 [C9]
Starry flounder
Platichthys stellatus
　Y 星斑川鲽

星洲红鱼 [C9]
Red tilapia
　Y 红罗非鱼

腥臭味 [J1]
Stench
　C 除臭设备
　C 脱臭

行为 [C5]
Behaviour
　F1 捕食
　F1 回避
　F1 集群
　F1 趋光性
　F1 趋化性
　F1 摄食
　C 生殖

形态变异 [C6]
Morphological variatoin
　S1 变异
　C 畸形
　C 形态发生
　C 形态分类
　C 形态特征
　C 形态学
　C 遗传变异

形态差异 [C6]
Morphological variation
　C 形态发育

形态发生 [C2]
Morphogenesis
　F1 孢子发生
　F1 配子发生
　F2 精子发生
　F2 卵子发生
　C 胚胎发育
　C 形态变异

　C 形态发育

形态发育 [C6]
Morphological development
　S1 个体发育
　S2 发育
　C 变态
　C 体形
　C 形态差异
　C 形态发生
　C 形态分类
　C 形态特征
　C 形态学
　C 幼体发育

形态分类 [C1]
Morphological classification
　S1 生物分类
　S2 分类
　C 分类学
　C 体形
　C 形态变异
　C 形态发育
　C 形态学

形态特征 [C6]
Morphology
　D 形态性状
　C 体形
　C 形态变异
　C 形态发育

形态性状 [C6]
Morphological characters
　Y 形态特征

形态学 [C1]
Morphology
　C 分类学
　C 解剖学
　C 生物学
　C 体形
　C 形态变异
　C 形态发育
　C 形态分类
　C 组织学

性比 [D1]
Sex ratio
　S1 种群结构
　S2 种群特征

　C 性别分化
　C 性别决定
　C 性别控制
　C 雄性率

性别分化 [C3]
Sex differentiation
　C 发育
　C 性比
　C 性别决定
　C 性别控制
　C 性反转
　C 性腺分化
　C 雄性率

性别决定 [C2]
Sex determination
　C 性比
　C 性别分化
　C 性别控制
　C 性反转
　C 性染色体
　C 雄性率

性别控制 [C2]
Sex control
　D 性别调控
　C 单性养殖
　C 控制
　C 性比
　C 性别分化
　C 性别决定
　C 性反转
　C 雄性率

性别调控 [C2]
Sex regulation
　Y 性别控制

性成熟 [C3]
Sexual maturity
　C 成熟度
　C 成体
　C 生命周期
　C 生殖器官
　C 性成熟期
　C 性腺成熟系数
　C 性腺发育
　C 性早熟

性成熟期 [C3]

Sexual maturity period
　　C　成熟度
　　C　性成熟
　　C　性腺成熟系数
　　C　性腺发育
　　C　性早熟

性成熟系数 [C3]
Gonadosomatic index
　　Y　性腺成熟系数

性反转 [C2]
Sex reversal
　　D　性逆转
　　D　性转化
　　C　性别分化
　　C　性别决定
　　C　性别控制

性激素 [C4]
Sex hormone
　　D　生殖激素
　　S1　激素
　　F1　雌性激素
　　　F2　己烯雌酚
　　F1　促黄体素释放激素类似物
　　F1　促黄体素释放素
　　F1　类固醇激素
　　F1　雄性激素
　　　F2　睾酮
　　　F2　甲基睾酮
　　C　生殖
　　C　性早熟

性能 [A]
Property
　　D　特性
　　C　机械性能
　　C　生产性能
　　C　网具性能
　　C　网片性能
　　C　渔具性能

性逆转 [C2]
Sex reversal
　　Y　性反转

性染色体 [C2]
Sex chromosome
　　S1　染色体
　　C　染色体组

　　C　性别决定
　　C　性腺分化

性腺 [C6]
Sexual gland
　　Y　生殖器官

性腺成熟系数 [C3]
Gonadosomatic index
　　D　性成熟系数
　　C　性成熟
　　C　性成熟期
　　C　性腺发育
　　C　性早熟

性腺发育 [E1]
Gonad development
　　S1　发育
　　F1　精巢发育
　　F1　卵巢发育
　　C　成熟度
　　C　成熟卵
　　C　亲本培育
　　C　亲本选择
　　C　性成熟
　　C　性成熟期
　　C　性腺成熟系数
　　C　性腺分化

性腺分化 [C3]
Gonadal differentiation
　　C　性别分化
　　C　性染色体
　　C　性腺发育

性早熟 [C3]
Precocious puberty
　　C　成熟度
　　C　发育
　　C　性成熟
　　C　性成熟期
　　C　性激素
　　C　性腺成熟系数

性征 [C6]
Sexual characteristics
　　F1　副性征
　　C　生殖器官

性质 [A]
Property

　　C　化学性质
　　C　属性
　　C　物理性质

性转化 [C2]
Sex reversal
　　Y　性反转

凶猛鱼类 [C1]
Predatory fish
　　S1　鱼类
　　C　肉食性鱼类

胸鳍 [C6]
Pectoral fin
　　S1　鳍
　　S2　动物附肢
　　C　背鳍
　　C　腹鳍
　　C　尾鳍
　　C　脂鳍

胸腺 [C6]
Thymus gland
　　S1　内分泌腺
　　S2　分泌器官
　　C　脾
　　C　血淋巴

雄核发育 [C2]
Androgenesis
　　S1　单性生殖
　　S2　生殖
　　S1　发育

雄激素 [C4]
Androgen
　　Y　雄性激素

雄配子体 [C2]
Male gametophyte
　　S1　配子体

雄虾 [E5]
Male shrimp
　　S1　雄性个体
　　C　雄鱼

雄性个体 [E1]
Male
　　F1　雄虾

F1 雄鱼
C 雌性个体
C 雌雄比例
C 雌雄同体

雄性激素 [C4]
Androgen
D 雄激素
S1 性激素
S2 激素
F1 睾酮
F1 甲基睾酮
C 雌性激素

雄性率 [C2]
Male rate
C 性比
C 性别分化
C 性别决定
C 性别控制

雄鱼 [C2]
Male fish
D 超雄鱼
S1 雄性个体
C 雄虾

休眠 [C5]
Dormancy
F1 冬眠
F1 夏眠
C 温度适应
C 休眠卵

休眠卵 [C2]
Resting eggs
S1 卵子
S2 生殖细胞
C 休眠

休闲垂钓 [H1]
Leisure fishing
S1 休闲渔业
S2 渔业
C 垂钓
C 垂钓者
C 手钓

休闲渔业 [N2]
Recreational fishery
D 旅游渔业

S1 渔业
F1 休闲垂钓
C 垂钓
C 都市渔业
C 渔家乐
C 渔文化

休药期 [F3]
Withdrawal time
D 停药期
C 残留限量
C 投药方法
C 药物残留
C 渔用药物
C 质量安全

休渔期 [D3]
Fishing off season
D 伏季休渔
D 禁渔期
C 禁渔区
C 开捕期
C 休渔制度
C 渔期
C 渔情

休渔制度 [D3]
Closed fishing system
S1 渔业制度
C 休渔期

修复方法 [M1]
Remediation method
Y 修复技术

修复技术 [M1]
Remediation technology
D 修复方法
C 生态修复
C 水体修复

修理 [K1]
Repairing
Y 维修

秀丽白虾 [C8]
Chinese white prawn; Siberian prawn
Exopalaemon modestus
D 太湖白虾
S1 长臂虾科

C 虾类

锈斑蟳 [C8]
Crucifix crab; Red crab
Charybdis feriatus
S1 蟳
S2 梭子蟹

溴氯海因 [F3]
Bromo chloro hydantoin
S1 消毒剂
C 二溴海因

嗅觉 [C3]
Olfaction
C 感觉器官

须鲨 [C9]
Carpet shark
Orectolobus
S1 软骨鱼类

需肥量 [G2]
Fertilizer demand; Fertilizer requirement
C 基肥
C 施肥

需求 [N1]
Demand
C 供应
C 市场
C 市场潜力
C 市场预测
C 水产品消费

需氧菌 [C7]
Aerobic bacteria
C 细菌
C 需氧量
C 厌氧菌

需氧量 [C3]
Oxygen demand
D 耗氧量
F1 BOD
F1 COD
C 底质
C 耗氧率
C 缺氧
C 溶解氧

C 水质指标
C 需氧菌
C 氧气
C 氧债
C 窒息

需要量 [G1]
Requirement
C 外源性营养
C 营养成分
C 营养需求

许可证 [N2]
FIshery licence
Y 渔业许可证

许可证制度 [N2]
Permit system
D+ 捕捞许可证制度
D+ 捕捞许可制度
S1 渔业制度
C 养殖许可证
C 渔业许可证

许氏平鲉 [C9]
Black rockfish; Jacopever; Sting
fish
Sebastes schlegelii
S1 鲉形目

序列比对分析 [C2]
Sequence alignment
Y 对比分析+序列分析

序列分析 [C2]
Sequence analysis
D+ 序列比对分析
S1 分析
C 基因序列

续航力 [L4]
Endurance
C 航海
C 航速

絮凝沉淀 [M3]
Flocculation precipitation
D 絮凝沉降
C 沉淀
C 沉淀池
C 废水处理

C 生物絮团
C 絮凝机理
C 絮凝剂
C 絮凝作用
C 有机絮凝剂

絮凝沉降 [M3]
Flocculation settlement
Y 絮凝沉淀

絮凝机理 [M1]
Flocculation mechanism
C 生物絮团
C 絮凝沉淀
C 絮凝剂
C 絮凝作用
C 有机絮凝剂

絮凝剂 [M3]
Flocculant
F1 微生物絮凝剂
F1 有机絮凝剂
C 废水处理
C 生物絮团
C 絮凝沉淀
C 絮凝机理
C 絮凝作用

絮凝效果 [M1]
Flocculation effects
Y 絮凝作用

絮凝作用 [M1]
Flocculation
D 絮凝效果
C 表面活性剂
C 吸附
C 絮凝沉淀
C 絮凝机理
C 絮凝剂
C 有机絮凝剂

絮状物 [F1]
Floccule
C 水不溶物
C 悬浮物

蓄冷袋 [J6]
Cold storing bag
C 冷藏
C 冷藏车

C 冷藏库
C 冷链

蓄水 [B5]
Water storage
C 湖泊
C 水库
C 蓄水能力

蓄水能力 [E1]
Water storage capacity
C 湖泊
C 蓄水

舷拖网渔船 [L1]
Side trawler
S1 拖网渔船
S2 渔船

悬浮颗粒物 [M2]
Suspended particular matters
Y 悬浮物

悬浮微粒 [M2]
Suspended micro-particles
Y 悬浮物

悬浮物 [M2]
Suspended solids
D 颗粒物
D 颗粒有机物
D 悬浮颗粒物
D 悬浮微粒
D 有机颗粒
D 有机碎屑
C 残饵
C 浮游植物
C 水不溶物
C 水质指标
C 絮状物

选育 [C2]
Breeding
Y 选择育种

选择育种 [C2]
Selective breeding
D 选育
S1 育种
F1 家系选育
F1 品种选育

F1 群体选育
F1 人工选育
C 选种

选种 [E1]
Seed selection
C 亲本选择
C 选择育种

学术交流 [A]
Academic exchange
C 报告
C 论文
C 展览
C 综述

雪蟹 [C8]
Snow crab
Chionoecetes opilio
Y 灰眼雪蟹

鳕 [C9]
Cod
Gadus
D 大头鳕
D 太平洋鳕
S1 鳕形目

鳕形目 [C9]
Eye-spotted Turtle
Gadiformes
F1 阿拉斯加狭鳕
F1 狭鳕
F1 鳕
F1 牙鳕
C 硬骨鱼类

鳕鱼肝油 [J4]
Cod liver oil
Y 鱼肝油

血粉 [G1]
Dried blood
S1 蛋白源

血管 [C6]
Blood vessel
S1 循环系统
C 心脏
C 血淋巴
C 血液

血红蛋白 [C4]
Haemoglobin
C 蛋白质
C 血蓝蛋白
C 血细胞
C 血液指标

血居吸虫病 [F1]
Sanguinicolosis
S1 复殖吸虫病
S2 吸虫病△

血蓝蛋白 [C4]
Hemocyanin
C 蛋白质
C 血红蛋白
C 血细胞
C 血液指标

血淋巴 [C6]
Haemolymph
S1 体液
C 脾
C 胸腺
C 血管
C 血细胞
C 造血组织

血清 [C6]
Serum
S1 体液
C 抗体

血细胞 [C2]
Blood cell
S1 细胞
C 脾
C 血红蛋白
C 血蓝蛋白
C 血淋巴
C 血液
C 血液指标
C 造血

血型 [C2]
Blood type
C 血液指标

血液 [C6]
Blood
S1 体液

C 血管
C 血细胞

血液循环 [C3]
Blood circulation
C 体液
C 循环系统

血液指标 [C4]
Blood index
S1 生物指标
S2 指标
C 免疫血清
C 血红蛋白
C 血蓝蛋白
C 血细胞
C 血型

熏鱼 [J4]
Smoked fish
D 熏制水产品
D 烟熏三文鱼
C 食品加工
C 熏制

熏制 [J4]
Smoking
C 食品加工
C 熏鱼

熏制水产品 [J4]
Smoked fishery products
Y 熏鱼

巡塘 [E1]
Pond inspection
C 养殖管理

驯化 [E1]
Acclimaitization
D 人工驯化
D 人工驯养
D 驯养
C 适应
C 引进种
C 引种

驯养 [E1]
Captivity
Y 驯化

循环水养鱼系统 [E1]
Recirculating fish aquaculture system
　Y　循环水养殖系统

循环水养殖 [E1]
Recirculating aquaculture
　D　封闭循环水养殖
　S1　水产养殖
　C　工厂化养鱼
　C　流水养殖
　C　循环水养殖系统

循环水养殖系统 [E1]
Recirculating aquaculture system
　D　水循环系统
　D　循环水养鱼系统
　S1　养殖设施
　S2　渔业设施
　C　生物滤池
　C　水泥池
　C　循环水养殖
　C　养殖废水
　C　养殖系统

循环系统 [C6]
Circulatory system
　F1　心脏
　F1　血管

　C　血液循环

循环渔业 [N2]
Recycle fishery
　S1　渔业
　C　负责任渔业
　C　生态循环
　C　现代渔业

鲟 [C9]
Sturgeon
Acipenser
　Y　鲟鱼

鲟鳇鱼 [C9]
Sturgeons
　Y　鲟鱼

鲟形目 [C9]
Acipenseriformes; Sturgeon
　Y　鲟鱼

鲟鱼 [C9]
Sturgeon
　D　鲟
　D　鲟鳇鱼
　D　鲟形目
　D　杂交鲟
　F1　白鲟
　F1　达氏鲟

　F1　俄罗斯鲟
　F1　湖鲟
　F1　鳇
　F1　施氏鲟
　F1　西伯利亚鲟
　F1　中华鲟
　C　鲟鱼子
　C　硬骨鱼类
　C　鱼子酱

鲟鱼子 [J1]
Sturgeon roe
　C　鲟鱼
　C　鱼卵
　C　鱼子酱

蟳 [C8]
Crab
Charybdis
　S1　梭子蟹
　F1　日本蟳
　F1　锈斑蟳

汛期 [B5]
Flood season
　C　季节
　C　季节变化
　C　物候
　C　渔期

Y

压力　[B1]
Pressure
　　C　螺旋压榨机
　　C　气压
　　C　压缩机
　　C　增压
　　C　重力

压缩机　[K5]
Compressor
　　C　冷藏车
　　C　冷藏加工船
　　C　冷藏库
　　C　冷链
　　C　冷冻厂
　　C　冷风机
　　C　冷凝器
　　C　压力
　　C　液氨
　　C　制冷设备

压榨液　[J4]
Stick water
　　C　浓缩鱼蛋白
　　C　鱼粉加工

鸭绿江　[P]
Yalujiang river
　　C　辽宁
　　C　松花江
　　C　鸭绿沙塘鳢

鸭绿沙塘鳢　[C9]
Dark sleeper
Odontobutis yaluens
　　S1　沙塘鳢
　　　S2　鲈形目
　　C　鸭绿江

牙齿　[C6]
Tooth
　　S1　口器
　　F1　咽齿

牙鲆　[C9]
Flat fish; Japanese flounder;

Olive flounder
Paralichthys olivaceus
　　S1　鲆
　　　S2　鲽形目

牙鳕　[C9]
Whiting
Gadus merlangus
　　S1　鳕形目

芽孢杆菌　[C7]
Bacillus
　　F1　地衣芽孢杆菌
　　F1　坚强芽孢杆菌
　　F1　枯草芽孢杆菌
　　F1　蜡样芽孢杆菌
　　C　复合微生物
　　C　微生物制剂
　　C　细菌

雅罗鱼　[C9]
Dace
Leuciscus
　　D　贝加尔雅罗鱼
　　D　滩头鱼
　　S1　鲤科

雅鱼　[C9]
Schizothorax
　　Y　裂腹鱼

亚东鲑　[C9]
Brown trout
Salmo trutta fario
　　Y　河鳟

亚急性中毒　[M1]
Subacute poisoning
　　S1　中毒
　　C　河鲀中毒
　　C　食物中毒
　　C　渔药中毒
　　C　中毒症状

亚历山大藻　[C7]
Alexandrium

　　D　链状亚历山大藻
　　D　微小亚历山大藻
　　S1　甲藻
　　　S2　赤潮藻△
　　C　有害藻类

亚硫酸氢钠　[J2]
Sodium bisulfite
　　C　保鲜剂
　　C　冰温保鲜
　　C　冰鲜鱼
　　C　防腐剂
　　C　海鲜酱
　　C　钠
　　C　气调保鲜
　　C　鲜度检验
　　C　鲜度指标

亚马孙河　[P]
Amazon
　　S1　河流
　　C　美国

亚热带　[B4]
Subtropical zone
　　S1　气候带
　　C　南方地区

亚显微结构　[C2]
Subcellular structure
　　Y　超微结构

亚硝酸氮　[B3]
Nitrite
　　Y　亚硝态氮

亚硝酸盐　[B3]
Nitrite
　　Y　亚硝态氮

亚硝酸盐氮　[B3]
Nitrite nitrogen
　　Y　亚硝态氮

亚硝态氮　[B3]
Nitrite

D 亚硝酸氮
D 亚硝酸盐
D 亚硝酸盐氮
S1 氮
　S2 化学元素
C 氨氮
C 铵态氮
C 氮循环
C 硝化菌
C 硝酸盐
C 硝态氮

亚种 [C1]
Subspecies
　S1 种
　C 物种鉴定
　C 亚种群

亚种群 [D1]
Subpopulation; Subspecies group
　S1 种群
　C 品种
　C 亚种

亚洲 [P]
Asia
　S1 世界
　F1 东南亚
　C 日本
　C 泰国
　C 中国

亚洲龙鱼 [C9]
Asia arowana fish
Scleropages formosus
　Y 美丽硬骨舌鱼

咽齿 [C6]
Pharyngeal tooth
　S1 牙齿
　　S2 口器
　C 内骨骼

烟熏三文鱼 [J4]
Smoke cured salmon
　Y 熏鱼

胭脂鱼 [C9]
Chinese sucker
Myxocyprinus asiaticus
　S1 鲤形目

　C 珍稀鱼类

腌鱼 [J4]
Salted fish
　Y 腌制品

腌制 [J4]
Curing
　C 腌制品
　C 盐渍
　C 醉制

腌制品 [J4]
Salted product
　D 腊鱼
　D 腌鱼
　D 盐干品
　D 盐渍制品
　F1 黄鱼鲞
　F1 鱼子酱
　C 腌制

延绳钓 [H3]
Longline
　S1 钓鱼法
　　S2 渔法
　C 钓渔业
　C 上钩率
　C 手钓
　C 延绳钓捕机械
　C 延绳钓渔船
　C 曳绳钓

延绳钓捕机械 [K4]
Longline machinery
　S1 钓捕机械
　　S2 捕捞机械△
　C 延绳钓
　C 延绳钓渔船

延绳钓渔船 [L1]
Longline fishing boat
　S1 钓鱼船
　　S2 渔船
　C 钓具
　C 钓渔业
　C 延绳钓
　C 延绳钓捕机械
　C 鱿钓渔船

延绳养殖 [E4]

Longline culture
　S1 海水养殖
　　S2 水产养殖
　C 贝类采捕机
　C 贝类养殖

岩礁 [B6]
Rocky reef
　Y 礁

岩藻多糖 [C4]
Fucoidin
　S1 多糖

沿岸带 [B6]
Littoral zone
　Y 海岸带

沿岸国 [A]
Coastal state
　Y 沿岸国家

沿岸国家 [A]
Coastal state
　D 沿岸国
　C 大西洋沿岸
　C 东南亚
　C 美国
　C 日本
　C 泰国
　C 沿海地区
　C 印度
　C 中国

沿岸流 [B5]
Coastal current
　S1 海流
　C 大西洋沿岸
　C 海岸带
　C 沿海地区

沿岸水域 [B5]
Coastal water
　Y 近海

沿岸渔业 [N2]
Coastal fishery
　Y 近海渔业

沿海地区 [P]
Coastal areas

D 中国沿海
C 产区
C 大西洋沿岸
C 海岸带
C 南方地区
C 沿岸国家
C 沿岸流
C 渔区
C 渔业区划
C 中国海
C 专属经济区

研究 [A]
Research
C 实验室
C 试验
C 试验鱼
C 研究机构
C 研究进展
C 综述

研究机构 [A]
Research institution
D 科研单位
D 研究中心
S1 渔业团体
C 科技人员
C 水产专业
C 研究
C 研究进展

研究进展 [A]
Research progress
C 研究
C 研究机构

研究中心 [A]
Research center
Y 研究机构

盐度 [B5]
Salinity
S1 水文要素
C 海水
C 氯化钠
C 氯离子
C 耐受性
C 无机盐

盐干品 [J4]
Salted-drying product

Y 腌制品

盐碱地 [B6]
Saline-alkali soil
D 低洼盐碱地
C 低洼田
C 黄河口
C 湿地

盐水丰年虫 [C8]
Artemia salina
Y 卤虫

盐酸土霉素 [F3]
Oxytetracycline hydrochloride
Y 土霉素

盐腌 [J4]
Salting
Y 盐渍

盐藻 [C7]
Dunaliella salina
Y 杜氏藻

盐渍 [J4]
Brining
D 盐腌
C 食品加工
C 腌制

盐渍制品 [J4]
Salted product
Y 腌制品

眼斑龟 [C9]
Beal's eyed turtle
Sacalia bealei
Y 眼斑水龟

眼斑水龟 [C9]
Eye-spotted Turtle
Sacalia bealei
D 眼斑龟
S1 龟科
S2 龟鳖目

眼柄 [C6]
Eyestalk
C 甲壳动物
C 视觉

C 眼睛

眼睛 [C6]
Eye
S1 感觉器官
C 视觉
C 眼柄

厌氧菌 [C7]
Anaerobic bacteria; Anaerobe
C 生物增氧
C 细菌
C 需氧菌

验船师 [L2]
Surveyor
C 船舶检验证书
C 渔船
C 渔船安全
C 渔船保险
C 渔船工业
C 渔船管理
C 渔船检验
C 渔船建造
C 渔船设计
C 渔船维修

扬子鳄 [C9]
Chinese alligator
Alligator sincnsis
S1 鳄鱼

羊栖菜 [C7]
Sargassum fusiforme
S1 褐藻
C 海藻

阳澄湖 [P]
Yangcheng Lake
S1 湖泊
C 江苏
C 中华绒螯蟹

阳澄湖大闸蟹 [C8]
Yangchenghu crab
Eriocheir sinensis
Y 中华绒螯蟹

养鳖 [E5]
Soft-shell turtle farming
Y 龟鳖养殖

养成池 [K3]
Growing pond
　　Y 成鱼池

养水 [E1]
Water conditioning
　　Y 水质培养

养虾 [E5]
Prawn culture; Shrimp culture
　　Y 虾类养殖

养虾池 [K3]
Prawn pond
　　Y 虾塘

养虾户 [N1]
Shrimp farmer
　　Y 养殖户

养蟹 [E5]
Crab culture
　　Y 蟹类养殖

养鱼 [E2]
Pisciculture
　　Y 鱼类养殖

养鱼池 [K3]
Fish pond
　　Y 鱼塘

养鱼户 [N1]
Fish farmers
　　Y 养殖户

养殖 [E1]
Culture; Aquaculture
　　Y 水产养殖

养殖病害 [F1]
Aquaculture diseases
　　Y 水产养殖病害

养殖产量 [N1]
Aquaculture yield
　　D 养殖总量
　　S1 水产品总产量
　　S2 产量
　　C 水产养殖业

养殖产品 [N1]
Breeding products
　　Y 养殖水产品

养殖产业 [N1]
Breeding industry
　　S1 产业
　　C 产业体系

养殖场 [K3]
Farm
　　D 水产养殖场
　　D 养殖基地
　　F1 繁育场
　　F1 水产良种场
　　F1 鱼种场
　　F1 育苗场
　　C 基础设施
　　C 基地建设
　　C 生产基地

养殖成本 [N1]
Breeding cost
　　D 饲养成本
　　C 经营管理
　　C 饲料费用

养殖池 [K3]
Culture pond
　　Y 池塘

养殖动物 [E1]
Aquaculture animals
　　C 水产动物
　　C 水生动物
　　C 养殖品种
　　C 养殖群体

养殖对虾 [E5]
Cultured prawn
　　D 养殖虾
　　S1 养殖水产品
　　S2 水产品
　　C 成虾

养殖筏 [K3]
Culturing raft
　　C 筏式养殖
　　C 扇贝
　　C 扇贝养殖

养殖方式 [E1]
Aquaculture methods
　　Y 养殖技术

养殖废弃物 [M2]
Aquaculture wastes
　　S1 养殖污染
　　S2 渔业污染△
　　F1 残饵
　　F1 排泄物
　　C 污染物排放
　　C 无害化处理

养殖废水 [M2]
aquaculture wastewater
　　D 养殖排水
　　D 养殖尾水
　　D 养殖污水
　　S1 养殖污染
　　S2 渔业污染△
　　C 脱磷
　　C 污染物排放
　　C 循环水养殖系统

养殖风险 [N1]
Breeding risk
　　C 水产养殖保险
　　C 渔业灾害

养殖工程 [K3]
Aquaculture engineering
　　Y 增养殖工程

养殖公司 [A]
Farming company
　　S1 公司
　　C 养殖协会

养殖管理 [E1]
Aquaculture management
　　D 饲养管理
　　S1 管理
　　C 疾病防治
　　C 水质管理
　　C 巡塘
　　C 养殖技术
　　C 质量控制
　　C 种苗质量

养殖规程 [E1]
Aquaculture regulation

Y 养殖技术

养殖规模 [N1]
Aquaculture scale
D 养殖数量
C 规模化养殖
C 养殖量
C 养殖面积

养殖规模化 [E1]
Aquaculture upscaling
Y 规模化养殖

养殖海区 [E1]
Mariculture region
Y 养殖海域

养殖海域 [E1]
Aquaculture sea area
D 养殖海区
S1 海域
C 海水养殖
C 海域使用权
C 环境容量
C 滩涂湿地
C 养殖水域

养殖行业 [N2]
Aquaculture industry
Y 水产养殖业

养殖户 [N1]
Farmers
D 养虾户
D 养鱼户
D 养殖农户
D 养殖生产者
D 养殖业者
D 养殖者
C 渔民

养殖环境 [E1]
Aquaculture environment
Y 养殖水体

养殖机械 [K3]
Aquaclture machinery
D 养殖设备
S1 渔业机械
F1 采集设备
F2 贝类采捕机

F1 清淤设备
F1 水质净化设备
F1 饲料加工机械
F2 膨化机
F2 饲料粉碎机
F2 饲料混合机
F2 造粒机
F1 投饲设备
F2 投饲机
F1 挖塘机
F1 增氧机
F2 充气式增氧机
F2 喷水式增氧机
F2 射流式增氧机
F2 水车式增氧机
F2 叶轮式增氧机
C 养殖设施

养殖基地 [K3]
Aquaculture base
Y 养殖场

养殖集约化 [E1]
Intensive farming
Y 精养

养殖技术 [E1]
Aquaculture technique
D 高产技术
D 高产试验
D 高产养殖
D 高效养殖
D 人工饲养
D 养殖方式
D 养殖规程
D 养殖经验
D 养殖水平
F1 贝藻间养
F1 并塘
F1 粗养
F1 单性养殖
F1 单养
F1 分塘
F1 混养
F2 鱼虾混养
F2 鱼鸭混养
F1 精养
F1 轮养
F1 套养
F1 投饲
F1 暂养

C 技术
C 经验
C 水产养殖
C 养殖管理
C 养殖量
C 养殖密度
C 养殖模式
C 养殖示范

养殖结构 [E1]
Aquaculture structure
S1 结构
C 结构调整
C 养殖密度
C 养殖模式
C 养殖品种
C 渔业结构

养殖经济 [N1]
Aquaculture economy
Y 渔业经济

养殖经验 [E1]
Aquaculture experience
Y 养殖技术

养殖量 [E1]
Aquaculture output
C 放养量
C 养殖规模
C 养殖技术
C 养殖密度

养殖密度 [E1]
Stocking density
D 放养密度
D 饲养密度
C 密度
C 生态容量
C 养殖技术
C 养殖结构
C 养殖量
C 养殖模式

养殖面积 [E1]
Aquaculture area
C 养殖规模

养殖模式 [E1]
Aquaculture model
C 放养模式

C 养殖技术
C 养殖结构
C 养殖密度
C 养殖周期

养殖农户 [N1]
Aquaculture farmer
Y 养殖户

养殖排水 [M2]
Aquaculture wastewater
Y 养殖废水

养殖品种 [E1]
Aquaculture species
D 养殖生物
S1 品种
C 经济种类
C 养殖动物
C 养殖结构

养殖期 [E1]
Aquaculture period
Y 养殖周期

养殖区 [N1]
Cultured area
Y 养殖区域

养殖区域 [N1]
Aquaculture areas
D 养殖区
C 养殖水域
C 渔业区划

养殖权 [N1]
Aquaculture right
S1 渔业权
C 海域使用权

养殖群体 [E1]
Aquaculture population
S1 群体
C 养殖动物

养殖容量 [E1]
Aquaculture carrying capacity
Y 生态容量

养殖设备 [K3]
Aquaculture equipment

Y 养殖机械

养殖设施 [K3]
Aquaculture facility
S1 渔业设施
F1 池塘
F2 产卵池
F2 成鱼池
F2 淡水池塘
F2 高位池
F2 海水池塘
F2 精养池塘
F2 苗种池
F2 培育池
F2 亲鱼池
F2 桑基鱼塘
F2 水泥池
F2 土池
F2 虾塘
F2 鱼塘
F2 越冬池
F2 暂养池
F1 浮筒
F1 环沟
F1 进排水系统
F2 进水口
F2 排水口
F2 排水渠道
F1 水槽
F1 塑料大棚
F1 网箱
F2 浮式网箱
F2 固定网箱
F2 深水网箱
F1 循环水养殖系统
F1 育苗室
C 养殖机械
C 增养殖工程

养殖生产者 [N1]
Breeding producer
Y 养殖户

养殖生态 [E1]
Aquaculrure ecology
S1 渔业生态
S2 生态
C 繁殖生态
C 生态养殖
C 养殖系统

养殖生物 [E1]
Aquaculrure species
Y 养殖品种

养殖时间 [E1]
Aquaculrure time
Y 养殖周期

养殖示范 [E1]
Aquaculture demonstration
C 技术推广
C 健康养殖
C 养殖技术

养殖示范区 [K3]
Aquaculrure demonstration area
Y 示范基地

养殖数量 [N1]
Aquaculture quantity
Y 养殖规模

养殖水产品 [N1]
Aquaculture products
D 养殖产品
S1 水产品
F1 养殖对虾
F1 养殖鱼类
C 贝类养殖
C 成鱼养殖
C 蟹类养殖

养殖水环境 [E1]
Aquaculrure water environment
Y 养殖水体

养殖水平 [E1]
Aquaculrure level
Y 养殖技术

养殖水体 [E1]
Aquaculrure waterbody
D 养殖环境
D 养殖水环境
C 水体交换
C 养殖水域
C 育苗水体

养殖水域 [E1]
Aquaculture water area

S1 水域
C 水体
C 养殖海域
C 养殖区域
C 养殖水体

养殖尾水 [M2]
Aquaculture tail water
 Y 养殖废水

养殖污染 [M2]
Aquaculture pollution
 D 养殖业污染
 S1 渔业污染
 S2 环境污染
 F1 养殖废弃物
 F2 残饵
 F2 排泄物
 F1 养殖废水
 C 污染源
 C 无害化处理

养殖污水 [M2]
Aquaculture wastewater
 Y 养殖废水

养殖系统 [E1]
Aquaculture　system
 C 稻田养虾
 C 稻田养蟹
 C 稻田养鱼
 C 稻田养殖
 C 生态系统
 C 循环水养殖系统
 C 养殖生态
 C 鱼菜共生
 C 鱼虾混养
 C 综合养殖

养殖虾 [E5]
Aquaculture shrimp
 Y 养殖对虾

养殖协会 [A]
Farming association
 S1 渔业团体
 C 养殖公司
 C 渔业协会

养殖许可证 [N2]
Aquaculture　permit

S1 渔业许可证
C 许可证制度

养殖业 [N2]
Aquaculture industry
 Y 水产养殖业

养殖业污染 [M2]
Aquaculture industry pollution
 Y 养殖污染

养殖业者 [N1]
Breeders
 Y 养殖户

养殖鱼 [N1]
Farmed fish
 Y 养殖鱼类

养殖鱼类 [N1]
Farmed fish
 D 养殖鱼
 S1 养殖水产品
 S2 水产品
 C 鱼类养殖

养殖渔业 [N2]
Aquaculture fishery
 Y 水产养殖业

养殖园区 [N1]
Aquaculture park
 Y 产业园区

养殖者 [N1]
Fish farms
 Y 养殖户

养殖珍珠 [E3]
Cultured　pearl
 S1 珍珠

养殖周期 [E1]
Culture cycle
 D 生产周期
 D 饲养周期
 D 养殖期
 D 养殖时间
 C 繁殖周期
 C 放养
 C 养殖模式

养殖总量 [N1]
Aquaculture total output
 Y 养殖产量

氧氟沙星 [F3]
Ofloxacin
 S1 喹诺酮类药物
 S2 抗菌药物
 C 恩诺沙星

氧含量 [M1]
Oxygen content
 Y 溶解氧

氧化反应 [B3]
Oxidation reaction
 S1 化学反应
 C 碘值
 C 过氧化值
 C 生物氧化

氧化三甲胺 [J2]
Trimetlylamine oxide
 S1 饲料添加剂
 S2 添加剂
 C 三甲胺
 C 生物氧化

氧化酸败 [J2]
Oxidative rancidity
 Y 油脂酸败

氧化塘 [M3]
Oxidation pond
 C 废水处理
 C 生态养殖
 C 水质净化
 C 水质净化设备
 C 有机污染物

氧气 [B3]
Oxygen
 S1 气体
 C 臭氧
 C 大气
 C 气泡病
 C 溶解氧
 C 需氧量
 C 增氧

氧债 [E1]

Oxygen debt
    C 浮头
    C 缺氧
    C 生物增氧
    C 需氧量

摇蚊幼虫 [G1]
Chironomid larvae
    C 节肢动物
    C 鲜活饵料

遥测 [N3]
Remote metering
    Y 遥感监测

遥感 [N3]
Remote sensing
    D 遥感技术
    D 渔业遥感
    C 遥感监测
    C 遥控

遥感技术 [N3]
Remote sensing technology
    Y 遥感

遥感监测 [N3]
Remote sensing monitor
    D 遥测
    D 遥感数据
    S1 监测
    C 赤潮监测
    C 反演
    C 土地资源
    C 遥感
    C 鱼群侦察

遥感数据 [N3]
Remote sensing data
    Y 遥感监测

遥控 [N3]
Remote control
    C 遥感

鳐 [C9]
Skate
Raja
    S1 软骨鱼类

药残 [J5]

Drug residues
    Y 药物残留

药代动力学 [F3]
Pharmacokinetic
    D 药物动力学
    C 效应时间
    C 药理
    C 药物残留

药理 [F3]
Pharmacology
    C 药代动力学
    C 药效

药敏试验 [F3]
Drug sensitivity test
    D 药物敏感试验
    D 药效试验
    S1 试验
    C 药敏特性
    C 药效

药敏特性 [F3]
Antibiotic sensitivity
    D 药物敏感性
    C 抗药性
    C 药敏试验
    C 药效

药物残留 [J5]
Drug residues
    D 残留
    D 农药残留
    D 药残
    D 渔药残留
    S1 质量指标
    S2 指标
    C 残毒
    C 滴滴涕
    C 敌敌畏
    C 呋喃类药物
    C 孔雀石绿
    C 喹乙醇
    C 农药
    C 农药污染
    C 生物富集
    C 食品安全
    C 休药期
    C 药代动力学
    C 渔用药物

    C 质量安全

药物动力学 [F3]
Pharmacodynamics
    Y 药代动力学

药物防治 [F2]
Medical treatment
    D 预防用药
    S1 疾病防治
    C 剂量
    C 杀虫剂
    C 渔用药物

药物敏感试验 [F3]
Drug sensitivity test
    Y 药敏试验

药物敏感性 [F3]
Drug susceptibility
    Y 药敏特性

药物浓度 [F3]
Drug concentration
    S1 浓度
    C 临界浓度
    C 最小杀菌浓度
    C 最小抑菌浓度

药物配方 [F3]
Pharmaceutical formulation
    D 药物筛选
    C 药效

药物筛选 [F3]
Drug screening
    Y 药物配方

药物中毒 [F3]
Drug poisoning
    Y 渔药中毒

药物作用 [F3]
Drug effect
    Y 药效

药效 [F3]
Medicinal efficacy,Pesticide effect
    D 药物作用
    D 药效学

D 药用功效
D 用药效果
C 海洋药物
C 剂量
C 拮抗作用
C 人工感染
C 效应时间
C 药理
C 药敏试验
C 药敏特性
C 药物配方

药效试验 [F3]
Pharmacodynamic test
　Y 药敏试验

药效学 [F3]
Pharmacodynamics;
Pharmacology
　Y 药效

药用功效 [F3]
Medicinal efficacy
　Y 药效

药用量 [F3]
Doses
　Y 剂量

药用植物 [F3]
Medicinal plant
　Y 中草药

野生鳖 [C8]
Wild softshell turtle
　Y 鳖+野生动物

野生动物 [C1]
Wild animal
　D+ 水生野生动物
　D+ 野生鳖
　D+ 野生鱼
　C 土著鱼类
　C 物种保护
　C 野生品种
　C 珍稀动物

野生苗 [E1]
Wild seedlings
　Y 天然苗种

野生品种 [E1]
Wild species
　S1 品种
　C 鳖
　C 品种选育
　C 土著鱼类
　C 野生动物

野生群体 [D1]
Wild population
　Y 野生种群

野生鱼 [E1]
Wild fish
　Y 鱼类+野生动物

野生种群 [D1]
Wild population
　D 野生群体
　S1 种群
　C 土著鱼类
　C 异地种群

野杂鱼 [E2]
Wild fish
　D 小杂鱼
　D 杂鱼
　C 池塘养殖
　C 敌害生物
　C 清野
　C 饲料鱼
　C 小型鱼类

叶黄素 [C7]
Xanthophyll
　S1 光合色素

叶轮式增氧机 [K3]
Impeller aerator
　S1 增氧机
　S2 养殖机械△

叶绿素 [C7]
Chlorophyll
　S1 光合色素
　C 水色

叶绿体 [C7]
Chloroplast
　S1 细胞器
　C 光合色素

C 光合作用

叶状体 [C7]
Thallus
　C 紫菜
　C 紫菜养殖

曳纲 [H2]
Warp
　S1 索具
　C 曳纲张力仪

曳纲张力仪 [K2]
Towing warp tensiometer
　C 传感器
　C 曳纲

曳绳钓 [H3]
Trolling line
　S1 钓鱼法
　S2 渔法
　C 钓渔业
　C 上钩率
　C 延绳钓

夜光藻 [C7]
Noctiluca scintillans
　S1 甲藻
　S2 赤潮藻△
　C 发光

液氨 [K5]
Liquid ammonia
　C 氨
　C 冷藏库
　C 冷冻厂
　C 冷风机
　C 冷凝器
　C 冷却系统
　C 压缩机
　C 制冷设备

液氮 [K5]
Liquid nitrogen
　S1 氮
　S2 化学元素
　C 速冻
　C 液氮冻结

液氮冻结 [J3]
Liquid nitrogen freezing

S1　冻结
　C　速冻
　C　液氮

液化饲料　[G1]
Liquiefied feed
　Y　发酵饲料

液体培养基　[C1]
Liquid medium
　S1　培养基

液体鱼蛋白　[J4]
Liquid fish protein
　S1　鱼蛋白
　　S2　蛋白源
　C　副产物
　C　浓缩鱼蛋白
　C　湿法鱼粉
　C　饲料原料
　C　鱼粉加工

液相色谱　[B3]
Liquid chromatography
　D　高效液相色谱
　S1　色谱法

液相转化　[J4]
Liquid phase conversion
　S1　转化工艺
　C　固相转化
　C　海藻工业
　C　海藻加工
　C　褐藻胶

一龄鱼种　[E2]
Yearling
　S1　鱼种
　　S2　苗种
　C　幼鱼
　C　鱼种放养
　C　稚鱼
　C　仔鱼

一氧化氮合酶　[C4]
Nitric oxide synthase
　S1　同工酶
　　S2　酶

伊乐藻　[C7]
Waterweed

Elodea nuttallii
　S1　水鳖科
　　S2　被子植物

贻贝　[C8]
Mussel
Mytilus
　S1　双壳类
　F1　翡翠贻贝
　F1　厚壳贻贝
　F1　紫贻贝
　C　污损生物
　C　贻贝露
　C　贻贝养殖

贻贝露　[J4]
Mussel sauce
　C　蚝油
　C　贻贝

贻贝肉　[J4]
Mussel meat
　Y　贝肉

贻贝养殖　[E3]
Mussel culture
　S1　贝类养殖
　C　滩涂贝类
　C　滩涂湿地
　C　滩涂养殖
　C　贻贝

胰　[C6]
Pancreas
　Y　胰腺

胰蛋白酶　[C4]
Trypsin
　S1　蛋白酶
　　S2　酶
　C　胰腺

胰腺　[C6]
Pancreas
　D　胰
　S1　消化腺
　C　淀粉酶
　C　胰蛋白酶

移植　[D3]
Transplantation

　Y　引种

遗传　[C2]
Inheritance
　F1　共显性遗传
　F1　群体遗传
　C　变异
　C　筛选
　C　突变
　C　育种

遗传变异　[C2]
Genetic variation
　S1　变异
　C　形态变异

遗传标记　[C2]
Genetic marker
　C　分子标记
　C　同位素
　C　遗传图谱

遗传参数　[C2]
Genetic parameter
　S1　参数
　C　遗传距离
　C　遗传力
　C　遗传特性
　C　遗传图谱

遗传毒性　[M1]
Genotoxicity
　S1　毒性
　C　生态毒性

遗传多样性　[C2]
Genetic diversity
　S1　多样性
　C　群体遗传
　C　遗传分化
　C　种群分化

遗传分化　[C2]
Genetic differentiation
　C　遗传多样性
　C　遗传结构
　C　遗传距离
　C　遗传性状
　C　杂合度

遗传改良　[C2]

Genetic improvemetn
　C 基因工程
　C 品种改良
　C 优良品系
　C 优良品种
　C 育种

遗传工程 [C2]
Genetic engineering
　Y 基因工程

遗传基因 [C2]
Gene
　Y 基因

遗传结构 [C2]
Genetic structure
　C 群体遗传
　C 遗传分化
　C 遗传距离

遗传距离 [C2]
Genetic distance
　C 遗传参数
　C 遗传分化
　C 遗传结构
　C 杂合度

遗传力 [C2]
Heritability
　C 遗传参数
　C 遗传特性
　C 遗传稳定性
　C 遗传性状
　C 杂合度

遗传连锁图谱 [C2]
Genetic linkage map
　Y 遗传图谱

遗传特性 [C2]
Genetic characteristics
　C 生物学特性
　C 遗传参数
　C 遗传力
　C 遗传性状

遗传图谱 [C2]
Genetic gap
　D 连锁图谱
　D 遗传连锁图谱

　D 指纹图谱
　C DNA
　C 遗传标记
　C 遗传参数

遗传稳定性 [C2]
Genetic stability
　C 遗传力
　C 遗传性状
　C 杂合度

遗传性状 [C2]
Heritable character
　F1 经济性状
　F1 数量性状
　C 遗传分化
　C 遗传力
　C 遗传特性
　C 遗传稳定性

遗传育种 [E1]
Genetic breeding
　Y 育种

乙醇 [B3]
Alcohol
　D 酒精
　S1 有机物
　S2 化合物
　C 甲醇

异地种群 [D1]
Allopatric population; Alien
population
　S1 种群
　C 野生种群
　C 种群变动

异构酶 [C4]
Isomerase
　S1 酶
　C 酶解

异精雌核发育 [C2]
Allogynogenesis
　Y 雌核发育

异亮氨酸 [C4]
Isoleucine
　S1 必需氨基酸
　S2 氨基酸

异体受精 [C2]
Cross fertilization
　S1 受精
　C 人工授精

异味 [J2]
Unnatural odor
　C 保鲜
　C 风味
　C 感官评价
　C 感官指标
　C 气味
　C 生物氧化
　C 鲜度
　C 鲜鱼
　C 油脂酸败
　C 质量检测

异养 [C3]
Heterotrophy
　S1 营养方式
　C 异养菌

异养菌 [C7]
Heterotrophic bacterium
　D 异养细菌
　S1 细菌
　C 异养

异养细菌 [C7]
Heterotrophic bacteria
　Y 异养菌

异养硝化菌 [C7]
Heterotrophic nitrification bacteria
　Y 硝化菌

异育银鲫 [C9]
Gibel carp
Carassius auratus gibelio
　Y 银鲫

异源精子 [C2]
Heterologous sperm
　S1 精子
　S2 生殖细胞

异源四倍体 [C2]
Allotetraploid
　Y 四倍体

抑菌活性 [F3]
Bacteriostatic activity
　Y 抗菌活性

抑菌剂 [F3]
Bacteriostaic agent
　C 防腐剂
　C 抗菌活性
　C 抗菌肽
　C 抗菌药物
　C 抗生素
　C 抗药性
　C 抑菌试验
　C 细菌

抑菌试验 [F3]
Bacteriostatic test
　S1 试验
　C 抗菌药物
　C 抗生素
　C 抑菌剂
　C 最小抑菌浓度

抑制 [C3]
Inhibition
　C 拮抗作用
　C 兴奋
　C 抑制作用

抑制作用 [A]
Inhibition
　C 抑制

疫苗 [F3]
Vaccine
　D 菌苗
　F1 灭活疫苗
　C 免疫保护率
　C 免疫机理
　C 免疫预防
　C 特异性免疫
　C 疫苗制备

疫苗接种 [F2]
vaccination
　S1 疾病防治
　C 免疫反应
　C 免疫力
　C 免疫预防
　C 灭活疫苗
　C 特异性免疫

　C 疫苗制备

疫苗制备 [F3]
Vaccine Preparation
　C 灭活疫苗
　C 生物安全
　C 细菌检验
　C 疫苗
　C 疫苗接种

疫情调查 [F2]
Survey of epidemic outbreaks
　Y 疫情监测

疫情监测 [F2]
Epidemic monitoring
　D 疫情调查
　S1 监测
　C 疾病防治
　C 无害化处理

益生菌 [F3]
Prebiotics
　D 益生素
　S1 细菌
　C 复合酶
　C 复合微生物
　C 抗菌蛋白
　C 抗菌活性
　C 抗菌肽
　C 枯草芽孢杆菌
　C 微生物制剂
　C 有益微生物

益生素 [F3]
Probiotics
　Y 益生菌

缢蛏 [C8]
Razor clam; Constricted tagelus;
Agamaki clam
Sinonovacula constricta
　S1 竹蛏科
　S2 双壳类

鲫 [C9]
Sharksucker
Echeneis naucrates
　D 吸盘鱼
　S1 鲈形目

阴干刺激 [E3]
Shady stimulation
　S1 刺激
　C 采苗
　C 干露

银 [B3]
Silver
　S1 化学元素

银鲳 [C9]
Silver pomfret; Butterfish;
Dollarfish; Harvestfish; Pomfret;
White butter-fish; White pomfret
Pampus argenteus
　D 鲳鱼
　S1 鲳科
　S2 鲈形目

银鲴 [C9]
Freshwater yellowtail
Xenocypris argentea
　D 密鲴
　S1 鲤科

银鲫 [C9]
Gibel carp; Gibelio carp; Prussian
carp
Carassius auratus gibelio
　D 异育银鲫
　D 普安银鲫
　S1 鲫
　S2 鲤科

银鲛 [C9]
Chimaera fish
Mycobacterium chimaera
　S1 软骨鱼类

银锯眶鯻 [C9]
Silver perch
Bidyanus bidyanus
　D 澳洲银鲈
　D 银鲈
　S1 鲈形目

银鲈 [C9]
Silver perch
Bidyanus bidyanus
　Y 银锯眶鯻

银鳕鱼 [C9]
Stablefish; Silver cod; Beshow;
Black cod; Coalfish; Skilfish
Anoplopoma fimbria
　　Y 裸盖鱼

银鱼 [C9]
Salangidae
　　S1 鲑形目
　　F1 大银鱼
　　F1 太湖新银鱼

引进种 [C1]
Introduced species
　　S1 种
　　C 生物安全
　　C 生物入侵
　　C 驯化
　　C 引种
　　C 种质资源

引种 [D3]
Species introduction
　　D 移植
　　C 检疫
　　C 生物安全
　　C 驯化
　　C 引进种
　　C 种

吲哚 [J2]
Indole
　　D 吲哚乙酸
　　C 保鲜
　　C 腐败
　　C 鲜度
　　C 鲜度检验
　　C 鲜度指标
　　C 鲜鱼

吲哚乙酸 [J2]
Indole acetic acid
　　Y 吲哚

隐鞭虫病 [F1]
Cryptobiosis
　　S1 鞭毛虫病
　　S2 原虫病△
　　F1 鳃隐鞭虫

隐藻 [C7]

Cryptophyta
　　S1 赤潮藻
　　S2 赤潮生物
　　C 鞭毛藻类
　　C 微藻
　　C 藻类

印度 [P]
India
　　C 南太平洋
　　C 沿岸国家
　　C 印度洋

印度洋 [P]
Indian Ocean
　　S1 世界大洋
　　C 南大洋
　　C 印度

应激反应 [C3]
Stress reaction
　　C 刺激
　　C 电场
　　C 温度适应
　　C 兴奋
　　C 应激性疾病

应激性疾病 [F1]
Stress disease
　　S1 疾病
　　C 病因
　　C 低温
　　C 应激反应

樱蛤 [C8]
Tellin
Tellinidae
　　S1 双壳类

樱花虾 [C8]
Cherry shrimp
Seggia licens
　　Y 中华锯齿米虾

鹦鹉龟 [C9]
Big-headed turtle
Platysternon megacephalum
　　Y 平胸龟

鹦嘴鱼 [C9]
Scarid; Parrot fish

Scarus
　　S1 鲈形目
　　C 珊瑚礁

鹰爪虾 [C8]
White-hair rough shrimp
Trachypenaeus
　　S1 对虾

荧光 [C4]
Fluorescence
　　S1 发光
　　S1 光
　　C 分光光度法
　　C 荧光定量 PCR
　　C 荧光显微镜

荧光定量 PCR [B3]
Realtime fluorescence
quantitative PCR
　　S1 PCR
　　C 荧光

荧光分光光度法 [B3]
Fluorescent spectrophotometry
　　Y 分光光度法

荧光光谱 [B3]
Fluorescence spectrum
　　Y 光谱法

荧光假单胞菌 [C7]
Pseudomonas fluorescens
　　S1 假单胞菌
　　S2 致病菌

荧光显微镜 [B2,B3]
Fluorescence microscope
　　S1 显微镜
　　C 荧光

荧光原位杂交 [C2]
Fluorescence in situ hybridization
　　Y 原位杂交

营销 [N1]
Marketing
　　C 经营体系
　　C 品牌
　　C 市场
　　C 销售

营养 [G1]
Nutrition
  F1 动物营养
    F2 食物选择
    F2 食物转化
    F2 食物组成
    F2 消化
  F1 外源性营养
  F1 鱼类营养
  F1 植物营养
  C 营养方式
  C 营养评价
  C 营养需求

营养不良 [F1]
Dystrophy
  Y 营养性疾病

营养成分 [J2]
Nutritional constituent
  D 营养成份
  D 营养物质
  D 营养组成
  D+ 饲料营养
  C 氨基酸
  C 饱和脂肪酸
  C 蛋白质
  C 饲料成分
  C 碳水化合物
  C 维生素
  C 需要量
  C 脂肪

营养成份 [J2]
Ingredient
  Y 营养成分

营养代谢病 [F1]
Nutritional and metabolic
diseases
  Y 营养性疾病

营养方式 [C3]
Nutritional type
  F1 异养
  F1 自养
  C 营养

营养级 [C5]
Nutritional level
  C 生态系统

  C 食物链
  C 食物组成

营养价值 [J2]
Nutritive value
  C 营养评价
  C 营养需求
  C 营养指标

营养评价 [J2]
Nutrition evaluation
  S1 评价
  C 动物营养
  C 营养
  C 营养价值

营养缺乏病 [F1]
Deficiency disease
  Y 营养性疾病

营养缺乏症 [F1]
Nutrition deficiency
  Y 营养性疾病

营养物循环 [M1]
Nutrient cycling
  Y 物质循环

营养物质 [J2]
Nutrient
  Y 营养成分

营养性疾病 [F1]
Nutritional disease
  D 营养不良
  D 营养代谢病
  D 营养缺乏病
  D 营养缺乏症
  S1 疾病
  F1 维生素缺乏症
  C 动物营养
  C 萎瘪病

营养需求 [G1]
Nutritional requirement;
Nutritional needs
  D 营养需要
  C 全价饲料
  C 饲料蛋白质
  C 需要量
  C 营养

  C 营养价值

营养需要 [G1]
Nutritional requirement;
Nutritional needs
  Y 营养需求

营养盐 [B3]
Nutrient salt
  C 氯化钠
  C 无机盐
  C 植物营养

营养指标 [J2]
Nutritional indices
  S1 质量指标
  S2 指标
  C 营养价值

营养组成 [J2]
Nutrtion compositon
  Y 营养成分

蝇蛆 [G1]
Housefly larva
  S1 蛋白源
  C 蚕蛹粉

硬度 [B3]
Hardness
  S1 化学性质
  S2 理化性质
  C 钙
  C 碳酸盐

硬骨鱼类 [C9]
Ostichthyes
  C 鲽形目
  C 鲱形目
  C 辐鳍亚纲
  C 鲑形目
  C 鲈形目
  C 鲶形目
  C 鲀形目
  C 鳕形目
  C 鲟鱼
  C 鲻形目
  C 鲉形目
  C 鲤形目

硬颗粒饲料 [G1]

Pelleted feed
    S1 颗粒饲料
    C 软颗粒饲料

硬鳞鱼 [C9]
Ganoid
    S1 鱼类

硬头鳟 [C9]
Steelhead trout
Salmo gairdneri
    S1 鲑形目

庸鲽 [C9]
Halibut
Hippoglossus hippoglossus
    S1 鲽
    S2 鲽形目

鳙 [C9]
Bighead carp
Aristichthys nobilis
    D 大头鱼
    D 花鲢
    D 胖头鱼
    D+ 花白鲢
    S1 鲤科

用药量 [F3]
Dosage
    Y 剂量

用药效果 [F3]
Drug effect
    Y 药效

优化配置 [N1]
Optimization
    C 系统集成

优化设计 [A]
Optimum design
    S1 设计

优良品系 [C1]
Fine strain
    S1 品系
    C 品种改良
    C 新品种
    C 遗传改良

优良品种 [E1]
Fine breed
    D 名优品种
    S1 品种
    C 经济性状
    C 品种改良
    C 品种选育
    C 遗传改良
    C 育种

优势种 [C5]
Dominant species
    S1 种
    C 群落结构
    C 物种多样性
    C 物种组成
    C 渔业资源
    C 藻类群落
    C 资源优势

幽门盲囊 [C6]
PyLoric caeca
    S1 消化器官
    C 肝胰脏
    C 海星
    C 胃
    C 消化酶

油烧 [J2]
Rancidity
    Y 油脂酸败

油污染 [M2]
Oil pollution
    D 石油污染
    S1 化学污染
    S2 环境污染
    C 船舶溢油
    C 海洋污染

油炸机 [K5]
Frying machine Fryer
    S1 鱼糜加工机械
    S2 加工机械△

油脂 [C4]
Fat and oils
    Y 脂肪

油脂酸败 [J2]
Rancidity
    D 哈喇
    D 氧化酸败
    D 油烧
    D 脂肪氧化
    C 碘值
    C 冻烧
    C 过氧化值
    C K 值
    C 抗氧化剂
    C 食物中毒
    C 酸价
    C 异味
    C 鱼油
    C 脂肪

游动孢子 [C7]
Zoospore
    S1 孢子

游离氨基酸 [C4]
Free-amino acid
    S1 氨基酸
    C 脯氨酸

游泳动物 [C1]
Nekton
    S1 水生动物
    C 水生昆虫

鱿钓渔船 [L1]
Squid jigging vessel
    S1 钓鱼船
    S2 渔船
    C 集鱼灯
    C 延绳钓渔船
    C 鱿鱼钓机

鱿钓渔业 [N2]
Squid jigging fishery
    Y 钓渔业

鱿鱼 [C8]
Squid
Loligo chinensis
    Y 乌贼

鱿鱼钓机 [K4]
Squid angling machine
    S1 钓捕机械
    S2 捕捞机械△
    C 鱿钓渔船

鱿鱼干 [J4]
Dried squids
　　D 墨鱼干
　　D 鱿鱼圈
　　D 鱿鱼丝
　　S1 干制品
　　C 乌贼

鱿鱼圈 [J4]
Squid ring
　　Y 鱿鱼干

鱿鱼丝 [J4]
Squid shreds
　　Y 鱿鱼干

鲉形目 [C9]
Scorpaeniformes; Mail-cheeked fishes
　　F1 杜父鱼
　　　F2 松江鲈
　　F1 鬼鲉
　　F1 褐菖鲉
　　F1 六线鱼
　　F1 裸盖鱼
　　F1 狮子鱼
　　F1 蓑鲉
　　F1 许氏平鲉
　　C 硬骨鱼类

有毒物质 [M2]
Toxic substance
　　Y 毒物

有毒藻类 [M2]
Toxic algaes
　　Y 有害藻类

有害病菌 [F1]
Harmful bacteria
　　Y 致病菌

有害菌 [F1]
Harmful bacteria
　　Y 致病菌

有害细菌 [F1]
Pernicious bacteria
　　Y 致病菌

有害藻华 [M2]

Harmful algal bloom
　　S1 渔业污染
　　　S2 环境污染
　　F1 赤潮
　　F1 水华
　　　F2 蓝藻水华
　　　F2 微囊藻水华
　　C 富营养化
　　C 水色
　　C 细胞毒素
　　C 藻类控制

有害藻类 [F1]
Harmful algae
　　D 有毒藻类
　　S1 藻类
　　C 细胞毒素
　　C 亚历山大藻

有核珍珠 [E3]
Nucleated　pearl
　　S1 珍珠
　　C 小片

有机氮 [B3]
Organic nitrogen
　　S1 有机物
　　　S2 化合物
　　C 氮
　　C 氮循环
　　C 有机质

有机肥 [G2]
Organic fertilizer
　　S1 肥料
　　F1 堆肥
　　F1 粪肥
　　F1 绿肥
　　F1 沼气肥
　　C 有机质

有机化合物 [B3]
Organic compound
　　Y 有机物

有机颗粒 [M2]
Organic particle
　　Y 悬浮物

有机磷农药 [F3]
Organophosphorus pesticide

　　S1 农药
　　F1 敌百虫
　　F1 敌敌畏
　　C 残留限量
　　C 除草剂

有机氯农药 [F3]
Organochloride pesticide
　　S1 农药
　　C 滴滴涕
　　C 氯氰菊酯
　　C 拟除虫菊酯
　　C 氰戊菊酯

有机认证 [J5]
Organic certification
　　S1 认证
　　C 产地认证
　　C 产品认证
　　C 无公害认证
　　C 有机水产品
　　C 质量认证

有机水产品 [N1]
Organic seafood
　　S1 水产品
　　C 绿色食品
　　C 绿色渔业
　　C 无公害
　　C 有机认证

有机酸 [B3]
Organic Acids
　　S1 酸

有机碎屑 [M2]
Organic detritus
　　Y 悬浮物

有机碳 [B3]
Organic carbon
　　S1 有机物
　　　S2 化合物
　　C 碳
　　C 碳水化合物
　　C 碳循环
　　C 碳源
　　C 有机质

有机污染物 [M2]
Organic pollutant

C 富营养化
C 水质指标
C 污染物排放
C 氧化塘

有机物 [B3]
Organic compound
D 有机化合物
S1 化合物
F1 酚
F1 甲醛
F1 甲烷
F1 三聚氰胺
F1 碳水化合物
F1 甜菜碱
F1 硝基苯
F1 乙醇
F1 有机氮
F1 有机碳
C 挥发性成分
C 无机物
C 有机质

有机絮凝剂 [M3]
Organic flocculant
S1 絮凝剂
C 生物絮团
C 絮凝沉淀
C 絮凝机理
C 絮凝作用

有机质 [B3]
Organic matter
C 粪肥
C 排泄物
C 有机氮
C 有机肥
C 有机物
C 有机碳

有丝分裂 [C2]
Mitosis
S1 细胞分裂

有限公司 [N1]
Corporation limited
S1 公司

有性繁殖 [C2]
Sexual reproduction
Y 有性生殖

有性生殖 [C2]
Sexual reproduction
D 有性繁殖
S1 生殖
C 繁殖生物学
C 受精

有益菌群 [F3]
Beneficial flora
Y 有益微生物

有益微生物 [F3]
Beneficial microorganism
D 有益菌群
S1 微生物
C 生态防治
C 微生物制剂
C 益生菌

幼孢子体 [C7]
Juvenile sporophyte; Young sporophyte
Y 孢子体

幼贝 [E3]
Young mollusk
S1 贝类
C 幼体
C 稚贝

幼鳖 [E5]
Young turtle
S1 幼体
C 鳖
C 龟鳖养殖
C 稚鳖

幼虫 [C6]
Larva
Y 幼体

幼螺 [E5]
Young snail
S1 幼体

幼参 [E5]
Juvenile sea cucumber
S1 幼体
C 参苗
C 成参
C 海参

C 海参养殖

幼体 [C6]
Larva
D 幼虫
F1 大眼幼体
F1 担轮幼虫
F1 糠虾幼体
F1 面盘幼虫
F1 无节幼体
F1 幼鳖
F1 幼参
F1 幼螺
F1 幼蛙
F1 幼蟹
F1 幼鱼
F1 蚤状幼体
F1 樽形幼体
C 幼贝
C 幼体发育
C 幼体培育

幼体发育 [E1]
Larval development
S1 个体发育
S2 发育
C 变态
C 形态发育
C 幼体
C 早期发育

幼体培育 [E1]
Nursery
S1 苗种培育
C 幼体

幼蛙 [E5]
Froglet
S1 幼体
C 蝌蚪
C 蛙病
C 蛙类养殖

幼虾 [E5]
Juvenile prawn
Y 仔虾

幼蟹 [E5]
Larval crab
S1 幼体
C 成蟹

C 蟹类养殖
C 蟹种

幼鱼 [E2]
Juvenile fish
S1 幼体
C 一龄鱼种
C 鱼苗
C 鱼苗培育
C 稚鱼
C 仔鱼

诱变剂 [E1]
Mutagen
D 诱变因素
C 诱变育种
C 紫外诱变

诱变因素 [E1]
Mutagen
Y 诱变剂

诱变育种 [E1]
Mutation breeding
S1 育种
C 诱变剂

诱捕网 [H3]
Trap net
D 抬网
S1 网渔具
S2 渔具

诱导产卵 [E1]
Induced spawning
Y 催产

诱食 [G1]
Attracting
C 适口性
C 诱食剂

诱食剂 [G1]
Attractant
S1 饲料添加剂
S2 添加剂
C 适口性
C 甜菜碱
C 诱食

诱鱼灯 [K2]

Luring light
Y 集鱼灯

淤泥 [E1]
Silt
Y 底泥

淤泥层 [E1]
Silt layer
Y 底泥

余热利用 [K1]
Residual heat utilization
C 柴油机
C 地热水
C 废水利用
C 增压器

鱼坝 [K3]
Barrier dam
Y 拦鱼坝

鱼泵 [K4]
Fish pump
S1 泵
C 活鱼
C 活鱼运输
C 活鱼运输车
C 活鱼运输船

鱼鳔 [C6]
Swimming bladder
Y 鳔

鱼鳔胶 [J4]
Fish swim-bladder glue
Y 明胶

鱼病 [F1]
Fish disease
D 鱼类病害
D 鱼类疾病
D+ 暴发性鱼病
D+ 病毒性鱼病
D+ 鱼类寄生虫病
D+ 侵袭性鱼病
D+ 细菌性鱼病
D+ 真菌性鱼病
F1 肝胆综合征
F1 鲤鱼白云病
F1 卵甲藻病

F1 诺卡氏菌病
F1 跑马病
F1 气泡病
F1 乌头瘟
C 病毒性疾病
C 病害测报
C 疾病
C 细菌性疾病
C 鱼病防治
C 鱼病学

鱼病防治 [F2]
Fish disease control
S1 疾病防治
C 鱼病
C 鱼病学

鱼病学 [F2]
Ichthyology
C 水产养殖学
C 鱼病
C 鱼病防治

鱼病诊断 [F2]
Fish disease diagnose
S1 诊断
C 发病率
C 水质调查
C 微生物培养
C 组织切片

鱼波豆虫病 [F1]
Ichthyobodiasis
D 口丝虫
D 口丝虫病
S1 鞭毛虫病
S2 原虫病△

鱼菜共生 [E2]
Aquaponics
C 稻田养鱼
C 混养
C 生态农业
C 生态养殖
C 脱氮
C 养殖系统

鱼舱 [L2]
Fish hold
C 渔船

鱼产力 [E2]

Fish productivity

 D　鱼产量

 D　鱼产性能

 S1　生物生产力

鱼产量 [E2]

Fish production

 Y　鱼产力

鱼产品 [N1]

Fish product

 Y　水产品

鱼产性能 [E2]

Fish product property

 Y　鱼产力

鱼肠道弧菌 [F1]

Vibrio ichthyoenteri

鱼巢 [E2]

Fish nest

 C　孵化

 C　人工繁殖

 C　人工鱼巢

鱼池 [K3]

Fish pond

 Y　鱼塘

鱼翅 [J4]

Dried shark's fin

 S1　干制品

 S1　海珍品

 C　鱼肚

鱼虫净 [F3]

Yu chong jing (Fish pesticide)

 D　鱼虫灵

 D　鱼虫清

 S1　杀虫剂

  S2　农药

 C　氯氰菊酯

鱼虫灵 [F3]

Yu chong ling (Fish pesticide)

 Y　鱼虫净

鱼虫清 [F3]

Yuchongqing

 Y　鱼虫净

鱼胆 [C6]

Fish bile

 C　分泌器官

 C　消化腺

鱼蛋白 [J2]

Fish protein

 S1　蛋白源

 F1　浓缩鱼蛋白

 F1　液体鱼蛋白

 C　蛋白质

鱼道 [K3]

Fish passage,Fish ways

 D　鱼梯

 S1　过鱼设施

  S2　渔业设施

 C　坝

鱼毒 [J2]

Fish poison

 S1　毒素

 F1　河鲀毒素

鱼肚 [J4]

Fish maw

 D　鱼胶

 S1　海珍品

 C　胶原蛋白

 C　鱼翅

鱼段 [J1]

Fish portion

 C　冻鱼片

鱼肥 [G2]

Fish manure

 Y　肥料

鱼粉 [G1]

Fish meal

 S1　蛋白源

 F1　白鱼粉

 F1　干法鱼粉

 F1　国产鱼粉

 F1　红鱼粉

 F1　进口鱼粉

 F1　湿法鱼粉

 F1　鱼骨粉

 C　粉状产品

 C　副产物

 C　水产加工品

 C　鱼粉加工

 C　鱼粉生产设备

鱼粉加工 [J4]

Fish meal manufacture

 C　粉碎加工

 C　湿法鱼粉

 C　水产品加工厂

 C　脱臭

 C　压榨液

 C　液体鱼蛋白

 C　鱼粉

 C　鱼粉生产设备

 C　蒸煮

 C　综合利用

鱼粉生产设备 [K5]

Fish meal plant

 S1　加工机械

  S2　渔业机械

 F1　干燥设备

 F1　螺旋压榨机

 F1　磨碎机

 C　脱臭

 C　鱼粉

 C　鱼粉加工

 C　蒸煮

鱼干 [J4]

Dried fish

 Y　鱼片干

鱼肝油 [J4]

Fish liver oil

 D　鲨鱼肝油

 D　鳕鱼肝油

 D　鱼肝油丸

 D　鱼肝油制剂

 S1　副产物

 C　碘值

 C　肝

 C　水产加工品

鱼肝油丸 [J4]

Rovimix

 Y　鱼肝油

鱼肝油制剂 [J4]

Fish liver oil preparation
　Y 鱼肝油

鱼竿 [H3]
Fishing rod
　S1 钓具
　S2 渔具

鱼糕 [J4]
Fish cake
　S1 鱼糜制品
　C 冷冻鱼糜
　C 鱼排

鱼沟 [K3]
Fish ditch
　Y 环沟

鱼钩 [H3]
Fishing hook
　S1 钓具
　S2 渔具

鱼骨 [C6]
Fish bone
　S1 内骨骼
　S2 骨骼
　C 外骨骼
　C 椎骨

鱼骨粉 [G1]
Fish bone meal
　S1 鱼粉
　S2 蛋白源

鱼怪 [C8]
Ichthyoxenus japonensis
　Y 鱼怪病

鱼怪病 [F1]
Ichthyoxeniosis
　D 鱼怪
　S1 鱼类寄生虫

鱼寄生虫 [F1]
Fish parasites
　Y 鱼类寄生虫

鱼浆 [J4]
Fish Paste (Fish cream)
　Y 鱼糜制品

鱼酱 [J4]
Salted fish paste
　Y 鱼露

鱼酱油 [J4]
Fish sauce
　Y 鱼露

鱼胶 [J4]
Fish glue
　Y 鱼肚

鱼精蛋白 [C4]
Protamine
　S1 蛋白质

鱼卷 [J4]
Paupiette (Fish rolls)
　S1 鱼糜制品

鱼类 [C9]
Fish
　D+ 野生鱼
　F1 半咸水鱼类
　F1 草食性鱼类
　F1 吃食性鱼类
　F1 淡水鱼类
　　F2 大宗淡水鱼
　F1 底层鱼类
　F1 定居性鱼类
　F1 洞穴鱼类
　F1 多脂鱼
　F1 观赏鱼类
　F1 海洋鱼类
　　F2 深海鱼类
　F1 洄游性鱼类
　F1 经济鱼类
　F1 冷水性鱼类
　　F2 鲑鳟鱼类
　F1 滤食性鱼类
　F1 暖水性鱼类
　F1 亲鱼
　F1 清江鱼
　F1 热带鱼类
　F1 肉食性鱼类
　F1 上层鱼类
　F1 低脂鱼
　F1 食用鱼类
　F1 溯河性鱼
　F1 土著鱼类
　F1 无鳞鱼

　F1 小型鱼类
　F1 凶猛鱼类
　F1 硬鳞鱼
　F1 杂食性鱼类
　F1 珍稀鱼类
　F1 真骨鱼类
　F1 中层鱼类
　F1 中上层鱼类
　F1 中下层鱼类
　C 外来鱼类
　C 鱼类群落
　C 鱼类生物学
　C 鱼类学
　C 鱼类育种

鱼类病害 [F1]
Fish disease
　Y 鱼病

鱼类处理机械 [K5]
Fish processing machinery
　S1 加工机械
　S2 渔业机械
　F1 分级机
　F1 切鱼片机
　F1 去鳞机
　F1 去内脏机
　F1 去皮机
　F1 去头机
　F1 洗鱼机
　F1 鱼肉采取机
　C 加工技术
　C 食品加工
　C 水产加工品
　C 水产品加工厂
　C 水产品加工业

鱼类敌害 [F1]
Fish harmful organisms
　S1 敌害生物
　C 外来物种
　C 外来鱼类

鱼类多样性 [C5]
Fish diversity
　S1 多样性
　C 鱼类资源

鱼类繁殖 [E1]
Fish reproduction
　S1 繁殖

C 繁育体系
C 繁殖力
C 繁殖习性
C 繁殖行为
C 繁殖周期

鱼类分级机 [K5]
Fish sorter
　Y 分级机

鱼类分类学 [C1]
Fish taxonomy
　Y 分类学

鱼类洄游 [D1]
Fish migration
　Y 洄游

鱼类疾病 [F1]
Fish disease
　Y 鱼病

鱼类寄生虫 [F1]
Fish parasites
　D 鱼寄生虫
　F1 鱼怪病
　F1 鱼蛭病
　C 寄生虫卵
　C 寄生虫疾病

鱼类寄生虫病 [F1]
Fish parasitic diseases
　Y 鱼病+寄生虫疾病

鱼类加工 [J1]
Fish processing
　Y 水产品加工业

鱼类免疫学 [F2]
Fish immunology
　Y 免疫学

鱼类区系 [C5]
Ichthyofauna
　S1 生物区系
　C 地理种群
　C 鱼类种群
　C 鱼类资源
　C 渔区

鱼类去皮机 [K5]

Fish skinning machine
　Y 去皮机

鱼类群聚 [D1]
Fish clustering; Fish assemblage
　Y 鱼类群落

鱼类群落 [D1]
Fish community
　D 鱼类群聚
　S1 群落
　C 鱼类
　C 鱼类种群

鱼类生理学 [C3]
Fish physiology
　S1 生理学
　C 鱼类学

鱼类生态学 [C5]
Fish ecology
　S1 生态学
　C 生态分布
　C 生态习性
　C 鱼类学

鱼类生物学 [C1]
Fish biology
　S1 水生生物学
　S2 生物学
　C 鱼类
　C 鱼类学

鱼类死亡率 [E1]
Fish mortality
　Y 死亡率

鱼类饲料 [G1]
Fish feed
　Y 鱼饲料

鱼类学 [C1]
Ichthyology
　S1 动物学
　C 水生生物学
　C 鱼类
　C 鱼类生理学
　C 鱼类生态学
　C 鱼类生物学

鱼类养殖 [E2]

Fish culture
　D 养鱼
　D 鱼养殖
　D+ 综合养鱼
　F1 成鱼养殖
　F1 池塘养鱼
　F1 稻田养鱼
　F1 工厂化养鱼
　F1 河道养鱼
　F1 湖泊养鱼
　F1 流水养鱼
　F1 生态养鱼
　F1 水库养鱼
　F1 网箱养鱼
　C 收获机械
　C 水产养殖
　C 围网养殖
　C 尾重
　C 养殖鱼类

鱼类营养 [G1]
Fish nutrition
　S1 营养

鱼类育种 [E2]
Fish breeding
　S1 育种
　C 家系
　C 鱼类
　C 育种值

鱼类种群 [D1]
Fish population
　S1 种群
　C 鱼类区系
　C 鱼类群落
　C 种群生物学

鱼类资源 [D1]
Fish resources
　S1 渔业资源
　C 鱼类多样性
　C 鱼类区系

鱼鳞 [C6]
Fish scale
　Y 鳞片

鱼鳞明胶 [J4]
Fish scale gelatin
　Y 明胶

鱼笼 [H3]
Fish cage
　　D 渔笼
　　S1 定置渔具
　　S2 渔具

鱼篓 [H3]
Fish basket
　　S1 定置渔具
　　S2 渔具

鱼露 [J4]
Fish sauce
　　D 海鲜酱油
　　D 鱼酱
　　D 鱼酱油
　　S1 发酵制品

鱼卵 [E2]
Fish egg
　　C 鲟鱼子
　　C 鱼子酱

鱼卵仔鱼 [E2]
Fish eggs and larvae
　　D 卵黄囊仔鱼
　　C 水花
　　C 鱼苗培育
　　C 稚鱼
　　C 仔鱼
　　C 仔鱼发育

鱼糜 [J4]
Surimi
　　D 鱼糜凝胶
　　F1 冷冻鱼糜
　　C 采肉
　　C 成型
　　C 擂溃
　　C 凝胶强度
　　C 凝胶作用
　　C 鱼糜加工机械
　　C 鱼糜制品
　　C 鱼肉采取机

鱼糜加工机械 [K5]
Surimi plant
　　S1 加工机械
　　S2 渔业机械
　　F1 成型机
　　F1 擂溃机

F1 油炸机
F1 斩拌机
C 鱼糜
C 鱼糜制品

鱼糜凝胶 [J4]
Surimi gel
　　Y 鱼糜

鱼糜制品 [J4]
Surimi product
　　D 鱼浆
　　F1 人造蟹肉
　　F1 虾片
　　F1 鱼糕
　　F1 鱼卷
　　F1 鱼排
　　F1 鱼丸
　　F1 鱼香肠
　　C 成型
　　C 擂溃
　　C 冷冻鱼糜
　　C 水产食品
　　C 鱼糜
　　C 鱼糜加工机械

鱼苗 [E2]
Fry
　　S1 苗种
　　F1 水花
　　F1 乌仔
　　F1 夏花
　　C 幼鱼
　　C 鱼苗培育
　　C 鱼苗运输
　　C 稚鱼
　　C 仔鱼

鱼苗培育 [E2]
Fry rearing
　　D 发塘
　　S1 苗种培育
　　C 幼鱼
　　C 鱼卵仔鱼
　　C 鱼苗
　　C 仔鱼发育

鱼苗运输 [E2]
Fry transportation
　　S1 活鱼运输
　　S2 运输

C 水花
C 死亡率
C 损伤
C 鱼苗

鱼排 [J4]
Fish steak
　　S1 鱼糜制品
　　C 鱼糕

鱼皮 [J2]
Fish skin
　　F1 鲨鱼皮
　　C 鳄鱼皮
　　C 海蜇皮
　　C 胶原蛋白
　　C 鳞片
　　C 皮肤
　　C 去皮机
　　C 虾皮

鱼皮胶 [J4]
Fish skin gel
　　Y 明胶

鱼片 [J1]
Fish fillet
　　D 生鱼片
　　F1 冻鱼片
　　C 加工技术
　　C 切鱼片机
　　C 水产品加工厂
　　C 水产品加工业
　　C 脱色
　　C 鱼片干
　　C 鱼肉
　　C 鱼肉采取机

鱼片干 [J4]
Seasoned-dried fish fillet
　　D 鱼干
　　S1 干制品
　　C 绿鳍马面鲀
　　C 切鱼片机
　　C 脱色
　　C 鱼片

鱼鳍 [C6]
Fish fin
　　Y 鳍

鱼群侦察 [D2]
Fish detection
    C 回声探测
    C 探鱼仪
    C 遥感监测
    C 渔情预报

鱼肉 [J4]
Fish flesh
    S1 肌肉
    C 漂洗
    C 色变
    C 脱色
    C 洗鱼机
    C 鱼片

鱼肉采取机 [K5]
Fish meat separator
    D 采肉机
    D 去鱼骨机
    S1 鱼类处理机械
    S2 加工机械△
    C 采肉
    C 鱼糜
    C 鱼片

鱼肉丸 [J4]
Fish ball
    Y 鱼丸

鱼鳃 [C6]
Fish gill
    Y 鳃

鱼筛 [K4]
Fish grader
    C 捕捞

鱼虱 [C8]
Caligus; Argulus; Fish louse;
Caligids
    D 南海鱼虱
    S1 桡足类

鱼虱病 [F1]
Caligusiasis
    Y 鲺病

鱼鲺病 [F1]
Arguliosis
    Y 鲺病

鱼市场 [N1]
Fish market
    Y 水产品市场

鱼饲料 [G1]
Fish feed
    D 鱼类饲料
    S1 饲料品种
    S2 水产饲料
    F1 亲鱼饲料

鱼松 [J4]
Dried fish floss
    S1 干制品
    C 水产食品

鱼塘 [K3]
Fish pond
    D 养鱼池
    D 鱼池
    S1 池塘
    S2 养殖设施△

鱼藤酮 [F3]
Rotenone
    S1 清塘药物

鱼梯 [K3]
Fish ladder
    Y 鱼道

鱼丸 [J4]
Fish ball
    D 鱼肉丸
    S1 鱼糜制品
    C 鱼香肠

鱼虾混养 [E2]
Fish shrimp polyculture
    S1 混养
    S2 养殖技术
    C 生态养殖
    C 套养
    C 虾类养殖
    C 养殖系统

鱼线 [H2]
Fishing line
    S1 钓具
    S2 渔具
    C 手钓

鱼香肠 [J4]
Fish sausage
    S1 鱼糜制品
    C 鱼丸

鱼腥藻 [C7]
Anabaena
    S1 蓝藻
    S2 赤潮藻△
    C 蓝藻毒素
    C 水华

鱼须 [C6]
Barbel
    Y 触角

鱼鸭混养 [E2]
Fish duck polyculture
    S1 混养
    S2 养殖技术
    C 生态养殖

鱼养殖 [E2]
Fish culture
    Y 鱼类养殖

鱼药 [F3]
Fish medicine
    Y 渔用药物

鱼用药物 [F3]
Fishery drugs
    Y 渔用药物

鱼油 [J4]
Fish oil
    D 深海鱼油
    S1 副产物
    C 碘值
    C 二十二碳六烯酸
    C 二十碳五烯酸
    C 油脂酸败
    C 综合利用

鱼栅 [K3]
Fish screen
    Y 拦鱼栅

鱼制品 [J4]
Fish products
    Y 水产食品

鱼蛭 [F1]
fish leech
   Y 鱼蛭病

鱼蛭病 [F1]
Piscieolaiosis
   D 鱼蛭
   S1 鱼类寄生虫

鱼种 [E2]
Fingerling
   S1 苗种
   F1 大规格鱼种
   F1 冬片鱼种
   F1 一龄鱼种
   C 亲鱼
   C 鱼种放养
   C 鱼种培育

鱼种场 [K3]
Fish nursery
   S1 养殖场
   C 品种选育
   C 水产良种场
   C 种苗基地

鱼种池 [K3]
Fingerling pond
   Y 亲鱼池

鱼种放养 [E2]
Fingerling stocking
   D 鱼种投放
   D 鱼种下塘
   S1 放养
   C 大规格鱼种
   C 冬片鱼种
   C 夏花
   C 一龄鱼种
   C 鱼种
   C 鱼种培育

鱼种规格 [E2]
Fingerling size
   C 放养规格
   C 夏花

鱼种培育 [E2]
Fingerling culture
   D 培育鱼种
   S1 苗种培育

   C 水花
   C 乌仔
   C 夏花
   C 鱼种
   C 鱼种放养

鱼种投放 [E2]
Stocking of fingerlings
   Y 鱼种放养

鱼种下塘 [E2]
Pond stocking of fingerlings
   Y 鱼种放养

鱼籽酱 [J4]
Caviar
   Y 鱼子酱

鱼子酱 [J4]
Caviar
   D 鱼籽酱
   S1 腌制品
   C 大麻哈鱼
   C 鲟鱼
   C 鲟鱼子
   C 鱼卵

渔产品 [N1]
Fishery products
   Y 水产品

渔产潜力 [D2]
Fish production potential
   Y 潜在渔获量

渔场 [H1]
Fishing ground
   F1 北部湾渔场
   F1 大沙渔场
   F1 海礁渔场
   F1 吕泗渔场
   F1 闽东渔场
   F1 闽南-台湾浅滩渔场
   F1 南沙群岛渔场
   F1 嵊山渔场
   F1 石岛渔场
   F1 西沙群岛渔场
   F1 中心渔场
   F1 舟山渔场
   F1 珠江口渔场
   C 捕捞学

   C 产卵场
   C 洄游通道
   C 索饵场
   C 渔场分布
   C 渔场图
   C 渔情预报
   C 渔区

渔场分布 [H1]
Fishing ground distribution
   S1 分布
   C 渔场
   C 渔场环境
   C 渔场图
   C 中心渔场

渔场管理 [N2]
Fishing ground governance
   Y 渔业管理

渔场环境 [H1]
Fishing ground environment
   S1 渔业环境
   C 水生环境
   C 渔场分布

渔场图 [H1]
Fishing chart
   C 海图
   C 渔场
   C 渔场分布

渔场预报 [N3]
Fishing ground forecast
   Y 渔情预报

渔船 [L1]
Fishing vessel
   D 海洋船舶
   D 渔轮
   D 渔业船舶
   F1 玻璃钢渔船
   F1 刺网渔船
   F1 大型渔船
   F1 钓鱼船
    F2 延绳钓渔船
    F2 鱿钓渔船
   F1 非机动渔船
   F1 辅助船
    F2 冷藏加工船
    F2 渔政船

F2 运输船*

 F3 活鱼运输船

 F3 冷藏运输船

F1 钢质渔船

F1 机动渔船

F1 木质渔船

F1 拖网渔船

 F2 单拖网渔船

 F2 底拖网渔船

 F2 双拖网渔船

 F2 艉拖网渔船

 F2 舷拖网渔船

F1 围网渔船

F1 小型渔船

F1 渔业调查船

F1 远洋渔船

F1 中型渔船

F1 近海渔船

F1 内河渔船

C 船龄

C 船名

C 船模

C 船体

C 船员

C 甲板机械

C 验船师

C 鱼舱

C 渔船安全

C 渔船保险

C 渔船登记

C 渔船工业

C 渔船管理

C 渔船检验

C 渔船建造

C 渔船设计

C 渔船维修

渔船安全 [L1]

Fishing vessel safety

 C 能见度

 C 事故

 C 验船师

 C 渔船

 C 渔船检验

 C 渔船维修

 C 渔业安全

渔船保鲜 [J3]

On-board preservation

 S1 保鲜

 C 冰温保鲜

C 冷藏加工船

C 冷却海水保鲜

C 微冻保鲜

C 运输船

渔船保险 [L1]

Fishing vessel insurance

 S1 渔业保险

 C 验船师

 C 渔船

渔船登记 [N2]

Fishing vessel registration

 S1 渔船管理

  S2 管理

 C 船舶证书

 C 渔船

渔船动力装置 [L3]

Fishing vessel power unit

 Y 船舶主机

渔船工业 [L2]

Fishing ship industry

 C 验船师

 C 渔船

 C 渔船检验

 C 渔船建造

 C 渔船设计

 C 渔船维修

渔船管理 [N2]

Fishing vessel management

 S1 管理

 F1 船员管理

 F1 渔船登记

 F1 渔船检验

 C 验船师

 C 渔船

 C 渔政管理

渔船检验 [L2]

Fishing vessel survey

 D 船舶检验

 D 船检

 S1 渔船管理

  S2 管理

 C 船舶检验证书

 C 船舶证书

 C 船龄

 C 验船师

C 渔船

C 渔船安全

C 渔船工业

渔船建造 [L1]

Fishing vessel construction

 C 验船师

 C 渔船

 C 渔船工业

 C 渔船建造规范

 C 渔船设计

渔船建造规范 [L1]

Fishing vessel construction rule

 C 渔船建造

 C 渔船设计

渔船设计 [L1]

Fishing vessel design

 S1 设计

 C 验船师

 C 渔船

 C 渔船工业

 C 渔船建造

 C 渔船建造规范

渔船维修 [L1]

Fishing vessel maintenance

 D 船舶修理

 C 事故

 C 维修

 C 验船师

 C 渔船

 C 渔船安全

 C 渔船工业

渔村 [N2]

Fishermen village

 D 渔业村

 C 渔村经济

渔村经济 [N1]

Fishermen village economy

 S1 渔业经济

 C 收入

 C 渔村

 C 渔家乐

渔法 [H3]

Fishing method

 D 捕捞方法

D 捕捞技术
D 捕鱼技术
F1 刺网捕捞
F1 灯光诱鱼
F1 电渔法
　F2 电捕鱼
F1 钓鱼法
　F2 竿钓
　F2 钩钓
　F2 手钓
　F2 延绳钓
　F2 曳绳钓
F1 毒鱼
F1 回声探测
F1 联合渔法
F1 瞄准捕捞
F1 拖网捕捞
F1 围网捕捞
C 捕捞
C 捕捞学
C 渔具

渔港 [L5]
Fishing harbor
D 渔业港口
S1 港口
　S2 渔港工程△
C 渔港水域

渔港工程 [L5]
Fishing harbour engineering
S1 水利工程
F1 防波堤
F1 港口
　F2 避风港
　F2 深水港
　F2 渔港
F1 码头
C 海洋工程
C 设计
C 施工
C 水工建筑物
C 象山港
C 渔港管理
C 渔业工程

渔港管理 [L5]
Fishing port management
D 渔港监督
S1 管理
C 港口

C 象山港
C 渔港工程
C 渔港经济区

渔港监督 [N2]
Fishing Port Supervision
Y 渔港管理

渔港经济区 [N1]
Fishing port economic zone
C 产业园区
C 码头
C 渔港管理

渔港水域 [L5]
Fishing harbor waters
S1 水域
C 航道
C 象山港
C 渔港

渔获量 [H1]
Catch
D 单位努力量渔获量
D 单位作业量渔获量
D 上岸量
F1 单位网次渔获量
F1 平均渔获量
F1 潜在渔获量
C 捕捞产量
C 捕捞对象
C 捕捞日志
C 产量
C 渔获量预报
C 渔获率

渔获量控制 [H1]
Catch control
C 潜在渔获量

渔获量预报 [D2]
Catch prediction
C 渔获量
C 渔情预报

渔获率 [H1]
Catch rate
C 单位网次渔获量
C 可捕量
C 渔获量

渔获物 [H1]
Catch
C 副渔获物
C 渔获物组成

渔获物组成 [H1]
Catch composition
D 渔获组成
C 副渔获物
C 渔获物

渔获选择性 [H3]
Fishing selectivity
C 可捕规格
C 网目尺寸
C 网目选择性
C 渔具

渔获组成 [H1]
Catch composition
Y 渔获物组成

渔家乐 [N1]
Fishery household tourism
（Yujiale）
C 三产融合
C 休闲渔业
C 渔村经济

渔监 [N2]
Fisheries monitoring
Y 渔政管理

渔具 [H3]
Fishing gear
F1 钓具
　F2 钓竿
　F2 钓线
　F2 滚钩
　F2 鱼竿
　F2 鱼钩
　F2 鱼线
F1 定置渔具
　F2 箔筌
　F2 定置网*
　　F3 定置刺网
　　F3 张网
　F2 鱼笼
　F2 鱼篓
F1 禁用渔具
F1 网渔具

F2 抄网
F2 刺网*
　F3 流刺网
　F3 三重刺网
　F3 围刺网
F2 大拉网
F2 敷网
F2 聚乙烯网
F2 密眼网
F2 拖网*
　F3 底层拖网
　F3 浮拖网
　F3 桁拖网
　F3 虾拖网
　F3 中层拖网
F2 围网*
　F3 大围缯
　F3 对网
F2 诱捕网
C 捕捞
C 捕捞学
C 索具
C 网目尺寸
C 渔法
C 渔获选择性

渔具材料 [H2]
Fishing gear material
F1 聚乙烯纤维
F1 尼龙
F1 纤维材料
C 沉降力
C 收缩率
C 渔具力学
C 渔具性能

渔具力学 [H2]
Fishing gear mechanics
C 流体力学
C 渔具材料

渔具性能 [H2]
Fishing gear property
C 网具性能
C 性能
C 渔具材料

渔况 [H1]
Fishing condition
Y 渔情

渔捞 [H1]
Fishing
Y 捕捞

渔捞死亡率 [D2]
Fishing mortality
Y 捕捞死亡率

渔笼 [H3]
Fishing pot
Y 鱼笼

渔轮 [L1]
Fishing vessel
Y 渔船

渔民 [N2]
Fisherman
D 渔农民
C 合作社
C 养殖户
C 渔区
C 渔业人口

渔民权益 [N1]
Fishermen's rights and interests
C 海洋权
C 渔民收入
C 渔民转产转业
C 渔业权

渔民收入 [N1]
Fishermen's income
D 农民增收
D 渔民增收
S1 收入
C 渔民权益
C 渔业调查

渔民增收 [N1]
Increasing fishermen's income
Y 渔民收入

渔民转产转业 [N1]
Fishmen work transformation
D 转产转业
C 渔民权益
C 渔业补贴
C 渔业人口

渔农民 [N2]

Fish farmer
Y 渔民

渔期 [H1]
Fishing period
D 捕捞季节
D 渔汛
F1 春汛
F1 冬汛
F1 秋汛
C 物候
C 休渔期
C 汛期
C 渔情
C 渔情预报

渔情 [H1]
Fishing condition
D 渔况
C 休渔期
C 渔期
C 渔情预报

渔情预报 [N3]
Fishing condition forecast
D 渔场预报
C 地理信息系统
C 鱼群侦察
C 渔场
C 渔获量预报
C 渔期
C 渔情

渔区 [H1]
Fishing area
F1 禁渔区
F1 渔业保护区
F1 增养殖区
F1 专属渔区
C 海域
C 沿海地区
C 鱼类区系
C 渔场
C 渔民
C 资源调查
C 自然海区

渔文化 [N1]
Fishery culture
D 渔业文化
C 休闲渔业

渔需物资 [N1]
Fishery materials
　C 柴油
　C 渔业机械

渔汛 [H1]
Fishing season
　Y 渔期

渔药 [F3]
Fisherys drug
　Y 渔用药物

渔药残留 [J5]
Fisheries drug residue
　Y 药物残留

渔药中毒 [F3]
Poisoning by fish drug
　D 药物中毒
　S1 中毒
　C 急性毒性
　C 死鱼事件
　C 亚急性中毒
　C 致死效应

渔业 [N2]
Fishery
　D 水产业
　F1 传统渔业
　F1 淡水渔业
　　F2 湖泊渔业
　　F2 水库渔业
　F1 都市渔业
　F1 负责任渔业
　F1 高效渔业
　F1 观赏渔业
　F1 国际渔业
　F1 海洋渔业
　　F2 近海渔业
　　F2 远洋渔业
　F1 绿色渔业
　F1 群众渔业
　F1 设施渔业
　F1 生态渔业
　F1 水产捕捞业
　　F2 钓渔业
　F1 水产品加工业
　F1 水产养殖业
　F1 水产增殖业
　F1 碳汇渔业

　F1 现代渔业
　F1 休闲渔业
　　F2 休闲垂钓
　F1 循环渔业
　F1 中国渔业
　C 产业
　C 农业

渔业安全 [N2]
Fishery safety
　C 安全生产
　C 生物安全
　C 事故
　C 水环境安全
　C 渔船安全

渔业保护区 [N2]
Fishery conservation zone
　D+ 渔业资源保护区
　D+ 种质资源保护区
　S1 渔区
　C 禁渔区
　C 生物区系

渔业保险 [N1]
Fisheries insurance
　D 保险
　F1 互助保险
　F1 水产养殖保险
　F1 渔船保险
　C 赔偿

渔业补贴 [N1]
Fisheries subsidy
　F1 良种补贴
　F1 燃油补贴
　C 渔民转产转业
　C 渔业转型

渔业部门 [N2]
Fishery sector
　Y 渔业主管部门

渔业产量 [N1]
Fishery production
　Y 水产品总产量

渔业产品 [N1]
Fishery products
　Y 水产品

渔业产值 [N1]
Fishery output value
　D 渔业收入
　D 渔业总产值
　C 产值
　C 渔业调查
　C 渔业统计

渔业船舶 [L1]
Fishery vessel
　Y 渔船

渔业村 [N2]
Fishery village
　Y 渔村

渔业调查 [N2]
Fishery survey
　S1 调查
　C 海洋调查
　C 统计分析
　C 渔民收入
　C 渔业产值
　C 渔业人口
　C 渔业统计

渔业调查船 [L1]
Fishery research vessel
　D 调查船
　S1 渔船
　C 资源调查

渔业法 [N2]
Fishery law
　D 渔业法规
　S1 法规
　C 海洋法
　C 渔业管理
　C 渔业执法
　C 渔业制度

渔业法规 [N2]
Fishery legislation
　Y 渔业法

渔业港口 [L5]
Fishery port
　Y 渔港

渔业工程 [N2]
Fishery engineering

F1 增养殖工程
  C 海洋工程
  C 设施渔业
  C 水利工程
  C 渔港工程

渔业公司 [N1]
Fishery company
  D 水产公司
  D 水产企业
  S1 公司

渔业管理 [N2]
Fishery management
  D 渔场管理
  D 渔业经济管理
  D+ 渔业管理制度
  S1 管理
  C 渔业法
  C 渔业政策
  C 渔业制度

渔业管理制度 [N2]
Fishery management regulation
  Y 渔业管理+渔业制度

渔业规划 [N2]
Fishery program
  C 规划
  C 渔业区划

渔业环境 [M1]
Fishery environment
  F1 池塘环境
  F1 渔场环境
  C 环境监测
  C 环境容量
  C 环境质量
  C 生态环境
  C 渔业生态

渔业机械 [K1]
Fishery machinery
  F1 捕捞机械
    F2 捕捞辅助设备*
      F3 冰下穿索器
      F3 理网机
      F3 理线机
      F3 起线机
      F3 振网机
      F3 钻冰机

  F2 钓捕机械*
    F3 延绳钓捕机械
    F3 鱿鱼钓机
  F2 绞机*
    F3 电动绞机
    F3 分离式绞机
  F2 起网机*
    F3 刺网起网机
    F3 卷网机
    F3 围网起网机
  F1 加工机械
  F2 包装设备
  F2 杀菌设备
  F2 脱壳机
  F2 鱼粉生产设备*
    F3 干燥设备
    F3 螺旋压榨机
    F3 磨碎机
  F2 鱼类处理机械*
    F3 分级机
    F3 切鱼片机
    F3 去鳞机
    F3 去内脏机
    F3 去皮机
    F3 去头机
    F3 洗鱼机
    F3 鱼肉采取机
  F2 鱼糜加工机械*
    F3 成型机
    F3 擂溃机
    F3 油炸机
    F3 斩拌机
  F2 制冷设备*
    F3 冻结装置
      F4 平板冻结机
    F3 冷却设备
      F4 冷风机
      F4 冷凝器
      F4 蒸发器
    F3 制冰机械
      F4 管冰机
      F4 片冰机
      F4 壳冰机
      F4 碎冰机
  F1 养殖机械
    F2 采集设备*
      F3 贝类采捕机
    F2 清淤设备
    F2 水质净化设备
    F2 饲料加工机械*
      F3 膨化机

  F3 饲料粉碎机
  F3 饲料混合机
  F3 造粒机
  F2 投饲设备*
    F3 投饲机
  F2 挖塘机
  F2 增氧机*
    F3 充气式增氧机
    F3 喷水式增氧机
    F3 射流式增氧机
    F3 水车式增氧机
    F3 叶轮式增氧机
  C 机械化
  C 饲料加工机械
  C 渔需物资
  C 运输机械

渔业基地 [N2]
Fishery base
  S1 生产基地
  C 产业园区

渔业技术 [N2]
Fishery technology

渔业结构 [N1]
Fishery structure
  S1 结构
  C 产业结构
  C 经济结构
  C 农业结构
  C 养殖结构

渔业经济 [N1]
Fishery economy
  D 养殖经济
  F1 渔村经济
  C 经济增长
  C 经济政策

渔业经济管理 [N2]
Fishery economy management
  Y 渔业管理

渔业经营 [N1]
Fishing business
  C 承包
  C 经营管理
  C 经营体系

渔业开发 [N2]

Fishery development
　　C 海洋开发
　　C 开发利用
　　C 资源开发

渔业科技 [N2]
Fishery science and technology
　　Y 水产科技

渔业科学 [N2]
Fishery science
　　Y 水产科学

渔业区划 [N2]
Fishery regionalization
　　C 产区
　　C 沿海地区
　　C 养殖区域
　　C 渔业规划
　　C 专属渔区

渔业权 [N2]
Fisheries right
　　F1 捕鱼权
　　F1 海域使用权
　　F1 入渔权
　　F1 养殖权
　　C 渔民权益
　　C 专属渔区

渔业人口 [N2]
Fishery population
　　C 渔民
　　C 渔民转产转业
　　C 渔业调查

渔业设施 [K3]
Fishery facilities
　　F1 孵化设施
　　F2 孵化池
　　F2 孵化环道
　　F2 孵化盘
　　F2 孵化桶
　　F1 过鱼设施
　　F2 鱼道
　　F1 拦鱼设施
　　F2 拦网
　　F2 拦鱼坝
　　F2 拦鱼栅
　　F1 养殖设施
　　F2 池塘*

F3 产卵池
F3 成鱼池
F3 淡水池塘
F3 高位池
F3 海水池塘
F3 精养池塘
F3 苗种池
F3 培育池
F3 亲鱼池
F3 桑基鱼塘
F3 水泥池
F3 土池
F3 虾塘
F3 鱼塘
F3 越冬池
F3 暂养池
F2 浮筒
F2 环沟
F2 进排水系统*
　F3 进水口
　F3 排水口
　F3 排水渠道
F2 水槽
F2 塑料大棚
F2 网箱*
　F3 浮式网箱
　F3 固定网箱
　F3 深水网箱
F2 循环水养殖系统
F2 育苗室
C 海洋设施
C 基础设施
C 设施渔业

渔业生产 [N1]
Fishery production
　　C 苗种培育
　　C 饲料生产

渔业生态 [M1]
Fishery ecology
　　S1 生态
　　F1 繁殖生态
　　F1 养殖生态
　　C 生态环境
　　C 水域生态
　　C 渔业环境

渔业生物学 [C1]
Fishery biology
　　S1 生物学

渔业收入 [N1]
Fishery income
　　Y 渔业产值

渔业受灾 [N2]
Fishery disaster
　　Y 渔业灾害

渔业水域 [N2]
Fishery Waters
　　S1 水域

渔业条约 [N2]
Fishery treaty
　　Y 渔业协定

渔业统计 [N1]
Fishery statistics
　　C 水产品总产量
　　C 统计数据
　　C 统计资料
　　C 渔业产值
　　C 渔业调查

渔业团体 [N2]
Fishery organization
　　F1 互保协会
　　F1 检测机构
　　F1 水产学会
　　F1 水产站
　　F1 推广机构
　　F1 研究机构
　　F1 养殖协会
　　F1 渔业协会
　　F1 渔业主管部门

渔业文化 [N1]
Fishery culture
　　Y 渔文化

渔业污染 [M2]
Fishery pollution
　　S1 环境污染
　　F1 水产品污染
　　F1 养殖污染
　　F2 养殖废弃物*
　　　F3 残饵
　　　F3 排泄物
　　F2 养殖废水
　　F1 有害藻华
　　F2 赤潮

F2 水华*
　F3 蓝藻水华
　F3 微囊藻水华
C 污染防治
C 污染物排放

渔业协定 [N2]
Fishery agreement
D 渔业条约
S1 条约
C 法规
C 合同

渔业协会 [N2]
Fisheries association
S1 渔业团体
C 合作社
C 养殖协会

渔业信息 [N3]
Fishery information
S1 信息
C 信息采集
C 信息化
C 信息资源

渔业许可证 [N2]
FIshery licence
D 生产许可证
D 许可证
F1 捕捞许可证
F1 养殖许可证
C 认证
C 许可证制度

渔业遥感 [N3]
Fishery remote sensing
Y 遥感

渔业用水标准 [M3]
Standard of fishery water
Y 水质标准

渔业灾害 [N2]
Fishery disaster
D 渔业受灾
S1 灾害
C 水产养殖保险
C 养殖风险

渔业政策 [N2]

Fishery policy
S1 政策
C 经济政策
C 渔业管理
C 渔业制度

渔业执法 [N2]
Fishery law enforcement
C 渔业法

渔业制度 [N2]
Fishery regulation
D+ 渔业管理制度
F1 捕捞限额制度
F1 可追溯体系
F1 休渔制度
F1 许可证制度
C 禁渔区
C 渔业法
C 渔业管理
C 渔业政策

渔业主管部门 [N2]
Department of Fisheries
D 渔业部门
D 渔政部门
S1 渔业团体
C 推广机构

渔业转型 [N1]
Marine fishery transformation
C 产业结构
C 渔业补贴

渔业资源 [D1]
Fishery resources
D 水产资源
D+ 渔业资源保护区
D+ 种质资源保护区
F1 海藻资源
F1 鱼类资源
F1 种质资源
C 地理分布
C 海洋资源
C 近海生物
C 生物资源
C 优势种
C 资源变动
C 资源调查
C 资源管理
C 资源监测

C 资源开发
C 资源评估
C 资源衰退
C 资源增殖

渔业资源保护区 [N2]
Protected areas for fishery resource
Y 渔业资源+渔业保护区

渔业资源监测 [D2]
Fishery resource monitoring
Y 资源监测

渔业总产量 [N1]
Fishery total output
Y 水产品总产量

渔业总产值 [N1]
Fishery total output value
Y 渔业产值

渔用饲料 [G1]
Fish feed
Y 水产饲料

渔用药物 [F3]
Fishery drugs
D 水产药物
D 鱼药
D 鱼用药物
D 渔药
C 水质改良剂
C 麻醉剂
C 杀虫剂
C 投药方法
C 外用药
C 消毒剂
C 休药期
C 药物残留
C 药物防治
C 中草药

渔用仪器 [K2]
Fishery instrument
C 声学仪器
C 助航设备
C 助渔仪器

渔政部门 [N2]
Fishery enforcement agency

Y 渔业主管部门

渔政船 [L1]
Fishery inspection vessel
　S1 辅助船
　S2 渔船

渔政管理 [N2]
Fishery inspection management
　D 渔监
　S1 管理
　C 渔船管理

羽毛粉 [G1]
Feather meal
　S1 蛋白源
　C 饲料配方

玉鲈 [C9]
Jade Perch; Barcoo perch
Scortum barcoo
　Y 高体革鯻

育肥 [E1]
Fattening
　C 肥度
　C 分苗
　C 藻类养殖

育苗 [E1]
Seedling rearing
　Y 苗种培育

育苗场 [K3]
Hatchery
　D 育种场
　S1 养殖场
　C 苗种培育
　C 生产基地
　C 育苗室
　C 育苗水体

育苗池 [K3]
Nursery pool
　Y 苗种池

育苗室 [K3]
Seeding room
　S1 养殖设施
　S2 渔业设施
　C 育苗场

C 育苗水体

育苗水体 [E1]
Seedling rearing waterbody
　D 育苗用水
　C 水体
　C 水质管理
　C 养殖水体
　C 育苗场
　C 育苗室

育苗用水 [E1]
Seedling rearing water
　Y 育苗水体

育种 [E1]
Breeding
　D 遗传育种
　F1 纯系培育
　F1 单倍体育种
　F1 多倍体育种
　F1 基因组育种
　F1 选择育种
　　F2 家系选育
　　F2 品种选育
　　F2 群体选育
　　F2 人工选育
　F1 诱变育种
　F1 鱼类育种
　F1 杂交育种
　C 家系
　C 良种培育
　C 品系
　C 品种改良
　C 生物工程
　C 提纯复壮
　C 退化
　C 遗传
　C 遗传改良
　C 优良品种
　C 育种值
　C 种

育种场 [K3]
Breeding farm
　Y 育苗场

育种值 [C2]
Breeding value
　C 单倍体育种
　C 多倍体育种

C 鱼类育种
C 育种

育珠蚌 [E3]
Pearly mussel
　Y 珍珠蚌

育珠贝 [E3]
Pearly shellfish
　Y 珍珠贝

预测 [A]
Forecast
　F1 市场预测
　C 分析

预处理 [J4]
Pretreatment
　Y 前处理

预防 [A]
Prevention
　C 疾病防治
　C 免疫预防

预防措施 [F2]
Preventive measure
　Y 疾病防治

预防用药 [F2]
Prophylactic; Preventive medication
　Y 药物防治

预混合饲料 [G1]
Feed premix
　Y 预混料

预混料 [G1]
Feed premix
　D 预混合饲料
　C 饲料混合

元素 [B3]
Element
　Y 化学元素

原虫病 [F1]
Protozoiasis
　S1 寄生虫疾病
　F1 孢子虫病

F2 艾美虫病
F2 单孢子虫病
F2 肤孢子虫病
F2 黏孢子虫病
F2 微孢子虫病
F1 鞭毛虫病
F2 隐鞭虫病*
F3 鳃隐鞭虫
F2 鱼波豆虫病
F2 锥体虫病
F1 变形虫病
F1 纤毛虫病
F2 瓣体虫病
F2 杯体虫病
F2 车轮虫病
F2 小瓜虫病*
F3 刺激隐核虫
F3 多子小瓜虫
F2 斜管虫病

原核表达 [C2]
Prokaryotic expression
S1 基因工程
S2 生物工程

原甲藻 [C7]
Prorocentrum
D 微小原甲藻
S1 甲藻
S2 赤潮藻△

原料 [J1]
Raw material
C 饲料原料
C 原料处理

原料处理 [J4]
Dressing
C 前处理
C 切丝
C 去鳞机
C 去内脏
C 原料

原料配方 [G1]
Feed formulation
Y 饲料配方

原生动物 [C8]
Protozoa
S1 赤潮藻

S2 赤潮生物
F1 裸藻
C 寄生虫
C 无脊椎动物

原生质 [C2]
Protoplasm
F1 细胞核
F1 细胞膜
F1 细胞质
C 细胞
C 细胞工程
C 细胞器
C 细胞学

原生质体 [C2]
Protoplast
C 细胞工程
C 细胞器

原位杂交 [C2]
In situ hybridization
D 荧光原位杂交
S1 杂交

原子吸收法 [B3]
Atomic absorption method
Y 分光光度法

原子吸收分光光度法 [B3]
Atomic absorption
spectrophotometry
Y 分光光度法

原子吸收光谱法 [B3]
Atomic absorption spectroscopy
Y 光谱法

原子荧光光度法 [B3]
Atomic fluorescence
spectrometry
Y 分光光度法

原子荧光光度计 [B3]
Atomic fluorescence
spectrophotometer
Y 分光光度法

原子荧光光谱法 [B3]
Atomic fluorescence
spectrometry
Y 光谱法

圆蛤 [C8]
Clam
Cyclina sinensis
Y 青蛤

圆口鱼类 [C9]
Lampreys
Cyclostomata
F1 盲鳗
F1 七鳃鳗
C 脊椎动物

圆鳞 [C6]
Cycloid scales
S1 鳞片
S2 外骨骼△
C 侧线鳞
C 年轮
C 栉鳞

圆吻鲴 [C9]
Tumirostris nase
Distoechodon tumirostris
S1 鲤科

缘纲 [H2]
Bolchline
S1 索具

鼋 [C9]
Soft-shelled turtle
Pelochelys bibroni
S1 鳖
S2 龟鳖目

远东红点鲑 [C9]
East Siberian char; White spotted
charr; Leucoma trout
Salvelinus leucomaenis
Y 红点鲑

远东拟沙丁鱼 [C9]
Japanese pilchard; Japanese
sardine; Spotted sardine; True
sardine
Sardinops melanostictus
S1 鲱形目

远海捕捞 [H1]
High seas fishing
Y 远洋捕捞

远海梭子蟹 [C8]

Sand swimming crab; Blue
swimming crab

Portunus pelagicus

 D　花蟹

 S1　梭子蟹

远红外干燥 [J4]

Far infrared drying

 D　红外线干燥

 S1　干燥

 C　高温干燥

 C　红外辐射

 C　真空干燥

远洋捕捞 [H1]

Long distance fishing

 D　深海捕捞

 D　深海捕鱼

 D　远海捕捞

 S1　海洋捕捞

  S2　捕捞

 C　配额

 C　深海鱼类

 C　外海捕捞

 C　远洋船队

 C　远洋渔船

 C　远洋渔业

远洋船队 [L1]

Ocean fleet

 C　外海捕捞

 C　远洋捕捞

 C　远洋渔船

远洋渔船 [L1]

Ocean fishing vessel

 S1　渔船

 C　外海捕捞

 C　远洋捕捞

 C　远洋船队

远洋渔业 [N2]

High sea fishery

 D　公海渔业

 D　深海渔业

 D　外海渔业

 S1　海洋渔业

  S2　渔业

 C　外海

 C　外海捕捞

 C　远洋捕捞

远缘杂交 [C2]

Remote hybridization

 D　属间杂交

 D　种间杂交

 S1　杂交

 C　亲缘关系

月光鱼 [C9]

Southern platyfish

Xiphophorus maculatus

 Y　花斑剑尾鱼

月鳢 [C9]

Chinafish; Snakehead

Channa asiatica

 D　七星鱼

 S1　鳢

月相 [B4]

Lunar phase

 C　潮汐

月牙藻 [C7]

Selenastrum bibraianum

 S1　小球藻

  S2　绿藻

越冬 [E1]

Overwintering

 C　亲虾越冬

 C　塑料大棚

 C　温室

 C　越冬场

 C　越冬池

 C　越冬洄游

越冬场 [D1]

Over-wintering ground

 C　越冬

 C　越冬洄游

越冬池 [K3]

Over-wintering pond

 D　越冬鱼池

 S1　池塘

  S2　养殖设施△

 C　温室

 C　温室养殖

 C　越冬

越冬洄游 [D1]

Over-wintering migration

 S1　洄游

 C　温度适应

 C　越冬

 C　越冬场

越冬鱼池 [K3]

Wintering ponds

 Y　越冬池

云南 [P]

Yunnan Province

运动器官 [C6]

Locomotive organ

 Y　动物附肢

运输 [J6]

Transportation

 F1　船舶运输

 F1　活虾运输

 F1　活鱼运输

  F2　亲鱼运输

  F2　鱼苗运输

 F1　苗种运输

 C　集装箱

 C　冷链

 C　运输船

 C　运输机械

运输船 [L1]

Transportation vessel

 S1　辅助船

  S2　渔船

 F1　活鱼运输船

 F1　冷藏运输船

 C　船舶运输

 C　渔船保鲜

 C　运输

 C　运输机械

运输机械 [K1]

Transport machinery

 F1　活鱼运输车

 C　船舶运输

 C　活鱼运输

 C　渔业机械

 C　运输

 C　运输船

Z

杂合度 [C2]
Heterozygosity
　　C 遗传分化
　　C 遗传距离
　　C 遗传力
　　C 遗传稳定性

杂交 [C2]
Hybridization
　　F1 三元杂交
　　F1 原位杂交
　　F1 远缘杂交
　　F1 种内杂交
　　C 杂交 F1
　　C 杂交育种
　　C 杂交种

杂交鲍 [C8]
Hybrid abalone
　　Y 鲍

杂交 F1 [C2]
Hybrid F1
　　D 杂交一代
　　D 杂交子代
　　D 杂交子一代
　　C 杂交
　　C 子代

杂交繁育 [E1]
Cross breeding
　　Y 杂交育种

杂交后代 [C2]
Filial generation
　　Y 杂交种

杂交鲟 [C9]
Hybrid sturgeon
　　Y 鲟鱼

杂交一代 [C2]
Hybrid F1
　　Y 杂交 F1

杂交优势 [C2]

Heterosis
　　Y 杂种优势

杂交育种 [E1]
Cross breeding
　　D 杂交繁育
　　S1 育种
　　C 杂交
　　C 杂种优势

杂交种 [C2]
Hybrid
　　D 杂交后代
　　D 杂种
　　S1 种
　　C 杂交
　　C 子代

杂交子代 [C2]
Hybrid F1
　　Y 杂交 F1

杂交子一代 [C2]
Hybrid F1
　　Y 杂交 F1

杂粮 [G1]
Miscellaneous meal
　　S1 饼粕
　　S2 蛋白源
　　C 豆粕
　　C 棉粕

杂色鲍 [C8]
Variously colored abalone
Haliotis diversicolor
　　S1 鲍
　　S2 腹足类
　　C 九孔鲍

杂色蛤 [C8]
Manila clam
Ruditapes philippinarum
　　Y 菲律宾蛤仔

杂色蛤仔 [C8]

Clam
Ruditapes variegata
　　S1 帘蛤科
　　S2 双壳类

杂食性 [C3]
Euryphagy; Omnivorous habit ;
Omnivory
　　S1 食性
　　C 杂食性鱼类

杂食性鱼类 [D1]
Omnivorous fish
　　S1 鱼类
　　C 杂食性

杂鱼 [E2]
Miscellaneous fish
　　Y 野杂鱼

杂质 [J5]
Impurity
　　C 水不溶物

杂种 [C2]
Hybrid
　　Y 杂交种

杂种优势 [C2]
Heterosis
　　D 杂交优势
　　C 杂交育种
　　C 资源优势

灾害 [A]
Calamity
　　F1 赤潮灾害
　　F1 气象灾害
　　F2 酸雨
　　F1 渔业灾害
　　C 地震
　　C 互助保险
　　C 危害

栽培渔业 [N2]
Cultivating fishery

Y 水产增殖业

再生 [C1]
Regeneration
  C 增生

在线监测 [A]
Online monitoring
  Y 自动监测

暂养 [E1]
Temporary culture; Relaying
  S1 养殖技术
  C 暂养池

暂养池 [K3]
Holding pond
  S1 池塘
  S2 养殖设施△
  C 暂养

糟渣 [G1]
Distillers dried grains
  S1 蛋白源
  C 发酵
  C 发酵饲料

早期发育 [C2]
Early development
  S1 个体发育
  S2 发育
  C 幼体发育
  C 仔鱼发育

蚤状溞 [C8]
Daphnia pulex
  S1 溞科
  S2 枝角类

蚤状幼体 [C6]
Zoaea
  D 溞状幼体
  S1 幼体
  C 对虾育苗

藻粉 [G1]
Algael powder
  S1 蛋白源
  C 植物性蛋白
  C 植物性饲料

藻红蛋白 [C4]
Phycoerythrin
  D 藻红素
  S1 光合色素

藻红素 [C4]
Phycoerythrin
  Y 藻红蛋白

藻华 [M2]
Algae bloom
  Y 水华

藻礁 [K3]
Algal reef
  S1 礁
  C 海藻场
  C 藻类生长

藻类 [C1]
Algae
  F1 大型藻类
  F1 单胞藻类
  F1 淡水藻类
  F1 底栖藻类
  F1 浮游藻类
  F1 附生藻类
  F1 丝状藻
  F1 有害藻类
  F1 周丛藻类
  C 浮游植物
  C 硅藻
  C 海藻
  C 褐藻
  C 红藻
  C 蓝藻
  C 人工水藻
  C 水质指标
  C 隐藻
  C 藻类繁殖
  C 藻类生长
  C 藻类食品

藻类病害 [F1]
Algae diseases
  F1 海带病害
    F2 柄粗叶卷病
    F2 腐烂病
  F1 紫菜病害
    F2 赤腐病
    F2 壶状菌病
    F2 黄斑病
    F2 绿变病
  C 疾病防治
  C 水产养殖病害
  C 藻类养殖

藻类繁殖 [E4]
Algae breeding
  S1 繁殖
  C 藻类
  C 藻类控制
  C 藻类生长
  C 藻类养殖
  C 藻类育苗

藻类控制 [M3]
Algae control
  C 富营养化
  C 控制
  C 水质管理
  C 有害藻华
  C 藻类繁殖
  C 藻类生物量

藻类群落 [C5]
Algal community
  S1 群落
  C 优势种
  C 周丛藻类

藻类生物量 [D2]
Seaweed biomass
  S1 生物量
  C 海藻场
  C 藻类控制

藻类生长 [E4]
Algae growth
  C 贝藻间养
  C 藻礁
  C 藻类
  C 藻类繁殖
  C 藻类育苗

藻类食品 [J4]
Algae food
  C 干海带
  C 干紫菜
  C 海带
  C 海带食品
  C 海带养殖

C 食品加工
C 藻类

藻类水华 [M2]
Algae bloom
　Y 水华

藻类细胞 [C2]
Algal cell
　S1 细胞

藻类养殖 [E4]
Algae culture
　D 海藻养殖
　D 藻类栽培
　F1 海带养殖
　F1 紫菜养殖
　C 贝藻间养
　C 筏式养殖
　C 腐烂病
　C 海水养殖
　C 苗绳
　C 水产养殖
　C 丝状体培育
　C 育肥
　C 藻类病害
　C 藻类繁殖
　C 藻类育苗
　C 藻种

藻类育苗 [E4]
Algae seeding rearing
　S1 苗种培育
　C 藻类繁殖
　C 藻类生长
　C 藻类养殖
　C 藻种

藻类栽培 [E4]
Algae culture
　Y 藻类养殖

藻体 [E4]
Frond
　C 丝状体

藻相 [M1]
Algal phase
　C 水色
　C 水质管理
　C 微藻

C 微藻培养

藻种 [E4]
Algal species
　D 种藻
　C 藻类养殖
　C 藻类育苗

造礁珊瑚 [C8]
Hermatypic corals
　S1 珊瑚虫

造粒机 [K5]
Pelleter; Pelletizer
　D 颗粒饲料机
　D 颗粒饲料压制机
　D+ 膨化颗粒饲料机
　S1 饲料加工机械
　S2 养殖机械△
　C 颗粒饲料
　C 软颗粒饲料

造血 [C3]
Hematopoiesis
　C 脾
　C 血细胞

造血组织 [C3]
Hematopoietic tissue
　C 血淋巴

噪声 [B2]
Noise
　D 噪音
　C 工业污染
　C 声波
　C 声学
　C 声学仪器

噪音 [B2]
Noise
　Y 噪声

增产 [N1]
Production increasing
　Y 产量

增目 [H2]
Accrue
　C 网具性能
　C 网目

增生 [C1]
Hyperplasia
　C 肥大
　C 再生

增压 [K1]
Supercharging
　C 压力
　C 增压器

增压器 [K1]
Supercharger
　C 船用柴油机
　C 余热利用
　C 增压

增养殖 [E1]
Increase breeding
　Y 资源增殖

增养殖工程 [K3]
Enhancement engineering
　D 养殖工程
　S1 渔业工程
　C 海洋牧场
　C 养殖设施

增养殖区 [N2]
Breeding area
　S1 渔区
　C 产区

增氧 [E1]
Aeration; Supply of oxygen
　D 充氧
　D 曝气
　F1 化学增氧
　F1 机械增氧
　F1 生物增氧
　C 浮头
　C 气石
　C 缺氧
　C 溶解氧
　C 微孔管
　C 氧气
　C 增氧机
　C 窒息

增氧机 [K3]
Aerator
　D 增氧设备

D 增氧设施
S1 养殖机械
  S2 渔业机械
F1 充气式增氧机
F1 喷水式增氧机
F1 射流式增氧机
F1 水车式增氧机
F1 叶轮式增氧机
C 机械增氧
C 气石
C 增氧

增氧设备 [K3]
Aeration equipment
  Y 增氧机

增氧设施 [K3]
Aeration facilities
  Y 增氧机

增长率 [N1]
Increment rate; Rate of increase
  C 经济增长
  C 经济指标

增殖 [D3]
Enhancement
  Y 资源增殖

增殖放流 [D3]
Stock enhancmentment
  Y 人工放流

增殖渔业 [N2]
Enhancement fishery
  Y 水产增殖业

增重 [E1]
Weight gain
  Y 增重量

增重量 [E1]
Weight gain
  D 增重
  C 生长模型
  C 体重
  C 尾重
  C 增重率

增重率 [E1]
Weight gain rate

C 生长率
C 生长模型
C 生长速度
C 体重
C 尾重
C 消化率
C 增重量

栅栏技术 [J4]
Hurdle technology
  C 防腐
  C 食品安全
  C 贮藏

栅藻 [C7]
Scenedesmus
  S1 绿藻
  F1 四尾栅藻

粘孢子虫 [C8]
Myxosporea
  Y 黏孢子虫病

粘鲈 [C9]
Ruffe
Acerina cernua
  Y 梅花鲈

斩拌机 [K5]
Cutting-blending machine
  S1 鱼糜加工机械
  S2 加工机械△

展览 [A]
Exhibition
  C 学术交流

战略 [A]
Strategy
  C 问题

张网 [H3]
Swing net
  D 张网渔具
  S1 定置网
  S2 定置渔具△

张网渔具 [H3]
Swing net
  Y 张网

章鱼 [C8]
Octopus
Octopodidae
  D 八爪鱼
  S1 头足类
  F1 长蛸
  F1 短蛸
  F1 蓝环章鱼

獐子岛 [P]
Zhangzi Island
  S1 岛屿
  C 辽宁

招潮蟹 [C8]
Fiddler crab; Calling crab
Uca
  C 蟹类

沼气 [B3]
Methane
  Y 甲烷

沼气肥 [G2]
Methane fertilizer; Biogas fertilizer
  S1 有机肥
  S2 肥料
  C 无害化处理

沼虾 [C8]
River prawn
Macrobrachium
  S1 长臂虾科
  F1 罗氏沼虾
  F1 日本沼虾
  C 虾类

沼泽 [B6]
Marsh
  S1 湿地
  C 湖泊
  C 浅滩

沼泽红假单胞菌 [C7]
Rhodopseudomonas palustris
  S1 光合细菌
  C 复合微生物
  C 微生物制剂

遮目鱼 [C9]

Milkfish
Chanos chanos
　D　虱目鱼
　S1　辐鳍亚纲

哲罗鱼　[C9]
Taimen
Hucho
　S1　鲑形目

褶牡蛎　[C8]
Oyster
Ostrea plicatula
　S1　牡蛎
　　S2　双壳类

褶纹冠蚌　[C8]
Mussel
Cristaria plicata
　S1　蚌
　　S2　双壳类

浙江　[P]
Zhejiang Province

针乌贼　[C8]
Cuttlefish
Sepia andreana
　S1　乌贼
　　S2　头足类

珍宝蟹　[C8]
Dungeness crab
Cancer magister
　C　蟹类

珍稀濒危物种　[D3]
Rare and endangered species
　Y　濒危物种

珍稀动物　[D3]
Rare animal
　C　保护动物
　C　濒危物种
　C　水生动物
　C　物种保护
　C　物种灭绝
　C　稀有种
　C　野生动物
　C　珍稀物种
　C　珍稀鱼类

珍稀物种　[D3]
Rare species
　S1　物种
　C　稀有种
　C　珍稀动物

珍稀鱼类　[C9]
Rare fish
　S1　鱼类
　C　保护动物
　C　稀有种
　C　胭脂鱼
　C　珍稀动物
　C　中华鲟

珍珠　[E3]
Pearl
　F1　淡水珍珠
　F1　海水珍珠
　F1　合浦珍珠
　F1　养殖珍珠
　F1　有核珍珠
　C　珍珠加工
　C　珍珠囊

珍珠蚌　[E3]
Margaritana; Pearl mussel
Margaritana
　D　育珠蚌
　S1　双壳类
　C　珠母贝

珍珠贝　[E3]
Pearl mussel
Pteria margaritifera
　D　育珠贝
　S1　双壳类
　F1　大珠母贝
　F1　合浦珠母贝
　F1　珠母贝
　C　珍珠核
　C　珍珠囊
　C　珍珠养殖

珍珠鳖　[C9]
Florida Soft-shelled turtle
Apalone ferox
　Y　佛罗里达鳖

珍珠层　[C6]
Nacreous layer

　C　珍珠粉
　C　珍珠加工
　C　珍珠质

珍珠层粉　[J4]
Nacreous layer powder
　Y　珍珠粉

珍珠产业　[N2]
Pearl industry
　S1　产业
　C　珍珠养殖

珍珠粉　[J4]
Pearl powder
　D　珍珠层粉
　S1　副产物
　C　珍珠层
　C　珍珠加工
　C　珍珠质

珍珠核　[C6]
Pearl nucleus
　C　插核
　C　外套膜
　C　小片
　C　珍珠贝
　C　珍珠质

珍珠加工　[J4]
Pearl processing
　C　漂白
　C　珍珠
　C　珍珠层
　C　珍珠粉
　C　珍珠养殖
　C　珍珠质

珍珠龙　[C9]
Archbar wrasse; Spedkled wrasse;
Yellowtail tamarin; Yellowtail
wrasse
Anampses meleagrides
　Y　黄尾阿南鱼

珍珠母贝　[C8]
Black lip pearl shell; Blacklipped
pearl oyster
Pinctada margaritifera
　Y　珠母贝

珍珠囊 [C8]
Pearl sac
  C 外套膜
  C 小片
  C 珍珠
  C 珍珠贝

珍珠培育 [E3]
Pearl cultivation
  Y 珍珠养殖

珍珠养殖 [E3]
Pearl culture
  D 河蚌育珠
  D 珍珠培育
  S1 贝类养殖
  C 插核
  C 小片
  C 珍珠贝
  C 珍珠产业
  C 珍珠加工
  C 珍珠质
  C 珠母贝

珍珠质 [C6]
Nacre
  C 珍珠层
  C 珍珠粉
  C 珍珠核
  C 珍珠加工
  C 珍珠养殖

真鲷 [C9]
Red porgy
Pagrosomus major
  D 红鲷鱼
  S1 鲷科
  S2 鲈形目

真骨鱼类 [C9]
Teleosts
  S1 鱼类

真菌 [C7]
Fungus
  F1 黑曲霉
  F1 壶菌
  F1 酵母菌
  F2 假丝酵母
  F1 霉菌
  F2 曲霉菌

  F2 水霉
  F1 米曲霉
  F1 青霉菌
  C 菌丝体
  C 真菌性疾病

真菌病 [F1]
fungal disease
  Y 真菌性疾病

真菌感染 [F1]
fungal infection
  Y 真菌性疾病

真菌性疾病 [F1]
Fungal diseases
  D 真菌病
  D 真菌感染
  D+ 真菌性鱼病
  F1 链壶菌病
  F1 鳃霉病
  F1 水霉病
  C 疾病
  C 霉菌毒素
  C 霉菌感染
  C 曲霉菌
  C 细菌性疾病
  C 真菌

真菌性鱼病 [F1]
Fungal fish disease
  Y 真菌性疾病+鱼病

真空包装 [J6]
Vacuum package
  S1 包装
  C 包装材料
  C 冷冻包装
  C 气调包装
  C 软包装
  C 杀菌设备

真空冻干 [J4]
Vacuum freeze-drying
  Y 真空干燥+冷冻干燥

真空干燥 [J4]
Vacuum drying
  D+ 真空冻干
  D+ 真空冷冻干燥
  S1 干燥

  C 高温干燥
  C 远红外干燥

真空解冻 [J3]
Vacuum thawing
  S1 解冻
  C 微波解冻

真空冷冻干燥 [J4]
Vacuum freeze-drying
  Y 真空干燥+冷冻干燥

真鲨 [C9]
Blue sharks; Gray sharks;
Requiem sharks
Carcharhinus
  S1 软骨鱼类
  F1 大青鲨
  F1 短尾真鲨

诊断 [F2]
Diagnosis
  D 疾病检查
  F1 病原鉴定
  F1 鱼病诊断
  C 疾病防治
  C 检疫
  C 临床症状
  C 食欲减退
  C 症状

振网机 [K4]
Net shaker
  S1 捕捞辅助设备
  S2 捕捞机械△

蒸发 [J4]
Evaporation
  D 蒸发浓缩
  C 干燥
  C 浓缩
  C 湿度
  C 太阳辐射
  C 蒸发器

蒸发浓缩 [J4]
Evaporation concentration
  Y 蒸发

蒸发器 [K5]
Evaporator

S1 冷却设备
　S2 制冷设备△
C 蒸发

蒸煮 [J4]
Steaming
C 加工技术
C 湿法鱼粉
C 鱼粉加工
C 鱼粉生产设备

正交试验 [A]
Orthogonal experiment
S1 试验

正态分布 [B1]
Normal distribution
S1 分布

政策 [A]
Policy
F1 经济政策
F1 渔业政策
C 管理
C 问题

症状 [F2]
Symptom
D 病症
C 诊断

枝角类 [C8]
Cladocera
F1 多刺裸腹溞
F1 蒙古裸腹溞
F1 溞科
　F2 大型溞
　F2 水蚤
　F2 溞状溞
C 甲壳动物

织网 [H2]
Net making
Y 网片编织

脂肪 [C4]
Fat
D 油脂
D 脂类
D 脂质
F1 磷脂

C 高脂肪饲料
C 营养成分
C 油脂酸败
C 脂肪代谢

脂肪代谢 [C4]
Fat metabolism
S1 新陈代谢
C 高脂肪饲料
C 脂肪
C 脂肪酶

脂肪酶 [C4]
Lipase
S1 酶
C 高脂肪饲料
C 脂肪代谢
C 脂肪酸

脂肪酸 [C4]
Fatty acid
F1 饱和脂肪酸
F1 必需脂肪酸
F1 不饱和脂肪酸
　F2 二十二碳六烯酸
　F2 二十碳五烯酸
C 脂肪酶

脂肪氧化 [J2]
Lipid oxidation
Y 油脂酸败

脂类 [C4]
Lipid
Y 脂肪

脂鲤目 [C9]
Characiformes
S1 辐鳍亚纲
F1 淡水白鲳
F1 宽体鲮脂鲤
F1 纳氏锯脂鲤

脂鳍 [C6]
Adipose fin
S1 鳍
　S2 动物附肢
C 背鳍
C 腹鳍
C 尾鳍
C 胸鳍

脂质 [C4]
Lipid
Y 脂肪

职务船员 [L1]
Officer and engineer
S1 船员

植被 [C7]
Vegetative cover
F1 水生植被
C 植物

植核 [E3]
Nucleus insertion
Y 插核

植酸酶 [C4]
Phytase
S1 酶
C 饲料添加剂

植物 [C7]
Plant
F1 水生植物
　F2 浮叶植物
　F2 海藻
　F2 红树林
　F2 漂浮植物
　F2 水草
　F2 挺水植物
F1 维管植物
F1 中草药
C 被子植物
C 植被
C 植物激素

植物蛋白 [G1]
Plant protein
Y 植物性蛋白

植物蛋白源 [G1]
Plant protein source
Y 植物性蛋白

植物蛋白质 [G1]
Plant protein
Y 植物性蛋白

植物激素 [C4]
Phytohormone

S1 激素
C 促生长剂
C 生长素
C 植物

植物饲料 [G1]
Plant feed
Y 植物性饲料

植物性蛋白 [G1]
Vegetable protein
D 植物蛋白
D 植物蛋白源
D 植物蛋白质
S1 蛋白质
C 饲料原料
C 藻粉

植物性饵料 [G1]
Plant feed
Y 植物性饲料

植物性饲料 [G1]
Plant feed
D 植物饲料
D 植物性饵料
S1 水产饲料
F1 粗饲料
F1 谷物饲料
F1 苜蓿草粉
F1 青饲料
F1 青贮饲料
C 苏丹草
C 藻粉

植物营养 [C7]
Plant nutrition; Phytotrophy
S1 营养
C 光合作用
C 营养盐
C 自养

指标 [A]
Index
F1 经济指标
F1 生物指标
F2 免疫指标
F2 生化指标
F2 生理指标
F2 血液指标
F1 水质指标

F1 质量指标
F2 感官指标
F2 微生物指标
F2 鲜度指标*
F3 K 值
F3 TBA 值
F3 TVB-N
F2 药物残留
F2 营养指标
C 计划
C 指标体系
C 质量标准

指标体系 [A]
Index system
C 评价方法
C 指标

指环虫 [C8]
Dactylogyrus
Y 指环虫病

指环虫病 [F1]
Dactylogyriasis
D 指环虫
S1 单殖吸虫病
S2 吸虫病△
F1 拟指环虫
F1 小鞘指环虫
C 甲苯咪唑

指示生物 [M3]
Indicator organism
D 指示种
C 废水处理
C 环境监测
C 环境污染
C 水质评价

指示种 [M3]
Indicator species
Y 指示生物

指纹图谱 [C2]
Fingerprint
Y 遗传图谱

制冰机械 [K5]
Ice-making machine
S1 制冷设备
S2 加工机械△

F1 管冰机
F1 片冰机
F1 壳冰机
F1 碎冰机
C 冰
C 冰温保鲜
C 冰库
C 人造冰

制冷设备 [K5]
Refrigerating equipment
S1 加工机械
S2 渔业机械
F1 冻结装置
F2 平板冻结机
F1 冷却设备
F2 冷风机
F2 冷凝器
F2 蒸发器
F1 制冰机械
F2 管冰机
F2 片冰机
F2 壳冰机
F2 碎冰机
C 冷藏车
C 冷藏库
C 压缩机
C 液氨

质地 [J5]
Texture
C 肌肉品质
C 组织结构

质量 [A]
Qualily
F1 产品质量
F1 环境质量
F1 饲料质量
F1 质量监督
F1 质量检测
F1 质量控制
F2 HACCP
F2 GAP
F2 ISO
F1 质量评定
F1 质量认证
F1 种苗质量
C 品质
C 质量标准
C 质量指标

质量安全 [J5]
Quality safety
　　C 残留限量
　　C 风险评估
　　C 食品安全
　　C 饲料安全
　　C 休药期
　　C 药物残留
　　C 质量监督

质量标准 [A]
Quality index
　　S1 标准
　　C 肌肉品质
　　C 饲料标准
　　C 细菌检验
　　C 指标
　　C 质量
　　C 质量控制
　　C GAP
　　C ISO

质量管理 [J5]
Quality management
　　Y 质量控制

质量监督 [J5]
Quality monitoring
　　S1 质量
　　C 质量安全
　　C 质量评定

质量检测 [J5]
Quality detection
　　S1 检测
　　S1 质量
　　C 抽检
　　C 分析
　　C 水产品检验
　　C 异味
　　C 质量指标

质量控制 [A]
Quality control
　　D 质量管理
　　S1 质量
　　F1 HACCP
　　F1 GAP
　　F1 ISO
　　C 技术参数
　　C 控制

　　C 养殖管理
　　C 质量标准
　　C 质量指标

质量评定 [J5]
Quality evaluation
　　S1 评价
　　S1 质量
　　C 风险评估
　　C 感官评价
　　C 肌肉品质
　　C 鉴定
　　C 口感
　　C 口味
　　C 品质
　　C 评价方法
　　C 水产品检验
　　C 细菌检验
　　C 鲜度检验
　　C 质量监督
　　C 质量指标
　　C 综合评价

质量认证 [J5]
Quality certification
　　D+ 产品质量认证
　　S1 认证
　　S1 质量
　　C 产地认证
　　C 产品质量
　　C HACCP
　　C 认证体系
　　C 无公害认证
　　C 有机认证
　　C GAP

质量指标 [J5]
Quality index
　　S1 指标
　　F1 感官指标
　　F1 微生物指标
　　F1 鲜度指标
　　F2 K 值
　　F2 TBA 值
　　F2 TVB-N
　　F1 药物残留
　　F1 营养指标
　　C 残留限量
　　C 风险评估
　　C 食品卫生
　　C 水产品检验

　　C 鲜度
　　C 质量
　　C 质量检测
　　C 质量控制
　　C 质量评定

质谱法 [B2]
Mass spectrometry
　　D+ 气相色谱-质谱
　　C 分光光度法
　　C 光谱法
　　C 光谱分析
　　C 色谱法

栉孔扇贝 [C8]
Farrer's scallop
Chlamys farreri
　　S1 扇贝
　　S2 双壳类

栉鳞 [C6]
Ctenoid scales
　　S1 鳞片
　　S2 外骨骼△
　　C 圆鳞

栉水母 [C8]
Comb jellies
Ctenophores
　　S1 水母

致病菌 [F1]
Pathogenic bacterium
　　D 病原菌
　　D 有害病菌
　　D 有害菌
　　D 有害细菌
　　D 致病菌株
　　D 致病细菌
　　F1 爱德华氏菌
　　F2 迟钝爱德华氏菌
　　F1 变形杆菌
　　F1 大肠杆菌
　　F1 弧菌
　　F2 灿烂弧菌
　　F2 副溶血弧菌
　　F2 哈维氏弧菌
　　F2 霍乱弧菌
　　F2 鳗弧菌
　　F2 鳗利斯顿氏菌
　　F2 拟态弧菌

F2 溶藻弧菌
F2 噬菌蛭弧菌
F2 希瓦氏菌
F2 创伤弧菌
F1 假单胞菌
F2 铜绿假单胞菌
F2 荧光假单胞菌
F1 金黄色葡萄球菌
F1 克雷伯氏菌
F1 类志贺邻单胞菌
F1 链球菌
F2 海豚链球菌
F2 无乳链球菌
F1 鲁氏耶尔森氏菌
F1 诺卡氏菌
F1 气单胞菌
F2 杀鲑气单胞菌
F2 嗜水气单胞菌
F2 豚鼠气单胞菌
F2 维氏气单胞菌
F2 温和气单胞菌
F1 柱状黄杆菌
F1 柱状嗜纤维菌
C 生物污染
C 细菌
C 细菌性疾病
C 致病力

致病菌株 [F1]
Pathogenic strain
Y 致病菌

致病力 [F2]
Pathogenicity
D 致病性
C 抗病力
C 人工感染
C 致病菌
C 致病性试验

致病细菌 [F1]
Pathogenic bacteria
Y 致病菌

致病性 [F2]
Pathogenicity
Y 致病力

致病性试验 [F2]
Pathogenicity test
S1 试验

C 抗病力
C 致病力

致病因子 [F2]
Infectious agent
Y 病因

致死浓度 [M1]
Lethal concentration
D 半数致死量
D 半致死浓度
S1 浓度
C 急性毒性试验
C 临界浓度
C 生物毒性
C 致死效应

致死效应 [M1]
Lethal effect
C 成活率
C 死鱼事件
C 渔药中毒
C 致死浓度

窒息 [C3]
Asphyxia
D 窒息点
C 耗氧率
C 耐受性
C 缺氧
C 需氧量
C 增氧

窒息点 [C3]
Suffocation point
Y 窒息

智利竹荚鱼 [C9]
Chilean jack mackerel; Jack mackerel
Trachurus murphyi
S1 竹荚鱼
S2 鲹科△

智能管理 [N3]
Intelligent management
S1 管理
C 神经网络
C 专家系统

蛭 [C8]

Leech
Hirudinea
C 环节动物

蛭弧菌 [C7]
Bdellovibrio
Y 噬菌蛭弧菌

稚贝 [E3]
Juvenile mollusk
S1 贝类
C 贝类育苗
C 贝苗
C 幼贝

稚鳖 [E5]
Juvenile turtle
C 鳖
C 亲鳖
C 幼鳖

稚龟 [E5]
Tortoise juvenile
C 龟鳖养殖

稚鱼 [E2]
Post larva
D 初孵仔鱼
D 后期仔鱼
D+ 仔稚鱼
C 大规格鱼种
C 冬片鱼种
C 亲鱼
C 一龄鱼种
C 幼鱼
C 鱼卵仔鱼
C 鱼苗
C 仔鱼
C 仔鱼发育

中草药 [F3]
Chinese herbal medicine
D 复方中草药
D 药用植物
D 中药添加剂
S1 植物
C 黄芪多糖
C 渔用药物

中层拖网 [H3]
Mid-water trawl

D 变水层拖网
S1 拖网
　S2 网渔具△

中层鱼类 [D1]
Pelagic fish
　S1 鱼类

中肠腺 [C6]
Mingut gland
　Y 肝胰脏

中潮带 [B6]
Middle tidal zone
　Y 潮间带

中潮区 [B6]
Mid-tidal region
　Y 潮间带

中毒 [M1]
Poisoning; Intoxication
　F1 急性中毒
　F1 慢性中毒
　　F2 慢性汞中毒
　F1 农药中毒
　F1 食物中毒
　　F2 河鲀中毒
　　F2 组胺中毒
　F1 亚急性中毒
　F1 渔药中毒
　F1 重金属中毒
　C 残毒
　C 毒物
　C 中毒性疾病
　C 中毒症状

中毒病 [F1]
Nosotoxicosis
　Y 中毒性疾病

中毒性疾病 [F1]
Toxicopathy
　D 中毒病
　S1 疾病
　C 残毒
　C 赤潮毒素
　C 毒物
　C 急性毒性
　C 解毒
　C 中毒

C 中毒症状

中毒症状 [F2]
Poisoning symptoms
　C 亚急性中毒
　C 中毒
　C 中毒性疾病

中国 [P]
China
　C 亚洲
　C 沿岸国家
　C 中国海

中国大鲵 [C9]
Giant salamander
Andrias davidianus
　Y 大鲵

中国对虾 [C8]
Chinese shrimp; Fleshy prawn
Fenneropenaeus chinensis
　Y 中国明对虾

中国海 [P]
China sea
　C 渤海
　C 东海
　C 黄海
　C 南海
　C 沿海地区
　C 中国

中国花鲈 [C9]
Chinese sea perch
Lateolabrax maculatus
　S1 鲈形目

中国林蛙 [C9]
Forest frog
Rana chensinensis
　S1 蛙
　S2 两栖类
　C 东北林蛙
　C 蛙病
　C 蛙类养殖

中国毛虾 [C8]
Northern shrimp
Acetes chinensis
　S1 毛虾

中国明对虾 [C8]
Chinese shrimp; Fleshy prawn
Fenneropenaeus chinensis
　D 东方对虾
　D 明虾
　D 中国对虾
　S1 对虾
　C 对虾产业

中国枪乌贼 [C8]
Squid
Loligo chinensis
　Y 枪乌贼

中国沿海 [P]
China Coast
　Y 沿海地区

中国渔业 [N2]
Chinese fishery
　S1 渔业
　C 国际渔业

中华白海豚 [C9]
Chinese white dolphin
Sousa chinensis
　D 白海豚
　S1 鲸类
　S2 哺乳动物

中华鳖 [C9]
Chinese soft-shelled turtle;
Chinese softshell turtle
Trionyx sinensis
　S1 鳖
　S2 龟鳖目

中华大蟾蜍 [C9]
Chinese toad
Bufo gargarizans
　S1 两栖类

中华花龟 [C9]
Chinese strip-necked turtle;
Golden thread turtle
Mauremys (Ocadia) sinensis
　D 花龟
　D 中华条颈龟
　S1 龟科
　S2 龟鳖目

中华锯齿米虾 [C8]
Shrimp
Neocaridina denticulata sinensis
　　D 樱花虾
　　D 中华米虾
　　D 中华新米虾
　　C 虾类

中华米虾 [C8]
Shrimp
Neocaridina denticulata sinensis
　　Y 中华锯齿米虾

中华鳑鲏 [C9]
Chinese bitterling
Rhodeus sinensis
　　S1 鲤科

中华绒螯蟹 [C8]
Chinese mitten carb
Eriocheir sinensis
　　D 大闸蟹
　　D 河蟹
　　D 毛蟹
　　D 阳澄湖大闸蟹
　　D 中华绒毛蟹
　　S1 绒螯蟹
　　C 阳澄湖

中华绒毛蟹 [C8]
Chinese mitten crab
Eriocheir sinensis
　　Y 中华绒螯蟹

中华鳋 [C8]
Sinergasilus
　　Y 中华鳋病

中华鳋病 [F1]
Sinergasiliasis
　　D 中华鳋
　　D 中华鱼蚤病
　　S1 鳋病
　　S2 寄生虫疾病

中华条颈龟 [C9]
Chinese strip-necked turtle
Mauremys sinensis
　　Y 中华花龟

中华新米虾 [C8]

Shrimp
Neocaridina denticulata sinensis
　　Y 中华锯齿米虾

中华鲟 [C9]
Chinese sturgeon
Acipenser sinensis
　　S1 鲟鱼
　　C 濒危物种
　　C 珍稀鱼类

中华鱼蚤病 [F1]
Sinergasliasis
　　Y 中华鳋病

中华哲水蚤 [C8]
Calanus sinicus
　　S1 桡足类

中间寄主 [F2]
Intermediate host
　　C 寄生
　　C 寄生虫
　　C 寄生虫卵
　　C 寄生性

中间培育 [E1]
Intermediate culture
　　S1 苗种培育
　　C 纯系培育

中上层鱼类 [D1]
Pelagic fish
　　S1 鱼类

中下层鱼类 [D1]
Middle and lower fishes
　　S1 鱼类

中小型水库 [B5]
Small and medium-sized reservoirs
　　Y 小型水库+中型水库

中心渔场 [H1]
Central fishing ground
　　S1 渔场
　　C 渔场分布

中型水库 [B5]
Medium sized reservoir

　　D+ 大中型水库
　　D+ 中小型水库
　　S1 水库

中型渔船 [L1]
Medium fishing vessel
　　S1 渔船

中药添加剂 [F3]
Chinese herb additive
　　Y 中草药

肿瘤 [F1]
Tumor
　　S1 疾病

种 [C1]
Species
　　F1 常见种
　　F1 近缘种
　　F1 良种
　　F1 陆封种
　　F1 稀有种
　　F1 新种
　　F1 亚种
　　F1 引进种
　　F1 优势种
　　F1 杂交种
　　C 品种
　　C 引种
　　C 育种

种间关系 [D1]
Interspecific relationship
　　C 近缘种
　　C 亲缘关系
　　C 全同胞家系
　　C 种间竞争

种间竞争 [C5]
Interspecies competition
　　S1 竞争
　　C 食物竞争
　　C 种间关系

种间杂交 [C2]
Interspecific crossing
　　Y 远缘杂交

种类多样性 [C5]
Species diversity

Y 生物多样性

种类鉴定 [D1]
Species identification
　　Y 物种鉴定

种类组成 [D1]
Species composition
　　Y 物种多样性

种苗基地 [E1]
Seedling base
　　S1 生产基地
　　C 繁育场
　　C 苗种培育
　　C 水产良种场
　　C 鱼种场

种苗培育 [E1]
Seedling cultivation
　　Y 苗种培育

种苗生产 [E1]
Seedling production
　　Y 苗种培育

种苗质量 [E1]
Seedling quality
　　S1 质量
　　C 苗种
　　C 养殖管理
　　C 种质鉴定

种内杂交 [C2]
Intraspecific crossing
　　D 品种间杂交
　　S1 杂交

种群 [D1]
Population
　　D 种群资源
　　D 自然种群
　　F1 地理种群
　　F1 同地种群
　　F1 亚种群
　　F1 野生种群
　　F1 异地种群
　　F1 鱼类种群
　　C 生态类群
　　C 生物群
　　C 种群生物学

　　C 种群特征

种群变动 [D1]
Population variation
　　D 种群变化
　　D 种群动态
　　D 种群分析
　　D 种群增长
　　S1 资源变动
　　C 异地种群

种群变化 [D1]
Population variation
　　Y 种群变动

种群参数 [D1]
Population parameter
　　Y 种群特征

种群调查 [D1]
Population census
　　S1 调查
　　C 资源调查
　　C 资源评估

种群动态 [D1]
Population dynamics
　　Y 种群变动

种群多样性 [C5]
population diversity
　　Y 物种多样性

种群分化 [D1]
Population differentiation
　　S1 种群特征
　　C 物种多样性
　　C 遗传多样性

种群分析 [D1]
Population analysis
　　Y 种群变动

种群机能 [D1]
Population function
　　F1 补充量
　　F1 生长
　　C 补偿生长
　　C 补充群体
　　C 生长速度

种群鉴定 [D2]
Population identification
　　C 家系鉴定
　　C 鉴定
　　C 生物鉴定
　　C 物种鉴定
　　C 种质鉴定

种群结构 [D1]
Population structure
　　D 种群组成
　　S1 种群特征
　　F1 年龄组成
　　F1 体长分布
　　F1 性比
　　C 群落结构
　　C 群体结构
　　C 物种组成
　　C 种群生物学

种群控制 [D1]
Population control
　　C 敌害生物
　　C 控制
　　C 生态保护

种群密度 [D1]
Population density
　　S1 种群特征
　　C 密度
　　C 数量分布

种群生态 [D1]
Population ecology
　　S1 生态
　　F1 群落生态
　　C 生态类群
　　C 生态系统
　　C 生物入侵

种群生物学 [C1]
Population biology
　　S1 生物学
　　C 鱼类种群
　　C 种群
　　C 种群结构

种群数量 [D1]
Population number
　　S1 种群特征
　　C 数量分布

种群特性 [D1]
Population characteristics
　Y 种群特征

种群特征 [D1]
Population characteristics
　D 种群参数
　D 种群特性
　F1 群体结构
　F1 种群分化
　F1 种群结构
　　F2 年龄组成
　　F2 体长分布
　　F2 性比
　F1 种群密度
　F1 种群数量
　C 丰度
　C 种群
　C 资源评估

种群遗传 [C2]
Populaiton genetics
　Y 群体遗传

种群增长 [D1]
Population growth
　Y 种群变动

种群资源 [D1]
Population resource
　Y 种群

种群组成 [D1]
Population composition
　Y 种群结构

种虾 [E5]
Shrimp broodstock
　Y 亲虾

种业 [N2]
Seed industry
　Y 苗种产业

种鱼 [E2]
Parent fish
　Y 亲鱼

种藻 [E4]
Main algae；Seed algae
　Y 藻种

种质鉴定 [C1]
Population identification
　C 年龄鉴定
　C 生物鉴定
　C 退化
　C 物种鉴定
　C 种苗质量
　C 种群鉴定
　C 种质资源

种质资源 [D1]
Germplasm resource
　S1 渔业资源
　C 生物资源
　C 退化
　C 引进种
　C 种质鉴定
　C 资源监测
　C 资源增殖

种质资源保护区 [D3]
Germplasm resources protection area
　Y 渔业资源+渔业保护区

重大动物疫病 [F2]
Serious animal diseases
　Y 水产养殖病害

重金属 [B3]
Heavy metal
　S1 金属
　C 毒物
　C 毒性
　C 化学元素
　C 生物富集
　C 水质指标
　C 重金属污染
　C 重金属中毒

重金属污染 [M2]
Heavy metal pollution
　S1 化学污染
　　S2 环境污染
　C 生物富集
　C 食品安全
　C 污染源
　C 重金属

重金属中毒 [M1]
Heavy metal poisoning

　S1 中毒
　C 水产品污染
　C 饲料质量
　C 重金属

重力 [B1]
Gravity
　C 沉降力
　C 浮力
　C 水力学
　C 压力

重量 [B2]
Weight
　S1 物理性质
　　S2 理化性质
　C 体重
　C 重量损失

重量损失 [J1]
Weight loss
　C 干耗
　C 解冻
　C 重量

舟山渔场 [P]
Zhoushan fishing ground
　S1 渔场
　C 大黄鱼
　C 带鱼
　C 吕泗渔场
　C 小黄鱼

舟形藻 [C7]
Navicula
　S1 硅藻
　　S2 赤潮藻△

周丛藻类 [C7]
Periphyton
　S1 藻类
　C 附生藻类
　C 藻类群落

周期变化 [A]
Periodic variation
　C 垂直变化
　C 繁殖周期
　C 光周期
　C 季节变化
　C 生命周期

C 蜕皮周期
C 昼夜变化

周氏闭壳龟 [C9]
Box turtle
Cuora zhoui
　S1 闭壳龟
　S2 龟科△

帚齿罗非鱼 [C9]
Black-chinned tilapia
Sarotherodon melanotheron
　D 萨罗罗非鱼
　S1 罗非鱼
　S2 丽鱼科△

昼夜变化 [A]
Diurnal variation
　C 垂直变化
　C 季节变化
　C 时间分布
　C 数量分布
　C 周期变化
　C 昼夜节律

昼夜垂直迁移 [D1]
Diernal vertical migration
　D 昼夜垂直移动
　C 垂直变化
　C 垂直分布

昼夜垂直移动 [D1]
Diernal vertical movement
　Y 昼夜垂直迁移

昼夜节律 [C3]
Circadian rhythm
　C 光周期
　C 生物钟
　C 昼夜变化

皱纹盘鲍 [C8]
Disk abalone
Haliotis discus hannai
　S1 鲍
　S2 腹足类

珠江 [P]
Zhujiang River
　D 珠江水系
　S1 河流

C 广东
C 珠江口渔场

珠江口渔场 [P]
Zhujiangkou Fishing Ground
　S1 渔场
　C 广东
　C 珠江

珠江水系 [P]
Pearl River System
　Y 珠江

珠母贝 [C8]
Pearl oyster; Pearl shell
Pinctada margaritifera
　D 黑蝶贝
　D 珍珠母贝
　S1 珍珠贝
　S2 双壳类
　C 珍珠蚌
　C 珍珠养殖

猪粪 [G2]
Pig manure
　Y 粪肥

竹蛏科 [C8]
Solenidae
　S1 双壳类
　F1 缢蛏

竹刀鱼 [C9]
Saury
Cololabis saira
　Y 秋刀鱼

竹笋鱼 [C9]
Horse mackerel
Trachurus
　S1 鲹科
　S2 鲈形目
　F1 智利竹笋鱼

竹节虾 [C8]
Kuruma shrimp
Penaeus japonicus
　Y 日本对虾

主尺度 [L2]
Principal dimension

Y 船体尺度

主机功率 [L3]
Main engine power
　C 船舶证书
　C 船舶主机
　C 船用柴油机
　C 发电机
　C 功率
　C 机动渔船

助航设备 [L4]
Navaid
　D 导航设备
　F1 GPS
　F1 雷达
　C 导航
　C 航标
　C 航海
　C 人造卫星
　C 卫星定位
　C 渔用仪器

助渔仪器 [K2]
Fishing aid equipment
　F1 集鱼灯
　F1 驱鱼装置
　F1 探鱼仪
　C 捕捞机械
　C 渔用仪器

贮藏 [J6]
Storage
　D 保藏
　C 保鲜
　C 保质期
　C 栅栏技术
　C 贮藏期

贮藏期 [J6]
Shelf life
　C 贮藏

贮藏稳定性 [J6]
Storage stability
　Y 贮藏性

贮藏性 [J6]
Storability
　D 贮藏稳定性

柱状黄杆菌 [C7]
Flavobacterium columnare
 D 柱状屈挠杆菌
 S1 致病菌
 C 烂鳃病
 C 烂尾病

柱状屈挠杆菌 [C7]
Flexibacter colummaris
 Y 柱状黄杆菌

柱状嗜纤维菌 [C7]
Cytophaga columnaris
 S1 致病菌
 C 噬菌体

筑堤 [L5]
Dyke building
 C 防波堤

专家系统 [N3]
Expert system
 S1 信息系统
 C 智能管理

专利 [A]
Patent
 S1 文献
 C 技术革新
 C 技术引进
 C 加工技术

专属经济区 [N2]
Exelusive Economic Zone
 C 海洋权
 C 沿海地区
 C 专属渔区

专属渔区 [N2]
Exclusive Fishery Zone
 S1 渔区
 C 捕鱼权
 C 入渔权
 C 渔业区划
 C 渔业权
 C 专属经济区

转氨酶 [C4]
Transaminase
 S1 酶

转产转业 [N1]
Job transfer
 Y 渔民转产转业

转谷氨酰胺酶 [C4]
Transglutaminase
 S1 酶

转化工艺 [J4]
Conversion technique
 F1 固相转化
 F1 液相转化
 C 钙化法
 C 海藻加工
 C 褐藻胶
 C 酸化法

转基因 [C2]
Transgene
 C 基因组育种
 C 转基因鱼
 C 转录因子

转基因鱼 [C2]
Transgenic fish
 C 基因组育种
 C 转基因

转录调控 [C2]
Transcriptional control
 S1 基因表达
 C 启动子
 C 转录因子

转录因子 [C2]
Transcription factor
 C 转基因
 C 转录调控
 C 转录组
 C 转座子

转录组 [C2]
Transcriptome
 C 功能基因
 C 基因表达
 C 基因工程
 C 基因片段
 C 转录因子
 C 转座子

转速 [B2]

Revolution
 C 速度

转移酶 [C4]
Transferase
 S1 酶

转座子 [C2]
Transposon
 C 转录因子
 C 转录组

装置 [K1]
Device
 Y 设备

追溯体系 [J5]
Traceability system
 Y 可追溯体系

追溯系统 [J5]
Traceability system
 Y 可追溯体系

椎骨 [C6]
Vertebra
 S1 内骨骼
 S2 骨骼
 C 鱼骨

锥体虫病 [F1]
Trypanosomiasis
 S1 鞭毛虫病
 S2 原虫病△

锥状斯氏藻 [C7]
Scrippsiella trochoidea
 S1 甲藻
 S2 赤潮藻△

着丝粒 [C2]
Centromere
 C 染色体
 C 细胞分裂

仔虾 [E5]
Juvenile prawn
 D 幼虾
 C 对虾育苗
 C 虾类养殖
 C 虾苗

仔蟹 [E5]
Juvenile crab
　C 河蟹育苗
　C 亲蟹

仔鱼 [E2]
Fish larva
　D 前期仔鱼
　D+ 仔稚鱼
　C 苗种培育
　C 亲鱼
　C 一龄鱼种
　C 幼鱼
　C 鱼卵仔鱼
　C 鱼苗
　C 稚鱼

仔鱼发育 [E2]
Larvae deveiopment
　D 仔稚鱼发育
　S1 个体发育
　S2 发育
　C 口裂
　C 鱼卵仔鱼
　C 鱼苗培育
　C 早期发育
　C 稚鱼

仔稚鱼 [E2]
Larvae and Juvenile fish
　Y 仔鱼+稚鱼

仔稚鱼发育 [E2]
Larvae and juvenile deveopment
　Y 仔鱼发育

资本 [N1]
Capital
　Y 资金

资金 [N1]
Fund
　D 资本
　C 贷款
　C 投资

资料 [A]
Data
　F1 报告
　F1 合同
　F1 名录

F1 目录
F1 手册
F1 索引
　C 词典
　C 档案
　C 评论
　C 期刊
　C 文献

资源保护 [D3]
Resource conservation
　S1 环境保护
　F1 水资源保护
　F1 物种保护
　C 保护动物
　C 濒临灭绝
　C 捕鲸
　C 繁殖地
　C 可捕规格
　C 生态保护
　C 网目限制
　C 稀有种
　C 资源管理

资源变动 [D1]
Resource variation
　F1 种群变动
　C 地理分布
　C 海洋资源
　C 生物资源
　C 渔业资源

资源调查 [D3]
Resource survey
　D 综合调查
　S1 调查
　C 海洋调查
　C 生物资源
　C 渔区
　C 渔业调查船
　C 渔业资源
　C 种群调查
　C 资源开发

资源管理 [D3]
Resource management
　S1 管理
　C 捕捞过度
　C 潜在渔获量
　C 渔业资源
　C 资源保护

　C 资源开发
　C 资源评估
　C 资源增殖

资源监测 [D3]
Fishery resource monitor
　D 渔业资源监测
　S1 监测
　C 生物资源
　C 试捕
　C 渔业资源
　C 种质资源

资源开发 [D2]
Resource exploitation
　C 潜在渔获量
　C 渔业开发
　C 渔业资源
　C 资源调查
　C 资源管理

资源量 [D2]
Abundance
　Y 生物量

资源量指数 [D2]
Abundance index
　Y 丰度

资源评估 [D2]
Stock assessment
　S1 评估
　C 捕捞过度
　C 生物生产力
　C 声学仪器
　C 渔业资源
　C 种群调查
　C 种群特征
　C 资源管理

资源衰退 [D2]
Resource decline
　C 濒临灭绝
　C 生物资源
　C 渔业资源

资源优势 [D1]
Resource dominance; Resource advantages
　C 生长优势
　C 优势种

C 杂种优势

资源增殖 [D3]
Resource enhancement
D 人工增养殖
D 人工增殖
D 增养殖
D 增殖
C 标志放流
C 基础群体
C 人工放流
C 生物资源
C 水产增殖业
C 渔业资源
C 种质资源
C 资源管理

滋味成分 [J2]
Taste components
Y 呈味成分

鲻 [C9]
Mullet
Mugil
S1 鲻形目

鲻形目 [C9]
Mugiliformes
F1 梭鱼
F1 鲻
C 硬骨鱼类

子代 [C2]
Filial generation
D 子二代
D 子一代
C 杂交 F1
C 杂交种

子二代 [C2]
F2 generation
Y 子代

子一代 [C2]
F1 generation
Y 子代

紫背浮萍 [C7]
Spirodela polyrrhiza
Y 浮萍

紫菜 [C7]
nori
Porphyra
S1 红藻
F1 坛紫菜
F1 条斑紫菜
C 干紫菜
C 叶状体
C 紫菜养殖

紫菜病害 [F1]
Porphyra diseases
S1 藻类病害
F1 赤腐病
F1 壶状菌病
F1 黄斑病
F1 绿变病
C 紫菜养殖

紫菜养殖 [E4]
Nori culture
S1 藻类养殖
C 坛紫菜
C 条斑紫菜
C 网帘
C 叶状体
C 紫菜
C 紫菜病害

紫海胆 [C8]
Purple sea urchin
Anthocidaris crassispina
S1 海胆

紫外分光光度法 [B3]
Ultraviolet spectrophotometry
Y 分光光度法

紫外线 [B2]
Ultraviolet ray
S1 光
C 辐射

紫外诱变 [C2]
UV-induced mutagenesis
C 诱变剂

紫贻贝 [C8]
Common blue mussel
Mytilus edulis
S1 贻贝

S2 双壳类

自动化 [K1]
Automation
C 机器人
C 机械化
C 现代化
C 信息化
C 自动监测
C 自动控制

自动监测 [A]
Automatic monitoring
D 动态监测
D 实时监控
D 在线监测
D 自动监控
S1 监测
C 自动化
C 自动控制

自动监控 [A]
Automatic monitor and control
Y 自动监测

自动控制 [K1]
Automatic cotrol
C 控制
C 投饲机
C 自动化
C 自动监测

自动投饵 [E1]
Automatic feeding
Y 投饲

自动投饲机 [K3]
Automatic dispenser
Y 投饲机

自净 [M1]
Sell-purification
D 生物净化
C 贝类净化
C 吐沙

自然产卵 [C3]
Natural spawning
Y 产卵

自然繁殖 [C2]

Natural propagation
　Y 繁殖

自然孵化 [C2]
Natural　hatching
　Y 繁殖

自然干燥 [J4]
Natural drying
　S1 干燥

自然海区 [B5]
Natural sea area
　S1 水域
　C 渔区

自然纳苗 [E1]
Natural seeding
　Y 天然苗种

自然水温 [B5]
Natural water temperature
　Y 水温

自然水域 [B5]
Natural waters
　Y 天然水域

自然死亡率 [D2]
Natural mortality
　D 自然死亡系数
　S1 死亡率

自然死亡系数 [D2]
Natural mortality coefficient
　Y 自然死亡率

自然条件 [C1]
Natural condition
　C 生态条件
　C 水生环境
　C 天气条件

自然选择 [C1]
Natural selection
　C 低温适应
　C 生境选择

自然种群 [D1]
Wild population; Natural
population

　Y 种群

自溶 [J2]
Autolyze
　Y 自溶作用

自溶作用 [J2]
Autolysis
　D 自溶
　C 腐败
　C 僵硬期
　C 酶
　C 鲜度
　C 鲜度检验
　C 鲜度指标

自体受精 [C2]
Self fertilization
　S1 受精
　C 雌雄同体
　C 受精率

自养 [C3]
Autotrophism
　S1 营养方式
　C 植物营养

自由丝状体 [C7]
Free conchocelis
　S1 丝状体

综合调查 [D3]
Integrated survey
　Y 资源调查

综合防治 [F2]
Integrated control
　S1 疾病防治
　C 污染防治

综合利用 [J1]
Comprehensive utilization
　C 副产物
　C 加工技术
　C 可持续利用
　C 水产品加工厂
　C 水产品加工业
　C 鱼粉加工
　C 鱼油

综合评价 [A]

Comprehensive evaluation
　S1 评价
　C 质量评定

综合养鱼 [E2]
Integrated fish culture
　Y 综合养殖+鱼类养殖

综合养殖 [E1]
Integrated　culture
　D 农渔综合养殖
　D+ 综合养鱼
　S1 水产养殖
　C 稻田养鱼
　C 稻田养殖
　C 套养
　C 养殖系统

综述 [A]
Review
　S1 文献
　C 学术交流
　C 研究

棕囊藻 [C7]
Phaeocystis
　D 球形棕囊藻
　S1 金藻
　S2 赤潮藻△

总氮 [M2]
Total nitrogen
　C 水污染

租赁 [N1]
Lease
　C 土地资源

菹草 [C7]
Curlyleaf pondweed
Potamogeton crispus
　S1 被子植物
　C 水草

足丝 [C6]
Bussus
　C 附生
　C 附着基

组胺 [J2]
Histamine

C 腐败
C 鲜度
C 鲜度指标
C 蟹类
C 组胺中毒

组胺中毒 [J2]
Histamine poisoning
　S1 食物中毒
　　S2 中毒
　C 腐败
　C 鲜度
　C 蟹类
　C 组胺

组蛋白 [C4]
Histone
　S1 蛋白质

组织表达 [C2]
Tissue expression
　C 基因表达
　C 基因克隆

组织病变 [F2]
Pathological changes of tissues
　S1 组织病理学
　C 组织结构

组织病理学 [F2]
Histopathology
　F1 组织病变
　C 病理
　C 病理解剖
　C 组织切片
　C 组织学

组织化学 [C4]
Histochemistry
　D+ 免疫组织化学
　S1 化学
　C 化学组成
　C 免疫化学
　C 组织学

组织结构 [C6]
Organizational structure
　C 肌肉
　C 结构
　C 质地
　C 组织病变

组织培养 [C1]
Tissue culture
　S1 培养

组织切片 [C1]
Tissue slice
　C 鱼病诊断
　C 组织病理学
　C 组织学

组织提取物 [J4]
Tissue extract
　D 抽取物
　C 萃取
　C 水产品检验
　C 提取
　C 细菌检验
　C 鲜度检验

组织学 [C1]
Histology
　C 分泌器官
　C 感觉器官
　C 呼吸器官
　C 解剖学
　C 排泄器官
　C 生殖器官
　C 消化器官
　C 形态学
　C 组织病理学
　C 组织化学
　C 组织切片

钻冰机 [K4]
Ice driller
　S1 捕捞辅助设备
　　S2 捕捞机械△

最小二乘法 [B1]
Least square method
　C 方差分析
　C 回归分析
　C 聚类分析
　C 相关分析

最小杀菌浓度 [F3]
Minimum bactericidal
concentration; MBC
　S1 临界浓度
　　S2 浓度
　C 杀菌
　C 药物浓度
　C 最小抑菌浓度

最小抑菌浓度 [F3]
Minimal inhibitory concentration
　S1 临界浓度
　　S2 浓度
　C 抑菌试验
　C 药物浓度
　C 最小杀菌浓度

醉制 [J4]
Pickled fish in wine
　C 腌制

樽形幼体 [C6]
Doliolaria
　S1 幼体
　C 个体发育

左壳 [C6]
Left shell
　S1 外骨骼
　　S2 骨骼
　C 贝壳

作业 [A]
Operation
　C 捕捞努力量
　C 捕捞作业

范 畴 索 引

A 通用名词 (A)

报告
标准
标准化
材料
采样
参数
操作规程
测定
测量
成果
　　Y 科技成果
词典
　　档案
地方标准
地理标志
调查
对比
　　Y 对比分析
对比分析
FAO
发达国家
发展中国家
方法
分布
分类
分析
改造
概念
工具
管理
观测
规范
规划
国际合作
国际组织
国家标准
行业标准
合作
基础设施
技术
技术参数
技术措施
　　Y 技术
技术服务
　　Y 技术推广
技术改造
　　Y 技术革新
技术革新
技术培训

　　Y 技术推广
技术人员
　　Y 科技人员
技术水平
　　Y 技术
技术推广
技术引进
计划
检测
检测方法
　　Y 检测
检测机构
检验
检验机构
　　Y 检测机构
监督
鉴定
结构
经济政策
经验
开发利用
科技成果
科技进步
科技人员
科研单位
　　Y 研究机构
科研管理
科研人员
　　Y 科技人员
控制
理论
联合国粮农组织
　　Y FAO
粮食安全
论文
名称
名录
模式
模型
模型试验
目录
年鉴
农业
品质
评估
评价
评价方法
评论
期刊
山区
设计

世界贸易组织
　　Y WTO
实验室
试验
手册
属性
术语
索引
特性
　　Y 性能
统计数据
图书
土地资源
推广机构
推广体系
WTO
危害
围垦
文献
稳定性
问题
系统分析
系统工程
系统集成
现代化
相关性
效果
效率
性能
性质
学术交流
沿岸国
　　Y 沿岸国家
沿岸国家
研究
研究机构
研究进展
研究中心
　　Y 研究机构
养殖公司
养殖协会
抑制作用
优化设计
预测
预防
在线监测
　　Y 自动监测
灾害
展览
战略
政策

正交试验
指标
指标体系
质量
质量标准
质量控制
周期变化
昼夜变化
专利
自动监测
自动监控
　Y 自动监测
资料
综合评价
综述
作业

B 水产基础科学(B)

B1 数学和力学(B1)

变量
变异系数
标准差
常数
方差分析
方程
浮力
概率
公式
函数
回归分析
几率
　Y 概率
极值
聚类分析
流体力学
平均数
平均值
　Y 平均数
曲线
热力学
数学模型
数值模拟
　Y 数学模型
水力学
统计分析
误差
响应面
响应面法
相关分析
相关因子

压力
正态分布
重力
最小二乘法

B2 物理学(B2)

比重
超声波
电场
风能
辐射
功率
光
光照
光照度
　Y 光照强度
光照强度
光照周期
　Y 光周期
光周期
红外辐射
红外线
　Y 红外辐射
激光
密度
能源
粘度
　Y 黏度
黏度
强度
声波
声学
水声学
速度
太阳能
弹性
物理性质
物理学
吸附
显微镜
荧光显微镜
噪声
噪音
　Y 噪声
质谱法
重量
转速
紫外线

B3 化学(B3)

氨

氨氮
氨态氮
　Y 氨氮
铵态氮
铵盐
钡
比色
层析法
　Y 色谱法
沉淀
氮
氮素
　Y 氮肥
电镜
　Y 电子显微镜
电子显微镜
碘
定量分析
定性分析
二氧化碳
分光光度法
分子量
酚
氟
福尔马林
　Y 甲醛
钙
高效液相色谱
　Y 液相色谱
铬
镉
汞
钴
光谱法
光谱分析
海水淡化
化合物
化学
化学反应
化学分析
化学结构
化学试剂
化学性质
化学因子
化学元素
还原
挥发性成分
甲醛
甲烷
钾
碱

碱度
降解
胶体
金属
金属离子
酒精
　Y 乙醇
快速检测试剂
离子
离子交换
离子色谱法
磷
磷酸
磷酸盐
硫
硫化氢
硫酸盐
氯化钠
氯离子
铝
锰
钠
浓度
pH
　Y pH 值
pH 值
硼
气体
气相色谱
气相色谱-质谱
　Y 气相色谱+质谱法
铅
人工海水
人造海水
　Y 人工海水
溶解度
溶液
三聚氰胺
扫描电镜
扫描电子显微镜
　Y 扫描电镜
色谱法
砷
食盐
　Y 氯化钠
水化学
锶
酸
酸度
　Y 碱度
碳

碳酸盐
碳源
甜菜碱
铁
同位素
铜
微量元素
无机物
无机盐
硒
硝氮
　Y 硝态氮
硝基苯
硝酸盐
硝态氮
锌
亚硝酸氮
　Y 亚硝态氮
亚硝酸盐
　Y 亚硝态氮
亚硝酸盐氮
　Y 亚硝态氮
亚硝态氮
氧化反应
氧气
液相色谱
乙醇
银
硬度
荧光定量 PCR
荧光分光光度法
　Y 分光光度法
荧光光谱
　Y 光谱法
荧光显微镜
营养盐
有机氮
有机化合物
　Y 有机物
有机酸
有机碳
有机物
有机质
元素
　Y 化学元素
原子吸收法
　Y 分光光度法
原子吸收分光光度法
　Y 分光光度法
原子吸收光谱法
　Y 光谱法

原子荧光光度法
　Y 分光光度法
原子荧光光度计
原子荧光光谱法
　Y 光谱法
沼气
　Y 甲烷
重金属
紫外分光光度法
　Y 分光光度法

B4　气象学(B4)

北方地区
春季
大气
低温
低压
　Y 气旋
冬季
反气旋
锋
高寒地区
　Y 寒冷地区
高温期
高温天气
寒潮
寒冷地区
季风
季节
积温
降水
空气
　Y 大气
梅雨季节
闷热天气
南方地区
气候
气候带
气候因子
气温
气象学
气象因素
　Y 气候因子
气象灾害
气旋
气压
秋季
热带
热带风暴
热带气旋
湿度

台风
　Y 热带气旋
太阳辐射
天气
天气条件
温带
温度
雾
夏季
亚热带
月相

B5 海洋学和水文学(B5)

半咸水
波浪
潮流
潮位
潮汐
大型湖泊
大型水库
大中型水库
　Y 大型水库+中型水库
淡水
淡水湖泊
淡水水域
等温线
地热水
地下井水
　Y 地下水
地下水
底层水
港湾
　Y 海湾
高原湖泊
海冰
海况
海浪
　Y 波浪
海流
海平面
海水
海湾
海峡
海洋
海洋环境
海洋技术
海洋开发
海洋学
海域
寒流
河口

河流
黑潮
　Y 暖流
湖泊
近海
径流
冷水团
流量
流速
流域
内海
内陆水域
暖流
平原水库
浅海
浅水湖泊
亲潮
　Y 寒流
泉水
　Y 地下水
人工湖
　Y 水库
山塘水库
上升流
深度
　Y 水深
深海
深水
水库
水深
水体
水体温度
　Y 水温
水团
水位
水文条件
　Y 水文要素
水文要素
水温
水域
天然水域
外海
温泉水
　Y 地热水
温跃层
咸淡水
　Y 半咸水
咸水湖
小型湖泊
小型水库
蓄水

汛期
沿岸流
沿岸水域
　Y 近海
盐度
中小型水库
　Y 小型水库+中型水库
中型水库
自然海区
自然水温
　Y 水温
自然水域
　Y 天然水域

B6 地质学和地貌学(B6)

潮间带
潮上带
潮下带
沉积物
沉积作用
大陆架
岛屿
低潮区
低洼田
低洼盐碱地
　Y 盐碱地
地震
底质
高潮区
高潮线
古生代
海岸带
海岛
　Y 岛屿
海底
海底地貌
海底地形
　Y 海底地貌
海沟
红树林湿地
江河
　Y 河流
礁
浅海滩涂
　Y 浅滩
浅滩
侵蚀
珊瑚礁
湿地
滩涂
　Y 潮间带

滩涂湿地
滩涂资源
　　Y 浅滩
岩礁
　　Y 礁
沿岸带
　　Y 海岸带
盐碱地
沼泽
中潮带
　　Y 潮间带
中潮区
　　Y 潮间带

C 水产生物科学(C)

C1 生物学通用名词(C1)

半咸水鱼类
贝壳类
　　Y 贝类
贝类
标本制作
草食性鱼类
产卵类型
常见种
吃食性鱼类
大型底栖动物
　　Y 大型生物+底栖动物
大型浮游动物
　　Y 大型生物+浮游动物
大型生物
大洋性鱼类
　　Y 海洋鱼类
单胃动物
淡水贝类
淡水生物
淡水鱼
　　Y 淡水鱼类
淡水鱼类
底层鱼
　　Y 底层鱼类
底层鱼类
底栖贝类
底栖动物
底栖生物
底栖鱼类
　　Y 底层鱼类
定居性鱼类
动物学
洞穴鱼类
多态性

饵料生物
繁殖生物学
分类学
分子生物学
浮游动物
浮游生物网
附生生物
　　Y 污损生物
附着生物
　　Y 污损生物
观赏鱼
　　Y 观赏鱼类
观赏鱼类
海产贝类
　　Y 海水贝类
海产鱼类
　　Y 海洋鱼类
海底生物
海水鱼
　　Y 海洋鱼类
海水鱼类
　　Y 海洋鱼类
海洋贝类
　　Y 海水贝类
海洋哺乳动物
　　Y 海洋动物+哺乳动物
海洋动物
海洋浮游生物
　　Y 海洋生物+浮游生物
海洋生物
海洋生物学
海洋鱼类
海鱼
　　Y 海洋鱼类
合浦珍珠
河口鱼类
　　Y 半咸水鱼类
河虾
洄游性鱼类
洄游鱼类
　　Y 洄游性鱼类
检索表
解剖学
进化
冷水性鱼
　　Y 冷水性鱼类
冷水性鱼类
冷水鱼
　　Y 冷水性鱼类
冷水鱼类
　　Y 冷水性鱼类

陆封种
滤食性贝类
　　Y 双壳类
滤食性鱼类
模式生物
暖水性鱼类
培养
培养基
清江鱼
琼脂培养基
热带鱼
　　Y 热带鱼类
热带鱼类
肉食性鱼
　　Y 肉食性鱼类
肉食性鱼类
筛选
珊瑚礁鱼类
　　Y 珊瑚礁+海洋鱼类
上层鱼类
深海生物
深海鱼
　　Y 深海鱼类
深海鱼类
生活史
生活特性
　　Y 生活习性
生活习性
生命周期
生物安全
生物标本
生物调查
生物分类
生物分类学
　　Y 分类学
生物工程
生物化学
生物技术
　　Y 生物工程
生物鉴定
生物科学
　　Y 生物学
生物统计
生物学
生物学特性
生物学特征
　　Y 生物学特性
生物学习性
　　Y 生物学特性
生物指标
生长因子

世代交替
食用贝类
水产动物
水产生物
水禽
水生哺乳动物
　　Y 水生动物+哺乳动物
水生动物
水生生物
水生生物学
水生野生动物
　　Y 水生动物+野生动物
溯河性鱼
滩涂贝类
温水性鱼类
　　Y 暖水性鱼类
物质循环
习性
稀有种
系统分类
虾类
虾蟹类
　　Y 甲壳动物
咸淡水鱼类
　　Y 半咸水鱼类
小型底栖动物
　　Y 小型生物+底栖动物
小型生物
小型鱼
　　Y 小型鱼类
小型鱼类
蟹类
新纪录
　　Y 新记录
新记录
新品种
新属
新种
形态分类
形态学
凶猛鱼类
亚种
液体培养基
野生动物
引进种
优良品系
游泳动物
渔业生物学
鱼类分类学
　　Y 分类学
鱼类生物学

鱼类学
再生
藻类
增生
种
种群生物学
种质鉴定
自然条件
自然选择
组织培养
组织切片
组织学

C2 胚胎学、细胞学和遗传学(C2)

AFLP
变异
变异品种
表达分析
表达载体
cDNA 克隆
cDNA 末端快速扩增
　　Y RACE
cDNA 文库
CO Ⅰ 基因
超低温保存
超微结构
超雄鱼
　　Y 雄鱼
成熟分裂
　　Y 减数分裂
成熟卵
重组表达
纯系培育
雌核发育
雌核生殖
　　Y 雌核发育
雌雄鉴别
雌雄同体
DNA
单倍体
单核苷酸多态性
单性生殖
等位基因
冻精
　　Y 冷冻精液
多倍体
多重 PCR
二倍体
发育
繁殖

繁殖方式
　　Y 繁殖
分子标记
分子克隆
　　Y 基因克隆
浮性卵
个体发育
共显性遗传
功能基因
孤雌生殖
　　Y 单性生殖
核酸探针
核型
　　Y 染色体组型
核型分析
核移植
ISSR
基因
基因表达
基因重组
基因定位
基因工程
基因克隆
基因片段
基因敲除
基因特异性
基因图谱
　　Y 基因定位
基因突变
基因序列
基因组测序
基因组 DNA
基因组学
基因组育种
家系
家系鉴定
家系选育
减数分裂
交配
交尾
　　Y 交配
近亲交配
精巢发育
精母细胞
精子
精子发生
精子活力
克隆
克隆技术
扩增产物
扩增片段多态性

血型
亚显微结构
　Y 超微结构
异精雌核发育
　Y 雌核发育
异体受精
异源精子
异源四倍体
　Y 四倍体
遗传
遗传变异
遗传标记
遗传参数
遗传多样性
遗传分化
遗传改良
遗传工程
　Y 基因工程
遗传基因
　Y 基因
遗传结构
遗传距离
遗传力
遗传连锁图谱
　Y 遗传图谱
遗传特性
遗传图谱
遗传稳定性
遗传性状
荧光原位杂交
　Y 原位杂交
有丝分裂
有性繁殖
　Y 有性生殖
有性生殖
育种值
原核表达
原生质
原生质体
原位杂交
远缘杂交
杂合度
杂交
杂交 F1
杂交后代
　Y 杂交种
杂交一代
　Y 杂交 F1
杂交优势
　Y 杂种优势
杂交种

杂交子代
　Y 杂交 F1
杂交子一代
　Y 杂交 F1
杂种
　Y 杂交种
杂种优势
早期发育
藻类细胞
指纹图谱
　Y 遗传图谱
种间杂交
　Y 远缘杂交
种内杂交
种群遗传
　Y 群体遗传
转基因
转基因鱼
转录调控
转录因子
转录组
转座子
着丝粒
子代
子二代
　Y 子代
子一代
　Y 子代
紫外诱变
自然繁殖
　Y 繁殖
自然孵化
　Y 繁殖
自体受精
组织表达

C3　生理学(C3)

草食性
产卵
触觉
刺激
动物生理学
　Y 生理学
动物营养
繁殖生理
分泌
粪便
　Y 排泄物
耗氧量
　Y 需氧量
耗氧率

呼吸
呼吸频率
婚姻色
饥饿
抗寒力
　Y 耐寒性
抗寒性
　Y 耐寒性
抗逆能力
　Y 抗逆性
抗逆性
滤食
　Y 滤食性
滤食性
纳精囊
耐寒能力
　Y 耐寒性
耐寒性
耐热性
耐受力
　Y 耐受性
耐受能力
　Y 耐受性
耐受性
耐盐性
内分泌
暖水性
排精
排卵
　Y 产卵
排泄
排泄物
皮肤呼吸
缺氧
肉食性
摄食
摄食习性
　Y 食性
生化指标
生理机能
生理特性
生理学
生理指标
生物富集
生物钟
视觉
适温性
食物选择
食物转化
食物组成
食性

免疫基因
免疫酶
免疫学
免疫血清
免疫因子
　Y 免疫
免疫原性
免疫指标
免疫组织化学
　Y 免疫化学+组织化学
耐药基因
囊膜蛋白
脑黄金
　Y 二十二碳六烯酸
能量
能量代谢
　Y 新陈代谢
廿二碳六烯酸
　Y 二十二碳六烯酸
廿碳五烯酸
　Y 二十碳五烯酸
牛磺酸
脯氨酸
球蛋白
RNA
溶菌酶
乳酸脱氢酶
色氨酸
渗透调节
渗透压
渗透压调节
　Y 渗透调节
生化特性
生化组成
生物胺
生物活性
生物氧化
生长素
生殖激素
　Y 性激素
示踪
食物纤维
水解酶
酸性磷酸酶
碳水化合物
碳循环
糖蛋白
糖类
　Y 碳水化合物
同工酶
同工酶谱

蜕皮激素
脱氢酶
外膜蛋白
维生素
维生素 A
维生素 B
维生素 C
维生素 D
维生素 E
物质代谢
　Y 新陈代谢
细胞化学
纤维素
纤维素酶
限制性氨基酸
限制性内切酶
消化酶
新陈代谢
性激素
雄激素
　Y 雄性激素
雄性激素
血红蛋白
血蓝蛋白
血液指标
岩藻多糖
一氧化氮合酶
异构酶
异亮氨酸
胰蛋白酶
荧光
油脂
　Y 脂肪
游离氨基酸
鱼精蛋白
藻红蛋白
藻红素
　Y 藻红蛋白
植酸酶
植物激素
脂肪
脂肪代谢
脂肪酶
脂肪酸
脂类
　Y 脂肪
脂质
　Y 脂肪
转氨酶
转谷氨酰胺酶
转移酶

组蛋白
组织化学

C5　生态学(C5)

抱卵
被捕食者
　Y 捕食者
捕食
捕食性
捕食行为
　Y 捕食
捕食者
残食
　Y 同类相残
垂直分布
底栖生活
定向行为
冬眠
多样性
繁殖地
繁殖生态
繁殖行为
浮游动植物
　Y 浮游动物+浮游植物
浮游生物
附生
附着物
共栖
共生
广温性
广盐性
海洋生态系统
　Y 生态系统
海洋生态学
回避
寄生
寄生虫
寄生物
　Y 寄生虫
寄生性
竞争
空间分布
掠食
　Y 捕食
栖息场所
　Y 生境
栖息地
　Y 生境
栖息地环境
　Y 生境
栖息环境

Y 生境
栖息习性
趋光性
趋化性
群落
群落多样性
群落生态
群体
摄食活动
　　Y 摄食
摄食行为
　　Y 摄食
生存环境
　　Y 生态环境
生存温度
生境
生境选择
生境因子
　　Y 生态因子
生态
生态多样性
生态分布
生态环境
生态类群
生态平衡
生态特征
生态条件
生态位
生态习性
生态系
　　Y 生态系统
生态系统
生态学
生态循环
生态因子
生物多样性
生物链
生物区系
生物群
生物修复
　　Y 生态修复
时间分布
时空分布
　　Y 空间分布
适应
适应性
　　Y 适应
食物竞争
水生生态系统
　　Y 生态系统
水生态环境

Y 生态环境
水域生态
水域生态环境
　　Y 生态环境
索饵
　　Y 摄食
体温调节
　　Y 温度适应
同类相残
微生态
微生态学
　　Y 生态学
温度适应
物候
物种多样性
物种组成
夏眠
行为
休眠
营养级
优势种
鱼类多样性
鱼类区系
鱼类生态学
藻类群落
种间竞争
种类多样性
　　Y 生物多样性
种群多样性
　　Y 物种多样性

C6 动物形态学(C6)

背甲
背鳍
贝壳
闭壳肌
变态
鳔
侧线
侧线鳞
肠
肠道
　　Y 肠
成体
触角
触手
触须
　　Y 触角
垂体
　　Y 脑垂体
大眼幼体

担轮幼虫
淡水珍珠
动物附肢
耳石
肺
分泌器官
副性征
斧足
腹
腹甲
腹节
腹鳍
腹肢
　　Y 动物附肢
腹足
附肢
　　Y 动物附肢
感觉器官
肝
肝胰腺
　　Y 肝胰脏
肝胰脏
肝脏
　　Y 肝
钩介幼虫
　　Y 钩介幼虫病
骨板
骨骼
呼吸器官
畸形
肌肉
交接器
精巢
精荚
糠虾幼体
蝌蚪
口裂
口器
鳞片
颅骨
卵巢
面盘幼虫
牡蛎壳
脑
脑垂体
内分泌腺
内骨骼
内脏
内脏团
排泄器官
皮肤

脾
鳍
鳍棘
鳍条
裙边
软骨
鳃
鳃瓣
鳃盖
鳃盖骨
鳃弓
鳃孔
鳃膜
鳃耙
鳃丝
鳃小片
潘状幼体
　　Y 蚤状幼体
扇贝壳
神经
神经系统
肾
生殖孔
生殖器官
生殖系统
　　Y 生殖器官
生殖腺
　　Y 生殖器官
体长
体腔
体色
体形
体液
体重
头肾
头胸甲
蜕皮
外骨骼
外鳃
外套膜
外套腔
尾柄
尾鳍
胃
吻部
吻端
　　Y 吻部
无节幼体
虾壳
虾体
纤毛

消化道
消化器官
消化系统
　　Y 消化器官
消化腺
泄殖孔
蟹脚
蟹壳
蟹体
心脏
形态变异
形态差异
形态发育
形态特征
形态性状
　　Y 形态特征
性腺
　　Y 生殖器官
性征
胸鳍
胸腺
血管
血淋巴
血清
血液
循环系统
牙齿
咽齿
眼柄
眼睛
胰
　　Y 胰腺
胰腺
幼虫
　　Y 幼体
幼体
幽门盲囊
鱼鳔
　　Y 鳔
鱼胆
鱼骨
鱼鳞
　　Y 鳞片
鱼鳍
　　Y 鳍
鱼鳃
　　Y 鳃
鱼须
　　Y 触角
圆鳞
运动器官

　　Y 动物附肢
蚤状幼体
珍珠层
珍珠核
珍珠质
栉鳞
脂鳍
中肠腺
　　Y 肝胰脏
椎骨
组织结构
足丝
樽形幼体
左壳

C7 植物学和微生物学(C7)

爱德华氏菌
孢子
孢子发生
孢子体
被子植物
贝壳丝状体
　　Y 丝状体
变形杆菌
扁藻
鞭毛
鞭毛藻类
病毒
病毒颗粒
　　Y 病毒粒子
病毒粒子
颤藻
沉水植物
　　Y 水草
迟钝爱德华氏菌
迟缓爱德华菌
　　Y 迟钝爱德华氏菌
迟缓爱德华氏菌
　　Y 迟钝爱德华氏菌
虫黄藻
创伤弧菌
雌配子体
大肠杆菌
大肠菌群
大藻
大型海藻
　　Y 大型藻类+海藻
大型水生植物
　　Y 大型生物+水生植物
大型藻类
大叶藻

球形棕囊藻
　　Y 棕囊藻
曲霉菌
裙带菜
溶藻弧菌
溶藻细菌
乳酸菌
乳酸乳球菌
三毛金藻
杀鲑气单胞菌
嗜水气单胞菌
噬菌体
噬菌蛭弧菌
石莼
石花菜
双星藻
水鳖科
水草
水浮莲
　　Y 大藻
水葫芦
水花生
　　Y 空心莲子草
水霉
水霉菌
　　Y 水霉
水绵
水生维管束植物
　　Y 维管植物
水生植物
丝状菌
丝状绿藻
丝状体
丝状细菌
　　Y 丝状菌
丝状藻
四尾栅藻
穗花狐尾藻
　　Y 狐尾藻
坛紫菜
条斑紫菜
挺水植物
铜绿假单胞菌
铜绿微囊藻
豚鼠气单胞菌
微囊藻
微拟球藻
微生物
微生物培养
微生物群落
微小亚历山大藻

Y 亚历山大藻
微小原甲藻
　　Y 原甲藻
微型生物
微型藻类
　　Y 微藻
微藻
维管植物
维氏气单胞菌
温和气单胞菌
无乳链球菌
希瓦氏菌
细菌
细菌分离
细菌鉴定
细菌群落
纤细角毛藻
纤细裸藻
　　Y 裸藻
小球藻
硝化菌
硝化细菌
　　Y 硝化菌
斜生栅藻
新月菱形藻
需氧菌
亚历山大藻
芽孢杆菌
厌氧菌
盐藻
　　Y 杜氏藻
羊栖菜
叶黄素
叶绿素
叶绿体
叶状体
夜光藻
伊乐藻
异养菌
异养细菌
　　Y 异养菌
异养硝化菌
　　Y 硝化菌
隐藻
荧光假单胞菌
幼孢子体
　　Y 孢子体
游动孢子
鱼腥藻
原甲藻
月牙藻

栅藻
沼泽红假单胞菌
真菌
植被
植物
植物营养
蛭弧菌
　　Y 噬菌蛭弧菌
周丛藻类
舟形藻
柱状黄杆菌
柱状屈挠杆菌
　　Y 柱状黄杆菌
柱状嗜纤维菌
锥状斯氏藻
紫背浮萍
　　Y 浮萍
紫菜
自由丝状体
棕囊藻
菹草

C8　无脊椎动物学(C8)

阿根廷滑柔鱼
　　Y 滑柔鱼
澳洲龙虾
　　Y 四脊滑螯虾
澳洲岩龙虾
　　Y 四脊滑螯虾
螯虾
八爪鱼
　　Y 章鱼
白蝶贝
　　Y 大珠母贝
白色霞水母
　　Y 霞水母
白蟹
　　Y 三疣梭子蟹
白玉蜗牛
斑节对虾
瓣鳃纲
　　Y 双壳类
蚌
蚌科
　　Y 蚌
蚌类
　　Y 蚌
鲍
鲍鱼
　　Y 鲍
秘鲁鱿鱼

Y 江珧
节肢动物
近江牡蛎
茎柔鱼
九江头槽绦虫
　　Y 头槽绦虫病
九孔鲍
巨大拟滨蟹
聚缩虫
　　Y 聚缩虫病
锯缘青蟹
绢丝丽蚌
糠虾
克氏螯虾
　　Y 克氏原螯虾
克氏原螯虾
口虾蛄
口足类
宽体金线蛭
魁蚶
蓝环章鱼
蓝蟹
荔枝螺
帘蛤科
磷虾
柳珊瑚
龙虾
卤虫
轮虫
罗氏沼虾
螺类
　　Y 腹足类
螺蛳
马粪海胆
马来沼虾
　　Y 罗氏沼虾
马氏珍珠贝
　　Y 合浦珠母贝
马氏珠母贝
　　Y 合浦珠母贝
毛蛤
　　Y 毛蚶
毛蚶
毛虾
毛蟹
　　Y 中华绒螯蟹
锚头鳋
　　Y 锚头鳋病
梅花参
美国龙虾
　　Y 美洲螯龙虾

美洲螯龙虾
美洲帘蛤
蒙古裸腹溞
明虾
　　Y 中国明对虾
墨吉明对虾
牡蛎
南极大磷虾
　　Y 南极磷虾
南极磷虾
南美白对虾
　　Y 凡纳滨对虾
南美白虾
　　Y 凡纳滨对虾
拟目乌贼
拟穴青蟹
拟指环虫
泥蚶
泥螺
黏孢子虫
　　Y 黏孢子虫病
暖水虾
爬行类
　　Y 爬行动物
盘鲍
盘大鲍
螃蟹
　　Y 蟹类
皮皮虾
　　Y 口虾蛄
苹果螺
　　Y 福寿螺
枪乌贼
腔肠动物
鞘翅目
青蛤
青虾
　　Y 日本沼虾
青蟹
蚯蚓
桡足类
日本刺沙蚕
　　Y 沙蚕
日本大眼蟹
　　Y 大眼蟹
日本对虾
日本囊对虾
　　Y 日本对虾
日本绒螯蟹
日本新糠虾
日本蚵

日本沼虾
日月贝
绒螯蟹
柔鱼
软体动物
鳃隐鞭虫
三代虫
　　Y 三代虫病
三角帆蚌
三疣梭子蟹
溞科
沙蚕
沙虫
　　Y 方格星虫
沙蛤
　　Y 西施舌
沙海蜇
扇贝
珊瑚
　　Y 珊瑚虫
珊瑚虫
舌状绦虫
　　Y 舌状绦虫病
生蚝
　　Y 牡蛎
嗜子宫线虫
　　Y 嗜子宫线虫病
施氏獭蛤
石鳖
石蟹
　　Y 大眼蟹
双齿围沙蚕
　　Y 沙蚕
双壳贝类
　　Y 双壳类
双壳类
水母
水蚯蚓
水生昆虫
水蜈蚣
水蚤
水蛭
　　Y 水蛭病
四脊滑螯虾
四角蛤蜊
四角蛤
　　Y 四角蛤蜊
梭子蟹
太湖白虾
　　Y 秀丽白虾
太平洋牡蛎

Y 白鳍豚
白鲢
　　Y 鲢
白鳍豚
白鳝
　　Y 鳗鲡
白氏文昌鱼
白鲟
白鱼
　　Y 鲌
半滑舌鳎
斑点叉尾鮰
斑鳢
剥皮鱼
　　Y 绿鳍马面鲀
宝石斑
　　Y 高体革鯻
宝石鲈
　　Y 高体革鯻
宝石鱼
　　Y 高体革鯻
豹纹鳃棘鲈
北极红点鲑
　　Y 红点鲑
贝加尔雅罗鱼
　　Y 雅罗鱼
比目鱼
　　Y 鲽形目
秘鲁鳀
闭壳龟
鲾
扁舵鲣
扁鲨
鳊
鳊鱼
　　Y 鳊
鳖
波纹唇鱼
玻璃红鲤
　　Y 鲤
鲌
鲌鱼
　　Y 鲌
哺乳动物
布氏石斑鱼
　　Y 橙点石斑鱼
彩虹鲷
　　Y 罗非鱼
彩虹鱼
　　Y 孔雀鱼
草鱼

长江江豚
长江鲥鱼
　　Y 鲥
长江鲟
　　Y 达氏鲟
长鳍金枪鱼
长鳍吻鮈
长丝鲈
　　Y 丝足鲈
长尾大眼鲷
　　Y 大眼鲷
长吻鮠
鲳科
鲳鱼
　　Y 银鲳
橙点石斑鱼
池沼公鱼
赤鳞鱼
　　Y 多鳞白甲鱼
重唇鱼
川陕哲罗鲑
唇鱼
刺鲀
刺尾鱼
刺鱼
慈鲷
大黄鱼
大口黑鲈
大口鲶
　　Y 南方大口鲶
大菱鲆
大马哈鱼
　　Y 大麻哈鱼
大麻哈鱼
大鲵
大青鲨
大弹涂鱼
大头狗母鱼
大头龟
大头鳕
　　Y 鳕
大头鱼
　　Y 鳙
大西洋鲱
大西洋鲑
大眼鲷
大银鱼
达氏鲟
带鱼
玳瑁
淡水白鲳

淡水鲳
　　Y 淡水白鲳
淡水黑鲷
淡水石斑鱼
倒刺鲃
刀鲚
刀鱼
　　Y 刀鲚
德国镜鲤
　　Y 镜鲤
灯笼鱼
　　Y 灯笼鱼目
灯笼鱼目
地龟
地图鱼
笛鲷
滇池高背鲫
　　Y 鲫
点篮子鱼
　　Y 星篮子鱼
电鳐
鲷科
鲽
鲽形目
丁桂鱼
　　Y 丁鱥
丁鱥
丁香鱼
　　Y 鳀
东北大口鲶
　　Y 怀头鲶
东北林蛙
东方鲀
杜父鱼
杜氏鰤
短鲷
　　Y 丽鱼科
短盖巨脂鲤
　　Y 淡水白鲳
短鳍鲳鲹
　　Y 卵形鲳鲹
短尾真鲨
短吻鳄
多宝鱼
　　Y 大菱鲆
多鳞白甲鱼
多鳞铲颌鱼
俄罗斯鲟
鳄龟
鳄科
　　Y 鳄鱼

Y 草鱼
湟鱼
　　Y 青海湖裸鲤
鳇
黄斑篮子鱼
黄斑蓝子鱼
　　Y 黄斑篮子鱼
黄唇鱼
黄鲷
黄额盒龟
黄盖鲽
　　Y 拟鲽
黄姑鱼
黄喉拟水龟
黄喉水龟
　　Y 黄喉拟水龟
黄花鱼
　　Y 黄鱼
黄鲫
黄颊鱼
　　Y 鳠
黄金鲫
黄金鲈
　　Y 黄鲈
黄腊丁
　　Y 黄颡鱼
黄鲈
黄鳍鲷
黄颡
　　Y 黄颡鱼
黄颡鱼
黄沙鳖
黄鳝
黄尾阿南鱼
黄尾鲴
黄尾密鲴
　　Y 黄尾鲴
黄鱼
黄缘闭壳龟
黄缘盒龟
　　Y 黄缘闭壳龟
灰鲳
鮰鱼
　　Y 长吻鮠
吉富罗非鱼
棘腹蛙
脊椎动物
鲚
鲫
加州鲈
　　Y 大口黑鲈

甲鱼
　　Y 鳖
剑鱼
箭鱼
　　Y 剑鱼
鲣
江鲤
　　Y 鲈鲤
江团
　　Y 长吻鮠
江豚
叫姑鱼
尖塘鳢
金鲳
　　Y 卵形鲳鲹
金鲷
　　Y 金头鲷
金鼓鱼
　　Y 金钱鱼
金龟
　　Y 乌龟
金鲫
　　Y 金鱼
金钱鱼
金枪鱼
金枪鱼类
　　Y 金枪鱼
金头闭壳龟
金头鲷
金线蛙
金眼狼鲈
金鱼
金鳟
　　Y 虹鳟
锦龟
锦鲤
镜鲤
鲸类
鲸鲨
鲸豚
鲸鱼
　　Y 鲸类
九彩龟
　　Y 巴西龟
巨龟
　　Y 海龟科
军曹鱼
　　Y 海鲡
卡拉白鱼
孔雀鱼
宽体鲮脂鲤

宽吻海豚
框镜鲤
　　Y 框鳞镜鲤
框鳞镜鲤
垃圾鱼
　　Y 吸口鲶
兰州鲇
　　Y 兰州鲶
兰州鲶
篮子鱼
蓝点马鲛
　　Y 马鲛
蓝鳍金枪鱼
蓝鲨
　　Y 大青鲨
蓝太阳鱼
　　Y 太阳鱼
蓝圆鲹
姥鲨
勒氏笛鲷
鳓
棱皮龟
丽鲷
　　Y 丽鱼科
丽体鱼
丽鱼科
鲤
鲤科
鲤形目
鳢
鳢鱼
　　Y 乌鳢
鲢
两栖动物
　　Y 两栖类
两栖类
裂腹鱼
灵芝龟
　　Y 地龟
翎鲳
鲮
六鳃鲨
六线鱼
柳条鱼
　　Y 食蚊鱼
龙胆石斑鱼
　　Y 鞍带石斑鱼
龙头鱼
龙鱼
　　Y 美丽硬骨舌鱼
露斯塔野鲮

舌鳎
蛇
蛇鳄龟
　　Y 鳄龟
蛇鲻
神仙鱼
鲹科
史氏鲟
　　Y 施氏鲟
施氏鲟
狮子鱼
石斑鱼
石首鱼
　　Y 石首鱼科
石首鱼科
虱目鱼
　　Y 遮目鱼
食人鲳
　　Y 纳氏锯脂鲤
食人鱼
　　Y 纳氏锯脂鲤
食蚊鱼
鲕
鲕鱼
　　Y 鲕
鲥
鼠海豚
双髻鲨
水貂
水獭
水豚
丝足鲈
四带无须魞
四眼斑龟
　　Y 四眼斑水龟
四眼斑水龟
松江鲈
笋壳鱼
　　Y 尖塘鳢
梭鱼
蓑鲉
鳎
太湖新银鱼
太湖银鱼
　　Y 太湖新银鱼
太平洋鲱
太平洋丽龟
太平洋鳕
　　Y 鳕
太阳鱼
泰国斗鱼

　　Y 五彩博鱼
泰国虎纹蛙
泰山赤鳞鱼
　　Y 多鳞铲颌鱼
鲐
弹涂鱼
滩头鱼
　　Y 雅罗鱼
塘角鱼
　　Y 胡鲶
塘鲤鱼
　　Y 沙塘鳢
塘鳢
塘虱
　　Y 胡鲶
鳀
天使鱼
　　Y 神仙鱼
条鳅
条纹锯鮨
铜鱼
头索动物
土鲶
　　Y 鲶
团扇鳐
团头鲂
鲀形目
驼背大麻哈鱼
　　Y 细鳞大麻哈鱼
娃娃鱼
　　Y 大鲵
蛙
鮠科
鮠鱼
　　Y 长吻鮠
鲔鱼
　　Y 金枪鱼
文昌鱼
纹缟虾虎鱼
乌鲳
乌龟
乌鳢
乌苏里拟鲿
　　Y 乌苏拟鲿
乌苏拟鲿
乌原鲤
五彩博鱼
吴郭鱼
　　Y 莫桑比克罗非鱼
无鳞鱼
武昌鱼

　　Y 团头鲂
吸口鲶
吸盘鱼
　　Y 鲫
溪吻虾虎鱼
细鳞大麻哈鱼
细鳞鲴
　　Y 细鳞斜颌鲴
细鳞斜颌鲴
细鳞鱼
西伯利亚鲟
狭鳕
虾虎鱼
鰕虎鱼
　　Y 虾虎鱼
暹罗斗鱼
　　Y 五彩博鱼
湘江野鲤
湘云鲫
湘云鲤
香鱼
小丑鱼
小黄鱼
小口脂鲤
　　Y 宽体鲮脂鲤
小鳁鲸
小须鲸
　　Y 小鳁鲸
小银鱼
　　Y 太湖新银鱼
斜带石斑鱼
星斑川鲽
星篮子鱼
星鳗
星突江鲽
　　Y 星斑川鲽
星洲红鱼
　　Y 红罗非鱼
许氏平鲉
须鲨
鳕
鳕形目
鲟
　　Y 鲟鱼
鲟鳇鱼
　　Y 鲟鱼
鲟形目
　　Y 鲟鱼
鲟鱼
亚东鲑
　　Y 河鳟

亚洲龙鱼
　　Y 美丽硬骨舌鱼
牙鲆
牙鳕
雅罗鱼
雅鱼
　　Y 裂腹鱼
鸭绿沙塘鳢
眼斑龟
　　Y 眼斑水龟
眼斑水龟
胭脂鱼
扬子鳄
鳐
异育银鲫
　　Y 银鲫
银鲳
银鲴
银鲫
银鲛
银锯眶鲕
银鲈
　　Y 银锯眶鲕
银鳕鱼
　　Y 裸盖鱼
银鱼
鲫
硬骨鱼类
硬鳞鱼
硬头鳟
鹦鹉龟
　　Y 平胸龟
鹦嘴鱼
庸鲽
鳙
鲉形目
玉鲈
　　Y 高体革鲕
鱼类
圆口鱼类
圆吻鲴
远东红点鲑
　　Y 红点鲑
远东拟沙丁鱼
鼋
月光鱼
　　Y 花斑剑尾鱼
月鳢
杂交鲟
　　Y 鲟鱼
粘鲈

Y 梅花鲈
哲罗鱼
遮目鱼
珍稀鱼类
珍珠鳖
　　Y 佛罗里达鳖
珍珠龙
　　Y 黄尾阿南鱼
真鲷
真骨鱼类
真鲨
智利竹筴鱼
脂鲤目
中国大鲵
　　Y 大鲵
中国花鲈
中国林蛙
中华白海豚
中华鳖
中华大蟾蜍
中华花龟
中华鳑鲏
中华条颈龟
　　Y 中华花龟
中华鲟
周氏闭壳龟
帚齿罗非鱼
竹刀鱼
　　Y 秋刀鱼
竹筴鱼
鲻
鲻形目

D 水产资源(D)

D1 水产资源基础研究
通用名词(D1)

产卵场
产卵洄游
产卵量
　　Y 繁殖力
产卵群体
重捕率
　　Y 回捕率
垂直变化
垂直分布
地方种群
　　Y 地理种群
地理分布
地理种群

繁殖保护
繁殖力
繁殖能力
　　Y 繁殖力
繁殖群体
繁殖特性
　　Y 繁殖习性
繁殖习性
繁殖性能
　　Y 繁殖力
繁殖种群
　　Y 繁殖群体
繁殖周期
孵化期
个体生殖力
过度繁殖
海洋洄游
海洋资源
河口生物
怀卵量
洄游
洄游通道
基础群体
季节变化
集群
集群行为
　　Y 集群
降海洄游
降河洄游
　　Y 降海洄游
近海生物
近缘种
经济性状
经济种类
年龄
年龄鉴定
年龄结构
　　Y 年龄组成
年龄组成
年轮
潜在渔获量
群落结构
群体产量
群体结构
生物物种
　　Y 物种
生物源
　　Y 物种
生物种
　　Y 物种
生物资源

生物总量
　Y 生物量
生长
生长方程
　Y 生长模型
生长季节
生长模型
生长曲线
　Y 生长模型
生长特性
生长习性
　Y 生长特性
生长性能
　Y 生长特性
生长性状
　Y 生长特性
生长优势
生殖洄游
　Y 产卵洄游
生殖力
　Y 繁殖力
生殖群体
　Y 繁殖群体
生殖周期
　Y 繁殖周期
食物链
食物网
　Y 食物链
数量分布
水产资源
　Y 渔业资源
水平分布
水生生物资源
　Y 生物资源
溯河洄游
索饵场
索饵洄游
体长分布
体长组成
　Y 体长分布
同地种群
同物异名
同种异名
　Y 同物异名
物种
物种鉴定
小杂鱼
　Y 野杂鱼
性比
亚种群
野生群体

　Y 野生种群
野生种群
异地种群
渔业资源
鱼类洄游
　Y 洄游
鱼类群聚
　Y 鱼类群落
鱼类群落
鱼类种群
鱼类资源
越冬场
越冬洄游
杂食性鱼类
中层鱼类
中上层鱼类
中下层鱼类
种间关系
种类鉴定
　Y 物种鉴定
种类组成
　Y 物种多样性
种群
种群变动
种群变化
　Y 种群变动
种群参数
　Y 种群特征
种群调查
种群动态
　Y 种群变动
种群分化
种群分析
　Y 种群变动
种群机能
种群结构
种群控制
种群密度
种群生态
种群数量
种群特性
　Y 种群特征
种群特征
种群增长
　Y 种群变动
种群资源
　Y 种群
种群组成
　Y 种群结构
种质资源
昼夜垂直迁移

昼夜垂直移动
　Y 昼夜垂直迁移
自然种群
　Y 种群
资源变动
资源优势

D2 资源开发和评估(D2)

濒临灭绝
捕捞死亡率
捕捞死亡系数
　Y 捕捞死亡率
残存率
初级生产力
次级生产力
丰度
回捕率
净初级生产力
　Y 初级生产力
可捕量
栖息密度
　Y 丰度
生物量
生物生产力
生长率
生长速度
生长速率
　Y 生长速度
特定生长率
　Y 生长率
土著鱼类
现存量
　Y 生物量
相对资源量
　Y 丰度
渔产潜力
　Y 潜在渔获量
渔获量预报
渔捞死亡率
　Y 捕捞死亡率
渔业资源监测
　Y 资源监测
鱼群侦察
藻类生物量
种群鉴定
自然死亡率
自然死亡系数
　Y 自然死亡率
资源开发
资源量
　Y 生物量

资源量指数
　Y 丰度
资源评估
资源衰退

D3 资源管理和增殖(D3)

保护动物
标志
标志放流
濒危动物
　Y 濒危物种
濒危物种
捕捞过度
补偿生长
补充量
补充群体
放流
　Y 人工放流
伏季休渔
　Y 休渔期
过度捕捞
　Y 捕捞过度
海藻场
海藻资源
禁渔期
　Y 休渔期
可捕规格
滥捕
　Y 捕捞过度
人工放流
人工增殖
　Y 资源增殖
入侵物种
　Y 生物入侵
生物入侵
水域资源
　Y 水资源
外来生物
　Y 外来物种
外来物种
外来物种入侵
　Y 生物入侵
外来种
　Y 外来物种
网目限制
网目选择性
物种保护
物种灭绝
物种入侵
　Y 生物入侵
休渔期

休渔制度
移植
　Y 引种
引种
增殖
　Y 资源增殖
增殖放流
　Y 人工放流
珍稀濒危物种
　Y 濒危物种
珍稀动物
珍稀物种
种质资源保护区
　Y 渔业资源+渔业保护区
资源保护
资源调查
资源管理
资源监测
资源增殖
综合调查
　Y 资源调查

E 水产养殖(E)

E1 通用名词(E1)

半咸水养殖
贝藻间养
变态率
并塘
采卵
采苗
采苗技术
　Y 采苗
产卵高峰期
　Y 产卵时间
产卵季节
　Y 繁殖季节
产卵率
产卵期
　Y 产卵时间
产卵时间
成活率
成熟度
池塘改造
池塘环境
池塘养殖
充氧
　Y 增氧
出苗量
出苗率
除野

清野
传统养殖
雌性个体
雌雄比例
雌雄性比
　Y 雌雄比例
促生长剂
促熟
粗养
催产
催产剂
催产率
　Y 产卵率
催产素
　Y 催产剂
催情
　Y 催产
翠绿色
存活
存活率
　Y 成活率
大水面
搭配比例
　Y 放养比例
单倍体育种
单性养殖
单养
淡水养殖
稻田养殖
低温刺激
低温冻害
低温麻醉
低温适应
低温诱导
　Y 低温适应
底播养殖
底泥
多倍体诱导
多倍体育种
多级轮养
　Y 轮养
发眼卵
泛池
　Y 浮头
泛塘
　Y 浮头
繁育技术
　Y 苗种培育
繁育试验
繁育体系
繁殖方法

Y 人工繁殖

繁殖过程

Y 人工繁殖

繁殖季节

繁殖技术

Y 人工繁殖

繁殖培育

Y 人工繁殖

繁殖期

Y 繁殖季节

繁殖试验

Y 人工繁殖

繁殖育苗

Y 人工繁殖

翻塘

Y 浮头

放养

放养比例

放养规格

放养量

放养密度

Y 养殖密度

放养模式

放养品种

放养时间

放养水面

放种

Y 放养

防渗

防逃

肥度

肥满度

Y 丰满度

分塘

丰满度

封闭循环水养殖

Y 循环水养殖

孵化

孵化率

孵化温度

孵育

Y 孵化

附苗

附着期

港湾养殖

Y 港养

港养

高产技术

Y 养殖技术

高产试验

Y 养殖技术

高产养殖

Y 养殖技术

高密度精养

Y 高密度养殖

高密度养殖

高效养殖

Y 养殖技术

工厂化水产养殖

Y 工厂化养殖

工厂化养殖

工厂化育苗

工业化养殖

Y 工厂化养殖

工业化育苗

Y 工厂化育苗

规模化养殖

规模养殖

Y 规模化养殖

海产养殖

Y 海水养殖

海水网箱养殖

Y 海水养殖+网箱养殖

海水养殖

海洋水产养殖

Y 海水养殖

褐色

褐绿色

黑绿色

红棕色

湖泊养殖

化学增氧

换水

Y 水体交换

换水量

Y 换水率

换水率

黄褐色

黄绿色

混养

机械增氧

集约化养殖

Y 精养

集约养殖

Y 精养

健康养殖

间养

Y 套养

近海养殖

Y 浅海养殖

精养

精液冷冻保存

控温养殖

拦网养鱼

Y 围网养殖

蓝绿色

冷休克

立体养殖

立体种养

Y 立体养殖

良种

良种繁殖

Y 良种培育

良种培育

良种生产

Y 良种培育

流水养殖

轮捕轮放

Y 轮养

轮养

轮作

Y 轮养

绿色养殖

Y 生态养殖

麻醉

密集饲养

Y 高密度养殖

密养

Y 高密度养殖

苗种

苗种繁育

Y 苗种培育

苗种繁殖

Y 苗种培育

苗种放养

苗种培育

苗种生产

Y 苗种培育

苗种投放

Y 苗种放养

苗种选育

Y 苗种培育

苗种运输

名优品种

Y 优良品种

农渔综合养殖

Y 综合养殖

排水渠道

培肥水质

Y 水质培养

培育

Y 苗种培育

品种改良

温室养殖
温室越冬
　　Y 温室养殖
无公害养殖
　　Y 健康养殖
咸淡水养殖
　　Y 半咸水养殖
现代养殖
相对生长率
效应时间
新品种培育
　　Y 良种培育
性腺发育
雄性个体
蓄水能力
选种
巡塘
循环水养鱼系统
　　Y 循环水养殖系统
循环水养殖
循环水养殖系统
驯化
驯养
　　Y 驯化
养水
　　Y 水质培养
养殖
　　Y 水产养殖
养殖动物
养殖方式
　　Y 养殖技术
养殖管理
养殖规程
　　Y 养殖技术
养殖规模化
　　Y 规模化养殖
养殖海区
　　Y 养殖海域
养殖海域
养殖环境
　　Y 养殖水体
养殖技术
养殖集约化
　　Y 精养
养殖结构
养殖经验
　　Y 养殖技术
养殖量
养殖密度
养殖面积
养殖模式

养殖品种
养殖期
　　Y 养殖周期
养殖群体
养殖容量
　　Y 生态容量
养殖生态
养殖生物
　　Y 养殖品种
养殖时间
　　Y 养殖周期
养殖示范
养殖水环境
　　Y 养殖水体
养殖水平
　　Y 养殖技术
养殖水体
养殖水域
养殖系统
养殖周期
氧债
野生苗
　　Y 天然苗种
野生品种
野生鱼
　　Y 鱼类+野生动物
遗传育种
　　Y 育种
优良品种
幼体发育
幼体培育
诱变剂
诱变因素
　　Y 诱变剂
诱变育种
诱导产卵
　　Y 催产
淤泥
　　Y 底泥
淤泥层
　　Y 底泥
育肥
育苗
　　Y 苗种培育
育苗水体
育苗用水
　　Y 育苗水体
育种
鱼类繁殖
鱼类死亡率
　　Y 死亡率

越冬
杂交繁育
　　Y 杂交育种
杂交育种
暂养
增养殖
　　Y 资源增殖
增氧
增重
　　Y 增重量
增重量
增重率
中间培育
种苗基地
种苗培育
　　Y 苗种培育
种苗生产
　　Y 苗种培育
种苗质量
自动投饵
　　Y 投饲
自然纳苗
　　Y 天然苗种
综合养殖

E2　鱼类养殖(E2)

成鱼饲养
　　Y 成鱼养殖
成鱼养殖
池塘养鱼
初孵仔鱼
　　Y 稚鱼
雌鱼
促性腺激素
大规格鱼种
稻田养鱼
稻鱼共生
　　Y 稻田养鱼
稻鱼共生系统
　　Y 稻田养鱼
东江鱼
冬片鱼种
二龄鱼种
　　Y 大规格鱼种
发塘
　　Y 鱼苗培育
浮头
工厂化养鱼
工业化养鱼
　　Y 工厂化养鱼
HCG

藻类生长
藻类养殖
藻类育苗
藻类栽培
　　Y 藻类养殖
藻体
藻种
种藻
　　Y 藻种
紫菜养殖

E5 甲壳类和其他水产动物养殖(E5)

鳖卵
鳖养殖
　　Y 龟鳖养殖
成参
成虾
成蟹
成蟹养殖
　　Y 蟹类养殖
稻田养虾
稻田养蟹
稻虾共作
　　Y 稻田养虾
稻蟹共作
　　Y 稻田养蟹
对虾养殖
对虾育苗
龟鳖养殖
龟养殖
　　Y 龟鳖养殖
海参养殖
海珍品养殖
河蟹养殖
河蟹育苗
甲鱼蛋
甲鱼养殖
　　Y 龟鳖养殖
扣蟹
　　Y 蟹种
龙虾养殖
亲鳖
亲虾
亲虾培育
亲虾越冬
亲蟹
软壳
参苗
庭院养鳖
　　Y 龟鳖养殖

蜕壳
蛙类养殖
虾稻共作
　　Y 稻田养虾
虾类养殖
虾苗
虾苗培育
　　Y 对虾育苗
虾养殖
　　Y 虾类养殖
虾种
　　Y 亲虾
蟹类养殖
蟹苗
蟹养殖
　　Y 蟹类养殖
蟹种
雄虾
养鳖
　　Y 龟鳖养殖
养虾
　　Y 虾类养殖
养蟹
　　Y 蟹类养殖
养殖对虾
养殖虾
　　Y 养殖对虾
幼鳖
幼螺
幼参
幼蛙
幼虾
　　Y 仔虾
幼蟹
稚鳖
稚龟
种虾
　　Y 亲虾
仔虾
仔蟹

F 水产生物病害及防治(F)

F1 病害(F1)

爱德华氏菌病
艾美虫病
白斑杆状病毒
　　Y 白斑综合征病毒
白斑症病毒
　　Y 白斑综合征病毒
白斑综合征

白斑综合征病毒
白斑综合症
　　Y 白斑综合征
白斑综合症病毒
　　Y 白斑综合征病毒
白点病
　　Y 小瓜虫病
白内障病
　　Y 复口吸虫病
白皮病
白头白嘴病
斑点叉尾鮰病毒
斑节对虾杆状病毒
　　Y 对虾杆状病毒
瓣体虫病
孢子虫病
暴发病
暴发性出血病
　　Y 出血病
暴发性鱼病
　　Y 暴发病+鱼病
杯体虫病
贝类病害
本尼登虫病
闭口病
　　Y 侧殖吸虫病
变形虫病
鞭毛虫
　　Y 鞭毛虫病
鞭毛虫病
并发症
柄粗叶卷病
病毒病
　　Y 病毒性疾病
病毒性病害
　　Y 病毒性疾病
病毒性传染病
　　Y 病毒性疾病
病毒性疾病
病毒性鱼病
　　Y 鱼病+病毒性疾病
病害
　　Y 疾病
病虾
　　Y 虾病
病原
病原菌
　　Y 致病菌
病原区系
病原生物
　　Y 病原体

锚头鳋病
霉菌感染
南海鱼虱
　　Y 鱼虱
粘孢子虫病
　　Y 黏孢子虫病
黏孢子虫病
诺卡氏菌病
盘钩虫病
跑马病
匹里虫病
　　Y 微孢子虫病
皮肤病
气泡病
侵袭性鱼病
　　Y 寄生虫疾病+鱼病
球虫病
　　Y 艾美虫病
软壳病
鳃病
鳃霉病
鳃肾炎
三代虫病
鳋病
舌状绦虫病
神经坏死病毒
嗜子宫线虫病
食欲减退
鲺病
竖鳞病
双穴吸虫病
　　Y 复口吸虫病
水产动物病
　　Y 水产养殖病害
水产动物疾病
　　Y 水产养殖病害
水产养殖病害
水霉病
水生动物疫病
　　Y 水产养殖病害
水生生物病害
　　Y 水产养殖病害
水蛭病
水肿病
丝状细菌病
绦虫病
头槽绦虫病
WSSV
　　Y 白斑综合征病毒
蛙病
弯体病

　　Y 畸形病
微孢子虫病
维生素缺乏
　　Y 维生素缺乏症
维生素缺乏症
萎瘪病
乌头瘟
吸虫病
细菌病
　　Y 细菌性疾病
细菌感染
细菌疾病
　　Y 细菌性疾病
细菌性败血症
细菌性病害
　　Y 细菌性疾病
细菌性肠炎
　　Y 肠炎病
细菌性传染病
　　Y 细菌性疾病+传染病
细菌性疾病
细菌性烂鳃
　　Y 烂鳃病
细菌性皮肤病
　　Y 细菌性疾病+皮肤病
细菌性鱼病
　　Y 细菌性疾病+鱼病
虾病
虾壳病
纤毛虫病
线虫病
小瓜虫病
斜管虫病
蟹病
蟹壳病
蟹奴病
絮状物
血居吸虫病
养殖病害
　　Y 水产养殖病害
隐鞭虫病
应激性疾病
营养不良
　　Y 营养性疾病
营养代谢病
　　Y 营养性疾病
营养缺乏病
　　Y 营养性疾病
营养缺乏症
　　Y 营养性疾病
营养性疾病

有害病菌
　　Y 致病菌
有害菌
　　Y 致病菌
有害细菌
　　Y 致病菌
有害藻类
鱼病
鱼波豆虫病
鱼肠道弧菌
鱼怪病
鱼寄生虫
　　Y 鱼类寄生虫
鱼类病害
　　Y 鱼病
鱼类敌害
鱼类寄生虫
鱼类寄生虫病
　　Y 鱼病+寄生虫疾病
鱼类疾病
　　Y 鱼病
鱼虱病
　　Y 鲺病
鱼鲺病
　　Y 鲺病
鱼蛭
　　Y 鱼蛭病
鱼蛭病
原虫病
藻类病害
真菌病
　　Y 真菌性疾病
真菌感染
　　Y 真菌性疾病
真菌性疾病
真菌性鱼病
　　Y 真菌性疾病+鱼病
指环虫病
致病菌
致病菌株
　　Y 致病菌
致病细菌
　　Y 致病菌
中毒病
　　Y 中毒性疾病
中毒性疾病
中华鳋病
中华鱼蚤病
　　Y 中华鳋病
肿瘤
锥体虫病

紫菜病害

F2 病害防治(F2)

病毒检测
病害测报
病害防治
　Y 疾病防治
病害控制
　Y 疾病防治
病害预防
　Y 疾病防治
病害综合防治
　Y 疾病防治
病理
病理解剖
病理学
　Y 病理
病因
病原鉴定
病症
　Y 症状
敌害控制
敌害生物
发病率
防病措施
　Y 疾病防治
防治方法
　Y 疾病防治
肥大
非特异性免疫
　Y 免疫力
非特异性免疫力
　Y 免疫力
坏死
寄主
机械损伤
　Y 损伤
疾病防控
　Y 疾病防治
疾病防治
疾病检查
　Y 诊断
检疫
浸洗
浸浴
抗病毒能力
　Y 抗病力
抗病力
抗病能力
　Y 抗病力
抗病性

Y 抗病力
临床症状
流行病学
免疫反应
免疫活性细胞
免疫机理
免疫交叉反应
　Y 免疫反应
免疫力
免疫水平
免疫应答
　Y 免疫反应
免疫预防
耐药菌
筛绢过滤
生态防治
生物防治
水体消毒
　Y 消毒
损伤
特异性免疫
物理防治
消毒
药物防治
疫苗接种
疫情调查
　Y 疫情监测
疫情监测
预防措施
　Y 疾病防治
预防用药
　Y 药物防治
鱼病防治
鱼病学
鱼病诊断
鱼类免疫学
　Y 免疫学
诊断
症状
致病力
致病性
　Y 致病力
致病性试验
致病因子
　Y 病因
中毒症状
中间寄主
重大动物疫病
　Y 水产养殖病害
综合防治
组织病变

组织病理学

F3 渔用药物、生物制品与
环境改良剂(F3)

茶多酚
肠炎灵
次氯酸钠
底质改良剂
　Y 水质改良剂
敌百虫
敌菌灵
丁香酚
恩诺沙星
二溴海因
二氧化氯
呋喃丹
呋喃类药物
呋喃西林
呋喃唑酮
复方中草药
　Y 中草药
氟苯尼考
改性沸石
　Y 沸石
高锰酸钾
给药方法
　Y 投药方法
攻毒试验
　Y 人工感染
挂篓法
含氯制剂
　Y 氯制剂
红霉素
环丙沙星
磺胺
　Y 磺胺类药物
磺胺二甲嘧啶
　Y 磺胺类药物
磺胺类药物
磺胺嘧啶
　Y 磺胺类药物
黄芪多糖
剂量
己烯雌酚
甲苯咪唑
甲醇
甲基睾酮
甲基睾丸酮
　Y 甲基睾酮
甲壳净
甲氰菊酯

禁用药物
聚维酮碘
菌苗
　　Y 疫苗
抗冻剂
抗菌蛋白
抗菌活性
抗菌剂
　　Y 抗菌药物
抗菌素
　　Y 抗生素
抗菌肽
抗菌性
　　Y 抗菌活性
抗菌药物
抗菌作用
　　Y 抗菌活性
抗生素
抗药性
孔雀石绿
喹诺酮
　　Y 喹诺酮类药物
喹诺酮类药物
喹烯酮
喹乙醇
链霉素
硫酸铜
硫酸亚铁合剂
　　Y 硫酸盐合剂
硫酸盐合剂
氯霉素
氯氰菊酯
氯制剂
免疫增强剂
灭虫精
灭活菌苗
　　Y 灭活疫苗
灭活疫苗
耐药机制
耐药性
　　Y 抗药性
拟除虫菊酯
诺氟沙星
漂白粉
强氯精
氰戊菊酯
清塘药物
青霉素
驱虫净
　　Y 杀虫剂
驱虫药

　　Y 杀虫剂
人工感染
三氯异氰尿酸
　　Y 强氯精
三氯异氰脲酸
　　Y 强氯精
杀虫剂
杀菌剂
　　Y 消毒剂
杀菌消毒剂
　　Y 消毒剂
生石灰
生物制剂
　　Y 微生物制剂
施药技术
　　Y 投药方法
水产药物
　　Y 渔用药物
水质改良剂
四环素
苏打合剂
停药期
　　Y 休药期
投药方法
土霉素
外用药
微生态制剂
　　Y 微生物制剂
微生物菌剂
　　Y 微生物制剂
微生物絮凝剂
微生物制剂
违禁药品
　　Y 禁用药物
违禁药物
　　Y 禁用药物
无机砷
　　Y 砷
效价
消毒剂
消毒药物
　　Y 消毒剂
硝基呋喃
休药期
溴氯海因
盐酸土霉素
　　Y 土霉素
氧氟沙星
药代动力学
药理
药敏试验

药敏特性
药物动力学
　　Y 药代动力学
药物敏感试验
　　Y 药敏试验
药物敏感性
　　Y 药敏特性
药物浓度
药物配方
药物筛选
　　Y 药物配方
药物中毒
　　Y 渔药中毒
药物作用
　　Y 药效
药效
药效试验
　　Y 药敏试验
药效学
　　Y 药效
药用功效
　　Y 药效
药用量
　　Y 剂量
药用植物
　　Y 中草药
抑菌活性
　　Y 抗菌活性
抑菌剂
抑菌试验
疫苗
疫苗制备
益生菌
益生素
　　Y 益生菌
用药量
　　Y 剂量
用药效果
　　Y 药效
有机磷农药
有机氯农药
有益菌群
　　Y 有益微生物
有益微生物
渔药
　　Y 渔用药物
渔药中毒
渔用药物
鱼虫净
鱼虫灵
　　Y 鱼虫净

鱼虫清
　　Y 鱼虫净
鱼藤酮
鱼药
　　Y 渔用药物
鱼用药物
　　Y 渔用药物
中草药
中药添加剂
　　Y 中草药
最小杀菌浓度
最小抑菌浓度

G 饲料和肥料(G)

G1 饲料(G1)

α-淀粉
氨基酸平衡
白鱼粉
蚌壳粉
　　Y 贝壳粉
饱食
　　Y 摄食
贝壳粉
变质饲料
表观消化率
饼粕
菜饼
菜粕
菜籽饼
菜籽饼粕
　　Y 菜籽粕
菜籽粕
残饵
残料
　　Y 残饵
蚕蛹粉
茶饼
　　Y 菜籽饼+茶籽饼
茶子饼
　　Y 菜籽饼+茶籽饼
茶籽饼
沉性颗粒饲料
　　Y 沉性饲料+颗粒饲料
沉性饲料
粗饲料
大豆粉
　　Y 豆粕
大豆粕
　　Y 豆粕
蛋白饲料

蛋白原料
　　Y 蛋白源
蛋白源
蛋白质饲料
　　Y 蛋白饲料
蛋白质源
　　Y 蛋白源
蛋白质资源
　　Y 蛋白源
动物性饵料
　　Y 动物性饲料
动物性饲料
豆饼
　　Y 豆粕
豆饼粉
　　Y 豆粕
豆粕
豆粕粉
　　Y 豆粕
饵料
　　Y 水产饲料
饵料配方
　　Y 饲料配方
饵料配制
　　Y 饲料配制
饵料生物培养
饵料添加剂
　　Y 饲料添加剂
饵料微藻
　　Y 饵料生物+微藻
饵料系数
　　Y 饲料系数
饵料效果
　　Y 饲料系数
饵料鱼
　　Y 饲料鱼
饵料转化率
　　Y 饲料系数
饵料组成
　　Y 饲料成分
发酵豆粕
发酵饲料
沸石
粉状饲料
复合饲料
　　Y 配合饲料
浮性颗粒饲料
　　Y 浮性饲料+颗粒饲料
浮性膨化饲料
　　Y 浮性饲料+膨化饲料
浮性饲料

干粉料
　　Y 粉状饲料
高胆固醇饲料
高蛋白饲料
　　Y 蛋白饲料
高能量饲料
　　Y 能量饲料
高糖饲料
高脂肪饲料
谷物饲料
国产鱼粉
河蟹饲料
　　Y 蟹饲料
红鱼粉
混合料
　　Y 配合饲料
混合饲料
　　Y 配合饲料
活饵
　　Y 鲜活饵料
活饵料
　　Y 鲜活饵料
基础饵料
进口鱼粉
开口饵料
　　Y 开口饲料
开口料
　　Y 开口饲料
开口饲料
颗粒饵料
　　Y 颗粒饲料
颗粒料
　　Y 颗粒饲料
颗粒饲料
磷酸二氢钙
氯化胆碱
　　Y 胆碱
绿色饲料
　　Y 无公害饲料
霉变饲料
　　Y 变质饲料
棉粕
棉籽饼粕
　　Y 棉粕
棉籽粕
　　Y 棉粕
苜蓿草粉
能量蛋白比
能量收支
能量饲料
能量转化率

浓缩饲料
排氨率
配合饵料
 Y 配合饲料
配合料
 Y 配合饲料
配合饲料
膨化颗粒饲料
 Y 膨化饲料+颗粒饲料
膨化饲料
亲鱼饲料
青料
 Y 青饲料
青绿饲料
 Y 青饲料
青饲料
青贮料
 Y 青贮饲料
青贮饲料
蚯蚓粉
全价饲料
人工饵料
 Y 配合饲料
肉粉
 Y 肉骨粉
肉骨粉
软颗粒饲料
鲨鱼软骨粉
商品饲料
摄取量
 Y 摄食量
摄食量
摄食率
 Y 摄食量
摄食水平
 Y 摄食量
生物饵料
 Y 生物饲料
生物饲料
适口性
水产动物饲料
 Y 水产饲料
水产动物营养
 Y 动物营养
水产饲料
饲料
 Y 水产饲料
饲料标准
饲料残渣
 Y 残饵
饲料产量

饲料生产
饲料产品
 Y 商品饲料
饲料产业
 Y 饲料工业
饲料成分
饲料搭配
 Y 饲料配方
饲料蛋白
 Y 饲料蛋白质
饲料蛋白源
 Y 蛋白源
饲料蛋白质
饲料工业
饲料混合
饲料加工
 Y 饲料生产
饲料加工厂
饲料加工工艺
 Y 饲料生产
饲料颗粒
 Y 颗粒饲料
饲料利用率
 Y 饲料系数
饲料利用效率
 Y 饲料系数
饲料能量
 Y 能量饲料
饲料粘合剂
 Y 饲料黏合剂
饲料黏合剂
饲料配比
 Y 饲料配制
饲料配方
饲料配合
 Y 饲料配制
饲料配制
饲料品质
 Y 饲料质量
饲料品种
饲料生产
饲料添加剂
饲料调制
 Y 饲料配制
饲料卫生标准
 Y 饲料标准
饲料系数
饲料效率
 Y 饲料系数
饲料消耗量
 Y 饲料系数

饲料消化率
 Y 饲料系数
饲料业
 Y 饲料工业
饲料营养
 Y 饲料成分+营养成分
饲料用量
 Y 饲料系数
饲料鱼
饲料原料
饲料源
饲料质量
饲料转化率
 Y 饲料系数
饲料转化效率
 Y 饲料系数
饲料组成
 Y 饲料成分
饲喂量
 Y 投饲量
饲用酶制剂
苏丹草
天然饵料
 Y 鲜活饵料
天然饲料
 Y 鲜活饵料
投饵量
 Y 投饲量
投饵率
 Y 投饲率
投料量
 Y 投饲量
投饲量
投喂量
 Y 投饲量
投喂率
 Y 投饲率
投喂时间
脱毒
外源性营养
微胶囊饲料
微颗粒饲料
微粒饲料
 Y 微颗粒饲料
微生物添加剂
 Y 饲用酶制剂
微型饲料
 Y 微颗粒饲料
无公害饲料
虾类饲料
 Y 虾饲料

虾料
　　Y 虾饲料
虾青素
虾饲料
鲜活饵料
蟹饲料
需要量
血粉
摇蚊幼虫
液化饲料
　　Y 发酵饲料
硬颗粒饲料
营养
营养需求
营养需要
　　Y 营养需求
蝇蛆
诱食
诱食剂
渔用饲料
　　Y 水产饲料
羽毛粉
预混合饲料
　　Y 预混料
预混料
鱼粉
鱼骨粉
鱼类饲料
　　Y 鱼饲料
鱼类营养
鱼饲料
原料配方
　　Y 饲料配方
杂粕
糟渣
藻粉
植物蛋白
　　Y 植物性蛋白
植物蛋白源
　　Y 植物性蛋白
植物蛋白质
　　Y 植物性蛋白
植物饲料
　　Y 植物性饲料
植物性蛋白
植物性饵料
　　Y 植物性饲料
植物性饲料
α-淀粉酶
　　Y 淀粉酶

G2 肥料(G2)

氮肥
堆肥
肥料
肥效
粪肥
化肥
　　Y 无机肥
基肥
厩肥
　　Y 粪肥
磷肥
绿肥
施肥
无机肥
需肥量
有机肥
鱼肥
　　Y 肥料
沼气肥
猪粪
　　Y 粪肥

H 水产捕捞(H)

H1 捕捞通用名词(H1)

捕获率
　　Y 捕捞效率
捕鲸
捕捞
捕捞产量
捕捞对象
捕捞季节
　　Y 渔期
捕捞力量
　　Y 捕捞努力量
捕捞量
　　Y 捕捞产量
捕捞能力
捕捞努力量
捕捞强度
捕捞群体
捕捞日志
捕捞生产
　　Y 捕捞
捕捞效率
捕捞学
捕捞资源
　　Y 捕捞对象
捕捞作业

捕鱼
　　Y 捕捞
采捕
　　Y 采集
采集
垂钓
垂钓者
春汛
单位努力量渔获量
　　Y 渔获量
单位网次渔获量
单位作业量渔获量
　　Y 渔获量
淡水捕捞
钓饵
钓鱼
　　Y 垂钓
冬捕
　　Y 捕捞
冬汛
副渔获物
浮游拖网
　　Y 浮拖网
海洋捕捞
合理捕捞
湖泊捕捞
集鱼
兼捕渔获物
　　Y 副渔获物
近海捕捞
苗种捕捞
内陆水域捕捞
　　Y 淡水捕捞
拟饵
平均渔获量
秋汛
上岸量
　　Y 渔获量
上钩率
深海捕捞
　　Y 远洋捕捞
深海捕鱼
　　Y 远洋捕捞
试捕
水库捕捞
探捕
　　Y 试捕
天然捕捞
　　Y 捕捞
拖速
外海捕捞

休闲垂钓
渔场
渔场分布
渔场环境
渔场图
渔获量
渔获量控制
渔获率
渔获物
渔获物组成
渔获组成
　Y 渔获物组成
渔况
　Y 渔情
渔捞
　Y 捕捞
渔期
渔情
渔区
渔汛
　Y 渔期
远海捕捞
　Y 远洋捕捞
远洋捕捞
中心渔场

H2 渔具材料、属具和工艺(H2)

侧纲
沉降力
沉降速度
沉子
沉子纲
粗度
浮绠
浮子
浮子纲
纲索
　Y 绳索
钢丝绳
高密度聚乙烯
HDPE
　Y 高密度聚乙烯
合成纤维
　Y 纤维材料
合成纤维绳
聚乙烯纤维
括纲
缆绳
　Y 绳索
目脚

尼龙
疲劳强度
　Y 强度
韧性
上纲
绳索
收缩率
属具
水槽试验
索具
网板
网具性能
网孔
　Y 网目
网目
网目尺寸
网囊
网片
网片编织
网片强力
网片性能
网片阻力
网线
网衣
细度
　Y 粗度
下纲
纤维材料
曳纲
渔具材料
渔具力学
渔具性能
鱼线
缘纲
增目
织网
　Y 网片编织

H3 渔具和渔法(H3)

变水层拖网
　Y 中层拖网
箔筌
捕捞方法
　Y 渔法
捕捞技术
　Y 渔法
捕鱼技术
　Y 渔法
抄网
刺网
刺网捕捞

大拉网
大围缯
灯光诱鱼
底层拖网
底拖网
　Y 底层拖网
电捕鱼
电渔法
电鱼
　Y 电捕鱼
钓捕
　Y 钓鱼法
钓竿
钓具
钓线
钓渔具
　Y 钓具
钓鱼法
钓鱼竿
　Y 钓竿
钓鱼线
　Y 钓线
定置刺网
定置网
定置渔具
毒鱼
对网
敷网
浮拖网
竿钓
钩钓
滚钩
桁拖网
回声探测
禁用渔具
聚乙烯网
聚乙烯网片
　Y 聚乙烯网
联合渔法
流刺网
流网作业
密眼网
瞄准捕捞
三重刺网
手钓
抬网
　Y 诱捕网
拖网
拖网捕捞
拖网捕鱼
　Y 拖网捕捞

拖网生产
　Y 拖网捕捞
拖网渔业
　Y 拖网捕捞
拖网作业
　Y 拖网捕捞
网捕
　Y 捕捞
网盖
网渔具
围刺网
围网
围网捕捞
围网作业
　Y 围网捕捞
虾拖网
延绳钓
曳绳钓
诱捕网
渔法
渔获选择性
渔具
渔笼
　Y 鱼笼
鱼竿
鱼钩
鱼笼
鱼篓
张网
张网渔具
　Y 张网
中层拖网

J 水产品保鲜、加工和质量安全(J)

J1 通用名词(J1)

成品率
出肉率
纯度
淡水产品
淡水鱼加工
　Y 水产品加工业
得率
低值水产品
低值鱼
低脂鱼
冻鱼片
多脂鱼
方便食品

　Y 即食水产品
海产品
海产品加工
　Y 水产品加工业
海水产品
　Y 海产品
海水虾
海藻工业
含量
含肉率
　Y 出肉率
含水率
　Y 水分
褐色肉
红色肉
活鱼
即食水产品
可食部分
冷冻厂
生鱼片
　Y 鱼片
食品工业
食品加工
食用水产品
水产加工
　Y 水产品加工业
水产加工业
　Y 水产品加工业
水产品加工
　Y 水产品加工业
水产品加工厂
水产品加工业
调味食品
鲜鱼
腥臭味
鲟鱼子
鱼段
鱼类加工
　Y 水产品加工业
鱼片
原料
重量损失
综合利用

J2 食品化学和卫生(J2)

保水性
保水性能
　Y 保水性
贝毒
　Y 贝类毒素
贝类毒素

变性
表面活性剂
呈味成分
赤变
次黄嘌呤
粗灰分
　Y 灰分
蛋白质变性
冻结变性
多聚磷酸盐
防腐
防腐剂
防霉剂
风味
腐败
腹泻性贝类毒素
龟肉
哈喇
　Y 油脂酸败
海参多糖
海参皂苷
河豚中毒
　Y 河鲀中毒
河鲀中毒
褐变
黑变
化学组成
黄曲霉毒素
灰分
僵硬期
僵直
　Y 僵硬期
解毒
抗氧化剂
抗氧化能力
口味
麻痹性贝类毒素
麻痹性毒素
　Y 麻痹性贝类毒素
凝固剂
凝胶特性
　Y 凝胶作用
凝胶作用
柠檬酸
气味
三甲胺
色变
山梨酸盐
神经性贝毒
　Y 神经性贝类毒素
神经性贝类毒素

食品安全
食品安全性
　　Y 食品安全
食品成分
食品添加剂
食品卫生
食物中毒
食用色素
水产品污染
水分
水分活度
酸价
酸值
　　Y 酸价
添加剂
调味剂
调味料
　　Y 调味剂
调味液
　　Y 调味剂
脱氧
脱氧剂
　　Y 脱氧
亚硫酸氢钠
氧化三甲胺
氧化酸败
　　Y 油脂酸败
异味
吲哚
吲哚乙酸
　　Y 吲哚
营养成份
　　Y 营养成分
营养成分
营养价值
营养评价
营养物质
　　Y 营养成分
营养指标
营养组成
　　Y 营养成分
油烧
　　Y 油脂酸败
油脂酸败
鱼蛋白
鱼毒
鱼皮
脂肪氧化
　　Y 油脂酸败
滋味成分
　　Y 呈味成分

自溶
　　Y 自溶作用
自溶作用
组胺
组胺中毒

J3　保鲜(J3)

保鲜
保鲜剂
保鲜技术
　　Y 保鲜
包冰衣
　　Y 镀冰衣
冰
冰晶
冰温保鲜
冰温贮藏
　　Y 冰温保鲜
冰鲜
冰鲜鱼
冰鲜杂鱼
　　Y 冰鲜鱼
冰鱼
　　Y 冰鲜鱼
超低温冷冻
超声波解冻
低温保藏
　　Y 冷藏
低温保鲜
低温冷冻
冻藏
冻海鱼
　　Y 冻结鱼品
冻结
冻结能力
冻结速度
冻结鱼品
冻全鱼
　　Y 冻结鱼品
冻烧
冻虾仁
冻鱼
　　Y 冻结鱼品
镀冰
　　Y 镀冰衣
镀冰衣
防腐保鲜
　　Y 保鲜
复冻
辐射保鲜
干冰

干耗
高频解冻
肌肉品质
解冻
冷藏
冷藏技术
　　Y 冷藏
冷藏能力
冷冻
　　Y 冻结
冷冻保藏
　　Y 冻藏
冷冻保存
　　Y 冻藏
冷冻保鲜
　　Y 冻藏
冷冻加工
　　Y 冻结
冷冻品
　　Y 冷冻水产品
冷冻水产品
冷冻虾仁
　　Y 冻虾仁
冷冻贮藏
　　Y 冻藏
冷海水保鲜
　　Y 冷却海水保鲜
冷却海水保鲜
喷淋式冻结
气体保鲜
　　Y 气调保鲜
气调保鲜
人造冰
生物保鲜剂
　　Y 保鲜剂
水冰保鲜
　　Y 冰鲜
水产品保鲜
　　Y 保鲜
水产品冷库
　　Y 冷藏库
速冻
微波解冻
微冻保鲜
鲜度
液氮冻结
渔船保鲜
真空解冻

J4　加工工艺和制品(J4)

蚌肉

滤水
鳗鲞
酶解
明胶
墨鱼干
  Y 鱿鱼干
模拟食品
  Y 模拟水产食品
模拟水产食品
牡蛎肉
  Y 贝肉
凝胶强度
浓缩
浓缩鱼蛋白
胖听
喷雾干燥
漂白
漂洗
漂洗水
葡萄糖胺
前处理
切丝
琼胶
琼胶素
  Y 琼胶糖
琼胶糖
琼脂
  Y 琼胶
去壳
  Y 脱壳
去内脏
热泵干燥
  Y 机械通风干燥
热风干燥
  Y 机械通风干燥
人造蟹肉
软罐头
杀菌
鲨鱼肝油
  Y 鱼肝油
鲨鱼皮
扇贝柱
  Y 干贝
膳食纤维
  Y 食物纤维
深海鱼油
  Y 鱼油
生产工艺
  Y 生产技术
湿法鱼粉
食用鱼粉

  Y 浓缩鱼蛋白
熟食品
  Y 熟制水产品
熟制水产品
水产加工品
水产食品
水产制品
  Y 水产加工品
水发海参
  Y 水发水产品
水发水产品
酸处理
酸化法
酸解
提纯
提取
田螺肉
吐沙
脱臭
脱壳
脱色
脱水
脱腥
微波干燥
无菌灌装
下脚料
  Y 副产物
虾粉
  Y 粉状产品
虾酱
虾米
虾皮
虾片
虾仁
虾肉
  Y 虾仁
虾味香精
虾油
鳕鱼肝油
  Y 鱼肝油
熏鱼
熏制
熏制水产品
  Y 熏鱼
压榨液
烟熏三文鱼
  Y 熏鱼
盐干品
  Y 腌制品
盐腌
  Y 盐渍

盐渍
盐渍制品
  Y 腌制品
腌鱼
  Y 腌制品
腌制
腌制品
液体鱼蛋白
液相转化
贻贝露
贻贝肉
  Y 贝肉
鱿鱼干
鱿鱼圈
  Y 鱿鱼干
鱿鱼丝
  Y 鱿鱼干
预处理
  Y 前处理
鱼鳔胶
  Y 明胶
鱼翅
鱼肚
鱼粉加工
鱼干
  Y 鱼片干
鱼肝油
鱼肝油丸
  Y 鱼肝油
鱼肝油制剂
  Y 鱼肝油
鱼糕
鱼浆
  Y 鱼糜制品
鱼酱
  Y 鱼露
鱼酱油
  Y 鱼露
鱼胶
  Y 鱼肚
鱼卷
鱼鳞明胶
  Y 明胶
鱼露
鱼糜
鱼糜凝胶
  Y 鱼糜
鱼糜制品
鱼排
鱼皮胶
  Y 明胶

鱼片干
鱼肉
鱼肉丸
　　Y 鱼丸
鱼松
鱼丸
鱼香肠
鱼油
鱼制品
　　Y 水产食品
鱼子酱
鱼籽酱
　　Y 鱼子酱
原料处理
远红外干燥
藻类食品
栅栏技术
珍珠层粉
　　Y 珍珠粉
珍珠粉
珍珠加工
真空冻干
　　Y 真空干燥+冷冻干燥
真空干燥
真空冷冻干燥
　　Y 真空干燥+冷冻干燥
蒸发
蒸发浓缩
　　Y 蒸发
蒸煮
转化工艺
自然干燥
组织提取物
醉制

J5 质量检验与质量管理(J5)

残留
　　Y 药物残留
残留限量
产地检疫
产地认证
产品标准
产品认证
产品质量
产品质量认证
　　Y 产品认证+质量认证
成分分析
抽检
碘值
风险评估
感官评定

　　Y 感官评价
感官评价
感官指标
关键点控制
　　Y 关键控制点
关键控制点
过氧化值
HACCP
挥发性盐基氮
　　Y TVB-N
K 值
可追溯
　　Y 可追溯性
可追溯体系
可追溯系统
　　Y 可追溯体系
可追溯性
可追溯制度
　　Y 可追溯体系
口感
快速测定
　　Y 快速检测
快速检测
快速监测
　　Y 快速检测
良好农业规范
　　Y GAP
硫代巴比妥酸值
　　Y TBA 值
绿色食品
目检
农药残留
　　Y 药物残留
ISO
GAP
认证
认证体系
水不溶物
水产品检验
水产品质量
　　Y 产品质量
饲料安全
TBA 值
TVB-N
无公害
无公害农产品
无公害认证
细菌检验
鲜度测定
　　Y 鲜度检验
鲜度检验

鲜度指标
药残
　　Y 药物残留
药物残留
有机认证
渔药残留
　　Y 药物残留
杂质
质地
质量安全
质量管理
　　Y 质量控制
质量检测
质量监督
质量评定
质量认证
质量指标
追溯体系
　　Y 可追溯体系
追溯系统
　　Y 可追溯体系

J6 包装、运输和储藏(J6)

保藏
　　Y 贮藏
保鲜期
　　Y 保质期
保质期
包装
包装材料
活虾运输
活鱼运输
货架期
　　Y 保质期
冷藏链
　　Y 冷链
冷藏运输
　　Y 冷链
冷藏运输船
冷冻包装
冷链
麻醉剂
气调包装
软包装
蓄冷袋
运输
真空包装
贮藏
贮藏期
贮藏稳定性
　　Y 贮藏性

贮藏性

K 渔业机械和仪器(K)

K1 机械仪器通用名词(K1)

安装
泵
玻璃钢
柴油
柴油机
传动装置
电脉冲
发电机
防振
废热利用
腐蚀
干扰
工况
故障
过滤器
耗油率
滑轮
机械化
机械性能
集装箱
减振
　　Y 防振
检测设备
　　Y 检测仪器
检测仪器
结构设计
节能
精度
可靠性
冷却
磨损
泥浆泵
热处理
热平衡
人造卫星
设备
生产能力
事故
水利工程
塑料
速度控制
　　Y 调速
调试
调速
调速系统
　　Y 调速装置

调速装置
卫星定位
维修
修理
　　Y 维修
余热利用
渔业机械
运输机械
增压
增压器
装置
　　Y 设备
自动化
自动控制

K2 渔用仪器(K2)

报警装置
采集设备
单边带电台
赶鱼机
　　Y 驱鱼装置
换能器
集鱼灯
集鱼器
　　Y 集鱼灯
驱鱼装置
声学仪器
探鱼仪
曳纲张力仪
诱鱼灯
　　Y 集鱼灯
渔用仪器
助渔仪器

K3 养殖机械和设施（工程）(K3)

产卵池
成鱼池
池塘
池塘清整
充气式增氧机
淡水池塘
吊笼
饵料台
　　Y 饲料台
繁育场
繁育中心
　　Y 繁育场
繁殖基地
　　Y 繁育场
防逃墙

　　Y 拦鱼坝
防逃设施
　　Y 拦鱼设施
防逃网
　　Y 拦网
孵化槽
　　Y 孵化环道
孵化池
孵化缸
　　Y 孵化桶
孵化环道
孵化盘
孵化设备
　　Y 孵化设施
孵化设施
孵化桶
孵化筒
　　Y 孵化桶
孵化箱
　　Y 孵化桶
浮式网箱
浮筒
附着基
附着器
　　Y 附着基
高位池
固定网箱
过鱼建筑物
　　Y 过鱼设施
过鱼设施
海水池塘
环沟
混合机
　　Y 饲料混合机
活鱼运输车
活鱼运输船
进排水系统
进水口
精养池塘
精养鱼池
　　Y 精养池塘
抗风浪深水网箱
　　Y 深水网箱
抗风浪网箱
　　Y 深水网箱
坑塘
　　Y 池塘
拦网
拦鱼坝
拦鱼电栅
　　Y 拦鱼栅

拦鱼设备
  Y 拦鱼设施
拦鱼设施
拦鱼网
  Y 拦网
拦鱼栅
苗绳
苗种池
泥沙质
藕池
  Y 藕田
藕田
排水孔
  Y 排水口
排水口
排水设备
培育池
喷水式增氧机
曝气设备
  Y 曝气系统
曝气系统
气石
亲鱼池
亲鱼培育池
  Y 亲鱼池
清淤机
  Y 清淤设备
清淤设备
人工礁
  Y 人工鱼礁
人工水藻
人工渔礁
  Y 人工鱼礁
人工鱼礁
沙滤
纱绢
筛绢
筛绢网
射流式增氧机
深水网箱
生物滤池
生物滤器
  Y 生物滤池
生物膜
示范场
  Y 示范基地
示范基地
收获机械
水槽
水产养殖场
  Y 养殖场

水车式增氧机
水泥池
水质净化设备
水族箱
饲料混合机
饲养池
  Y 池塘
塑料大棚
塑料棚
  Y 塑料大棚
投饵场
投饵机
  Y 投饲机
投饵台
  Y 饲料台
投饲机
投饲设备
土池
挖塘机
网箱
网箱结构
围沟
  Y 环沟
微孔管
虾池
  Y 虾塘
虾塘
养成池
  Y 成鱼池
养虾池
  Y 虾塘
养鱼池
  Y 鱼塘
养殖场
养殖池
  Y 池塘
养殖筏
养殖工程
  Y 增养殖工程
养殖基地
  Y 养殖场
养殖机械
养殖设备
  Y 养殖机械
养殖设施
养殖示范区
  Y 示范基地
叶轮式增氧机
渔业设施
育苗场
育苗池

  Y 苗种池
育苗室
育种场
  Y 育苗场
鱼坝
  Y 拦鱼坝
鱼池
  Y 鱼塘
鱼道
鱼沟
  Y 环沟
鱼塘
鱼梯
  Y 鱼道
鱼栅
  Y 拦鱼栅
鱼种场
鱼种池
  Y 亲鱼池
越冬池
越冬鱼池
  Y 越冬池
暂养池
藻礁
增养殖工程
增氧机
增氧设备
  Y 增氧机
增氧设施
  Y 增氧机
自动投饲机
  Y 投饲机

K4 捕捞机械(K4)

贝类采捕机
冰下穿索器
捕捞辅助设备
捕捞机械
捕捞设备
  Y 捕捞机械
刺网起网机
电动绞机
钓捕机械
钓机
  Y 钓捕机械
分离式绞机
绞机
卷网机
理网机
理线机
流刺网起网机

　　Y 刺网起网机
起网机
起线机
围网起网机
延绳钓捕机械
鱿鱼钓机
鱼泵
鱼筛
振网机
钻冰机

K5 加工机械和设施(K5)

包装设备
贝类开壳机
　　Y 脱壳机
冰库
采肉机
　　Y 鱼肉采取机
成型机
除臭设备
冻结装置
分级机
粉碎机
　　Y 饲料粉碎机
干燥设备
管冰机
加工机械
加工生产线
　　Y 加工机械
解冻装置
颗粒饲料机
　　Y 造粒机
颗粒饲料压制机
　　Y 造粒机
搅溃机
冷藏车
冷藏库
冷风机
冷凝器
冷却盘管
　　Y 冷凝器
冷却设备
冷却水
螺旋压榨机
磨碎机
膨化机
膨化颗粒饲料机
　　Y 膨化机+造粒机
片冰机
平板冻结机
壳冰机

切鱼片机
去鳞机
去内脏机
去皮机
去头机
去鱼骨机
　　Y 鱼肉采取机
杀菌设备
饲料粉碎机
饲料机械
　　Y 饲料加工机械
饲料加工机械
饲料加工设备
　　Y 饲料加工机械
饲料膨化机
　　Y 膨化机
碎冰机
脱壳机
洗鱼机
压缩机
液氨
液氮
油炸机
鱼粉生产设备
鱼类处理机械
鱼类分级机
　　Y 分级机
鱼类去皮机
　　Y 去皮机
鱼糜加工机械
鱼肉采取机
造粒机
斩拌机
蒸发器
制冰机械
制冷设备

L 渔船和渔港(L)

L1 渔船(L1)

玻璃钢船
　　Y 玻璃钢渔船
玻璃钢渔船
船舶检验证书
刺网渔船
大型渔船
单拖网渔船
底拖网渔船
调查船
　　Y 渔业调查船
钓船

　　Y 钓鱼船
钓鱼船
非机动渔船
辅助船
钢质渔船
海洋船舶
　　Y 渔船
机动船
　　Y 机动渔船
机动渔船
机帆渔船
　　Y 非机动渔船
近海渔船
冷藏加工船
流网渔船
　　Y 刺网渔船
木质渔船
内河渔船
双拖网渔船
拖网船
　　Y 拖网渔船
拖网加工渔船
　　Y 拖网渔船+冷藏加工船
拖网渔船
围网船
　　Y 围网渔船
围网渔船
艉滑道拖网渔船
　　Y 艉拖网渔船
艉拖网渔船
小型渔船
舷拖网渔船
延绳钓渔船
鱿钓渔船
渔船
渔船安全
渔船保险
渔船建造
渔船建造规范
渔船设计
渔船维修
渔轮
　　Y 渔船
渔业船舶
　　Y 渔船
渔业调查船
渔政船
远洋船队
远洋渔船
运输船
职务船员

Y 富营养化
公害
　　Y 环境污染
海洋生态
海洋污染
含氧量
　　Y 溶解氧
红树林
红树林保护区
　　Y 红树林湿地
化学耗氧量
　　Y COD
化学需氧量
　　Y COD
环境保护
环境恶化
　　Y 环境污染
环境改良
环境化学
环境监测
环境容量
环境条件
　　Y 环境因素
环境污染
环境因素
环境质量
急性毒性试验
急性中毒
净化
理化特性
　　Y 理化性质
理化特征
　　Y 理化性质
理化性质
理化因子
　　Y 理化性质
理化指标
　　Y 理化性质
临界浓度
慢性毒性
慢性汞中毒
慢性中毒
农药中毒
热带水域
人工湿地
溶解氧
溶氧
　　Y 溶解氧
上层水
　　Y 表层水
生化需氧量

Y BOD
生态保护
生态补偿
生态毒性
生态环境补偿
　　Y 生态补偿
生态环境修复
　　Y 生态修复
生态监控区
生态容量
生态危害
生态危机
　　Y 生态危害
生态修复
生物毒性
生物耗氧量
　　Y BOD
生物降解
生物污染
生物需氧量
　　Y BOD
实时监控
　　Y 自动监测
水环境
　　Y 水生环境
水环境安全
水环境质量
　　Y 环境质量
水生环境
水生植被
水体环境
　　Y 水生环境
水体污染
　　Y 水污染
水体修复
水污染
水样
水俣病
　　Y 慢性汞中毒
水域环境
　　Y 水生环境
水域污染
　　Y 水污染
水源
　　Y 水资源
水质
水质调查
水质类别
水质类型
　　Y 水质类别
水质污染

Y 水污染
水资源
水资源保护
死水
透明度
外来鱼类
微生物指标
无害化处理
无害化处置
　　Y 无害化处理
污染分布
污染事故
污损生物
修复方法
　　Y 修复技术
修复技术
絮凝机理
絮凝效果
　　Y 絮凝作用
絮凝作用
亚急性中毒
氧含量
　　Y 溶解氧
遗传毒性
营养物循环
　　Y 物质循环
渔业环境
渔业生态
藻相
致死浓度
致死效应
中毒
重金属中毒
自净

M2 污染物和污染源(M2)

残毒
池底淤泥
　　Y 底泥
池塘底泥
　　Y 底泥
赤潮毒素
赤潮生物
赤潮微藻
　　Y 赤潮藻
赤潮藻
除草剂
船舶溢油
氮磷比
敌敌畏
滴滴涕

毒害物质
　Y 毒物
毒素
毒物
对硝基酚
多氯联苯
　Y PCB
放射性污染
废水
废物污染
非点源污染
　Y 面源污染
富营养化
工业废水
工业污染
核污染
　Y 放射性污染
化学污染
活性污泥
急性毒性
甲基汞
颗粒物
　Y 悬浮物
颗粒有机物
　Y 悬浮物
蓝藻毒素
蓝藻水华
蓝藻污染
联合毒性
林丹
六六六
六氯苯
　Y 六六六
氯联苯
　Y PCB
霉菌毒素
面源污染
农药
农药污染
农业污水
PCB
氰化物
生活污水
生物毒素
　Y 毒素
石油污染
　Y 油污染
水华
水华蓝藻
　Y 蓝藻水华
死鱼事件

酸雨
微囊藻毒素
微囊藻水华
微生物污染
污染物
　Y 污染源
污染物排放
污染源
污水
　Y 废水
细胞毒素
细菌污染
细菌总数
悬浮颗粒物
　Y 悬浮物
悬浮微粒
　Y 悬浮物
悬浮物
养殖废弃物
养殖废水
养殖排水
　Y 养殖废水
养殖尾水
　Y 养殖废水
养殖污染
养殖污水
　Y 养殖废水
养殖业污染
　Y 养殖污染
有毒物质
　Y 毒物
有毒藻类
　Y 有害藻类
有害藻华
有机颗粒
　Y 悬浮物
有机碎屑
　Y 悬浮物
有机污染物
油污染
渔业污染
藻华
　Y 水华
藻类水华
　Y 水华
重金属污染
总氮

M3 污染监测和防治(M3)

安全浓度
沉淀池

赤潮监测
赤潮治理
臭氧
除磷
　Y 脱磷
废水处理
废水利用
湖靛
　Y 水华
化学处理
化学鉴别
监测
净化水质
　Y 水质净化
排放标准
人工浮岛
　Y 生态浮床
容许浓度
　Y 安全浓度
生态浮床
生态塘
生物浮床
　Y 生态浮床
生物监测
生物净化
　Y 自净
生物絮凝
　Y 生物絮团
生物絮团
生物转盘
水产养殖水处理
　Y 废水处理
水质标准
水质参数
　Y 水质指标
水质分析
水质改良
水质改善
　Y 水质改良
水质管理
水质基准
　Y 水质标准
水质检测
　Y 水质分析
水质监测
水质监控
水质净化
水质控制
　Y 水质调控
水质评价
水质调节

Y 水质调控
水质调控
水质因子
　　Y 水质指标
水质指标
水质自动监测
　　Y 水质监测
调控水质
　　Y 水质调控
脱氮
脱磷
污染防治
污染控制
　　Y 污染防治
污染预防
　　Y 污染防治
污水处理
　　Y 废水处理
絮凝沉淀
絮凝沉降
　　Y 絮凝沉淀
絮凝剂
氧化塘
有机絮凝剂
渔业用水标准
　　Y 水质标准
藻类控制
指示生物
指示种
　　Y 指示生物

N 渔业经济和渔业管理(N)

N1 渔业经济(N1)

保险
　　Y 渔业保险
采购
　　Y 收购
产量
产区
产业
产业化
产业结构
产业链
产业园区
产值
成鱼
　　Y 商品鱼
承包
持续发展
　　Y 可持续发展

出口
大宗产品
　　Y 大宗农产品
大宗淡水鱼
大宗农产品
贷款
单位面积产量
淡水经济鱼类
　　Y 淡水鱼类+经济鱼类
淡水养殖业
　　Y 淡水养殖+水产养殖业
对外贸易
　　Y 国际贸易
对虾产业
对虾养殖业
　　Y 对虾产业
法人
分配
供求关系
供应
公司
关税
国际贸易
国际市场
国内市场
海水养殖业
　　Y 海水养殖+水产养殖业
海洋经济
海域使用管理
　　Y 海域使用权
海域使用权
合同
合作经济
合作社
河蟹产业
互助保险
技术经济
技术体系
积累
计划经济
价格
价值链
结构调整
进口
金融危机
经济分析
经济合作
经济结构
经济体制
经济效益
经济鱼类

经济增长
经济指标
经营管理
经营体系
可持续发展
可持续利用
劳动力
良种补贴
良种覆盖率
流通
　　Y 水产品流通
贸易
农村经济
农民增收
　　Y 渔民收入
农业结构
赔偿
批发
批发市场
品牌
企业
企业管理
　　Y 经营管理
燃油补贴
三产融合
上市规格
　　Y 商品规格
上市量
商品
商品规格
商品虾
商品鱼
商业
　　Y 贸易
生产基地
生产技术
生产力
生产潜力
生态经济
生态效益
市场
市场管理
市场行情
市场经济
市场潜力
市场信息
市场预测
收购
收入
水产公司
　　Y 渔业公司

水产品
水产品流通
水产品批发
　　Y 批发
水产品市场
水产品收购
水产品物流
　　Y 水产品流通
水产品消费
水产品消费量
　　Y 水产品消费
水产品总产量
水产品总量
　　Y 水产品总产量
水产企业
　　Y 渔业公司
水产市场
　　Y 水产品市场
饲料费用
饲料公司
　　Y 饲料企业
饲料企业
饲养成本
　　Y 养殖成本
特种水产品
统计资料
投资
外销
　　Y 出口
无公害水产品
物价
　　Y 价格
虾蟹产业
　　Y 对虾产业+河蟹产业
鲜销
效益
消费
　　Y 水产品消费
消费者
销售
需求
养虾户
　　Y 养殖户
养鱼户
　　Y 养殖户
养殖产量
养殖产品
　　Y 养殖水产品
养殖产业
养殖成本
养殖风险

养殖规模
养殖户
养殖经济
　　Y 渔业经济
养殖农户
　　Y 养殖户
养殖区
　　Y 养殖区域
养殖区域
养殖权
养殖生产者
　　Y 养殖户
养殖数量
　　Y 养殖规模
养殖水产品
养殖业者
　　Y 养殖户
养殖鱼
　　Y 养殖鱼类
养殖鱼类
养殖园区
　　Y 产业园区
养殖者
　　Y 养殖户
养殖总量
　　Y 养殖产量
营销
优化配置
有机水产品
有限公司
渔产品
　　Y 水产品
渔村经济
渔港经济区
渔家乐
渔民权益
渔民收入
渔民增收
　　Y 渔民收入
渔民转产转业
渔文化
渔需物资
渔业保险
渔业补贴
渔业产量
　　Y 水产品总产量
渔业产品
　　Y 水产品
渔业产值
渔业公司
渔业结构

渔业经济
渔业经营
渔业生产
渔业收入
　　Y 渔业产值
渔业统计
渔业文化
　　Y 渔文化
渔业转型
渔业总产量
　　Y 水产品总产量
渔业总产值
　　Y 渔业产值
鱼产品
　　Y 水产品
鱼市场
　　Y 水产品市场
增产
　　Y 产量
增长率
转产转业
　　Y 渔民转产转业
资本
　　Y 资金
资金
租赁

N2　渔业管理(N2)

安全生产
捕捞权
　　Y 捕鱼权
捕捞限额
　　Y 捕捞限额制度
捕捞限额制度
捕捞许可证
捕捞许可证制度
　　Y 捕捞许可证+许可证制度
捕捞许可制度
　　Y 捕捞许可证+许可证制度
捕捞业
　　Y 水产捕捞业
捕鱼权
产业体系
传统渔业
淡水渔业
低碳渔业
　　Y 碳汇渔业
钓渔业
都市渔业
法规
非法捕捞

负责任渔业
高效渔业
公海
公海渔业
　Y 远洋渔业
观赏渔业
国际法
国际渔业
国外渔业
　Y 国际渔业
海洋产业
海洋调查
海洋法
海洋公园
海洋工程
海洋牧场
海洋权
海洋渔业
互保协会
湖泊渔业
环境法
基地建设
禁渔区
近海渔业
开捕期
良种繁育基地
　Y 水产良种场
良种基地
　Y 水产良种场
良种审定
良种推广
领海
旅游渔业
　Y 休闲渔业
绿色水产
　Y 绿色渔业
绿色水产品
　Y 无公害水产品
绿色渔业
苗种产业
内陆渔业
　Y 淡水渔业
配额
群众渔业
入渔
　Y 入渔权
入渔权
入渔条件
　Y 入渔权
设施渔业
深海渔业

　Y 远洋渔业
生产许可证
　Y 渔业许可证
生态农业
生态渔业
世界渔业
　Y 国际渔业
水产捕捞业
水产教育
水产科技
水产科学
水产科研
　Y 水产科技
水产良种场
水产学
　Y 水产科学
水产学会
水产养殖保险
水产养殖业
水产业
　Y 渔业
水产增养殖
　Y 水产增殖业
水产增殖业
水产站
水产专业
水库渔业
水族馆
碳汇渔业
条约
外海渔业
　Y 远洋渔业
违法捕捞
　Y 非法捕捞
无证捕捞
　Y 非法捕捞
现代渔业
协定
　Y 条约
休闲渔业
许可证
　Y 渔业许可证
许可证制度
循环渔业
沿岸渔业
　Y 近海渔业
养殖行业
　Y 水产养殖业
养殖许可证
养殖业
　Y 水产养殖业

养殖渔业
　Y 水产养殖业
鱿钓渔业
　Y 钓渔业
渔场管理
　Y 渔业管理
渔船登记
渔船管理
渔村
渔港监督
　Y 渔港管理
渔监
　Y 渔政管理
渔民
渔农民
　Y 渔民
渔业
渔业安全
渔业保护区
渔业部门
　Y 渔业主管部门
渔业村
　Y 渔村
渔业调查
渔业法
渔业法规
　Y 渔业法
渔业工程
渔业管理
渔业管理制度
　Y 渔业管理+渔业制度
渔业规划
渔业基地
渔业技术
渔业经济管理
　Y 渔业管理
渔业开发
渔业科技
　Y 水产科技
渔业科学
　Y 水产科学
渔业区划
渔业权
渔业人口
渔业受灾
　Y 渔业灾害
渔业水域
渔业条约
　Y 渔业协定
渔业团体
渔业协定

渔业协会
渔业许可证
渔业灾害
渔业政策
渔业制度
渔业执法
渔业主管部门
渔业资源保护区
　　Y 渔业资源+渔业保护区
渔政部门
　　Y 渔业主管部门
渔政管理
远洋渔业
栽培渔业
　　Y 水产增殖业
增养殖区
增殖渔业
　　Y 水产增殖业
珍珠产业
中国渔业
种业
　　Y 苗种产业
专属经济区
专属渔区

N3　渔业信息(N3)

传感器
大数据
地理信息系统
GIS
　　Y 地理信息系统
GPS
管理信息系统
互联网
机器人
计算机
接收机
可视化
情报
　　Y 信息
全球定位系统
　　Y GPS
神经网络
声呐
生物传感器
生物信息学
数据
数据采集
数据处理
数据分析
　　Y 数据处理

数据库
数据挖掘
图像处理
卫星导航系统
　　Y GPS
物联网
信息
信息采集
信息化
信息技术
信息系统
信息资源
遥测
　　Y 遥感监测
遥感
遥感技术
　　Y 遥感
遥感监测
遥感数据
　　Y 遥感监测
遥控
渔场预报
　　Y 渔情预报
渔情预报
渔业信息
渔业遥感
　　Y 遥感
智能管理
专家系统

P　渔业地理区划(P)

安徽
宝应湖
北部湾
北部湾渔场
北大西洋
北京
北美洲
北太平洋
渤海
长江
长江口
长江流域
长江水系
　　Y 长江流域
巢湖
大沙渔场
大西洋
大西洋沿岸
大洋洲

地中海
东北太平洋
东海
东南亚
东南沿海
东太平洋
洞庭湖
非洲
福建
甘肃
广东
广西
贵州
海河
海礁渔场
海南
海州湾
河北
河南
黑龙江
洪湖
洪泽湖
湖北
湖南
淮河
黄渤海
　　Y 黄海+渤海
黄海
黄河
黄河口
黄河三角洲
　　Y 黄河口
吉林
加拿大
江苏
江西
胶州湾
库湾
莱州湾
梁子湖
辽河
辽宁
吕泗渔场
美国
密云水库
闽东渔场
闽南-台湾浅滩渔场
南大洋
南海
南极
南美洲

南沙群岛渔场
南太平洋
内蒙古
宁夏
挪威
欧洲
鄱阳湖
青海
青海湖
青山水库
日本
三峡库区
桑沟湾
陕西
山东
山西
上海
嵊山渔场
世界

世界大洋
石岛渔场
四川
松花江
台湾
台湾海峡
太湖
太平洋
泰国
天津
西北太平洋
西南大西洋
西沙群岛渔场
西太平洋
西藏
象山港
新安江水库
新疆
兴凯湖

亚马孙河
亚洲
鸭绿江
沿海地区
阳澄湖
印度
印度洋
云南
獐子岛
浙江
中国
中国海
中国沿海
　　Y 沿海地区
舟山渔场
珠江
珠江口渔场
珠江水系
　　Y 珠江

英（拉）汉索引

Abalone　九孔鲍；鲍；鲍鱼

Abdomen　腹

Abdomere　腹节

Abdominal leg　腹足

Abdominal segment　腹节

Abnormality　畸形

Abnormality disease　畸形病

Absorption　吸附

Abundance　丰度；资源量

Abundance index　资源量指数

Abyssal sea　深海

Academic exchange　学术交流

Acanthocephala　棘头虫

Acanthocephaliasis　棘头虫病

Acanthomysis longirostris　长额刺糠虾

Acanthuridae　刺尾鱼

Acaudina molpadioides　海茄子；海地瓜

Accelerated ripening　促熟

Access condition　入渔条件

Access fishing　入渔

Access right　入渔权

Accessory　属具

Accident　事故

Acclimaitization　驯化

Accrue　增目

Accumulated temperature　积温

Accumulation　积累

Acerina cernua　粘鲈

Acetes　毛虾

Acetes chinensis　中国毛虾

Achatina fulica　白玉蜗牛

Achievement　成果

Acid　酸

Acid hydrolysis　酸解

Acid number　酸值

Acid phosphatase (ACP)　酸性磷酸酶

Acid rain　酸雨

Acid treatment　酸处理

Acid value　酸价

Acidification　酸化法

Acidity　酸度

Acidum trichloroisocyanuras　三氯异氰尿酸

Acipenser　鲟

Acipenser baeri　西伯利亚鲟

Acipenser dabryanus　达氏鲟；长江鲟

Acipenser fulvescens　湖鲟

Acipenser gueldenstaedti　俄罗斯鲟

Acipenser schrenckii　史氏鲟；施氏鲟

Acipenser sinensis　中华鲟

Acipenseriformes　鲟形目

Acoustic equipment　声学仪器

Acoustic susceptance　声呐

Acoustics　声学

Acquisition　收购

Actin　肌动蛋白

Actiniaria　海葵

Actinopterygii　辐鳍亚纲；辐鳍鱼类

Activated sludge　活性污泥

Actomyosin　肌动球蛋白

Acute poisoning　急性中毒

Acute toxicity　急性毒性

Acute toxicity test　急性毒性试验

Acute viral necrobiotic virus, AVNV　急性病毒性坏死病毒

Adaptability　适应性

Adaptation　适应

Additive　添加剂

Adducent muscle　闭壳肌

Adductor muscle　闭壳肌

Adenosine diphosphate　核苷二磷酸；ADP

Adenosine monophosphate　AMP

Adenosine triphosphate　ATP；核苷三磷酸

Adensine monophosphate　核苷一磷酸

Adhering apparatus　附着器

Adhering organism　附着生物

Adipose fin　脂鳍

Adult　成体

Adult crab　成蟹

Adult fish culture　成鱼饲养；成鱼养殖

Adult fish pond　成鱼池

Adult mollusk　成贝

Adult sea cucumber　成参

Adult shrimp　成虾

Aeration　增氧；曝气；充氧

Aeration equipment　增氧设备；曝气设备

Aeration facilities　增氧设施

Aeration system　曝气系统

Aerator　增氧机

Aerobic bacteria　需氧菌

Aeromonas　气单胞菌

Aeromonas caviae　豚鼠气单胞菌

Aeromonas hydrophila　嗜水气单胞菌

Aeromonas salmonicida　杀鲑气单胞菌

Aeromonas sobria　温和气单胞菌

Aeromonas veronii　维氏气单胞菌

Aerugo　铜绿色

Aestivation　夏眠

Affinity relationship　亲缘关系

Aflatoxin　黄曲霉毒素

Africa　非洲

African longfin eel　莫桑比克鳗鲡

Agamaki clam　缢蛏

Agar　琼胶；琼脂；冻粉

Agar medium　琼脂培养基

Agarose　琼胶素；琼胶糖

Age　年龄

Age composition　年龄组成

Age determination　年龄鉴定

Age structure　年龄结构

Agreement　协定

Agricultural structure　农业结构

Agricultural wastewater　农业污水

Agriculture　农业

Agropisciculture　农渔综合养殖

Aimed fishing　瞄准捕捞

Air　空气

Air bladder　鳔

Air cooler　冷风机

Air temperature　气温

Alarm device　报警装置

Alaska pollack　狭鳕

Alaska pollock　阿拉斯加狭鳕

Albacore　长鳍金枪鱼

Albacore tuna　长鳍金枪鱼

Alcohol　乙醇；酒精

Alexandrium　亚历山大藻

Alexandrium catenella　链状亚历山大藻

Alexandrium minutum　微小亚历山大藻

Alfalfa meal　苜蓿草粉

Algae　藻类

Algae　growth　藻类生长

Algae bloom　藻类水华；藻华

Algae breeding　藻类繁殖

Algae control　藻类控制

Algae culture　藻类养殖；藻类栽培

Algae diseases　藻类病害

Algae food　藻类食品

Algae seeding rearing　藻类育苗

Algael powder　藻粉

Algal　phase　藻相

Algal bloom　水华

Algal cell　藻类细胞

Algal community　藻类群落

Algal reef　藻礁

Algal species　藻种

Algicidal bacteria　溶藻细菌

Alginase　褐藻酸酶

Alginate　海藻酸盐；褐藻胶；褐藻酸盐

Alginate fiber　海藻纤维

Alginate polysaccharide　褐藻多糖

Alginic acid　褐藻酸；海藻酸

Alien organism　外来生物

Alien population　异地种群

Alien species　外来物种；外来种

Alien species invasion　外来物种入侵

Alimentary canal　消化道

Alimentary organ　消化器官

Alkali　碱

Alkali treatment　碱处理

Alkalinity　碱度

Allele　等位基因

Allelomorph　等位基因

Allied species　近缘种

Alligator　短吻鳄

Alligator sincnsis　扬子鳄

Alligator weed　水花生；空心莲子草

Allkaline phosphatase　碱性磷酸酶

Allocation　分配

Allogynogenesis　异精雌核发育

Allopatric population　异地种群

Allotetraploid　异源四倍体

Allowable catch　可捕量

Allowable concentration　容许浓度

Alosa sapidissima　美洲鲥；美洲西鲱

Alpine region　高寒地区

Alternanthera philoxeroides　空心莲子草；水花生

Alternation of generations　世代交替

Aluminum　铝

Amazon　亚马孙河

Amberjack　鲕；鲕鱼

American crayfish　美洲螯龙虾

American lobster　美国龙虾；美洲螯龙虾

American shad　美洲西鲱；美洲鲥

Amino acid　氨基酸

Amino acid balance　氨基酸平衡

Ammonia　氨

Ammonia excretion rate　排氨率

Ammonia nitrogen　氨氮

Ammoniacal nitrogen　氨态氮

Ammonium nitrogen　铵态氮

Ammonium salt　铵盐

Amoebiasis　变形虫病

Amphibia　两栖类

Amphibian　两栖动物

Amphibians　两栖类

Amphibious animal　两栖动物

Amphioxus　白氏文昌鱼

Amphipoda　端足类；端足目

Amphiprioninae　小丑鱼

Amplification conditions　扩增条件

Amplification products　扩增产物

Amplification sites　扩增位点

Amplified Fragment length Polymorphism　扩增片段多态性；AFLP

Amplimer　扩增引物

Amur carp　黑龙江野鲤

Amur sturgeon　史氏鲟; 施氏鲟

Amusium　日月贝

Amylase　淀粉酶

Amylolytic enzyme　淀粉酶

Anabaena　鱼腥藻

Anabolism　合成代谢

Anadonta woodiana elliptica　椭圆背角无齿蚌

Anadromous fish　溯河性鱼

Anadromous migration　溯河洄游

Anaerobe　厌氧菌

Anaerobic bacteria　厌氧菌

Anaesthesia　麻醉

Anaesthetic　麻醉剂

Anaesthetization　麻醉

Anagenesis　进化

Analysis　分析

Anampses meleagrides　黄尾阿南鱼; 珍珠龙

Anatomy　解剖学

Anchoveta　秘鲁鳀

Anchovies　鳀

Anchovy　鲚

Ancylodiscoidiasis　盘钩虫病

Andrias davidianus　中国大鲵; 娃娃鱼; 大鲵

Androgen　雄激素; 雄性激素

Androgenesis　雄核发育

Anemia　萎瘪病

Anesthetic　麻醉剂

Angel shark　扁鲨

Angelfish　天使鱼; 神仙鱼

Angiosperma　被子植物

Angle　捕鱼

Angle rod　钓竿

Angler　鮟鱇; 垂钓者

Angling　垂钓; 钓鱼

Angling boat　钓船; 钓鱼船

Angling fishery　钓渔业

Angling gear　钓渔具

Angling machine　钓机

Angling machinery　钓捕机械

Anguilla　鳗鲡; 河鳗

Anguilla anguilla　欧鳗; 欧洲鳗鲡

Anguilla australis　澳洲鳗鲡

Anguilla japonica　白鳝

Anguilla marmorata　花鳗; 花鳗鲡

Anguilla mossambic　莫桑比克鳗鲡

Anguillicolaosis　鳗居线虫病

Anhui province　安徽

Anilazine　敌菌灵

Animal appendage　动物附肢

Animal bait　动物性饵料

Animal feed　动物性饲料

Animal feedstuff　动物性饲料

Animal fodder　动物性饲料

Animal manure　厩肥

Animal nutrition　动物营养

Animal physiology　动物生理学

Animal protein　动物蛋白; 动物性蛋白

Annamemys annamensis　安南龟

Annelida　环节动物

Annual ring　年轮

Anodonta woodiana　无齿蚌

Anoplopoma fimbria　银鳕鱼; 裸盖鱼

Anorexia　食欲减退

Antagonism　拮抗作用

Antagonistic function　拮抗作用

Antagonistic joint action　拮抗作用

Antarctic　南极

antarctic ice microalgae　南极冰藻

Antarctic krill　南极大磷虾; 南极磷虾

Antenna　触角

Antherozoid　精子

Anthocidaris crassispina　紫海胆

Anthozoa　珊瑚虫

Anti-escape net　防逃网

Anti-escape wall　防逃墙

Anti-storm cage　抗风浪网箱

Anti-storm deep sea cage　抗风浪深水网箱

Antibacterial action　抗菌作用

Antibacterial activity　抗菌活性

Antibacterial agent　抗菌剂

Antibacterial drugs　抗菌药物

Antibiotic　抗生素; 抗菌素

Antibiotic sensitivity　药敏特性

Antibody　抗体

Anticyclone　反气旋

Antidote　解毒

Antifreeze protein　抗冻蛋白

Antifreezing protein　抗冻蛋白

Antigen　抗原

Antimicrobial Peptides　抗菌肽

Antimicrobial properties　抗菌性

Antimicrobial protein　抗菌蛋白

Antimold agent　防霉剂

Antimold chemical　防霉剂

Antimould agent　防霉剂

Antioxidant　抗氧化剂

Antioxidant activity　抗氧化活性

Antioxidant capacity　抗氧化能力

Antioxidant enzyme　抗氧化酶

Antisepsis　防腐

Antiseptic preservation　防腐保鲜

Antiseptics　防腐剂
Antivibration　防振
Antiviral ability　抗病毒能力
Apalone ferox　珍珠鳖; 佛罗里达鳖
Apiosomasis　杯体虫病
Apistogramma　短鲷
Aplysia　海兔
Apparent digestibility　表观消化率
Appendage　附着器
Appendages　附肢
Apple snail　福寿螺; 苹果螺
Apply fertilizer　施肥
Approach　方法
Aqaroidin　琼胶素
Aquaclture machinery　养殖机械
Aquaculrure level　养殖水平
Aquaculrure water environment　养殖水环境
Aquaculrure demonstration area　养殖示范区
Aquaculrure ecology　养殖生态
Aquaculrure species　养殖生物
Aquaculrure time　养殖时间
Aquaculrure waterbody　养殖水体
Aquaculture　水产养殖; 水产品养殖; 养殖
Aquaculture demonstration　养殖示范
Aquaculture experience　养殖经验
Aquaculture period　养殖期
Aquaculture permit　养殖许可证
Aquaculture system　养殖系统
Aquaculture animals　养殖动物
Aquaculture area　养殖面积
Aquaculture areas　养殖区域
Aquaculture base　养殖基地
Aquaculture by enhancement　水产增养殖
Aquaculture carrying capacity　养殖容量
Aquaculture diseases　水产养殖病害; 养殖病害
Aquaculture economy　养殖经济
Aquaculture engineering　养殖工程
Aquaculture environment　养殖环境
Aquaculture equipment　养殖设备
Aquaculture facility　养殖设施
Aquaculture farmer　养殖农户
Aquaculture farms　水产养殖场
Aquaculture fishery　养殖渔业
Aquaculture industry　养殖业; 养殖行业; 水产养殖业
Aquaculture industry pollution　养殖业污染
Aquaculture insurance　水产养殖保险
Aquaculture management　养殖管理
Aquaculture methods　养殖方式
Aquaculture model　养殖模式
Aquaculture output　养殖量
Aquaculture park　养殖园区

Aquaculture pollution　养殖污染
Aquaculture population　养殖群体
Aquaculture products　养殖水产品
Aquaculture quantity　养殖数量
Aquaculture regulation　养殖规程
Aquaculture right　养殖权
Aquaculture scale　养殖规模
Aquaculture science　水产养殖学
Aquaculture sea area　养殖海域
Aquaculture shrimp　养殖虾
Aquaculture species　养殖品种
Aquaculture structure　养殖结构
Aquaculture tail water　养殖尾水
Aquaculture technique　养殖技术
Aquaculture total output　养殖总量
Aquaculture upscaling　养殖规模化
Aquaculture wastes　养殖废弃物
Aquaculture wastewater　养殖排水; 养殖废水; 养殖污水
Aquaculture wastewater treatment　水产养殖水处理
Aquaculture water area　养殖水域
Aquaculture yield　养殖产量
Aquafarm　海洋牧场; 水产养殖场
Aquaponics　鱼菜共生
Aquaria　水族馆
Aquarium　水族箱
Aquatic animal　水产动物; 水生动物
Aquatic animal disease　水产动物病; 水生动物疫病
Aquatic animal diseases　水产动物疾病
Aquatic animal feed　水产动物饲料
Aquatic animal nutrition　水产动物营养
Aquatic biological resources　水生生物资源
Aquatic bird　水禽
Aquatic breeding farm　水产良种场
Aquatic drug　水产药物
Aquatic ecology　水域生态
Aquatic ecosystem　水生生态系统; 水域生态环境
Aquatic environment　水生环境
Aquatic environment carrying capacity　水环境容量
Aquatic feed　水产饲料
Aquatic insect　水生昆虫
Aquatic living resources　水生生物资源
Aquatic macrophyte　大型水生植物
Aquatic macrophytes　高等水生植物
Aquatic mammal　水生哺乳动物
Aquatic organism　水生生物; 水产生物
Aquatic organism diseases　水生生物病害
Aquatic plant　水生植物; 水生植物
Aquatic processing products　水产制品
Aquatic product　水产品
Aquatic product consumption　水产品消费
Aquatic product examination　水产品检验

Aquatic product industry　水产业
Aquatic product market　水产品市场
Aquatic products circulation　水产品流通
Aquatic products cold storage　水产品冷库
Aquatic products consumption　水产品消费量
Aquatic products logistics　水产品物流
Aquatic products purchase　水产品收购
Aquatic products quality　水产品质量
Aquatic products wholesale　水产品批发
Aquatic resources　水域资源
Aquatic vascular bundle plant　水生维管束植物
Aquatic vegetation　水生植被
Aquatic weed　水草
Aquatic wild animal　水生野生动物
Aquiculture specialty　水产专业
Aral shemaia　卡拉白鱼
Arca inflata　魁蚶
Arca (Tegillarca) granosa　泥蚶
Archbar wrasse　珍珠龙
Archive　档案
Arctic charr　北极红点鲑
Arctic cisco　凹目白鲑
Arctic trout　北极红点鲑
Argentine shortfin squid　阿根廷滑柔鱼
Argillo arenaceous　泥沙质
Arginine　精氨酸
Argopecten irradians　海湾扇贝
Arguliosis　鲺病；鱼鲺病
Argulus　鱼虱
Argyrosomus argentatus　白姑鱼
Aristichthys nobilis　大头鱼；胖头鱼；花鲢；鳙
Arius thalassinus　海鲶
Ark clam　毛蛤；毛蚶
Ark shell　魁蚶；泥蚶
Arothron nigropunctatus　狗头鱼；黑斑叉鼻鲀
Arowana　红尾金龙
Arsenic　砷
Artemia　丰年虫
Artemia salina　卤虫；盐水丰年虫
Arthropoda　节肢动物
Article　论文
Artifical selection　人工选育
Artificial algae　人工水藻
Artificial breeding　人工育苗；人工繁育
Artificial collection of seeding　人工采苗
Artificial crab meat　人造蟹肉
Artificial cultivation　人工培养
Artificial culture　人工培育
Artificial diet　人工饵料
Artificial domestication　人工驯化；人工驯养
Artificial enhancement culture　人工增养殖

Artificial feed　人工饵料
Artificial fertilization　人工授精
Artificial fish nest　人工鱼巢
Artificial fish reef　人工鱼礁
Artificial floating island　人工浮岛
Artificial hatching　人工孵化
Artificial ice　人造冰
Artificial incubation　人工孵化
Artificial induction　人工诱导
Artificial infection　人工感染
Artificial insemination　人工受精
Artificial lake　人工湖
Artificial lure　拟饵
Artificial propagation　人工繁殖
Artificial rearing　人工饲养
Artificial reef　人工礁；人工鱼礁；人工渔礁
Artificial releasing　人工放流
Artificial ripening　人工催熟
Artificial seawater　人造海水；人工海水
Artificial seedling　人工苗种
Artificial seedling culture　全人工育苗
Artificial seedling rearing　人工育苗；全人工育苗
Artificial spawning　人工产卵
Artificial wetland　人工湿地
Ascending current　上升流
Ascites disease　腹水病
Ascorbic acid　抗坏血酸
Aseptic filling　无菌灌装
Asexual propagation　无性繁殖
Asexual reproduction　无性生殖
Ash　灰分
Asia　亚洲
Asia arowana fish　亚洲龙鱼
Asia bonytongue　美丽硬骨舌鱼
Asian arowana　美丽硬骨舌鱼
Asian clam　河蚬
Asian yellow pond turtle　黄喉拟水龟；黄喉水龟
Aspergillus　曲霉菌
Aspergillus niger　黑曲霉
Aspergillus oryzae　米曲霉
Asphyxia　泛塘；窒息
Assessment　评估；评价
Assignment　分配
Astaxanthin　虾青素
Asterias amurensis　多棘海盘车
Asteroidea　海星
Astragalus polysaccharides　黄芪多糖
Astroconger myriaster　星鳗
Astronotus ocellatus　地图鱼
Asymphylodorasis　侧殖吸虫病
Atlantic bonito　狐鲣

Atlantic coast　大西洋沿岸
Atlantic herring　大西洋鲱
Atlantic Ocean　大西洋
Atlantic salmon　大西洋鲑
Atmosphere　大气
Atmosphere preservation　气体保鲜
Atmospheric pressure　气压
Atomic absorption method　原子吸收法
Atomic absorption spectrophotometry　原子吸收分光光度法
Atomic absorption spectroscopy　原子吸收光谱法
Atomic fluorescence spectrometry　原子荧光光度法; 原子荧光光谱法
Atomic fluorescence spectrophotometer　原子荧光光度计
Atractosteus　雀鳝; 骨雀鳝
Attached algae　附着藻类
Attractant　诱食剂
Attracting　诱食
Attracting fish lamp　集鱼灯
Attribute　属性
Attrition mill　磨碎机
Audition　听觉
Australian redclaw crayfish　澳洲龙虾; 澳洲岩龙虾
Autolysis　自溶作用
Autolyze　自溶
Automatic cotrol　自动控制
Automatic dispenser　自动投饲机
Automatic feeding　自动投饵
Automatic monitor and control　自动监控
Automatic monitoring　自动监测
Automation　自动化
Autotrophism　自养
Autum whitefish　凹目白鲑
Autumn　秋季
Autumn fishing season　秋汛
Autumn reproduction　秋繁
Auxiliary ship　辅助船
Auxin　生长素
Auxis thazard　扁舵鲣
Average　海损
Average catch　平均渔获量
Aves　鸟类
Avitaminosis　维生素缺乏症
Avoidance　回避
Ayu　香鱼
Babylonia　东风螺
Bacillariophyta　硅藻
Bacillus　芽孢杆菌
Bacillus cereus　蜡样芽孢杆菌; 蜡状芽孢杆菌
Bacillus firmus　坚强芽孢杆菌
Bacillus licheniformis　地衣芽孢杆菌
Bacillus proteus　变形杆菌

Bacillus subtilis　枯草芽孢杆菌
Background pollution　本底污染
Backyard culture　庭院养殖
Bacteria　细菌
Bacteria identification　细菌鉴定
Bacterial community　细菌群落
Bacterial contamination　细菌污染
Bacterial disease　细菌病
Bacterial enteritis　细菌性肠炎
Bacterial fish disease　细菌性鱼病
Bacterial gill rot disease　细菌性烂鳃; 乌头瘟
Bacterial infected skin diseases　细菌性皮肤病
Bacterial infection　细菌感染
Bacterial isolation　细菌分离
Bacterial septicemia　细菌性败血症
Bacterial diseases　细菌性病害
bacterial infectious diseases　细菌性传染病
Bactericidal　杀菌剂
Bactericidal agent　杀菌剂
Bactericidc　杀菌剂
Bacterine　菌苗
Bacteriologic test　细菌检验
Bacteriophage　噬菌体
Bacteriosis　细菌性疾病; 细菌疾病
Bacteriostaic agent　抑菌剂
Bacteriostatic activity　抑菌活性
Bacteriostatic test　抑菌试验
Baculovirus　杆状病毒
Baculovirus penaei disease　对虾杆状病毒病
Baculovirus Penaei, BP　对虾杆状病毒
Bagrid catfishes　鮠科
Bagridae　鮠科
Bahaba flavolabiata　黄唇鱼
Bait　钓饵
Bait feed　饵料
Baked eel　烤鳗
Balaenoptera acutorostrata　小鳁鲸; 小须鲸
Balanus　藤壶
Bamboo screen pound　箔筌
Banana prawn　墨吉明对虾
Banned drugs　禁用药物
Bar　目脚
Barbel　鱼须
Barcoo grunter　宝石斑; 宝石鲈; 宝石鱼
Barcoo perch　高体革鯻; 玉鲈
Barium　钡
Barnacle　藤壶
Barnyard manure　厩肥
Barricade　拦鱼设施
Barrier dam　鱼坝; 拦鱼坝
Barrier net　拦网

Barring facilities　拦鱼设备

Bartard halibuts　鲆

Base construction　基地建设

Base fertilizer　基肥

Base population　基础群体

Basic feed　基础饵料

Basic group　基础群体

Basic manure　基肥

Basicity　碱度

Basicladia chelonyun　基枝藻

Basin　流域

Basking shark　姥鲨

Bastard mullets　马鲅科

Bathymetfic depth　水深

Bathypelagic organism　深海生物

Bay　港湾

Bay culture　港湾养殖

Bay scallop　海湾扇贝

Bbenthic fishes　底栖鱼类

Bbiological filter　生物滤池

Bdellovibrio　蛭弧菌

Bdellovibrio bacteriovorus　噬菌蛭弧菌

Beach seine　大拉网

Beacon　航标

Beal's eyed turtle　眼斑龟

Beam trawl　桁拖网

Bean cake powder　豆饼粉

Begonia palmata　水蜈蚣

Behaviour　行为

Beibu Bay　北部湾

Beibu Gulf　北部湾

Beibuwan Fishing Ground　北部湾渔场

Beijing　北京

Belenger scroaker　叫姑鱼

Belenger sjewfish　叫姑鱼

Bellamya　环棱螺

Bellamya aeruginosa　铜锈环棱螺

Bend-body disease　弯体病

Benedeniasis　本尼登虫病

Beneficial flora　有益菌群

Beneficial microorganism　有益微生物

Benefit　效益

Benthic　底栖生物

Benthic algae　底栖藻类

Benthic diatoms　底栖硅藻

Benthic fish　底栖鱼类

Benthic life　底栖生活

Benthic macroinvertebrate　大型底栖无脊椎动物

Benthic microalgae　底栖微藻

Benthic mussels　底栖贝类

Benthic Seaweed　底栖海藻

Benthos　海底生物

Benzene hexachloride　六六六

Beshow　裸盖鱼；银鳕鱼

Betaine　甜菜碱

Betta splendens　五彩博鱼；暹罗斗鱼；泰国斗鱼

Bezoar rapana　红螺

Bidyanus bidyanus　银锯眶鲕；银鲈；澳洲银鲈

Big data　大数据

Big-headed turtle　平胸龟；大头龟；鹦鹉龟

Bigeneric cross　属间杂交

Bigeye herring　海鲢

Bigeye snapper　长尾大眼鲷；大眼鲷

Bighead　大头鱼

Bighead carp　鳙；胖头鱼；花鲢

Bighead carp and silver carp　花白鲢

Bio-remediation　生物修复

Bioactivity　生物活性

Bioassay　生物鉴定

Biochemical characteristics　生化特性

Biochemical composition　生化组成

Biochemical index　生化指标

Biochemical oxygen demand　生化需氧量；BOD

Biochemistry　生物化学

Biocontrol　生物防治

Biodegradation　生物降解

Biodiversity　生物多样性

Bioengineering　生物工程

Bioenrichment　生物富集

Biofilm　生物膜

Biofilter　生物滤池；生物滤器

Biofloc　生物絮团

Biogas fertilizer　沼气肥

Biogenic　生物源

Biogenic amine　生物胺

Bioinformatics　生物信息学

Biological aeration　生物增氧

Biological agents　生物制剂

Biological antistaling agent　生物保鲜剂

Biological chain　生物链

Biological characteristic　生物学特性

Biological classification　生物分类

Biological cleaning　生物净化

Biological clock　生物钟

Biological concentration　生物富集

Biological control　生物防治

Biological enhancementoxygen　生物增氧

Biological filter　生物滤器

Biological flocculation　生物絮凝

biological invasion　生物入侵

Biological learning　生物学习性

Biological membrane　生物膜

Biological monitoring　生物监测

Biological oxidation　生物氧化

Biological oxygen demand　生物需氧量；生物耗氧量；生物耗氧量

Biological pollution　生物污染

Biological preparation　生物制剂

Biological productivity　生物生产力

Biological property　生物学特性；生物学特征

Biological purification　生物净化

Biological resources　生物资源

Biological source　生物源

Biological species　物种；生物种；生物物种

biological species invasion　物种入侵

Biological specimen　生物标本

Biological survey　生物调查

Biological taxonomy　生物分类学

Biology　生物学

Biomarkers　生物指标

Biomass　生物量

Biomembrane　生物膜

Biometrics　生物统计

Biomonitoring　生物监测

Bioscience　生物科学

Biosecurity　生物安全

Biosensor　生物传感器

Biota　生物区系；生物群

Biotechnology　生物技术

Biotic control　生物防治

Biotic resource　生物资源

Biotoxicity　生物毒性

Biotoxin　生物毒素；赤潮毒素

Bivalve molluscs　双壳贝类

Bivalves　双壳类

Black bass　加州鲈

Black bream　鲂

Black carp　黑鲩；青鲩；青鱼

Black cod　裸盖鱼；银鳕鱼

Black frame toad　黑眶蟾蜍

Black gill disease　黑鳃病

Black lip pearl shell　珍珠母贝

Black pomfret　乌鲳

Black porgy　黑鲷

Black rockfish　许氏平鲉

Black scraper　马面鲀

Black sea bass　条纹锯鮨；黑石斑鱼；美洲黑石斑鱼

Black seabream　黑鲷

Black shark　黑鲨

Black-chinned tilapia　萨罗罗非鱼；帚齿罗非鱼

Black-lipped pearl oyster　黑蝶贝

Black-spotted pond frog　黑斑侧褶蛙

Black-spotted toado　黑斑叉鼻鲀

Blackening　黑变

Blackish green　黑绿色

Blacklipped pearl oyster　珍珠母贝

Blackspotted blowfish　黑斑叉鼻鲀

Blackspotted puffer　狗头鱼；黑斑叉鼻鲀

Blackspotted toadfish　黑斑叉鼻鲀

Blast drying　鼓风干燥

Blastula stage　囊胚期

Bleaching　漂白

Bleaching powder　漂白粉

Bleeker's grouper　布氏石斑鱼

Bleeker's yellow tail　黄尾鲴；黄尾密鲴

Blocking fish with electric screen　拦鱼电栅

Blood　血液

Blood cell　血细胞

Blood circulation　血液循环

Blood clam　蚶

Blood cockle　泥蚶

Blood index　血液指标

Blood type　血型

Blood vessel　血管

Blooming　湖靛

Blue crab　蓝蟹

Blue mackerel　澳洲鲭

Blue shark　大青鲨；蓝鲨

Blue sharks　真鲨

Blue shrimp　细角对虾

Blue spotted grouper　豹纹鳃棘鲈

Blue swimming crab　远海梭子蟹

Blue-dotted coral-trout　豹纹鳃棘鲈

Blue-green　蓝绿色

Blue-tooth grouper　波纹唇鱼

Bluefin leatherjacket　绿鳍马面鲀

Bluefin tuna　蓝鳍金枪鱼；马苏金枪鱼

Bluegill　蓝太阳鱼

Bluespotted　大弹涂鱼

Bluish green　蓝绿色

Bluntnose black bream　团头鲂

Bluntnose lizardfish　大头狗母鱼

Board　甲板

Body cavity　体腔

Body color　体色

Body fluid　体液

Body length　体长

Body weight　体重

Bohai Sea　渤海

Bolchline　缘纲

Boleophthalmus pectinirostris　大弹涂鱼

Bolting-silk　筛绢

Bombay duck　龙头鱼

Bone plate　骨板

Book　图书

Boron　硼

Bothidae　鲆；鲆鱼

Bothriocephaliasis　头槽绦虫病

Bothriocephalus gowkongensis　九江头槽绦虫

Bottlenose dolphin　宽吻海豚

Bottom drag net　底拖网

Bottom fauna　底栖动物

Bottom fish　底层鱼

Bottom silt　池底淤泥

Bottom sowing culture　底播养殖

Bottom trawl　底层拖网；底拖网

Bottom trawler　底拖网渔船

Bottom water　底层水

Box tortoise　黄额盒龟

Box turtle　周氏闭壳龟；闭壳龟

Brachymystax lenok　细鳞鱼

Brackish culture　半咸水养殖；咸淡水养殖

Brackish water　半咸水；咸淡水

Brackish water aquaculture　半咸水养殖

Brackish water fish　半咸水鱼类

Brackishwater fish　咸淡水鱼类

Braiding　网片编织

Brain　脑

Branchia nephritis　鳃肾炎

Branchial aperture　鳃孔

Branchial filament　鳃丝

Branchial membrane　鳃膜

Branchiomycosis　鳃霉病

Branchiostegus　方头鱼

Branchiostoma　文昌鱼

Branchiostoma belcheri　白氏文昌鱼

Brand　品牌

Brazilian slider　九彩龟；巴西龟

Breakwater　防波堤

Bream　厚颌鲂；鳊鱼

Breeders　养殖业者

Breeding　育种；选育

Breeding area　增养殖区

Breeding base　繁殖基地

Breeding Center　繁育中心

Breeding cost　养殖成本

Breeding farm　育种场

Breeding habits　繁殖习性

Breeding industry　养殖产业

Breeding methods　繁殖方法

Breeding migration　生殖洄游

Breeding period　繁殖期

Breeding pool　培育池

Breeding population　繁殖种群

Breeding process　繁殖过程

Breeding producer　养殖生产者

Breeding products　养殖产品

Breeding risk　养殖风险

Breeding season　产卵季节；繁殖季节

Breeding site　繁殖地

Breeding system　繁育体系

Breeding technology　繁育技术

Breeding test　繁殖试验；繁育试验

Breeding value　育种值

Breen　褐绿色

Brild　鲆

Brindle bass　鞍带石斑鱼

Brindlebass　龙胆石斑鱼

Brine shrimp　丰年虫；丰年虾；卤虫

Brine shrimp egg　卤虫卵

Brining　盐渍

Bromo chloro hydantoin　溴氯海因

Bronze gudgeon　铜鱼

Bronze whaler sharks　短尾真鲨

Brood amount　怀卵量

Brood fish　亲鱼

Brood shrimp　亲虾

Brooding eggs　抱卵

Broodstock combination　亲本组合

Broodstock crab　亲蟹

Broodstock cultivation　亲体培育

Broodstock feed　亲鱼饲料

Broodstock fish domesticated　亲鱼驯化

Broodstock fish feeding　亲鱼饲养

Broodstock pond　亲鱼池

Broodstock rearing　亲鱼培育；亲虾培育

Broodstock turtle　亲鳖

Brown　褐色

Brown algae　褐藻

Brown croaker　鮸

Brown meat　褐色肉

Brown trout　亚东鲑

Browning　褐变

Bubble disease　气泡病

Bufo gargarizans　中华大蟾蜍

Bufo melanostictus　黑眶蟾蜍

Bulk freshwater fish　大宗淡水鱼

Bulk products　大宗产品

Bullacta exarata　泥螺

Bullet mackerel　扁舵鲣

Bullfrog　牛蛙

Buoy　浮标

Business management　经营管理

Business system　经营体系

Bussus　足丝

Butterfish　银鲳

Butterfly shrimp　蝴蝶虾
Button-size crab　扣蟹
Buying　收购
By catch　副渔获物；兼捕渔获物
By product　副产品
By-product　副产物
Cable　缆绳
Cadmium　镉
Cage　吊笼
Cage cleaning　网箱清洗
Cage cultivation　笼养
Cage culture　网箱养殖；笼养
Cage fish culture　网箱养鱼
Cage structure　网箱结构
Calamity　灾害
Calanus sinicus　中华哲水蚤
Calcification　钙化法
Calcium　钙
Calcium alginate　海藻酸钙
Calcium dihydrogen phosphate　磷酸二氢钙
Caligids　鱼虱
Caligus　鱼虱
Caligus nanhaiensis Wu　& Pan　南海鱼虱
Caligusiasis　鱼虱病
Callinectes　蓝蟹
Calling crab　招潮蟹
Callorhinus ursinus　海狗
Cambarus　螯虾
Can processing　罐头加工
Canada　加拿大
Cancer magister　珍宝蟹
Candida　假丝酵母
Canned food　罐头
Cannibalism　同类相残；残食
Cape anchovy　丁香鱼
Capemouth　鲈鱼；花鲈
Capillariasis　毛细线虫病
Capital　资本
Captivity　驯养
Captured population　捕捞群体
Capybara　水豚
Carangidae　鲹科
Carapace　头胸甲；背甲
Carassius auratus　丰产鲫；金鲫；金鱼；鲫；滇池高背鲫；淇河鲫鱼
Carassius auratus auratus　湘云鲫
Carassius auratus gibelio　异育银鲫；银鲫；普安银鲫
Carassius auratus pingxiangnensis　萍乡红鲫
Carbofuran　呋喃丹
Carbohydrate　碳水化合物
Carbon　碳

Carbon cycle　碳循环
Carbon dioxide　二氧化碳
Carbon sink fishery　碳汇渔业
Carbon source　碳源
Carbonate　碳酸盐
Carbostyril　喹诺酮
Carcharhinus　真鲨
Carcharhinus brachyurus　短尾真鲨；黑鲨
Carminosis　鲤鱼白云病
Carnivorous　肉食性
Carnivorous fish　肉食性鱼；肉食性鱼类
Carotene　胡萝卜素
Carotenoid　类胡萝卜素
Carp　小口脂鲤
Carp pox　鲤痘疮病
Carp swim bladder inflammation　鲤鳔炎病
Carpet shark　须鲨
Carpospore　果孢子
Carps　鲤科
Carrageenin　角叉菜胶；鹿角菜胶
Carraneenin　卡拉胶
Cartilage　软骨
Cartilaginous fishes　软骨鱼
Caryophyllaeusiasis　鲤蠢病
Caryotype　核型
Catabolism　分解代谢
Catadromous migration　降海洄游；降河洄游
Catalase　过氧化氢酶
Catalogue　目录
Cataract　白内障病
Catch　渔获量；渔获物
Catch composition　渔获物组成；渔获组成
Catch control　渔获量控制
Catch per haul　单位网次渔获量
Catch per unit effort　单位作业量渔获量；单位努力量渔获量
Catch prediction　渔获量预报
Catch rate　渔获率；捕获率
Catch refrigerated carrier　冷藏运输船
Catchable size　可捕规格
Catching efficiency　捕捞效率
Catching power　捕捞力量
Catching season　捕捞季节
Catchment　流域
Catfish　兰州鲶；胡鲶；胡子鲶；塘角鱼；大口鲶；塘虱；土鲶；鲇；鲶；鲶鱼；兰州鲇
Caudal fin　尾鳍
Caudal peduncle　尾柄
Caudal rot　烂尾病
Causative agent　病原体
Cave fish　洞穴鱼类
Cavellas　鲹科

Caviar　鱼籽酱；鱼子酱

Cdna cloning　cDNA 克隆

Cell　细胞

Cell biology　细胞生物学

Cell culture　细胞培养

Cell density　细胞密度

Cell division　细胞分裂

Cell engineering　细胞工程

Cell hybridization　细胞杂交

Cell line　细胞系

Cell membrane　细胞膜

Cell strain　细胞株

Cell wall　细胞壁

Cellular fusion　细胞融合

Cellulase　纤维素酶

Cellulose　纤维素

Cement pool　水泥池

Central fishing ground　中心渔场

Centromere　着丝粒

Centropristis striata　美洲黑石斑鱼；黑石斑鱼；条纹锯鮨

Cephalochordate　头索动物

Cephalopoda　头足类

Ceratophyllum demersum　金鱼藻

Certificate of seafarer　船员证书

Certification　认证

Certification of origin　产地认证

Certification system　认证体系

Cestoidea　绦虫

Cetacea　鲸鱼；鲸类

Cetaceans　鲸豚

Cetorhinus maximus　姥鲨

Chaetoceros　角毛藻

Chaetoceros gracilis　纤细角毛藻

Chaetoceros muelleri　牟氏角毛藻

Chalcalburnus chalcoides aralensis　卡拉白鱼

Chameleon goby　纹缟虾虎鱼

Changjiang estuary　长江口

Channa argus　黑鱼

Channa asiatica　月鳢；七星鱼

Channel catfish　沟鲇；沟鲶；斑点叉尾鮰

Channel Catfish Virus, CCV　斑点叉尾鮰病毒

Chanos chanos　虱目鱼；遮目鱼

Chaohu Lake　巢湖

Characiformes　脂鲤目

Charr　红点鲑

Charybdis　蟳

Charybdis feriatus　锈斑蟳

Charybdis japonica　日本蟳

Cheilinus　唇鱼

Cheilinus undulatus　波纹唇鱼

Chelon haematocheilus　梭鱼

Chelonia　海龟科

Chelonia　巨龟

Chelonia mydas　绿海龟

Chelonian　龟类

Cheloniidae　海龟科

Chelydra serpentina　鳄龟；拟鳄龟；鳄鱼龟；蛇鳄龟

Chemical aeration　化学增氧

Chemical analysis　化学分析

Chemical composition　化学组成

Chemical element　化学元素

Chemical factor　化学因子

Chemical fertilizer　化肥

Chemical identification　化学鉴别

Chemical oxygen demand　化学耗氧量；化学需氧量；COD

Chemical pollution　化学污染

Chemical property　化学性质

Chemical reaction　化学反应

Chemical reagent　化学试剂

Chemical structure　化学结构

Chemical treatment　化学处理

Chemistry　化学

Chemotaxis　趋化性

Cherax quadricarinatus　四脊滑螯虾；澳洲龙虾；澳洲岩龙虾；红螯光壳螯虾

Cherry shrimp　樱花虾

Chery salmon　马苏大麻哈鱼

Chilean jack mackerel　智利竹筴鱼

Chilled sea water preservation　冷却海水保鲜

Chilled seawater preservation　冷海水保鲜

Chilling　冷却

Chilodonelliasis　斜管虫病

Chilodonelliosis　斜管虫病

Chimaera fish　银鲛

China　中国

China Coast　中国沿海

China sea　中国海

Chinafish　月鳢；七星鱼

Chinemys megalocephala　大头龟

Chinemys reevesii　金龟；乌龟

Chinese alligator　扬子鳄

Chinese bahaba　黄唇鱼

Chinese bass　鳜鱼

Chinese bitterling　中华鳑鲏

Chinese carps　家鱼

Chinese fishery　中国渔业

Chinese footballer　豹纹鳃棘鲈

Chinese herb additive　中药添加剂

Chinese herbal medicine　中草药

Chinese herring　鲥

Chinese horseshoe crab　鲎

Chinese ink carp　禾花鲤；乌原鲤

Chinese mitten carb　中华绒螯蟹

Chinese mitten crab　大闸蟹；河蟹；中华绒毛蟹

Chinese paddlefish　白鲟

Chinese pond mussel　河蚌；椭圆背角无齿蚌

Chinese prawn　东方对虾

Chinese river dolphin　白暨豚；白鳍豚

Chinese sea perch　中国花鲈

Chinese shrimp　中国对虾；中国明对虾

Chinese soft-shelled turtle　中华鳖

Chinese softshell turtle　中华鳖

Chinese strip-necked turtle　中华花龟；中华条颈龟

Chinese stripe-necked turtle　花龟

Chinese sturgeon　中华鲟

Chinese sucker　胭脂鱼

Chinese toad　中华大蟾蜍

Chinese white dolphin　中华白海豚

Chinese white prawn　秀丽白虾

Chionoecetes opilio　雪蟹；灰眼雪蟹

Chiro　海鲢

Chirocephalidae　丰年虫科

Chironomid larvae　摇蚊幼虫

Chitin　几丁质；甲壳质；甲壳素

Chitinase　几丁质酶

Chitosan　壳聚糖

Chlamydomonas reinhardtii　莱茵衣藻

Chlamys farreri　栉孔扇贝

Chlamys nobilis　华贵栉孔扇贝

Chloramphenicol　氯霉素

Chlorella　小球藻

Chloride ion　氯离子

Chlorine dioxide　二氧化氯

Chlorine preparation　含氯制剂；氯制剂

Chlorobiphenyl　氯联苯

Chloromycetin　氯霉素

Chlorophyll　叶绿素

Chloroplast　叶绿体

Cholesterol　胆固醇

Choline　胆碱

Choline chloride　氯化胆碱

Chondrichthyes　软骨鱼；软骨鱼类

Choriogonadotrophin　绒毛膜促性腺激素

Chorionic gonadotropin　绒毛膜促性腺激素

Chromatography　层析法；色谱法

Chromatophore　色素细胞

Chromium　铬

Chromocyte　色素细胞

Chromosome　染色体

Chromosome karyotype　染色体核型

Chromosome number　染色体数目

Chromosome pairing　染色体配对

Chronic mercury poisoning　慢性汞中毒

Chronic poisoning　慢性中毒

Chronic toxicity　慢性毒性；慢性中毒

Chrysemys picta　锦龟

Chrysophyta　金藻

Chuatsi bass　鳜鱼

Chum salmon　大麻哈鱼；大马哈鱼

chytrid　壶菌

Chytrid disease　壶状菌病

Cichlasoma　丽体鱼；罗汉鱼

Cichlid　马拉丽体鱼；罗汉鱼；丽体鱼

Cichlid fish　丽鱼科

Cichlidae　丽鲷；丽鱼科

Cichlids　慈鲷

cichlids　丽鲷

Ciliata disease　纤毛虫病

Ciliate　纤毛虫

Ciliate protozoan parasite　刺激隐核虫

Cilium　纤毛

Ciprofloxacin　环丙沙星

Circadian rhythm　昼夜节律

Circular hatching channal　孵化环道

Circulating running disease　跑马病

Circulation　流通

Circulatory system　循环系统

Cirrhina molitorella　鲮

Cirrus　触须

Cistoclemmys flavomarginata　黄缘盒龟

Cistoclemmys galbinifrons　黄额盒龟

Citric acid　柠檬酸

Cladocera　枝角类

Cladophora　刚毛藻

Clam　青蛤；四角蛤蜊；四角蛤；沙蛤；圆蛤；蛤蜊；杂色蛤仔；绢丝丽蚌；西施舌；蚬

Clam worm　海蚕

Clamshell powder　蚌壳粉

Clamworm　日本刺沙蚕；沙蚕

Clara　革胡子鲶

Clarias　胡鲶；胡子鲶

Clarias fuscus　塘角鱼；塘虱

Clarias lazera　革胡子鲶；埃及胡子鲶

Classification　分类

Climate　气候

Climatic factor　气候因子

Climatic zone　气候带

Clinical symptoms　临床症状

Cloacal aperture　泄殖孔

Clone　无性系；克隆

Cloning　克隆

Cloning technique　克隆技术

Close breeding　近亲交配

Closed fishing season　禁渔期

Closed fishing system　休渔制度
Closed mouth disease　闭口病
Closed recirculating aquaculture　封闭循环水养殖
Clownfish　小丑鱼
Clupea harengus harengus　大西洋鲱
Clupea pallas　鲱鱼
Clupea pallasi　太平洋鲱
Clupeiformes　鲱形目
Cluster analysis　聚类分析
Cluster Behavior　集群行为
Co-culture stocking　套放
Coalfish　裸盖鱼；银鳕鱼
Coastal areas　沿海地区
Coastal current　沿岸流
Coastal fishery　沿岸渔业
Coastal state　沿岸国；沿岸国家
Coastal water　沿岸水域
Coastal zone　海岸带
Cobalt　钴
Cobia　海鲡；军曹鱼
Cobitis taenia　花鳅
Coccidiosis　球虫病
Cocoon　卵茧
Cod　鳕
Cod liver oil　鳕鱼肝油
Code　法规
Codominant inheritance　共显性遗传
Coefficient of condition　肥满度
Coefficient of variability　变异系数
Coefficient of variation　变异系数
Coelenterata　腔肠动物
Coelomactra antiquata　沙蛤
Coenzyme　辅酶
Coilia　鲚
Coilia ectenes　刀鲚；刀鱼
Coilia mystus　凤鲚
Coition　交尾
Coitus　交尾
Cold air machine　冷风机
Cold chain　冷藏链；冷链
Cold current　寒流
Cold resistance　抗寒力；抗寒性
Cold shock　冷休克
Cold storage　冷藏库；冷藏
Cold storage capacity　冷藏能力
Cold store　冷藏库
Cold storing bag　蓄冷袋
Cold tolerance　耐寒能力；耐寒性
Cold water fish　冷水性鱼；冷水性鱼类；冷水鱼；冷水鱼类
Cold water mass　冷水团
Cold wave　寒潮

Cold zone　寒冷地区
Coleoptera　鞘翅目
Coliform bacteria　大肠菌群
Collagen protein　胶原蛋白
Collecting device　采集设备
Collecting seed　采苗
Collection　采集
Collichthys lucidus　梅童鱼；梅鱼
Colloid　胶体
Cololabis saira　秋刀鱼；竹刀鱼
colony　集群
Color clam　花蛤
Colorant　食用色素
Colorimetric technique　比色
Colorimetry　比色
Colossoma brachypomum　短盖巨脂鲤；淡水白鲳；淡水鲳
Comb jellies　栉水母
Combinated fishing method　联合渔法
Commensalism　共栖
Comment　评论
Commerce　商业
Commercial feed　商品饲料
Commercial fishes　经济鱼类
Commercial mollusk　成贝
Commercial shrimp　商品虾
Commercial size　商品规格
Commercial species　经济种类
Commodity　商品
Commodity seedlings　商品苗
Common blue mussel　紫贻贝
Common carp　鲤
Common octopus　长蛸
Common oyster　长牡蛎
Common seabass　花鲈；鲈鱼
Common sole　鳎
common species　常见种
Common spinibab　黑脊倒刺鲃
Communication device　通信设备
Community　群落
Community diversity　群落多样性
Community ecology　群落生态
Community structure　群落结构
Comparasion　对比
Comparative analysis　对比分析
Compensation　赔偿
Compensatory growth　补偿生长
Competition　竞争
Complementary DNA library　cDNA 文库
Complete feed　全价饲料
Complex bacteria　复合菌
Complication　并发症

Component analysis　成分分析
Compost　堆肥
Compound　化合物
Compound chinese herbal medicine　复方中草药
Compound enzyme　复合酶
Compound microorganism　复合微生物
Comprehensive evaluation　综合评价
Comprehensive utilization　综合利用
Compressor　压缩机
Computer　计算机
Concentrating　浓缩
Concentration　浓度
Concentration of fish into less pond　并塘
Concentration,Concentrating　富集
Concept　概念
Conch　贝壳
Conchospore　壳孢子
Condensed feed　浓缩饲料
Condenser　冷凝器
Condition factor　肥满度; 丰满度
Conditioning（Purification）　吐沙
Configuration　结构
Conformation　体形
Congelation　冻结
Conger eel　星鳗
Conger pike　海鳗
Conserve　保藏
Constant　常数
Constricted tagelus　缢蛏
Construction　施工
Consumer　消费者
Consumption　消费
Container　集装箱
Content　含量
Continental shelf　大陆架
Contract　承包; 合同
Contrast　对比
Contrasts　对比
Control　控制
Control method　防治方法
Controllable trawl　变水层拖网
Controlling water quality　调控水质
Convenience food　方便食品
Conversion technique　转化工艺
Cooked fishery food　熟制水产品
Cooked food　熟食品
Cooling　冷却
Cooling coil　冷却盘管
Cooling equipment　冷却设备
Cooling system　冷却系统
Cooling water　冷却水

Cooperation　合作
Cooperative　合作社
Cooperative economy　合作经济
Coordinate ratio　搭配比例
Copepods　桡足类
Copper　铜
Copper green　铜绿色
Copper shark　短尾真鲨
Copper sulfate　硫酸铜
Copper sulphate　硫酸铜
Copulation　交配
Copulatory organ　交接器
Coral　珊瑚
Coral cod　豹纹鳃棘鲈
coral fish　珊瑚礁鱼类
Coral insect　珊瑚虫
Coral reef　珊瑚礁
Coral trout　豹纹鳃棘鲈
Corallium rubrum　红珊瑚
Corbicula　蚬
Corbicula fluminea　河蚬
Coregonus　白鲑
Coregonus artedi　湖白鲑
Coregonus autumnalis　凹目白鲑
Coreius heterodon　铜鱼
Corporation　公司
Corporation limited　有限公司
Correlation　相关性
Correlation analysis　相关分析
Correlation Factor　相关因子
Corrosion　腐蚀
Corvina　叫姑鱼
Costia　口丝虫
Costiasis　口丝虫病
Cottonseed cake and meal　棉籽饼粕
Cottonseed meal　棉籽粕; 棉粕
Cottus　杜父鱼
CO I gene　CO I 基因
Crab　蟹; 螃蟹; 蟹类; 蟳
Crab body　蟹体
Crab culture　养蟹; 蟹类养殖; 蟹养殖
Crab disease　蟹病
Crab feed　河蟹饲料; 蟹饲料
Crab industry　河蟹产业
Crab legs　蟹脚
Crab seeding rearing　河蟹育苗
Crab seedling　蟹种
Crab shell　蟹壳
Crab shell disease　蟹壳病
craft　工艺
Crassostrea gigas　太平洋牡蛎

Crassostrea hongkongensis　香港巨牡蛎
Crawfish　淡水螯虾；螯虾
Crayfish　龙虾；淡水龙虾；淡水螯虾；螯虾
Crevallas　鲹科
Crew　船员
Crew management　船员管理
Crew quality　船员素质
Crew training　船员培训
Crimson snapper　红鳍笛鲷
Cristaria plicata　褶纹冠蚌
Criterion　标准
Critical concentration　临界浓度
Critical control point　关键点控制；关键控制点
Croakers　石首鱼；石首鱼科
crocodile　鳄科；鳄鱼
Crocodile ice fishes　冰鱼
Crocodile skin　鳄鱼皮
Crocodylidae　鳄科
Crocodylus niloticus　尼罗鳄
Crocodylus siamensis　鳄鱼
Crop　产量
Cross breeding　杂交育种；杂交繁育
Cross fertilization　异体受精
Crucian carp　淇河鲫鱼；鲫
Crucifix crab　锈斑蟳
Crude ash　粗灰分
Crude protein　粗蛋白
Crustacea　甲壳纲；甲壳类
Crustacean　甲壳动物；虾蟹类
Cryopreservation　超低温冷冻；低温保藏；冷冻保存；超低温保存
Cryoprotectant　抗冻剂
Cryptobia branchialis　鳃隐鞭虫
Cryptobiosis　隐鞭虫病
Cryptocaryon irritans　刺激隐核虫
Cryptophyta　隐藻
Ctenoid scales　栉鳞
Ctenopharyngodon idellus　草鱼
Ctenopharyngodon idellux　鲩
Ctenophores　栉水母
Culter　鲌鱼；鲌；白鱼
Culter alburnus　翘嘴鲌
Culter erythropterus　红鳍鲌
Culter fish　鲌鱼
Culter mongolicus mongolicus　蒙古鲌
Cultivating fishery　栽培渔业
Cultivation　培养；培育
Cultrichthys erythropterus　红鳍原鲌
Culture　培养；养殖
Culture cycle　养殖周期
Culture in shallow seawaters　浅海养殖

Culture medium　培养基
Culture of chinese mitten crab　河蟹养殖
Culture of lobster　龙虾养殖
Culture of special species　特种养殖
Culture pond　养殖池
Cultured pearl　养殖珍珠
Cultured area　养殖区
Cultured prawn　养殖对虾
Culturing raft　养殖筏
Cunete drum　鮸状黄姑鱼
Cuora　闭壳龟
Cuora aurocapitata　金头闭壳龟
Cuora flavomarginata　黄缘闭壳龟
Cuora trifasciata　三线闭壳龟
Cuora zhoui　周氏闭壳龟
Cured fish　腊鱼
Curing　腌制
Curlyleaf pondweed　菹草
Current velocity　流速
Curtain net　网帘
Curve　曲线
Customs duties　关税
Customs duty　关税
Cut-tailed bullhead　黄颡
Cutaneous respiration　皮肤呼吸
Cutlassfish　带鱼
Cutting-blending machine　斩拌机
Cuttlefish　虎斑乌贼；无针乌贼；墨鱼；针乌贼；乌贼
Cyanea　霞水母
Cyanea nozakii　白色霞水母
Cyanide　氰化物
Cyanobacteria　蓝绿藻
Cyanobacteria　蓝细菌；蓝藻
Cyanobacteria bloom　水华蓝藻；蓝藻水华
Cyanobacteria pollution　蓝藻污染
Cyanophyta　蓝藻
Cyanotoxins　蓝藻毒素
Cybiidae　鲅科
Cyclina sinensis　青蛤；圆蛤
Cycloid scales　圆鳞
Cyclone　气旋
Cyclops　剑水蚤
Cyclostomata　圆口鱼类
Cynoglossus　舌鳎
Cynoglossus semilaevis　半滑舌鳎
Cypermethrin　氯氰菊酯
Cyprinid herpesvirus disease　鲤疱疹病毒病
Cyprinidae　鲤科
Cypriniformes　鲤形目
Cyprinus carpio　镜鲤；鲤；红鲤；德国镜鲤；日本锦鲤；瓯江彩鲤；锦鲤

Cyprinus carpio color 青田田鱼
Cyprinus carpio haematopterus 黑龙江野鲤
Cyprinus carpio red vuyuanensi 荷包红鲤鱼
Cyprinus carpio specularis 框镜鲤；框鳞镜鲤
Cyprinus carpio wananensi 玻璃红鲤
Cyprinus carpio xiangjiangnensi 湘江野鲤
Cyprinus carpio xiangyunnensi 湘云鲤
Cyprinus carpio × Carassius auratus 黄金鲫
Cytoactive 细胞活性
Cytochemistry 细胞化学
Cytochrome 细胞色素
Cytology 细胞学
Cytophaga columnaris 柱状嗜纤维菌
Cytoplasm 细胞质
Cytotoxin 细胞毒素
Dabry's sturgeon 达氏鲟
Dace 滩头鱼；雅罗鱼
Dactylogyriasis 指环虫病
Dactylogyrus 指环虫
Dactylogyrus vaginulatus 小鞘指环虫
Dam 坝
Damping 减振
Daphnia 水蚤
Daphnia magna 大型溞
Daphnia pulex 蚤状溞
Daphniidae 溞科
Dark sleeper 鸭绿沙塘鳢；塘鲤鱼；沙塘鳢；塘鳢；沙乌鳢
Dasha fishing ground 大沙渔场
Dasyatis 魟
Data 资料；数据
Data analysis 数据分析
Data base 数据库
Data collection 数据采集
Data mining 数据挖掘
Data processing 数据处理
Daweizeng net 大围缯
Dead fish incident 死鱼事件
Dead water 死水
Death rate 死亡率
Death toll 死亡量
Debugging 调试
Debydration 脱水
Decapterus maruadsi 蓝圆鲹
Deck 甲板
Deck machinery 甲板机械
Decolorization 脱色
Deconcentrition of fish into more ponds 分塘
Deep harbour 深水港
Deep sea 深海
Deep sea aquaculture 深海养殖

Deep sea fish oil 深海鱼油
Deep sea fishery 深海渔业
Deep sea fishes 深海鱼类
Deep sea fishing 深海捕捞；深海捕鱼
Deep water 深水
Deep water aquaculture 深水养殖
Deep water culture 深水养殖
Deep water harbor 深水港
Deep-sea fish 深海鱼
Deep-sea organism 深海生物
Deepwater cage 深水网箱
Deficiency disease 营养缺乏病
Defrosting 解冻
Defrosting equipment 解冻装置
Degenerative feed 霉变饲料
Degradation 降解
Degrading 降解
Degrading Microorganism 降解菌
Dehydration 干耗
Dehydrogenases 脱氢酶
Delphinus delphis 海豚
Demand 需求
Demersal fish 底层鱼
Demersal fishes 底层鱼类；底层鱼类
Demersal trawl 底拖网
Demersal trawler 底拖网渔船
Demonstration base 示范基地
Demonstration farm 示范场
Demucoid 脱粘；脱黏
Denaturation 变性
Denitrifying bacteria 反硝化菌；反硝化细菌
Dense stocking 密养
Dense-mesh network 密眼网
Density 密度
Deodorization 除臭；除腥；脱臭；脱腥
Deodorizing equipment 除臭设备
Deoxidation 脱氧
Deoxidizing agent 脱氧剂
Deoxyribonucleic acid DNA；脱氧核糖核酸
Department of Fisheries 渔业主管部门
Deposit 底泥
Deposited matter 沉积物
Deposition 沉积作用
Depression 低压
Depth 深度
Dermatemys mawi 泥龟
Dermatomycosis 肤霉病
Dermatosis 皮肤病
Dermochelys 棱皮龟
Dermocystidiasis 肤孢子虫病
Desalination of seawater 海水淡化

Desiccation 干露
Design 设计
Detection 检测
Detection methods (Test methods) 检测方法
Deteriorated feed 变质饲料
Deterioration 退化
Determination 测定
Determination of fine variety 良种审定
Detoxification 脱毒
Developed country 发达国家
Developing country 发展中国家
Development 发育
Development and utilization 开发利用
Development fertilized eggs 受精卵发育
Device 装置
Devil stinger 鬼鲉
Diagnosis 诊断
Dianchi high backed crucian carp 滇池高背鲫
Diarrhetic shellfish poisoning 腹泻性贝类毒素
Diatom 硅藻
Dibromohydantoin 二溴海因
Dicentrarchus labrax 舌齿鲈
Dichlorodiphenyl Trichloroethane 滴滴涕
Dichlorphos 敌敌畏
Dictionary 词典
Diernal vertical migration 昼夜垂直迁移
Diernal vertical movement 昼夜垂直移动
Diesel 柴油
Diesel engine 柴油机
Diesel fuel 柴油
Diesel oil 柴油
Diet pellet 颗粒饲料
Dietary fiber 膳食纤维
Dietary food 疗效食品
Dietary protein 饲料蛋白
Diethylstilbestrol 己烯雌酚
Diffuse pollution 面源污染
Digenetic trematodes 复殖吸虫病
Digestibility 消化吸收率；消化率
Digestible absorption 消化吸收
Digestion 消化
Digestive enzyme 消化酶
Digestive gland 消化腺
Digestive physiology 消化生理
Digestive system 消化系统
Dinoflagellate 甲藻
Diodon nicthemerus 刺鲀
Dip net 抄网
Diploid 二倍体
Diplostomiasis 双穴吸虫病；复口吸虫病
Diplostomum 复口吸虫

Dipterex 敌百虫
Directory 名录
Discharge conduit 排水渠道
Discharge standard 排放标准
Discoloration 色变
Discus 七彩神仙鱼
Disease 疾病；病害；病症
Disease agent 病原体
Disease control 疾病防治；病害防治
Disease control and prevention 疾病防控
Disease control measures 防病措施
Disease examination 疾病检查
Disease forecast 病害测报
Disease prevention 病害预防
Disease resistance 抗病性；抗病力；抗病能力
Disease-resistant ability 抗病能力
Diseased shrimps 病虾
Disease control 病害控制
Disinfectant 消毒剂；杀菌剂
Disinfection 消毒
Disinfection of the pond or tank 清池
Disintoxication 解毒
Disk abalone 皱纹盘鲍
Dispenser 投饲设备
Displacement 排水量
Dissection 分离
Dissociation 分离
Dissolved oxygen 溶解氧；溶氧
Distillers dried grains 糟渣
Distoechodon tumirostris 圆吻鲴
Distribution 分布；分配
Ditch 围沟
Diurnal variation 昼夜变化
Diversity 多样性
Dock 码头
Docosahexaenoic acid DHA；二十二碳六烯酸
Docosahexaenoic acid (DHA) 廿二碳六烯酸
Docosahexaenoic acid（DHA） 脑黄金
Document 文献
Doddle net 抄网
Doliolaria 樽形幼体
Dollarfish 银鲳
Dolphin 海豚
Domestic fish meal 国产鱼粉
Domestic market 国内市场
Domestic sewage 生活污水
Dominant species 优势种
Dongjiang fish 东江鱼
Dongtinghu Lake 洞庭湖
Dormancy 休眠；冬眠
Dorsal fin 背鳍

Dosage　用药量; 剂量

Doses　药用量

Dosidicus gigas　茎柔鱼; 秘鲁鱿鱼

Dosing methods　给药方法

Double freezing　复冻

Double-headed parrotfish　波纹唇鱼

Drab filefish　绿鳍马面鲀

Drain off　沥干

Drainage area　流域

Drainage hole　排水孔

Dredging equipment　清淤设备

Dressing　原料处理

Dried blood　血粉

Dried boiled scallop adductor　干贝

Dried cuttlefish　墨鱼干

Dried fish　鱼干

Dried fish floss　鱼松

Dried fish meal　干法鱼粉

Dried fishery products without salting　淡干品

Dried kelp　干海带

Dried lavar　干紫菜

Dried peeled shrimp　虾米

Dried product　干制品

Dried salted marine eel　鳗鲞

Dried salted yellow croakers　黄鱼鲞

Dried sea cucumber　干海参

Dried shark's fin　鱼翅

Dried shrimps　海米

Dried small shrimp　虾皮

Dried squid　墨鱼干

Dried squids　鱿鱼干

Drift boat　流网渔船

Drift net fishing　流网作业

Drift net hauler　流刺网起网机

Driftnet　流刺网

Driven systems　传动装置

Driving device　赶鱼机

Drug concentration　药物浓度

Drug effect　用药效果

Drug residues　药物残留; 药残

Drug resistance　抗药性; 耐药性

Drug resistance gene　耐药基因

Drug screening　药物筛选

Drug sensitivity test　药敏试验

Drug tolerance　耐药性

Drug-resistant bacteria　耐药菌

Drugs for External Use　外用药

Drugs for pond cleaning　清塘药物

Drug effect　药物作用

Drug poisoning　药物中毒

Drug sensitivity test　药物敏感试验

Drug susceptibility　药物敏感性

Drums　石首鱼; 石首鱼科

Dry ice　干冰

Drying　烘干; 干燥

Drying condition　干燥条件

Drying equipment　干燥设备

Drying medium　干燥介质

Drying rate　干燥速度

Dumeril's amberjack　杜氏鰤

Dunaliella salina　杜氏藻; 盐藻; 杜氏盐藻

Dungeness crab　珍宝蟹

Dusky mud hopper　弹涂鱼

Duskytail grouper　布氏石斑鱼

Dybowski's frog　东北林蛙

Dyke building　筑堤

Dynamic monitoring　动态监测

Dysfunction　机能障碍

Dysjunction　分离

Dystrophy　营养不良

Each molt　蜕壳

Early development　早期发育

Early larvae　前期仔鱼

Earthquake　地震

Earthwarm meal　蚯蚓粉

Earthworm　蚯蚓; 赤子爱胜蚓

East China sea　东海

East Siberian char　远东红点鲑

Easten Pacific　东太平洋

Eating habit　摄食习性

Ecdysterone　蜕皮激素

Echeneis naucrates　鮣; 吸盘鱼

Echinoderm　棘皮动物

Echinoidea　海胆

Echo sounding　回声探测

Ecklonia kurome　昆布

Ecological agriculture　生态农业

ecological aquaculture　生态养殖; 绿色养殖

Ecological balance　生态平衡

Ecological benefit　生态效益

Ecological capacity　生态容量

Ecological carrying capacity　生态容量

Ecological character　生态特征

Ecological characteristics　生态特征

Ecological compensation　生态补偿

Ecological condition　生态条件

Ecological conservation　生态保护

Ecological control　生态防治

Ecological crisis　生态危机

Ecological cycle　生态循环

Ecological distribution　生态分布

Ecological diversity　生态多样性

Ecological economy　生态经济

Ecological environment　生态环境

Ecological environment compensation　生态环境补偿

Ecological environment restoration　生态环境修复

ecological factor　生态因子

ecological fish culture　生态养鱼

Ecological fishery　生态渔业

Ecological floating bed　生物浮床；生态浮床

Ecological groups　生态类群

Ecological habitat　生境

Ecological habits　生态习性

Ecological hazard　生态危害

Ecological monitoring area　生态监控区

Ecological niche　生态位

Ecological pond　生态塘

Ecological profit　生态效益

Ecological protection　生态保护

Ecological remediation　生态修复

Ecological risk　生态危害

Ecological seed rearing　生态育苗

Ecological spat-collection　生态采苗

Ecological toxicity　生态毒性

Ecology　生态；生态学

Economic analysis　经济分析

Economic cooperation　经济合作

Economic effect　经济效益

Economic fishes　经济鱼类

Economic freshwater fish　淡水经济鱼类

Economic growth　经济增长

Economic index　经济指标

Economic mollusks　经济贝类

Economic policy　经济政策

Economic profit　经济效益

Economic structure　经济结构

Economic system　经济体制

Economic trait　经济性状

Ecosystem　生态系；生态系统

Edema disease　水肿病

Edible aquatic products　食用水产品

Edible fish meal　食用鱼粉

Edible part　可食部分

Edible shellfishes　食用贝类

Edwardsiella　爱德华氏菌

Edwardsiella disease　爱德华氏菌病

Edwardsiella tarda　迟钝爱德华氏菌；迟缓爱德华菌；迟缓爱德华氏菌

Eel　鳗鲡；鳗鱼

Effect　效果

Efficiency　效率

Efficient cultivation　高效养殖

Efficient fishery　高效渔业

Egg　卵子

Egg bearing　抱卵

Egg carrying　抱卵

Egg hatching　卵子孵化

Egg production　产卵量

Egg-collecting　采卵

Egg-holding　抱卵

Eggs　卵粒

Egyptian catfish　埃及胡子鲶

Eichhornia crassipes　凤眼莲；水葫芦

Eicosapentaenic acid (EPA)　廿碳五烯酸

Eicosapentaenoic acid　二十碳五烯酸

Eicosapntemacnioc acid　EPA

Eimeriosis　艾美虫病

Eisenia foetida　赤子爱胜蚓

Elasticity　弹性

Electric equipment　电气设备

Electric field　电场

Electric fish　电鱼

Electric fish screen　拦鱼电栅

Electric fishing　电渔法

Electric generator　发电机

Electric pulse　电脉冲

Electric ray　电鳐

Electric winch　电动绞机

Electrical fishing　电捕鱼

Electrodialysis　电渗析

Electrofishing　电捕鱼

Electrolytic process　电解法

Electron microscope　电镜；电子显微镜

Electrophoresis　电泳

Element　元素

Eleotris　塘鳢

Eliminating harmful stocks　除野；清野

Elodea nuttallii　伊乐藻

Elopichthys bambusa　黄颊鱼；鳡；鳡鱼

Elops saurus　海鲢

Embathe　浸洗

Emblem　标志

Embryo　胚胎

Embryonal stage　胚胎期

Embryonic development　胚胎发育

Emerald green　翠绿色

Emergent aquatic plant　挺水植物

Emerging plant　挺水植物

Enclosure culture　围拦养殖；围栏养殖

Endangered animals　濒危动物

Endangered species　濒危物种

Endemic population　地方种群

Endocrine　内分泌

Endocrine gland　内分泌腺

Endoskeleton　内骨骼

Endurance　续航力

Enemy organism　敌害生物

Enemy organism control　敌害控制

Energy　能量

Energy bugdet　能量收支

Energy changer　换能器

Energy exchange rate　能量转化率

Energy feed　能量饲料

Energy metabolism　能量代谢

Energy resource　能源

Energy saving　节能

Energy-protein ratio　能量蛋白比

Engraulis　鳀

Engraulis japonicus　丁香鱼

Engraulis ringens　秘鲁鳀

Engrautidae　鳀

Enhancement　增殖

Enhancement engineering　增养殖工程

Enhancement fishery　增殖渔业

Enrichment　富集

Enrofloxacin　恩诺沙星

Enter fishing　入渔

Enteritis　肠炎病

Enteritis treatment　肠炎灵

Enteromorpha　浒苔

Enterprise　企业

Enterprise management　企业管理

Envelope protein　囊膜蛋白

Environmcntal chemistry　环境化学

Environment deterioration　环境恶化

Environmental capacity　环境容量

Environmental condition　环境条件

Environmental factor　环境因素

Environmental improvement　环境改良

Environmental law　环境法

Environmental monitoring　环境监测

Environmental pollution　环境污染

Environmental protection　环境保护

Environmental quality　环境质量

Enzymatic activity　酶活性

Enzymatic Microorganism　酵素菌

Enzyme　酶

Enzyme activity　酶活力

Enzymolysis　酶解

Ephippus orbis　白鲳

Epibiont　附生生物

Epibiosis　附生

Epidemic　流行病

Epidemic disease　流行病

Epidemic infectious diseases　流行性传染病

Epidemic monitoring　疫情监测

Epidemiology　流行病学

Epinephelus　石斑鱼

Epinephelus bleekeri　布氏石斑鱼；橙点石斑鱼

Epinephelus coioides　斜带石斑鱼

Epinephelus lanceolatus　鞍带石斑鱼；龙胆石斑鱼

Epipelagic fishes　上层鱼类

Epiphytic algae　附生藻类

Equation　方程

Equipment　设备

Eretmochelys imbricata　玳瑁

Ergasiliasis　鳋病

Eriocheir　绒螯蟹

Eriocheir hepuensis　合浦绒螯蟹

Eriocheir japonica　日本绒螯蟹

Eriocheir sinensis　中华绒螯蟹；中华绒毛蟹；毛蟹；大闸蟹；河蟹；阳澄湖大闸蟹

Erosion　侵蚀

Error　误差

Erythroculter ilishaeformis　翘嘴红鲌

Erythromycin　红霉素

Escaping guarder　防逃设施

Escherichia coli　大肠杆菌

Esox　狗鱼

Essential amino acid　必需氨基酸

Essential fatty acid　必需脂肪酸

Estrogen　雌性激素

Estrualization　催情

Estuarine fish　河口鱼类

Estuarine organisms　河口生物

Estuary　河口

Estuary cod　斜带石斑鱼

Estuary tapertail anzhovy　凤鲚

Esturarine tapertail anchovy　刀鲚；刀鱼

Ethanol　酒精

Etiological agent　病原体

Eucheuma muricatum　麒麟菜

Eugenol　丁香酚

Euglena　裸藻

Euglena gracilis　纤细裸藻

Euphausia　磷虾

Euphausia superba　南极大磷虾；南极磷虾

Euphausiid　磷虾

Europe　欧洲

European brown trout　河鳟

European eel　欧鳗；欧洲鳗鲡

Euryhalinity　广盐性

Euryphagy　杂食性

Eurythermic　广温性

Euthynnus　鲔鱼

Eutrophic type　富营养型

Eutrophication　富营养化
Evaluation method　评价方法
Evaporation　蒸发
Evaporation concentration　蒸发浓缩
Evaporator　蒸发器
Evisceration　去内脏
Evolution　进化
Excitment　兴奋
Exclusive Fishery Zone　专属渔区
Excretion　排泄；排泄物
Excretory organ　排泄器官
Exelusive Economic Zone　专属经济区
Exhaust system　排气系统
Exhibition　展览
Exocoetidae　飞鱼
Exogenous nutrition　外源性营养
Exopalaemon carinicauda　脊尾白虾
Exopalaemon modestus　秀丽白虾
Exopoly Saccharides　胞外多糖
Exoskeleton　外骨骼
Exotic fish　外来鱼类
Expanding machine　膨化机
Experience　经验
Experiment　试验
Expert system　专家系统
Exploratory fishing　探捕
Export　出口
Export sale　外销
Expression analysis　表达分析
Expression vector　表达载体
Extension agency　推广机构
Extension organization system　推广体系
Extensive culture　粗养
External gill　外鳃
Extract　抽取物
Extraction　萃取；提取
Extreme value　极值
Extruded pellet feed　膨化颗粒饲料
Eye　眼睛
Eye-spotted Turtle　眼斑水龟；鳕形目
Eyed eggs　发眼卵
Eyestalk　眼柄
F1 generation　子一代
F2 generation　子二代
facility fishery　设施渔业
Factory fish farming　工厂化养鱼
Factory seed culture　工厂化育苗
Factory trawler　拖网加工渔船
Faeces　粪便
Family　家系
Family selection　家系选育

Famous and precious species　名优品种
Fanray　团扇鳐
Far infrared drying　远红外干燥
Farm　养殖场
Farmed fish　养殖鱼；养殖鱼类
Farmers　养殖户
Farming association　养殖协会
Farming company　养殖公司
Farmyard manure　厩肥
Farrer's scallop　栉孔扇贝
Fat　脂肪
Fat and oils　油脂
Fat metabolism　脂肪代谢
Fathead minnow　胖头鲹
Fatigue strength　疲劳强度
Fattening　育肥
Fatty acid　脂肪酸
Fatty fish　多脂鱼
Fault　故障
Feather meal　羽毛粉
Fecundity　怀卵量；产卵量；生殖力；繁殖力；繁殖能力
Feed　饲料；饵料
Feed additive　饵料添加剂；饲料添加剂
Feed binder　饲料黏合剂；饲料粘合剂
Feed coefficient　饲料系数
Feed combination　饲料配比；饲料搭配
Feed company　饲料公司
Feed composition　饲料组成；饲料成分
Feed consumpton　饲料消耗量
Feed conversion rate　饵料转化率
Feed conversion ratio　饵料转化率；饲料转化率；饲料转化效率
Feed cost　饲料费用
Feed digestibility　饲料消化率
Feed effect　饵料效果
Feed efficiency　饲料效率；饲料利用效率
Feed energy　饲料能量
Feed enterprise　饲料企业
Feed enzyme preparation　饲用酶制剂
Feed extruder　饲料膨化机
Feed formula　饲料配方；饵料配方
Feed formulation　饲料配合；饲料配制；原料配方；饵料配制
Feed industry　饲料工业；饲料产业；饲料业
Feed ingredient　饵料组成
Feed machinery　饲料机械
Feed manipulation　饲料调制
Feed microalgae　饵料微藻
Feed mildew　霉变饲料
Feed mill　饲料粉碎机
Feed mixer　饲料混合机

Feed mixing　饲料混合

Feed nutrient　饲料营养

Feed nutrition　饲料营养

Feed organism　饵料生物

Feed organism culture　饵料生物培养

Feed pellets　饲料颗粒

Feed plate　投饵台；饵料台

Feed premix　预混合饲料；预混料

Feed processing　饲料加工

Feed processing equipment　饲料加工设备

Feed processing factory　饲料加工厂

Feed processing machinery　饲料加工机械

Feed processing technology　饲料加工工艺

Feed product　饲料产品

Feed production　饲料产量

Feed protein　饲料蛋白质

Feed protein source　饲料蛋白源

Feed quality　饲料质量；饲料品质

Feed residue　饲料残渣

Feed resource　饲料源

Feed safety　饲料安全

Feed sanitation standard　饲料卫生标准

Feed source　饲料原料

Feed standard　饲料标准

Feed uptake　饲料用量；摄取量

Feed utilization efficiency　饲料利用率

Feed varieties　饲料品种

Feeding　投饵；投喂；饲料投喂；投饲

Feeding activity　摄食活动

Feeding amount　投喂量；摄食量

Feeding behavior　摄食行为

Feeding cost　饲养成本

Feeding dose　投饲量；投饵量

Feeding fish　吃食性鱼类

Feeding frequency　投喂频率

Feeding ground　索饵场；投饵场

Feeding habit　摄食习性；食性

Feeding intensity　摄食强度

Feeding level　摄食水平

Feeding machine　投饲机；投饵机

Feeding method　喂养方式

Feeding migration　索饵洄游

Feeding mode　投喂模式

Feeding rate　投喂率；投饵率；饲喂量；摄食率；投料量

Feeding ratio　投喂率

Feeding table　饲料台

Feeding technology　投饵技术

Feeding time　投喂时间

Feedstuff　饵料

Feed conversion rate　饵料系数

Female fish　雌鱼

Female gametophyte　雌配子体

Female individual　雌性个体

Female-male ratio　雌雄比例

Fence and weir fishing　箔筌

fence culture of fish　拦网养鱼

Fenneropenaeus chinensis　中国对虾；中国明对虾；明虾

Fenneropenaeus meiguiensis　墨吉明对虾

Fenpropathrin　甲氰菊酯

Fenvalerate　氰戊菊酯

Fermentated soybean　发酵豆粕

Fermentation　发酵

Fermented feed　发酵饲料

Fermented product　发酵制品

Fermented soybean meal　发酵豆粕

Fertility　生殖力；肥度

Fertility crucian　丰产鲫

Fertilization　受精

Fertilization rate　受精率

Fertilize water quality　培肥水质

Fertilized eggs　受精卵

Fertilizer　肥料

Fertilizer demand　需肥量

Fertilizer efficiency　肥效

Fertilizer requirement　需肥量

Fertilizing　施肥

Fiberglass fishing boat　玻璃钢渔船

Fiberglass reinforced plastic fishing vessel　玻璃钢渔船

Fiberglass reinforced plastic ship　玻璃钢船

Fibre material　纤维材料

Fibre reinforced plastic　玻璃钢

Fiddler crab　招潮蟹

Filament　丝状体

Filamentous algae　丝状藻

Filamentous bacteria　丝状细菌；丝状菌

Filamentous bacterial disease　丝状细菌病

Filamentous culture　丝状体培育

Filamentous green algae　丝状绿藻

Filefish　马面鲀

Filial generation　子代；杂交后代

Fillet yield　出肉率

Filleter　切鱼片机

Filleting machine　切鱼片机

Filter　过滤器

Filter feeding　滤食；滤食性

Filter-feeding bivalves　滤食性贝类

Filter-feeding fish　滤食性鱼类

Filtration　过滤；滤水

Fin　鳍

Fin ray　鳍条

Fin spine　鳍棘

Financial crisis　金融危机

Fine breed　优良品种；良种

Fine breed base　良种基地

Fine breed coverage rate　良种覆盖率

Fine breed cultivation base　良种繁育基地

Fine breed extension　良种推广

Fine breed subsidy　良种补贴

Fine breeding　良种培育；良种生产

Fine strain　优良品系

Fine variety breeding　良种选育

Fineness　细度

Fingerling　鱼种

Fingerling culture　鱼种培育

Fingerling input　苗种投放

Fingerling pond　鱼种池

Fingerling size　鱼种规格

Fingerling stocking　鱼种放养

Fingerlings of two years　二龄鱼种

Fingerprint　指纹图谱

Fining　提纯

Finished product rate　成品率

First feed　开口饵料

Fish　鱼类；水产品

Fish and catch　采捕

Fish assemblage　鱼类群聚

Fish attracting　集鱼

Fish bait　钓饵

Fish ball　鱼丸；鱼肉丸

Fish basket　鱼篓

Fish bile　鱼胆

Fish biology　鱼类生物学

Fish bone　鱼骨

Fish bone meal　鱼骨粉

Fish boning machine　去鱼骨机

Fish breeding　鱼类育种

Fish cage　鱼笼

Fish cake　鱼糕

Fish clustering　鱼类群聚

Fish community　鱼类群落

Fish corral　拦鱼栅

Fish culture　鱼养殖；鱼类养殖

Fish culture in lake　湖泊养鱼

Fish Culture in paddy field　稻田养鱼

Fish detection　鱼群侦察

Fish disease　鱼类病害；鱼病；鱼类疾病

Fish disease control　鱼病防治

Fish disease diagnose　鱼病诊断

Fish ditch　鱼沟

Fish diversity　鱼类多样性

Fish duck polyculture　鱼鸭混养

Fish ecology　鱼类生态学

Fish egg　鱼卵

Fish eggs and larvae　鱼卵仔鱼

Fish eradication　除野

Fish farmer　渔农民

Fish farmers　养鱼户

Fish farms　养殖者

Fish feed　鱼饲料；渔用饲料；鱼类饲料

Fish fillet　鱼片

Fish fin　鱼鳍

Fish finder　探鱼仪

Fish flesh　鱼肉

Fish flour　食用鱼粉

Fish gill　鱼鳃

Fish glue　鱼胶

Fish grader　鱼筛

Fish harmful organisms　鱼类敌害

Fish herding equipment　集鱼器；驱鱼装置

Fish hold　鱼舱

Fish immunology　鱼类免疫学

Fish ladder　鱼梯

Fish larva　仔鱼

fish leech　鱼蛭

Fish liver oil　鱼肝油

Fish liver oil preparation　鱼肝油制剂

Fish louse　鱼虱

Fish manure　鱼肥

Fish Market　水产市场；鱼市场

Fish mass mortality　翻塘

Fish maw　鱼肚

Fish meal　鱼粉

Fish meal manufacture　鱼粉加工

Fish meal plant　鱼粉生产设备

Fish meat separator　鱼肉采取机

Fish medicine　鱼药

Fish migration　鱼类洄游

Fish mortality　鱼类死亡率

Fish nest　鱼巢

Fish nursery　鱼种场

Fish nutrition　鱼类营养

Fish oil　鱼油

Fish parasites　鱼寄生虫；鱼类寄生虫

Fish parasitic diseases　鱼类寄生虫病

Fish pass facility　过鱼设施

Fish pass structure　过鱼建筑物

Fish passage,Fish ways　鱼道

Fish Paste (Fish cream)　鱼浆

Fish physiology　鱼类生理学

Fish poison　鱼毒

Fish pond　鱼池；鱼塘；养鱼池

Fish population　鱼类种群

Fish portion　鱼段

Fish pox　痘疮病

Fish processing　鱼类加工；水产品加工
Fish processing machinery　鱼类处理机械
Fish product　鱼产品
Fish product property　鱼产性能
Fish production　鱼产量
Fish production potential　渔产潜力
Fish productivity　鱼产力
Fish products　鱼制品
Fish protein　鱼蛋白
Fish protein concentrate　浓缩鱼蛋白
Fish pump　鱼泵
Fish reproduction　鱼类繁殖
Fish resources　鱼类资源
Fish rod　钓竿
Fish sauce　鱼露；鱼酱油
Fish sausage　鱼香肠
Fish scale　鱼鳞
Fish scale gelatin　鱼鳞明胶
Fish screen　鱼栅；拦鱼栅
Fish seedling rearing　培育鱼种
Fish shrimp polyculture　鱼虾混养
Fish skin　鱼皮
Fish skin gel　鱼皮胶
Fish skinning machine　鱼类去皮机
Fish sorter　鱼类分级机
Fish steak　鱼排
Fish swim-bladder glue　鱼鳔胶
Fish taxonomy　鱼类分类学
Fish twine　钓线
Fish virus disease　病毒性鱼病
Fish washer　洗鱼机
Fishable resources　捕捞资源
Fishe larva　乌仔
Fished stock　捕捞资源
Fisheries association　渔业协会
Fisheries drug residue　渔药残留
Fisheries insurance　渔业保险
Fisheries monitoring　渔监
Fisheries right　渔业权
Fisheries subsidy　渔业补贴
Fisherman　渔民
Fishermen village　渔村
Fishermen village economy　渔村经济
Fishermen's income　渔民收入
Fishermen's rights and interests　渔民权益
Fishery　渔业
Fishery　regulation　渔业制度
Fishery agreement　渔业协定
Fishery base　渔业基地
Fishery biology　渔业生物学
Fishery company　水产公司；渔业公司

Fishery conservation zone　渔业保护区
Fishery culture　渔业文化；渔文化
Fishery development　渔业开发
Fishery disaster　渔业灾害；渔业受灾
Fishery drugs　鱼用药物；渔用药物
Fishery ecology　渔业生态
Fishery economy　渔业经济
Fishery economy management　渔业经济管理
Fishery education　水产教育
Fishery enforcement agency　渔政部门
Fishery engineering　渔业工程
Fishery enhancement industry　水产增殖业
Fishery enterprise　水产企业
Fishery environment　渔业环境
Fishery facilities　渔业设施
Fishery food　水产食品
Fishery household tourism（Yujiale）　渔家乐
Fishery income　渔业收入
Fishery information　渔业信息
Fishery inspection management　渔政管理
Fishery inspection vessel　渔政船
Fishery instrument　渔用仪器
Fishery law　渔业法
Fishery law enforcement　渔业执法
Fishery legislation　渔业法规
FIshery licence　许可证；渔业许可证
Fishery machinery　渔业机械
Fishery management　渔业管理
Fishery management regulation　渔业管理制度
Fishery materials　渔需物资
Fishery organization　渔业团体
Fishery output value　渔业产值
Fishery policy　渔业政策
Fishery pollution　渔业污染
Fishery population　渔业人口
Fishery port　渔业港口
Fishery product contamination　水产品污染
Fishery product processing industry　水产品加工业；水产加工业
Fishery product processing plant　水产品加工厂
Fishery production　渔业产量；渔业生产
Fishery products　渔产品；渔业产品；水产品
Fishery products processing　水产加工
Fishery program　渔业规划
Fishery regionalization　渔业区划
Fishery remote sensing　渔业遥感
Fishery research vessel　渔业调查船
Fishery resource monitor　资源监测
Fishery resource monitoring　渔业资源监测
Fishery resources　渔业资源；水产资源
Fishery safety　渔业安全

Fishery science　渔业科学；水产学；水产科学

Fishery science and technology　渔业科技；水产科技

Fishery scientific research　水产科研

Fishery sector　渔业部门

Fishery station　水产站

Fishery statistics　渔业统计

Fishery structure　渔业结构

Fishery survey　渔业调查

Fishery technology　渔业技术

Fishery total output　渔业总产量

Fishery total output value　渔业总产值

Fishery treaty　渔业条约

Fishery vessel　渔业船舶

Fishery village　渔业村

Fishery Waters　渔业水域

Fisherys drug　渔药

Fishing　捕鱼；捕捞；渔捞

Fishing aid equipment　助渔仪器

Fishing area　渔区

Fishing auxiliary equipment　捕捞辅助设备

Fishing business　渔业经营

Fishing capacity　捕捞能力

Fishing chart　渔场图

Fishing condition　渔情；渔况

Fishing condition forecast　渔情预报

Fishing efficiency　捕捞效率

Fishing effort　捕捞努力量

Fishing equipment　捕捞设备

Fishing forbidden zone　禁渔区

Fishing gear　渔具

Fishing gear material　渔具材料

Fishing gear mechanics　渔具力学

Fishing gear performance　网具性能

Fishing gear property　渔具性能

Fishing ground　渔场

Fishing ground distribution　渔场分布

Fishing ground environment　渔场环境

Fishing ground forecast　渔场预报

Fishing ground governance　渔场管理

Fishing harbor　渔港

Fishing harbor waters　渔港水域

Fishing harbour engineering　渔港工程

Fishing hook　鱼钩

Fishing industry　捕捞业；水产捕捞业

Fishing intensity　捕捞强度

Fishing licence　捕捞许可证

Fishing licensing system　捕捞许可证制度；捕捞许可制度

Fishing line　钓鱼线；钓线；鱼线

Fishing log　捕捞日志

Fishing machinery　捕捞机械

Fishing method　渔法；捕捞方法

Fishing methods　钓鱼法

Fishing morality rate　捕捞死亡率

Fishing mortality　渔捞死亡率；捕捞死亡率

Fishing mortality coefficient　捕捞死亡系数

Fishing motor sailer　机帆渔船

Fishing net　网渔具

Fishing off season　休渔期

Fishing operation　捕捞作业

Fishing period　渔期

Fishing port economic zone　渔港经济区

Fishing port management　渔港管理

Fishing Port Supervision　渔港监督

Fishing pot　渔笼

Fishing production　捕捞生产

Fishing quota　捕捞限额

Fishing quota system　捕捞限额制度

Fishing quotas　配额

Fishing right　捕鱼权；捕捞权

Fishing rod　鱼竿；钓竿；钓鱼竿

Fishing season　捕捞季节；渔汛

Fishing selectivity　渔获选择性

Fishing ship industry　渔船工业

Fishing tackle　钓具

Fishing target　捕捞对象

Fishing technique　捕鱼技术；捕捞技术

Fishing trial　试捕

Fishing vessel　渔轮；渔船

Fishing vessel construction　渔船建造

Fishing vessel construction rule　渔船建造规范

Fishing vessel design　渔船设计

Fishing vessel insurance　渔船保险

Fishing vessel maintenance　渔船维修

Fishing vessel management　渔船管理

Fishing vessel power unit　渔船动力装置

Fishing vessel registration　渔船登记

Fishing vessel safety　渔船安全

Fishing vessel survey　渔船检验

Fishing yield　捕捞量；捕捞产量

Fishing-stocking alternation　轮捕轮放

Fishmen work transformation　渔民转产转业

Fixed cage　固定网箱

Fixed fishing gear　定置渔具

Flagella　鞭毛

Flagellatae　鞭毛藻类

Flagellate　鞭毛虫

Flagellate group　鞭毛藻类

Flagellosis　鞭毛虫病

Flat fish　牙鲆

Flatfish　鲆鲽类

Flatfishes　比目鱼

Flavobacterium columnare　柱状黄杆菌

Flavoring agent　调味剂
Flavour　风味; 气味
Flavour component　呈味成分
Fleshy prawn　中国对虾; 中国明对虾
Flexibacter colummaris　柱状屈挠杆菌
Float　浮子
Float line　浮子纲
Floating feed　浮性饲料
Floating force　浮力
Floating net cage　浮式网箱
Floating pellet feed　浮性颗粒饲料
Floating plant　漂浮植物; 浮水植物
Floating plants　浮叶植物
Floating puffing feed　浮性膨化饲料
Floating rope　浮绠
Floating trawl　浮拖网
Flocculant　絮凝剂
Flocculation　絮凝作用
Flocculation effects　絮凝效果
Flocculation mechanism　絮凝机理
Flocculation precipitation　絮凝沉淀
Flocculation settlement　絮凝沉降
Floccule　絮状物
Flood season　汛期
Florfenicol　氟苯尼考
Florida Soft-shelled turtle　珍珠鳖; 佛罗里达鳖
Flounder　比目鱼
Flounders　鲽形目
Flow　流量
Flow rate　流速
Flow velocity　流速
Flower crab　花蟹
Flowing through systems　流水养殖
Flowing water fish culture　流水养鱼
Fluid mechanics　流体力学
Fluidized drying　流化干燥
Flukes　鲆
Fluorescence　荧光
Fluorescence in situ hybridization　荧光原位杂交
Fluorescence microscope　荧光显微镜
Fluorescence spectrum　荧光光谱
Fluorescent spectrophotometry　荧光分光光度法
Fluorine　氟
Flying fish　飞鱼
Fodder　粗饲料
Fog　雾
Foliated ice machine　片冰机
Food additive　食品添加剂
Food and Agriculture Organization of the United Nations　FAO; 联合国粮农组织
Food chain　食物链

Food competition　食物竞争
Food composition　食物组成; 食品成分
Food conversion　食物转化
Food fiber　食物纤维
Food fishes　食用鱼类
Food hygiene　食品卫生
Food industry　食品工业
Food poisoning　食物中毒
Food preference　食物选择
Food processing　食品加工
Food ration　摄食量
Food safety　食品安全; 食品安全性
Food security　粮食安全
Food web　食物网
Foot line　下纲; 沉子纲
Foot muscle　斧足
Forage　索饵
Forage fish　饲料鱼; 饵料鱼
Forage organism　饵料生物
Forage production　饲料生产
Forbidden drug　违禁药物
Forecast　预测
Foreign fishery　国外渔业
Foreign trade　对外贸易
Forest frog　中国林蛙
Formaldehyde　甲醛
Formalin　福尔马林
Forming apparatus　成型机
Formio　乌鲳
Formula(mathematics)　公式
Formulated feed　配合饵料; 配合料; 复合饲料; 配合饲料
Fossil crab　石蟹
Fouling organism　污损生物
Fouling organisms　附着物
Four Chinese carps　四大家鱼
Four eye-spotted turtle　四眼斑龟; 四眼斑水龟
Fraction surviving　存活率
Free conchocelis　自由丝状体
Free-amino acid　游离氨基酸
Freeze drying　冷冻干燥
Freezed fillet　冻鱼片
Freezer burn　冻烧
Freezer factory ship　冷藏加工船
Freezing　冻结; 冷冻
Freezing capacity　冻结能力
Freezing denaturation　冻结变性
Freezing factory　冷冻厂
Freezing plant　冷冻厂; 冻结装置
Freezing preservation　冷冻保藏
Freezing processing　冷冻加工
Freezing rate　冻结速度

Frequency of feeding　投饲频率；投饵频率
Fresh aquatic products sales　鲜销
Fresh bait　鲜活饵料
Fresh fish　鲜鱼
Fresh keeping　保鲜
Fresh water fisheries　淡水渔业
Fresh water pearl culture　河蚌育珠
Fresh-keeping techique　保鲜技术
Fresh-water mussel　蚌科
Fresh-waterclams　蚌科；蚌
Freshness　鲜度
Freshness determination　鲜度测定
Freshness index　鲜度指标
Freshness test　鲜度检验
Freshwater　淡水
Freshwater algae　淡水藻类
Freshwater aquaculture　淡水养殖；淡水养殖业
Freshwater area　淡水水域
Freshwater crab　长江华溪蟹；河南华溪蟹；淡水蟹
Freshwater crayfish　淡水小龙虾
Freshwater fish　淡水鱼
Freshwater fish processing　淡水鱼加工
Freshwater fishes　淡水鱼类
Freshwater fishing　淡水捕捞
Freshwater lakes　淡水湖泊
Freshwater mussel　淡水蚌；蚌
Freshwater orbfish　短盖巨脂鲤
Freshwater organism　淡水生物
Freshwater pearl　淡水珍珠
Freshwater pond　淡水池塘
Freshwater product　淡水产品
Freshwater shellfish　淡水贝类
Freshwater shrimp　河虾
Freshwater snail　淡水螺
Freshwater yellowtail　银鲴；密鲴
Frigate mackerel　扁舵鲣
Frigate tuna　扁舵鲣
Frigid areas　寒冷地区
Frog　青蛙；棘腹蛙；蛙
Frog culture　蛙类养殖
Frog disease　蛙病
Froglet　幼蛙
Frond　藻体
Front　锋
Frozen aquatic products　冷冻水产品
Frozen fish　冻鱼
Frozen fish fillets　冻鱼片
Frozen fish product　冻结鱼品
Frozen fishery products　冷冻水产品
Frozen marine fish　冻海鱼
Frozen miscellaneous fish　冰鲜杂鱼

Frozen package　冷冻包装
Frozen peel shrimp　冷冻虾仁
Frozen preservation　冷冻保鲜
Frozen product　冷冻品
Frozen Semen　冷冻精液；冻精
Frozen shelled shrimps　冻虾仁
Frozen skinless shrimp　冻虾仁
Frozen storage　冷冻贮藏；冻藏
Frozen surimi　冷冻鱼糜
Frozen whole fish　冻全鱼
FRP ship　玻璃钢船
Fruticicolidae　蜗牛
Fry　鱼苗；水花
Fry rearing　鱼苗培育；发塘
Fry transportation　鱼苗运输
Frying machine Fryer　油炸机
Fucoidan　褐藻糖胶
Fucoidin　岩藻多糖
Fuel subsidy　燃油补贴
Fugu　东方鲀
Fujian Province　福建
Full sibs family　全同胞家系
Fullness　丰满度
Fulminant hemorrhagic disease　暴发性出血病
Function　函数
Functional gene　功能基因
Fund　资金
Fungal diseases　真菌性疾病
Fungal fish disease　真菌性鱼病
Fungal infection　霉菌感染
fungal disease　真菌病
fungal infection　真菌感染
Fungus　真菌
Fur seal　海狗
Furacilin　呋喃西林
Furan drug　呋喃类药物
Furazolidone　呋喃唑酮
Furunculosis　疖疮病
Gadiformes　鳕形目
Gadus　鳕
Gadus chalcogrammus　阿拉斯加狭鳕
Gadus macrocephalus　大头鳕；太平洋鳕
Gadus merlangus　牙鳕
Gambusia affinis affinis　柳条鱼；食蚊鱼
Gametogenesis　配子发生
Gametophyte　配子体
Gammarid　钩虾
Gammexane　六六六
Ganoid　硬鳞鱼
Gansu Province　甘肃
Gar　骨雀鳝；雀鳝

Garden turtle culture　庭院养鳖

Gas　气体

Gas bladder　鳔

Gas chromatography　气相色谱

Gas chromatography-mass spectrometry　气相色谱-质谱

Gasping for air　浮头

Gasterosteidae　刺鱼

Gastropoda　腹足类

Gear　传动装置

Gel properties　凝胶特性

Gel strength　凝胶强度

Gelatin　明胶

Gelation　凝胶作用

Gelidium amansii　石花菜

Gelidium amansii　石花菜

Gelose　冻粉

Gene　遗传基因; 基因

Gene clone　基因克隆

Gene expression　基因表达

Gene knockout　基因敲除

Gene mapping　基因图谱; 基因定位

Gene mutation　基因突变

Gene recombination　基因重组

Gene segment　基因片段

Gene sequence　基因序列

Gene-specific　基因特异性

Genealogy　家系

Generator　发电机

Genetic breeding　遗传育种

Genetic characteristics　遗传特性

Genetic differentiation　遗传分化

Genetic distance　遗传距离

Genetic diversity　遗传多样性

Genetic engineering　基因工程; 遗传工程

Genetic gap　遗传图谱

Genetic improvemetn　遗传改良

Genetic linkage map　遗传连锁图谱

Genetic marker　遗传标记

Genetic parameter　遗传参数

Genetic relationship　亲缘关系

Genetic stability　遗传稳定性

Genetic structure　遗传结构

Genetic variation　遗传变异

Genital aperture　生殖孔

Genital pore　生殖孔

Genome　染色体组

Genome breeding　基因组育种

Genome sequencing　基因组测序

Genomic DNA　基因组 DNA

Genomics　基因组学

Genotoxicity　遗传毒性

Geoduck　象拔蚌

Geoduck clam　太平洋潜泥蛤

Geoemyda spengleri　灵芝龟; 地龟

Geographic information system　地理信息系统; GIS

Geographic population　地理种群

Geographical distribution　地理分布

Geographical indication　地理标志

Geothermal water　地热水

Germ cell　生殖细胞

German mirror carp　德国镜鲤

Germicide and disinfectant　杀菌消毒剂

Germination　萌发

Germon　长鳍金枪鱼

Germplasm resource　种质资源

Germplasm resources protection area　种质资源保护区

Giant abalone　盘大鲍

Giant clam　砗磲

Giant crab　巨大拟滨蟹; 皇帝蟹

Giant freshwater prawn　罗氏沼虾

Giant gourami　丝足鲈

Giant grouper　鞍带石斑鱼

Giant jellyfish　沙海蜇

Giant kelp　巨藻

Giant salamander　中国大鲵; 娃娃鱼; 大鲵

Giant squid　茎柔鱼

Giant tiger prawn　斑节对虾

Giant gourami　长丝鲈

Gibel carp　银鲫; 异育银鲫

Gibelio carp　银鲫

GIFT strain Nile tilapia　吉富罗非鱼

Gill　鳃

Gill arch　鳃弓

Gill cover　鳃盖

Gill disease　鳃病

Gill filament　鳃丝

Gill fisher　刺网渔船

Gill lamella　鳃瓣

Gill lamellae　鳃小片

Gill net　刺网

Gill raker　鳃耙

Gill rot disease　烂鳃病

Gillnet fishing　刺网捕捞

Gillnet hauler　刺网起网机

Gillnetter　刺网渔船

Gilthead sea bream　金头鲷; 金鲷

Glaze　包冰衣

Glazing　镀冰衣; 镀冰

Global positioning system　全球定位系统; GPS

Globe fish　刺鲀

Globulin　球蛋白

Glochidium　钩介幼虫

Glochidiumiasis　钩介幼虫病

Glucosamine　葡萄糖胺

Glutamate dehydrogenase（GLDH)　谷氨酸脱氢酶

Glutamic pyruvic transaminase　谷丙转氨酶

Glutathione S-transferase　谷胱甘肽硫转移酶

Glycan　多糖

Glycoprotein　糖蛋白

Gobies　鰕虎鱼

Gobiidae　鰕虎鱼；虾虎鱼

Goby　溪吻虾虎鱼

Gold crossback arowana　过背金龙

Gold-lip pearl oyster　大珠母贝；白蝶贝

Golden　lip pear shell　白蝶贝

Golden apple snail　大瓶螺

Golden crucian carp　黄金鲫

Golden frog　金线蛙

Golden lip pear shell　大珠母贝

Golden pompano　金鲳

Golden thread turtle　中华花龟

Golden trout　金鳟

Golden-headed box turtle　金头闭壳龟

Goldfish　金鱼；淇河鲫鱼；金鲫

Gonad　生殖腺

Gonad development　性腺发育

Gonadal differentiation　性腺分化

Gonadosomatic index　性腺成熟系数；性成熟系数

Gonadotropin　促性腺激素

Gonadotropin hormone　促性腺激素

Good agriculture practice　GAP

Gorgonia　柳珊瑚

Governing　调速

Governing unit　调速装置

Gracilaria verrucosa　江蓠

Grader　分级机

Grain feed　谷物饲料

Grass carp　鲩；草鱼

Grass shrimp　草虾

Gravity　重力

Gray sharks　真鲨

Greasy-back shrimp　基围虾；刀额新对虾

Green algae　绿藻

Green aquaculture　绿色水产

Green aquatic product　绿色水产品

Green crab　青蟹

Green feed　无公害饲料；绿色饲料；青饲料

Green fishery　绿色渔业

Green fodder　青料；青饲料

Green food　绿色食品

Green forage　青绿饲料

Green hair turtle　绿毛龟

Green house　温室

Green manure　绿肥

Green mussel　翡翠贻贝

Green sea turtle　巨龟

Green sea urchin　马粪海胆

Green spot disease　绿变病

Green sunfish　蓝太阳鱼；绿鳃太阳鱼

Green turtle　绿海龟

Greenhouse farming　温棚养殖；温室养殖

Greenhouses overwintering　温室越冬

Greenling　六线鱼

Greenyellow　黄绿色

Grey pomfret　灰鲳

Grilled fillet　烤鱼片

Grinder　粉碎机

Grinding mill　磨碎机

Ground fishes　底层鱼类

Ground rope　沉子纲

Ground spearing　大头狗母鱼

Ground turtle　灵芝龟；地龟

Ground warp　沉子纲

Ground water　地下水

Group　群体

Group behavior　集群行为

Grouper　石斑鱼

Growing pond　养成池

Growing season　生长季节

Growth　生长

Growth characteristics　生长特性

Growth compensation　补偿生长

Growth curve　生长曲线

Growth equation　生长方程

Growth factor　生长因子

Growth gene　生长基因

Growth habit　生长习性

Growth model　生长模型

Growth performance　生长性能

Growth properties　生长性能

Growth rate　生长率；生长速度；生长速率

Growth stimulant　促生长剂

Growth traits　生长性状

Guangdong Province　广东

Guangxi Province　广西

Guizhou Province　贵州

Gulf　海湾

Guppy　孔雀鱼；彩虹鱼

Gutter　水槽

Gutting machine　去内脏机

Gymnocephalus cernuus　梅花鲈

Gymnocypris　裸鲤

Gymnocypris przcwalskii　湟鱼

Gymnocypris przewalskii　青海湖裸鲤

Gymnodinium aerucyinosum　裸甲藻
Gynogenesis　雌核发育；雌核生殖
Gyrodactyliasis　三代虫病
Gyrodactylus　三代虫
Habitat　栖息地；生境；栖息场所
Habitat environment　栖息地环境；栖息环境
Habitat factor　生境因子
Habitat selection　生境选择
Habitation　栖息习性
Habits　习性
Haejuman　海州湾
Haemoglobin　血红蛋白
Haemolymph　血淋巴
Haemorrhagic septicaemia　出血性败血症
Hagfish　盲鳗
Haihe river　海河
Haijiao fishing ground　海礁渔场
Hainan Province　海南
Hairfin anchovy　黄鲫
Hairtail　带鱼
Hairy crab　毛蟹
Hairy shrimp　毛虾
Half-smooth tongue-sole　半滑舌鳎
Halibut　庸鲽
Halieutics　钓鱼法
Haliotis　鲍鱼；鲍
Haliotis discus discus　盘鲍
Haliotis discus hannai　皱纹盘鲍
Haliotis diversicolor　杂色鲍
Haliotis diversicolor supertexta　九孔鲍
Haliotis gigantea discus　盘大鲍
Haliotis rufescens　红鲍
Haliotremasis　海盘虫病
Hammerhead shark　双髻鲨
Handline　手钓
Hanging basket method　挂篓法
Hanging culture　吊养
Haploid　单倍体
Haploid breeding　单倍体育种
haplosporidiasis　单孢子虫病
Harbor　港口；港口；港口
Harbor porpoise　鼠海豚
Hard clam　文蛤；美洲帘蛤
Hard shelled mussel　厚壳贻贝
Hardness　硬度
Hardtails　鲹科
Harengula　青鳞鱼
Harmful algae　有害藻类
Harmful algal bloom　有害藻华
Harmful bacteria　有害病菌；有害菌
Harnessing of red tide　赤潮治理

Harpodon nehereus　龙头鱼
Harvestfish　银鲳
Harvesting machine　收获机械
Harvesting method　捕捞方法
Hatchery　育苗场；繁育场
Hatchery enhancement　人工增殖
Hatchery equipment　孵化设施
Hatching　孵化
Hatching barrel　孵化桶
Hatching period　孵化期
Hatching pond　孵化池
Hatching rate　孵化率
Hatching ring　孵化环道
Hatching tank　孵化筒；孵化缸
Hatching tray　孵化盘
Hawksbill turtle　玳瑁
Hazard　危害
Hazard Analysis and Critical Control Point　HACCP
Head cutter　去头机
Head kidney　头肾
Headrope　上纲
Health food　健康食品
healthy farming　健康养殖
Heart　心脏
Heat balance　热平衡
Heat pump drying　热泵干燥
Heat treatment　热处理
Heating　加热
Heavy fishing,Overfishing　滥捕
Heavy lip fish　重唇鱼
Heavy metal　重金属
Heavy metal poisoning　重金属中毒
Heavy metal pollution　重金属污染
Hebei Province　河北
Heilongjiang province　黑龙江
Heilongjiang river　黑龙江
Hematopoiesis　造血
Hematopoietic tissue　造血组织
Hemibarbus labeo　重唇鱼
Hemicentrotus pulcherrimus　马粪海胆
Hemocyanin　血蓝蛋白
Hemorrhagic disease　出血病；出血症
Hemorrhagic disease of grass carp　草鱼出血病
Hemorrhagic enteritis　出血性肠炎
Henan Province　河南
Hepatobiliary syndrome　肝胆综合症
Hepatocuprein　超氧化物歧化酶
Hepatopancreas　肝胰腺；肝胰脏
Hepu mitten crab　合浦绒螯蟹
Hepu pearl　合浦珍珠
Herbicide　除草剂

Herbivirous fish　草食性鱼类

Herbivorous　草食性

Herd running disease　跑马病

Heritability　遗传力

Heritable character　遗传性状

Hermaphroditism　雌雄同体

Hermatypic corals　造礁珊瑚

Hermit crab　寄居蟹

Herring　鲱鱼

Heterodontus　虎鲨

Heterologous sperm　异源精子

Heterosis　杂种优势；杂交优势

Heterotrophic bacteria　异养细菌

Heterotrophic bacterium　异养菌

Heterotrophic nitrification bacteria　异养硝化菌

Heterotrophy　异养

Heterozygosity　杂合度

Hexachlorobenzene, HCB　六氯苯

Hexachlorocyclohexane　六六六

Hexagrammos　六线鱼

Hexanchus　六鳃鲨

Hibernating　冬眠

Hibernation　冬眠

High density culture　高密度养殖

High Density Polyethylene　高密度聚乙烯; HDPE

High fat feed　高脂肪饲料

High frequency thawing　高频解冻

High level pond　高位池

high performance liquid chromatography　高效液相色谱

High protein feed　高蛋白饲料

High sea fishery　远洋渔业

High seas　公海

High seas fisheries　公海渔业

High seas fishing　远海捕捞

High temperature period　高温期

High temperature weather　高温天气

High tidal region　高潮区

High water line　高潮线

High yield experiment　高产试验

High yield technology　高产技术

High-carbohydrate feed　高糖饲料

High-cholesterol feed　高胆固醇饲料

High-energy feed　高能量饲料

High-temperature drying　高温干燥

High-yield aquaculture　高产养殖

Hilsa herring　长江鲥鱼

Hiphaestus fuliginosus　淡水黑鲷

Hippocampus　海马

Hippoglossus hippoglossus　庸鲽

Hirauwo　鳊

Hirudinea　蛭

Histamine　组胺

Histamine poisoning　组胺中毒

Histochemistry　组织化学

Histology　组织学

Histone　组蛋白

Histopathology　组织病理学

HLRH-A　促黄体素释放激素类似物

Holdfast　固着器

Holding pond　暂养池

Holothuria scabra　糙海参

Holothurian glycosides　海参皂苷

Holothurioidea　海参

Homarus americanus　美洲螯龙虾；美国龙虾

Home quarantine　产地检疫

Homologous gene　同源基因

Homologous recombination　同源重组

Homology comparison　同源性比对

Homonyms　同种异名

Honghu Lake　洪湖

Hongkong oyster　香港巨牡蛎

Hongzehu Lake　洪泽湖

Hook fishing　钩钓

Hook rate　上钩率

Horizontal distribution　水平分布

Hormone　激素

Horn sharks　虎鲨

Hornwort　金鱼藻

Horse mackerel　竹筴鱼

Host　寄主

Hot-air drying（Heated-air drying）　热风干燥

Housefly larva　蝇蛆

Huaihe river　淮河

Hubei Province　湖北

Hucho　哲罗鱼

Hucho bleekeri　川陕哲罗鲑

Hull　船体

Hull dimension　船体尺度

Hull form　船体线型；船型

Hull structural component　船体构件

Hull structure　船体结构

Hull vibration　船体振动

Human chorionic gonadotrophin, HCG　HCG

Humidity　湿度

Hump-headed wrasse　波纹唇鱼

Humpback salmon　驼背大麻哈鱼

Hunan Province　湖南

Hurdle technology　栅栏技术

Huso dauricus　鳇

Huso sturgeon　鳇

Hybrid　杂交种；杂种

Hybrid abalone　杂交鲍

Hybrid F1　杂交一代；杂交子代；杂交子一代；杂交 F1

Hybrid sturgeon　杂交鲟

Hybrid tilapia　奥尼罗非鱼；奥尼鱼；福寿鱼

Hybridization　杂交

Hydraulic engineering　水利工程

Hydraulic structure　水工建筑物

Hydraulics　水力学

Hydrilla verticillata　轮叶黑藻；黑藻

Hydrobiology　水生生物学

Hydrocharitaceae　水鳖科

Hydrochemistry　水化学

Hydrochoerus hydrochaeris　水豚

Hydrogen sulfide　硫化氢

Hydrolase　水解酶

Hydrological condition　水文条件

Hydrological element　水文要素

Hydrophyte　水生植物

Hyperplasia　增生

Hyperthermal stage　高温期

Hypertrophy　肥大

Hypomesus olidus　池沼公鱼

Hypophthalmichthys molitrix　白鲢；鲢

Hypophysis　垂体；脑垂体

Hypostomus plecostomus　垃圾鱼

Hypothermia　低温

Hypovitaminosis　维生素缺乏

Hypoxanthine　次黄嘌呤

Hypoxia　缺氧

Hyriopsis cumingii　三角帆蚌

Ice　冰

Ice bank　冰库

Ice cooled fish　冰鲜鱼

Ice crusher　碎冰机

Ice crystal　冰晶

Ice driller　钻冰机

Ice glazing　镀冰衣；包冰衣

Ice jigger　冰下穿索器

Ice storage room　冰库

Ice-making machine　制冰机械

Ice-temperature storage　冰温贮藏

Ice-water freshening　水冰保鲜

Iced fish　冰鲜鱼

Iced preservation　冰鲜；冰温保鲜

Iced storage　冰库

Ichthyobodiasis　鱼波豆虫病

Ichthyofauna　鱼类区系

Ichthyology　鱼病学；鱼类学

Ichthyophthiriasis　白点病

Ichthyophthirius　小瓜虫

Ichthyoxeniosis　鱼怪病

Ichthyoxenus japonensis　鱼怪

Ictalurus punctatus　沟鲇；斑点叉尾鮰；沟鲶

Identification　测定；鉴定

Identification key　检索表

Iehthyoph thiriasis　小瓜虫病

Ilisha　鳓

Illegal drugs　违禁药品

Illegal fishing　违法捕捞；非法捕捞

Illex argentinus　阿根廷滑柔鱼

Illex illecebrosus　滑柔鱼

Illumination　光照

Image processing　图像处理

Imidacloprid　灭虫精

Imitation ecology　仿生态

Immersion　浸泡

Immersion bath　浸浴

Immobilized microorganism　固定化微生物

Immune　免疫

Immune enzyme　免疫酶

Immune factor　免疫因子

Immune gene　免疫基因

Immune index　免疫指标

Immune mechanism　免疫机理

Immune protection rate　免疫保护率

Immune response　免疫应答；免疫反应

Immune serum　免疫血清

Immune level　免疫水平

Immunity　免疫；免疫力

Immunization　免疫

Immuno-potentiator　免疫增强剂

Immunochemical　免疫化学

Immunocompetent cell，ICC　免疫活性细胞

Immunogenicity　免疫原性

Immunohistochemistry　免疫组织化学

Immunologic cross-reactivity　免疫交叉反应

Immunology　免疫学

Immunomechanism　免疫机理

Immunopolysaccharide　免疫多糖

Immunoprophylaxis　免疫预防

Immunostimulants　免疫增强剂

Impeller aerator　叶轮式增氧机

Import　进口

Imported fish meal　进口鱼粉

Impressed tortoise　凹甲陆龟

Impurity　杂质

In situ hybridization　原位杂交

In vitro fertilization，IVF　体外受精

Inactivated vaccine　灭活菌苗

Inactivated vaccine　灭活疫苗

Inactive bacterin　灭活菌苗

Inbreeding　近亲交配

Incidence rate　发病率

Incidental catch 副渔获物；兼捕渔获物

Increase breeding 增养殖

Increasing farmer's income 农民增收

Increasing fishermen's income 渔民增收

Increment rate 增长率

Incubation 孵育

Incubation box 孵化箱

Incubation equipment 孵化设备

Incubation tank 孵化槽

Incubation temperature 孵化温度

Index 索引；指标

Index system 指标体系

India 印度

Indian Ocean 印度洋

Indicator organism 指示生物

Indicator species 指示种

Individual fecundity 个体生殖力

Individual weight 尾重

Indole 吲哚

Indole acetic acid 吲哚乙酸

Induced mature 催情

Induced spawning 诱导产卵

Induced spawning rate 产卵率；催产率

Industrial aquaculture 工业化养殖；工厂化养殖

Industrial culture 工厂化养殖

Industrial fish farming 工业化养鱼

Industrial park 产业园区

Industrial pollution 工业污染

Industrial seed culture 工业化育苗

Industrial structure 产业结构

Industrial system 产业体系

Industrial waste water 工业废水

Industrialization 产业化

industrialized aquaculture 工厂化水产养殖

Industrialized fish culture 工厂化养鱼

Industry 产业

Industry chain 产业链

Industry standard 行业标准

Industry structure 产业结构

Infection 感染

Infection rate 感染率

Infection test 攻毒试验

Infectionous spleen and kidney necrosis virus，ISKNV 传染性脾肾坏死病毒

Infectious agent 致病因子

Infectious disease 传染病

Infectious hematopoictic necrosis virus, IHNV 传染性造血器官坏死病毒

Infectious hematopoictic necrosis(IHN) 传染性造血器官坏死病

Infectious pancreatic necrosis virus, IPNV 传染性胰腺坏死病毒

Infectious pancreatic necrosis(IPN) 传染性胰脏坏死病

Inflatable aerator 充气式增氧机

Information 情报；信息

Information collection 信息采集

Information resource 信息资源

Information system 信息系统

Information technology 信息技术

Informatization 信息化

Infrared drying 红外线干燥

Infrared radiation 红外辐射

Infrared rays 红外线

Infrastructure 基础设施

Ingestion 摄食

Ingredient 营养成份

Inhabiting density 栖息密度

Inheritance 遗传

Inhibition 抑制；抑制作用

Inimicus japoicus 鬼鲉

Injury 损伤

Inland fishery 内陆渔业

Inland fishing boats 内河渔船

Inland water fishing 内陆水域捕捞

Inland waters 内陆水域

Inlet 进口

Inner Mongolia Autonomous Region 内蒙古

Inning 围垦

Innocuous dispose 无害化处置

Inorganic compound 无机物

Inorganic fertilizer 无机肥

Inorganic salt 无机盐

Inorganic arsenic 无机砷

Inosine acid 肌苷酸

Insecticide 杀虫剂

inshore fishing 近海捕捞

Insoluble solid in water 水不溶物

Inspection 检验

Inspection organization 检验机构

Installation 安装

Instant fishery food 即食水产品

Instant food 方便食品

Insurance 保险

Intake 进水口

Intake and drainage system 进排水系统

Integrated culture 综合养殖

Integrated control 综合防治

Integrated disease control 病害综合防治

Integrated fish culture 综合养鱼

Integrated survey 综合调查

Integration of three industries 三产融合

Intelligent management 智能管理

Intensive aquaculture　精养
Intensive cultivation　集约化养殖; 密养
Intensive culture　精养; 集约养殖; 密集饲养; 高密度
精养
Intensive farming　养殖集约化
Intensive fishpond　精养鱼池
Intensive pond　精养池塘
Inter-generic crossing　属间杂交
Inter-simple sequence repeat　ISSR
Intercropping　套养
Intercultivation　间养
Interdial shellfish　滩涂贝类
Interference　干扰
Intergeneric cross　属间杂交
Intergeneric hybridization　属间杂交
Intermediate culture　中间培育
Intermediate host　中间寄主
Internal sea　内海
International coorperation　国际合作
International fishery　国际渔业
International law　国际法
International market　国际市场
International organization　国际组织
International Organization for Standardization　ISO
International trade　国际贸易
Internet　互联网
Internet of things　物联网
Interspecies competition　种间竞争
Interspecific crossing　种间杂交
Interspecific relationship　种间关系
Intervarietal crossing　品种间杂交
Intestinal diseases　肠道病
Intestinal flora　肠道菌群
Intestinal hyperemia　肠道充血
Intestinal tract　肠道
Intestinal wall congestion　肠壁充血
Intestine　肠
Intoxication　中毒
Intraspecific crossing　种内杂交
Introduced species　引进种
Invading diseases of fish　侵袭性鱼病
Invasive species　入侵物种
Inversion　反演
Invertebrate　无脊椎动物
Investigation　调查
Investment　投资
Iodine　碘
Iodine number　碘值
Iodine value　碘值
Ion　离子
Ion chromatography　离子色谱法

Ion exchange　离子交换
Iridescent virus disease　虹彩病毒病
Iridovirus　虹彩病毒
Iron　铁
Irradiation sterilization　辐射杀菌
Island　岛屿; 海岛
Isochrysis　等鞭金藻
Isochrysis galbana　球等鞭金藻
Isoenzyme　同工酶
Isolation　分离
Isoleucine　异亮氨酸
Isomerase　异构酶
Isotherm　等温线
Isothermal line　等温线
Isotope　同位素
Isozyme pattern　同工酶谱
Istiophorus　旗鱼
Isurus　鲭鲨
Ivory shell　东风螺
Jack mackerel　智利竹筴鱼
Jacks　鲹科
Jacopever　许氏平鲉
Jade perch　高体革鯻; 玉鲈
Jade perch　宝石斑; 宝石鲈; 宝石鱼
Jaguar cichlid　淡水石斑鱼
Janpanese Koi　日本锦鲤
Japan　日本
Japanese abalone　盘鲍
Japanese eel　白鳝
Japanese flounder　牙鲆
Japanese lancelet　白氏文昌鱼
Japanese mitten crab　日本刺沙蚕; 日本绒螯蟹
Japanese pearl oyster　合浦珠母贝
Japanese pilchard　远东拟沙丁鱼
Japanese sardine　远东拟沙丁鱼
Japanese sea perch　鲈鱼; 花鲈
Japanese seabass　花鲈; 鲈鱼
Japanese seabass mullet　花鲈; 鲈鱼
Japanese slugfish　白氏文昌鱼
Japanese stingfish　褐菖鲉
Japanese stone crab　日本蟳
Javelin goby　矛尾复虾虎鱼; 沙光鱼
Jellyfish　霞水母; 水母; 海蜇; 白色霞水母; 根口水母
Jellyfish head　海蜇头
Jellyfish skin　海蜇皮
Jet aerator　射流式增氧机
Jia qiao jing (Shell treatment)　甲壳净
Jiangsu Province　江苏
Jiangxi Province　江西
Jiaozhou Bay　胶州湾
Jig　滚钩

Jilin Province　吉林

Job transfer　转产转业

Johnius grypotus　叫姑鱼

Joint toxicity　联合毒性

Juridical person　法人

Juvenile crab　仔蟹；蟹苗

Juvenile fish　幼鱼

Juvenile mollusk　稚贝

Juvenile prawn　仔虾；幼虾

Juvenile sea cucumber　幼参

Juvenile shrimp　虾苗

Juvenile sporophyte　幼孢子体

Juvenile turtle　稚鳖

K value　K 值

Karenia mikimotoi　米氏凯伦藻

Karyotype　染色体组型；核型

Karyotype analysis　核型分析

Katsuwonus pelamis　鲣

Keel　龙骨

Kelp　昆布；海带

Kelp culture　海带养殖

Kelp disease　海带病害

Kelp food　海带食品

Kerina mikimotoi　米氏凯伦藻

Kidney　肾

Killfishes　花鳉科

King grouper　龙胆石斑鱼

Kingfishes　鲹科

Klebsiella　克雷伯氏菌

Kneading　揉溃

Knot disease　结节病

Koi carp　锦鲤

Koi herpesvirus disease, KHVD　锦鲤疱疹病毒病

Krill　磷虾

Ku Bay　库湾

Kuroshio　黑潮

Kuruma shrimp　竹节虾；日本对虾；日本囊对虾；车虾

Kuruma-ebi　日本对虾

Labeo rohita　露斯塔野鲮

Laboratory　实验室

Labour force　劳动力

lactate dehydrogenase　乳酸脱氢酶

Lactic acid bacteria　乳酸菌

lactococcus lactis　乳酸乳球菌

Ladyfish　海鲢

lagenidialesosis　链壶菌病

Lagenidium disease　链壶菌病

Laizhou Bay　莱州湾

Lake　湖泊

Lake aquaculture　湖泊养殖

Lake Baoying　宝应湖

Lake fish farming　湖泊养鱼

Lake fishery　湖泊渔业

Lake fishing　湖泊捕捞

Lake sturgeon　湖鲟

Lake whitefish　湖白鲑

Lamellibranch　瓣鳃纲

Laminaria japonica　海带

Lamp attracting　灯光诱鱼

Lampern　七鳃鳗

Lampetra fulviatilis　七鳃鳗

Lamprey　七鳃鳗

Lampreys　圆口鱼类

Lamprotula fibrosa　绢丝丽蚌

Lancelet　文昌鱼

Land resource　土地资源

Landing amount　上岸量

Landlocked species　陆封种

Landmark　标志

Large and medium-sized reservoirs　大中型水库

Large fishing vessel　大型渔船

Large icefish　大银鱼

Large lakes　大型湖泊

Large reservoirs　大型水库

Large size fish species　大规格鱼种

Large yellow croaker　大黄鱼

Large-mouthed catfish　东北大口鲶

Large-scale aquaculture　规模化养殖

large-scale farming　规模养殖

Largemouth bass　大口黑鲈；加州鲈

Largemouth black bass　大口黑鲈

Largescale shoveljaw fish　多鳞白甲鱼；多鳞铲颌鱼

Larimichthys　黄鱼；黄花鱼

Larva　幼虫；幼体

Larvae and juvenile deveopment　仔稚鱼发育

Larvae and Juvenile fish　仔稚鱼

Larvae deveiopment　仔鱼发育

Larval crab　幼蟹

Larval development　幼体发育

Larval stage feed　开口饲料

Laser　激光

Lateolabrax japonicus　青鲈；海鲈；鲈鱼；花鲈

Lateolabrax maculatus　中国花鲈

Lateral line　侧线

Lateral line scale　侧线鳞

Lates niloticus　尼罗河鲈鱼；尼罗尖吻鲈

Law of the sea　海洋法

Lchthyophthinus multifiiis　多子小瓜虫

Lead　铅

Leadenall　扁舵鲣

Lean fish　低脂鱼

Lease　租赁

Least square method　最小二乘法

Leatherback　棱皮龟

Leatherjacket　剥皮鱼

Leech　蛭; 水蛭; 宽体金线蛭

leech disease　水蛭病

Left shell　左壳

Lefteyed flounders　鲆

Legislation　法规

Leiocassis longirostris　鮠鱼; 江团; 长吻鮠; 鮰鱼

Leiognathus　鰏

Leisure fishing　休闲垂钓

Lemna minor　浮萍

Lenok　细鳞鱼

Leopard coral trout　豹纹鳃棘鲈

Lepidochelys olivacea　太平洋丽龟

Lepidorthosis　鳞立病; 竖鳞病

Lepomis　太阳鱼

Lepomis cyanellus　绿鳃太阳鱼; 蓝太阳鱼

Lernaea　锚头鳋

Lernaeosis　锚头鳋病

Lesser rorqual　小须鲸; 小鳁鲸

Lethal concentration　致死浓度

Lethal effect　致死效应

Leuciscus　雅罗鱼

Leuciscus baicalensis　贝加尔雅罗鱼

Leucoma trout　远东红点鲑

Liangzihu lake　梁子湖

Liaohe river　辽河

Liaoning Province　辽宁

Life cycle　生命周期

Life history　生活史

Lift net　抬网; 敷网

Light　光

Light intensity　光照强度

Ligula intestinalis　舌状绦虫

ligulaosis　舌状绦虫病

Limited quota fishing system　捕捞限额制度

Limiting amino acid　限制性氨基酸

Lindane　林丹

Line fishing　钓捕

Line fishing boat　钓船

Line hauler　起线机

Line winder　理线机

Linkage map　连锁图谱

Lionfish　蓑鲉

Liparis　狮子鱼

Lipase　脂肪酶

Lipid　脂类; 脂质

Lipid oxidation　脂肪氧化

Lipotes vexillifer　白暨豚; 白鳍豚

Liquid ammonia　液氨

Liquid chromatography　液相色谱

Liquid fish protein　液体鱼蛋白

Liquid medium　液体培养基

Liquid nitrogen　液氮

Liquid nitrogen freezing　液氮冻结

Liquid phase conversion　液相转化

Liquid-binding power　保水性

Liquefied feed　液化饲料

Listonella anguillarum　鳗利斯顿氏菌

Litopenaeus vannamei　凡纳滨对虾; 凡纳对虾

Little yellow croaker　小黄鱼

Littoral zone　沿岸带

Live bait　活饵料

Live feed　鲜活饵料; 生物饵料; 活饵; 生物饲料

Live fish　活鱼

Live fish boat　活鱼运输船

Live fish transportation　活鱼运输

Live fish vehicle　活鱼运输车

Live food　活饵料

Live prawn transportation　活虾运输

Live prey organism　饵料生物

Livebearers　花鳉科

Liver　肝; 肝脏

Liver and gallbladder syndrome　肝胆综合征; 肝胆综合症

Living environment　生存环境

Living habit　生活特性; 生活习性

Living resources　生物资源

Lizardfish　蛇鲻; 大头狗母鱼

Loach　泥鳅

Load flow　潮流

Loan　贷款

Lobster　龙虾

Lobster culture　龙虾养殖

Local population　地方种群; 地方种群

Local standard　地方标准

Local standards　地方标准

Location　定位

Locomotive organ　运动器官

Loligo　枪乌贼

Loligo chinensis　鱿鱼; 中国枪乌贼

Long distance fishing　远洋捕捞

Longfin eel　莫桑比克鳗鲡

Longfin snoutgudgeon　长鳍吻鮈

Longfinned albacore　长鳍金枪鱼

Longfinned tuna　长鳍金枪鱼

Longisnouted bagrid catfish　江团; 鮰鱼; 长吻鮠; 鮠鱼

Longline　延绳钓

Longline culture　延绳养殖

Longline fishing boat　延绳钓渔船

Longline machinery　延绳钓捕机械

Longtailed anchovy　凤鲚

Lophius 鮟鱇；琵琶鱼

Lotus field 藕田

Lotus pool 藕池

Low temperature 低温

Low temperature adaptation 低温适应

Low temperature damage 低温冻害

Low temperature freezing 低温冷冻

Low temperature induction 低温诱导

Low temperature narcotization 低温麻醉

Low temperature stimulation 低温刺激

Low temperature storage 低温保藏

Low termperature preservation 低温保鲜

Low tidal region 低潮区

Low value aquatic products 低值水产品

Low-carbon fishery 低碳渔业

Low-lying saline alkali land 低洼盐碱地

Low-priced fish 低值鱼

Low-termperature drying 低温干燥

Lowland areas 低洼田

Luminescence 发光

Luminous intensity 光照度

Lumpfish 鬼鲉

Lunar phase 月相

Lung 肺

Luring light 诱鱼灯

Lusi Fishing Ground 吕泗渔场

Luteinizing hormone releasing hormone analog 促黄体素释放激素类似物

Luteinizing Hormone-releasing hormone 促黄体素释放素

Luteinizing releasing hormone-analogue,LRH-A LRH-A

Lutianus 笛鲷

Lutjanus erythopterus 红鳍笛鲷；红鱼

Lutjanus russelli 勒氏笛鲷

Lutra lutra 水獭

Lutraria sieboldii 施氏獭蛤

Lymphocystis disease virus, LCDV 淋巴囊肿病毒

Lysine 赖氨酸

Lysozyme 溶菌酶

Mackerel 鲐；青花鱼；鲭鱼；马鲛；澳洲鲭

Mackerels 鲭科

Macroalgae 大型藻类

Macrobenthos 大型底栖动物

Macrobrachium 沼虾

Macrobrachium nipponensis 青虾；日本沼虾

Macrobrachium rosen bergii 罗氏沼虾

Macrobrachium rosenbergii 马来沼虾

Macrocystis pyrifera 巨藻

Macroinvertebrates 大型无脊椎动物

Macroorganism 大型生物

Macrophtalmus 石蟹；大眼蟹

Macrophthalmus japonicus 日本大眼蟹

Macroscopic marine algae 大型海藻

Macrozooplankton 大型浮游动物

Macrura reevesii 长江鲥鱼；鲥

Mactra antiquata 西施舌

Mactra veneriformis 四角蛤蜊；四角蛤

Mactridae 蛤蜊

Mail-cheeked fishes 鲉形目

Main algae 种藻

Main engine power 主机功率

Maintenance 维修

Mako shark 鲭鲨

Malachite green 孔雀石绿

Malayan bonytongue 美丽硬骨舌鱼；龙鱼

Malaysian prawn 马来沼虾

Male 雄性个体

Male fish 雄鱼

Male gametophyte 雄配子体

Male rate 雄性率

Male shrimp 雄虾

Mammalia 哺乳动物

Management 管理

Management information system 管理信息系统

Management on sea area use 海域使用管理

Manchurian six-barbel-catfish 鳜；怀头鲶；桂花鲈；桂花鱼；桂鱼

Mandarin fish 鳜鱼

Manganese 锰

Mangrove 红树林

Mangrove crab 锯缘青蟹

Mangrove reserve 红树林保护区

Mangrove wetland 红树林湿地

Manila clam 菲律宾蛤仔；杂色蛤

Mannitol 甘露醇

Manno-oligosaccharides 甘露寡糖

Manouria impressa 凹甲陆龟

Mantas 蝠鲼科

Mantis shrimp 皮皮虾；口虾蛄

Mantle 外套膜

Mantle cavity 外套腔

Mantle piece 小片

Manual 手册

Manufacturing technique 生产工艺

Manure 粪肥

Maplike cichlid 地图鱼

Marble goby 笋壳鱼；尖塘鳢

Marbled eel 花鳗；花鳗鲡

Marbled rockfish 褐菖鲉

Marbled sole 黄盖鲽；拟鲽

Margaritana 珍珠蚌

Margaritana 珍珠蚌

Margarya melanioides 螺蛳

Mariculture　海水养殖

Mariculture industry　海水养殖业

Mariculture region　养殖海区

Marine algae　海洋藻类；海藻类

Marine animal　海洋动物

Marine aquaculture　海洋水产养殖

Marine auxiliary machinery　船舶辅机

Marine bacteria　海洋细菌

Marine biological products　海洋生物制品

Marine biology　海洋生物学

Marine cage aquaculture　海水网箱养殖

Marine Chart　海图

Marine diesel engine　船用柴油机

Marine drug　海洋药物

Marine ecology　海洋生态；海洋生态学

Marine economic　海洋经济

Marine ecosystems　海洋生态系统

Marine engine　船用发动机；船舶主机

Marine environment　海洋环境

Marine facility　海洋设施

Marine farm　海洋牧场

Marine fish　海鱼；海产鱼类；海洋鱼类；海水鱼；海水鱼类

Marine fishery　海洋渔业

Marine fishery transformation　渔业转型

Marine fishing　海洋捕捞

Marine industry　海洋产业

marine invertebrates　海洋无脊椎动物

Marine mammal　海洋哺乳动物

Marine microalgae　海洋微藻

Marine microorganism　海洋微生物

Marine organism　海洋生物

Marine park　海洋公园

Marine plankton　海洋浮游生物

Marine plants　海洋植物

Marine pollution　海洋污染

Marine pond extensive culture　港养

Marine product　海水产品

Marine ranch　海洋牧场

Marine ranching　海洋牧场

Marine resource　海洋资源

Marine right　海洋权

Marine rights　海洋权

Marine shafting　船舶轴系

Marine shellfish　海产贝类；海洋贝类

Marine shrimp　海水虾

Marine technology　海洋技术

Marine vessel　海洋船舶

Maritime distress　海难

Maritime territory　领海

Mark　标志

Mark Symbol　标志

Marker　标志

Market　市场

Market economy　市场经济

Market forecast　市场预测

Market information　市场信息

Market management　市场管理

Market potential　市场潜力

Market quotation　市场行情

Market size　上市规格

Marketable fish　成鱼；商品鱼

Marketable size　上市规格

Marketing　营销；销售

Marketing amount　上市量

Marking　标志

Marsh　沼泽

Marsupenaeus japonicus　日本囊对虾

Marten's pearl oyster　马氏珍珠贝；马氏珠母贝

Mash feed　粉状饲料

Mass spectrometry　质谱法

Masu salmon　山女鳟；马苏大麻哈鱼

Material　材料

Material metabolism　物质代谢

Mathematical mode　数学模型

Mating　交配

Maturation division　成熟分裂

Matured egg　成熟卵

Maturity　成熟度

Mauremys mutica　黄喉拟水龟；黄喉水龟

Mauremys sinensis　中华条颈龟

Mauremys(Ocadia) sinensis　中华花龟

MBC　最小杀菌浓度

Mealworm　黄粉虫

Mean value　平均值；平均数

Measure　测定；测量；方法

Measurement　测量

Meat and bone meal　肉骨粉

Meat meal　肉粉

Meat separation　采肉

Meat separator　采肉机

Mebendazole　甲苯咪唑

Mechanical aeration　机械增氧

Mechanical damage　机械损伤

Mechanical enhancement-oxygen　机械增氧

Mechanical property　机械性能

Mechanical ventilation drying　机械通风干燥

mechanism of drug resistance　耐药机制

Mechanization　机械化

Mechanized boat　机动渔船

Medaka　青鳉

Medial lethal dose　半致死浓度

Median lethal concentration　半致死浓度

Median lethal dose　半数致死量

Medical treatment　药物防治

Medication technology　施药技术

Medicinal efficacy　药用功效

Medicinal efficacy,Pesticide effect　药效

Medicinal plant　药用植物

Medicine feeding method　投药方法

Mediterranean sea　地中海

Medium fishing vessel　中型渔船

Medium sized reservoir　中型水库

Megalobrama amblyccphala　团头鲂

Megalobrama amblycephala　武昌鱼

Megalobrama pellegrin　厚颌鲂

Megalobrama skolkovii　鲂

Megalopa　大眼幼体

Meiofauna　小型底栖动物

Meiosis　减数分裂；成熟分裂

Meiotic division　减数分裂；成熟分裂

Melamine　三聚氰胺

Mercenaria mercenaria　美洲帘蛤

Merchandise　商品

Mercury　汞

Meretrix meretrix　文蛤

Mesh　网孔；网目

Mesh regulation　网目限制

Mesh selectivity　网目选择性

Mesh Size　网目尺寸

Met(缩写)　蛋氨酸

Metablism　代谢

Metabolic disorder　代谢失调

Metabolism　新陈代谢

Metabolite　代谢物

Metal　金属

Metal ion　金属离子

Metamorphosis　变态

Metamosphsis rate　变态率

Metapenaeus　新对虾

Metapenaeus ensis　基围虾；刀额新对虾

Meteorological disaster　气象灾害

Meteorological factors　气象因素

Meteorology　气象学

Methane　甲烷；沼气

Methane fertilizer　沼气肥

Methanol　甲醇

Methionine　蛋氨酸

Method　方法

Method of reproduction　生殖方式

Methyl alcohol　甲醇

Methyl-mercury　甲基汞

Methyltestosterone　甲基睾酮；甲基睾丸酮

Mexican skipjack　扁舵鲣

Micro flowthrough aquaculture　微流水养殖

microalgae　微藻；微型藻类

Microalgae culture　微藻培养

Microbial additives　微生物添加剂

Microbial agent　微生物制剂

Microbial community　微生物群落

Microbial cultivation　微生物培养

Microbial flocculant　微生物絮凝剂

Microbial index　微生物指标

Microbial inoculum　微生物菌剂

Microbiological pollution　微生物污染

Microbiota　微型生物

Microcapsule feed　微胶囊饲料

Microcrustacean　小型甲壳动物

Microcystin　微囊藻毒素

Microcystis　微囊藻

Microcystis aeruginosa　铜绿微囊藻

Microcystis bloom　微囊藻水华

Microecology　微生态；微生态学

Microencapsulated feed　微胶囊饲料

Microfauna　小型生物

Microorganism　微生物

Micropellet feed　微粒饲料；微型饲料；微颗粒饲料

Microporous tube　微孔管

Micropterus salmoides　大口黑鲈；加州鲈

Microsatellite　微卫星

Microsatellite DNA　微卫星 DNA

Microsatellite DNA marker　微卫星 DNA 标记

Microsatellite loci　微卫星位点

Microsatellite marker　微卫星分子标记

Microsatellite markers　微卫星标记

Microscope　显微镜

Microscopic alga　微型藻类；微藻

Microsporidiosis　微孢子虫病

Microstructure　显微结构

Microtherm　低温

Microwave drying　微波干燥

Microwave thawing　微波解冻

Mid sea　外海

Mid-tidal region　中潮区

Mid-water trawl　中层拖网

Middle and lower fishes　中下层鱼类

Middle tidal zone　中潮带

Migration　洄游

Migration route　洄游通道

Migratory fish　洄游性鱼类；洄游鱼类

Migratory passage　洄游通道

Miichthys miiuy　鮸

Miiuy croaker　鮸

Mildew inhibitor　防霉剂

Milkfish 遮目鱼; 虱目鱼
Minamata disease 水俣病
Mincer 采肉机
Mindong fishing ground 闽东渔场
Mingut gland 中肠腺
mini-kob 叫姑鱼
Minimal inhibitory concentration 最小抑菌浓度
Minimum bactericidal concentration 最小杀菌浓度
Mink 水貂
Minke whale 小须鲸; 小鳁鲸
Minnan-taiwan shallow shoal fishing ground 闽南-台湾浅滩渔场
Mirror carp 框镜鲤; 框鳞镜鲤
Mirror common carp 镜鲤
Miscellaneous fish 杂鱼
Miscellaneous meal 杂粕
Misgurnus anguillicaudatus 泥鳅
Mitochondria 线粒体
Mitochondrial DNA 线粒体 DNA
Mitosis 有丝分裂
Mitten crab 绒螯蟹
Mitten crab culture 河蟹养殖
Mixed feed 混合饲料
Mixer 混合机
Mixing and kneading machine 擂溃机
Mixohaline water 半咸水
Mixture 混合料
Mixture of Ferrous Sulfate 硫酸亚铁合剂
Miyun reservoir 密云水库
Mmuscle adductor 闭壳肌
Mobilization 流通
Mobulidae 蝠鲼科
Mode 工况
Model 模式; 模型
Model organism 模式生物
Model test 模型试验
Modern aquaculture 现代养殖
Modern fishery 现代渔业
Modernization 现代化
Modified atmospheric packaging 气调包装
Modified atmospheric preservation 气调保鲜
Modified zeolite 改性沸石
Moina macrocopa 多刺裸腹溞
Moina mongolica 蒙古裸腹溞
Moisture content 含水率
Moisture retention 保水性
Mold 霉菌
Molecular biology 分子生物学
Molecular Cloning 分子克隆
Molecular markers 分子标记
Molecular weight 分子量

Mollusc culture 贝类养殖
Mollusca 软体动物
Mongolian redfin 蒙古鲌
Monitoring 监测
Monkfish 鮟鱇; 琵琶鱼
Monoclonal antibody 单克隆抗体
Monoculture 单养
Monogastric animal 单胃动物
Monogenean disease 单殖吸虫病
Monogenesis 单性生殖
Monogeniasis 单殖吸虫病
Monopterus albus 鳝鱼; 黄鳝
Monosex cultivation 单性养殖
Monosex culture 单性养殖
Monospecific culture 单养
Monsoon 季风
Morbidity 发病率
Morone chrysops 金眼狼鲈
Morphogenesis 形态发生
Morphological characters 形态性状
Morphological classification 形态分类
Morphological development 形态发育
Morphological variation 形态差异
Morphological variatoin 形态变异
Morphology 形态特征; 形态学
Mortality 死亡率
Moses perch 勒氏笛鲷
Mosquitofish 柳条鱼; 食蚊鱼
Mould 霉菌
Mould toxin 霉菌毒素
Mould-proof agent 防霉剂
Moult 蜕皮
Moulting cycle 蜕皮周期
Mount Tai red scale fish 泰山赤鳞鱼
Mountain areas 山区
Mounting 测定
Mouth feel 口感
Mouthparts 口器
Mozambique tilapia 莫桑比克罗非鱼
Muck 粪肥
Mucous cell 黏液细胞; 粘液细胞
Mud carp 鲮
Mud crab 日本大眼蟹; 拟穴青蟹; 锯缘青蟹; 大眼蟹
Mud pump 泥浆泵
Mud snail 泥螺
Mud turtle 泥龟
Mudflat 滩涂
Mudflat aquaculture 滩涂养殖
Mudflat resource 滩涂资源
Mudflat wetland 滩涂湿地
Mudhopper 大弹涂鱼; 弹涂鱼

Mudskipper 弹涂鱼；大弹涂鱼

Muggy weather 闷热天气

Mugil 鲻

Mugiliformes 鲻形目

Mulberry fish pond 桑基鱼塘

Mullet 鲻；梭鱼

Multi-level rotation aquaculture 多级轮养

Multiplex PCR 多重 PCR

Multivitamin 复合维生素

Muraenesox cinereus 海鳗

Muscle 肌肉

Muscle content 含肉率

Muscle protein 肌肉蛋白

Musculus adductor 闭壳肌

Mussel 褶纹冠蚌；贻贝

Mussel culture 贻贝养殖

Mussel meat 贻贝肉；蚌肉

Mussel sauce 贻贝露

Mussels 蚌类

Mustela vison 水貂

Mutagen 诱变剂；诱变因素

Mutation 突变

Mutation breeding 诱变育种

mutual insurance 互助保险

Mutual insurance association 互保协会

mycelium 菌丝体

Mycobacterium chimaera 银鲛

Mycotoxin 霉菌毒素

Myctophiformes 灯笼鱼；灯笼鱼目

Myliobatidae 鲼

Mylopharyngodon piceus 黑鲩；青鱼；青鲩

Myofibril 肌原纤维

Myofibrillar Protein 肌原纤维蛋白

Myosin 肌球蛋白

Myriophyllum spicatum 穗花狐尾藻

Myriophyllum verticillatum 狐尾藻

Mysid 长额刺糠虾

Mysid crustacean 黑褐新糠虾

Mysid shrimp 日本新糠虾

Mysidae 糠虾

Mysis 糠虾

Mysis larva 糠虾幼体

Mystus guttatus 斑鳠

Mytilus 贻贝

Mytilus crassitesta 厚壳贻贝

Mytilus edulis 紫贻贝

Mytilus (Chloromya) viridis 翡翠贻贝

Myxine 盲鳗

Myxoboliosis 碘泡虫病；疯狂病

Myxocyprinus asiaticus 胭脂鱼

Myxosporea 粘孢子虫

Myxosporidia 黏孢子虫

Myxosporidiasis 粘孢子虫病；黏孢子虫病

Myxosporidiosis 黏孢子虫病

Nacre 珍珠质

Nacreous layer 珍珠层

Nacreous layer powder 珍珠层粉

Naked carp 青海湖裸鲤；裸鲤；湟鱼

Name 名称

Nannochloropsis 微拟球藻

Nansha Islands Fishing Ground 南沙群岛渔场

Narcotic 麻醉剂

National standards 国家标准

Native fish population 地方种群

Native fishes 土著鱼类

Natrual feed 天然饲料

Natural hatching 自然孵化

Natural condition 自然条件

Natural drying 自然干燥

Natural feed 天然饵料

Natural fishing 天然捕捞

Natural mortality 自然死亡率

Natural mortality coefficient 自然死亡系数

Natural pond 土池

Natural population 自然种群

Natural propagation 自然繁殖

Natural sea area 自然海区

Natural seed 天然苗种

Natural seeding 自然纳苗

Natural seedling 天然苗

Natural selection 自然选择

Natural spawning 自然产卵

Natural water temperature 自然水温

Natural waters 自然水域；天然水域

Nauplius 无节幼体

Navaid 助航设备

Navicula 舟形藻

Navigation 航海；导航

Navigation aids 导航设备

Navigation lock 船闸

Navodon, Thamnaconus 马面鲀

Neaa 非必需氨基酸

Neanthes japonica 日本刺沙蚕

Necrosis 坏死

Nekton 游泳动物

Nematoda 线虫

Nematodiasis 线虫病

Nemopilema nomurai 沙海蜇

Neocaridina denticulata sinensis 中华新米虾；中华锯齿米虾；中华米虾

Neomeris phocaenoides 江豚

Neomysis awatschensis 黑褐新糠虾

Neomysis japonica　日本新糠虾

Neophocaena asiaeorientalis　长江江豚

Neosalanx taihuensis　太湖新银鱼；太湖银鱼；小银鱼

Nereis　沙蚕

Nereis japonica　日本刺沙蚕

Nereis succinea　海蚕

Neritic organism　近海生物

Nerve　神经

Nervous system　神经系统

Net bag　网囊

Net cage　网箱

Net cage culture　网养

Net catch　网捕

Net enclosure culture　围网养殖

Net enclosure farming　网围养殖

Net fish screen　拦鱼网

Net hauler　起网机

Net income　收入

Net making　织网

Net primary productivity　净初级生产力

Net shaker　振网机

Net shifter　理网机

Net winch　卷网机

Netting　网衣；网片

Netting property　网片性能

Netting resistance　网片阻力

Netting strength　网片强力

Netting twine　网线

Neural　神经

Neural necrosis virus, NNV　神经坏死病毒

Neural net　神经网络

Neural network　神经网络

Neuronetwork　神经网络

Neurotoxic shellfish poinsoning　神经性贝类毒素

Neurotoxic shellfish poisoning　神经性贝毒

Neutral network　神经网络

Neutral networks　神经网络

New genus　新属

New record　新记录；新纪录

New species　新种

New variety　新品种

New variety cultivation　新品种培育

Newly hatched larvae　初孵仔鱼

Nibe croaker　鮸

Nibea (Argyrosomus) miichthioides　鮸状黄姑鱼

Nibea albiflora　黄姑鱼

Nile crocodile　尼罗鳄

Nile perch　尼罗河鲈鱼；尼罗尖吻鲈

Nile tilapia　尼罗罗非鱼

Ningxia Autonomous Region　宁夏

Nitrate　硝氮；硝酸盐

Nitrate nitrogen　硝态氮

Nitric oxide synthase　一氧化氮合酶

Nitrifier　硝化菌

Nitrifying bacteria　硝化细菌

Nitrite　亚硝酸盐；亚硝态氮；亚硝酸氮

Nitrite nitrogen　亚硝酸盐氮

Nitrobacteria　硝化菌；硝化细菌

Nitrobenzene　硝基苯

Nitrofuran　硝基呋喃

Nitrogen　氮；氮素

Nitrogen cycle　氮循环

Nitrogen fertilizer　氮肥

Nitrogen removal　脱氮

Nitrogen-phosphorus ratio　氮磷比

Nitrogenous fertilizer　氮肥

Nitzschia closterium　新月菱形藻

Noble scallop　华贵栉孔扇贝

Nocardia　诺卡氏菌

Nocardiosis　诺卡氏菌病

Noctiluca scintillans　夜光藻

Noemacheilinae　条鳅

Noise　噪声；噪音

Non-essential amino acid　非必需氨基酸

Non-point source pollution　非点源污染

Non-polluted aqua-products　无公害水产品

Non-power driven fishing vessel　非机动渔船

Non-specific immunity　非特异性免疫

Nonessential amino acid　非必需氨基酸

Nonspecific immune　非特异性免疫

Nonspecific immunity　非特异性免疫力；非特异性免疫；
非特异性免疫；非特异性免疫力

Norfloxacin　诺氟沙星

nori　紫菜

Nori culture　紫菜养殖

Norm　规范

Normal distribution　正态分布

North America　北美洲

North Atlantic　北大西洋

North China areas　北方地区

North Pacific　北太平洋

Northeast Pacific　东北太平洋

Northern sheatfish　鳡；怀头鲶；桂花鲈；桂花鱼；桂鱼

Northern shrimp　中国毛虾

Northwest pacific　西北太平洋

Norway　挪威

Nosotoxicosis　中毒病

Nostoc commune　念珠藻

Nostoc flaglliforme　发菜

Nuclear insertion　插核

Nuclear pollution　核污染

Nuclear transplantation　核移植

Nucleated pearl 有核珍珠

Nuclei implanting 插核

Nucleic acid 核酸

Nucleic acid probe 核酸探针

Nucleocapsid 病毒粒子

Nucleotide 核苷酸

Nucleus 细胞核

Nucleus insertion 插核；植核

Number of deaths 死亡数量

Numerical simulation 数值模拟

Nuptial coloration 婚姻色

Nursery 幼体培育

Nursery pond 苗种池

Nursery pool 育苗池

Nutrient 营养物质

Nutrient cycling 营养物循环；物质循环

Nutrient salt 营养盐

Nutrition 营养

Nutrition deficiency 营养缺乏症

Nutrition evaluation 营养评价

Nutritional and metabolic diseases 营养代谢病

Nutritional constituent 营养成分

Nutritional disease 营养性疾病

Nutritional indices 营养指标

Nutritional level 营养级

Nutritional needs 营养需要；营养需求

Nutritional requirement 营养需要；营养需求

Nutritional type 营养方式

Nutritive value 营养价值

Nutrtion compositon 营养组成

Nylon fibre 尼龙

Observation 观测

Ocadia sinensis 花龟

Ocean 海洋

Ocean current 海流

Ocean engineering 海洋工程

Ocean exploitation 海洋开发

Ocean fishing vessel 远洋渔船

Ocean fleet 远洋船队

Ocean floor topography 海底地形

Ocean ranch 海洋牧场

Ocean wave 海浪

Oceania 大洋洲

Oceanodromous migration 海洋洄游

Oceanographic survey 海洋调查

Oceanography 海洋学

Ocellated octopus 短蛸

Ocellatus cichlid 地图鱼

Octopodidae 章鱼

Octopus 八爪鱼

Octopus 章鱼；蓝环章鱼

Octopus maculose 蓝环章鱼

Octopus ochellatus 短蛸

Octopus variabilis 长蛸

Odontobutis obscurus 塘鲤鱼；沙塘鳢；沙乌鳢

Odontobutis yaluens 鸭绿沙塘鳢

Offal fish 低值鱼

Officer and engineer 职务船员

Offshore 近海

Offshore aquaculture 近海养殖

Offshore cage 深水网箱

Offshore fishery 近海渔业

Offshore fishing 近海捕捞；外海捕捞

Offshore organism 近海生物

Offshore-fishing boat 近海渔船

Ofloxacin 氧氟沙星

Oil pollution 油污染

Oily fish 多脂鱼

Olaquindox 喹乙醇

Olfaction 嗅觉

Oligochacta 寡毛类

Oligochitosan 壳寡糖

Olive flounder 牙鲆

Olive Ridley 太平洋丽龟

Ommastrephes 柔鱼

Omnivorous fish 杂食性鱼类

Omnivorous habit 杂食性

Omnivory 杂食性

On the edge of extinction 濒临灭绝

On-board preservation 渔船保鲜

Oncomelania hupensis 钉螺

Oncorhynchus 大麻哈鱼；大马哈鱼

Oncorhynchus gorbuscha 驼背大麻哈鱼；细鳞大麻哈鱼

Oncorhynchus masou 马苏大麻哈鱼

Oncorhynchus masou masou 山女鳟

Oncorhynchus mykiss 金鳟；虹鳟

Oncorhynchus nerka 红大马哈鱼；红鲑；红大麻哈鱼

Ongrown fish 成鱼

Online monitoring 在线监测

Ontogeny 个体发育

Onychostoma macrolepis 赤鳞鱼；多鳞白甲鱼

Oocyte 卵母细胞

Oodiniosis 卵甲藻病；打粉病

Oogenesis 卵子发生

Oolemma 卵黄膜

Open water 大水面

Opened fishing season 开捕期

Operating condition 工况

Operating rule 操作规程

Operating status 工况

Operation 作业

Operation condition 工况

Operculum 鳃盖骨

Ophiocephalidae 鳢

Ophiocephalus argus 鳢鱼；乌鳢

Optimization 优化配置

Optimum design 优化设计

Oral fissure 口裂

Orange roughy 红罗非鱼

Orange-spotted grouper 橙点石斑鱼

Orangespottes grouper 布氏石斑鱼

Oratosquilla kempi 黑斑口虾蛄

Oratosquilla oratoria 皮皮虾；口虾蛄

Orbfish 白鲳

Order basket fish 点篮子鱼

Orectolobus 须鲨

Oreochromis 彩虹鲷；非鲫；罗非鱼；非洲鲫鱼

Oreochromis mossambicus 吴郭鱼；莫桑比克罗非鱼

Oreochromis niloticus 吉富罗非鱼；奥尼鱼；尼罗罗非鱼

Oreochromis niloticus ♀ × *O. aureus* ♂ 奥尼罗非鱼

Oreochromis spp. 红罗非鱼

Organella 细胞器

Organic Acids 有机酸

Organic carbon 有机碳

Organic certification 有机认证

Organic compound 有机化合物；有机物

Organic detritus 有机碎屑

Organic fertilizer 有机肥

Organic flocculant 有机絮凝剂

Organic matter 有机质

Organic nitrogen 有机氮

Organic particle 有机颗粒

Organic pollutant 有机污染物

Organic seafood 有机水产品

Organizational structure 组织结构

Organochloride pesticide 有机氯农药

Organophosphorus pesticide 有机磷农药

Oriental river prawn 青虾；日本沼虾

Orientation 定位

Orientation behaviour 定向行为

Ormer 鲍；鲍鱼

Ornamental animal 观赏动物

Ornamental fish 观赏鱼；观赏鱼类

Ornamental fishery 观赏渔业

Orthogonal experiment 正交试验

Oryzias latipes 青鳉

Oscar 地图鱼

Oscillatoria 颤藻

Osmeridae 胡瓜鱼

Osmoregulation 渗透调节；渗透压调节

Osmotic pressure 渗透压

Osmotic pressure adjustment 渗透压调节

Osphronemus goramy 长丝鲈；丝足鲈

Osteolaemus tetraspis 短吻鳄

Ostichthyes 硬骨鱼类

Ostrea 牡蛎

Ostrea gigas 长牡蛎

Ostrea plicatula 褶牡蛎

Ostrea rivularis 近江牡蛎

Ostrea talienwhanensis 大连湾牡蛎

Otolith 耳石

Otter 水獭

Otter board 网板

Otter trawler 单拖网渔船

Oujiang color common carp 青田田鱼；瓯江彩鲤

Outbreak diseases 暴发病

Outbreak fish disease 暴发性鱼病

Outer membrane protein 外膜蛋白

Outfall 排水口

Outfitting equipment 舾装设备

Output 产量

Output of seedling 出苗量

Output value 产值

Ovary 卵巢

Ovary development 卵巢发育

Ovate pompano 卵形鲳鲹

Over-breeding 过度繁殖

Over-wintering ground 越冬场

Over-wintering migration 越冬洄游

Over-wintering pond 越冬池

Overfishing 过度捕捞；捕捞过度

Overwintering 越冬

Oviparity 卵生

Oviposit 产卵

Ovoviviparity 卵胎生

Ovulation 排卵

Oxidation pond 氧化塘

Oxidation reaction 氧化反应

Oxidative rancidity 氧化酸败

Oxyeleotris marmoratus 尖塘鳢；笋壳鱼

Oxygen 氧气

Oxygen debt 氧债

Oxygen consumption 耗氧量

Oxygen consumption rate 耗氧率

Oxygen content 含氧量；氧含量

Oxygen demand 需氧量

Oxygen depletion 缺氧

Oxytetracycline 土霉素

Oxytetracycline hydrochloride 盐酸土霉素

Oyashio current 亲潮

Oyster 褶牡蛎；大连湾牡蛎；牡蛎

Oyster culture 牡蛎养殖

Oyster meat 牡蛎肉

Oyster sauce 蚝油

Oyster shell　牡蛎壳

Ozone　臭氧

Pacific cod　太平洋鳕；大头鳕

Pacific herring　太平洋鲱

Pacific oyster　长牡蛎；太平洋牡蛎

Pacific white shrimp　南美白对虾；南美白虾

Package　包装

Packaging material　包装材料

Packaging plant　包装设备

Packing packaging　包装

Paddy field aquaculture　稻田养殖

Paddy field fish culture　稻田养鱼

Pagrosomus major　红鲷鱼；真鲷

Paguridae　寄居蟹

Painted turtle　锦龟

Pair net　对网

Pair trawlers　双拖网渔船

Palaemon modestus　太湖白虾

Palaemonidae　长臂虾科

Palatability　适口性

Palea steindachneri　山瑞鳖

Paleozoic era　古生代

Palinuridae　龙虾

Palolo worm　双齿围沙蚕；沙蚕

Pampus argenteus　银鲳；鲳鱼

Pampus cinereus　灰鲳

Pampus punctatissimus　翎鲳

Pancreas　胰；胰腺

Panopea abrupta　太平洋潜泥蛤；象拔蚌

Papers　论文

Parabramis pekinensis　鳊；鳊鱼

Paracalanus parvus　小拟哲水蚤

Parachromis managuensis　淡水石斑鱼；马拉丽体鱼

Paragonimus　复殖吸虫

Paralichthys olivaceus　牙鲆

Paralytic shellfish poisoning　麻痹性毒素

Paralytic shellfish poson　麻痹性贝类毒素

Parameter　参数

Paranitrophenol　对硝基酚

Parasite　寄生虫；寄生物

Parasite disease　寄生虫病

Parasite eggs　寄生虫卵

Parasitic ciliate　车轮虫

Parasitic disease　寄生虫疾病

Parasitic disease　寄生虫性疾病

Parasitism　寄生；寄生性

Parasitosis　寄生虫病

Parent　亲本

Parent crab　亲蟹

Parent fish　种鱼；亲鱼

Parent fish collection　亲鱼采捕

Parent fish pond　亲鱼池

Parent fish rearing　亲鱼培育

Parent fish rearing pond　亲鱼培育池

Parent fish selection　亲鱼选择

Parent fish transportation　亲鱼运输

Parent prawn　亲虾

Parent Prawn rearing　亲虾培育

Parent rearing　亲本培育

Parent selection　亲本选择

Parent shellfish　亲贝

Parents culture　亲体培育

Parrot fish　鹦嘴鱼

Parthenogenesis　孤雌生殖；单性生殖

Partial freezing preservation　微冻保鲜

Particular organic matter　颗粒有机物

Particulate matter　颗粒物

Partition　分配

Partitioning　分配；分离

Patent　专利

Pathogen　病原体；病源体；病原菌

Pathogen fauna　病原区系

Pathogen identification　病原鉴定

Pathogen organism　病原体

Pathogenic bacteria　病原菌

Pathogenic factor　病因

Pathogenic microbes　病源微生物

Pathogenic microorganism　病原微生物

Pathogenic organism　病原生物；病原菌

Pathogenic strain　致病菌株

Pathogenic vibrio　病原性弧菌

Pathogenicity　致病力；致病性

Pathogenicity test　致病性试验

Pathogenic bacteria　致病细菌；病原细菌

Pathogenic bacterium　致病菌

Pathogeny　病原

Pathological anatomy　病理解剖

Pathological changes of tissues　组织病变

Pathology　病理；病理学

Paupiette (Fish rolls)　鱼卷

Pcb　多氯联苯

Pcbs　多氯联苯

Peanut worm　方格星虫；光裸星虫；星虫

Pearl　珍珠

Pearl　sac　珍珠囊

Pearl cultivation　珍珠培育

Pearl culture　珍珠养殖

Pearl industry　珍珠产业

Pearl mussel　珍珠蚌；珍珠贝

Pearl nucleus　珍珠核

Pearl oyster　珠母贝

Pearl powder　珍珠粉

Pearl processing　珍珠加工
Pearl River System　珠江水系
Pearl shell　珠母贝
Pearl-spotted spinefoot　黄斑蓝子鱼; 黄斑篮子鱼
Pearly mussel　育珠蚌
Pearly shellfish　育珠贝
Pectinidae　扇贝
Pectoral fin　胸鳍
Pedigree identification　家系鉴定
Peeled and tail-on shrimp or prawn　凤尾虾
Peeled shrimp　虾仁
Pelagic egg　浮性卵
Pelagic fish　中上层鱼类; 上层鱼类; 中层鱼类
Pelagic fishery　外海渔业
Pelagic fishes　大洋性鱼类
Pellet diet　颗粒饵料; 颗粒饲料
Pellet feed　颗粒饵料; 颗粒料; 颗粒饲料
Pellet feed mill　颗粒饲料机; 颗粒饲料压制机
Pellet fodder expande machine　膨化颗粒饲料机
Pelleted feed　硬颗粒饲料
Pelleter　造粒机
Pelletized feed　颗粒饲料
Pelletizer　造粒机
Pelochelys bibroni　鼋
Pelteobagrus fulvidraco　黄颡; 黄颡鱼; 嘎鱼; 黄腊丁
Pelvetia siliquosa　鹿角菜
Pelvic fin　腹鳍
Penacus japonicus　日本对虾
Penaeid shrimp　对虾
Penaeus　对虾
Penaeus japonicus　竹节虾; 车虾
Penaeus monodon　斑节对虾; 草虾
Penaeus monodon-type baculovirus，MBV　斑节对虾杆状病毒
Penaeus orientalis　东方对虾
Penaeus penicillatus　长毛对虾
Penaeus stylirostris　细角对虾
Penaeus vannamei　南美白对虾; 南美白虾
Penicillin　青霉素
Penicillium　青霉; 青霉菌
Perca flavescens　黄鲈; 美国黄金鲈; 黄金鲈
Perca fluviatilis　鲈
Perch　鲈; 青鲈
Perch-barbel　鲈鲤
Perchlike fishes　鲈形目
Perciformes　鲈形目
Percocypris pingi　鲈鲤; 江鲤
Perforation Disease　穿孔病
Peridinium perardiforme　多甲藻
Perinereis aibuhitensis　双齿围沙蚕
Period of spawning　产卵期

Periodic variation　周期变化
Periodical　期刊
Periophthalmus　弹涂鱼
Periphyton　周丛藻类
Permit system　许可证制度
Pernicious bacteria　有害细菌
Peroxide value　过氧化值
Peruvian anchovy　秘鲁鳀
Peruvian squid　秘鲁鱿鱼
Pest　病害
Pest control　病害防治
Pesticide　杀虫剂; 农药
Pesticide poisoning　农药中毒
Pesticide pollution　农药污染
Pesticide residue　农药残留
Petalosomasis　瓣体虫病
Petasma　交接器
Petroleum pollution　石油污染
PH value　pH; pH 值
Phaeocystis　棕囊藻
Phaeocystis globosa　球形棕囊藻
Phagocytosis　吞噬作用
Pharmaceutical formulation　药物配方
Pharmacodynamics　药物动力学; 药效学
Pharmacodynamic test　药效试验
Pharmacokinetic　药代动力学
Pharmacology　药效学; 药理
Pharyngeal tooth　咽齿
Phenol　酚
Phenol oxidase　酚氧化酶
Phenology　物候
Pheretima　蚯蚓
Philometriosis　嗜子宫线虫病
Philometroides cyprini　嗜子宫线虫
Phlorotannins　褐藻多酚
Phoca　海豹
Phocoena phocoena　鼠海豚
Pholas　海笋
Phosphate　磷酸盐
Phosphate fertilizer　磷肥
Phosphatides　磷脂
Phospholipid　磷脂
Phosphoric acid　磷酸
Phosphorus　磷
Phosphorus cycle　磷循环
Phosphorus removal　除磷; 脱磷
Photoperiod　光照周期; 光周期
Photosynthesis　光合作用
Photosynthetic bacteria　光合细菌
Photosynthetic pigment　光合色素
Phototaxis　趋光性

Phycoerythrin　藻红蛋白；藻红素

Phyletic evolution　系统进化

Phylogeny　系统发育

Physical and chemical factor　理化因子

Physical and chemical indexes　理化指标

Physical and chemical properties　理化特性；理化性质

Physical control　物理防治

Physical property　物理性质

Physicochemical characteristics　理化特征；理化性质

Physicochemical properties　理化性质

Physics　物理学

Physiological function　生理机能

Physiological index　生理指标

Physiological property　生理特性

Physiology　生理学

Phytase　植酸酶

Phytohormone　植物激素

Phytophagous　草食性

Phytoplankton　浮游植物

Phytotrophy　植物营养

Pickled fish in wine　醉制

Picornvirus disease　河蟹颤抖病

Piddock　海笋

Pier　码头

Pig manure　猪粪

Pigment cell　色素细胞

Pike　狗鱼

Pike eel　海鳗

Pilchard sardine　沙丁鱼

Pilot-fishes　鲹科

Pimephales promelas　胖头鲹

Pinctada fucata　合浦珠母贝

Pinctada fucata martensii　马氏珠母贝

Pinctada margaritifera　黑蝶贝；珍珠母贝；珠母贝

Pinctada martensii　马氏珍珠贝

Pinctada maxima　白蝶贝；大珠母贝

Ping's Percocypris barb　江鲤

Pingue　鳊

Pingxiang red transparent crucian carp　萍乡红鲫

Pink salmon　细鳞大麻哈鱼

Pinna rudis　江珧；江瑶

Pipefish　海龙

Piranha　纳氏锯脂鲤；食人鲳；食人鱼

Pirapitinga　淡水鲳；淡水白鲳

Piscatology　捕捞学

Pisciculture　养鱼

Piscieolaiosis　鱼蛭病

Pistia stratiotes　水浮莲；大藻

Pitocin　催产剂；催产素

Pits and ponds　坑塘

Pituitarium　垂体

Pituitary　垂体

Pituitary gland　脑垂体

Placuna placenta　海月

Plaice　鲽

Plain bonito　扁舵鲣

Plain reservoir　平原水库

Plan　计划

Plankalgae　浮游藻类

Plankton　浮游动植物；浮游生物

Plankton net　浮游生物网

Planktonic algae　浮游藻类

Planktonic bacteria　浮游细菌

Planktonic tow　浮游拖网

Planned economy　计划经济

Planning　规划

Plant　植物

Plant feed　植物饲料；植物性饵料；植物性饲料

Plant meal　饼粕

Plant nutrition　植物营养

Plant protein　植物蛋白；植物蛋白质

Plant protein source　植物蛋白源

Plastic　塑料

Plastic fiber glass　玻璃钢

Plastic greenhouse　塑料大棚

Plastic shed　塑料棚

Plastic sheet　塑料薄膜

Plastron　腹甲

Plate freezer　平板冻结机

Plateau lakes　高原湖泊

Platichthys stellatus　星突江鲽；星斑川鲽

Platyhelminthes　扁形动物

Platymonas　扁藻

Platymonas helgolanidica　青岛大扁藻

Platyrhina　团扇鳐

Platysternon megacephalum　平胸龟；鹦鹉龟

Plecoglossus altivelis　香鱼

Plecostomus plecostomus　吸口鲶

Plectropomus leopardus　豹纹鳃棘鲈

Pleistophorasis　匹里虫病

Pleopod　腹肢

Plesiomonas shigelloides　类志贺邻单胞菌

Pleuronectidae　鲽

Pleuronectiformes　比目鱼

Pleuronectiformes　鲽形目

Pneumatophorus japonicus　鲐；鲭鱼；青花鱼

Poecilia reticulata　彩虹鱼；孔雀鱼

Poeciliidae　花鳉科

Poison fishing　毒鱼

Poisoning　中毒

Poisoning by fish drug　渔药中毒

Poisoning symptoms　中毒症状

Pole and line　竿钓

Policy　政策

Pollan　白鲑; 凹目白鲑

Pollutant　污染物

Pollutants emission　污染物排放

Pollution accident　污染事故

Pollution control　污染防治

Pollution control countermeasure　污染控制

Pollution distribution　污染分布

Pollution free aquatic products　无公害水产品

Pollution prevention　污染预防

Pollution source　污染源

Pollution-free　无公害

Pollution-free agricultural product　无公害农产品

Pollution-free aquaculture　无公害养殖

Pollution-free certification　无公害认证

Pollution-free treatment　无害化处理

Polychaeta　多毛类

Polychaete　多毛类

Polychlorinated biphenyl　PCB; 多氯联苯

Polychlorinated biphenyls　多氯联苯

Polyclonal antibody　多克隆抗体

Polyculture　混养

Polyethylene fibre　聚乙烯纤维

Polyethylene mesh　聚乙烯网片

Polyethylene net　聚乙烯网

Polymerase Chain Reaction　PCR

Polymerase Chain Reaction-Denaturing Gradient Gel Elect PCR-DGGE

Polymorphism　多态性

Polynemidae　马鲅科

Polyphosphate　多聚磷酸盐

Polyplacophora　石鳖

Polyploid　多倍体

Polyploid breeding　多倍体育种

Polyploidy induction　多倍体诱导

polysaccharide　多糖

Polysaccharides from Spirulina platensis(PSP)　螺旋藻多糖

Pomacea caniculata　苹果螺; 福寿螺; 大瓶螺

Pomacentridae　雀鲷

Pomfret　鲳鱼; 翎鲳; 银鲳

Pomfrets　鲳科

Pompano　短鳍鲳鲹

Pompanos　鲹科

Pond　池塘

Pond cleaning　池塘清整

Pond clearing　清塘

Pond culture　池塘养殖; 围塘养殖

Pond digger　挖塘机

Pond dredging　清淤

Pond drying　晒池

pond environment　池塘环境

Pond fish culture　池塘养鱼

Pond inspection　巡塘

Pond reconstruction　池塘改造

Pond sediment　池塘底泥

Pond smelt　池沼公鱼

Pond stocking of fingerlings　鱼种下塘

Pontoon　浮筒

Ponyfish　鰏

Pope　梅花鲈

Populaiton genetics　种群遗传

Population　种群

Population analysis　种群分析

Population biology　种群生物学

Population breeding　群体选育

Population census　种群调查

Population characteristics　种群特征; 种群特性

Population composition　种群组成

Population control　种群控制

Population density　种群密度

Population differentiation　种群分化

population diversity　种群多样性

Population dynamics　种群动态

Populaiton ecology　种群生态

Population function　种群机能

Population genetics　群体遗传

Population growth　种群增长

Population identification　种质鉴定; 种群鉴定

Population number　种群数量

Population parameter　种群参数

Population resource　种群资源

Populaiton structure　群体结构; 种群结构

Population variation　种群变动; 种群变化

Population yield　群体产量

Porphyra　紫菜

Porphyra diseases　紫菜病害

Porphyra haitanensis　坛紫菜

Porphyra yezoensis　条斑紫菜

Porpoise　江豚

Port　港口

Port of registry　船籍港

Portunidae　梭子蟹

Portunus pelagicus　远海梭子蟹; 花蟹

Portunus trituberculatus　白蟹; 三疣梭子蟹

Position fixing　定位

Post larva　稚鱼

Post-larvae　后期仔鱼

Postembryonal development　胚后发育

Postpartum treatment　亲鱼产后护理

Potamidae　溪蟹

Potamogeton crispus　菹草

Potamogeton maackianus 黄丝草
Potassium 钾
Potassium permanganate 高锰酸钾
Potency 效价
Potential catch 潜在渔获量
Povidone iodine 聚维酮碘
Powder diet 粉状饲料
Powder feed 干粉料
Powdered product 粉状产品
Power 功率
Power driven vessel 机动船
Power fishing vessel 机动渔船
Power flow 潮流
Power operated winch 电动绞机
Poyanghu Lake 鄱阳湖
Prawn 对虾；明虾
Prawn cracker 虾片
Prawn culture 养虾；对虾养殖
Prawn pond 养虾池
Prawn seedling rearing 对虾育苗
Pre-larva 前期仔鱼
Prebiotics 益生菌
Precipitation 沉淀；降水
Precision 精度
Precocious puberty 性早熟
Predacious fishes 肉食性鱼类
Predacity 捕食性
Predation 掠食；捕食
Predatism 捕食性
Predator 捕食者
Predatory behavior 捕食行为
Predatory fish 凶猛鱼类
Predatory fishes 肉食性鱼类
Preferential growth,Growth advantage 生长优势
Premium seafood cultivation 海珍品养殖
Preservation 保藏
Preservation of aquatic products 水产品保鲜
Preservative 保鲜剂
Pressure 压力
Pretreatment 前处理；预处理
Prevent action of fish from escaping 防逃
Prevention 预防
Prevention method 防治方法
Preventive measure 预防措施
Preventive medication 预防用药
Prey 被捕食者
Prey fish 饵料鱼
Priacanthus 大眼鲷
Priacanthus tayenus 长尾大眼鲷
Price 价格；物价
Prickly redfish 梅花参

Primary agricultural products 大宗农产品
Primary productivity 初级生产力
Primnesium saltans 三毛金藻
Principal dimension 主尺度
Prionace glauca 蓝鲨；大青鲨
Probability 概率；几率
Probiotic 微生物添加剂；微生态制剂
Probiotics 益生素
Problem 问题
Procambarus clarkii 小龙虾；克氏螯虾；克氏原螯虾
Process condition 工艺条件
Processed fishery products 水产加工品
Processed products 加工制品
Processing cans 罐头加工
Processing line 加工生产线
Processing mechinery 加工机械
Processing technique 加工技术
Processing technology 加工工艺；加工技术
Prochilodus scrofa 南美鲱鱼；宽体鲮脂鲤
Prochilodus scyofa 小口脂鲤
Procypris merus 禾花鲤；乌原鲤
Product certification 产品认证
Product quality 产品质量
Product quality certification 产品质量认证
Product standard 产品标准
Product standards 产品标准
Production area 产区
Production base 生产基地
Production capacity 生产能力
Production certificate 生产许可证
Production cycle 生产周期
Production increasing 增产
Production license 生产许可证
Production performance 生产性能
Production technology 生产工艺；生产技术
Production volume 产量
Productive potential 生产潜力
Productivity 生产力
Progressive culture 多级轮养
Prohibited fishing gears 禁用渔具
Prokaryotic expression 原核表达
Proleg 腹足
Prolegs 腹足
Proliferative capacity 繁殖能力；繁殖能力；繁殖能力
Proline 脯氨酸
Promotor 启动子
Propagation 繁殖
Propagation population 繁殖群体
Propagation protection 繁殖保护
Propagative period 繁殖期
Propeller 螺旋桨

Property 性能；特性；性质

Prophylactic 预防用药

Propulsion 推进器

Propulsion device 推进装置

Propylene giycol alginate 褐藻酸丙二酯

Propylene glycol alginate 海藻酸丙二醇酯

Prorocentrum 原甲藻

Prorocentrum minimum 微小原甲藻

Protamine 鱼精蛋白

Protease 蛋白酶

Protected animals 保护动物

Protected areas for fishery resource 渔业资源保护区

Protein 蛋白质

Protein denaturation 蛋白质变性

Protein diet 蛋白质饲料

Protein feed 蛋白质饲料；蛋白饲料

Protein resource 蛋白质资源

Protein source 蛋白质源；蛋白原料；蛋白源

Proteomics 蛋白质组学

Protoplasm 原生质

Protoplast 原生质体

Protosalanx hyalocranius 大银鱼

Protozoa 原生动物

Protozoiasis 原虫病

Prussian carp 银鲫；普安银鲫

Psephurus gladius 白鲟

Pseudobagrus ussuriensis 乌苏里拟鲿；乌苏拟鲿

Pseudocarcinus gigas 巨大拟滨蟹；皇帝蟹

Pseudodactylogyrus 拟指环虫

Pseudomonas 假单胞菌

Pseudomonas aeruginosa 铜绿假单胞菌

Pseudomonas disease 假单胞菌病

Pseudomonas fluorescens 荧光假单胞菌

Pseudomonasis 假单胞菌病

Pseudopleuronectes yokohamae 拟鲽；黄盖鲽

Pseudosciaena crocea 大黄鱼

Pseudosciaena polyactis 小黄鱼

Pteria margaritifera 珍珠贝

Pterois 蓑鲉

Pterophyllum scalare 天使鱼

Public disaster 公害

Puffer 河鲀；东方鲀；河豚

Puffer poisoning 河豚中毒；河鲀中毒

Pulley 滑轮

Pulverization processing 粉碎加工

Pump 泵

Pumping equipment 排水设备

Puntius tetrazona 虎皮鱼；四带无须鲃

Purchase 采购

Pure line breeding 纯系培育

Purification 纯化；净化

Purification wastewater 净化水质

Purification-rejuvenation 提纯复壮

Purity 纯度

Purple sea urchin 紫海胆

Purplespotted bigeye 长尾大眼鲷

Purse line 括纲

Purse seine 围网

Purse seine fishing 围网作业；围网捕捞

Purse seine winch 围网起网机

Purse seiner 围网渔船

Putrefaction 腐败

Putrid skin disease 腐皮病

Putrid-skin disease 打印病

Pygocentrus nattereri 纳氏锯脂鲤

Pygocentrus nattereri (Serrasalmus nattereri) 食人鱼

PyLoric caeca 幽门盲囊

Qinghai Province 青海

Qinghaihu Lake 青海湖

Qingjiang fish 清江鱼

Qingshan Reservior 青山水库

Qualily 质量

Qualitive analysis 定性分析

Quality 品质

Quality certification 质量认证

Quality control 质量控制

Quality detection 质量检测

Quality evaluation 质量评定

Quality index 质量标准；质量指标

Quality management 质量管理

Quality monitoring 质量监督

Quality of muscle 肌肉品质

Quality safety 质量安全

Quantitative analysis 定量分析

Quantitative characters 数量性状

Quantitative distribution 数量分布

Quantity of water exchange 换水量

Quarantine 检疫

Quarantine inspection 检验

Queensland grouper 鞍带石斑鱼；龙胆石斑鱼

Quick freezing 速冻

Quicklime 生石灰

Quinocetone 喹烯酮

Quinolones 喹诺酮类药物

Rabbitfish 黄斑篮子鱼；星篮子鱼；篮子鱼；黄斑蓝子鱼

Raceway fish culture 河道养鱼

Rachycentron canadum 军曹鱼；海鲡

Radar 雷达

Radiation 辐射

Radiation pasteurization 辐照杀菌

Radiation preservation 辐射保鲜

Radioactive pollution 放射性污染

Raft culture　筏式养殖; 浮筏养殖
Rainbow fish　彩虹鱼
Rainbow trout　虹鳟
Rainfall　降水
Rainy season　梅雨季节
Raising　饲养管理
Raising ripe crabs　成蟹养殖
Raising shrimps in paddy　稻田养虾
Raja　鳐
Rana boulengeri　棘腹蛙
Rana catesbiana　牛蛙
Rana chensinensis　中国林蛙
Rana dybowskii　东北林蛙
Rana nigromaculata　黑斑侧褶蛙; 青蛙
Rana plancyi　金线蛙
Rana tigrina cantor　泰国虎纹蛙
Rancidity　油脂酸败; 油烧; 哈喇
Random amplification of Polymorphic DNA　RAPD
Random amplified polymorphic DNA,RAPD　随机扩增多态 DNA
Ranidae　蛙
Ranners　鲹科
Rapana　红螺
Rapeseed cake and meal　菜籽饼粕
Rapeseed meal　菜粕; 菜籽饼; 菜籽粕
Rapid amplification of cDNA ends　cDNA 末端快速扩增
Rapid detection　快速检测
Rapid determination　快速测定
Rapid monitoring　快速监测
Rapid testing reagent　快速检测试剂
Rapid-amplification of cDNA ends　RACE
Rare and endangered species　珍稀濒危物种
Rare animal　珍稀动物
Rare fish　珍稀鱼类
Rare sea product　海珍品
Rare species　稀有种; 珍稀物种
Rate of feeding　投饲率
Rate of increase　增长率
Rate of recapture　重捕率
Rate of spawning　产卵率
Rational fishing　合理捕捞
Raw fish　小杂鱼
Raw material　原料
Raw oyster　生蚝
Razor clam　缢蛏
Readiness　成熟度
Real time monitoring　实时监控
Realtime fluorescence quantitative PCR　荧光定量 PCR
Rearing and breeding　繁殖培育
Rearing cycle　饲养周期
Rearing pond　培育池; 饲养池

Recapture rate　重捕率; 回捕率
Receiver　接收机
Recirculating aquaculture　循环水养殖
Recirculating aquaculture system　循环水养殖系统
Recirculating fish aquaculture system　循环水养鱼系统
Recombinant expression　重组表达
Recovery　回收
Recreational fishery　休闲渔业
Recruitment　补充量
Recruitment stock　补充群体
Recycle fishery　循环渔业
Red abalone　红鲍
Red Abdominal Shell Disease　红底板病
Red algae　红藻
Red carp　红鲤; 玻璃红鲤
Red claw crayfish　四脊滑螯虾; 红螯光壳螯虾
Red common carp　荷包红鲤鱼
Red coral　红珊瑚
Red crab　锈斑蟳
Red crayfish　小龙虾; 克氏螯虾; 克氏原螯虾
Red crucian carp　芙蓉鲤
Red fin disease　赤鳍病
Red fish meal　红鱼粉
Red meat　红色肉
Red neck disease　红脖子病
Red porgy　真鲷
Red rot　赤腐病
Red scale fish　赤鳞鱼
Red seabream　黄鲷
Red snapper　红鳍笛鲷; 红鲷鱼; 红鱼
Red tide　赤潮
Red tide disaster　赤潮灾害
Red tide forecast　赤潮预报
Red tide microalgae　赤潮微藻
Red tide monitoring　赤潮监测
Red tilapia　星洲红鱼; 红罗非鱼
Red-leg disease　红腿病
Red-skin disease　赤皮病
Red-tide algae　赤潮藻
Red-tide organisms　赤潮生物
Reddening　赤变
Reddish-brown　红棕色
Redfin culter　红鳍原鲌; 红鳍鲌
Redtail prown　长毛对虾
Reduction　还原
Reduction division　减数分裂; 成熟分裂
Reef　礁
Reefer　冷藏车
Reeves shad　鲥; 长江鲥鱼
Refreezing　复冻
Refrigerated storage　冷藏

Refrigerated transport　冷藏运输
Refrigerated vehicle　冷藏车
Refrigerating equipment　制冷设备
Refrigeration technology　冷藏技术
Refrigerator Car　冷藏车
Refuge harbour　避风港
Regeneration　再生
Regression analysis　回归分析
Related species　近缘种
Relative abundance　相对资源量
Relative growth rate　相对生长率
Relaying　暂养
Releasing　放流
Reliability　可靠性
Remediation method　修复方法
Remediation technology　修复技术
Remnant　残料
Remote control　遥控
Remote hybridization　远缘杂交
Remote metering　遥测
Remote sensing　遥感
Remote sensing data　遥感数据
Remote sensing monitor　遥感监测
Remote sensing technology　遥感技术
Reovirus　呼肠孤病毒
Repairing　修理
Repeseed cake　菜饼
Replant　放种
Report　报告
Reproducing population　繁殖种群
Reproduction　生殖
Reproduction migration　生殖洄游
Reproduction period　繁殖期
Reproduction technology　繁殖技术
Reproduction test　繁殖试验
Reproductive behavior　繁殖行为
Reproductive behaviour　生殖行为
Reproductive biology　繁殖生物学
Reproductive characteristics　繁殖特性
Reproductive cycle　繁殖周期; 生殖周期
Reproductive ecology　繁殖生态
Reproductive group　生殖群体
Reproductive habit　繁殖习性
Reproductive hormones　生殖激素
Reproductive mode　繁殖方式; 生殖方式
Reproductive organ　生殖器官
Reproductive performance　繁殖性能
Reproductive physiology　繁殖生理
Reproductive system　生殖系统
Reptilia　爬行动物; 爬行类
Requiem sharks　真鲨

Requirement　需要量
Research　研究
Research center　研究中心
Research institution　研究机构
Research progress　研究进展
Research vessel　调查船
Reservoir　山塘水库; 水库
Reservoir cage culture　水库网箱养殖
Reservoir culture　水库养殖
Reservoir fertilization fish culture　水库施肥养鱼
Reservoir fish culture　水库养鱼
Reservoir fish farming　库湾养鱼
Reservoir fishery　水库渔业
Reservoir fishing　水库捕捞
Residual feed　残饵
Residual hazard　残毒
Residual heat utilization　余热利用
Residual toxicity　残毒
Residue　残留
Residue limit　残留限量
Resource advantages　资源优势
Resource conservation　资源保护
Resource decline　资源衰退
Resource dominance　资源优势
Resource enhancement　资源增殖
Resource exploitation　资源开发
Resource management　资源管理
Resource survey　资源调查
Resource variation　资源变动
Respiration　呼吸
Respiratory organ　呼吸器官
Respiratory rate　呼吸频率
Response surface　响应面
Response surface method　响应面法
Response time　效应时间
Responsible fisheries　负责任渔业
Resting eggs　休眠卵
Restriction endonuclease　限制性内切酶
Retort pouch　软罐头
Retrospective　可追溯
Reverse transcription PCR　逆转录 PCR; RT-PCR
Review　综述
Revolution　转速
Revolving storm　热带风暴; 热带气旋
Rhabdoviruses　弹状病毒
Rhincodon typus　鲸鲨
Rhinogobio ventralis　长鳍吻鮈
Rhinogobius duospilus　溪吻虾虎鱼
Rhizostoma　根口水母
Rhodeus sinensis　中华鳑鲏
Rhodococcus　红球菌

Rhodophyta　红藻
Rhodopseudomonas palustris　沼泽红假单胞菌
Rhodospirillaceae　红螺菌
Rhodospirillum　红螺菌
Rhopilema esculenta　海蜇
Rhynchodaenm　吻部
Ribonucleic acid　RNA
Rice fish symbiosis　稻鱼共生
Rice fish symbiotic system　稻鱼共生系统
Rice shrimp co cropping　稻虾共作
Rice-crab production　稻蟹共作
Ricefield crab culture　稻田养蟹
Ricefield eel　鳝鱼
Rickettsia　立克次氏体
Rickettsia-like organisms,RLO　类立克次氏体
Ridgetail white prawn　脊尾白虾
Rigging　索具
Right of fishery　捕鱼权
Right of the sea　海洋权
Rigor mortis　僵直
Rigor stage　僵硬期
Ring groove　环沟
Risk assessment　风险评估
River　河流
River eel　河鳗
River prawn　沼虾
River-snail　田螺
River-snail meat　田螺肉
Rivers　江河
Rivers fish culture　外荡养鱼
Roach　拟鲤
Roast eel　烤鳗
Roast fish fillet　烤鱼片
Roasted eel　烤鳗
Roasted fish　烤鱼
Robot　机器人
Rocky reef　岩礁
Rod　钓竿
Rohu carp　露斯塔野鲮
Roncadore　白姑鱼; 黄姑鱼; 鮸
Rope　绳索; 纲索
Rope for inserting seedling　苗绳
Rostral side　吻端
Rot　腐烂病
Rotating bio-disc　生物转盘
Rotating biological　生物转盘
Rotation　轮养; 轮作
Rotational culture　轮养
Rotatoria(Rotifera)　轮虫
Rotenone　鱼藤酮
Rotifer　轮虫

Rotted gill　烂鳃
Rotten-skin disease　烂皮病
Roughage　粗饲料
Roughskin sculpin　松江鲈
Round scad　蓝圆鲹
Round spadefish　白鲳
Rovimix　鱼肝油丸
Rubbing machine　磨碎机
Rudder　舵
Rude pen shell　江珧; 江瑶
Ruditapes philippinarum　花蛤; 杂色蛤; 菲律宾蛤仔
Ruditapes variegata　杂色蛤仔
Ruffe　粘鲈; 梅花鲈
Running water stimulation　流水刺激
Runoff　径流
Rural economy　农村经济
Russian sturgeon　俄罗斯鲟
Rutilus　拟鲤
Sablefish　裸盖鱼
Sacalia bealei　眼斑龟; 眼斑水龟
Sacalia quadriocellata　四眼斑龟; 四眼斑水龟
Sacculinasis　蟹奴病
Safe concentration　安全浓度
Safe production　安全生产
Safety device　安全设备
Sagittal larvae　溞状幼体
Sail-powered fishing vessel　机帆渔船
Sailfish　旗鱼
Salangidae　银鱼
Saline water lake　咸水湖
Saline-alkali soil　盐碱地
Salinity　盐度
Salinity tolerance　耐盐性
Salmo gairdneri　硬头鳟
Salmo salar　大西洋鲑
Salmo trutta fario　亚东鲑; 河鳟
Salmon　三文鱼; 鲑鱼
Salmoniformes　鲑形目
Salmons　鲑鳟鱼
Salmons and Trouts　鲑鳟鱼类
Salt tolerance　耐盐性
Salted fish　腌鱼
Salted fish paste　鱼酱
Salted jellyfish head　海蜇头
Salted product　盐渍制品; 腌制品
Salted-drying product　盐干品
Salting　盐腌
Salvelinus　红点鲑
Salvelinus alpinus alpinus　北极红点鲑
Salvelinus leucomaenis　白斑红点鲑; 远东红点鲑
Sample　采样

Sampling　采样

Sampling inspection　抽检

Sand filter　沙滤

Sand swimming crab　远海梭子蟹

Sandfish　糙海参

Sandworm　沙虫

Sanguinicolosis　血居吸虫病

Sanxia Reservoir area　三峡库区

Saprolegnia　水霉；水霉菌

Saprolegniasis　水霉病

Sarcoidosis　结节病

Sarda sarda　狐鲣

Sardina pilchardus　沙丁鱼

Sardine　沙丁鱼

Sardinops melanostictus　远东拟沙丁鱼

Sargassum　马尾藻

Sargassum fusiforme　羊栖菜

Sarotherodon melanotheron　帚齿罗非鱼；萨罗罗非鱼

Sasimi　生鱼片

Satellite　人造卫星

Satellite navigation system　卫星导航系统

Satellite positioning　卫星定位

Satiation　饱食

Saturated fatty acid　饱和脂肪酸

Saucer　日月贝

Saurida　蛇鲻

Saury　秋刀鱼；竹刀鱼

Saxitoxin　麻痹性贝类毒素

Scads　鲹科

Scale　鳞片

Scale in lateral line　侧线鳞

Scaled sardine　青鳞鱼

Scaleless fish　无鳞鱼

Scaler　去鳞机

Scallop　扇贝

Scallop adductor　扇贝柱

Scallop culture　扇贝养殖

Scallop shell　扇贝壳

Scallop skirt　裙边

Scaly hairfin anchovy　黄鲫

Scanning electron microscope　扫描电镜；扫描电子显微镜

Scapharca　蚶

Scapharca subcrenata　毛蛤

Scapharca(Arca) subcrenata　毛蚶

Scaphesthes rnacrolepis　多鳞铲颌鱼；泰山赤鳞鱼

Scarid　鹦嘴鱼

Scarus　鹦嘴鱼

Scatophagus argus　金鼓鱼；金钱鱼

Scenedesmus　栅藻

Scenedesmus obliquus　斜生栅藻

Scenedesmus quadricauda　四尾栅藻

Schizothoracine fish　裂腹鱼

Schizothorax　裂腹鱼；雅鱼

Schooling　集群

Sciaenidae　石首鱼；石首鱼科

Science and Technology Progress　科技进步

Science management　科研管理

Scientific and technological achievement　科技成果

Scientific research institution　科研单位

Scientific research personnel　科研人员；科技人员

Scleropages fomosus　龙鱼

Scleropages formosus　过背金龙；亚洲龙鱼；红尾金龙；美丽硬骨舌鱼

Scomber australasicus　澳洲鲭；澳洲鲐

Scomberomorus　马鲛

Scomberomorus niphonius　鲅鱼；蓝点马鲛

Scombridae　鲭科

Scophthalmus maximus　大菱鲆；多宝鱼

Scorpaeniformes　鲉形目

Scorpionfish　褐菖鲉

Scortum barcoo　高体革鯻；玉鲈；宝石斑；宝石鲈；宝石鱼

Screen　筛选

Screen filtration　筛绢过滤

Screw press　螺旋压榨机

Scrippsiella trochoidea　锥状斯氏藻

Sculpins　杜父鱼

Scylla　青蟹

Scylla paramamosain　拟穴青蟹

Scylla serrata　锯缘青蟹

Scyphozoa　钵水母

Sea acorn　藤壶

Sea anemone　海葵

Sea area　海域

Sea area use management　海域使用管理

Sea area using right　海域使用权

Sea bass　海鲈

Sea catfish　海鲶

Sea condition　海况

Sea cucumber　海茄子；刺参；糙海参；海地瓜

Sea cucumber culture　海参养殖

Sea cucumber polysaccharide　海参多糖

Sea cucumber seed　参苗

sea dace　花鲈；鲈鱼

Sea farming　海洋牧场

Sea floor　海底

Sea grass　海草

Sea horse　海马

Sea ice　海冰

Sea level　海平面

Sea mustard　裙带菜

Sea perch　花鲈；海鲈；鲈鱼

Sea ranching　海洋牧场
Sea right　海洋权
Sea snail　海螺
Sea water　海水
Sea water shellfish　海水贝类
Sea whip　柳珊瑚
Sea-hare　海兔
Seafood　海产品
Seafood farming　海产养殖
Seafood processing　海产品加工
Seafood sauce　海鲜酱
Seafood soy sauce　海鲜酱油
Seal　海豹
Sealing device　水密装置；密封装置
Seamanship　航海技术；船艺
Season　季节
Seasonal change　季节变化
Seasonal variation　季节变化
Seasoned food　调味食品
Seasoned-dried fish fillet　鱼片干
Seasoneddried fish fillet　烤鱼片
Seasoning　调味料；调味液
Seaward migration　降海洄游
Seawater desalting　海水淡化
Seawater pearl　海水珍珠
Seawater pond　海水池塘
Seaway　航道
Seaweed　海藻
Seaweed bed　海藻场
Seaweed biomass　藻类生物量
Seaweed culture　海藻养殖
Seaweed glue　海藻胶
Seaweed industry　海藻工业
Seaweed processing　海藻加工
Seaweed product　海藻产品
Seaweed resource　海藻资源
Sebastes schlegelii　许氏平鲉
Sebastiscus marmoratus　褐菖鲉
Secondary bacterial infection　继发细菌感染
Secondary infection　继发感染
Secondary productivity　次级生产力
Secondary sexual character　副性征
Secretion　分泌
Secretory organ　分泌器官
Sedentary fishes　定居性鱼类
Sediment　沉积物；沉淀
Sediment conditioner　底质改良剂
Sediment pollution　底质污染
Sedimentation basin　沉淀池
Seed　苗种
Seed algae　种藻；种藻；种藻

Seed breeding　良种繁殖
Seed catching　苗种捕捞
Seed collecting　采苗
Seed collector　采苗器
Seed industry　苗种产业；种业
Seed production　苗种生产
Seed rearing　苗种繁殖；苗种培育
Seed selection　选种
Seeding　苗种
Seeding breeding　苗种选育
Seeding culture　苗种培育
Seeding room　育苗室
Seeding transportation　苗种运输
Seedling base　种苗基地
Seedling collection technology　采苗技术
Seedling cultivation　种苗培育
Seedling production　种苗生产；繁殖育苗
Seedling quality　种苗质量
Seedling rearing　育苗；苗种繁育
Seedling rearing in earth ponds　土池育苗
Seedling rearing water　育苗用水
Seedling rearing waterbody　育苗水体
Seedling survival rate　出苗率
Seepage prevention　防渗
Seggia licens　樱花虾
Segregation　分离
Seine boat　围网船
Selective breeding　选择育种
Selenastrum bibraianum　月牙藻
Seleninm　硒
Self fertilization　自体受精
Sell-purification　自净
Semen frozen preservation　精液冷冻保存
Semi-essential amino acid　半必需氨基酸
Senegalese sole　塞内加尔鳎
Sensing device　传感器
Sensing unit　传感器
Sensory evaluation　感官评定；感官评价
Sensory index　感官指标
Sensory organ　感觉器官
Separating　分离
Separating seedling　分苗
Separation　分离
Sepia andreana　针乌贼
Sepia lycidas　拟目乌贼
Sepia tigris　虎斑乌贼
Sepiella maindroni　无针乌贼
Sepiidae　乌贼
Sequence alignment　序列比对分析
Sequence analysis　序列分析
Seriola　鰤鱼；鰤

Seriola dumerili 杜氏鰤
Serious animal diseases 重大动物疫病
Serpentes 蛇
Serrasalmus nattereri 食人鲳
Serum 血清
Sesarma 相手蟹
Sessilinasis 固着类纤毛虫病
Set fishing gear 定置渔具
Set gillnet 定置刺网
Setipinna tenuifilis 黄鲫
Setting density 附着密度
Setting stage 附着期
Settled fishes 定居性鱼类
Settling pond 沉淀池
Settling velocity 沉降速度
Sewage 污水
Sewage treatment 污水处理
Sex chromosome 性染色体
Sex control 性别控制
Sex determination 性别决定
Sex differentiation 性别分化
Sex hormone 性激素
Sex identification 雌雄鉴别
Sex ratio 性比; 雌雄性比
Sex regulation 性别调控
Sex reversal 性逆转; 性转化; 性反转
Sexual characteristics 性征
Sexual gland 性腺
Sexual maturity 性成熟
Sexual maturity period 性成熟期
Sexual reproduction 有性繁殖; 有性生殖
Shady stimulation 阴干刺激
Shallow lakes 浅水湖泊
Shallow sea 浅海
Shallow shoal 浅滩
Shallow shoals 浅海滩涂
Shandong Province 山东
Shanghai 上海
Shanxi Province 山西; 陕西
Shaping 成型
Shark 鲨鱼
Shark liver oil 鲨鱼肝油
Shark skin 鲨鱼皮
Sharksucker 吸盘鱼; 䲟
Shark cartilage meal 鲨鱼软骨粉
Shelf life 货架期; 贮藏期; 保鲜期; 保质期
Shell disease 腐壳病
Shell conchocelis 贝壳丝状体
Shell ice machine 壳冰机
Shell ice maker 壳冰机
Shell powder 贝壳粉

Shell ulcer disease 甲壳溃疡病
Shellfish 贝壳类; 贝类
shellfish breeding 贝类育苗; 贝类育苗; 贝类育苗
Shellfish collection 贝类采捕
Shellfish culture 贝类养殖
Shellfish depuration 贝类净化
Shellfish diseases 贝类病害
Shellfish harvester 贝类采捕机
Shellfish hatchery 贝类育苗
Shellfish meat 贝肉
Shellfish poisons 贝类毒素
Shellfish products 贝类制品; 贝类产品
Shellfish purification 贝类净化
Shellfish shucker 贝类开壳机
Shellfish toxicity 贝毒
Shellfish-algae interculture 贝藻间养
Sheltostshek 黄颊鱼; 鳡; 鳡鱼
Shengshan Fishing Ground 嵊山渔场
Shewanella 希瓦氏菌
Shidao Fishing Ground 石岛渔场
Ship auxiliary 船舶辅机
Ship capacity 船舶载重量
Ship certificate 船舶证书
Ship collision 船舶碰撞
Ship equipment 船舶设备
Ship form 船型
Ship inspection 船检
Ship inspection certificate 船舶检验证书
Ship keel 船舶龙骨
Ship model 船模
Ship name 船名
Ship navigation 船舶航行
Ship oil spill 船舶溢油
Ship position 船位
Ship propulsion 船舶推进
Ship repair 船舶修理
Ship route 船舶航线
Ship shafting 船舶轴系
Ship speed 航速
Ship stability 船舶稳性
Ship survey 船舶检验
Ship vibration 船舶振动; 船体振动
Shipowner 船舶所有人
Shipping 船舶运输
Shipworm 船蛆
Ship certificates of inspection 船舶检验证书
Shore 潮间带
Shore landing seine 大拉网
Short finned squid 滑柔鱼
Shortfinned eel 澳洲鳗鲡
Shred 切丝

Shredded kelp 海带丝

Shrimp 中华锯齿米虾; 中华米虾; 新对虾; 虾类; 中华新米虾

Shrimp and crab industry 虾蟹产业

Shrimp aquaculture 对虾养殖业

Shrimp body 虾体

Shrimp broodstock 种虾

Shrimp broodstock overwintering 亲虾越冬

Shrimp culture 养虾; 虾类养殖; 虾养殖

Shrimp disease 虾病

Shrimp farmer 养虾户

Shrimp feed 虾饲料; 虾类饲料; 虾料

Shrimp flover 虾味香精

Shrimp industry 对虾产业

Shrimp meal 虾粉

Shrimp meat 虾肉

Shrimp paste 虾酱

Shrimp pond 虾塘

shrimp pool 虾池

Shrimp sauce 虾油

Shrimp seedling 对虾育苗; 虾种

Shrimp seedling rearing 虾苗培育

Shrimp shell 虾壳

Shrimp shell disease 虾壳病

Shrimp trawl 虾拖网

Shrimp-rice culture 虾稻共作

Shrinkage 收缩率

Shucker 脱壳机

Shucking 脱壳; 去壳

Siamese fighting fish 泰国斗鱼; 暹罗斗鱼

Siamese fightingfish batta 五彩博鱼

Siberian char 白斑红点鲑

Siberian dace 贝加尔雅罗鱼

Siberian great sturgeon 鳇

Siberian prawn 秀丽白虾

Siberian salmond fish 细鳞鱼

Siberian sturgeon 西伯利亚鲟

Sichuan Province 四川

Sichuan taimen 川陕哲罗鲑

Sick shrimp 病虾

Side rope 侧纲

Side trawler 舷拖网渔船

Siganus 篮子鱼

Siganus guttatus 星篮子鱼; 点篮子鱼

Siganus oramin 黄斑蓝子鱼; 黄斑篮子鱼

Sign 标志

Signal 信号

Signal facility 信号设备

Silage 青贮料; 青贮饲料

Silk screen 筛绢网

Silkworm chrysalis meal 蚕蛹粉

Silt 淤泥

Silt layer 淤泥层

Silt remover 清淤机

Siluridae 鲶

Siluriformes 鲶形目

Silurus 鲇

Silurus asotus 土鲶

Silurus lanzhouensis 兰州鲇; 兰州鲶

Silurus meridionalis 南方大口鲶; 南方鲇; 大口鲶

Silurus soldatovi 东北大口鲶; 怀头鲶

Silver 银

Silver anchovy 丁香鱼

Silver carp 白鲢; 鲢

Silver cod 银鳕鱼

Silver jewfish 白姑鱼

Silver perch 银锯眶鯻; 银鲈; 澳洲银鲈

Silver pinnah croaker 白姑鱼

Silver pomfret 银鲳

Simulated fishery food 模拟水产食品

Simulated food 模拟食品

Sinanodonta woodiana 河蚌

Sinergasiliasis 中华鳋病

Sinergasilus 中华鳋

Sinergasliasis 中华鱼蚤病

Single cell algae 单胞藻类

Single side band radio 单边带电台

Single trawler 单拖网渔船

Single-nucleotide polymorphism 单核苷酸多态性

Siniperca chuatsi 桂花鲈; 桂花鱼; 桂鱼; 鳜; 鳜鱼

Sinker 沉子

Sinking feed 沉性饲料

Sinking force 沉降力

Sinking pellet diet 沉性颗粒饲料

Sinking pellet feed 沉性颗粒饲料

Sinking speed 沉降速度

Sinonovacula constricta 缢蛏

Sinopotamon honanense 河南华溪蟹

Sinopotamon yangtsekiense 长江华溪蟹

Siphonophore 管水母

Sipunculida 星虫

Sipunculus 光裸星虫

Sipunculus nudus 方格星虫; 沙虫

Sixgill shark 六鳃鲨

Size composition 体长组成

Size distribution 体长分布

Skate 鳐

Skeleton 骨骼

Skelitonema 骨条藻

Skilfish 裸盖鱼; 银鳕鱼

Skin 皮肤

Skin ulcer 溃烂病

Skin ulcer syndrome　腐皮综合症
Skinner　去皮机
Skipjack　鲣
Skull　颅骨
Slices of raw fish　生鱼片
Slimy mackerel　澳洲鲭
Slow flowing water　微流水
Small and medium-sized reservoirs　中小型水库
Small copepod　小拟哲水蚤
Small fishing vessel　小型渔船
Small lakes　小型湖泊
Small reservoir　小型水库
Small scale fishery　群众渔业
Small-sized fish　小型鱼; 小型鱼类
smallscale yellowfin　细鳞鲴; 细鳞斜颌鲷
Smoke cured salmon　烟熏三文鱼
Smoked fish　熏鱼
Smoked fishery products　熏制水产品
Smoking　熏制
Snail　蜗牛; 铜锈环棱螺; 钉螺; 螺类; 螺蛳
Snailfish　狮子鱼
Snake　蛇
Snakehead　鳢鱼; 乌鳢; 月鳢; 黑鱼; 七星鱼
Snapper　笛鲷
Snapping turtle　蛇鳄龟; 鳄鱼龟; 拟鳄龟; 鳄龟
Snow crab　灰眼雪蟹; 雪蟹
Soaking　浸泡
Society of fisheries　水产学会
Sockeye salmon　红大麻哈鱼; 红大马哈鱼; 红鲑
Soda mixture　苏打合剂
Sodium　钠
Sodium alginate　海藻酸钠; 褐藻酸钠; 海藻多糖
Sodium bisulfite　亚硫酸氢钠
Sodium chloride　氯化钠
Sodium hypochlorite　次氯酸钠
Soft can　软罐头
Soft package　软包装
Soft pellet diet　软颗粒饲料
Soft pellet feed　软颗粒饲料
Soft shell　软壳
Soft shell disease　软壳病
Soft-shell turtle farming　养鳖
Soft-shelled turtle　鼋; 鳖
Soft-shelleded turtle　甲鱼
Solar energy　太阳能
Solar radiation　太阳辐射
Soldatov's catfish　鳜; 怀头鲇; 桂花鲈; 桂花鱼; 桂鱼
Sole　鳎
Solea senegalensis　塞内加尔鳎
Soleidae　鳎
Solenidae　竹蛏科

Solid phase conversion　固相转化
Solid phase extraction　固相萃取
Solidification agent　凝固剂
Solubility　溶解度
Solution　溶液
Somatic cell　体细胞
Sonar　声呐
Songhuajiang River　松花江
Sooty grunter　淡水黑鲷
Sorbate　山梨酸盐
Sorece of broodstock　亲本来源
Sorghum sudanense　苏丹草
Sorting　分选
Sound wave　声波
Sousa chinensis　白海豚; 中华白海豚
South America　南美洲
South China areas　南方地区
South China Sea　南海
South Pacific　南太平洋
South Pole　南极
Southeast Asia　东南亚
Southeast coast　东南沿海
Southern catfish　南方大口鲇; 南方鲇
Southern Ocean　南大洋
Southern oyster　近江牡蛎
Southern platyfish　花斑剑尾鱼; 月光鱼
Southwest atlantic ocean　西南大西洋
Soybean cake　豆饼
Soybean Meal　大豆粕; 豆粕; 豆粕粉; 大豆粉
Spadefish　白鲳
Spanish mackerel　鲅鱼
Sparidae　鲷科
Sparus aurata　金鲷; 金头鲷
Sparus latus　黄鳍鲷
Sparus macrocephalus　黑鲷
Spat　贝苗
Spatfall　附苗
Spatial distribution　空间分布
Spawners　产卵群体
Spawning　产卵
Spawning area　产卵场
Spawning enclosure　产卵场
Spawning fish school　产卵群体
Spawning ground　产卵场
Spawning group　产卵群体
Spawning induction　催产
Spawning location　产卵池
Spawning migration　产卵洄游; 生殖洄游
Spawning peak　产卵高峰期
Spawning period　产卵期
Spawning pond　产卵池

Spawning population　产卵群体

Spawning rate　产卵率

Spawning season　产卵季节；繁殖季节

Spawning stock　生殖群体；产卵群体

Spawning time　产卵时间

Spawning type　产卵类型

Special aquaculture　特种水产养殖

Special culturing　特色养殖

Special fishery product　特种水产品

Species　种

Species composition　物种组成；种类组成

Species conservation　物种保护

Species diversity　物种多样性；种类多样性

Species extinction　物种灭绝

Species identification　物种鉴定；种类鉴定

Species introduction　引种

Specific fuel consumption　耗油率

Specific gravity　比重

Specific growth rate　特定生长率

Specific immunological function　特异性免疫

Specification　规范

Specimen making　标本制作

Spectral analysis　光谱分析

Spectrometry　光谱法

Spectrophotometry　分光光度法

Spedkled wrasse　珍珠龙

Speed　速度

Speed control　速度控制

Speed control system　调速系统

Sperm　精子

Sperm mother cell　精母细胞

Sperm motility　精子活力

Spermary　精巢

Spermathecae　纳精囊

Spermatocyte　精母细胞

Spermatogenesis　精子发生

Spermatopbore　精荚

Spermatozoa　精子

Spermatozoon motility　精子活力

Spermiation　排精

Sphyrna　双髻鲨

Spined loach　花鳅

Spinibarbus　倒刺鲃

Spinibarbus caldwelli　黑脊倒刺鲃；光倒刺鲃

Spinyhead croaker　梅童鱼；梅鱼

Spirodela polyrrhiza　紫背浮萍

Spirogyra　水绵

Spirulina　螺旋藻

Spirulina powder　螺旋藻粉

Spleen　脾

Split winch　分离式绞机

Spoilage bacteria　腐败菌

sponge　海绵

Sponges　海绵动物

Spongia　海绵

Spoonbill　白鲟

Spore　孢子

Spore adhering　孢子附着

Spore discharge　孢子放散

Spore release　孢子放散

Sporidiosis　孢子虫病

Sporogenesis　孢子发生

Sporogonium　孢子体

Sporophyte　孢子体

Spot test　抽检

Spotfin bigeye　长尾大眼鲷

Spotted longbarbel catfish　斑鳠

Spotted mackerel　澳洲鲐；蓝点马鲛

Spotted maigre　黄姑鱼

Spotted sardine　远东拟沙丁鱼

Spotted scat　金鼓鱼；金钱鱼

Spray drying　喷雾干燥

Spray freezing　喷淋式冻结

Spring　春季

Spring fishing season　春汛

Spring viraemia of carp　鲤春病毒血症

Spring viremia of carp virus, SVCV　鲤春病毒血症病毒

Spring viremia of carp，SVC　鲤春病毒病

Spring water　泉水

Squalene　角鲨烯

Square net　网盖

Squatina　扁鲨

Squid　拟目乌贼；鱿鱼；柔鱼；中国枪乌贼；枪乌贼

Squid angling machine　鱿鱼钓机

Squid jigging fishery　鱿钓渔业

Squid jigging vessel　鱿钓渔船

Squid ring　鱿鱼圈

Squid shreds　鱿鱼丝

Squids　乌贼

Squilla　虾蛄

Squillidae　虾蛄

Stability　稳定性

Stable manure　厩肥

Stablefish　银鳕鱼

Stage of tide　潮位

Standard　标准

Standard deviation　标准差

Standard of fishery water　渔业用水标准

Standardization　标准化

Standing stook　现存量

Staphylococcus aureus　金黄色葡萄球菌

Starfish　多棘海盘车

Starry flounder　星斑川鲽；星突江鲽

Start codon　起始密码子

Starter diet　开口料；开口饲料

Starter feed　开口饵料

Starvation　饥饿

Stationary fishing gear　定置渔具

Stationary fishing net　定置网

Statistical analysis　统计分析

Statistical data　统计数据；统计资料

Steaming　蒸煮

Steel fishing vessel　钢质渔船

Steelhead trout　硬头鳟

Steeping reconstitution aquatic products　水发水产品

Stem swelling and leaf curling disease　柄粗叶卷病

Stench　腥臭味

Stenohaline　狭盐性

Stereoscopic aquaculture　立体养殖

Stereoscopic aquaculture and planting　立体种养

Sterilizer　杀菌设备

Sterilizing　杀菌

Sterilizing agent　杀菌剂

Sterilizing Drug　消毒药物

Stern chute　艉滑道

Stern chute trawler　艉滑道拖网渔船

Stern trawler　艉拖网渔船

Steroid hormone　类固醇激素

Stichopus japonicus　刺参

Stick water　压榨液

Sticky egg　黏性卵；粘性卵

Stigmatosis　打印病

Stimulation　刺激

Sting fish　许氏平鲉

Sting ray　魟

Stock assessment　资源评估

Stock enhancmentment　增殖放流

Stocking　放养

Stocking density　养殖密度

Stocking amount　放养量

Stocking and Catching　轮捕轮放

Stocking density　放养密度；饲养密度

Stocking mode　放养模式

Stocking of fingerlings　鱼种投放

Stocking of seedlings　苗种放养

Stocking ratio　放养比例

Stocking Size　放养规格；投放规格

Stocking time　放养时间

Stocking varieties　放养品种

Stocking water surface　放养水面

Stomach　胃

Stomach content　胃含物

Stomatopod　口足类

Storability　贮藏性

Storage　保藏；贮藏

Storage stability　贮藏稳定性

Strain　品系

Strait　海峡

Strand　潮间带

Strategy　战略

Strength　强度

Streptococcosis　链球菌病

Streptococcus　链球菌

Streptococcus agalactiae　无乳链球菌

Streptococcus disease　链球菌病

Streptococcus iniae　海豚链球菌

Streptomycin　链霉素

Stress disease　应激性疾病

Stress reaction　应激反应

Stress resistances　抗逆能力

Stress Tolerance　抗逆性

Striped tripletooth goby　纹缟虾虎鱼

Stromateidae　鲳科

Strong chlorine　强氯精

Strontium　锶

Structural adjustment　结构调整

Structural design　结构设计

Structure　结构

Sturgeon　鲟；鲟形目；鲟鱼

Sturgeon roe　鲟鱼子

Sturgeons　鲟鳇鱼

Subacute poisoning　亚急性中毒

Subcellular structure　亚显微结构

Submarine geomorphy　海底地貌

Submerged plant　沉水植物

Subpopulation　亚种群

Subspecies　亚种

Subspecies group　亚种群

Substrate　附着基

Substratum　底质

Subtidal zone　潮下带

Subtropical zone　亚热带

Suckermouth catfish　吸口鲶；垃圾鱼

Sudan Grass　苏丹草

Sudanese grass　苏丹草

Suffocation　泛池

Suffocation point　窒息点

Sugar　糖类

Sulfadiazine　磺胺嘧啶

Sulfadimidine　磺胺二甲嘧啶

Sulfanilamide　磺胺

Sulphate　硫酸盐；硫酸盐合剂

Sulphonamides　磺胺类药物

Sulphur　硫

Summer　夏季

Summer fingerling　夏花

Summer fishing moratorium　伏季休渔

Summer seedling　夏苗

Sun fish　太阳鱼

Sungo Bay　桑沟湾

Super male fish　超雄鱼

Super-male fish　超雄鱼

Supercharger　增压器

Supercharging　增压

Supermale　超雄鱼

Superoxide dismutase　超氧化物歧化酶；超氧化物歧化酶

Supersonic wave　超声波

Supervision　监督

Supply　供应

Supply of oxygen　增氧

Supply-demand relation　供求关系

Supralittoral zone　潮上带

Supratidal zone　潮上带

Surface mucous　体表黏液；体表粘液

Surface sediment　表层沉积物

Surface water　表层水

Surfactant　表面活性剂

Surge　波浪

Surgeonfishs　刺尾鱼

Surimi　鱼糜

Surimi gel　鱼糜凝胶

Surimi plant　鱼糜加工机械

Surimi product　鱼糜制品

Surrounding gillnet　围刺网

Survey　调查；测量

Survey of epidemic outbreaks　疫情调查

Surveyor　验船师

Survival　存活

Survival rate　存活率；成活率；残存率

Survival temperature　生存温度

Suspended micro-particles　悬浮微粒

Suspended particular matters　悬浮颗粒物

Suspended solids　悬浮物

Sustainable development　可持续发展；持续发展

Sustainable use　可持续利用

SVC　鲤春病毒血症

Swallowtail butterfish　灰鲳

Swamp crayfish　克氏原螯虾；克氏螯虾

Swamp eel　黄鳝；花鳗；鳝鱼；花鳗鲡

Swan-mussel　无齿蚌

Swelled feed　膨化饲料

Swelling can　胖听

Swim bladder　鳔

Swimming bladder　鱼鳔

Swimming crab　白蟹；三疣梭子蟹；梭子蟹

Swing net　张网；张网渔具

Swordfish　剑鱼；箭鱼

Symbiosis　共生

Sympatric population　同地种群

Symphysodon　神仙鱼

Symphysodon haraldi　七彩神仙鱼

Symptom　症状；病症

Synechococcus　聚球藻

Synechogobius hasta　矛尾复虾虎鱼；沙光鱼

Syngnathus　海龙

Synonyms　同物异名

Synthetic fibre　合成纤维

Synthetic fibre rope　合成纤维绳

Synthetic pyrethroids　拟除虫菊酯

System analysis　系统分析

System classification　系统分类

System engineering　系统工程

System integration　系统集成

Table salt　食盐

Tachypleus　鲎

Tactile sensation　触觉

Tadpole　蝌蚪

Taeniasis　绦虫病

Tagging　标志；标志放流

Taihu Lake　太湖

Taihu lake icefish　小银鱼

Taihu white shrimp　太湖白虾

Taihu whitebait　太湖新银鱼；太湖银鱼

Taihu-lake noodlefish　小银鱼

Tail-rot　烂尾

Tail-rot disease　烂尾病

Taimen　哲罗鱼

Taius tumifrons　黄鲷

Taiwan Province　台湾

Taiwan Strait　台湾海峡

Takifugu　河豚；河鲀

Tank test　水槽试验

Tapeworm　九江头槽绦虫；绦虫

Tariff　关税

Tariffs　关税

Tassel-fishes　马鲅科

Taste　口味

Taste components　滋味成分

Taste sensation　味觉

Taurine　牛磺酸

tawny　黄褐色

Taxonomy　分类学

TBA value　TBA 值

Tea polyphenol　茶多酚

Teaseed cake　茶籽饼；茶子饼

Teaseed meal　茶饼

Technical innovation　技术革新
Technical level　技术水平
Technical measure　技术措施
Technical parameter　技术参数
Technical popularization　技术推广
Technical reconstruction　技术改造
Technical service　技术服务
Technical training　技术培训
Technician　技术人员
Technique import　技术引进
Technological economy　技术经济
Technological system　技术体系
Technology　工艺；技术
Teleosts　真骨鱼类
Tellin　樱蛤
Tellinidae　樱蛤
Temperate water fish　温水性鱼类
Temperate zone　温带
Temperature　温度
Temperature adaptation　温度适应
Temperature control aquaculture　控温养殖
Temporal and spatial distribution　时空分布
Temporal distribution　时间分布
Temporary culture　暂养
Tench　丁桂鱼；丁鱥
Tenebrio molitor　黄粉虫
Tentacle　触手
Tenualosa reevesii　长江鲥鱼
Teredo　船蛆
Terminology　术语
Territorial sea　领海
Test fish　试验鱼
Testing equipment　检测设备
Testing institute　检测机构
Testing instrument　检测仪器
Testis　精巢
Testis development　精巢发育
Testosterone　睾酮
Testudines　龟鳖目
Testudinidae　龟科
Tetracycline　四环素
Tetramisole　驱虫净
Tetraodontiformes　鲀形目
Tetraploid　四倍体
Tetrodotoxin　河鲀毒素；河豚毒素
Texture　质地
Thailand　泰国
Thais　荔枝螺
Thallus　叶状体
Thamnaconus modestus　剥皮鱼
Thamnaconus septentrionalis　绿鳍马面鲀

Thawing　解冻
Thawing plant　解冻装置
The Pacific Ocean　太平洋
The red body disease　红体病
Thelenota　梅花参
Theory　理论
Theragra chalcogramma　狭鳕
Thermal effluent　温排水
Thermal flowing water　温流水
Thermal flowing water fish culture　温流水养鱼
Thermal resistance　耐热性
Thermal spring water　温泉水
Thermocline　温跃层
Thermodynamics　热力学
Thermophily　适温性
Thermoregulation　体温调节
Thickness　粗度
Thiobarbituric acid value　硫代巴比妥酸值
Threadfin bigeye　长尾大眼鲷
Threadfins　马鲅科
Three-dimensional cultural　立体养殖
Three-striped box turtle　三线闭壳龟
Three-way cross　三元杂交
Thunnidae　金枪鱼
Thunnus alalunga　长鳍金枪鱼
Thunnus maccoyii　蓝鳍金枪鱼；马苏金枪鱼
Thymus gland　胸腺
Thyroid hormones　甲状腺激素
Tianjin　天津
Tibet Autonomous Region　西藏
Tidal current　潮流
Tidal flat　潮间带
Tidal level　潮位
Tidal stream　潮流
Tide　潮汐
Tiger barb　虎皮鱼；四带无须鲃
Tiger frog　泰国虎纹蛙
Tilapia　非洲鲫鱼；吴郭鱼；罗非鱼；非鲫；彩虹鲷
Tilapia mossambica　莫桑比克罗非鱼
Tilefish　方头鱼
Tinca tinca　丁桂鱼；丁鱥
Tissue culture　组织培养
Tissue expression　组织表达
Tissue extract　组织提取物
Tissue slice　组织切片
Tmchinotus ovatus　卵形鲳鲹；金鲳
Tolerance　耐受性；耐受力；耐受能力
Tongue fish　舌鳎
Tool　工具
Tooth　牙齿
Toothed-tongue seabass　舌齿鲈

Top minnows　花鳉科

Topmouth culter　翘嘴鲌；翘嘴红鲌

Torpedinidae　电鳐

Torrid zone　热带

Tortoise　金龟；乌龟

Tortoise juvenile　稚龟

Total aquatic products　水产品总量

Total bacterial count　细菌总数

Total biomass　生物总量

Total nitrogen　总氮

Total output of aquatic products　水产品总产量

Total volatile basic nitrogen　挥发性盐基氮

Total volatile base nitrogen　TVB-N

Toughness　韧性

Tourism fishery　旅游渔业

Tourmaline　气石

Towing speed　拖速

Towing warp tensiometer　曳纲张力仪

Toxic algaes　有毒藻类

Toxic substance　毒害物质；有毒物质

Toxicant　毒物

Toxicity　毒力；毒性

Toxicity test　毒性试验

Toxicity testing　毒性试验

Toxicology　毒理学

Toxicopathy　中毒性疾病

Toxin　毒素

Trace element　微量元素

Traceability　可追溯性

Traceability system　可追溯体系；可追溯系统；可追溯制度；追溯体系；追溯系统

Trachemys scripta elegan　九彩龟；巴西龟

Trachidermus fasciatus　松江鲈

Trachinocephalus myops　大头狗母鱼

Trachinotus ovatus　短鳍鲳鲹

Trachurus　竹䇲鱼

Trachurus murphyi　智利竹䇲鱼

Trachypenaeus　鹰爪虾

Tracing　示踪

Trade　贸易

Traditional culture　传统养殖

Traditional fishery　传统渔业

Trammel net　三重刺网

Transaminase　转氨酶

Transcription factor　转录因子

Transcriptional control　转录调控

Transcriptome　转录组

Transferase　转移酶

Transform　改造

Transgene　转基因

Transgenic fish　转基因鱼

Transglutaminase　转谷氨酰胺酶；谷氨酰胺转氨酶

Transparency　透明度

Transplantation　移植

Transport machinery　运输机械

Transportation　运输

Transportation vessel　运输船

Transposon　转座子

Trap net　诱捕网

Trash fish　低值鱼

Trawl fishery　拖网渔业

Trawl net　拖网

Trawl operations　拖网作业

Trawler　拖网渔船；拖网船

Trawling　拖网捕捞；拖网捕鱼；拖网生产

Treaty　条约

Trehalase　海藻糖酶

Trehalose　海藻糖

Trematoda　吸虫

Trematodiasis　吸虫病

Trembling disease　颤抖病；抖抖病

Trench　海沟

Trevallies　鲹科

Triacontahexaene　角鲨烯

Triangle sail mussel　三角帆蚌

Tribolodon（Leuciscus）brandtii　滩头鱼

Trichiurus haumela　带鱼

Trichlorfon　敌百虫

Trichloroisocyanuric acid　三氯异氰尿酸；三氯异氰脲酸

Trichodina　车轮虫

Trichodina domerguei domerguei　杜氏车轮虫

Trichodinasis　车轮虫病

Tridacna　砗磲

Trident goby　纹缟虾虎鱼

Tridentiger trigonocephalus　纹缟虾虎鱼

Trimethytamine　三甲胺

Trimetlylamine oxide　氧化三甲胺

Trionyx　鳖

Trionyx sinensis　中华鳖；甲鱼

Triploid　三倍体

Triploid common carp　湘云鲤

Triploid crucian carp　湘云鲫；工程鲫

Trochophora　担轮幼虫

Trolling line　曳绳钓

Tropic fish　热带鱼类

Tropical　热带

Tropical cyclone　热带气旋

Tropical fish　热带鱼

Tropical storm(TS)　热带风暴

Tropical waters　热带水域

True sardine　远东拟沙丁鱼

Truogx sinensis　黄沙鳖

Trypanosomiasis　锥体虫病
Trypsin　胰蛋白酶
Tryptophan　色氨酸
Tryptophone　色氨酸
Tube ice maker　管冰机
Tubificidae　水蚯蚓
Tulle　纱绢
Tumirostris nase　圆吻鲴
Tumor　肿瘤
Tuna　鲔鱼；金枪鱼；金枪鱼类
Tunny　金枪鱼
Turbot　多宝鱼；大菱鲆
Turbots　鲆
Tursiops truncatus　宽吻海豚
Turtle　黄沙鳖；安南龟
Turtle culture　龟鳖养殖；甲鱼养殖；龟养殖；鳖养殖
Turtle disease　龟鳖疾病
Turtle eggs　甲鱼蛋
Turtle meat　甲鱼肉；鳖肉
Turtle muscle　龟肉
Turtle white eye disease　龟白眼病
Turtle's egg　鳖卵
Two year old fingerling　二龄鱼种
Typhoon(TY)　台风
U.S.A.　美国
Uca　招潮蟹
Ulcer disease　溃烂病
Ultrafiltration　超滤
Ultrasonic thawing　超声波解冻
Ultrasonic wave　超声波
Ultrastructure　超微结构
Ultraviolet ray　紫外线
Ultraviolet spectrophotometry　紫外分光光度法
Ulva lactuca　石莼
Ulva lactuca　石莼
Undaria pinnatifida　裙带菜
Underground water　地下水
Underground well water　地下井水
Underwater acoustics　水声学
Unicellular algae　单胞藻；单细胞藻类
Unicellular green algae　单细胞绿藻
Unionidae　蚌科
Unionidea　蚌
Unlicensed fishing　无证捕捞
Unnatural odor　异味
Unsaturated fatty acid　不饱和脂肪酸
Upper waters　上层水
Upwelling　上升流
Urban fishery　都市渔业
Ussuri catfish　乌苏里拟鲿；乌苏拟鲿
UV-induced mutagenesis　紫外诱变

vaccination　疫苗接种
Vaccine　疫苗
Vaccine Preparation　疫苗制备
Vacuum drying　真空干燥
Vacuum freeze-drying　真空冻干；真空冷冻干燥
Vacuum package　真空包装
Vacuum thawing　真空解冻
Value chain　价值链
Variable　变量
Variance analysis　方差分析
Variation　变异
Variation species　变异品种
Variety　品种
Variety breeding　品种选育
Variety improving　品种改良
Variously colored abalone　杂色鲍
Vascular plant　维管植物
Vegetable protein　植物性蛋白
Vegetative cover　植被
Veliger　面盘幼虫
Veneridae　帘蛤科
Venus's shell　帘蛤科
Vermifuge　驱虫药
Vertebra　椎骨
Vertebrata　脊椎动物
Vertical distribution　垂直分布
Vertical variation　垂直变化
Vessel age　船龄
Vibrio　弧菌
Vibrio alginolyticus　溶藻弧菌
Vibrio anguillarum　鳗弧菌
Vibrio cholerae　霍乱弧菌
Vibrio harveyi　哈氏弧菌；哈维弧菌；哈维氏弧菌
Vibrio ichthyoenteri　鱼肠道弧菌
Vibrio mimicus　拟态弧菌
Vibrio parahaemolyticus　副溶血弧菌；副溶血性弧菌
Vibrio splendidus　灿烂弧菌
Vibrio vulnificus　创伤弧菌
Vibriosis　弧菌病
Viral disease　病毒性疾病
Viral diseases　病毒性病害
Viral infectious diseases　病毒性传染病
Viral disease　病毒病
Virion　病毒颗粒；病毒粒子
Virosis　病毒病
Virulence　毒性；毒力
Virus　病毒
Virus detection　病毒检测
Virus resistance　抗病毒能力
Virus-testing　病毒检测
Viscera　内脏

Visceral mass　内脏团

Visceral sarcoidosis　结节病

Viscosity　黏度；粘度

Visibility　能见度

Vision　视觉

Visual inspection　目检

Visualization　可视化

Vitamin　维生素

Vitamin A　维生素 A

Vitamin B　维生素 B

Vitamin C　维生素 C

Vitamin D　维生素 D

Vitamin E　维生素 E

Vitellogenin　卵黄蛋白原

Viviparity　胎生

Viviparus　田螺

Volatile components　挥发性成分

Voracious carp　黄颊鱼；鳡鱼

Walleye pollock　阿拉斯加狭鳕

Warm current　暖流

Warm water adaptability　暖水性

Warm water fish　暖水性鱼类

Warm water flowthourgh aquaculture　温流水养殖

Warm water shrimp　暖水虾

Warp　曳纲

Washing　漂洗

Washing water　漂洗水

Waste　下脚料

Waste heat utilization　废热利用

Waste pollution　废物污染

Waste water　废水

Waste water disposal　废水处理

Waste Water utilization　废水利用

Water　quality factor　水质因子

Water activity　水分活度

Water angleworm　水蚯蚓

Water bodies　水体

Water body pollution　水体污染

Water channel　水槽

Water color　水色

Water conditioner　水质改良剂

Water conditioning　养水

Water content　水分

Water cultivation　水质培养

Water disinfection　水体消毒

Water eco-environment　水生态环境

Water environment　水体环境；水环境；水域环境

Water environment quality　水环境质量

Water environment safety　水环境安全

Water exchange　水体交换；换水

Water exchange rate　换水率

Water flea　多刺裸腹溞

Water flow stimulation　流水刺激

Water improvement　水质改良

Water lettuce　水浮莲

Water level　水位

Water mass　水团

Water pollution　水污染；水质污染；水域污染

Water protection　水资源保护

Water purification　水质净化

Water purification equipment　水质净化设备

Water quality　水质

Water quality analysis　水质分析

Water quality assessment　水质评价

Water quality automatic monitoring　水质自动监测

Water quality classification　水质类别

Water quality control　水质管理；水质控制

Water quality criteria　水质基准

Water quality detection　水质检测

Water quality improvement　水质改善

Water quality index　水质指标

Water quality investigation　水质调查

Water quality modulation　水质调控

Water quality monitor and control　水质监控

Water quality monitoring　水质监测

Water quality parameter　水质参数

Water quality regulation　水质调节

Water quality standard　水质标准

Water quality type　水质类型

Water recirculating system　水循环系统

Water resource　水资源

Water retention capacity　保水性能

Water risen sea cucumber　水发海参

Water sample　水样

Water source　水源

Water storage　蓄水

Water storage capacity　蓄水能力

Water temperature　水温

Water temperature control　水温控制

Water trough　水槽

Water velocity　流速

Water wheel aerator　水车式增氧机

Water-body restoration　水体修复

Water-body temperature　水体温度

Water-jet aerator　喷水式增氧机

Waterholding capacity,WHC　保水性

Waters　水域

Watershed　流域

Waterweed　伊乐藻

Wattle-necked softshell turtle　山瑞鳖

Wave　波浪

Wear　磨损

Weather　天气

Weather condition　天气条件

Weight　重量

Weight　gain　rate　增重率

Weight gain　增重；增重量

Weight loss　重量损失

West Pacific　西太平洋

Wet fish meal　湿法鱼粉

Wetland　湿地

Whale shark　鲸鲨

Whaling　捕鲸

Wharf　码头

Wheel animalcule　轮虫

Wheel shrimp　日本对虾

Whelk　荔枝螺

White Amur bream　鳊

White bass　金眼狼鲈

White bream　鳊

White butter-fish　银鲳

White Chinese croaker　白姑鱼

White cloud disease of carp　鲤鱼白云病

White croaker　白姑鱼

White dermal　白皮病

White dolphin　白海豚

White fish　白鱼

White fish meal　白鱼粉

White head-mouth disease　白头白嘴病

White jade snail　白玉蜗牛

White pomfret　银鲳

White ricefield eel　黄鳝；鳝鱼

White skin disease　白皮病

White spot bacilliform virus　白斑杆状病毒

White spot disease　白点病

White spot syndrome virus　白斑症病毒；白斑综合征病毒；WSSV；白斑综合症病毒

White spot syndrome virusdisease　白斑综合征；白斑综合症

White spotted charr　远东红点鲑

White-hair rough shrimp　鹰爪虾

White-spotted char　白斑红点鲑

Whitebait　小银鱼

Whiteleg shrimp　南美白对虾；凡纳滨对虾；凡纳对虾

Whitesspotted spinefoot　黄斑蓝子鱼

Whiting　牙鳕

Whitmania pigra　宽体金线蛭

Whole Genome sequence　全基因组序列

Wholesale　批发

Wholesale market　批发市场

Wild animal　野生动物

Wild fish　野生鱼；野杂鱼

Wild fish eliminating　清野

Wild population　自然种群；野生群体；野生种群

Wild seedlings　野生苗

Wild softshell turtle　野生鳖

Wild species　野生品种

Winch　绞机

Wind energy　风能

Window shell　海月

Windowpane oyster　海月

Winter　冬季

Winter fishing　冬捕

Winter fishing season　冬汛

Winter sleep　冬眠

Winter sliced fish　冬片鱼种

Wintering ponds　越冬鱼池

Winterization　冷滤

Wire rope　钢丝绳

Withdrawal time　休药期；停药期

Wooden fishing boat　木质渔船

Wooden fishing vessel　木质渔船

World　世界

World fisheries　世界渔业

World ocean　世界大洋

World Trade Organization　世界贸易组织；WTO

Wrasse　唇鱼

Wuchang bream　武昌鱼

Xanthophyll　叶黄素

Xenocypris argentea　银鲴；密鲴

Xenocypris davidi　黄尾鲴；黄尾密鲴

Xenocypris microlepis　细鳞鲴；细鳞斜颌鲴

Xiangjiang wild carp　湘江野鲤

Xiangshan Harbour　象山港

Xinanjiang Reservoir　新安江水库

Xingkaihu Lake　兴凯湖

Xinjiang Autonomous Region　新疆

Xiphias gladius　剑鱼；箭鱼

Xiphophorus maculatus　花斑剑尾鱼；月光鱼

Xisha Islands Fishing Ground　西沙群岛渔场

Yalujiang river　鸭绿江

Yangcheng Lake　阳澄湖

Yangchenghu crab　阳澄湖大闸蟹

Yangtze finless porpoise　长江江豚

Yangtze River　长江

Yangtze River basin　长江流域

Yangtze River Estuary　长江口

Yangtze River shad　长江鲥鱼

Yangtze River System　长江水系

Yangtze sturgeon　长江鲟

Yearbook　年鉴

Yearling　一龄鱼种

Yeast　酵母菌

Yeast feed　发酵饲料

Yellow algae　黄藻
Yellow catfish　黄颡鱼; 黄颡; 黄腊丁; 嘎鱼
Yellow croaker　黄花鱼; 黄鱼
Yellow drum　黄姑鱼
Yellow perch　美国黄金鲈; 黄金鲈; 黄鲈
Yellow River　黄河
Yellow River Delta　黄河三角洲
Yellow River Estuary　黄河口
Yellow Sea　黄海
Yellow Sea and Bohai Sea　黄渤海
Yellow stain disease　黄斑病
Yellow-bagrid catfish　黄颡
Yellow-headed catfish　黄颡鱼; 黄颡
Yellow-marginated box turtle　黄缘闭壳龟; 黄缘盒龟
Yellowcheek　黄颊鱼; 鳡鱼
Yellowcheek varacious carp　鳡
Yellowfin bream　黄鳍鲷
Yellowish-brown　黄褐色
Yellowtail tamarin　黄尾阿南鱼; 珍珠龙
Yellowtail wrasse　黄尾阿南鱼; 珍珠龙
Yersinia ruckeri　鲁氏耶尔森氏菌
Yield　得率; 产量; 成品率
Yield per unit area　单位面积产量
Yolk sac larvae　卵黄囊仔鱼
Young fish of two years　二龄鱼种
Young mollusk　幼贝
Young snail　幼螺

Young sporophyte　幼孢子体
Young turtle　幼鳖
Yu chong jing (Fish pesticide)　鱼虫净
Yu chong ling (Fish pesticide)　鱼虫灵
Yuchongqing　鱼虫清
Yunnan Province　云南
Zeolite　沸石
Zhangzi Island　獐子岛
Zhejiang Province　浙江
Zhoushan fishing ground　舟山渔场
Zhujiang River　珠江
Zhujiangkou Fishing Ground　珠江口渔场
Zinc　锌
Zoaea　蚤状幼体
Zoobenthos　底栖动物
Zoology　动物学
Zooplankton　浮游动物
Zoospore　游动孢子
Zoothamnium　聚缩虫
Zoothamnium Disease　聚缩虫病
Zooxanthella　虫黄藻
Zooxanthellae　虫黄藻
Zostera marina　大叶藻
Zygnema　双星藻
α-Amylase　α-淀粉酶
α-amylum　α-淀粉
α-starch　α-淀粉